Theodor Schuchardt

Orientalische Reisebilder

weitsuechtig

Theodor Schuchardt

Orientalische Reisebilder

ISBN/EAN: 9783956561276

Auflage: 1

Erscheinungsjahr: 2013

Erscheinungsort: Bremen, Deutschland

weitsuechtig

Orientalische

Reise-Bilder.

Andeutungen und Anleitungen

um

in kurzer Zeit und für wenig Geld recht viel Orientalisches
kennen zu lernen

von

Dr. Theodor Schuchardt.

Leipzig,
Verlag von Oskar Leiner.
1864.

Meinem väterlichen lieben Freunde

dem Königlichen Justizrath und Landschafts-Syndicus

Herrn von Stephani

in

Görlitz

und

meinem lieben Freunde

Herrn Dr. Karl Müller von Halle

widmet diese Blätter

Der Verfasser.

Vorrede.

～～～～

Nur wenige Worte als Einleitung zu den vorliegenden Blättern, zu deren Veröffentlichung drei Umstände bestimmend auf mich eingewirkt haben.

Erstens waren es die Aufforderungen lieber Freunde und geehrter Gönner, denen meine brieflichen Mittheilungen und mündlichen Erzählungen nicht genügten und die sich aus der Schilderung des ganzen Ausfluges einige Unterhaltung versprechen.

Zweitens ist es das steigende Interesse, welches der Orient in neuester Zeit wiederum dem Abendlande eingeflößt hat. Es kann dieses Interesse nur dann richtig gewürdigt werden, wenn man Gelegenheit fand, die dortigen Verhältnisse aus eigener Anschauung kennen zu lernen; und da doch über kurz oder lang die orientalische Frage sich ihrer Beantwortung durch die stimmfähigen Mächte des Occidents nähern muß, so erschienen mir einige wenn auch nur aphoristisch und fragmentarisch zu nennende Mittheilungen über Land und Leute zu dem bereits in allen Sprachen niedergelegten nicht unbedeutenden Vorrath von literarischen Geistesproducten über diesen Gegenstand doch nicht ganz überflüssig.

Drittens war die möglichst sorgfältige Ausarbeitung der gewissen=
haft und pünktlich niedergeschriebenen Notizen in meinem Reisetagebuch
mir selbst Bedürfniß; denn sie sind und bleiben mir immer werth als
Zeugen und Beweisstücke des ersten Eindrucks jener uns Deutschen gänzlich
fremden Länder und Völker, sowie deren Sitten und Gebräuche. Da
ich aber noch vor Antritt der Reise mir wohl bewußt war, daß es
schwierig gewesen sein würde, nach der Heimkehr aus dem vollen Bilde,
zu dem jeder Tag und jede neue Anschauung ihren Pinselstrich beige=
tragen haben, nach längerer Zeit die einzelnen Farbentöne und Ein=
drücke herauszufinden, so machte ich es mir zum Gesetz, meinen Wahr=
nehmungen unmittelbar, nachdem ich sie auf der Tafel des Gedächtnisses
eingeprägt hatte, durch Niederschreiben festzuhalten. —

Ganz besonders war es der eine Wunsch, der mich bei der
zur Veröffentlichung bestimmten Zusammenstellung meiner Tagebuchs=
notizen geleitet hat: nämlich der, daß es mir mittelst meiner Schil=
derungen gelingen möchte, durch die in denselben niedergelegte wahr=
heitsgetreue ungeschminkte Beschreibung dessen, was ich sah und hörte,
das Interesse meiner verehrten Leser bis zu dem Punkte zu steigern,
daß sie den Entschluß fassen: das Nilland und den Bosporus durch
eigene Anschauung kennen zu lernen.

Es bedarf wahrlich hierzu keines besonderen Entschlusses mehr.
Die Reisen mittelst der Eisenbahn und der Dampfschiffe haben dem
einen, zum Antritt einer Reise nothwendigen Factor, „die Zeit" von
seiner früheren Bedeutung genommen, und wenn auch der Dampf auf
den zweiten Factor, „das Geld", einen vortheilhaften Einfluß bisher nur
indirect hat ausüben können, so kann ein nicht verwöhnter Reisender
durch Wahl der dritten Wagenklasse auf Eisenbahnen und der zweiten Cajüte
der Dampfschiffe und eines weniger anspruchsvollen Hotels in allen

Ländern des Orients ebenso billig leben, wie in Deutschland und
Frankreich, jedenfalls billiger als in England, Italien und Scandina=
vien. Furcht vor der allzugroßen Entfernung von der Heimath und
vor Unsicherheit der Länder an den jenseitigen Gestaden des Mittel=
meeres darf keinenfalls für den, der Geld und Zeit hat, ein Grund
sein, den Orient unbesucht zu lassen. Unter dem Schutz seines Consuls
reist der Deutsche im Orient mindestens ebenso sicher, wie in den Kar=
pathen, auf Sicilien und in Spanien. Die Furcht vor den Gefahren
einer Seereise schwindet bekanntlich immer mehr, je öfter man sich den
Genuß des Anblicks des Meeres verschafft und je länger man auf dem=
selben reist; aber auch dem nach dem Orient reisenden Binnenländer,
der noch nie das Meer sah, werden diese Besorgnisse schwinden, in dem
Hinblick auf das herrliche Ziel seiner Reise und bei dem Gedanken an
die Fülle von Erinnerungen, die er von seinem Ausfluge nach dem
Orient mitbringt und die — ein Schatz für das ganze Leben — ihm außer
der Furcht vor dem Wasser auch die Stärke verleihen werden, etwaigen
Anfällen der Seekrankheit muthig entgegenzutreten. Der Aufenthalt auf
den Lloydbampfern ist ein so angenehmer, daß man sich in ein deut=
sches Hotel ersten Ranges versetzt glaubt. Schließlich ist die normale
Dauer der Reise von der deutschen Küste bis nach Egyptenland, die
durch den nothwendigen Aufenthalt in Corfu allerdings verzögert, aber
doch auch gleichzeitig angenehmer gemacht wird, eine so kurze, daß wenn
man seine Dispositionen richtig trifft, man die Strecke von Berlin bis
Alexandrien in wenig mehr als 7 mal 24 Stunden zurücklegen kann.

Alle die hier kurz angedeuteten und noch andere Bedenken habe
ich im Laufe meiner Erzählungen so erschöpfend, als es möglich war,
zu widerlegen gesucht, und indem ich die folgenden Zeilen der nachsich=
tigen Beurtheilung meiner geehrten Leser übergebe, habe ich nur den
aufrichtigen Wunsch hinzuzufügen, daß ihnen ein Ausflug in die denk=

würdigen Gebiete alter Cultur denselben hohen Genuß bereiten, und denselben unauslöschlichen Eindruck zurücklassen möge, wie mir. Möchten denen, die die Excursion an die Ufer des Nils und an die Gestade des Bosporus mir nach machen wollen, auch die 3 Reisebegleiter, die ich hatte, nicht fehlen, nämlich gutes Wetter, freundliche Aufnahme und gute Gesundheit. —

Muscau in der Lausitz.

Dr. Theodor Schuchardt.

I.

Von Triest nach Alexandrien.

Es war am 26. Januar 1861 in der Abenddämmerung, als der Zug den Bahnhof von Laibach, dessen geräumiger überdachter Perron und stattliche Bahnhofsgebäude bereits hell erleuchtet waren, verließ, um die letzte Section der südlichen Staatsbahn zurückzulegen. Hinter mir lagen Deutschlands, vielleicht des ganzen Erdballs großartigste Eisenbahnbauten am Sömmering, hinter mir die schönen herrlichen Thäler des Steyerlandes, welches ich im raschen Flug durcheilt hatte; vor mir erhoben sich Germaniens südliche Grenzwächter, die hohen illyrischen Alpen, deren höchste Spitzen, von Schnee und Eis bedeckt, in den letzten Strahlen der bereits hinter der westlichen Gebirgskette hinabgestiegenen Sonne feurig goldig erglänzten. Auch in der Ebene, in welcher der Zug sich, dem langen franzdorfer Viaduct nähernd, rasch fortbewegte, lag Schnee. Der herrliche Sonnenuntergang ließ auf einen schönen nächsten Tag hoffen, an welchem ich der deutschen Heimatherde auf einige Monate Lebewohl sagen wollte, und diese Hoffnung wurde noch mehr gestärkt und erhöht, als der Mond sein volles klares Licht auf die unter ihrer weißen Hülle schlummernde Erde warf. Ganz deutlich konnte man aus dem Waggon einen nicht unbedeutenden Theil der Ebene überschauen, in welcher Laibach liegt. Die Gebirgszüge in ihren mannigfachen Conturen und Configurationen, in ihrer verschiedenen Erhebung über dem Meeresspiegel bildeten einen malerischen Rahmen zu der in tiefster Ruhe unter der Eisenbahn ausgebreiteten, hell beleuchteten Mondscheinlandschaft. Ich vermochte den Gedanken nicht zu verscheuchen, wie ungewiß es doch sei, ob es mir vergönnt sein würde, die deutsche Muttererde wieder begrüßen zu können; ein Gefühl der Bangigkeit oder eine Art Heimweh führte die nordischen heimathlichen Berge in besonderer Klarheit und Deutlichkeit vor mein inneres Auge. Aber nachdem ich den Lieben in der gleichfalls im Wintergewande schlummernden Heimath nochmals ein herzliches Lebewohl zugesandt hatte, gewannen wieder die besten Reisebegleiter, die ein Tourist, der an Alleinreisen gewöhnt ist, haben kann: die heitere Laune und eine frohe Zuversicht auf glückliche Reise und vergnügtes Wiedersehen, die Oberhand. Dann begann ich, da die Landschaft immer undeutlicher, stiller und einförmiger wurde, mich mit der Musterung der Reisegesellschaft zu beschäftigen.

Wer, wie der Schreiber dieser orientalischen Bilder, das Glück gehabt hat, einen Theil Europas kennen gelernt zu haben; wer noch obendrein solche Reisen lediglich zu seiner eigenen Belehrung, ohne die Last eines Berufs und ohne Geschäfte zu betreiben, zurückgelegt hat; wer im Reisen ebenso zuversichtlich wie am Studiertisch oder in praktischer Thätigkeit den Kreis seiner Anschauungen zu erweitern sucht (wie dies ebenfalls von dem Verfasser überall auf seinen Reisen angestrebt worden ist): der findet ein Vergnügen darin, mit seinen Reisegefährten Gespräche anzuknüpfen, um „Volksstudien" zu machen. Auch ich habe bisher stets dieses Vergnügen mir zu verschaffen gewußt, oft zum größten Ergötzen der weniger redelustigen Reisegefährten, und obschon ich sehr oft, namentlich in Norwegen, woselbst ich von der Sprache des Landes kaum die nothwendigsten Reise- und Lebensbedürfnisse auszudrücken wußte, oft ausgelacht und ebenso oft anfangs gar nicht verstanden wurde, so befolgte ich auch heute mein altes Reiseprinzip und erging mich in „Allocutionen" und anderen Versuchen, Unterhaltung anzuknüpfen. Zu Conversationen ist die dritte Wagenklasse jedenfalls die geeignetste; ganz gleich, ob man unter dem 60° nördlicher Breite oder wie im vorliegenden Fall zwischen Laibach und Triest fährt. Ob die Versuche eines lernbegierigen Touristen, in erster Wagenklasse Gespräche anzuknüpfen, von günstigen Erfolgen begleitet sein würden, kann Schreiber dieser Zeilen weder bejahen noch verneinen, da er in seinem Leben nur ein einziges Mal und auch dann nur aus Versehen der betreffenden Bahnbeamten von Altona nach Pinneberg „Erster Gattung" befördert wurde; denn er hatte nur ein Billet für den zweiten Rang zu erschwingen vermocht. Dagegen kann ich mit völliger Gewißheit behaupten, daß die auf den Polstern und in den Glaskäfigen der zweiten Wagenklasse begonnenen schüchternen Versuche, lehrreiche Conversationen anzuknüpfen, nur höchst selten befriedigend ausgefallen sind. Meine Spaziergänge auf dem Laibacher Perron hatten mir überdies noch die Gewißheit verschafft, daß die Passagiere zweiter Klasse in einem halben Dutzend älterer Damen mit ebensoviel Herren und einem Dutzend österreichischer Marine- und Infanterieoffizieren bestand — zu denen ich mich noch nie übermäßig hingezogen gefühlt habe. Mein Nachbar zur Linken war ein Mönch in einer braunen Kutte von sehr feinem Tuch; eine weißseidene Schnur mit dem landesüblichen Rosenkranz und Crucifix bildeten den Gurt. Besagter Mönch redete mich in einer slavischen Sprache an, noch ehe ich mit der kritischen Musterung meiner sämmtlichen Mitreisenden zu Ende gekommen war; ein Schütteln des Kopfes war meine Antwort, daß ich für die Unterhaltung in dieser Zunge nicht zu verwenden sei. Aber der Mann mit seinem edlen, ausdrucksvollen, schönen Gesicht schien ebenso sehr das Bedürfniß sich zu unterhalten zu empfinden, als ich. Wir sahen uns beide einige Secunden scharf ins Gesicht, und ich wollte ihn eben italienisch anreden, als er in ziemlich gutem Latein mir erzählte, daß er ein Pole sei, dem Franziskaner-Kloster in Krakau angehöre und auf einer Reise nach Rom begriffen sei, woselbst er, um in der Osterwoche den Segen des Papstes zu empfangen, sich bis zum April aufhalten und für Letzteres vorbereiten wolle. Ich konnte nicht umhin, den Mann Gottes einen Augenblick zu ängstigen, indem ich ihm vorzureden suchte, daß die diesjährigen Ostersegensceremonien wegen „Mangel an Theilnahme" und zufolge der äußeren störenden Umstände auf unbestimmte Zeit vertagt, zum mindesten problematisch (incerte) seien. Aber die Zuversicht dieses Priesters war unerschütterlich; er kam so in Eifer, daß er aus dem Latein in ein mangelhaftes Italienisch überging und Que cosa dite, non e possibile, il papa stara sopra sua sedia mit apodictischer Gewißheit aussprach. Nun, für dieses Jahr hat er in Betreff der Benediction wohl Recht gehabt! Ein Eingehen auf die Reiseroute verscheuchte seinen Ingrimm und er hörte aufmerksam meinen aphoristischen Erzählungen von Milano la grande, Genova la soperba und Firenze la bella. Später zog er einen einfachen schlichten Landbewohner in die Unterhaltung hinein, welcher leider nur illyrisch sprach, mit dem er sich jedoch in seiner polnischen Sprache leidlich verständigte. Ich ließ mir von zwei deutsch sprechenden Landleuten aus der Umgegend von Adelsberg, welche allda aufstiegen, um nach Nabresina zu fahren (wahrscheinlich um zu schmuggeln), von der Adelsberger Grotte und den in derselben lebenden Thieren, dem Zirknitzer See und der Beschaffenheit des öden Karstgebirges, welches wir in der neunten Abendstunde durchfuhren, erzählen. So verdanke ich dem einfachen, schlichten, schmucklosen Erzählen der beiden Leute eine recht angenehme Stunde. Um über die Gebirgszüge des Karst zu gelangen, mußten die Ingenieure, ebenso wie beim Sömmering, allen ihren Scharfsinn aufbieten. Tunnels, hohe Viaducte, Dämme, um von einem Bergzuge zum nächsten zu gelangen, tiefe Durchschnitte und gewaltige Felssprengungen mußten ausgeführt werden, um einen günstigen Punkt an der Südseite des Gebirgszuges zu erreichen, von wo die Bahn in sanftem Fall sich der Königin der Adria, dem schönen Triest, nähern kann. Prosecco heißt der ziemlich hoch am Gebirgsabhange gelegene Ort, wo wir keinen Schnee mehr sahen, denn er liegt vor den kalten rauhen Nordwinden geschützt. Ein kaiserlich königlicher junger Postbeamter stieg zu uns in den Waggon und verkürzte dem Krakauer Mönch und mir die Fahrt über Nabresina, wo der Schienenstrang nach Venedig sich abzweigt, auf das Angenehmste. Obschon Deutscher von Geburt, sprach er das Italienisch so rein, daß es eine wahre Lust war, ihm zuzuhören. Nabresina hat einen bedeutenden Bahnhof, aber eine miserable Restauration. Wir mußten den uns entgegen kommenden Zug abwarten, ehe wir unsere Reise nach Triest fortsetzen konnten. Ich hatte den jungen Postbeamten gebeten, mich aufmerksam zu machen, sobald das Meer zu sehen sei, und bald hinter der Station Grignano ermunterten mich sehr Ermüdeten die Worte ecco Signore il mare zu neuem Hören und Sehen. Rechts unter mir sah ich auf eine graue unbewegte Fläche, von welcher leichte Nebel sich erhoben. Das scharfe Auge des Reisegefährten zeigte mir einzelne kleine Barken auf dem Meere; ganz deutlich aber erschienen am Ufer fast senkrecht unter uns das Seekadetteninstitut San Bartolomeo und auf einer weit vorspringenden Landzunge das glänzend erleuchtete, bethürmte Lustschloß des Erzherzogs Ferdinand Max, des ob seiner hervorragenden Vorzüge in ganz Oesterreich allbeliebten Oberkommandanten der Marine. Da, wo die Bahn seinem Schloß am nächsten ist, hat man einen Halteplatz eingerichtet, von welchem aus ich zuerst den Leuchtthurm der Stadt Triest in der Ferne erblickte. Man zeigte mir das große Lazareth und den Quarantainehafen. Bei dem Anblick des letzteren konnte ich eine gewisse Furcht nicht zurückdrängen, daß ich möglicherweise verurtheilt werden könnte, bei meiner Rückkehr aus der Levante 19 Tage daselbst zuzubringen, wenn es einem ängstlichen Sanitätsbeamten etwa einfallen sollte, den Dampfer für quarantainepflichtig zu erklären. Die Bahn fällt immer mehr, großartige Viaducte und Tunnels wechseln kurz vor der Stadt mit einigen überdeckten Gallerien mit riesig großen Fenstern ab. Endlich fuhren wir Abends 9½ Uhr in den geräumigen, zweckmäßig angelegten Bahnhof vor den Thoren Triest's ein. Die unvermeidlichen Lohndiener und Omnibuskutscher waren eifrig um die abgeladen werdenden Gepäckstücke, Koffer ꝛc. beschäftigt und nahmen, nach= dem sie selbige mit möglichster Eile auf ihre 20 Fuß langen Omnibusse ge= worfen hatten, auch die Besitzer jener Bagage nebenbei mit nach der Stadt. Der italienische Lohndiener calculirt ganz richtig, indem er sagt: wenn ich nur die Reiseeffekten erobert habe, so läßt sich der unkundige Reisende, der am späten Abend ankommt, mit Leichtigkeit zum Absteigen in dem Hotel bewegen, auf dessen Wagen bereits seine Effekten lagern. Mich wollte man in das Hotel de Ville schleppen, aber ich widerstand energisch und verlangte categorisch nach dem Hotel de France gefahren zu werden, welches, am Piazza grande gelegen, mit herrlicher Aussicht auf diesen Platz und den Hafen, mir von einem lieben Freunde empfohlen war. Namentlich hatte mir derselbe das Vergnügen lebhaft geschildert, welches er jedesmal am frühen Morgen empfand, als er im Fenster liegend das Leben und Treiben auf dem Platze und im Hafen beobachtet hatte. Nebenbei sollte eine vortreffliche deutsch ein- gerichtete Restauration im ersten Stock des Hotels auch nach dieser Richtung hin dasselbe zu einem angenehmen Aufenthalt machen. Aber der Mensch denkt, ein Anderer oder eine Andere lenkt. Ich wurde vor dem Hotel de France abgesetzt, meine Sachen 3 Etagen hinaufgetragen, ich schlich hinterdrein, und als ich das Fenster meines Zimmers öffnete, um Seeluft zu athmen und abendliches Straßenleben zu beobachten, befand ich mich über einem schacht= ähnlichen etwa 25 Quadratfuß großen Hofe, dessen Tiefe ich in der Abend= stunde gar nicht zu ergründen vermochte. Da diese eine Hoffnung der schönen Aussicht nicht in Erfüllung gegangen war, so widmete ich meine Zeit einer genaueren Einsicht der Speisekarte des ersten Stockes und ich gestehe, daß ich hier das fuge quaerere getreulich befolgte. Was man allda erhielt, ist vortrefflich nnd preiswürdig; allen Reisenden sei die deutsche Restauration ou premier des Albergo de francia dringend empfohlen. Gleichzeitig bemerke ich, daß das deutsche Casino ebenfalls sein Domicil in der ersten Etage jenes großen Hotels hat. Vortreffliche Betten ließen mich die Stra= pazen einer 23stündigen Eisenbahnfahrt dritter Klasse sehr bald vergessen und stärkten mich zu den mir am andern Morgen bevorstehenden Mühseligkeiten, welche mit der Erlangung eines Billets zu einer Seereise für einen Ausländer in dem Hafenplatz eines Polizeistaates immer verknüpft sind.

Bekanntlich ist es die Gesellschaft des oesterreichischen Lloyd, auf deren Schiffen die Reisen nach der Levante von Triest aus unternommen werden. Da über die erstaunenswerthe Großartigkeit des Umfanges dieser hochacht=

baren Affociation in Norddeutschland noch wenig Authentisches und Vollständiges bekannt ist, so erscheint es mir nicht überflüssig, Einiges des Wichtigsten hier mitzutheilen.

Das Institut des österreichischen Lloyd ist im Jahre 1836 gestiftet worden. Nach den Intentionen des Gründers, eines intelligenten Kaufmannes, sollte es den Export österreichischer Kunstproducte und Fabrikate und den Import ausländischer Rohstoffe hauptsächlich zur See vermitteln. Die wenigen Theilnehmer dieses Etablissements fingen mit 7 Schiffen von 630 Pferdekräften an. Im ersten Jahre wurden auf 87 Reisen 8000 Reisende befördert. Gegenwärtig besitzt die Gesellschaft 68 Dampfschiffe von 40—400 Pferdekraft, in Summa von 12200 Pferdekräften und 36300 Tonnen Gehalt im Werth von 14 Millionen Gulden, es wurden im letzten Jahre 2097 Reisen gemacht und 386000 Passagiere befördert. Die kleinen Dampfer von 40—70 Pferden vermitteln den Dienst längs der istrischen Küste bis Fiume, die darauf folgenden größeren sind für Albanien und Venedig bestimmt, die andern von 200 Pferdekräften an, und deren sind 25, durchkreuzen das Mittelmeer und schwarze Meer nach allen Richtungen. Die 9 größten haben je 400 Pferdekräfte und einen Tonnengehalt von 1060—1420 Tonnen. Gegenwärtig befinden sich die Bureau's und Geschäftslokale der Lloydgesellschaft in dem Tergesteum, dem großartigen Börsenlokale Triests, und man behauptet nicht zu viel, wenn man den Lloyd als die sicherste, gründlichste und zuverläsigste Quelle für alle Angelegenheiten, welche den Orient und dessen commerzielle und politische Verhältnisse zu Europa betreffen, betrachtet. Auf alle Fragen erhält man hier auf die bereitwilligste und zuvorkommenste Weise Auskunft, über Paßschwierigkeiten helfen die Herren im Bureau der Dampfschifffahrtsbillets mit größter Liebenswürdigkeit durch persönliche Schritte bei den Beamten der Polizeidirection hinweg. Wie weit die Sorge für deutsche Reisende geht, erhellt daraus, daß die Lloyddirection Anstalten getroffen hat, daß in ihrer eigenen Druckerei und artistischen Anstalt Reisehandbücher herausgegeben werden, welche dem Deutschen für seinen Besuch in Griechenland, Türkei, Kleinasien, Syrien, Palästina, Aegypten die besten Führer sind. Verfaßer dieser vortrefflichen, „orientalischen Bädecker" ist Dr. Moritz Busch, der berühmte Herausgeber jenes ausgezeichneten Werkes: „Reise nach Jerusalem, Bilder ohne Heiligenschein." —

Aber wie jede menschliche Schöpfung etwas Unvollkommenes hat, so auch diese österreichische Lloydgesellschaft, und ich spreche hier als specifischer Deutscher. Um Deutschland im Orient noch wirksamer, eindringlicher und energischer zu repräsentiren, wäre es durchaus nöthig, daß die Herren Capitaine und Offciere durchweg deutsch sprechen müßten. Es ist eine unzweifelhafte Thatsache, daß die Lloydschiffe die gesuchtesten im Orient sind, eben weil sie die besten und zuverläsigsten, billigsten und comfortablesten sind. Alle diese Vortheile kommen wohl der österreichischen Flagge zu gut, aber nicht der deutschen Nation. So lange die Führer der Schiffe nur italienisch sprechen, nützen sie nur wenig dem deutschen Interesse. Der deutsche Kaufmann oder Handwerker in den Hafenplätzen des Orients würde sicher noch mehr zu bedeuten haben und noch mehr geachtet werden, wenn er sich in seiner Sprache mit dem Capitain eines Schiffes, welches die Flagge eines deutschen Staates führt, unterhalten könnte. So lange dies nicht der Fall ist, gelten die stolzen Schiffe der hochachtbaren österreichischen Lloydgesellschaft immer nur für italienische Fahrzeuge, niemals für die Träger deutscher Intelligenz, deutschen Gewerbfleißes und deutscher Handels-Erwerbsthätigkeit. Es kann doch unmöglich so sehr schwierig sein, diesem Verlangen zu entsprechen. Ist dieses Ziel erreicht, dann ist der österreichische Lloyd der im Orient am segensreichsten wirkende Apostel des Germanenthums.

Die Lloydgesellschaft erhielt vom Staat nur für die in dem Postvertrag stipulirten Reisen einen Beitrag, welcher sich auf circa 1 Million 800000 Gulden beläuft. Ob die griechische und türkische Regierung außer den Postgebühren irgend welche Subvention zahlen, wie einmal behauptet wurde, möchte ich bezweifeln, da die Lloydschiffe weder vom türkischen noch griechischen Gouvernement in irgend welchem abhängigen Verhältniß stehen.

Die Gesellschaft beschäftigt in ihren technischen Anstalten 1100—1200 Arbeiter. Oestlich von der Stadt Triest in der kleinen Bai von Servota befinden sich die ausgedehnten Anlagen des Lloydarsenals. Dieselben zerfallen in zwei Abtheilungen, die eine ist eine Maschinenbauanstalt im großartigsten Sinne des Wortes, die andere eine Schiffsbauanstalt mit Kesselschmieden, Docks, Schiffswerften c. Die Bûreau's im Tergesteum zerfallen nach ihrer auf drei verschiedene Zwecke gerichteten Thätigkeit in drei verschiedene Branchen, in die Affecuranzgesellschaft, in die eigentliche Dampfschifffahrtsgesellschaft und in die literarisch-artistische Branche.

Vor dem italienischen Kriege war auch eine Dampferlinie nach Barcelona via Corfu, Messina, Neapel, Livorno, Genua und Marseille eingerichtet; dies ist jedoch seit diesem Kriege aufgehoben und es beschränken sich die Fahrten jetzt auf folgende Linien:

Fahrten in der Levante (Endpunkte Constantinopel, Alexandrien); in die Donau und im schwarzen Meere, im adriatischen und mittelländischen Meere, an den österreichischen Küsten und nach Albanien.

Nach Constantinopel finden wöchentliche Eilfahrten statt, nach Aegypten nur zwei Mal monatlich.

Neuerdings geht man mit der Idee um, eine Dampferlinie nach London, mit Anlaufen von Malta, einigen spanischen, portugiesischen und französischen Häfen ins Leben zu rufen.

So viel zur Würdigung der außerordentlichen Wichtigkeit des österreichischen Lloyd. —

Durch freundliche Vermittlung eines Mitgliedes des Corps consulair (geborener Norddeutscher), der durch seine hervorragenden Leistungen auf dem Gebiete menschlichen Erfindungsgeistes den ehrenvollen wichtigen Posten eines ersten Directors des Stabilimento technico, einer Maschinenbauanstalt ersten Ranges bekleidet, erhielt ich von der Polizeidirection sofort die Ausfertigung meines Reisepasses, obschon die Bureaus an diesem Tage (es war Sonntag) geschlossen bleiben sollen. Ohne das Visum der Hafenpolizei darf kein Fahrbillet verabfolgt werden, und ich rathe deshalb allen Reisenden, welche mit den Sonntags oder Festtags (letztere giebt es in Triest ziemlich viele) aus dem Triester Hafen abgehenden Schiffen abzureisen gedenken, entweder ihre Pässe einige Tage vorher einzusenden oder aber mindestens 24 Stunden vorher einzutreffen, um die Erlangung des Visums mit Ruhe bewerkstelligen zu können.

Den kurzen Rest des Morgens benützte ich zu Spaziergängen in der Stadt und längs des Hafens. Slavische, italienische, griechische und deutsche Nationalitäten bewegten sich allenthalben auf den Straßen und Quais in ihren malerischen Feiertagscostümen umher. Ganz besonders interessant, weil neu für mich, war ein Besuch der offenen griechischen Kirche, in welcher einige Hundert griechische Matrosen dem Gottesdienst beiwohnten.

Alles macht den Eindruck, daß man sich hier an der Außenpforte des abendländischen Europa's befindet. Die vielen Trachten und Physiognomien des Orients deuten an, daß Triest das Thor ist, durch welches der Verkehr des Orients mit dem Occident vermittelt wird, und daß dieser Verkehr ein so außerordentlich lebhafter, ist ein unbestrittenes Verdienst der österreichischen Lloydgesellschaft. —

Ich begab mich schon um 11 Uhr an Bord des dicht an einem der Molo's liegenden stattlichen Dampfer Neptun. Hier herrschte reges Leben und Treiben; Passagiere und ihre Begleiter, Lloydbeamte, kamen und gingen. Der Sonntag hatte eine Menge schaulustigen Publikums aller Stände herausgelockt, eine große Anzahl Capitaine und Officiere aller Grade des Lloyd waren erschienen, um ihren Kameraden eine buon viaggio zu wünschen. Die Betrachtung der Gruppen, Stadt und Hafen bot so viele Abwechslung dar, daß die Stunde der Abfahrt unvermuthet schnell herangekommen war.

Es schlug 12 Uhr; der erste Capitain, eine Vertrauen erweckende kräftige Seemannsgestalt mit pockennarbigem Gesicht, ertheilte seine Befehle und verabschiedete die Cameraden. Alle die nicht zu den Passagieren oder zur Besatzung gehörten, verließen das Deck und die schmale Brücke, welche Schiff und Land noch bis jetzt verbunden hatte, wurde zurückgezogen. Dem Schiffe ward noch die besondere Ehre zu Theil, von sämmtlichen Herren Directoren des Lloyd besucht zu werden, welche der mitreisenden jungen Gemahlin eines im Oriente stationirten Kaiserl. Königl. Consuls das Geleit gaben und bis zum letzten Augenblick an Bord blieben. Obschon das Wetter nicht gerade schön war, denn es hatte am Morgen ein wenig geregnet und es wehte um Mittag ein kühler Wind, war schließlich doch der Quai seiner ganzen Länge nach von Menschen beiderlei Geschlechts, jeglichen Alters und Standes bedeckt. Natürlich wurden auch Thränen auf beiden Seiten vergossen, und zwar betheiligten sich bei dieser ewigen Bethätigung der Menschheit diesmal nur Mitglieder des schwachen aber schönen (im vorliegenden Fall sogar sehr schön zu nennenden) Geschlechts. Da ich noch genug Zeit finden mußte, um die Reisegesellschaft zu studiren, dem Thun und Treiben der Matrosen, Maschinenleute und der innern Schiffseinrichtung meine Aufmerksamkeit zuzuwenden, beschloß ich zuerst, das Deck nicht zu verlassen, um vor dem Anblick auf Stadt, Umgegend und Hafen nichts zu verlieren. Ein Dampfer, kleiner als der unsere, Croatia, kam eben von Venedig, als wir den Leuchtthurm passirt hatten. Auf Deck war Alles in fröhlicher Sonntagslaune und ich sah darin eine gute

Bedeutung für meine eigene frohe Wiederkehr. Der Blick auf die Stadt
erinnerte mich in gewissem Grade an Genua; so wie dieses herrlich gelegene
ligurische Emporium liegt auch Triest amphitheatralisch an den dicht am Ufer
aufsteigenden aber nicht sehr fruchtbaren Bergzügen. Im Frühjahr mag wohl
etwas mehr an Bäumen und Sträuchern zu sehen sein, als drüben auf den
Bergabhängen der andern Seite der appenninischen Halbinsel; aber so waren
es gerade die entblätterten Bäume, welche an die Lage von Genua erinnerten.
Zur Linken vom Beschauer erheben sich die großartigen Eisenbahnbauten, der
Bahnhof mit seinen umfangreichen Gebäuden, die Viadukte, lange mit Glas-
fenstern versehene Hallen und andere stattliche Häuser, z. B. Zollamt, Lazareth.
Am weitesten links erschien wiederum Schloß Miramar von seiner Südseite.
Zur Rechten, da wo die Bucht von Muggia sich tief in das Land hinein erstreckt,
sind die großartigen Gebäude des Lloyd-Arsenals, so wie die höchst sehenswerth
ausgedehnten technischen Anlagen einer Actiengesellschaft, das oben erwähnte
Etablissement technico triestino, dessen ausgezeichnete Producte in Aegypten
den englischen gleichen Producten gefährliche Concurrenz machen, und deren
Dampfmaschinen den besten englischen nichts nachgeben, Zierden der Stadt und
erhöhen die Schönheit des Bildes. Einige Promenaden und zahlreiche Gärten,
Parkanlagen machen den Anblick dieses Theiles der Stadt und Umgegend zu einem
lieblichen Bilde. Im Ganzen genommen erscheint Triest, vom Meere aus gesehen,
größer als es eigentlich ist, und liegt der Grund in den vielen Villen, Sommerwohnungen und einzelnen kleinen Häusern, welche in größerer oder geringerer
Entfernung vom Mittelpunkte der Stadt an den Bergen oder an der Küste
entlang, aufgeführt sind. Der Blick auf die höheren Gebirgsgipfel ward
durch Nebelwolken, welche nur hier und da auf kurze Zeit zerrissen und
einzelne kleine Schneefelder zeigten, getrübt, ein frischer Nordwestwind jagte
den Dampfer mit Schnelligkeit durch das spiegelglatte Meer dahin. Fahrzeuge
von jeglicher Art und Größe belebten die Rhede von Triest und die nahe
istrische Küste, an welcher wir theilweise so nahe vorbeifuhren, daß wir ohne
Schwierigkeit in einem Olivengarten die einzelnen noch jungen Stämme unterscheiden und zählen konnten. Der erste größere Ort, den man zu sehen
bekommt, ist das in einer Bucht liegende Capo d'Istria, am Fuße dicht-
bewaldeter Berge gelegen. Ein stattlicher Kirchthurm und ein schloßähnliches
Gebäude verleihen dem freundlichen Orte einen stattlichen Anblick. Man
sagte mir, daß jenes Schloß gegenwärtig als Strafanstalt für die Verbrecher
von Istrien und dem südlichen Jllyrien benutzt würde. Weit deutlicher erscheint dem Beschauer das ungemein malerisch gruppirte Städtchen Pirano;
theils oben auf einem ziemlich steilen dicht am Meeresufer sich erhebenden
Berge, theils am Strande gelegen, ist es auf allen Seiten von Olivenpflanzungen umgeben. Ueber die Landspitze hinweg, auf welcher Pirano
liegt, erhebt sich in südlicher Richtung der Monte del Corso. Das Schiff
steuerte auf den Leuchtthurm hinter Salvora, dem östlichsten Punkt der Halbinsel Istrien, los und nahm dann fast entschieden südlichen Cours an. Bald
präsentirt sich das freundlich gelegene Städtchen Umago, am Ufer des Meeres
in einer Gegend gelegen, wo die Berge mehr zurücktreten. Wir blieben von
nun ab in gleicher Entfernung von der istrischen Küste, Cittanova und

Parenzo konnten wir noch bei vollem Tageslicht sehen; aber als wir uns Rovigno näherten, dunkelte es bereits; zudem rief der Cameriere das von uns längst ersehnte Pranzo e pronto und ich stieg hernieder, um den durch die Seeluft zu einer bedeutenden Höhe angewachsenen Appetit zu stillen. Es war dieses erste Diner die beste Gelegenheit, zu erfahren, wer von den zahlreichen Passagieren, welche sich bisher auf Deck gezeigt hatten, zu der begüterten Min= derheit des Menschengeschlechts und wer zu derjenigen Gattung Menschen ge= hörte, welche auf Reisen weniger Comfort beanspruchen dürfen und deshalb die 2. Cajüte erwählen mußten. Sechszehn Personen bildeten hier die Tischge= sellschaft, welche in mehr als einer Beziehung eine merkwürdig zusammengesetzte war, wie mir der 2. Capitän, welcher die Personalien bearbeitet, später erzählte, während der 3. Capitän oder 2. Lieutenant die Realia zu besorgen hat, d. h. während der 2. Capitän oder der erste Lieutenant die Passagierlisten führt, die Pässe empfängt, verwahrt und abliefert, muß man sich in Sachen seines Ge= päcks oder überhaupt in Güterspeditions=, Frachtangelegenheiten an den 2. Lieu= tenant wenden. Die Gesellschaft bestand zu ³/₄ aus Kindern Gottes, d. h. aus Missionären, nämlich einer preußischen, aus acht Personen bestehenden, protestanti= schen Missionsgesellschaft (worunter vier Frauen, vier Männer) und aus einem ka= tholischen, italienischen Priester (Weltgeistlicher) mit drei Nonnen in braunem Kleid, schwarzem Schleier und großem Marienbild vor der Brust; erstere, die protestan= tische Gesellschaft, ging in das Innere Vorderindiens, ins Gangesthal, woselbst vier von ihnen schon viele Jahre segensreich gewirkt hatten, letztere waren von der Mission zu Honglong entboten. Erstere waren Abgesandte des Berliner Missionsvereins und die vier Vorigen waren von den ältern Amtsgenossen zu ihrer Unterstützung ausersehen worden. Die andere, weltliche Gesellschaft waren drei Italiener, ein Preuße und ich. Noch nie war ein Lloyddampfer von Triest nach Alexandrien mit zwölf Missionären, auch noch nie mit zehn Preußen in 2. Cajüte an Bord gegangen. Beide Momente gaben Veranlassung zu vielfachen Scherzen in der Unterhaltung mit den höchst liebenswürdigen Schiffsoffizieren und dem ebenso netten, zuvorkommenden Schiffsarzt, einem ältern Manne, der seine medizinischen Studien in Graz und Wien absolvirt hatte. Das Diner in der 2. Cajüte, bei welchem abwechselnd der 1. und 2. Lieutenant den Vorsitz führt, während der Capitän auf dem ersten Platz die Honneurs macht, war tadellos. Die Speisen waren ebenso schmackhaft und reinlich zubereitet, wie in den ersten Hotels der größten deutschen Städte, die Bedienung exact und prompt, Tischzeug und Teller ꝛc. stets auf das Sauberste gewaschen. Suppe, vier warme Schüs= seln, dazwischen ein appetiterregender Zwischengang, Mehlspeise, Butter, Käse und prachtvolle Früchte, schließlich ein Täßchen (oder auch zwei) ganz vortrefflicher Kaffee bildeten das Mittagsmahl, mit dessen Bearbeitung und Verarbeitung wir uns während einer ganzen Stunde befaßten. Der Herr Küchenvorstand hat wenig zurück erhalten, die vollkommen ruhige See gestattete, daß Jeglicher sich recht gründlich satt essen konnte. Zwei der armen Nonnen und auch einige Mitglieder der protestantischen Mission wurden an den folgenden Tagen während der ganzen Ueberfahrt weder beim Frühstück noch beim Mittagessen wieder ge= sehen. Die armen Menschen haben von Sonntag Nachmittag 5 Uhr bis zur Ankunft in Alexandrien, Sonnabends früh, gehungert. Nicht darf vergessen

werden, daß ein ganz ausgezeichneter ungarischer Rothwein Szechard, à discretion gereicht wird, ja, die Liebenswürdigkeit und Fürsorge der Lloydbirection geht
so weit, daß sie ihre Schiffsrestaurateure ꝛc. ermächtigt, sogar Obst in erneuerter
Auflage zum Desert erscheinen zu lassen. Es ist ein eigen Ding auf Seereisen. —
Das Gefühl, bei eintretendem Unglück wahrscheinlicher Weise gleichzeitig das
gleiche Loos theilen zu müssen, bringt die Menschen eher dazu, mit einander zu
reden und bekannt zu werden, als wenn man Landreisen macht. Findet man
noch obendrein, daß man seine Gedanken und Empfindungen in seiner eignen Sprache
den Mitreisenden ausdrücken kann, daß man seine Hoffnungen oder Befürchtungen
in gewohnter Weise mittheilen kann, so ist recht bald eine gewisse Vertraulichkeit
hergestellt. Nicht genug, daß also neun dieser Mitreisenden Preußen waren, nein,
der Zufall wollte sogar, daß vier derselben aus meiner nächsten Nähe, der Lau=
sitz gebürtig waren. Ich war nicht wenig erfreut, als ich, nachdem wir uns
gesetzt hatten und ich die Physiognomien der Mitessenden auf ihr Heimathland
mit kritisch=prüfendem Blick musterten, aus dem Munde meines Nachbars, des
preußischen Weltkindes, wie ich ihn zum Unterschiede von den geistlichen Lands=
leuten nennen will, einige unschwer verständliche Worte vernahm, mit denen er
im unverkennbaren märkischen Dialekte die Intensität seines Hungers und Dur=
stes bezeichnete, welche Schilderung gleichzeitig auch treffend meinen Magenzustand
bezeichnete. Ohne mich lange zu zieren, begrüßte ich ihn als Gesinnungsge=
genossen und die Bekanntschaft mit der ganzen Gesellschaft, welche sämmtlich, ehe
ich zur deutschen Sprache überging, in mir einen ächt veritablen Italiener gehalten
hatte (weil ich mit dem einäugigen Cameriere mehrfach parlirte), war sofort ge=
macht. Ja, ich, der ich in meinem Leben nie ordentlich italienischen Sprach=
unterricht genossen habe, wurde in Folge meiner Sprachfertigkeit oder vielmehr
Conversationslust von der gesammten Landsmannschaft zum Dolmetscher in ihrem
Verkehr mit der Dienerschaft erwählt. Es hat uns dieses Commissorium wäh=
rend der ganzen Ueberfahrt viel Spaß gemacht. Nach Beendigung des Diner
eilten wir hinauf, um die angenehme Abendluft zu genießen. War es auch
noch so kühl, daß man den dicken Ueberzieher und den Plaid recht gut vertragen
konnte, so war es doch windstill, und die Sterne und die Leuchtthürme der istri=
schen Küste, namentlich aber der Mond, funkelten und leuchteten so herzerfreuend,
daß sich die ganze Gesellschaft wieder auf dem höchst geräumigen Hinterdeck ein=
fand und noch lange auf= und abpromenirte. Erst gegen 8 Uhr, zur Thee=
stunde — wo Thee, Schiffszwieback, Weißbrod à discretion gereicht wird, zogen
sich die meisten Reisenden in die ihnen von den Camerieres angewiesenen Cojen
zurück. Aber ich, obschon ich zwei Nächte vorher auf der Fahrt zwischen Prag
und Wien, zwischen Wien und Triest kein Auge geschlossen hatte, zog es vor,
wieder an Deck zurück zu kehren. Durch einen Pelz vor der Nachtkühle ge=
schützt, nahm ich hinter dem Steuermann Posto und erfreute mich des hellen,
klaren Mondscheins und des Sternengefunkels. Obschon das Meer noch ganz
ruhig war, konnte man kein Meerleuchten wahrnehmen. Wie mir der freund=
liche Doctor, mit dem ich ebenfalls schon am Nachmittag bekannt geworden war,
erzählte, ist der Januar für das adriatische Meer zu kalt, um in so hohen
Breitegraden diese prachtvolle Erscheinung hervortreten zu lassen. Erst südlich von
Corfu sollte dieses unbeschreiblich schöne Phänomen durch das ganze Jahr gleich

schön sich zeigen. Ja, das Meer, das Meer! Dieses schöne Bild der Ewigkeit mit dem Kommen und Gehen seiner Wogen, diesem fortwährenden Wechsel in der Erscheinung, wie anregend ist und bleibt es für den denkenden Menschen! Welche ununterbrochene Wechselwirkung der zwei Agentien Licht und Luft auf das Wasser, was für Gestaltungen, Farben und Reflexe werden da nicht erzeugt, für die der Erzähler keine richtige Bezeichnung, der Maler nicht die wahre Farbe herausfindet! Es hat das Meer, so oft ich es sah und durchfuhr, bisher einen unbeschreiblichen Eindruck auf mich gemacht, und dieser Eindruck wird immer mächtiger, überwältigender und unwiderstehlicher, je öfter ich am oder auf dem Meere verweile. Er ist ein so gewaltig anziehender, daß ich seit 1853, in welchem Jahr ich bei Curhaven zum ersten Male die hohe See zu sehen Gelegenheit hatte, alljährlich das Bedürfniß fühle, eine Reise wenigstens an einen Seestrand zu machen. Wer dasselbe hohe Entzücken beim Anblick der bewegten See empfindet, wie ich, der kennt keine Furcht vor Seereisen; ist dieser Gleichfühlende ebenso glücklich, wie ich, trotz heftigen, schweren Wetters nie seekrank geworden zu sein, so wird er, gleich wie ich, jede Seereise einer Eisenbahn- und Postfahrt vorziehen. Von den Schriftstellern der Neuzeit hat wohl keiner eine Fahrt auf dem Meere so anziehend und treffend geschildert, als Burmeister, welche Beschreibung ich hiermit dringend empfehle.

Wir befanden uns nach der Aussage unseres wettergebräunten, abgehärteten Steuermannes etwa in gleicher Breite mit Pola und dem Leuchtthurm der Punta d'Istria, als ich die Ruhe suchte. Die protestantischen Missionäre sangen einige Abendlieder und der Aelteste von ihnen las ein Capitel aus der Bibel vor, ehe sie sich zur Ruhe begaben. Ich muß gestehen, daß ich dies nicht billigte, und zwar aus mehrfachen Gründen. Einmal liegt die Camerina des 1. Lieutenants, welcher um 12 Uhr Mitternacht wiederum die Wache zu übernehmen hatte, dicht neben der 2. Cajüte, worin jene Leute sangen, und es war also derselbe in seiner ihm gewiß sehr nöthigen Ruhe gestört und zum Andern mußten die Protestanten dem Umstand besser Rechnung tragen, daß auch ein katholischer Geistlicher nebst drei Nonnen an Bord war und daß wenn dieser seine Abendandacht in derselben Weise hätte verrichten wollen, wir andern Passagiere vor Mitternacht keine Ruhe hätten finden können. Es wäre uns dann nichts anderes übrig geblieben, als um Translocirung der laut betenden und singenden Reisegesellschaft an einen Ort zu petitioniren, woselbst ihre lauten Herzensregungen Niemandem den Schlaf rauben. Dieselben Bedenken äußerten am andern Morgen die beiden Offiziere und der Arzt, und alle drei baten mich auf eine höchst rücksichtsvolle Weise, bei meinen Landsleuten dahin zu wirken, daß die lauten Andachtsübungen unterbleiben möchten, welchem Auftrag ich mich denn auch mit möglichster Behutsamkeit und Schonung entledigte. Ohngeachtet meiner Müdigkeit bedurfte ich langer Zeit, bis ich mich an das Knarren und Knacken der Schiffswandungen und der Planken, das Getöse der Wellen, das durch die Maschine verursachte Zittern des ganzen Fahrzeuges gewöhnte, und erst nach beendeter 4. Wache (8—12 Uhr Nachts) gelang es mir, einzuschlafen. Wenn mich meine Erinnerung nicht täuscht, so sind die Schlafcojen der östreichischen Schiffe breiter und länger als auf den sardinischen, neapolitanischen, französischen und schwedischen Schiffen; die norwegischen und englischen Postdampfer haben ebenso bequeme Cojen als die Lloydschiffe, aber ganz entschieden habe ich auf den kaiserl. königl. österreichischen Matrazzen besser geschlafen als auf den nordischen. Wäre der Raum zwischen oberer und unterer Coje nur um 4″ höher, so würde ich die Einrichtung der 2. Cajüte der Lloydschiffe ohne Ausnahme der jeder andern Nationen vorziehen. Warum man dies nicht eingerichtet hat, ist mir unklar geblieben. Die Möglichkeit hierzu ist gegeben, man hat noch genügend Raum, um mit der Anlage der obern Coje 2″ höher, mit der untern 2″ tiefer zu gehen, hierdurch wird weder Ein= noch Aussteigen weder in der obern noch in der untern Etage beeinträchtigt und der Bewohner der untern Reihe braucht dann nicht Gefahr zu laufen beim jedesmaligen Aufstehen den Oberkörper aus allen seinen Gelenken gebracht zu sehen, so daß eine kreuzlahme halbe Stunde bei einem einigermaßen lang = schlankgewachsenen Menschen unvermeidlich ist. Schöne Arabesken und Verzierungen in Holz (wenigstens von außen für den Unbetheiligten schön und zierlich anzusehen) machten mir das Aufstehen sehr schmerzlich, denn ich mußte eine ganz besonders kunstvolle Kopfwendung machen, um ohne blaue Flecken durchzukommen. Erst nach mehrfacher Uebung gelang es mir, ungeschädigt heraus zu schlüpfen. Matrazzen, Kissen und Decken sind von ausgezeichnet schönen Stoffen angefertigt. Ein schöner, rothwollener, damastener Vorhang trennt die längs der Wandungen der Cajüte angebrachten Schlafcojen (welche jede einzelne durch einen weißleinenen Vorhang verhüllt werden kann) von dem Raum, in welchem vier Tische zum Speisen und zwei Büffets stehen, und giebt hinreichend Platz, um sich ungenirt aus= und ankleiden zu können, breite, mit Roßhaarpolstern gedeckte Divans laufen in die untern Cojen hin und dienen beim Essen einer Reihe von Speisenden als Sitze. Vier Tische (am Boden natürlich festgeschraubt) stehen je zwei an jeder Seite der Cajüte und lassen noch hinreichend Raum für Unterbringung von Nachtsäcken, kleinen Koffern ꝛc.; auch die an der innern Seite der Tische befindlichen Bänke sind festgeschraubt. Sämmtliche Holzsachen sind von Mahagony, elegant polirt. Vier prachtvolle, schwebende Hängelampen eigenthümlicher Construction verbreiten eine mehr als hinreichende Beleuchtung. Wir bedurften stets nur zwei Lampen und die ganze Cajüte war hell erleuchtet. Während des Tages wurden Schleier von rosa Gaze über diese Lampen gezogen. Der große Raum enthält Cojen für 24 Personen. Vier Waschapparate dienen zum Waschen, zwei kleine und ein großer Spiegel ergänzen den Toiletteapparat. Neben dem als Herrenschlafgemach und Speisesaal dienenden Raum der 2. Cajüte befindet sich die Damencajüte für vier Damen; sie ist nur klein, mit Teppichen ausgelegt, sorgsam für Damen garnirt und gut eingerichtet. Außerdem befinden sich noch in unmittelbarer Nähe der 2. Cajüte, d. h. mittelst derselben Treppe zugänglich, die Camerinen für den 1. Lieutenant, den Arzt und eine kleine Kammer, dienend zur Aufbewahrung der Tischgeräthe, Gläser, Flaschen, Porzellan ꝛc. Letzteres ist durchweg mit dem Wappen des österreichischen Lloyd versehen; die Passagiere des ersten Platzes speisen auf weißem Porzellan mit hellblauen Verzierungen; wir geringer zu tarirende Menschheit aßen von Porzellan mit hellbrauner Verzierung. Die Beschaffenheit der Masse schien mir in beiden Classen dieselbe zu sein, ob man von weiß mit blau mit mehr Appetit speist, als man von weiß mit braun ißt, will mir nicht scheinen. Jedenfalls hat man zur Controle der betreffenden Herren Kellner diese Farbenverschiedenheiten gewählt.

Eine Lampe brennt im Vorsaal unten an der Treppe während der ganzen Nacht. Der Vorsaal ist garnirt mit den Verhaltungsmaßregeln für die Schiffs-reisenden in fünf Sprachen (griechisch, italienisch, englisch, französisch, deutsch) mit der Preisliste der extra verkäuflichen Speisen, Getränke, mit einer Kundmachung, wie hoch die verschiedenen Münzen in der Schiffsrestauration angenommen wer-den, schließlich mit einer Mittheilung über die Zeit und Umfang der verschiedenen Mahlzeiten. Am Morgen des 28. Januar war ich der erste Passagier auf Deck, doch führte ich ein unglückliches Dasein auf demselben, weil die Matrosen mit dem Reinigen desselben eifrigst beschäftig waren. Saug- und Druckpumpen bringen das Meerwasser in langen Schläuchen auf das Verdeck. Zwei Mann regieren die Schlauchmündung, aus welcher ein starker Strahl Wasser mit Gewalt hervorgetrieben wird und auch den festsitzenden Schmuz binnen Kurzem wegnimmt, drei andere Matrosen mit scharfen Bürsten und Schrubbern folgen dem Wasserstrahl und vollenden den Reinigungsproceß. In schmalen Rinnen läuft das schmutzige Wasser in der Nähe der Radkasten ins Meer zurück. Ich wurde auf das äußerste Ende des Vordertheils des Schiffes dicht an den Bugspriet gedrängt und sah von hier aus die Sonne hinter den hohen Bergen der zur Linken vor uns lie-genden Insel Lissa emporsteigen. Es war empfindlich kalt und mein Pelz that mir gute Dienste. Nach und nach sammelten sich sämmtliche Passagiere des 2. Platzes, theils wurden sie durch das Getöse der schrubbernden und putzenden Mannschaft geweckt, theils waren sie neugierig, einen Sonnenaufgang auf dem Meere zu sehen. Auf dem ersten Platz empfand Niemand das Bedürfniß, dieses herrliche Naturschauspiel zu geniessen, es scheint gegen die Statuten der ersten Cajüte zu verstoßen so zeitig aufzustehen. Wir befanden uns somit bereits im Archipel der Dalmatiner Inseln. Einige Seemeilen rechts blieb die Insel Mischa, ein colossaler, senkrecht aus dem Meer sich erhebender Felsblock, so steil und unwirthlich, daß Niemand darauf wohnen kann, theils dicht mit Nadelwald be-standen, weshalb dieses Felseneiland (sowie mehrere andere Inseln) um Holz zu schlagen öfter besucht wird. Die Dalmatiner Küste präsentirt sich ganz male-risch, mehrere Gebirgszüge in verschiedener Höhe erheben sich auf derselben, deren höhere, hintere dicht mit Schnee bedeckt waren. Die anderen Hügelreihen und niedrigeren Bergketten erscheinen dem Auge als recht steril, der graue Fels, wel-cher allenthalben zu Tage tritt, wird nur wenig von dunkelgrünen Coniferenwal-dungen unterbrochen. Ganz ähnlich sind sämmtliche Inseln beschaffen. Ich er-innere mich nicht, eine einzige gesehen zu haben mit ebenem Terrain von einiger-maßen erheblicher Ausdehnung, das wenige Ackerland liegt an den Bergabhängen und zumeist recht steil abfallend, so daß die Bestellung eine sehr mühsame sein muß. Die Sonnenstrahlen verliehen den Bergen jenes eigenthümliche Violett oder, richtiger gesagt, goldig glänzende Violett, welches das todte Grau der Felsen angenehm belebte und das dunkle Tannengrün mit einer Art Lüstre über-zog, der mit dem blitzenden Wiederschein auf dem grünblauen Meer und dem reinblauen Himmel, welcher nur von wenig röthlich erglänzenden Wolkenhäufchen und Streifen bedeckt war, höchst angenehm contrastirte. Das bewaffnete Auge erkannte an den günstig gelegenen Stellen des Ufers Dörfer mit Kirchen, einzelne Häuser, in deren Nähe jedesmal der finstere Tannenwald der Cultur des Oel-baumes hatte Platz machen müssen. Je höher die Sonne empor stieg, desto wärmer wurde es, schon um 8 Uhr konnte man den Pelz ablegen. Die Insel Lissa trägt auf dem Gipfel ihres höchsten Berges einen optischen Telegraph für die Hauptmarinestation, welcher hier auf der Nordseite in einer geschützten Bucht angebracht ist. Das Linienschiff „Kaiser" sollte hier sein. Leider verdeckt ein Vorsprung des Landes den westlich von der Insel vorbeisegelnden Schiffen den Blick auf den Hafen. — Inzwischen wurde das erste Frühstück angekündigt. Der vortreffliche Kaffee schmeckte auf dem Deck bei dem frischen Morgenwinde doppelt gut, ihm so wie der ruhigen See wurde allgemeiner Beifall gezollt. Nach und nach erschienen die Herren und Damen des ersten Platzes und nahmen in dem Glassalon, welcher um die nach der ersten Cajüte führende Treppe höchst zweckmäßig angebracht ist und zwölf Personen hinreichend Raum gewährt, den Kaffee ein. Ich promenirte mit dem Doctor und dem 2. Lieutenant auf Hinterdeck und ließ 'mir geographische und nautische Belehrungen ertheilen. Letzterer maß die Geschwindigkeit des Schiffes nach einer Sanduhr mittelst eines mit Knoten versehenen, von einer Walze herablaufenden, schwachen Taues. Die Geschwindigkeit wurde auf $11\frac{1}{2}$ Meile pro Stunde ermittelt. Hinter Lissa erblickt man zur Linken die Inseln Curzola und Lagosta, vor uns und zur Rechten das offene Meer. Die Schwankungen des Schiffes wurden schon fühlbar und die armen Nonnen litten schon an Anfällen der Seekrankheit. Zum Frühstück, 10 Uhr (Fisch, Beefsteak, Schinken, Salami, Gurken, Käse, drei Arten Früchte, Kaffee und Wein), war die Tischgesellschaft noch vollzählig, aber um Mittag suchte Einer nach dem Andern seine Coje zu erreichen, um ausgestreckt, auf dem Rücken liegend, Versuche zu machen, die drohende Gefahr zu beschwören. Nach meiner eigenen Erfahrung ist dies das beste Mittel. Zur richtigen Zeit, noch ehe die schreckliche Catastrophe begonnen hat, sich ruhig auf den Rücken hinlegen, aber nicht mit leerem Magen, ein Schluck Portwein und eine Schachtel, mit Pfefferminzplätzchen zur Hand dürfte eines der vielen Mittel sein, deren Wirkung wenigstens erprobt werden möchte. Ich habe dasselbe schon vielfach an Andern und an mir selbst erprobt und zwar mit dem besten Erfolge. Frische Luft ist unzweifelhaft das beste Mittel, die Anfälle weit hinauszuschieben. Sind die Schiffe so construirt und erlaubt es das Wetter, daß man sich auf dem Deck hinlegen kann (wie das auf dem neapolitanischen Postdampfer Amalfi und dem schwedischen Kattegat in ausgezeichneter Weise der Fall war), so bleibe man so lange wie möglich oben. Gegen 4 Uhr befanden wir uns auf der Höhe von Ragusa, der Vaterstadt des 2. Lieutenants, der mit einem guten Schiffsfernrohr einige Thürme zu sehen vermeinte. In derselben Richtung erhoben sich die dicht bewaldeten, hohen Bergzüge Montenegro's. Gegen Abend verloren wir das Land vollständig aus dem Gesicht. Die hohe See machte sich durch hohe Wellen auf eine unangenehme Weise geltend. Beim Mittagessen waren nur noch vier Personen, die andern litten bereits zum Erbarmen. Wie sollte das in der bevorstehenden Nacht werden, für welche die Offiziere ein schlechtes Prognosticon stellten. Ich setzte mich, in Pelz und Plaid eingewickelt, an eine vom Wind geschützte Stelle hinter dem Glassalon. Aus Nordosten hatte sich ein starker Sturm erhoben. Einer der drei Maschinisten, ein biederer Schlesier aus Glatz, erzählte mir unter dem Toben des Windes seine Lebensgeschichte. Um 10 Uhr — der Sturm nahm an Heftigkeit zu — suchte ich die Ruhe. Aber ich fand sie nicht. Ich hatte seit 1856 im September keinen Sturm auf dem Meere erlebt. Heute sollte ich an die Schrecken jener Nacht im Golf von Genua erinnert werden. Der Sturm nahm mit jeder halben Stunde an Stärke zu, die Schwankungen des Schiffes — Stampfen und Rollen sind die technischen Ausdrücke für jene beiden Arten von Bewegungen, welche den an der Seekrankheit Leidenden zur Verzweiflung bringen können — wurden immer ärger, so daß schließlich nur wenig Näpfe, Schüsseln, Becher und andere Geräthe unzertrümmert blieben. Daß bei solchem Standal an Schlafen nicht zu denken war, läßt sich denken. Herzzerreißend jammerten die armen Nonnen, welche ihre erste Seereise machten; im höchsten Grade mitleidenswerth erschienen mir die armen Landsleute, die mit neidischen Blicken mich ansahen, wenn ich, mich an ihre Cojen anklammernd, um nicht zu Boden geschleudert zu werden, sie fragte, ob ich ihnen helfen könnte. Dazu das Getrampel und Gerassel der eilig hin und her laufenden Matrosen, die mit Auf- und Einziehen von Segeln, Translociren der 4 Kanonen von einer Stelle zur andern beschäftigt waren, ferner der Commandoruf der Offiziere im Verein mit dem Gekrache der Bretter, Planken und Schiffswände, — kurz, es war eine Nacht, wie ich sie mir nicht wieder zu erleben wünsche. Dreimal stürzten die Wellen mit solcher Vehemenz gegen die Schiffsseite, an welcher ich lag, und verursachten das Herabstürzen von irgend einem großen, schweren Gegenstand auf Deck, daß ich das Schlimmste befürchtend schleunigst die Coje verließ, um nur wenigstens nicht in den Betten zu ertrinken. Nach solchen ganz besonders heftigen Stößen — wenn nämlich eine große Welle den Radkasten erfaßt und hochhebt — erfolgt in der Regel eine Pause von einigen Secunden, während welcher man die Wasser nur so schwach rauschen hört, als sei gar nichts vorgefallen. Aber eben dieses Rauschen klingt, als wenn die Wellen bereits zu den Cajütenfenstern herein spielten und eben im Begriff seien, auf die untere Reihe der Schläfer herab zu rieseln. Mit Ungeduld erwartete ich den anbrechenden Morgen. Gegen 4 Uhr legte sich das schwere Wetter etwas und man konnte noch zwei Stunden ruhig schlafen, bis ich am Morgen des 29. Januar durch das das Reinigen des Decks begleitende Geräusch des Scheuerns am Morgenschlummer gehindert wurde. Ich eilte daher zu meinem italienischen Sprachlehrer an Bord, einem alten, das Steuer regierenden Matrosen, den ich im Laufe des ersten Tages wegen seiner gründlichen geographischen Kenntniß der Inseln rc., welche wir passirt hatten, schätzen gelernt hatte. Motto cattivo questa notte, signore empfing er mich, dormire non era possibile erwiderte ich und jener erzählte, daß zwischen der Boca di Cattaro und der Bucht von Ancona an der albanesischen Küste ein sehr schweres Wetter geherrscht hätte. Auch der Doctor und der wachthabende Lieutenant rechneten den nun glücklich überstandenen Sturm zu den keineswegs kleinen Wettern. Der Steuermann zeigte mir im Westen, aber in ganz schwachen Contouren, die Berge Apuliens, vor uns lagen die kleinen Inseln Fanno, Merlera, dazwischen Samothrace und gerade vor uns in südlicher Richtung erhob sich das Ufergestade der Insel Corfu mit dem hohen San Salvador aus den Fluthen. Zur Linken zog sich die bergige Küste Albaniens hin, welcher wir uns immer mehr näherten, bis wir die kleinen Fahrzeuge, welche längs derselben hinfuhren, so deutlich erkennen konnten, daß wir die darin sitzenden Personen, meistens Männer in schwarzen Ziegenpelzen, aber ganz kurzen

Beinkleidern, ganz deutlich erkennen konnten. Die Küste ist eine der sterilsten, die ich bisher gesehen hatte, die Berge, welche unmittelbar aus dem Meere emporsteigen, sind meistens so steil, daß keine Vegetation darauf haften kann. Das zu Tage tretende Gestein hat an vielen Stellen eine röthliche Färbung. Nur hie und da weichen die Bergketten, welche in ihren Configurationen die größte Mannigfaltigkeit zeigen, so weit zurück, daß ein Ort, ein Dörfchen mit einem Olivenwald umgeben oder doch wenigstens einige Fischerhäuser Platz ge= funden haben. Vielfache Felsstürze und Wasserergüsse aus dem Innern müssen hier stattgefunden haben, denn man sieht große Strecken mit Felsgeröll bedeckt und unterscheidet unschwer die Schluchten, Einschnitte und Einsenkungen, durch welche nach Regengüssen bedeutende Wasserfluthen sich ein Bett gemacht und hierbei Steine und Felsmassen mitgeführt und hie und da angeschwemmt haben. Meistens wird die vordere Bergreihe von einer in denselben pitoresken Formen sich darstellenden Gebirgskette mit einzelnen ganz besonders hohen Gipfeln über= ragt, welche, vom Glanze der Morgensonne beleuchtet, ihr Schneegewand, aus welchem hie und da schwarze Felsgrate hervor schauten, in einem röthlichen Lichte erscheinen ließen. Die oben genannten, kleinen Inselchen ähneln in ihrem äußern Ansehen vollständig den an den vorigen Tagen gesehenen dalmatinischen Inseln. Es sind jäh aus dem Meer hervorragende, unbewohnbare, nur theil= weis bewachsene Inseln. Fanno soll die Heimath der schönen Nymphe Calypso gewesen sein. Wir näherten uns immer mehr der sich nun in ihrer ganzen nördlichen Breitseite präsentirenden Insel Corfu und konnten bereits deutlich Weideplätze, Oliven, Eichen und Nadelholzwälder unterscheiden. Gerade zur Früh stückszeit fuhren wir durch die äußerst schmale Meerenge, welche den nördlichen Theil der herrlichen grünen Insel von dem im schneidendsten Widerspruch hierzu stehenden, grauen, sterilen albanischen Festlande trennt, hindurch. Ein unvergleichlich schönes Panorama entfaltet sich vor den Blicken des Reisenden. Alle dräng= ten sich in die vorderste Spitze des Dampfers, der, von einem günstigen Winde getrieben, zwischen dem Felsriff Tinero und dem corfiotischen Ufer hindurch fuhr. Ich werde die Schönheit dieses Eintrittes in die altklassischen Gegenden nie ver= gessen. Zu meinen Füßen das blaue, ruhige Meer, welches einem Binnensee gleicht; denn man vermag das Südende des Canals von Corfu nicht zu erken= nen und meint, die Berge vor der Insel vereinigten sich am Horizont mit denen Albaniens, zur Rechten die von Wäldern, Orangen, Citronen, Olivenhainen und Getreidefeldern bedeckte, herrliche Insel, worauf Kirchen, Klöster, Dörfer, einzelne Villen und Häuser aus ihrer grünen Umgebung hervorschauen. Die Olivenpflanzungen erstrecken sich ziemlich hoch an den Bergen hinauf, über welche der Salvador sein Haupt kühn in die Wolken erhebt. Er wird auf 3600' ge= schätzt. In seiner oberen Hälfte liegt an der Südseite ein Kloster. Man ver= mag den hinaufführenden, sich am Berge hin anschlängelnden Weg ganz deutlich zu verfolgen, wie er sich bald in Wälder und Haine verliert, bald fruchtbares Feld oder Weideplätze durchschneidet, hie und da hinter einer Felskuppe ver= schwindet, bis er oben an der Klostermauer ankommt. Es muß eine ganz ent= zückende Aussicht von da oben sein. Ein schönes Seitenstück zu Camalboli bei Neapel und so wie Seume seinen Freunden sagt, wenn er einstmals abhanden gekommen sein sollte, so möge man ihn unter den frommen Vätern in Camal=

doli suchen, so möchte auch ich sagen, daß wenn ich einstmals vermißt werden
sollte, ich in jenem griechischen Kloster am Salvador auf Corfu mit Sicherheit wiederzufinden sei. Weiter hin tritt die Küste zurück, und die Stadt und
Festung Corfu erscheint. Nun hat man kein Interesse mehr an den malerisch-
zerrissenen, romantischen, wenn auch meist öden, sterilen, wenig angebauten Ufern
Albaniens. Alle Blicke concentriren sich auf der herrlichen Lage der Stadt Corfu.
Ich habe, ehe ich reiste, so manche Schilderung der Lage dieser Stadt gelesen,
aber alle Beschreibungen blieben weit hinter der Wirklichkeit zurück. Wir fuhren
in die Bucht ein, an deren südlicher Seite die Stadt und die Hauptfestungswerke
liegen. Doch haben die Engländer für gut befunden, auch die Insel Vido, welche
die Nordseite der Bucht bildet, stark zu befestigen. Letztere soll, wie man mir sagte,
nur auf ganz besondere Erlaubniß des Gouverneurs für Fremde zugänglich sein.
Der Dampfer näherte sich dem Hafenwerke etwa bis auf Kanonenschußweite und
sandte ein Boot mit dem 1. Lieutenant, der Post und dem Schiffsarzt ab; letzterer mußte mit, um Erlaubniß für die Besatzung und Passagiere zu erwirken —
pratica netta — ungehindert ans Land zu gehen. Während dieser Zeit hatte
ich hinreichend Muße, die unvergleichlich schöne Lage der Stadt, der hohen Festungswerke und der Ufer zu betrachten. Im Hafen lag der Lloyddampfer, aus Konstantinopel angekommen, welcher sich eben zur Heimreise nach Triest anschickte.
Neben ihm lag eine englische Dampffregatte mit der Legung des submarinen
Kabels zwischen Corfu und Malta beschäftigt. Zwei riesige englische Linienschiffe
lagen am Eingange in der Bucht, es waren die Melpomene von 80 und der
Malborough von 90 Kanonen. Man bezeichnete sie als englische Beruhigungs-
mittel für die auftauchenden jonisch-griechischen Nationalitätsgelüste. Interessant
war es, den Exercitien der Matrosen auf dem obern Deck und ihren Kletterübungen im Tauwerk und auf den obern Masterspitzen zuzusehen. Am Bord
des Melpomene wurden Schießübungen nach einer auf einer schwimmenden
Tonne aufgerichteten kleinen Scheibe angestellt. Aber man sah ganz deutlich die
meisten Kugeln ins Meer schlagen. Unbeweglich lagen die Meerriesen da, die
Wogen des tiefblauen Meeres vermochten nicht, sie zu schaukeln, während alle
andern Schiffe mehr oder weniger bewegt wurden. Der Verkehr im Hafen war
ein äußerst belebter. Boote kamen und gingen von den Schiffen des Hafens,
von und zu verschiedenen Punkten der Küste; mit der gegenüberliegenden albanesischen Küste scheint ein recht lebhafter Verkehr in Fahrzeugen aller Art und
Größe zu herrschen. Die schmutzigen Albaneser brachten ganze Ladungen von
Schafen und Ziegen und fuhren mit Gemüse, Früchten, Orangen ꝛc. wieder zurück. Auf dem Quai des Hafens und am Landungsplatz herrschte buntes Leben.
Schiffer, Fischer, Kahnführer, Lastträger, Matrosen — alles drängte sich im
bunten, verworrenen Knäuel durch einander; unmittelbar vom Meere aus
steigen die Anhöhen empor, welche die Stadt und an ihren beiden, kaum $\frac{1}{4}$
Stunde von einander entfernten höchsten Punkten die uneinnehmbaren Festungswerke tragen, von deren höchster Spitze eine riesige, englische Flagge weht. Die
Stadt sieht, vom Meere gesehen, unbedeutender aus, als sie in der That ist.
Endlich erschien die Erlaubniß von der englischen Sanitätsbehörde und die Boote,
die sich inzwischen dem Dampfer genähert hatten, theils um Waaren und Kohlen,
theils um Personen zu bringen, theils um Waaren und Passagiere abzuholen,

legten an der Treppe an. Eine Menge Gesindel stürzte herauf und bot sich als Fremdenführer, Lohndiener, Pferdeverleiher ꝛc. an. Alles verschmitzte griechische Visagen, die mich zur größten Vorsicht ermahnten. Nachdem ich für mich und für einen Landsmann ausführlich für Hin= und Hertransport den Preis von 2 Schil= ling ausbedungen hatte (der Kerl forderte anfangs ¹⁄₂ Lire Sterling) stießen wir ab und landeten neben den großen Waarenspeichern, ein rothjäckiger Soldat in bito rothem Haar und Bart stand Wache. Ein Haus mit der Inschrift *ΚΑΦΦΕΝΕΙΟΝ ΚΑΙ ΒΙΛΙΑΡΔΟΣ ΕΜΠΟΡΙΚΟΝ*, d. i. Kaffee= und Billard= haus, empfängt die Reisenden, die sich nur mit Mühe durch die große Anzahl auf= dringlicher Gassenjungen und Lohndiener, die sich in fünf Sprachen als Fremden= führer aufdringen, durcharbeiten können. Auf einem kleinen Platze liegt links die Epistolion (Post), rechts eine Art Waarenbörse, an welcher ich Orangen, Johannis= brod, Feigen, Mandeln, Artischolen und andere Gemüse und Südfrüchte in Haufen aufgestapelt fand, wie ich dies früher noch nie zu sehen Gelegenheit gefunden hatte. Durch die Pylae eisagoges betritt man die innere Stadt, wo sich 3 Wege theilen; einer führt dicht über den Hafen an der Außenseite der Stadt entlang nach dem Palast des Lordobercommissair, der mittlere durch die Hauptstraße der Stadt nach der Citadelle und der rechte nach der Hauptkirche und nach der Fortezza nuova. Obschon ich am Ende des letzteren, nämlich an einzelnen Gebäuden der Festung ¹⁄₂ Dutzend der schönsten, mit Früchten schwer beladenen Orangenbäume erblickte und mich meine Sehnsucht nach den hier im hellen Laub glühenden Goldorangen trieb, schlug ich doch die Mittelstraße ein, einmal, weil man mir die Citadelle als ganz besonders sehenswerth geschildert hatte, und zum andern, weil mir ge= rade aus der Hauptstraße der zahlreichste Menschenschwarm entgegenströmte, Ge= stalten in den mannigfachsten Trachten. Ich blieb einige Minuten unter dem Thore stehen, um diesen Confluxus genauer zu studiren und auf die Verkehrs= sprachen zu hören. Griechen vom Festland und von allen Inseln des Archipels, kenntlich an der verschiedenen Gestalt, Größe und Farbe der Mützen, Jacken, und Beinkleider, mit und ohne jenes äußerst kleidsame, faltige Untergewand, (die Fustanella) Albaneser, Montenegriner, Italiener, Malthefer, Türken, englische Sol= daten, Schifflapitäne und Matrosen aller Nationen bewegten sich hierbei, bunt durch einander. Auffallend wenig Frauen sah ich und die ich sah, waren nichts weniger als schön. Ich hörte griechisch, türkisch, italienisch, französisch, englisch, spanisch und einige slavische Sprachen. Die Häuser sind in ihrem Styl ein merkwürdiges Mischwerk von Orient und Occident, vom Norden und Süden, flache italienische Dächer wechseln mit nordischen Ziegeldächern ab, sie sind mei= stens 2—3 Stock hoch und mit Arkaden versehen, dergleichen man in Paris in der Rue Rivoli und in den kleinen schlesischen Provinzialstädten, auch in Mailand am Domplatz findet. Die Handwerker (namentlich sah ich viele Tisch= ler) arbeiten im Hausflur oder in Werkstätten, die nach der Straße zu vollstän= dig offen sind, die Kaufläden sind ganz nach abendländischer Art eingerichtet, auch wollte es mir scheinen, daß ein Kaufmann sich selten auf einen Artikel beschränkt, sondern meistens alle nur irgend mögliche Waaren führt. Die Inschriften sind in griechischer, italienischer und englischer Sprache. Wir gingen in einen Klei= derladen, um einen Ueberzieher zu kaufen, und nachdem ich mich abwechselnd englisch und italienisch gequält hatte, um für ein recht gutes Exemplar eine

Summe abzuhandeln, und meinem Reisegefährten, für welchen ich agirte, schließ=
lich mit einigen sehr deutlichen deutschen Redensarten den Rath gab, den geforderten
Preis zu zahlen, begann der Verkäufer fließend deutsch mit uns zu reden und stellte
sich als einen Tyroler Schneidermeister vor. Deutsche Schneider scheint es überall
zu geben, auch in Kairo, Smyrna und Scutari hatte ich Gelegenheit, die Be=
kanntschaft deutscher Schneider zu machen. Die Hauptstraße von verschiedener
Breite ist die einzige Straße der Längsrichtung, welche für Fuhrwerke passirbar
ist, sie steigt in mannigfachen Krümmungen den Berg hinan. An ihrem
Ende mündet sie auf einen sehr großen Platz, die Espianata genannt, den Exer=
zierplatz der englischen Besatzung. Dieser herrlich gelegene, große Platz ist an
drei Seiten vom Meere umgeben, welches in einer Tiefe von 100' an
die Felsen anschlägt. An seinem östlichen Ende erhebt sich die mit zwei tiefen
Gräben versehene, großartige Citadelle, im wahren Sinne des Wortes ein mit
Kanonen gespickter Felsabriß; denn nicht bloß von der Spitze herab leuchten die
Röhrenmündungen heraus, sondern fast alle zehn Schritte an der Seite des
in Schlangenwindungen hinauf führenden Berges lagern Geschütze, außerdem hat
man noch einzelne Bastionen auf halber Höhe anzubringen gewußt. Enfin, man
sieht fast eben so viel Metall als Fels. Vielleicht hielt mich der wachthabende,
sehr gelangweilt aussehende Herr Lieutenant, den ich durch mein Eintreten in
die Wachtstube von einer weich gepolsterten Chaise longue zu erheben nöthigte,
für einen jonischen Rebellen. Is not allowed lautete der Bescheid und all
mein Bemühen, mich als prussian traveller vorzustellen, blieb erfolglos;
vielleicht war er ein Verwandter des Capitän Macdonald, denn seine Art und
Weise, Antwort zu geben, war eben nicht die feinste. Ich durfte mich nur bis
über die erste Zugbrücke wagen und konnte hier sehen, daß man zwei tiefe und
breite Gräben mit Leichtigkeit unter Wasser setzen kann. Darum dürfte es den
Joniern sehr schwer werden, die Engländer aus der Citadelle zu verjagen.

Eine Allee von Platanen und Cypressen führt quer über den schönen, großen
Platz hinweg von dem Citadellenthor zur Hauptstraße der Stadt. Dicht am
Thor steht ein Monument, den Grafen Schulenburg, den heldenmüthigen Ver=
theidiger Corfu's gegen die Türken darstellend, jedoch ohne besonderen künstleri=
schen Werth. An der etwas höher gelegenen Südseite hat man einem der frü=
heren englischen Obercommissäre, Lord Maitland, einen Tempel errichtet. Von
hier aus hat man den schönsten Blick auf Corfu's reizende Vorstädte und nächste
Umgegend, die sich als ein von einer Seite vom Meere begrenzter, an der an=
dern Seite an fruchtbaren, gut angebauten Bergen hinanziehender Garten dar=
stellt. Geschmackvolle, größere und kleinere Landhäuser, theils im italienischen,
theils im Landschaftsstyl des Cottage=Hauses von Oldengland erbaut, lugen durch
die schönen Parkanlagen, in denen Lorbeerbäume, Oleander, Orangen, Citronen
südliche Eschen und verschiedene Eichen vorherrschen. Auch fehlen schöne
grüne Rasen nicht. Die stets mit Feuchtigkeit geschwängerte Seeluft ermöglicht
das Gedeihen des grünen Grasteppichs und erinnert den Reisenden an diese
Schönheit mitteleuropäischer Landschaften. Weniger schön als der Blick von der
Höhe der Südseite der Espianata ist der von der Nordseite neben dem aus
Malthefer Marmor erbaute Palast des Lordobercommissärs, welcher in Begleitung
zweier als Palikaren eben so reich als geschmackvoll gekleideten griechischen Diener

eben in sein Palais zurückkehrte, als ich die blühenden Rosen und Pelargonien, die mit Früchten überladenen Orangen und Citronen und eine kleine Dattel= palme im Garten aufmerksam betrachtete. Der Palast ist ein schönes Gebäude mit großer Freitreppe, schönem Säulengang und zwei weitläufigen, colonnaben= artigen Seitengebäuden, in welchem sich gleichzeitig die Sitzungssäle für das jonische Parlament befinden. Man erwartete den Zusammentritt desselben binnen wenig Wochen und als ich in sieben Wochen wieder an dieser Stelle stand, erzählte man mir, daß die Jonier, weil sie an Nationalität festhalten und dieserhalb lieber zu Griechenland gehören wollten, von dem englischen Lordobercommissär nach Hause geschickt worden seien. Es muß doch ein eigenes Ding sein mit der englischen Protektion der italienischen und ungarischen Nationalitätsgelüste! Ueberall da, wo ihr Interesse nicht gefährdet ist, sind diese Engländer die eifrig= sten Verfechter aller nationalen Ideen, aber da, wo ihr eigenes Interesse leidet und wo ihr Einfluß verschwinden dürfte, wenn jene Ideen realisirt würden, treten sie den armen Völkern mit Panzerschiffen und Armstrongkanonen entgegen. Wohl mag es ihnen auf diesem herrlichen Eilande gefallen, von wo sie die Entwick= lung der orientalischen Frage mit aller Ruhe studiren können, denn sie wissen, daß Corfu, Malta und Gibraltar drei Werke sind, die jedes Gelüst jeder an= dern Nation, ihnen die Herrschaft im Mittelmeer und den Einfluß in Grie= chenland und dem ganzen Orient streitig zu machen, sofort verstummen lassen. Binnen zweimal 24 Stunden erreichen sie mit ihren schwimmenden Festungen Athen, binnen dreimal 24 Stunden Konstantinopel, Alexandrien oder die syri= sche Küste, um dort durch bloßes Zeigen von mehrern hundert Kanonen ihren Willen durchzusetzen; sechs ihrer gewaltigen Kriegsschiffe genügen, um das adria= tische Meer abzusperren — kurz, von Corfu aus hält England den Orient im Schach. Darum muß ihm an der ungeschmälerten Erhaltung des dictatorischen Bevormundungsverfahrens der sogenannten Republik der sieben jonischen Inseln Alles gelegen sein. Heute, wo ich dies schreibe, lese ich von der Verstärkung der Garnisonen auf Corfu und Zante, in ersterer Stadt campirt das Militär auf den Straßen! — Doch fort von diesen wenig erfreulichen Betrachtungen! Ich suchte andere Aussichtspunkte auf dem Hafen, die Insel Vido und das gegen= überliegende Albanien und fand einen herrlichen Punkt, senkrecht über dem Punkt der Bai, woselbst die Geschütze und Kugeln für die Citadelle ausgeladen werden. Unter einem großen Citronenbaume blieb ich eine Stunde lang im Anschauen der herrlichen Aussicht versunken sitzen. Um 3 Uhr ging ich langsam nach dem Hafen zurück, und gerieth hier mit dem schlauen Kahnführer, einem Gemisch von italienischer Gaunerei und griechischer Spitzbüberei, in heftigen Wortwechsel. Während mich der Bootführer, eine männlich schöne Figur, nach dem Dam= pfer zurückruderte, verlangte er für das Warten per Stunde 1 Franc, macht für fünf Stunden 5 Francs. Ich that, als verstände ich ihn nicht, und nach= dem ich glücklich auf der Treppe des Steamers war, erklärte ich ihm, daß er sich zum Teufel scheeren könne, ich hätte ihn nicht angewiesen, auf mich zu warten. Natürlich eilte mir der Kerl nach auf Deck. Da ich aber wußte, daß diese Subjekte unter keinen Umständen die Cajütentreppen betreten dürfen, weil man sie sammt und sonders für ausgemachte Spitzbuben hält, so legte ich mich in der Cajüte nieder und hörte, wie schließlich der zudringliche Gondoliere vom

Hochbootsmann gezwungen wurde, das Deck zu verlassen. Ich gebe deshalb meinen geehrten Landsleuten den Rath: 1) unter allen Umständen die schöne Insel Corfu zu besuchen, 2) beim Ueberfahren dem Kahnführer ausdrücklich zu untersagen zu warten, ein halber Schilling und ein energisches „basta cosi" macht das hiesige Gesindel verstummen, denn es ist sicher, daß diese habgierigen Tagebiebe sich sogar mit einem Fünffrankenthaler nicht begnügen würden, sondern immer noch eine buona Mancia, ein Trinkgeld, verlangen. Sobald ich den Strolch unschädlich wußte, eilte ich wieder auf das Hinterdeck, um den Anblick auf die herrliche Scenerie möglichst lange zu genießen, und ich bin glücklich, sagen zu können, daß sich mir dies entzückend schöne Bild so fest eingeprägt hat, daß ich es mit Leichtigkeit jeden Augenblick würde zeichnen können. Es gelang mir, alle Politica aus meinen Reflexionen zu verbannen, ich sog mit vollen Zügen Freude und Befriedigung aus dem Anblick dieses gesegneten, herrlich gelegenen Eilandes, der alten Phäakeninsel. Ich hätte in diesem Augenblick viel darum gegeben, wenn ein Alterthumskundiger mir die Stelle gezeigt hätte, wo der göttliche Dulber die phäakische Königstochter angetroffen hat, und den Ort der Residenz des alten Alkinous. Aber so mußte ich mich trösten mit dem Gedanken, jetzt dasselbe Meer zu durchschiffen, wo Odysseus umhergeschleudert wurde, unter jenen Felsgipfeln, die jetzt schneebedeckt auf den belebten Hafen von Corfu herabsahen, mußte auch das einsame Fahrzeug des der Heimath wieder zusteuernden, vielgeprüften Königs von Ithaka dahingesegelt sein. Recht mißmuthig stimmte mich die Mittheilung des ersten Lieutenants, daß wir die Inseln Leucadia und Ithaka während der Nacht paßiren sollten. Ich beschloß natürlich, aufzustehen und an Deck zu kommen. Aus meinen classischen Reminiscenzen wurde ich durch einen eigenthümlichen Anblick herausgerissen, welcher sich meinen Blicken darbot, ich sah ein ziemlich großes Ruderboot mit vier Ruderern vom Ufer abstoßen, dem etwas im Meere folgte, was ich anfangs nicht erkennen konnte, es hatte etwas Schlangenartiges. Das Boot mit dem Ungethüm kam näher, und nun erkannte ich eine einfache Art und Weise, große Mengen gefüllter Oelfässer mit Leichtigkeit an Bord der im Hafen liegenden Fahrzeuge zu bringen. Es werden die gefüllten Fässer mit Tauen umschlungen und diese Einzeltaue durch ein gemeinschaftliches Tau zusammengehalten und auf diese Weise vom Land an Bord gebracht. Ganz ebenso geschieht der Transport leerer Fässer vom Schiff ans Land; diese letzteren ragen natürlich fast ganz aus dem Wasser hervor und es gewährt der Transport von 40—50 solcher großen Fässer einen ganz eigenthümlichen Eindruck.

Fast noch volle zwei Stunden konnte ich mich des Anblicks des herrlichen Corfupanorama's erfreuen und bedauerte nur, die an der Ostseite der Stadt gelegene Fortezza nuova nicht bestiegen zu haben, von wo man einen prachtvollen Blick auf einen Theil des Innern der Insel und auf die Uferpartieen hinter der Insel Vido haben soll. Endlich war der Kohlenvorrath für die Reise nach Alexandrien ergänzt, welcher auf zwei ganz flachen, ebenso langen als breiten Fahrzeugen in einzelnen Säcken herangebracht war, und der riesige Vorhang, den der vorsorgliche Capitän hatte aufziehen lassen, um die Passagiere des Hinterdecks vor dem sich in dicken Wolken erhebenden Kohlenstaub zu schützen, wurde weggenommen. Ebenso war die Vorrathskammer mit Orangen, Fleisch, frischem,

eigenthümlich geformtem, äußerst angenehm schmeckendem Weißbrod und pracht=
vollem Blumenkohl und anderm Gemüse wieder angefüllt, und um 5 Uhr setzten
sich die Schaufeln wieder in Bewegung. Wir umfuhren die Citadelle und
konnten die herrliche Küste, die ich vor wenig Stunden von oben gesehen hatte,
nun von Deck aus betrachten. Leider fuhr der Steamer sehr rasch, so daß
diese unvergleichlich schöne Uferpartie gar zu schnell unsern Blicken entschwand.
Dazu trat die Dunkelheit ein, auf dem Leuchtturm von Cap Blanco zündete
man eben das Feuer an, als wir uns zu Tisch setzten. Die See war außer=
ordentlich ruhig und es erschien wieder eine größere Anzahl Passagiere dabei.
Die milde Abendluft lockte uns wieder auf Deck, und wäre ich nicht von dem
Herumlaufen in Corfu sehr erschöpft gewesen, so wäre ich sicherlich bis nach
genossenem Anblick von Ithaka auf dem Deck geblieben. Aber die Natur for=
derte ihre Rechte, und nachdem man mir versprochen hatte, mich bei der An=
näherung an Ithaka zu wecken, begab ich mich, als wir den Leuchtthurm von
Taxo passirt hatten, zur Ruhe. Ich nahm mir vor, von Odysseus zu träumen
und recapitulirte in Gedanken noch einmal Alles, was ich von ihm gehört, ge=
lesen und gelernt hatte, und ließ natürlich auch die Geschichte der Sappho und
die Erinnerung an ihr tragisches Ende vor meinem Gedächtniß nochmals vorüber=
ziehen. An Schlaf war bei der geistigen Aufregung nicht zu denken. Ich
wartete nicht erst ab, bis man mich weckte, sondern stieg kurz vor Mitternacht auf
Deck. Es war herrlicher Mondschein, die Sterne funkelten hell, und das Spiel der
vom Silberglanz des Mondes hell beleuchteten, tanzenden Wellen des mäßig be=
wegten Meeres ließen mich lange auf Deck verweilen, obwohl die Nachtfrische
nicht gerade angenehm war und man von der Nähe des 38. Breitegrades noch
wenig spürte. Wir fuhren auf Entfernung von circa 1 Seemeile an der Küste
der alten Leucadia, jetzt Santa Maura genannt, hin, ein bergiges Eiland, dessen
höchster Berg ziemlich in der Mitte der Insel zu liegen scheint. Weit in die
See hinaus in südlicher Richtung erstreckt sich ein Bergzug auf schmaler Land=
zunge, steil in das Meer hinabfallend, dessen letzter Absturz in die Meerfluthen
das alte Leucate Promontorium ist. Voilà le rocher de Sappho, erklärte
mir der an mich herantretende, die Wache habende erste Offizier et tout droit
la côte d'Ithaca. — Also so dicht an jenem Felsen, wo die alten heidnischen
Priester die von ihnen für schuldig befundenen Verbrecher in das Meer hinab=
gestürzt hatten und wo die lesbische Dichterin ihr Schwanenlied ertönen ließ,
um dann ihren Liebeskummer in den watery grav, wie Lord Byron irgend=
wo singt, zu vergessen! Das Boot gleitet so nahe am Gestade hin, daß man
die schroffen, fast senkrechten Felsabstürze ganz deutlich erkennen konnte. Wir
näherten uns immer mehr der classischen Ithaka, der zweifelsohne am meisten
besungenen Insel von Hellas. Vor uns konnte ich nur Berge unterscheiden.
Erst als wir uns den zwei dicht neben einander liegenden Inseln auf Kanonen=
schußweite genähert hatten, um in den schmalen, sie trennenden Kanal einzufahren,
vermochte man im Mondschein die beiden Eilande Ithaka zur Linken, Kephalonien
zur Rechten, jetzt Theaki und Cephalonia, zu unterscheiden. Wie letztere aussieht,
weiß ich nicht; ich glaube, sie ist ebenso bergig, wie Corfu und Santa Maura,
ich hatte mit der nächtlichen Betrachtung der Heimath des alten Odysseus zu
viel zu thun. Ich hätte viel darum gegeben, wenn wir langsam am Tage

durch den Kanal gefahren wären, um das Ufer, die Buchten, Berge und Höhen und Landstriche so recht genau betrachten zu können. Leider fehlte mir ein kun= diger Gesellschafter, der mir die classischen Punkte, die Bucht, wo Odysseus bei seiner Rückkehr landete, die Grotte und die Stelle des Palastes der treuen Pe= nelope, sämmtliche Punkte, die man wiedergefunden haben will, recht ausführlich hätte angeben und die Geschichte recapituliren können. Aber leider fuhr der Dampfer so schnell und ich hatte leider für Ithaka so wenig Spezialstudien ge= macht, daß ich wenig mehr von Ithaka berichten kann, als daß es eine von einer langen, nicht gerade sehr hohen Berglette (auf welcher sich zwei Gipfel besonders über den Kamm erheben) durchzogene Insel ist, auf welcher in der Mitte jedoch die Berge etwas zurücktreten, wodurch das Ufer flach oder doch wenigstens als ein wellenförmiges Terrain erscheint. Binnen Kurzem hatten wir die Südspitze jener Insel erreicht, an welcher die Grotte sein soll, wohin die Phäaken den schlafenden Dulder Odysseus gebracht haben. Ohnweit des alten Hafens Phorcys zur Linken trat anscheinend offenes Meer hervor, aber beim Gebrauch des Fernrohres könnte man ganz deutlich die Berge sehen, welche am Eingang in den Meerbusen von Patras und Levanto auf den Ufern von Hellas und dem Peloponnes sich erheben. Namentlich erschienen die zackigen Gipfel in der Landschaft Achaja im Südosten ganz deutlich vom bleichen Mondlicht beleuchtet. Der ziemlich gut unterrichtete Lieutenant wollte mir den im Meere zwischen Ithaka und Cephalonia liegenden Felsen zeigen, hinter welchem sich die Freier seiner Mutter versteckt hatten, um den aus Pylos heimkehrenden Telemachos zu ermorden. Aber trotz allen An= strengungen vermochte ich den fraglichen Felsen nicht zu erkennen. Zur Rechten bleibt die durchweg bergige Insel Cephalonien, einstmals Besitz des Kreuzfahrer= Fürsten Balduin v. Tarent, nachmaligen Kaisers, noch lange in Sicht. Cephalonia ist die größte der jonischen Inseln, aber weniger gut angebaut als Zante und Corfu, denn ihr fehlt es an Wasser. Ihr höchster Berg, der alte Aenos, jetzt Montenero, erhebt sich zu einer recht ansehnlichen Höhe über die andern Gebirgszüge. Wir sahen ihn noch lange am folgenden Morgen. Der südlichste Punkt des Cap Skala wird von einem hohen, mächtigen Berge gebildet, von dem man eine entzückende Aussicht auf das griechische Festland haben muß. Als die Insel Zante, das alte Zakynthos, in Sicht kam, erhob sich ein etwas kalter Nachtwind, so daß ich es für gerathen hielt, entweder meinen classischen Erinnerungen in meiner Coje obzuliegen oder dieselben am hellen Morgen auf Deck fortzusetzen. Ersteres geschah nicht mehr, denn die ge= wisse Voraussicht, daß der allmorgenbliche Höllenscandal, den die Schiffsabwa= schung und die Entfernung der Kohlenasche begleitet, mich schon vor Sonnenauf= gang wieder aus meiner Ruhe stören würde, bewog mich, den Schlaf zu suchen. Und so war es auch. Die Sonne hatte kaum einiges Gewölk mit rosiger Färbung angehaucht (es war gleichzeitig empfindlich kalt), als ich mich bereits bei dem Steuermann zur Entgegennahme von Localnotizen einfand. Wir befan= den uns am Eingang in den Golf von Arkadien und steuerten munter auf die Insel Prote los, hinter welcher sich bereits ein Blick auf Navarino eröffnen sollte. Bald flammte die Sonne hinter den öden, kahlen, nackten, hohen, mit spitzen, schroffen, zerklüfteten Gipfeln bedeckten Gebirgszügen Morea's empor, die zackigen Felsparthieen mit dem eigenthümlichen, violettgoldigen Lichte übergießend;

die höchsten Punkte waren noch mit Schnee bedeckt, dessen blendende Weiße, in den ersten Strahlen der Morgensonne glänzend, in ihrem Farbencontrast mit den darunter liegenden schwarzgrünen Coniferenwaldungen und den dazwischen hie und da hervortretenden Felsgruppen einen wundersamen Eindruck machte. Der Himmel im Osten war unbewölkt, und wenn ich auch von jenem vielbesungenen und ewig heiteren, azurblauen über Griechenland lachenden Himmel noch nichts sah, so hatte ich mich doch des Anblicks einer herrlichen Scenerie zu erfreuen. Das nahe Ufer war reich bebaut, man konnte ein Dutzend Ortschaften auf kleinerm Raum zählen, zwischen denen blaßgrüne Waldungen auf eine umfangreiche Oliven= cultur schließen ließen. Am schönsten aber erschienen die peloponnesischen Berge in der Richtung nach Nordost. Ueber das vom tiefblauen, ruhig dahin fluthenden Meere umrauschte, niedrige Ufer erhoben sich sanft ansteigend terrassenförmig die dicht bewachsenen Höhenzüge, über welche in verschiedener Erhebung und Gestal= tung der Gipfel die Bergreihen des Innern hervorschauten. Ueber alle hinaus, hoch in die Lüfte sein vielgezacktes Haupt emporhebend, erglänzte in der Morgen= sonne, scharf in seinen Contouren vom Himmel abgegrenzt, der schneebedeckte Parnaſſus, der höchste Berg des eigentlichen Hellas. Seine einzelnen — ich glaube, fünf gezählt zu haben — spitzen, weißen, zackigen Gipfel erscheinen, vom Golf von Arkadien gesehen, wie die Zacken einer Säge, sie scheinen von fast überein= stimmender Höhe und erheben sich beträchtlich über die benachbarten Berge. Der Blick auf diesen vielbesungenen Berg des alten classischen Hellas hat sich mir ganz besonders fest eingeprägt und vergaß ich darüber fast all die schönen Erinnerungen an das Land Messene, dem wir uns rasch näherten, hervorzurufen. Hätte ich damals das vortreffliche Buch von Ab. Joanne und Isambert als Reisebegleiter besessen oder hätte ich mittelst desselben meine Vorbereitungsstudien machen können, so würde ich ohne Zweifel mit noch mehr Genuß und Erfolg gereist sein. Leider ist jenes ausgezeichnete Werk, welches ich jedem Reisenden dringend anempfehle, erst im März im deutschen Buchhandel erschienen. Schon fürchtete ich, den An= blick auf die arkadischen Landschaften und den aus dem fernen Nordosten zu uns herabschauenden Parnaſſus zu schnell verlieren zu müssen, und heftete meine Augen ganz besonders auf diesen Theil der Landschaft, als ein plötzlicher Still= stand des Schiffes die Reisenden, welche sich inzwischen sämmtlich auf Deck ein= gefunden hatten, um in dem inzwischen wärmer gewordenen Sonnenschein die Ansicht der Küste zu genießen, in nicht geringe Angst versetzte, welche sich noch mehr steigerte, als es hieß, die Maschine sei außer Thätigkeit gesetzt worden. Manche von ihnen maßen bereits die Entfernung von der nächsten griechischen Stadt am Ufer ab, theilten sich ihre lebhaften Befürchtungen vor einem Ueber= fall griechischer Räuber mit und auch ich gestehe, daß der Eindruck, den die schnell zusammenberufene Conferenz der Schiffsofficiere und der Maschinisten auf mich machte, gerade kein angenehmer war. Noch 60 Stunden von Alexandrien und eine defect gewordene Maschine. — Die Sache schien mir bedenklich. Ich faßte mir ein Herz und bat den 2. Lieutenant um Auskunft. Er nahm mich nach dem Radkasten und zeigte mir drei defect gewordene Radschaufeln, mit deren Abnehmen und Auswechslung mit neuen bereits vier Mann eifrig beschäftigt waren. Bald wurde eine kleine Metalldrehbank in Thätigkeit gesetzt und in zwei Stunden war Alles wieder in Ordnung, so daß wir unsere Fahrt unbesorgt fortſetzen konnten. Mir war das Stillſtehen im ſchönen Golf von Arkadien bei ſolch herrlicher, vom ſchönſten, klarſten Wetter begünſtigter Ausſicht auf einen großen Theil des Schauplatzes alter Geſchichte ſchon recht, um ſo mehr, da auch das Beſchauen der Berge ꝛc. nicht ohne Scherz blieb. Zwei alte Franzoſen vom erſten Platz geriethen in Streit, ob der, alle andern überragende, ſchneebedeckte, vielgipflige Berg der Olymp oder der Parnaß ſei. Ich mußte unwillkürlich lächeln und konnte, in Gemeinſchaft mit einem jungen franzöſiſchen Arzt, der nach Iſle de France ging, ein ſchallendes Gelächter nicht unterdrücken, als einer von ihnen die Richtigkeit ſeiner Behauptung, es müſſe der Olymp ſein, weil nur eine Tagereiſe von der vor uns in nordöſtlicher Richtung liegenden Küſte der Ort Olympia, ſüdlich vom hohen Erymanthus gelegen habe. Der gute Mann war offenbar in ſehr vielen Irrthümern befangen und verlangte zu viel, wenn er prätendirte, von unſerer Lage aus (37¹⁄₂° n. B.) den an Theſſaliens Grenze, alſo unter 40° n. B. liegenden Mons Olympos ſehen zu können. Obſchon die alten Griechen mehrere Olympe beſaßen, ſo lag doch keiner in dem alten Elis oder in jener Gegend, wo der „claſſiſche Reiſende des erſten Platzes den ſeinigen ſehen wollte". Der herbeigerufene erſte Capitän ſchlichtete die Controverſen und zeigte uns die Mündung des Alpheus und die Bergkette, hinter welcher unmittelbar im tiefen Thale die alte Olympia lag, in der an Tempeln und Götterſitzen reichen Ebene von Elis. Jetzt liegen zwei kleine Orte auf jener claſſiſchen Stelle. Der in alter Geſchichte außerordentlich bewanderte, liebenswürdige Capitän zeigte uns an den Bergen den Weg über Pyrgos, Phloka nach dem oberen Theil des Alpheus; von den joniſchen Inſeln war nur noch Zante zu ſehen. Dieſe Inſel hat in ihrer äußern Erſcheinung gleiche Beſchaffenheit mit den andern joniſchen Inſeln; nämlich hohe (aber nicht ſpitze) Berge mit abgerundeten Gipfeln, meiſtens dicht bewaldet. Man behält den höchſten derſelben, den Mons Flatus noch lange in Sicht. Ganz beſonders ſchön präſentirte ſich das durch rieſige Citronenwälder in ſeiner Nähe ausgezeichnete Städtchen Philiatra, am äußerſten ſüdlichen Ende des Golfs von Arkadien gelegen. Die Formen der Berge an der Küſte wechſeln fortwährend; an den Schluchten des Ira, jenes ſpitzen Berges, welcher hoch über die andern emporragte, vertheidigte ſich Ariſtomenes eilf Jahre lang. Die Küſtengegend ſcheint vortrefflich angebaut und auch ziemlich dicht bevölkert. Corinthen, Oliven, Orangen und Citronen ſind Hauptexportartikel der meſſeniſch-arkabiſchen Landſtriche. Das Wetter war prachtvoll, die Sonne ſchien recht warm und die ganz beſonders ruhige See hielt faſt alle Paſſagiere auf Deck zurück um die herrlichen Blicke auf Morea zu genießen. Impoſant trat, nachdem der Parnaſſus im Nordoſten unſern Blicken zu entſchwinden begann, der Taygetus im Süden hervor, er hatte damals in ſeiner Schneehülle viel Aehnlichkeit mit den Oetzthaler Fernern in Tyrol. Gleich, wie dort, ragen auch hier drei unerſteiglich ſcheinende, ganz ſchmale Spitzen in die blaue Luft hinein und contraſtirten auf die angenehmſte Art in ihrer blendendſten Weiße mit dem azurnen Himmel. Das Ufer des Peloponnes belebte ſich mit Barken und Schiffen. Fahrzeuge aller Art kamen und gingen, Heerden ſah man mit dem Fernrohr an den Bergen weiden, wo man Wieſenfläche von Ackerland oder Haideland gut unterſcheiden konnte. Es ſoll auch der ſüdlichere Theil des Küſtenſtriches bis zur Inſel Probano hin zu den beſt angebauten von ganz Griechenland gehören. In einem älteren Levantiner, einem reichen Handelsherrn, der diese Tour schon fünf Mal gemacht hatte, lernte ich einen sehr gut unter= richteten Mann kennen, der sich mit vielem Vergnügen mit der Wiedererweckung classischer Reminiscenzen beschäftigte, worin ihn der oben erwähnte junge franzö= sische Arzt, sowie ich kräftigst unterstützten. Die Ereignisse der beiden messe= nischen und des peloponnesischen Krieges wurden gemeinschaftlich durchgesprochen und es war scherzhaft, wie sich manchmal bei den Citaten der Jahreszahlen ver= schiedene Lesarten ergaben, von denen manche nicht endgültig entschieden werden konnten. Man gab sich gegenseitig das Versprechen, die erste Gelegenheit zu be= nutzen, um in einem ordentlichen Geschichtswerk die Zweifel zu heben. Ich habe getreulich mein Versprechen gehalten und muß bekennen, daß der alte Handels= herr eine seltene Geschichtkenntniß entwickelt hat. In den meisten Fällen sind seine Angaben die richtigsten. Bekanntlich läuft Morea in drei langvorgezogene, mit hohen Bergketten bedeckte Landzungen aus. Die mittelste derselben trägt die Kette, deren höchster Punkt der 9000' hohe Taygetus ist, und dessen letzter Ab= sturz Europa's südlichster Punkt, das Cap Matapan ist. Noch war diese Kette durch die Halbinsel von Koron gedeckt, nur der Taygetus und einige der höchsten Gipfel ragten über die schön und mannigfach geformten Berge letztge= nannter Halbinsel empor. Aber unsere Aufmerksamkeit wurde von den hohen Bergen abgezogen, dagegen von den Reizen und der hohen historischen Be= deutung der Küstenstrecke, an welcher wir jetzt auf Kanonenschußweite hinfuhren, vollständig absorbirt.

Eine schmale, lange Insel liegt dicht an der Küste; sie ist mit niedrigen Coniferen bewachsen, vollständig unbewohnt und zeigt hie und da zu Tage ste= hende Felskämme. Auf ihrer südlichsten Spitze hielten die drei Admirale der vereinigten abendländischen Flotten, Codrington, Rigny und Heyden, Kriegsrath vor der verhängnißvollen Seeschlacht von Navarin, in welcher der muselmännische Fanatismus zu Boden geschlagen und die gerechte Strafe für die an den Grie= chen während des Befreiungskampfes begangenen Scheußlichkeiten vollzogen wurde. Die Insel heißt Probano. Nachdem wir die Insel passirt hatten, erblickten wir ein altes Festungswerk, aus Thurm=Mauerresten bestehend, auf dem Nordende einer nur durch einen äußerst schmalen Meeresarm vom Festlande getrennten Insel liegend. Ein hoher Berg, ich glaube Koumbes nannte ihn der classische, belesene Reisegefährte des ersten Platzes, erhebt sich hinter den Bergkämmen der Küste, dicht bewaldet, nur die oberste Spitze ließ Felszacken erkennen. Was haben diese Felsen nicht Alles gesehen! Könnten diese Steine reden von dem, was sich Angesichts des Gipfels dieses Berges zugetragen hat, wir würden interessante Berichte hören. Das alte Festungswerk, von den Venetianern herstammend, steht an der Stelle des alten Pylos, dem Königsitze des greisen Nestor; also dieselben Wellen, die wir jetzt durchschnitten, durchfuhr der treue Sohn Telemaches, um sich beim alten erfahrenen Kriegsgefährten des noch immer nicht zurückgekehrten Vaters Rath zu holen. Diese Felsen, auf denen jetzt die Trümmer venetiani= scher Macht und Ansehens stehen, dienten den Messeniern als eines ihrer letzten Bollwerke. Im peloponnesischen Kriege wurde in der Meerenge (also am Fuße des heutgen Alt=Navarin) der Insel Sphacteria und dem Peloponnes zwischen Demosthe= nes und dem Spartaner Brasilas eine Seeschlacht geschlagen, welche mit Ein=

nahme der alten Bollwerke des Caps Coryphasum, wie man später die nörd=
lichste Spitze der Insel nannte, endete. Auch der Name des Epaminondas
wird mit Wiedererbauung einer Stadt auf diesem Fleck in Verbindung gebracht.
Jahrhunderte lang lag die von den Achäern wiederum in Trümmer gelegte Stadt
in Ruinen, bis die Avaren sich hier festsetzten, daher der Name Avarino; später
baute ein fränkischer Ritter ein stattliches Schloß, welches die Venetianer als
eine Niederlassung für ihre Unternehmungen im Orient und als ein sicheres
Refugium vor den Angriffen der Corsaren in Besitz nahmen und weiter aus=
bauten. Noch jetzt lassen die Trümmer, welche den Gipfel krönen und welche
sich an dem sehr steilen, fast unersteiglichen Berg hinaufziehen, die Größe und
Ausdehnung der Feste ahnen. Aber auch die Mythe hat diesen geschichtlich
denkwürdigen Platz sich zu einer ihrer Erzählungen auserkoren. Eine an dem
steilen Abhang sich vorfindende Höhle, die Grotte des Nestor genannt, soll der
Ort sein, wohin Mercur die braunen Rinder getrieben hat, die er dem Apollo
gestohlen hatte. Die Insel Sphacteria zieht sich wohl eine Seemeile lang hin; sie ist
von niedrigen Tannen bewachsen, aber man sieht überall den unfruchtbaren Fels
hervor, hohe Felsrücken treten sogar hie und da zu Tage. Hinter dieser Insel
liegt die eigentliche Bucht von Navarin, ein durch diese Insel geschützter, vor=
trefflicher Hafen, zugänglich nur an der Nord= und Südspitze der Insel Sphac=
teria durch je eines, jedenfalls von den Meerfluthen bewirkten Durchbruches von
wenig hundert Fuß Breite. Der südliche Eingang würde überdies noch durch
Felsen, welche aus dem Meere hervorragen, sicherer zu vertheidigen sein. Hier
liegt auf dem Festlande Neu=Navarin und unter den Mauern dieser Stadt
tobte am 26. October 1827 die Seeschlacht, deren ich oben schon Erwähnung
that, die mitten in dem zwischen Ibrahim Pascha und den drei christlichen Admi=
ralen abgeschlossenen Waffenstillstand in Folge eines aus Versehen in einem tür=
kischen Fahrzeuge abgeschossenen Flintenschusses entbrannte und mit Vernichtung
der türkisch=ägyptischen Seemacht endete. Binnen wenig Stunden schwammen
die Leichen von über 6000 muselmännischen Fanatikern im Meere, 59 Fahrzeuge
(worunter 3 Linienschiffe und 16 Fregatten), waren in den Grund gebohrt und
noch heutigen Tages soll man, wie mir der Schiffsarzt des Vulcan, ein von
deutschen Eltern in Griechenland geborner, gut unterrichteter Mann erzählte, am
Grunde des Meeres Schiffstrümmer erkennen. In Navarin stieg drei Jahre
früher der Aegypter Ibrahim mit seinen Horden an's Land, um dem Tyrannen
in Constantinopel zu helfen, die freiheitsdurstigen Griechen zu morden. Aber die
Nemesis wollte es anders; durch den völligen Untergang seiner Land= und See=
macht an demselben Flecke, wo er vor nicht ganz drei Jahren sengend, plün=
dernd und mordend ans Land gestiegen war, wurde Griechenland vor dem Unter=
gang gerettet und an eben derselben Stelle landete ein Jahr später das franzö=
sische Occupationcorps für die Halbinsel Morea. — Der hohe stattliche Koumbes
bleibt fortwährend in Sicht und präsentirt von allen Seiten vortheilhaft sein
felsiges Haupt, über die vorliegenden, mit Oliven, Eichen und Weingeländen be=
pflanzten Berge emporhebend. Von Neu=Navarin sieht man nur wenig Häuser,
eine Citadelle ist auf der den Eingang in den Hafen beherrschenden Felskuppe
aufgebaut. — Noch ganz erfüllt von den mannigfachen Eindrücken von Neu= und
Palaeo=Navarin, fesselt der Anblick einer andern hart am Meere gelegenen grie=

3*

chischen Stadt die Blicke des Reisenden. Es ist Modon, das alte Methone, das homerische Pedasus. Das Schiff fährt auf Büchsenschußweite an den von den Venetianern angelegten, ziemlich starken Befestigungen zwischen den Inseln Sapienza und Cabrera (den Oenmussischen Inseln der Alten) und dem Festlande hin. Man kann die ganze flach am Ufer liegende Stadt übersehen, in ihrer unmittelbaren Nähe dicht am Meere und an den Höhenzügen gewahrte ich üppig grüne Wiesen und Weideplätze, die von dem dunklen Tannengrün der höheren Berge und dem öden Grau der sterilen Felsen auf eine für das Auge höchst angenehme Weise abstachen. Man kann vom Schiff aus ganz deutlich die einzelnen Bastionen, Thürme und Thore der Befestigungen unterscheiden. Durch den Aufenthalt von Chateaubriand ist die Stadt in der Neuzeit mehrfach genannt worden. Eine schmale Brücke verbindet das Land mit einer ganz kleinen, stark befestigten Insel. Dem schneebedeckten Taygetus näherten wir uns immer mehr, nach und nach traten noch andere Gipfel der imposanten Bergkette, deren höchster Punkt derselbe ist, hervor. Wir änderten den Cours und steuerten mehr nach südöstlicher Richtung auf Cap Matapan, welches, nachdem wir die Insel Sapienza passirt hatten, in der eigenthümlichen Färbung seines stellenweise röthlichen Gesteines hervortrat. Zwischen dem Festland und der Insel Caprera ragen eine Menge kleinere uud größere Felsrisse aus dem Meere hervor, ehedem den griechischen Piraten willkommene Zufluchtsorte. Die Landzunge zwischen der Bucht von Koron und dem jonischen Meere ist ebenso von Gebirgsketten durchzogen, wie die andern zwei; der höchste und zugleich südlichste Punkt der ersten der drei Landzungen ist der Hagios Dimitrios. Die Alten nannten diesen Cap Akritas. Wir befanden uns nun Angesichts der mittleren schmalen Landzunge des Peloponneses, deren letztes Ende, wie ich schon einmal erwähnte, Cap Matapan ist, welchem wir uns rasch näherten. Ich muß gestehen, daß mich der durch Nichts beengte, freie] Anblick der langen Bergkette mit dem hohen, schneebedeckten Taygetus und der andern ebenfalls im weißen Gewande sich darstellenden, spitzen Gipfel ganz besonders fesselten; die Vereinigung des blauen Meeres und die schneebedeckte, hohe, malerische Gebirgskette wäre ein schönes Sujet für einen Landschaftler gewesen. Gar manche der Bergeshäupter waren so steil, daß der Schnee auf ihnen nicht haftete, der mittlere Theil der Gebirgsketten war meist öde und ohne jegliche Vegetation, der untere Theil prangte dagegen zum großen Theil im Grün der verschiedensten Abstufung der Farben. Viele Flecken, von großer Entfernung kenntlich durch die weiße Farbe der Häuser, einzelne Kirchen und Klöster, letztere ohne Ausnahme äußerst romantisch gelegen, erhöhten den Reiz des Bildes in seinem blauen Rahmen: oben und rechts der wolkenlose Himmel, unten das tiefblaue, mäßig bewegte Meer, dessen Wellen sich in weißem Schaum an dem bald flachen, bald recht steilen Ufer brechen. Auch hier fuhren wir so dicht am Ufer hin, daß ich mit Hilfe meines Fernrohrs ganz deutlich die Olivenwälder von den Eichen und Coniferenwaldungen unterscheiden konnte. So waren wir um 5 Uhr Nachmittags bei Cap Matapan angekommen, das vom Meer umbrauste Cap Taenarion, auf dessen letztem Ausläufer, der nur wenig über die Wogen herausragt, ehedem ein Tempel des Poseidon stand. Wahrlich, die Hellenen hätten keinen passendern Platz für ein Heiligthum des Meergottes finden können, als diesen schmalen, ewig von den Wogen umgebenen Fleck, deren Schaum gewiß

oft an die Säulen angeschlagen haben mag. Ich sagte dem europäischen Festlande Lebewohl. Nur noch Cerigo und Candia sollten wir sehen, um dann auf
48 Stunden kein Land zu erblicken. Cerigo trat in seinen äußern Umrissen
(ebenfalls Berge der verschiedensten Gestalt, Größe und Höhe) bald deutlich hervor, das alte Kythera, wohin, dem alten schönen Mythus zu Folge, die dem
Schaum soeben entstiegene Anadyomene von den Wellen auf einer Muschel von
den Wogen gebracht worden war. Zur Feier dieser Begebenheit mußte natürlich ein Tempel, der Liebesgöttin geweiht, errichtet werden, und dafür, daß der
Cultus der Venus Cythära noch lange gefeiert worden ist, spricht der Umstand,
daß die schöne Veranlasserin des trojanischen Krieges, die reizende Helena, hier
ganz besondere Verehrung genoß. Ein unbeschreiblich schöner Sonnenuntergang
beschloß den heutigen Tag in würdigster Weise, die Klarheit der Luft ließ
auf schönen Mondschein und gestirnten Himmel hoffen, die angenehme Wärme
von 18°, welche um 6 Uhr beobachtet wurde und welche noch lange nach
Sonnenuntergang anhielt, und die unerwartet ruhige See deutete auf intensives
Seeleuchten hin. Die angenehmen Erzählungen des Levantiners versammelten
die gesammte Herrengesellschaft im Fumarofolo bis 9 Uhr; sie enthielten viele
Winke und Belehrungen für uns Alle, da wir hofften, binnen zweimal 24 Stunden den Boden eines neuen bisher uns völlig unbekannten Erdtheils zu betreten.
Die begonnene herrliche Nacht auf dem Meere recht zu genießen, setzte ich mich
noch neben meinen freundlichen Steuermann auf Deck und ließ mir von ihm
erzählen, ihn hierdurch gleichsam als Lehrer italienischer Aussprache und Conversation gebrauchend. Der Mond ging entzückend schön auf, die Sterne funkelten
über mir und im Meere funkelten Milliarden von Thierchen im phosphorescir-
renden Licht. Das Meerleuchten in seiner schönsten Form bot sich meinen Blicken
dar. So wenig wie man vermag, die richtige Bezeichnung für manche Wasser-
farben zu finden, Tinten, die nachzumalen schier unmöglich ist, eben so wenig
finde ich in unserer Sprache Bezeichnungen erstens: für die richtige Schilderung
des Seeleuchtens, jenes Ineinanderfließens von Wasser, Schaum (also Luft)
und Feuer, als ob auf einem hin und her bewegten, von blendend weißen
Stickereien besetzten, blauschwarzen Sammtteppich hie und da Feuerfunken einge-
stickt wären, die sich bald vereinzelt, bald zu runden oder streifenförmigen Gruppen vereint präsentiren. Tritt noch hierzu das Streiflicht des Mondes, welches
glitzernd und flimmernd den Wellenbewegungen folgt, so ist die Wirkung dieser
vier Agentien, Licht, Luft, Feuer, Wasser, auf das Gemüth des Beschauers
eine überwältigende. Bisher habe ich dieses wunderbar schöne Schauspiel schon
oft genossen, am schönsten zwischen Nizza und Marseille, zwischen Cerigo und
Candia und zwischen Syra und Delos, aber ich bin manchmal unentschieden, wo
es am schönsten war. Auf Letzteres komme ich noch ausführlich zurück. Es
war wohl 11 Uhr, als ich, der letzte der Passagiere, das Lager aufsuchte, nachdem mir noch der Pilot die beruhigende Versicherung gegeben hatte, daß wir
eine herrliche Fahrt haben, ruhige See behalten und morgen um 5 Uhr bereits
das westlichste Vorgebirge der Insel Candia, das Cap Buso, das alte Promontorium Corycos passirt haben würden. Aber der Mensch denkt und ein
Höherer lenkt. Bald nach 11 Uhr sollte sich der Horizont stark verfinstert haben
und aus Südwest ein arger Sturm losgebrochen sein, der sich nach Mitternacht

in einen eben so entschiedenen Südost umsetzte. Kurz, es war vom 30. zum 31. Januar eine Nacht, ähnlich der verflossenen im Adriameer, die mir wohl nie aus dem Gedächtniß schwinden wird. Ich blieb vollständig gesund, aber meine armen Mitreisenden erregten mein Mitleid im höchsten Grade. Die armen Nonnen litten zum zweiten Male ganz entsetzlich. In ihrer Todesangst bereiteten sie sich auf den ihnen unvermeidlich scheinenden Untergang durch inbrünstiges Gebet vor. Auf dem ersten Platz sind sämmtliche Damen in höchster Bestür=zung aus den Betten gestürzt und haben den I. Capitän wecken lassen, um von ihm wahrheitsgetreuen Bericht zu fordern, ob die Gefahr wirklich groß sei. Und dieser liebenswürdige Mann hat den jammernden, verzweifelnden Schönen Rede gestanden und sie versichert, daß ihr junges Leben noch nicht ganz ver= loren sei und daß solcher Sturm sich eigentlich erst auf hoher See einzustellen pflege und sie wahrscheinlich für nächste Nacht ein gleiches Geschick erleiden wür= den. Neues Gejammer und Geächze der gänzlich indifferent gewordenen, für Alles theilnahmlosen Schönen. Aber es waren in der That die Schwankungen des Schiffes der Art, daß an ein Stehen in der Cajüte gar nicht zu denken war, ich meine Versuche, das Deck zu erreichen, um wenigstens nicht im Bett liegend unterzugehen, aufgeben mußte. Zu dem Rollen des Schiffes gesellte sich noch das Stampfen, und um die Lage ganz unerträglich zu machen, warf der Sturm die empörten Wellen öfters direct schief von vorn oder hinten mit größter Vehemenz in die Radschaufeln, wodurch eine Erschütterung hervorgerufen wurde, als wenn sich das Fahrzeug augenblicklich in seine einzelnen Bretter, Planken und Balken auflösen müsse. Zum Glück hörte dieses entsetzliche Unwetter mit Morgengrauen auf, so daß ich wenigstens eine Stunde schlafen konnte. Als ich am Morgen des 31. Januar, eines Donnerstags, auf Deck kam, fand ich mich bereits südlich der Insel Candia, zwischen derselben und den beiden kleinen Inseln Gozzo und Antigozzo, Angesichts des schneebedeckten Ida. Es wehte eine kalte Luft vom steilen Gebirgszuge herab, die uns abwechselnd Regenschauer, ja sogar einmal Schneegestöber brachte. Die Südküste der Insel Candia, bekannt durch ihre ausgezeichneten süßen Orangen, mit Schnee bedeckt zu sein, ist ein Factum, welches' fast noch nie da gewesen ist. Der Schnee lag bis fast an den Fuß der ziemlich dicht an der Küste sich erhebenden Bergzüge, die in zwei Parallel= zügen auf weite Entfernung hin verfolgt werden konnten. Die h'ntere höhere war zum großen Theil in Nebel gehüllt, nur manchmal fuhr ein Windstoß in den Wolkenschleier, jagte das Gewölk auseinander und öffnete den Blick auf die Häupter des Gebirges. Was für Erinnerungen wurden beim Anblick der Insel Creta und ihrer Berge nicht wieder erweckt! In den Schluchten des Ida wurde der Götterkönig Zeus Kronos von der Amalthea gesäugt; an Creta knüpfen sich die Namen eines Minos, Dädalus, Jdomeneus; Theseus und Ariadne's Minnegeschichten spielten auf dem Boden dieser Insel. Ihr verdankte der Römer Cäcilius Metellus durch seine Siege den Namen Creticus. Eifrig beschäftigt, alle diese Erinnerungen zu sichten und zu ordnen, wurde ich durch die Nachricht unangenehm überrascht, daß der Capitän, die Unmöglichkeit einsehend, morgen Abend vor Sonnenuntergang Alexandrien zu erreichen, beschlossen habe, längs der Insel Creta bis Nachmittags 4 Uhr zu kreuzen, und dann, falls es Wind und Wetter erlaubten, den Cours nach Alexandrien fortzusetzen, wo er Sonnabend früh 5 Uhr einzutreffen gedenke. Die Mißstimmung, die sich meiner bemächtigte, erfaßte auch bald alle andern Passagiere und sie wurde nicht geringer, als eine andere Nachricht kam, wonach die Damen des ersten Platzes die Ursache zu dieser Verlangsamung der Reise gewesen seien. Mag dem sein, wie ihm wolle, es stellte sich heraus, daß wenn der Capitän seine Reise direct fortgesetzt hätte, wir am Morgengrauen des Sonnabends jedenfalls bereits an Land hätten gehen können. So wurde es 2 Uhr Nachmittags, wodurch den vielen Passagieren, welche von Suez aus am nächsten Montag weiter reisen wollten, viel kostbare Zeit verloren ging und sie zu kostspieligen Ausgaben für telegraphische Depeschen rc. auszugeben gezwungen wurden, um sich hierdurch in aller Eile Plätze auf den englischen Steamern der Peninsular und Oriental Steam Company zu sichern, denn sie liefen ernstlich Gefahr, 14 Tage in Suez liegen bleiben zu müssen.

Wir hatten also — uns in das Unvermeidliche fügend — hinreichend Muße, die Ufer von Candia zu studiren, und bedauerten nur, daß der Capitän nicht erlauben konnte, in einem Schiffsboote an Land gehen zu dürfen. Wir fuhren längs der Südküste bis ungefähr an das mit vier Eckthürmen versehene, alte, romantische Schloß Castel Franco hin, kehrten bis zur Westspitze zurück und machten dieselben Tour wiederholt, bis endlich Abends 5 Uhr, eben als wir uns zum Diner niedersetzten, der 2. Lieutenant die angenehme Nachricht brachte, daß wir soeben südlich der Inseln Gozzo und Antigozzo das hohe Meer zu gewinnen suchten. Das Meer war inzwischen ganz ruhig geworden, der Sturm hatte sich gelegt, der warme Luftzug hatte den Schnee am Fuße der Berge weggeschmolzen, so daß wir das frische Grün der Wiesen, Felder, Gärten und Wälder deutlich sehen konnten. Ganz besonders schön liegt der kleine Oct Stafia an beiden Seiten eines steil von den Bergen herabstürzenden Flüßchens, in dessen Bett man das mitfortgerissene Felsgeröll und Steinmassen ganz deutlich sehen konnte. Es mögen wohl occidentalische Familien dort wohnen, was ich aus dem Umstand schließe, daß mehrere der größeren Häuser mit grünen Jalousieen versehen und mit parkartigen Gartenanlagen umgeben waren, in denen ich manche Cypressengruppe von andern Bosquets rc. wohl zu unterscheiden vermochte. Gegen Abend wurde der Himmel wieder grau, es regnete und der 3. Maschinist, der Landsmann aus Glatz, prophezeite eine noch schlimmere Nacht als die zweite Hälfte der soeben verlebten. Und leider ging seine Prophezeiung in Erfüllung. Von Schlaf war wohl bei keinem der Passagiere die Rede, aber die grenzenlose Gleichgültigkeit, die sich Aller in Folge der Seekrankheit bemächtigt hatte, ließ keine Unterhaltung aufkommen. Der Sturm erreichte eine solche Heftigkeit, daß die Wellen bis unter die Mündung des Schornsteins schlugen, die Cajütenthüren und Deckglasfenster mußten dicht geschlossen werden, weil das Wasser stromweise die Cajütentreppe herabrollte, eine nach dem Hinterdeck führende Treppe wurde weggerissen. Kettengerassel, Platzwechsel der vier Kanonen, Räderkrachen, Hin- und Hertrampeln der Matrosen hörten nicht auf, die Heftigkeit des Sturmes legte das Schiff immer von einer Seite auf die andere, so daß ein Rad immer hoch in der Luft schwebend arbeitete — enfin, es waren entsetzliche Stunden von 7 Uhr Abends des 31. Januar bis 8 Uhr Morgens des 1. Februar.

Bisher hatte ich bei Tage noch keinen ordentlichen Seesturm gesehen und erlebt, am 1. Februar sollte ich auch diese Erfahrung machen. Aber ich muß gestehen, daß ich jetzt mit noch größerer Ruhe Seereisen machen würde, als früher. Der Anblick des sturmbewegten, offenen, hohen Meeres hat etwas ungemein Erhebendes. Der Blick in die tief aufgewühlte Wasserwüste, die Wellenberge in ihrem Einherrollen, sich Ueberstürzen, Verlaufen, Zusammenlaufen, die glatten Wellenthäler, in welche von gewaltiger Höhe herab der weiße Gischt hineingeworfen wird, das allmälige Verschwinden der kleinern, aber längern und langsam sich fortbewegenden Wellen, die Schaummassen — kurz, mich hat der 1. Februar vollständig ausgesöhnt mit der Angst der verflossenen Nächte. Auf dem ersten Platz war Niemand den ganzen Tag über zu sehen, in der 2. Cajüte erschienen nur drei Personen bei Tisch, ich zog es vor, nur leicht verdauliche Speisen, Suppe, Obst und Brot zu mir zu nehmen, Obst und Brot in dem Rauchzimmer über Deck zu verspeisen, da die Luft in der Cajüte in Folge des Abgesperrtseins während der Nacht gerade nicht die angenehmste war. Der kalte Wind war aber heilsam und so überstand ich auch diesen bösen Tag, ohne see= krank geworden zu sein. Von der Heftigkeit des Sturmes wird sich der Leser einen Begriff machen, wenn ich erzähle, daß einige das Deck vollständig über= stürzende Wellen mit solcher Gewalt getrieben wurden, daß ich, der ich mich fest an die Messingstäbe des Deckfenstergitters anhielt, von diesen Wellen erfaßt und unter die längs des Hinterdecks hinlaufenden Bänke geworfen und drei Mal vollständig durchnäßt wurde. Ein günstiger Nordwestwind half der Thätigkeit der Maschine, es wurden drei große Segel aufgesetzt, so daß wir uns um 9 Uhr Morgens unter 33° 18′ n. B. befanden. Die Offiziere beschäftigten sich mit astronomisch=nautischen Betrachtungen, auf die liebenswürdigste Weise erklärten sie mir die Art und Weise, Sextantenbeobachtungen zu machen, die Schnelligkeit des Schiffes zu bestimmen ꝛc. In dem Bureau durfte ich die sehr schönen Schiffskarten Stunden lang ansehen, und da der Aufenthalt auf Deck durch die sich unaufhörlich wiederholenden Sturzwellen nicht eben angenehm war, ich auch für heute genug in Seesturm gearbeitet hatte und Schreiben ganz unmöglich war, zog ich es vor, geographische Studien obzulegen, nach deren Beendigung mir der freundliche 2. Lieutenant die Benutzung seiner Cabine und der darin enthaltenen kleinen Privatbibliothek und Albums gestattete. Der Sturm, der sich gegen Abend etwas gelegt hatte, fing nach Sonnenuntergang wieder an, heftiger zu werden, nichts desto weniger legte ich mich ruhig zu Bett, durch das An= schauen der hochgehenden Wellen während des Tages hatte ich alle Angst ver= loren und ich schlief vortrefflich bis 1 Uhr, wo ich auf Deck ging, um der Erste zu sein, der die afrikanische Küste zu Gesicht bekomme. Aber es war noch nichts zu sehen. Der Pater schlug sein Betpult auf, um als gehorsamer Sohn seiner Kirche die vorgeschriebene Anzahl Gebete zu sagen und ohngeachtet der starken Schwankungen des Schiffes, welche ihn und Gebetbuch oft zu Fall brachten, betete er über ¹/₂ Stunde. Ich schlief noch bis in den halben Tag hinein und bedauere, nicht länger geschlafen zu haben, denn der Rest der Seefahrt wurde, weil sich die grenzenloseste Ungeduld und Mißbehagen Aller bemächtigt hatte, mir schließlich unerträglich langweilig, obschon wir seit 9 Uhr ab die Dünen der flachen afrikanischen Küste in Sicht hatten. Bald darauf konnte man den Tour des Arabes, jenen Punkt, wo der General Bonaparte an's Land gestiegen war, erkennen. Das Meer wurde ruhiger und änderte seine Farbe, aus dem pelluciden

Dunkelblau trat ein trübes weißliches Blau. Es soll diese Farbe der gesammten nordafrikanischen Küste, so weit sie sandig ist, eigen sein. Da die Sonne sehr warm schien und die Schwankungen des Schiffes nicht mehr so heftig wie am Tag vorher waren, erschienen die Passagiere des ersten Platzes wieder auf Deck. Die meisten von ihnen hatten 30 Stunden lang, auf einem Fleck liegend, nichts genossen. Es fanden sich wieder Möven und Seeschwalben ein, die uns seit Candia verlassen hatten. Das Hinterdeck versammelte alle Passagiere, alle Fern= röhre waren in Thätigkeit; da endlich entdeckte der 2. Lieutenant in südöstlicher Richtung (denn wir fuhren auf vielleicht acht Seemeilen längs der Küste hin) den Leuchtthurm von Alexandrien und kündete an, daß wir um 1 Uhr wohl an Land würden gehen können. Mit wahrhafter Freude begrüßten wir das lang ersehnte Ziel unserer Reise, welches sich allerdings vorerst nur in seinem Leuchtthurm, in Gestalt einer dunklen, sich scheinbar unmittelbar aus den weiß= lich blauen Fluthen erhebenden Nadel dem Auge präsentirte. Aller Augen wandten sich nach diesem Punkte hin, dem wir uns, von günstigem Wind ge= trieben, rasch näherten. Schon sahen wir einige gelblich weiße Erhebungen in der lybischen Wüste, bald erkannten wir Häuser, als sich die Nachricht unter den Passagieren verbreitete, daß der Capitän beabsichtige, ohne den afrikanischen Lotsen abzuwarten, in den Hafen einzulaufen. Ein nicht unbedeutender Schrecken ergriff uns Alle und ich gestehe, daß mich doch etwas Angst befiel, zumal ich auf der speziellen Schiffskarte wohl gesehen hatte, daß der Eingang in den Hafen eine recht schwierige Passage sei. Ich konnte mich deshalb nicht so ungetheilt des Anblickes der zahllosen arabischen Windmühlen am Ufer, der Hafenbastionen und der Dattelpalmen erfreuen, und meine Angst wurde nicht gemindert, als alle drei Offiziere in Thätigkeit traten. Der Capitän auf der Commandobrücke, der 1. Lieutenant und der Hochbootsmann im Bugspriet und der 2. Lieutenant neben dem Steuermann, der sich zur schnellen und kräftigen Handhabung des Ruders noch einen Matrosen gerufen hatte. Schon waren wir bei der ersten Bake glücklich vorbei und immer deutlicher sahen wir die Stadt vor uns, als wir an dem eigentlichen, in der That sehr schmalen, dem Versanden ganz besonders ausgesetzten Eingang anlangten. Mit größter Sicherheit hielt der Capitän, mit dem Fernrohr in der Hand, die genaue Mitte des Fahrwassers, noch eine Minute, und die Barre war glücklich passirt, wir befanden uns im Hafen und steuerten an drei französischen, einem spanischen und einem griechischen Dampfer vorbei, um mitten im Hafen, Angesichts des zollamtlichen Landungs= platzes, ohnweit eines österreichischen und eines englischen Steamers Anker zu werfen. Der Vorhang vor dem längst ersehnten Bilde war vollständig aufgerollt, wir konnten bereits durch das Hafenthor in die Stadt hinein schauen. Die Be= gierde, zu sehen, hatte mich mit dem Packen und dem Ordnen meiner Effekten warten lassen, ich eilte, dies zu besorgen, denn schon umringten den Dampfer eine Menge Boote, unter ihnen die obrigkeitliche Sanitätspolizei in einem Boot mit ägyptischer Flagge, grünem Halbmond und grünem Stern in rothem Felde. Die Sanitätswächter, die inzwischen an Bord gekommen waren, ertheilten sofort die Erlaubniß, an Land zu gehen, und, als ob unser Schiff von Piraten ge= entert und gestürmt würde, so stürzten sich die Insassen einiger zwanzig Boote die Treppe hinauf, sogar mittelst Emporklimmens an den Tauen auf Deck.

Mir war, als sollten wir ohne alle Widerrede von diesen fabelhaften Gestalten gefangen genommen und ohne Widerrede direct in das Innerste von Afrika, in die Sklaverei geschleppt werden. Da es mit der Ehrlichkeit dieser Kerle, welche eine Musterkarte der alexandrinischen Tagediebe und Gauner darstellten, nicht ganz geheuer sein soll, so trugen der Levantiner, der französische Doctor und ich unsere Sachen auf einen Fleck und standen abwechselnd Wache. Höchst amüsant war die Art und Weise, wie dieses halbnackte Gesindel seine Dienste anbot, sich durch gegenseitiges Schlechtmachen empfehlend, worüber die Betheiligten, welche leer ausgingen, in maßloses Schimpfen ausbrachen, welches in zwei Fällen in einer soliden Keilerei endete, die erst durch einen Gouvernements-Cavassen in hellblauen Hosen und apfelgrüner Jacke geschlichtet werden mußte. Dieser Gentleman, der wie eine alte Ente umherwatschelte, dabei in Folge seines Einwärtsgehens einige Mal dem Hinfallen nahe war, machte in seinem vom weißen Turban beschatteten, pockennarbigen, dämlichen, braunen Gesicht einen zu lächerlichen Eindruck. Dabei schlug ihn sein krummer Sarras immer in die Beine und machte sein Amt, die Strolche in Ordnung zu erhalten, noch beschwerlicher. Unter jenen Herren, welche sich mit und ohne Hosen, mit und ohne Hemd, durchweg ohne Strümpfe, theils ohne, theils mit Sandalen in allen möglichen Trachten des Orients (natürlich in grellen, ehedem hell gewesenen Stoffen) auf die zudringlichste Weise an uns heranbrängten und, ohne uns zu fragen, das Reisegepäck anfaßten, um es ohne Weiteres in die Boote zu werfen (welchem Ansinnen erst durch mehrfache Defensiv-Angriffe unsererseits mit dem Regenschirm ein Ziel gesetzt wurde), machte sich ein Kerl in rothem Tarbusch mit ellenlanger, blauer Quaste, in kurzen hellbraunen Hosen und hellbrauner Jacke, ohne Hemde, in bloßen Füßen, von kaffeebraunem Teint, mit prachtvollen, schneeweißen Zähnen ganz besonders bemerklich. Da seine Physiognomie am wenigsten gaunerhaft und spitzbübisch aussah, so wurde er auserkoren, unser Gepäck in sein Boot zu tragen, wozu wir erst hinreichend Platz fanden, nachdem der größte Theil der Passagiere den habsüchtigen Söhnen des Orients bereits als Beute in die Hände gefallen war. Ich sagte oben, es sei eine wahre Musterkarte von Völkerschaften und Racen, welche den über ihre Erscheinung vollständig verblüfften Europäer in ihrer scheußlich klingenden Sprache (voller Gutturallaute), der sie sieben Wörter italienisch, englisch oder französisch beimischen, umringen, und ich glaube nicht, zu viel zu sagen. Vom weißen Malthesex, Jonier und Griechen bis zum vollendeten Schwarz des Darfur und Cordofan-Negers (davon gejagte oder entlaufene Sklaven) kann man alle Uebergänge durch gelb und braun in den Arabern, Syrern, Kopten, Fellahs, Beduinen und den Bewohnern Kleinastens verfolgen, dazu die kleidsame Tracht des Griechen durch alle Stufen der vollkommenen oder unvollkommenen Körperbedeckung bis zum kurzen, einfach blaubaumwollenen Hemd des Negers mit kurzen Aermeln und schwimmhosenartiger Rumpfbekleidung oder bis zum braunen Burnuß der Beduiner ohne Hemd und Hosen, — wenn man sich nun in Mitten von dreißig solcher Gesellen sieht, so kann einem biedern Deutschen, der höchstens Paris, London und eine Ecke von Italien gesehen hat, wohl Angst werden. Auch in Bezug auf Confessionen finden sich die Bekenner sämmtlicher Arten von Religion hier vereinigt, der römisch-katholische Malthefer, die Griechen, die ägyptischen Juden, koptischen Christen, arabischen, syrischen, nubischen und ägyptischen Muhamedaner und die affenähnlichen Fetischanbeter aus Innerafrika. Hier thut Energie und Entschiedenheit Noth. Den frech und unverschämt nach Koffer und Tasche grei= fenden Kerl dränge man sofort zurück und weicht er nicht schleunigst, so schwinge man dreist den Regenschirm oder den Stock mit drohender Geberde, und man ist sicher, daß die Kerle, meinend, einen mit den Sitten des Landes bereits Kundi= gen vor sich zu haben, abwarten, bis man sie ruft. Außerdem schicken die größten Hotels ihre Lohndiener an Bord, meistens, wenigstens dem Aeußern nach, anständige Leute in durchweg europäischer Kleidung, welche in vier abend= ländischen Sprachen ihre Offerten machen, die Hotelkarte vorzeigen und die Vor= züge des Hotels rühmen. Der junge Araber brachte uns drei Europäer und unsere Sachen in seine Barke, wo sein Vater, ein ernster Mann, schweigend neben einem Beduinen saß, und sofort wurden die Ruder in Bewegung gesetzt. Wir wünschten zuvor den liebenswürdigen Schiffsoffizieren alles Gute zu ihren spätern Reisen, verabreichten dem Kellner und dem Matrosen, der die Sachen aus dem Schiffsraum heraufwand, ihre Trinkgelder und verabschiedeten uns. Der Kellner zeigte sich über vier Francs hoch erfreut und der Matrose machte über drei Francs ein eben so freundliches Gesicht. Gegen zu hohe Trinkgelder wird Niemand mehr eifern als ich; solche Noblesse ist auf Reisen nicht ange= bracht, aber für ein anständiges Trinkgeld für den Kellner des Dampfschiffes, zumal, wenn er so aufmerksam, zuvorkommend und artig ist, wie unser ein= äugiger Nicolo, werde ich stets stimmen. Unser Kahn glitt an drei ausrangir= ten ägyptischen Linienschiffen und an Seemans Chapel schnell dahin und nach wenigen Minuten standen wir auf afrikanischem Boden.

II.

Alexandrien und die Reise nach Kairo.

An der Landungsbrücke des Zollhauses hielten wir, bezahlten mit 2 Francs pro Person und Gepäck unsere Ueberfahrt und mußten in dem kasernenähn= lichen Gebäude ohne Thür und Glasfenster unsere Pässe an einen französisch sprechenden Aegypter abgeben. In den offenen Hallen lauerten Soldaten und — strickten. Es war eine höchst lächerliche Scene und war es mir ein glückliches Omen, daß ich unter schallendem Gelächter über die häuslichen, friedlichen Lei= stungen des herrlichen, tapfern Kriegsheeres den Boden des neuen Welttheiles betrat. Und es ist dieses Omen zur schönsten Wahrheit geworden. Als wir das Haus mit dem Paßbureau verließen, befanden wir uns auf einem kleinen Platze. Ich stand wie gefesselt; vier Kameele, mit Steinen beladen, ge= führt von einem alten Beduinen in ehemals gelb gewesenen Schuhen, schritten an mir vorüber, auf einem fünften saß ein verschleiertes Frauenzimmer, zwei andere mit Krügen und Körben auf dem Kopf eilten an uns vorüber. Wir wurden von ihnen keines Blickes gewürdigt, und doch hätte ich gar zu gern gesehen, ob mir ein junges, hübsches oder ein altes, häßliches Frauengesicht im fremden Welttheil entgegen kam, und bald hätte ich vor Staunen und Bewun= dern über all das Neue meine Reisegefährten verloren, welche, ihren Effecten nachgehend, dieselben der zollamtlichen Revision zu unterwerfen genöthigt wurden. Auch mich faßte ein kaffeebrauner Wüstensohn und verlangte, ihm, der meinen Koffer bereits auf seine Schulter geladen hatte, zu folgen. Ich hatte nun er= wartet, man würde die Revision in irgend einem der benachbarten Häuser vor= nehmen, und ich war nicht wenig erstaunt, als unsere Effecten hinter einer halbverfallenen Mauer in einem malpropren Winkel auf den zufällig trocknen, aber nicht gepflasterten Boden gesetzt wurden. Zwei Beamte in weiten, hell= braunen Pantalons, dito Jacke und einfacher, dunkelrother baumwollener Schärpe stell= ten sich mit Amtsmiene an, als wollten sie eine sehr gründliche Revision vornehmen. Da wir drei aber wie auf Commando gleichzeitig die Portemonnais heraus= holten und einem jeden von ihnen 1 Francs einhändigten, so wurde die Revision unnöthig. Bestechung der Beamten im Dienst steht also keinenfalls im ägypti= schen Strafgesetzbuch. Einige dienstbeflissene, zerlumpte, von einer Schmutzkruste überzogene, baarfüßige, halbnackte, sich gegenseitig die Koffer in die Rippen ren= nende Gassenlümmel schleppten für einige Kupfermünzen (ich gab ihnen zwei preußische Vierpfennigstücke) die Effecten in den nahen Omnibus des Hotels Zech. Wir hatten uns schon mit dem Gedanken vertraut gemacht, uns unser Gepäck per Esel nach dem Oriental Hotel zu befördern, waren daher nicht wenig erfreut, einen vollständig europäisch eingerichteten, eleganten Omnibus vorzufinden, in welchem uns der Commissionär des Hotels nach dem Hotel geleitete. Die Pferde, Kreuzung arabischer und Berberrosse von ziemlicher Größe und starkem, aber doch zierlichem Knochenbau liefen im scharfen Trab durch die nicht gepflasterten, engen Straßen des arabischen Stadtviertels, welches dicht am Meere liegt. Mir war, als träumte ich, denn was ich ansah, was ich hörte, war neu; und diese selbe Erfahrung hatte ich, als ich nach vier Tagen nach Kairo kam, wieder durchzumachen. Wäre ich zuerst nach Kairo und dann nach Alexandrien gekommen, so würde allerdings letztere Stadt lange nicht den Eindruck gemacht haben, den es jetzt auf mich Fremdling ausübte. Ich bemerke schon jetzt, daß Alexandrien unter 160,000 Einwohnern bereits 40,000 Europäer zählt, daß aber sich unter den 300,000 Einwohnern von Kairo nur 9000 Europäer befinden. Je weiter man sich vom Meere entfernt, je mehr man sich dem Frankenviertel nähert, desto breiter werden die Straßen, desto ansehnlicher erscheinen die Häuser, desto eleganter und abendländischer erscheinen die Kaufläden eingerichtet und desto mehr europäisch gekleidete Herren sieht man. Und bei der letzten Straßenbiegung vor dem Frankenplatz wähnt man, in einer südeuropäischen Hafenstadt, etwa in Livorno oder Marseille zu sein. Unser Omnibus hielt im ersten Drittel an der Häuserreihe der linken Seite eines eleganten großen Platzes, dem Consulats- und Frankenplatz. Ein sehr schönes, großes, geräumiges Haus, das Oriental-Peninsular-Hotel nahm uns auf. Ich gestehe, daß ich mit großem Vorurtheil dieses Hotel mit seinem stark nach England schmeckenden Titel betrat und mir bangte für meine zu erwartende Hotelrechnung. Aber mit Unrecht. Einige mit den inzwischen ebenfalls angekommenen deutschen Landsleuten gewechselten deutschen Worte wurden sofort von fünf Insassen des Hotels beantwortet. Ich gestehe offen, daß die freundliche Art und Weise der sämmtlichen Kellner, Hausdiener und namentlich des Besitzers selbst, des Herrn Zech, eines protestantischen Würtembergers, den angenehmsten Eindruck auf mich machte. Das Glück wollte mir wohl, ich erhielt ein Zimmer in der Beletage dicht neben dem eleganten, hohen, mit Marmor gepflasterten, schön mit Wand- und Deckengemälden verzierten Speisesaal. Der Oberkellner, hier Direktor genannt, ebenfalls ein liebenswürdiger, gefälliger Süddeutscher, war voller Aufmerksamkeit und stellte sich uns Deutschen in der freundlichsten Weise Behufs Ertheilung von Rathschlägen und Erkundigungen zur Verfügung. Die Zimmereinrichtung, die ich vorfand, war in keiner Weise von der eines comfortablen europäischen Hotels unterschieden, die Aussicht von meinem großen, mittelst Jalousieen verschließbaren Fenster auf das Getümmel des Platzes, des Mittelpunktes von ganz Alexandrien war so fesselnd und in solchem Grade interessant, daß ich Auskleiden, Auspacken ꝛc., kurz Alles vergaß und immer wieder an's Fenster eilte, um ja nichts zu versäumen. Elegant nach Pariser und Londoner Moden gekleidete Damen, gefolgt von weißen Gestalten in gelben Schuhen und kohlschwarzen Gesichtern und Händen, (den Ammen ihrer Kinder), promenirten unter den in einfache, blaue, baumwollene Lumpen gekleideten Fellahinnen und Araberinnen auf dem herrlichen Platz umher.

Es macht einen ganz eigenthümlichen Eindruck, die kleinen, zarten Gesichtchen der europäischen Kinderchen auf den schwarzen Armen ihrer nubischen Wärterinnen oder sehr oft auch Wärter zu sehen, denn viele europäische Familien haben, wie ich mehrfach gehört, die Beobachtung gemacht, daß die Neger aufmerksamer und zärtlicher für die kleinen, schutzbefohlenen Kinderchen ihrer Herrschaften sind, als die Frauen. Man fährt auch viel in Alexandrien, doch sind die Wagen meistens französisches Fabrikat verschiedener Form, Gestalt und Größe. So schlechte Wagen wie in Constantinopel sah ich in Alexandrien nicht. Die Wagenpferde sind durchweg schnelle Läufer und meist schöne Thiere, unter den Reitpferden sah ich sehr viele edle Thiere. Fortwährend durchziehen Kameele, Esel mit den verschiedensten Lasten die Straßen, oft wird eine Heerde Ziegen, Schafe oder Rindvieh durchgetrieben, Reiter zu Esel durcheilen die Straßen dieses schönen Platzes, dessen mittlerer von den vier Verkehrsstraßen nicht eingenommener Theil höher als jene liegt, an jedem Ende ein in Marmorquadern construirtes Bassin mit riesiger Fontaine besitzt, und von einer Allee Akacien umgeben ist. Hier promenirt all-abendlich die europäische Welt, aller Orten sind Marmorbänke angebracht. Der schöne Platz ist wohl zehn Minuten lang bei gewöhnlichem Schritt und trägt an seinen vier Seiten durchweg stattliche Häuser. Die englische Kirche mit sehr schöner, wenn auch kleiner Gartenanlage, sämmtliche Dampfschifffahrts-Agenturen, vier verschiedene Posten, drei große Hotels und ein Dutzend General-Consulate, einige feine Cafés — ganz nach französischer Art eingerichtet — und die ele-gantesten Verkaufsläden liegen hier. Die von diesem Platz ausmündenden Straßen haben durchweg eine Breite von circa 30, und sind ebenfalls von hohen, gut gebauten, stattlichen Häusern eingefaßt. Unter ihnen zeichnet sich die Rosetta-straße aus. Ich eilte, Toilette zum Ausgehen zu machen, und ließ mir nur ganz ohngefähr die Richtung, in welcher das preußische Consulat liegt, angeben, denn es hat für mich einen ganz besondern Reiz, in einer wildfremden Stadt mich selbst zurecht zu finden. Das preußische General-Consulat ist ohne Zweifel von allen in Alexandrien befindlichen europäischen General-Consulaten das schönst gelegene. Mitten in einem allerdings erst durch den eigenen Kunstsinn des gegenwärtigen Herrn Besitzers schön gewordenen Garten gelegen, worin außer vielen seltenen Gewächsen einige Hundert schöne Dattelpalmen stehen und die Banane reife Früchte trägt, steht es auf demselben Fleck, wo die Alexandria-Bibliothek gestan-den hat, ob deren Zerstörung die Träger europäischer Cultur aller Zeiten dem fanatischen Barbaren Chalifen Omar fluchen werden. Am Ende der in den Frankenplatz mündenden, sehr breiten, theils mit Trottoir versehenen Rosettastraße sieht man den von der herrlich roth blühenden Dolichos Lablab an seinem un-tern Theil umrankten, riesigen, schwarzweißen Flaggenstock schon von großer Weite. Ueber dem Gartenportal zeigt der heimische Aar mit deutschen Worten: „Königl. Preuß. General-Consulat für Aegypten“ dem Landsmann die Stelle, wo er im Falle der Noth des kräftigsten Schutzes gewiß ist, dem fremden Touristen, wo er die freundlichste Aufnahme und umfassendste Ertheilung von Rath und Unterstützung findet. Die glücklichen Stunden, die ich in dem gastlichen Hause des derzeitigen Herrn Vertreters Seiner Königl. Preuß. Majestät zu verleben die Ehre und die Freude hatte, sind mir ein Silberblick der Erinnerung an meine Spazierfahrt nach dem Orient. Möchte unser Vaterland noch lange durch den gegenwärtigen allverehrten General-Consul, der das spezielle Wohlwollen des Vicekönigs besitzt, vertreten sein, der durch sein entschlossenes Auftreten binnen Kurzem deutsche Rechtlichkeit und deutsche Biederkeit in Aegypten zur Geltung und Ansehen zu bringen gewußt hat. Schon an Bord des Neptun hatten mehrere Franzosen, mit den Verhältnissen Alexandria sehr vertraut, nicht wissend, daß ich als Preuße mich bei meiner Ankunft in Aegypten sofort unter den Schutz des preußischen Vertreters stellen würde, das Auftreten und Verfahren des Chefs der verschiedenen General-Consulate einer nichts weniger als gelinden Kritik unterworfen und dabei mehrfach geäußert, daß ganz besonders Preußen auf seinen Vertreter stolz sein könne. Solche Aeußerungen zu hören, ist eine große Freude und ein nicht geringer Stolz für jeden guten Patrioten! Bei dieser Gelegenheit fühle ich mich veranlaßt, der Thatsache Erwähnung zu thun, daß die preußischen Consularbeamten im Orient, so viel ich derer kennen zu lernen Gelegenheit hatte, gleichzeitig die Unterthanen sämmtlicher deutscher Staaten (mit Ausnahme der österreichischen natürlich) schützen und zwar, ohne einen Pfennig Entschädigung von den betreffenden Regierungen zu verlangen. Ich thue dies deshalb, um ein neues Argument anzuführen, daß die Gesellschaft der Staatslenker Vorries, Beust, Hügel, Pforten ec. doch solche Thatschen bei ihren Anfeindungen und Verkleinerungsversuchen nicht vergessen möchten. Dank haben die diesseitigen Consuln von dieser Gattung Volksbeglücker nicht zu erwarten, aber es muß, wo es nur immer angeht, daran erinnert werden, daß diese Staaten Verpflichtungen gegen den mächtigsten Zollvereinsstaat haben. Während meines Aufenthalts in Kairo wurde das diesseitige Viceconsulat im Interesse eines Hannoveraners in viele Unannehmlichkeiten verwickelt und hörte ich außer- dem, daß zu den unerfreulichen Amtshandlungen in dem dortigen Consulat die außerpreußischen deutschen Schutzgenossen 80% Beitrag liefern, obschon sie gegen die eigentlichen Landeskinder in der entschiedenen Minorität sind.

Doch ich muß nach Alexandrien zurück. Auf meinen ersten Durchstreife- reien begegnete ich vier Herren, welche deutsch sprachen, denen ich mich als Landsmann zu erkennen gab; es waren Schiffscapitäne, darunter drei Preußen, welche ihren Collegen, einen Mecklenburger, dessen Barke gestrandet und total ver- loren gegangen war, nach dem Consulat zur Verhandlung begleiteten. Der ein- brechende Abend hatte mich genöthigt, meine Spaziergänge abzukürzen. Ich gab meine Empfehlungen in Abwesenheit des Chefs des General-Consulats ab und kehrte auf Umwegen ins Hotel zurück. Ich legte mich aus dem Fenster, sah dem Gewühl der mit dem Marseille-Dampfer und mit dem Abendzug aus Kairo- Cap ankommenden Reisenden an der Thür unseres und des gegenüber lie- genden Hotels zu, amüsirte mich über arabische Schimpfereien und Schlägereien, höchst interessante Straßenscenen, Hundebeißereien, Thierquälereien und bedauerte, daß mich die Diner-Glocke des Hotels aus meinen Studien riß. Ich sollte zum ersten Male nach afrikanischen oder arabischen Küchenrecepten essen. Unwillkür- lich dachte ich beim Durchsehen der Speisekarte, als ich Quartier de gazelle fand, an den Gemsbraten des Gasthaufes auf dem Hirschbüchel bei Berchtesgaden, dessen Besitzer mit liebenswürdiger Unverschämtheit mir im Mai 1856 ganz genau die Stelle an der gegenüber liegenden Felswand des Hochkalters zeigte, wo er mit größter Mühe und augenscheinlicher Todesgefahr in der verflossenen Mondnacht

ben „Gemsbock g'schossen habe, den der Herr heut essen soll", während die schel=
mische Köchin in demselben Augenblick in dem hintern Stall beschäftigt ist, eine
arme Reserveziege meuchlings vom Leben zum Tode zu befördern, deren Fleisch
als mühsam erlegter Gemsbraten dem armen leichtgläubigen Reisenden aufgetischt
wird. Ich vermuthete böswillige Täuschung durch Lamm oder ungehörnte Ziege.
Aber ich hatte Unrecht. Am andern Morgen zeigte mir der biedere Hausknecht,
Johann, aus Wien, das Gehörn der beim letzten Diner gespeisten Gazelle. —
Die Steamer aus Marseille und der von Bombay in Suez angekommene Dampfer
hatten das Hotel bis auf den letzten Raum gefüllt. Es waren einundsiebenzig
Personen zu Tisch, darunter eine englische Familie, eine Mutter mit zwei Töch=
tern; noch immer sehe ich das Engelsgesicht der einen Tochter, die himmlisch
schönen, blauen Augen voller Sanftmuth und ihr schönes Gesicht von einer
Fülle blonder Locken umwallt, die mir schräg gegenüber saßen, leider stand sie
schon am Rand des Sarges. Das liebliche Kind mit dem edlen Ausdruck litt
an Blutbrechen und ging nach Calcutta, um dort Genesung zu suchen. Möchte
sie dieselbe finden! Eine Französin, aus Isle de France kommend, saß mir
vis à vis, sie erzählte viel und gern von ihrem dreijährigen Aufenthalt,
aber ich konnte nicht erfahren, was sie da gemacht habe. Es war eine wieder
in anderer Art imponirende Schönheit. Sie trank ihre halbe Bouteille heimischen
Rothwein in derselben Zeit und mit demselben Kennerblick als ihr Nachbar, ein
französisch radebrechender Italiener, der nach Aegypten gekommen war, um
Gummi arabicum und Sennesblätter zu kaufen. Das Schicksal führte mich mit
ihm in Kairo zusammen. Mademoiselle fuhr am andern Tag nach Marseille. —
Eine Species Reisender, die man vom Feuerlande bis zur Stadt Hammerfest in
jedem einigermaßen comfortablen Hotel findet, grassirte natürlich auch hier —
ein Weinreisender, ein Rheinländer, der durch lügenhafte Mittheilung einer zweiten
Sendung der Loreley von Neapel nach Messina in höchst gehässiger, scandal=
süchtiger Weise — natürlich in deutscher Sprache — unter einigen mißvergnüg=
ten, neben ihm sitzenden Schweizern und Deutschen das große Wort führte. Ich
konnte mich nicht enthalten, ihn in spöttischem Ton zu fragen, ob er mit dem
König Franz telegraphische Depeschen wechsle, und theilte ihm zu seiner Beru=
higung mit, daß die Loreley schon seit geraumer Zeit im goldenen Horn von
Constantinopel zur Disposition des Herrn Gesandten liege, welche Nachricht von
anderer Seite bestätigt wurde. Diese Weinreisenden übertreffen, zumal an Frech=
heit in der Aufstellung ungereimter und falscher Behauptungen — namentlich in
der Fremde — ganz entschieden ihre Collegen, die Tabak= und Cigarrenreisenden,
welche schon früher auf einer Reise von Gothenberg nach Christiania gemachte
Beobachtung ich wenige Wochen später in Smyrna zu bestätigen Gele=
genheit fand. Im Orient ein Reisender in amerikanischen Cigarren, in der
Heimat des prachtvollen türkischen, persischen und syrischen Tabaks! Es war
mir zu ungeheuer lächerlich, wie jener Bremer Cigarren= und Tabaksjüngling
sein fruchtloses Bemühen, in seinem Artikel etwas zu machen, schilderte und
sich in Betrachtungen über den geringen Bildungsgrad der rauchenden Consu=
menten Smyrna's und einigen Inseln erging, welche für die Betreffenden gerade
nicht sehr schmeichelhaft waren — zugleich aber auch auf die Urtheils= und Ver=
standeskräfte jener Firma ein deutliches Licht warfen. — Doch zurück zu dem

lucullischen Diner des Herrn Zech, bei dessen höchst preiswürdigen Bordeaux
wir drei Reisegefährten, der alte Levantiner, der junge französische Arzt und ich
die Erinnerungen der letzten fünf Tage nochmals Revue passiren ließen und uns
dann gegenseitig alles Gute auf unserem fernern Lebensweg wünschten. Pracht=
volle Früchte, Datteln von noch nie gesehener und genossener Größe und Schön=
heit, Bananen (für den Monat Februar etwas Seltenes, wie bei uns Erdbeeren
und Kirschen im Januar), riesige Feigen, große, gelbe Orangen von Jaffa und
rothfleischige aus den Gärten von Schubra und Kairo, Rosinen verschiedener
Größe und Geschmacks, Aepfel aus Steiermark und Mandeln (von der doppelten
Größe der italienischen berühmten Pugliefer Mandel) setzten dem vortrefflichen
Diner die Krone auf, nach dessen Beendigung wir uns in das nahe gelegene
Cafe de l'Europe verfügten. Der Erfinder des neuen italienischen Mosaiks, ein
früherer Jurist und berühmter Advokat in Venedig, der auf dem Schiffe bereits
sich manchmal unsern Gesprächen angeschlossen hatte, folgte uns. Das Caffee
gleicht den italienischen und französischen Caffee's vollständig, mit der einzigen
Ausnahme, daß hier keine Dame du comptoir vorhanden war, sondern, daß der
Besitzer, ein Grieche, den Sitz an der Kasse in Mitte dieses sehr elegant einge=
richteten, von Säulen getragenen Parterresaales einnahm, dessen weiße, vergoldete
Säulen und die roth bezogenen Seffel und Divans in den hohen Glaswänden
sich mehrfach wiederspiegelten. Die hier verkehrende Gesellschaft schien eine sehr
gemischte zu sein. Gegen 10 Uhr kehrten wir durch die finstern, schmutzigen
Straßen zurück und waren froh, die Trottoirreihe des Frankenplatzes wieder erreicht
zu haben. Der Dr. S. lud uns ein, die mitgebrachten Proben seiner neuen
Industrie anzusehen, und ich muß gestehen, daß ich nie etwas Aehnliches gesehen
habe. Ganz erstaunt war ich, als der Entdecker dieser Mosaik=Emaillecompo=
sitionen mir von dem General=Director der Berliner Museen in fließendem
Deutsch zu erzählen begann und mir mehrere Aufsätze aus der Feder des Herrn
v. Olfers vorlegte, in welchen sich derselbe höchst günstig über die gelungene
Wiederaufnahme dieses alten, ehedem hoch berühmten Industriezweigs Italiens
aussprach. Daß die Leistungen dieses Mannes ganz ausgezeichnet sein müssen,
ging aus dem Umstand hervor, daß die kaiserliche Akademie der Künste ihm ihre
große goldene Medaille verliehen und die Anfertigung sämmtlicher Mosaik=Emaille=
arbeiten in der zu restaurirenden St. Marcus=Kirche übertragen hat. Unter den
Proben sind mir einige Brochen, Thiere darstellend, z. B. ein starkhaariger Hühnerhund
und ein eine Ente beschleichender Fuchs ganz besonders erinnerlich. Jedes einzelne
Haar ist hier ein einzelnes Stück für sich, im Ganzen doch so zierlich und ac=
curat zusammengesetzt, daß man selbst mit der Lupe ihr Zusammengesetztsein
nicht erkennen konnte. — Solch vollendet schöne Sachen in dem Barbarenlande
Aegypten zu sehen, hatte ich mir allerdings nicht träumen lassen. Der Compo=
siteur und Erfinder der neuen Masse beabsichtigte, beim Vicekönig Aufträge zu
erbitten, und wollte sich zu gleichem Zwecke später nach Constantinopel begeben.
Erst um 11 Uhr trennten wir uns, um die erste Nacht in den riesigen, breiten
Betten (aus Gußeisen, mit dichten Vorhängen, Mousquetaire genannt, versehen)
auf Africa's Boden zuzubringen. Vom Fenster aus sah ich zwei Arten ägypti=
scher Laternen, Fanusch gennant, eine in Form unserer gewöhnlichen Stalllaternen,
aber $1\frac{1}{2}'$ hoch, ein Quadratfuß im Querdurchschnitt, meist mit zwei großen

Wachs- oder Stearinkerzen versehen, und eine zweite Art, die Originale zu den bunten Lampions, mittelst derer unsere Berliner Gartenkneipiers italienische Nächte herstellen, mit nur einem Licht, und zwar hatten diese Lampen die gewöhnliche cilindrische Form, aus einfachem weißem oder farbigem, selten aus bunt gemaltem Papier. In Kairo besteht noch heutigen Tages das Gesetz, daß Jeder, ganz gleich, ob Europäer oder Eingeborner, von den Patrouillen festgenommen wird, sobald er ohne solchen Jannusch auf der finstern Straße angetroffen wird.

Da ich nur kurze Zeit auf die Sehenswürdigkeiten Alexandriens verwenden konnte und bald gen Kairo eilen wollte, um in weniger als vierzehn Tagen nach gut geschulter, vielfach geprüfter und bewährter Touristen-Praxis ganz Unter-ägypten abzuarbeiten, weil ich die Küstenfahrt von Jaffa, Beyrut, Tripolis, Latakia, Alessandrette, Messina, Rhodus nach Smyrna zu machen beabsichtigte, so stand ich mit Tagesgrauen auf und lief schon um 7 Uhr nach dem arabi-schen Stadttheil, um das Erwachen des arabisch-ägyptischen Lebens und Treibens, den Beginn der Thätigkeit der Geschäftswelt im neuen, unbekannten Welttheil kennen zu lernen. Es war Sonntag, d. h. europäischer, christlicher Sonntag, also war zu erwarten, daß ich Alles würde zu sehen bekommen, was ich mir zu sehen wünschte, und so schlenderte ich gelassen durch die Straßen. Aber hier verließ mich sehr bald meine Fertigkeit, mich rasch zu orientiren, ich verlief mich so total, daß ich aus diesem Labyrinth von Sackgassen, Bazars, Winkeln, Straßen, Höhlen, Ställen, Hofräumen nicht mehr zurecht fand. Nur ein ein-ziges der arabischen Worte, das ich mir eingeprägt hatte, konnte mich wieder nach dem Hotel bringen, denn wohl an ein Dutzend Männer war ich herangetreten und hatte das Wort Hotel ausgesprochen. Aber stummes Kopfschütteln war überall die Antwort, endlich fiel mir das Wort Eseljunge: Hamar ein, dem ich das Zauberwort Bakschiesch folgen ließ. Sofort sprang ein zerlumpter, halb-nackter, barfüßiger Fellahgassenbengel vor mir her und brachte mich nach zehn Minuten auf eine der breiteren Straßen, welche für Wagen passirbar sind und an deren einer Ecke etwa ein Dutzend Esel mit den zu ihnen gehörigen Esel-jungen (Humar Esel, Hamar Eselbube) passirt waren. Der Gassenjunge wurde mit einem preußischen Vierpfennig- und einem sächsischen Dreipfennigstücke fürst-lich belohnt und ich sprengte mit dem Rufe „Hotel" von dannen. Albergo, si, erwiederte der Junge, theilte seinen Esel auf den Theil des Körpers hinter dem Rücken, pickte ihn mit seinem Stock solcher Weise, daß der Esel anfing aus-zuschlagen und ich mich bewogen sah, weniger aus Rücksicht für den Esel, als aus Furcht vor schmachvollem Herabfallen, für meinen Esel zu interveniren. Nach wiederum zehn Minuten war ich an der Thür des Hotels wieder angekommen, wo ich die Freunde, die mich schon vielfach gesucht hatten, antraf. Ein öster-reichisches Viergroschenstück — die gangbarsten Münzstücke in Aegypten — (be-kanntlich befindet sich von allem österreichischen Silbergeld nur $\frac{1}{10}$ im Lande, die andern $\frac{9}{10}$ auswärts) machte den Eselbuben zum glücklichen Menschen, sein Gesicht strahlte und dennoch streckte er die Hand nach einem Bakschiesch aus, zog sie aber schleunigst zurück, als der Commissionär des Hotels eine riesige Nil-pferdpeitsche, Curbatsch genannt, d. h. eine Reitgerte aus dem Fell des Nilpferds geschnitten, in Bewegung zu setzen drohte, wenn der Bengel von seiner Forde-rung nach Bakschiesch nicht sofort abstände. Ich muß zur Erklärung des Wortes

Bakschiesch noch einiges voranschicken. Ueber die Etymologie dieses Zauberwortes, welches aus dem faulen Fellah den dienstwilligsten Menschen macht, bei dessen Aussprechen schon halbtodte Araber noch einmal neuen Lebensmuth fühlen und neue Lebenslust empfinden, weiß ich nichts mitzutheilen. So viel aber weiß ich, daß keine Sprache für Almosen und Gratifikation, und wie die abgedrängten und freiwillig gespendeten Geldgaben alle heißen mögen, ein solches Wort besitzt, wie die arabische, deren Bezeichnung Alles umfaßt, was in dieses Gebiet schlägt. Einen Bakschiesch (Betonung auf die letzte Silbe) läßt sich der Beduine geben, wenn er den Fremden auf die Spitze der Cheopspyramide gezogen und gestoßen hat, nachdem er bereits den unten vereinbarten Lohn erhalten hat; einen Bak‑ schiesch erfleht der blinde Bettler an der Hand seiner Kinder, aber auch der Kranke, dem der Arzt von einer gefährlichen Krankheit errettet hat, läßt sich wahrscheinlich dafür, daß der Arzt an ihm seine Kenntnisse zur Geltung gebracht hat, von seinem Wohlthäter einen Bakschiesch geben; einen Bakschiesch mußte ich geben, als ich einstmals in den Alleen bei Kairo eine jener riesigen 20′ hohen Opuntie (Stachelcactusfeige) angefaßt oder vielleicht nur verwunderungsvoll über diese riesige Cactusform zu neugierig angesehen hatte, von mir verlangte in Gizeh ein Kerl einen Bakschiesch, weil ich seinem Nachbar ein Stück Zuckerrohr abgekauft hatte, und wenn der Reisende durch Kairo's Vorstädte (namentlich unter den Khalifen‑ gräbern) oder durch die Wüstendörfer reitet, so umringen ihn Schwärme von halbnackten Familien (nicht bloß kleine Kinder), welche die Luft mit ihrem „Bak‑ schiesch Hawaje", Almosen oder Trinkgeld, o Herr, erfüllen. Von allen Deutschen, die Aegypten bereist haben, schildert Niemand die Bezeichnung dieses Wortes besser, als Bogumil Goltz in seiner unerreicht dastehenden Schilderung von Aegypten, Pag. 23. Er sagt darüber — und ich muß ihm vollständig Recht geben — und füge nur die Bemerkung hinzu, daß ich glaube, noch bevor das arabische Kind Vater und Mutter aussprechen lernt, abu, oma, so lernt man ihm das Wort Bakschiesch. Ich habe in Abusir und Sackhara Kinder, die nackt auf der Erde herumkrochen (sie waren noch zu klein und schwach, um zu gehen), das Wort Bakschiesch, Schiesch schreien hören, und daß sie wohl schon wußten, was dies zu bedeuten hat, schließe ich daraus, daß sie im Sande, auf unsern Lagerplatz los gekrochen kamen, ihre Händchen dabei hoch haltend.

Bogumil Goltz sagt: „Und wenn Einer stocktaub wäre, dies Bakschiesch hört er im Aegyptenland durch, und wenn er kein arabisches Wort weiter aus‑ sprechen und behalten lernte: Diese Parole der ägyptischen Proletarier und der Eselbuben, dies Bakschiesch bekommt er vom ersten Augenblick fort. Es tönt von einem Ende Aegyptens bis zum andern, und über das Meer bis nach Haus, von Alexandrien bis zu den Katarakten und wahrscheinlich bis zu dem Orte, wo noch irgend ein Reisender hingekommen ist und die Geldgier dieser armseligen, nackten Menschen gereizt hat. Dieser Bakschiesch also zeigt Demjeni‑ gen, welcher die Nilquellen verfolgt, wie weit seine Vorgänger vorgedrungen sind. Von diesem Trinkgeld, Gastgeschenk oder Ehrensold, von diesem Ehrentribut und Reisezoll — diesem metallischen Andenken — diesem silbernen Hammerschlag, den man insbesondere den lebendigen Bildsäulen der reisenden Engländer abzu‑ schlagen und abzudividiren versteht: träumt und spricht der arme Araber, der orientalische Eckensteher, der Fellah, der Eseljunge oder Kameeltreiber, der Bettler,

Proletarier und Taugenichts, wo er geht und steht, und wo er nur den Geber dieses höchsten Gutes erblickt — da stürzt er ihm mit dem verhexten und wahn= witzig leidenschaftlichen Geschrei: „Bakschiesch Hawaje" auf den Leib."

Man hüte sich, ohne ganz bestimmte Veranlassung, d. h. ohne eine wirk= liche Dienstleistung empfangen zu haben (höchstens nur dem Blinden oder ganz Elenden) diesen Bakschiesch zu verabfolgen, und dem gebe man auch nur stets 5 Para, die kleinste ägyptische Kupfermünze, etwa 3 Pfennige Werth. Läßt man sich ja einmal von seiner Gutmüthigkeit oder vom übertriebenen Wohl= thätigkeitsgefühl hinreißen, so hat man sofort eine ganze Herde Bakschiesch= bedürftigen, Bakschieschbegehrenden Gesindels jeden Geschlechts und Alters hinter sich. Wirft man Spaßes halber unter solche Bagage einige Kupfermünzen, so kann man mit Sicherheit annehmen, daß der Sohn den Vater, um eine davon zu erobern, nöthigenfalls blutig schlägt. Ich habe einmal einer solchen Scene, welche die Rohheit und Bestialität in der Geldgier so recht deutlich darthut, bei= gewohnt, wo sie in Altkairo von zwei Nordamerikanern hervorgerufen wurde, aber ich wandte mich mit Abscheu von diesem Bilde fort.

Außer dem Worte Bakschiesch sind noch zwei Collectivbezeichnungen der Araber, die man, wenn man eben, wie ich es that, jede Gelegenheit sucht, mit diesem Volke in allen seinen Schichten, also auch mit den untersten Klassen in der Stadt und auf den Dörfern zusammen zu kommen, sehr oft hört. Beide lassen sich nur schwer präcis mit kurzen deutschen Bezeichnungen wieder geben. Das eine Wort ist Maläsch, das andere Mahfiesch.

Maläsch dürfte am besten übersetzt werden mit „was schadet's", — ist mir ganz egal — oder „bleiben Sie mir gewogen" oder mit ähnlichen, bezeich= nenden, deutschen Redensarten. Als Senab, die schwarze Amme in einer deut= schen Familie, wo ich viel verkehrte, ihrer Herrin eine kostbare Kaffeekanne aus Pariser Porzellan zerschlagen hatte, war ihre Entgegnung auf die ihr ertheilten ruhigen Vorwürfe und Ermahnungen, in Zukunft vorsichtig zu sein, maläsch; als wir einstmal in Tura oberhalb Kairo ungeduldig auf unsere gemiethete Barke zur Ueberfahrt warteten, um noch vor Sonnenuntergang nach Kairo zurück zu kommen, antwortete uns der bestellte und zu unser Verfügung bestimmte Barkenführer auf unsere ernstliche Zurechtweisungen maläsch, und maläsch er= widerte der gewitzte Eseljunge, dem ich wegen des schlechten Zaumzeuges seines Esels durch den Kellner des Hotels (einen gebornen Reißer) androhen ließ, ihn nie wieder in Dienst zu nehmen. Maläsch sagt der Vater, wenn er hinter dem Sarge der Seinen geht; maläsch, wenn ihm bei der Ueberfahrt über den Nil ein Kameel oder Esel ertrinkt. Aus diesem geht hervor, daß das Wort Maläsch eine unschätzbare Collectivbezeichnung der arabischen Sprache ist.

Das Wort mafiesch dürfte mit „giebt's nicht" oder „ist nicht" oder „da= von wird nichts gereicht" oder andere Redensarten und Sprachen, zu deren Er= findung und Anwendung der märkische Jargon namentlich sich eignet, am passendsten wiedergegeben sein. Als ich bei einem Victualienhändler nach Straußeneiern fragte und keine vorhanden waren, wurde ich mit mafiesch beschieden und als ich ¼ Stunde später den preußischen Consul zum Spazierritt abholen wollte, hörte ich ebenfalls von seinem sudanesischen Diener mafiehsch Hawaje consul, d. h. der Herr Consul sei nicht da. Als ich ein ander Mal in eine Moschee eintreten wollte, kam mir ein verbissener Araber mit einigen polternden Phrasen entgegen, aus denen ich nur die Worte „mafiebfch" und „nazarani" verstand, die ich mir so erklärte, daß den Christen der Eintritt verwehrt sei.

Doch zurück zum Sonntag Morgen in Alexandrien. Wir drei Reisegnossen begannen unter Führung des ortskundigen alten levantiner Herrn einen Spazier-gang über den in der That überraschend schönen, großen Frankenplatz (dessen Akazien allerdings im Februar entblättert find), von dessen Consulatsgebäuden (weil es Sonntag war) die betreffenden Flaggen herabwehten, nach der katholi-schen Kirche, in welcher ein Franziskaner Messe las. Die Kirche bietet nichts besonders Schönes; die beiden Herren verrichteten ihre Andacht, ich beabsichtigte, dasselbe in der englischen Kirche zu thun, nicht wissend, daß auch eine deutsch-evangelische Kirche in Alexandrien besteht, in welcher zufällig an diesem Sonntag Morgen die Trauerfeier für den König Friedrich Wilhelm IV. celebrirt wurde, wie ich einige Stunden später erfuhr. Aus der römisch-katholischen Kirche, welche in einem von hohen Palmen bestandenen Garten liegt, gingen wir nach der griechisch-katholischen Kirche, wo es mir schien daß mehr Kerzenhandel als An-dacht getrieben wurde. Zwei Betpulte, worauf geschlossene, mit reichem Einband versehene Gebetbücher in großem Format lagen, wurden viel geküßt, während fünf Geistliche eine Art Messe lasen und sich dabei öfters in dem heiligen Offi-cium des Vorsingers und Vorbeters ablösten. Ein schönes Mädchengesicht sah ich hier im griechischen Nationalcostüm, sonst sah ich auch in dieser Kirche weder von Gemälden etwas Schönes noch in Bezug auf Sculptur und Architectur etwas besonders Erwähnenswerthes. Unseres Bleibens war nicht lang. Der Doctor erwartete Briefe, zu deren Abholung er von seinem Consulat bald nach der französischen Post, bald nach der österreichischen, bald nach der englischen Post gewiesen wurde. Bei dieser Gelegenheit sah ich den Empfangssaal des französischen General-Consuls, der eine kleine Sammlung ägyptischer Alterthümer besitzt, welche zu erreichen ihm, da der Ueberwacher der für Rechnung des Vice-königs auszuführenden Ausgrabungen ein Franzose ist, nicht unschwer fallen wird. Nach Empfangnahme der Briefe engagirten wir im Hotel einen reinlich und gut gekleideten Araber, der uns als Commissionair de place von einem der Kellner bezeichnet wurde. Wir ließen ihm unsern Wunsch, einige Bazars, namentlich einen Tuneser Bazar und einen Bazar syrischer Waaren, und den interessantesten Theil des arabischen Viertels kennen zu lernen, durch den Kellner wissen, und begaben uns sodann auf den Weg, wobei sich bald ergab, daß der Kerl ziemlich gut französisch verstand, es aber schlecht sprach. Doch ging die Unterhaltung leidlich gut. Bei Engagement solcher Commissionärs, Dragomanns oder wie sich sonst diese Art Fremdenführer und Lohndiener nennen, möchte ich meinen lieben Landsleuten die größte Vorsicht anrathen. Zunächst muß man die Zeit bestimmen, für welche man sie engagirt, und dann muß man über die ihnen zu zahlenden Gebühren schon vorher feste Stipulationen gemacht haben. Man sei sehr zurückhaltend, lasse in ihrer Gesellschaft nie den Wunsch, irgend etwas an-ders, als Orangen 2c. kaufen zu wollen, laut werden, am allerwenigsten kaufe man von den ausgestellten Waaren durch ihre Vermittlung. Wenn man die übrigens äußerst leicht zu merkenden arabischen Zahlen noch nicht kennt, so giebt der begleitende Führer eine weit höhere Summe, als der Verkäufer, der nie eine

europäische Sprache versteht, ihm gesagt hat, dem kauflustigen Europäer an, der
von der Angemessenheit der Preise in den meisten Fällen keine Idee hat und
sie 'also gutwillig zahlt. Am andern Tag geht der Führer hin und holt sich
seine Procente, die ihm der Verkäufer vom eigentlichen Werth geben muß und
den Mehrbetrag der gezahlten Summe über den eigentlichen Kaufwerth. Ich
habe meine ziemlich zahlreichen Einkäufe stets durch Landsleute, welche Preise und
Waare genau kennen, gemacht und dabei gesehen, daß die meisten Verkäufer
in den meisten Fällen mit dem dritten Theil ihrer ursprünglichen Forderung zu=
frieden waren.

Wir betraten zunächst einen Tuneser Bazar. Unter dem Bazar hat man
sich nicht etwa eine große Halle, worin dicht neben einander die elegantesten
Läden sich befinden, vorzustellen. Annähernd dieser Vorstellung entspricht der
große Bazar in Constantinopel, in dessen zahllosen Abtheilungen man sich verlaufen
kann, ähnlich soll der Bazar in Damascus sein. Die von mir gesehenen Ba=
zars in Kairo, Smyrna und Alexandrien sind nichts weiter als schmale über=
dachte Straßen, gebildet aus 'Häuserreihen, deren Parterrelocale sämmtlich in
Waarenlager umgewandelt sind. Der Tuneser Bazar in Alexandrien ist ganz
entschieden der schlechteste Bazar, den ich sah. Zwei lange Reihen Bretterbuden
bilden eine etwa 10' breite, schmutzige nichtgepflasterte Straße, welche, da sie
in einer Höhe von circa 20' überdeckt ist, gerade keinen angenehmen Eindruck
macht. In der Mitte läuft ein tiefer Graben der ganzen Länge nach hin. Die
Verkäufer, sämmtlich eingeborene, echte Tunesen, lauerten, schweigend auf abge=
schabten Teppichen, auf einer etwa 3' hohen Estrade mitten unter ihren Producten
und Fabrikaten sitzend, welche hier in Tarbuschen (fälschlich Fes genannt), Burnussen
der verschiedensten Art und Farbe, Halstüchern, Lederschuhen bestanden; ohne
uns zum Kaufen zu animiren und ohne ihre Waaren anzupreisen, verharrten
sie nichtsthuend und rauchend. In einigen dieser kastenartigen, kaum 10' breiten
und ebenso langen Verkaufsboutiquen, in welche ein Käufer nie eintritt, sondern
sich auf die Estradenwand jetzt und die zu kaufende Waare prüft, wurden Tar=
busche angefertigt. Bekanntlich bestehen die echten Tuneser aus Einem Stück und
sind von einer eigenthümlichen cochenillrothen Farbe mit einem Stich ins Schar=
lach. Die Verfertiger derselben hatten halbkugelförmige Holzmodelle vor sich, um
welche sie in regelmäßigen, concentrischen, horizontalen Windungen die Wollen=
faden dicht an einander legten, später findet das Aufweben verticalgerichteter
Wollfaden und schließlich eine Art Decatirung statt. Auf manchen griechischen
Inseln werden sackförmige Fes getragen, von scharlachrothem Stoff, deren Fabri=
kation ebenfalls zu sehen war, sowie die Anfertigung von dunkelcarmoisinfarbenen
(fast violetten) Tarbuschen, welche, wie man mir sagte, in einigen Distrikten
Kleinasiens und im nördlichen Syrien vielfach getragen werden. Doch bemerke
ich, daß gegenwärtig nur ein verschwindend kleiner Theil von Tarbuschen aller
Art wirklich in Kairo oder in andern Städten des Orients gefertigt wird. Aus
Frankreich und Böhmen werden ganz enorme Quantitäten derselben — natürlich
ohne die seidenen Quasten — importirt. Letztere läßt man von schwarzer oder
dunkelblauer, syrischer Seide hier annähen, die hierzu verwendete Seide ist in
der Regel von geringer Güte. Der Doctor erhandelte mit Hilfe unseres Gau=
ners — Commissionair de place — einen Tarbusch für 11 Schilling. Très

bon marché fagte biefer liebenswürbige, heimtüdifche Herr, ben wir uns eine
Stunbe fpäter nur mittelft Drohungen von Hieben vom Halfe fchaffen konnten.
Ich kaufte acht Tage fpäter in Kairo einen minbeftens eben fo feinen Tarbufch für
8 Francs, alfo für 2 Thlr. 4 Gr., währenb ber geprellte Franzofe 3 Thlr. 20 Gr. hatte
bezahlen müffen. Für einen gewöhnlichen braunen Burnus; mit rothen Schnüren unb
Quaften, ben man für 1 Lire Sterling in vorzüglichfter Güte kauft, forberte ber
Halunke 40 Francs. — Wir befuchten fobann bie fchmalen, nicht überbeckten,
arabifchen Straßen, bie vom Regen ber verfloffenen Nacht faft grunblos gewor-
ben, nur an ben Seiten zu paffiren waren. Die Straßen, worin bie Fleifcher
wohnten, waren nicht zu paffiren, einmal, weil fie ber fortwährenbe Schauplatz
ber heißeften Hunbekämpfe, zweitens, weil bie heiße afrikanifche Sonne einen
fchnellen Fäulnißproceß einleitet unb bie Geruchsorgane nicht gerabe angenehm
affizirt werben, unb brittens, weil bie feil gebotenen, regellos zerriffenen Fleifch-
klumpen fo an ber ber Straße zugekehrten Wanb aufgehängt finb, baß man auf
ber einen Seite an biefe anftoßen würbe ober baß man, um bies zu vermeiben,
mitten im fußtiefen Straßenkoth hätte waten müffen, in welchem fich gerabe
beim flüchtigen Vorübergehen ein Rubel Hunbe um eine verenbete Katze zankten.
Ein alter Araber warf aus bem geöffneten Fenfter eines nahen Haufes eine getöbtete Ratte unter bie ftreitenben Hunbe, woburch beren Aufmerkfamkeit auf bie
verfchiebenen ihnen bargebotenen Fleifchforten getheilt, ihre gegenfeitige Erbitterung aber nur noch mehr angeftachelt wurbe. Intereffanter war ber Befuch ber
Straßen, worin Früchte, Gemüfe unb Seefifche feil geboten wurben. Alles wirb
nach Gewicht verkauft, Hohlmaße fah ich nie in Anwenbung. Sechs Sorten
Datteln (bie ganz große, faftig glänzenbe, bunkelbraune; bie kleine, faft fchwarze,
fehr faftige, füßefte Art; bie mittlere, hellbraune; bie hellgelbe, glänzenbe, faftige,
fehr füße; bie leberbraune, trockne, runbe Dattel mit geftreifter Oberhaut unb
bie kegelförmig zugefpitzte, im Durchfchnitt völlig kreisrunbe harte unb ziemlich
trockne — für bie ganz armen Bebuinenfellah) — konnte man hier ohne Mühe
unterfcheiben. Es follen in Aegypten vierzig Dattelvarietäten an Markt gebracht
werben, eine Zahl, bie mir ganz glaublich erfcheint, wenn man bie zahllofen
Varietäten unferer Obftarten bebenkt, welche boch auch nur von einer urfprüng-
lichen Urform abftammen. Man finbet in bem Cataloge mancher Obftzüchter
viele hunbert Apfelforten, fie alle ftammen von Pyrus malus; wenn erft euro-
päifch gefchulte Pavologen Veranlaffung nehmen werben, ber Cultur unb Ver-
eblung ber Dattelpalme ihre Aufmerkfamkeit an Ort unb Stelle zuzuwenben, fo
werben wir balb ähnliche Varietäten erhalten; wenn fchon bie Palmennatur Ocu-
lirungen, Vereblungen im Sinne ber jetzigen Obftbaumcultur, unmöglich macht,
fo können boch burch Befruchtungen ber Dattelpalmen verfchiebener Länber neue
Sorten erzielt werben. Die männlichen Blüthenrifpen ber vortrefflichen Dattelpalmen am Atlasabhang müßte mit ben weiblichen Blüthen ber Dattelpalmen
in bem Nilbelta jebenfall eine Reihe neuer Dattelvarietäten ergeben. Verfchiebene Arten Johannisbrob (Carobbi) — kleine, magere, bünne Schoten unb ganz
bicke, fleifchige, bunkelbraun glänzenbe, große Schoten — verfchiebene Arten Citronen, Orangen, Rofinen, Feigen, Nüffen, Hafelnüffe von noch nie gefehener
Größe, Piftazien, Granatäpfel waren hier ausgeftellt. Als ganz neu für mich
erkannte ich bie Jujubabeeren, bas Material jener vielfach genannten unb viel-

gerühmten Pâte de jujubes, womit die armen Brustkranken in Hyères zu Tode
gefüttert werden. Auch die Sämereien zu sämmtlichen Getreidearten und andern
Culturpflanzen, Gemüsen, Indigo, Baumwolle, ferner schon hie und da Zuckerrohr
in Stücken von 10' Länge, welche aus dem südlichsten Theil des Delta eingebracht
werden, fand ich hier. Sodann suchten wir ein Verkaufslocal auf, in welchem
syrische und persische Stickwaaren und Webewaaren feilgeboten wurden. Im
Verhältniß zu Kairo war die Auswahl unter denselben jedoch eine so geringe,
dahingegen die Preise so enorm, daß es mir lieb gewesen ist, mit Einkäufen bis
Kairo gewartet zu haben. In einem ähnlichen Local, wie die meisten Kaufläden,
d. h. in einem gegen die Straße vollständig offenen Raume im Erdgeschoß
von 3' Höhe vom Boden, in welchem man nur durch einen Sprung von der
Straße aus gelangen konnte, war eine Araberschule etablirt. Sechszehn Knaben
lauerten mit abgezogenen Pantoffeln auf einer Matte, aus den Rippen der Dattelpalmblätter gewebt, unordentlich durch einander hockend. Sie unterhielten sich unter
einander ganz ungenirt über uns, die neugierigen Franken, der Herr Lehrer ließ sich
in dem Antreiben eines arabischen Satzes oder vielleicht Koranverses nicht stören
und verlangte nach dessen Vollendung Copiren desselben auf die aus hellem Holz
gefertigten Schreibtafeln von etwa 1☐' Größe, worauf die arabische Schuljugend
sich anschickte, mit schwarzer Schrift diesem Ansinnen zu entsprechen, zuvor jedoch
einige Mal im Chor die angeschriebene Redensart hersagte. Der Lehrer war
eine merkwürdige Erscheinung mit kurzen Hosen, nur bis an die Kniee reichend,
und einem blauen Ueberwurf. Auf dem Rückweg nach dem Hotel machten wir
bei zwei hübschen, verschleierten Apfelsinenverkäuferinnen und bei einem spitzbübisch
aussehenden, griechischen Tabakshändler Einkäufe. Nach kurzer Rast unternahmen
wir einen Spaziergang nach dem sogenannten neuen Hafen, in welchem aber
kein Schiff einläuft. Alle Straßen, welche in nordöstlicher Richtung vom Frankenplatz auslaufen, führen in kürzester Frist direct nach dem Meere, dessen Wellen
eine Menge Tange, Muscheln ⁊c. ans Land schwemmt. Der Raum zwischen dem
Meere und den demselben zunächst liegenden Häusern ist ziemlich breit, für
Europäer aber ganz unpassirbar. Man ist gezwungen, allda Eindrücke für
Gesichts= und Geruchsnerven aufzunehmen, die sich nicht beschreiben lassen. Ganze
Schaaren der herrenlosen Hunde treiben sich hier herum und machen mit den Samm-
lern von animalischem Dünger und Seepflanzenresten gemeinschaftliche Sache.
Auf einer Strecke von $1/2$ Stunde ist die Luft verpestet, denn hier ist der all-
gemeine Abladepunkt für Alles, was im Frankenviertel unnütz geworden ist.
Beim weiteren Promeniren am Seestrand kam ich zur ersten Moschee mit mäßig
hohem Minaret, leider war Beides verschlossen und mußte ich mich auf Kairo
vertrösten. Am anständigen Theil des Meeresstrandes hat der Vicekönig eine
Markthalle, aus vier Colonnaden gebildet, bauen lassen, worin der Verkauf von
Gemüsen und Seethieren stattfinden sollte. Ein früher dem österreichischen
General-Consulat attachirter, italienischer Graf soll hier mit viel viceköniglichem
Geld wenig geleistet haben. Unweit davon ist der Fleck, den der Vicekönig vor
wenig Wochen — kurz ehe er seine Pilgerreise nach Meka unternahm — der
deutschen evangelischen Gemeinde zur Erbauung einer Kirche geschenkt hat. Diese
Begünstigung verdanken die deutschen Protestanten lediglich dem segensreichen
Einfluß des gegenwärtigen preußischen Generalconsuls auf Seine Königliche

Hoheit Said Pascha, der vor mehreren Jahren es durchsetzte, daß ein deutsches protestantisches Hospital gebaut werden durfte, in welchem drei Kaiserswerther Schwestern unablässig bemüht sind, die christliche Nächstenliebe der protestantischen Deutschen den Bedürftigen jedes Glaubens, Griechen, Armeniern, Arabern, Kopten durch die That in schönster Weise zu bethätigen. Hier ist auch der den deutschen und schweizer Protestantengemeinde gehörige Betsaal, in welchem von einem Prediger des Berliner Doms abwechselnd Sonntags einmal deutsch, einmal französisch gepredigt wird. Betsaal und Hospital stehen unter dem speciellen Schutze des preußischen General-Consulats. Den Mittag und Nachmittag des schönen Sonntags durfte ich in Gesellschaft der diesseitigen Herren General-Consul und Vice-Consul zubringen, welche meinen ersten Spaziergang durch das Rosettethor hinaus bei einer Moschee vorbei, in welcher mehrere Kinder Mehemed Ali's begraben liegen, an halbverfallenen Kasernen und Festungswerken zwischen Alleen von Sycomoren, Orangen, Dattelpalmen und Tamarisken entlang nach der weltberühmten Pompejussäule leiteten, deren Capitäl ich bereits bei der Einfahrt in den Hafen am Tage vorher hoch über den Palmen bemerkt hatte. Bekanntlich hat diese Säule mit Pompejus gar nichts zu schaffen, denn sie ist weder vom Pompe'us gebaut, noch ihm zu Ehren errichtet worden. Sie steht ganz allein auf einem Hügel vor der Stadt und passirt man das Säulenthor Bab el Colonna — ein altes Bauwerk — um zu dem Hügel zu gelangen, auf welchem sie steht. Die am Thor postirte ägyptische Wache hatte ihr Gewehr an das Mauerwerk gelehnt, die Pantoffeln ausgezogen, hockte, mit dem Rücken an die Erdwälle gelehnt, mit unterschlagenen Beinen und — strickte lange Strümpfe. Ich mußte über diese — jedoch jedenfalls sehr nützliche — Beschäftigung des ägyptischen Vaterlandsvertheidigers, die ich hier zum ersten Mal „im Dienste" ausgeführt sah, laut lachen. Später, als ich die ganze Wache vor dem Palast des Kiamil Pascha in Kairo (es waren durchweg rothjackige, weißhosige, kohlschwarze Nubier) Strümpfe stopfend und strickend sah, wunderte ich mich nicht mehr. Honneurs machen, Salutiren und andere Theile des preußischen Exercirreglements kannte der orientalische, muselmännische Soldat nicht. Da in der ganzen Türkei niemals der Untergebene den Vorgesetzten zuerst grüßt, sondern immer erst abwartet, ob ihm der Letztere einen gnädigen Gruß zuwirft, den er mit mehr oder minder deutlich ausgedrückter Devotion aufheben darf, so wird weder beim Civil noch beim Militär übermäßig viel gegrüßt — und auch hier giebt es zwei verschiedene Methoden, zu danken und zu grüßen, nämlich den großen und den kleinen Gruß und Gegengruß. Bei ersterem faßt der Muselmann mit der flachen Hand nach innen und oben gekehrt bis tief an die Erde, später ans Herz und zuletzt an die Stirn und macht gleichzeitig mit letzterer Bewegung eine Verbeugung gegen den, dem er diese Aufmerksamkeit erweisen will. Beim kleinen Gruß bleibt die Berührung der Erde fort. Je tiefer man den Oberkörper bei der Berührung der Hand mit der Erde neigt, um so höher will man dem Vorgesetzten seine Achtung bezeugen.

Der Sonntag Nachmittag hatte eine Menge Spaziergänger herausgelockt; nachdem wir uns mühsam durch eine Herde ungehörnter, brauner, langöhriger Ziegen und Schafe durchgearbeitet hatten, konnten wir den breiten Weg, der nach dem Hügel führt, verfolgen. Vor dem Thor stehen eine Menge Buden, die als Kneipen dienen, deren Inhaber verschiedene geistige Getränke, je nach Nation und Glauben, den Vorübergehenden feilbieten. Ein Haufen englisch sprechender Matrosen schien sich durch Genuß einer recht bedeutenden Menge Rum in die klassische Stimmung, die Pompejussäule mit sicherem Erfolg zu betrachten und zu erforschen, setzen zu wollen. Sie kamen, nachdem wir den großen muselmännischen Kirchhof schon längst erreicht hatten, im Galopp auf ihren Eseln einhergesprengt und jagten in demselben Tempo den spärlich be= wachsenen, nicht eben sehr steilen, mäßig hohen Hügel hinan, auf welchem das höchste der zwei Denkmäler des alten Alexandriens, welche auf die Neuzeit ge= kommen sind — ein Grabstein der Herrlichkeit der versunkenen Welthandelsstadt, auf deren Trümmern das jetzige Emporium des neuen Aegyptens und Sommer= residenz des Vicekönigs — steht. Ich sagte vorhin, daß die Pompejussäule mit dem Römer Pompejus nichts zu thun hat. Nach einer vorgefundenen In= schrift ist sie von dem Präfekt der römischen Provinz Aegypten dem Kaiser Diocletian im Jahre 290 n. Chr. zu Ehren errichtet worden. Diese Säule, von den Arabern kurzweg Colonna genannt, ist ein Monolith aus polirtem äthiopischem Granit von 73' Höhe und 8' Durchmesser, mit Piedestal und Ca= pitäl 98' hoch, und war am höchsten Punkt der damals von 600,000 Men= schen bewohnten, über sechs Stunden im Umkreise zählenden Stadt errichtet. Sie ist mehrfach bestiegen worden, auch von Lepsius. In der Höhe des Schaftes dicht unter dem schönen edlen corinthischen Capitäl mit elegant geschwungenen Formen haben sich einige Engländer durch Aufzeichnung ihrer Namen à la Kis= selak verewigt. Man hat von dem öden, schattenlosen Hügel eine recht gute Aussicht auf die Stadt Alexandrien, ihre Vorstädte, den Hafen und nächste Um= gegend. Gegen Norden die eigentliche Stadt mit ihren zwei Landzungen, letztere mit Leuchtthurm, Minarets und jenem herrlichen Palast Ras el thin, links davon zwischen dem Mareotissee und dem Meere jene Hunderte von achtflügligen ara= bischen Windmühlen; zu den Füßen, nach Norden der größte muhamedanische Kirchhof der Stadt, im Süden der Mareotissee, durch welchen ein Damm hin= durchgezogen ist, auf welchem die Eisenbahn entlang geht, unmittelbar am Hügel die jämmerlichsten Wohnungen für Menschen, die ich je gesehen habe, Fellah= dörfer; richtiger Menschenställe, ausgehöhlte Erdhaufen zu nennen, elende scheuß= liche Kästen, aus Nilschlamm, Thon, feuchter Erde und Kameelmist gefertigt, ohne Fenster und Thür, deren eine offene Seite als Aus= und Eingang, Fenster und Abzugsöffnung für den Rauch dient. Gegen Süden und Südosten kann man den Mahmudiacanal auf eine weite Strecke verfolgen und erfreut sich das Auge an dem Anblick einer ununterbrochenen Reihe recht geschmackvoll angelegter, mit Gärten und Blumenanlagen umgebener Villen und Landhäuser und Sommer= wohnungen wohlhabender Eingeborner und Eingewanderter. Gegen Osten ist der Blick durch eine hohe Tamariskenallee und durch Hügelketten mit Festungs= werken, meistens aus dem Trümmerschutt der alten Stadt erbaut, beschränkt. Wenn ich jetzt an die Aussicht zurückdenke, so bewegen Empfindungen der ver= schiedensten Art mein Gemüth. Was könnte diese Säule erzählen, wenn sie reden könnte, welche Zeiten und Stürme sind an diesem steinernen Denkmal alter Herrlichkeit vorübergegangen, wie viele Völkerschaften mögen zu ihren Füßen geruht haben.

Nicht leicht kann man größere Contraste auf kleine Entfernung neben einander finden als hier. Die über alle Beschreibung eckligen, entsetzlich ungesun-
den Erdlöcher der Fellahs und nur ½ Stunde davon entfernt die mit dem
raffinirtesten Luxus ausgeschmückten Prunksäle im vicekoniglichen Sommerresidenz-
schloß, welches ich auf der Rückkehr von Kairo am Tage vor meiner Abreise
sah. In diesen Höhlen auf bloßem Erdboden schläft der Fellah und seine Familie mit seinen Schafen und Ziegen zur Seite einer in der Ecke angebrachten
Erhöhung, die für's Feuer und zur Zubereitung der kärglichen Speisen bestimmt ist; auf mit Perlmutter und den edelsten Hölzern ausgekleidetem Parquet
schreitet in mit Gold durchwirkten, seidenen Teppichen belegten Empfangssälen
der unumschränkte Herr und Gebieter des armen Fellah einher; während jener
Fellah — im wahren Sinne des Wortes ein Knecht und Taglöhner ohne Lohn
(ohne Ansprüche auf Lohn erheben zu dürfen), ein Landmann ohne eigenen
Acker — im Schweiße seines Angesichtes arbeiten muß, so daß bei der kümmer-
lichsten Nahrung eine frühzeitige Abnahme der Kräfte und frühes Alter eintreten muß, um dem Vicekönig den Erfolg seiner Thätigkeit zu überlassen und
nur so viel zurückbehält, um mit den Seinen, seinem Esel, Ziege oder Schaf
oder, wenn er sehr hoch kommt, mit einem Kameel nicht zu verhungern, ver-
schwendet der Despot den Ertrag der übermenschlichen Arbeit seiner armen Unterthanen auf die unsinnigste, unverantwortlichste Weise. Auf Raffelthin hängen
Spiegel aus einer französischen Fabrik, für welche der Vicekönig per Stück
12000 Stück Fünffrankenthaler hat zahlen müssen, also 15000 preußische Thaler.
Hierbei bemerkte ich, daß, zur Ehre der Deutschen sei es gesagt, kein Volk so
gewinnbringend mit dem Pascha zu verhandeln den Muth und die Keckheit besitzt, wie die französischen und italienischen Handelsherren. Die Deutschen zeichnen sich durch anspruchslose, mäßige Forderungen für geleistete Dienste und ge-
lieferte Waaren rühmlichst aus. Man erzählte sich damals in Alexandrien folgende wahre Geschichte, die zwischen einem französischen Schwindler vor Kurzem
in einer Lieferungsangelegenheit und dem Vicecönig gespielt hat.

„Said Pascha bestellt bei einem französischen Lieferanten irgend einen Artikel,
für welchen derselbe eine in türkischen Liren (à St. 6 Thlr. circa) ausgestellte
Rechnung dem Vicekönig überreicht. Dem letzteren erscheint Werth und Waare
in gar keinem Verhältniß zu stehen und er läßt sich den Lieferanten kommen
und bietet ihm (um die Höhe und Größe der Uebertheuerung zu entdecken) ein
Gnadengeschenk von einigen Tausend Piastern (à 2 Sgr.,) wenn ihm die Originalfactura vorgelegt werde. Hierzu erklärt sich der gewandte und gewitzte Franzose
sofort bereit und präsentirt dem Vicekönig die in italienischen Liren (à Stück
6³/₄ Sgr.) ausgestellte Originalfactura, die in der angeführten Summe der Lire
nur wenig differirt. Da nun Said Pascha zwischen türkischen Liren (6 Thlr.)
und italienischen Liren (6³/₄ Sgr.) damals keinen Unterschied kannte, so erklärte
er sich mit dem geforderten Preise einverstanden und bewilligte die Summe.
Später ist er auf die Gaunerei aufmerksam gemacht worden. Die Summe
aber, die ihm der routinirte Franzose auf diese Weise aus der Tasche gezogen
hatte, war eine so bedeutende, daß derselbe hierdurch ein reicher Mann geworden
ist und eines zweiten ähnlichen Geschäftes nicht mehr bedarf."

Doch ich kehre zurück zum Hügel mit der riesigen Pompejussäule. Ein

Rudel Fellahkinder und einige blinde, alte Fellah umringten uns Fremde sofort, unaufhörlich Bakschiesch verlangend und dabei Granitstücke anbietend, welche sie den Ecken des schönen Piedestals abschlugen. Als wenn diese Horde die Pompejussäule gepachtet hätte und von jedem Besucher einen Tribut zu erheben berechtigt wäre. Ich kann wohl sagen, daß ich in meinen Reflexionen durch diese zudringliche Bande, deren Frechheit sogar bis zum Anfassen der Kleidungsstücke sich steigerte, so gestört wurde, daß ich ärgerlich den Stock erhob und erst nach Austheilung einiger Streiche mich ungehindert der Betrachtung der Säule, der Aussicht auf Meer und Land, Wüste und bebautes Land, Kirchhof und den Vergleichungen und Beziehungen zwischen Sonst und Jetzt hingeben konnte.

Wir beschlossen, nach einiger Rast nach den oberhalb des nahen Mahmudie-canals neuerdings gemachten Ausgrabungen zu gehen, bei welcher Gelegenheit wir ein ziemlich großes Fellahdorf passiren mußten, wenn man nämlich die dicht an einander geklebten Höhlen (die den Zellen eines Wespenestes vergleichbar) so nennen darf; an die Wandung der einen Wohnung, die nur bis zu 2' Höhe (und auch nur in seltenen Fällen) aus faust- bis kopfgroßen Steinen erbaut sind, baut der neu ankommende Nachbar sofort seine Wohnung an, die nun, wenn der Besitzer ein Kameel oder mehrere Esel besitzt, mit einer Art Vorhof versehen wird, worin die Thiere stehen. Diese Vorhöfe haben jedoch so niedrige Mauern, daß die Kameele mit Bequemlichkeit den Hals darüber hinaus strecken können. In einem dieser Höfe sah ich eine Fellahin die ganz frischen Excremente des Thieres in Form von flachen Scheiben bringen, an der Außenwand der Hütte oder im Hofe oder auf dem Dache der Hütte einzeln neben einander ausbreiten, um sie rasch und vollständig von der Sonne trocknen zu lassen und dann als vortreffliches Brennmaterial zu verwerthen. Die Dächer dieser zellengleichen, kastenähnlichen und stallartigen Menschenhöhlen werden aus Stücken langen Schilfs und aus Blattrippen der Dattelpalmen gebildet, die man mit Lehm, Thon, Schlamm und Mist dicht macht. Sehr oft sah ich am Saume der Wüste in aus größeren und älteren Häusern zusammengesetzten Dörfern die Ziegen auf den fast eine Ebene bildenden Dörfern herumspringen. Für ein Bakschiesch gestattete man mir den Eintritt in eine Wohnung und zwar suchte ich mir eine recht schlechte, kleine, schmutzige aus. Sie war nicht volle 5' hoch, denn ich konnte bei 5' 8" Körpergröße nicht darin aufrecht stehen; in der linken Ecke war aus Steinen und Lehm eine Art Feuerheerd errichtet, auf welchem in einem über alle Beschreibung schmutzigen Kessel Wasser kochte. Der Rauch drang durch die offene Vorderseite dieser Höhle heraus. Der überdachte Raum war über fünf Schritt lang und vier Schritt breit und in demselben siebte ein Mann Durrahkörner, neben ihm hockte die mit einem kleinen Kinde beschäftigte Frau, und ein Mädchen von etwa zehn Jahren besserte ein Kleidungsstück aus. In der linken hintern Ecke neben dem aus Steinen, Lehm und Schlamm construirten Heerd lehnten einige schmutzige Schüsseln aus Thon, in welchem zwei Ziegen herumschnobberten. Von Hausgeräthen sah ich nur eine Art Bettstelle von kaum 6' Länge und 3' Breite, aus den Mittel-Rippen der größeren Dattelpalmblätter höchst kunstlos zusammengefügt, worauf ein Laken von Segeltuch oder Zeltdeckenstoff zusammengefaltet lag. Diese Bettstellen, die mir äußerst wacklig und wenig haltbar vorkamen, habe ich in Kairo als sehr dauerhaft und recht haltbar kennen

gelernt. Zwischen den einzelnen Bewohnern dieser jammervollen Wohnung liefen
einige Hühner herum, offenbar zu derselben Sorte Haushuhn gehörig wie bei
uns in Europa, aber durchweg von kleinerer Gestalt.

Daß ich nur eben so lange in diesem traurigen Aufenthaltsort verweilte,
als nöthig war, um die Einrichtung kennen zu lernen und um die gewonnenen
Eindrücke zu fixiren, wird man natürlich finden. Das Mädchen und das kleine
Kind verfolgten uns, obschon ich noch in der Wohnung dem Alten einige Fünf=
Parastücke zugeworfen hatte, noch lange Zeit mit ihrem zudringlichen Bak=
schiesch rufen, aber wir blieben unerbittlich.

Nach kurzer Zeit kamen wir an bebautes Land. Liebesäpfel (Tomaten,
Solanum Lycopersicum), Artischoken und eine besondere Kleeart (arabisch Per=
sihm) wurden vielfach cultivirt; als eine Art Oberfrucht stehen überall die
schönen Dattelpalmen. Am Rande des an einer Hügelkette liegenden Dorfes,
dessen Einwohnern die Herden gehören mochten, saßen wohl ca. fünfzehn bis
achtzehn Frauen und Mädchen. Alle waren mit der Anfertigung ihres oben be=
schriebenen, scheibenförmigen Brennmaterials beschäftigt, sie waren sämmtlich aus
den niedrigsten, ärmsten Schichten der Fellah, durchweg in dunkelblaue, baum=
wollene Kleider gehüllt, bestehend aus faltigen, unten zugebundenen, über den Knö=
chel fallenden Beinkleidern und einem zugleich als Hemd und Rock dienenden
Ueberwurf, Ferbar genannt. Unter lautem Erzählen, von vielfachem Lachen be=
gleitet, saßen sie vor riesigen Haufen von Dünger und formten daraus jene
ca. 6" im Durchmesser haltenden, flachen Scheiben, welche sie an der Sonne
auf bloßer Erde trockneten. Manche (es waren einige sehr schöne, edle Gesichter
unter ihnen) entwickelten darin eine außerordentliche Fertigkeit. Die jüngeren
dieser Künstlerinnen hatten durchweg schöne Zähne, sehr schöne, volle Arme und
noch anmuthiger anzuschauende Füßchen. Selbstverständlich waren sie barfuß und
mit Ausnahme zweier schweigsamen Mitarbeiterinnen, unverschleiert. Mir machte
das Zusehen bei der Ausführung dieses neuen Industriezweigs und weiblichen
Beschäftigung viel Spaß. Nach viertelstündiger Wanderung kamen wir an die
neu entdeckten Katakomben, welche man, nach Betrachtung der Malereien, In=
schriften der Wände und nach den architectonischen Verzierungen zu urtheilen, für
christliche Capellen oder Grüfte halten muß. Gelehrte Forscher wollen ihre Er=
bauung in die ersten Jahrhunderte unserer Zeitrechnung versetzen. Gegenwärtig
sind diese oben fast vollständig offenen Katakomben Eigenthum der griechischen
Kirche, welche die Ausgrabungen fortsetzen läßt. Zwei ägyptische Soldaten stan=
den am Eingang am obern Ende der Treppe und verlangten dafür, daß sie
eben nur Wache standen und uns nicht den mindesten Dienst erwiesen, Bakschiesch,
den ich ihnen aber, von der allerdings in Aegypten nicht stichhaltigen Voraus=
setzung ausgehend, daß ein Soldat den ihm angewiesenen Posten nicht verlassen
und kein Trinkgeld annehmen darf, standhaft verweigerte. Aber das ägyptische
Soldatenduo verfolgte uns hartnäckig und zogen sich erst nach einigen Hundert
Schritt zurück, als sie sahen, daß ich zähe blieb. Unweit dieser neuen Aus=
grabungen fließt der bekannte Mahmudiecanal, die Communication zwischen
Alexandria, dem Marnotissee einerseits und dem Nil andrerseits, die Wasserstraße
nach Kairo bildend. Eines der größten fiskalischen Strohmagazine befindet sich in un=
mittelbarer Nähe, ebenso die Schiffswerfte für die Nildampfer. Das Stroh

wird in Form unseres Häckfels — nur um weniges länger geschnitten — an
die Magazine abgeliefert; ein Dutzend Kameele wurden soeben beladen, mehrere
Haufen von der Höhe eines zweietagigen Hauses lagen auf dem Hofe, und
einige Dutzend nackter und mit einem Lendentuch bekleideter Kerle (darunter drei
kohlschwarze Neger) waren beschäftigt, neue Vorräthe von Stroh aus einigen
im Canal liegenden Dahabien auszuladen, wobei sie sich in einem monotonen
Gesang ergingen, der nichts weniger als schön war. Es war dies am 3. Feb=
ruar, und doch war die Hitze so groß, daß diese Leute bei ihrer anhaltenden
Beschäftigung, obschon sie sich eben nicht allzugroße Lasten aufbürdeten, dieses
präadamitische Costüm wählen mußten. Wir gingen von da nach der Richtung
des alten Hafens, kamen bei mehrern arabischen Kaffeehäusern vorbei, in welchem
die Gäste schweigend auf Seitendivans (aus Rohr und Rippen der Dattelpalm=
blätter gefertigt und mit Decken belegt) kauerten, ihre Tschibucks oder Nargilés
rauchend, sich mit einigen Spielen nach der Art unserer Damenbrettspiele oder
mit Steinen, durch Aussetzen und Wechseln derselben auf einem skizzirten Plan
unterhaltend. Diese Kaffeehäuser finden sich in großer Anzahl, bald größere,
bald kleinere, ärmlichere oder bessere, von jeder Construction und Ausschmückung.
Der am Hafen gelegene Theil der äußern Stadt erinnerte mich, namentlich das
Leben auf den Straßen und in den Verkaufsbuden sehr an einen in Marseille vor
vier Jahren verlebten Sonntagsnachmittag. Ich sah hier sehr viele europäisch
angekleidete Menschen, die Verkäufer (meist Griechen und Italiener) schrieen die
zahllosen Matrosen und Seesoldaten der hier anwesenden europäischen krieg= und handel=
treibenden Nationen gerade so an und priesen ihre Waare auf eine ebenso un=
erträgliche, zudringliche Weise an, als ihre französischen Geschäftscollegen damals
in Marseille. Dieser Theil des jetzigen Alexandriens steht auf der Stelle der
alten Nekropolis, deren letzte Punkte in den heutigen Tages zugänglich gemachten
Katakomben zu suchen sind. Im Ganzen ist es höchst schwierig, sich nach der
Strabonischen Beschreibung der alten, drei deutsche Meilen im Umkreise haltenden
Welthandelsstadt in dem heutigen Alexandrien zu Recht zu finden. Mit Sicher=
heit kennt man nur die Stelle des Palast des Cäsars; das Heptastadion, jene
schmale Landzunge, welche den alten Pharos trug, eines der sechs Weltwunder, von
Ptolemäus Philadelphus aus weißem Marmor erbaut; ferner die Stellen, wo das
Theater, die von Omar verbrannte Bibliothek (eine der drei weltberühmten Biblio=
theken Alexandriens) standen und früher, ehe noch das Frankenviertel so weit wie
jetzt ausgedehnt war, vermochte man die Richtung der beiden sich rechtwinklig
schneidenden, 100' breiten Hauptstraßen der alten Stadt auf eine Strecke zu
verfolgen. Ueber die Plätze, wo die andern wichtigen Gebäude der alten Ptole=
mäer-Stadt standen, z. B. Museum, Gymnasium, Alexanders Grab, das Sera=
pion, jene dem Serapiscultus gewidmete Tempelgruppe ꝛc. ꝛc., der vielbeschriebene
Poseidontempel gestanden haben, herrschen nur Vermuthungen. Die meisten
Europäer — mit Ausnahme der Stockphilologen — begnügen sich mit der
Pompejussäule, den Katakomben und den Nadeln der Kleopatra. Auch ich
erklärte mich bereit, kein anderes archäologisches Verlangen äußern zu wollen,
und bat die lieben Landsleute um Unterweisung, die beiden letzteren Ueberreste der
altclassischen Zeit und die andern Sehenswürdigkeiten Alexandriens auf eine mög=
lichst wenig Zeit raubende Weise kennen zu lernen.

Das Erste, was jeder Fremde thun muß, ist, sich eine hinreichende Anzahl von Kupfermünzen und kleinen Silberstücken einzuwechseln. Leider ist in
Aegypten ein so fühlbarer Mangel an kleiner Münze, daß man nur mit Verlust von 5% Agio größere Geldstücke — ganz gleich, ob Silber oder Gold —
in kleine Stücke umsetzen kann. Das Wechselgeschäft ist in den Händen von
Armeniern, Griechen und Juden, welche ihre ambulanten Wechselcomptoirs, ein
kleines Kästchen, eine Schreibtafel und ein niedriges Tischchen, bald hier, bald
dort aufschlagen. Wo recht viele Conflurus herrscht, also an den Halteplätzen
der Droschken, in der Nähe der Eselstationen und in der Nähe der Hotels giebt
es derer eine große Anzahl, die jedoch unter sich ziemlich fest verbrüdert auftreten
und den Tagescours — in welchem Grade sie den Kleingeld bedürftigen Fremdling übervortheilen wollen — vorher fest bestimmen. Diese Kerls nennt man
Saraf.

Wenn man aus der Thüre des Hotels tritt, so schreien ein Dutzend Schwarze
von den Böcken ihrer Wagen herunter „Arabia" und preisen in den unverständ-
lichsten Redensarten die Vorzüge ihrer Pferde und Fahrzeuge, Farbe der Polster,
Leichtigkeit der Räder rc. an; selbst wenn man aus der sich gleichzeitig um den
fremden, herumdrängenden Schaar Eselbuben und Esel bereits den stärksten,
mit dem reinlichsten und besten Zaumzeug versehenen ausgewählt, und die andern
mit Hilfe des unumgänglich nothwendigen Curbatsch zurückgedrängt hat, hören
ihre Lobpreisungen nicht auf. Der Skandal unter den unter sich selbst eifer-
süchtigen Kutschern und Eselbuben artet manchmal in arge Prügelei aus und ist
oft so arg, daß einer der Kellner des Hotels dazwischen hauen muß, um Ruhe
und Frieden wieder herzustellen. Ich sah mehrere Mal solche höchst komische
Scenen mit an, deren Finale darin bestand, daß der europäische Hotelcommissär
mit seinem riesigen Curbatsch die Streitenden zur Ruhe brachte. — Ich bestimmte
den frühen Morgen des folgenden Tages zu einem Besuch der andern Sehenswürdigkeiten der interessanten Stadt. Meine Wahl unter den Reiteseln war
schnell getroffen; ein schwarzer Esel mit neuem Sattel und Zaum wurde auserkoren und für „vacheb fiorin", d. h. ein österreichisches neues Viertelgulbenstück,
für die Dauer von zwei Stunden engagirt. Ich hatte vorher den Plan der
Stadt im Büreau des General-Consulats genau studirt, mir auch die empfangenen Belehrungen fest eingeprägt, so daß ich einen der sich mir aufdrängenden
Commissionäre de place in seinen weiten, hellgrünen Hosen und ledergelben
Schlafrock, mit seiner Spitzbubenphysiognomie, sehr energisch abwies. Und was
schadete es, wenn ich auch den halben Tag in und um Alexandrien herumritt!
Mir war ja Alles neu, was ich sah und hörte, wer und was mir begegnete,
Häuser, Kirchen, Menschen und Thiere, Alles erregte meine Aufmerksamkeit und
fesselte meine Gedanken. Colonna de Cleopatra rief ich meinem unbehosten und
blaubehemdeten Ibrahim zu, der, mit einem Stöckchen in der Hand, mit seinem
dämlichen, unter einem rothen, weißberandeten Turban hervorlugenden, braunen
Fellahgesicht hinter und neben mir hertrabte. Der Weg dahin führt zwischen
dem Peninsularhotel und dem französischen General-Consulat nach dem Meere hin,
an dessen hohem Ufer (dem sogenannten neuen Hafen) man hinreitet. Zur Rechten
sieht man gar bald schöne Gärten mit Dattelpalmen und Bananen; unter großen
Tamarisken trabte ich einher und kam schon nach zwanzig Minuten an den

Gitterzaun, welcher die beiden Nadeln der Cleopatra umgiebt; die eine liegt umgeworfen, die andere steht noch. Vordem bildeten sie beide den Hauptschmuck der Eingangspforte zu dem Palast der Cleopatra, wohin sie von Heliopolis gebracht worden waren. Mehemed Ali hat den noch stehenden Obelisk den Franzosen, den umgestürzten, theilweis mit Erde bedeckten den Engländern geschenkt, aber bisher haben die beschenkten Nationen, obschon einige Jahrzehnde verstrichen sind, ihr Geschenk noch nicht abgeholt. Es soll der Transport von der Stelle, wo sie sich jetzt befinden, auf ein größeres Schiff sehr schwierig sein. Das Gitter war geschlossen, ich konnte mich also den Säulen, Monolithen aus hellrothem Granit nur bis auf drei Schritte nähern. Der stehende, oben zugespitzte ist 70′ hoch, unten 7 1/2′ Durchmesser haltend, der umgestürzte nur 60′ hoch. Nach den Forschungen der hieroglyphenkundigen Abendländer sollen sie die Ovale dreier Könige, Thotmes III., Sesostris des Großen und Osiris II. tragen. Erwägt man, daß unfern der Säulen der Hauptpalast der Ptolemäer stand, neben welchem das Familienbegräbniß derselben, Soma genannt, sich befand, in welchem der Gründer der Stadt ruhte, daß der oben genannte Poseidontempel und das Theater ebenfalls nur in geringer Entfernung hiervon gestanden haben, so ist wohl natürlich, daß ganz eigenthümliche Empfindungen sich des Gemüths des Fremden bei der Vergleichung von Sonst und Jetzt bemeistern. Jetzt sind die Festungswerke des heutigen Alexandriens bis auf dreißig Schritte Entfernung in Gestalt eines ziemlich hohen Erdwalles an die Säule herangeführt, von dessen Oberfläche man eine nicht große, aber recht deutliche Aussicht auf die Landzunge hat, welche die Stadt mit dem alten Pharus verbindet und welche theilweise befestigt ist. Vom Pharos, einem Meisterwerk des Sostratos von Knidos ist nichts mehr vorhanden, der jetzt an seiner Stelle errichtete, sogenannte alte Leuchtthurm ist ebenfalls befestigt, wird aber nicht mehr beleuchtet. In seinem Erdgeschoß ist eine kleine Caserne. Von der Insel Antirhodus, welche zwischen dem alten Pharos und dem Tempel des Cäsar lag, ist ebenfalls keine Spur mehr vorhanden. Mein Weg führte mich in südlicher Richtung zwischen dem hohen Festungswall und Gärten (in denen ich vielfach die schöne rothblühende Poinciana pulcherrima als kleiner Baum sah) hin. Bei dem nächsten Thor angekommen, beschloß ich, eine Excursion vor die Stadt zu unternehmen. Ich wünschte, Beduinenzelte zu sehen, denn die Wüstensöhne kommen oftmals bis dicht an die Stadt heran. Der Durchritt durch die Festungswerke — von französischen Ingenieuren für schweres Geld erbaut — zeigte mir, daß sich diese in einem kläglichen Zustande befinden und einer ernstlichen Belagerung keinen vollen Tag Widerstand leisten können. Es begegneten mir viel Eselreiter, etwas unbequem auf den Körben sitzend, worin sie ihre Producte zu Markt brachten und mit denen sie ihre Thiere auf beiden Seiten behangen hatten. Nur wenig Fuhrwerke, theils von Ochsen, theils von Pferden gezogen, sah ich; hauptsächlich wurden Liebesäpfel, Kartoffeln, Baumwolle, Orangen und Hühner nach der Stadt gebracht. Nach und nach war ich auf freies Feld gekommen, Vorstädte gab es hier nicht, wohl aber Kirchhöfe der Nichtmuselmänner. Ich lenkte nach dem ersten; zwischen meinem Weg und dem Meere gelegen, hin und befand mich auf dem römisch-katholischen Gottesacker, dessen Portierdienst von einer Fellahfamilie verrichtet wurde. Ein ziemlich geräumiger, mit hoher Mauer umgebener Fleck, hie und da mit Bäumen gepflanzt, in der Mitte mit einem Begräbnißkirchlein versehen ist die Ruhestätte einer großen Anzahl Verstorbener. Auch einen Ziehbrunnen hat man hir ange= legt, um die Blumen, die so manches Grab schmücken, lebenskräftig zu erhalten. Einige Ziegen sprangen auf den Gräbern umher, ich ärgerte mich über diese Unachtsamkeit und trieb sie mit gut gezielten Steinwürfen hinaus, unbekümmert um das Geschimpfe und die zornigen Gesten des alten Thürhüters und Todten= gräbers, obschon ich mich ganz allein mit ihm und einigen gleichgekleideten, d. h. weißbekittelten, ohnhosigen Strolchen befand, und wäre jedenfalls unterlegen, wenn ihr Fanatismus durch die Ziegensteinigung erwacht worden wäre. Aber ich war ergrimmt über die Nichtachtung der Ruhestätte meiner christlichen Mit= brüder durch diese Ziegen. Einige recht geschmackvoll ausgeführte Grabdenkmäler erregten meine besondere Aufmerksamkeit, so z. B. ein schöner, runder Tempel, von acht dorischen Säulen getragen, deren eine jede am Fuße mit einer Urne geschmückt war; über dem Grab unmittelbar befand sich die Statue eines beten= den Engels; das Ganze war in blendend weißem Marmor (vermuthlich aus Malta oder einer der griechischen Inseln) ausgeführt und barg die Gebeine eines Italieners Gebara, der sich um die Cultivirung Aegyptens in Mehemed Ali's Sinne — wie die Grabschrift besagt — ganz besondere Verdienste erworben hatte. Ein ebenfalls schönes Denkmal, eine Säule corinthischer Ordnung mit einer prachtvoll ausgeführten Urne — gleichfalls in weißem Marmor — zierte das Grab des Marchese Popolani's; außer italienischen Grabschriften fand ich eine Menge französische und lateinische, sehr wenig englische und nur eine spa= nische und eine deutsche, letztere auf dem Grabe eines Oesterreichers.

Der protestantische Kirchhof soll nicht weit davon liegen, leider erfuhr ich dies erst am Abend. Vom katholischen Kirchhof schlug ich in südwestlicher Rich= tung eine Straße ein, welche in ziemlich gerader Richtung auf eine Gruppe von Gebäuden hinführte, deren eines einen fabrikähnlichen Schornstein trug. Ich vermuthete irgend welche technische Anlage und ritt darauf los, hoffend, daß, da nur Europäer die Besitzer oder wenigstens die Betriebsführer desselben sein konn= ten, auf alle Fälle Einlaß zu erhalten. An dem Eingangsthor des von einem geschmackvollen, blau angestrichenen, hohen, eisernen Gitterzaun umschlossenen Hofraum angekommen, woselbst zwei Sphinxe in Stein ausgehauen (jedenfalls neuere Arbeit) aufgestellt waren, konnte ich in dem gegenüberliegenden Maschinen= hause bereits drei in Thätigkeit befindliche Dampfmaschinen unterscheiden. Zahl= reiche Röhren aus Eisenblech und Gußeisen verschiedener Länge und Stärke ließen mich auf eine Fabrik von Gas= oder Wasserleitungsröhren schließen. Und so war es in der That. Das ausgedehnte Etablissement enthielt die städtischen Wasserwerke, d. h. es zieht das Trinkwasser aus dem Mahmudiecanal und eini= gen benachbarten Brunnen nach einem riesigen Reservoir und versorgt von da Alexandrien, ganz speziell die Paläste des Vicekönigs und seiner Großen mit Wasser. Gleichzeitig ist eine Fabrik von eisernen Röhren hier, in welcher außer englischen, französischen und belgischen Werkführern eine große Anzahl Griechen und auch einige Schwarze beschäftigt sind. Der dirigirende Techniker und die Maschinisten sind natürlich Engländer, deren einer mir die Einrichtung der Dampf= maschine, Liverpooler Fabrikat, sehr genau erklärte. Da ich aber das Vergnügen der Erklärung von Dampfmaschinen in meiner Heimath zur Genüge genießen kann, verabschiedete ich mich schleunigst, um nach dem Mahmudiecanal rechtzeitig zu gelangen. Beim Abreiten fand ich noch Gelegenheit, zu sehen, auf welche Weise die Fellahs und Araber gegrabene Erde fortschaffen, und konnte ich meine Verwunderung nicht unterdrücken, daß die „praktischen" Engländer diese armen Menschen noch nicht besser instruirt haben. Kein Karren, kein Wagen wurde von einigen zwanzig Menschen benutzt, welche beschäftigt waren, einen tiefen Graben zu ziehen, die, mittelst kleiner Schaufeln ausgegrabene Erde mußte von ihnen in Körben, aus den Fasern des Stammes der Dattelpalme geflochten, welche sie auf den Köpfen trugen, fortgeschafft werden. Schon dieses Bild er= innerte mich lebhaft an die auf den Wänden des Berliner neuen Museums ab= gemalten Scenen aus dem Leben der alten Aegypter, noch mehr aber die Be= schäftigung des Pflügers und eine halbe Stunde später der Verkehr auf dem Canal. Ein Stück Acker unweit des Wasserwerks wurde umgepflügt und glatt geeggt, hierbei waren vier Gespanne Ochsen, je zwei Stück, jedes Gespann mit zwei Mann, einer die Ochsen führend, der andere den Pflug oder die Walze dirigirend, thätig, zwei Knaben zerkleinerten mit hölzernen Stöcken die Erdklöße und zwei andere suchten Steine aus. Die Pflüge, die ich hier sah, stimmten vollständig mit denen überein, die ich im neuen Museum gesehen hatte, und später noch in manchen Gräbern in der Nähe der Pyramidenfelder von Ghizeh zu sehen Gelegenheit fand. — Der Umstand, daß jeglicher Landbebauer dem Gouvernement einen Theil seines Ertrages abliefern muß, mag wohl hauptsäch= lich Schuld sein, daß man sich in den wichtigsten aller Geräthe — den Acker= geräthen — vor jeder Neuerung beharrlich geweigert hat. Man war im Be= griff, hier Weizen, eine großkörnige, gelbe Art, auszusäen. Mein Weg führte mich über offenes, coupirtes, wellenförmiges und schattenloses Terrain zwischen Kleefeldern und Baumwollenpflanzungen hin. Am Rande einer der letzteren, auf einem steilen, spärlich bewachsenen Weideflick sah ich die ersten Bebuinenzelte. Aber wie verschieden waren diese in der Wirklichkeit von den Abbildungen und Beschreibungen. Nach letzteren mußte ich hohe, regelmäßige Zelte von weißem Segeltuch, so groß, daß ein Mensch darin aufrecht stehen und umher gehen kann, erwarten; in Wirklichkeit fand ich bundweis auf= und nebeneinander gelegtes Baumwollengesträuch, gleichsam die Wände der niedrigen Zeltwohnung bildend, über welches hinweg gelbbrauner, schmutziger Stoff, aus Kameelwolle gewebt, als Decke gezogen war, die hie und da mittelst einiger Stäbe bis zur Höhe von etwa 4' schwebend erhalten wurde, so daß die Zeltdecke nur auf dem Baum= wollenstrauchwerk und jenen Stäben auflag. Diese Zelten nahmen etwa einen Flächenraum von circa 40—50 Quadratfuß ein, unter ihnen lagerte die von Schmutz und Ungeziefer starrende Familie auf schlechten Decken, ebenfalls aus roher Kameelwolle gemacht, und verzehrte aus irdenen Gefäßen ihren ¡Pillau oder Pillav, d. i. das arabische Nationalgericht, Reiß mit Hammelfleisch oder Hühnern. Vor dem Zelt brannte ein Feuer und in geringer Entfernung davon lagerte ein halb Dutzend Kameele, einige Schafe und Ziegen. Ein Beduine, eine schöne, imponirende Figur, kam, seine lange, einläufige Flinte auf dem Rücken tragend, auf einem kleinen Rappen einhergetrabt, sprang von dem nur mit einer zerlumpten Decke versehenen Pferde, überließ dasselbe seinem Schicksal (es schickte sich an, das spärliche Gras abzunagen) und legte sich zu den Andern unter das Zelt. Die Bewohner desselben nahmen von mir, dem neugierigen Fremdling, keine Notiz, als ich langsam um das Zelt herumritt, wechselten mit meinem Eseljungen einige Worte und ich fühlte mich nicht bewogen, um Einlaß in ihr Zelt zu bitten. Nach einem Ritt von zwanzig Minuten befand ich mich in einem Fellahdorf, von dessen Einwohnern ein großer Theil auf einer Anhöhe seitwärts davon saß und sich der profanen Beschäftigung der Brennmaterial= fabrikation hingab. Der stark ammonikalische Geruch trieb mich schnell vorwärts; nur zwei schöne, syrische, langhaarige Katzen, schwarz und hellbraun, hatten meine besondere Aufmerksamkeit erregt. Bald befand ich mich mitten unter den ausgezeichnet schönen Landhäusern, Sommerwohnungen der reichen Alexandriner, welche sich dieselben in der Nähe des Mahmudiecanals in größter Zahl haben erbauen und mit in europäischem Geschmack angelegten Gärten umgeben lassen, um vom Mai bis September ihre Villgiatur hier (oder im Seebad zu Rammleh) abzuhalten. Dieser Mahmudiecanal, das erste Glied der Wasserstraße von Ale= xandrien nach Kairo und Oberägypten, ist für den Europäer einer der interessan= testen Punkte Alexandriens, zumal sein Endpunkt oder, wenn man will, sein Anfangspunkt ohnweit des Bahnhofes und des alten Hafens in Alexandrien, in welchen er mittelst riesiger Schleußen einmündet. Ein solches Gewimmel von Barken, Booten, Kähnen, Jollen, Dahabien, kurz Fahrzeugen aller Art und Größe hatte ich früher noch nie gesehen, dazu diese Musterkarte von Schiffsmannschaften und die Mannigfaltigkeit in der kommenden oder abgehenden Ladung, enfin, der Mahmudiecanal bietet täglich nnd stündlich immer wieder Neues. Ich kam in die Nähe eines recht großen, zweistöckigen, weiß angestrichenen Landhauses, welches etwas Kasernenartiges hatte, an den Canal, der hier etwa 35—40' breit sein mochte. Eine schöne, breite, schattige Allee von Acacien (Robinien), Gummibäumen (Acacia nilotica), Sycomoren, Orangen, Oliven, Citronen, Oleandern, Hibiscus führt an der nördlichen Seite hin, an welcher ich langsam entlangritt, mich zur Rechten an dem Anblick so vieler schöner Villen und Cottage= häuser, geschmackvoll angelegter, parkähnlicher Gärten und einzelner Blumen= parthieen erfreuend, zur Linken mich ergötzend an dem Gehen und Kommen der Barken, welche durch die dreieckige Form ihrer Segel, die an krummen, im spitzen Winkel aufgerichteten Masten anbefestigt wurden (ganz ebenso, wie 300 Jahre vor Christi), einen eigenthümlichen Eindruck machen Ein riesiger Gummibaum (Ficus elastica) von circa 40 – 50' Höhe, eine herrliche Krone bildend, machte mir durch das gesunde, frische Aussehen seiner ganz besonders großen, leder= artigen, hellglänzenden, dunkelgrünen Blätter ganz besonders Vergnügen, an seinem Stamm rankte sich die schön roth blühende Dolichos Lebleb, unserer Erbse und Bohne vergleichbar, kräftig in die Höhe. Pelargonien, rothe Hibicus und schar= lachfarbene Poincianen von stattlicher Größe standen überall in vollster Blüthe. Manche Häuser trugen über der Thür ein ausgestopftes Krokodil, ein Talisman vor Unglücksfällen, wie ich später erfuhr. Fähren unterhalten die Verbindung beider Ufer. Höchst interessant war eine Barke, worin vier kohlschwarze Nubie= rinnen (unverschleiert) in schneeweißen Gewändern, dito faltigen Beinkleidern und hellcitronengelben Pantoffeln saßen, welche da, wo die Straße, welche am Hügel der Pompejussäule vorbeigeht, den Canal berührt, landeten und sehr heiter und vergnügt über den sie neugierig anstaunenden Fremdling ihre lauten Bemerkungen

machend, neben mir herliefen. Meine von lautem Lachen begleitete Verwunde=
rung über ihre ganze Erscheinung erwiederten sie mit ebenso deutlichem Grinsen,
wobei ihre prachtvollen, blendend weißen Zähnen zwischen ihren dicken, wulstigen
Lippen zum Vorschein kamen. Sie verschwanden in einer großen Dampf=
bäckerei, welche ein unternehmender Engländer daselbst errichtet hat, ich ritt noch
einmal nach dem Hügel zur Pompejussäule, denn ich wollte noch einmal den
Blick auf die hochberühmte Stätte alter Cultur, den Sitz dreier hochberühmter
Bibliotheken, genießen, recapitulirte kurz das, was ich aus der ausführlichen
Beschreibung Strabo's über Lage, Eintheilung, Bauten, Kunstwerke und Aus=
dehnung noch wußte, wurde aber in meinen Reminiscenzen an die Ptolemäer,
Euklides, Alexander, Cleopatra, Pompejus, Cäsar, die Verfasser der Septuagesima,
dem Chalifen Omar rc. rc. gestört durch ein entsetzliches Geheul, welches vom
arabischen Friedhof zu mir herüberdrang. Ich sollte heute Gelegenheit finden,
einem muselmännischen Begräbniß beizuwohnen, stieg daher vom Esel und schlich
zwischen den einzelnen, nur von einer Pflanze, Agave, geschmückten Gräbern vor=
sichtig heran, immer meinen Esel im Auge behaltend, um, im Falle die schreiende
und heulende Menge etwa darüber ergrimmt werden sollte, wenn ihr Schmerz
von den profanen Augen und Ohren eines Ungläubigen gehört und gesehen
würde, schleunigst mit Hilfe von vier geschwinden Eselbeinen entweichen zu können.
Begräbnisse sieht man in Aegypten zu jeder Tageszeit. Wer frühzeitig stirbt,
muß noch am selben Tage begraben werden, wer erst Nachmittags oder in
der Nacht stirbt, wird am folgenden Morgen beerdigt. Das Begräbniß, welches
ich damals sah (das erste muselmännische) habe ich mir ganz besonders genau
notirt und lasse deshalb die Beschreibung hier folgen. Zuerst kamen vier alte
Männer in ihrem schmutzigen Alltagscostüm, aber mit Hosen, sehr eintönig sin=
gend, oder richtiger gesagt, mit rauher Stimme in demselben Tone schreiend,
fast grunzend, diesen folgten nach kurzem Zwischenraum neun besser gekleidete
Männer, mit durchweg reinlichen Gewändern, aber in hellen Farben, diese schwie=
gen oder unterhielten sich nur mit einander, hierauf folgten sieben Knaben,
welche mit kreischender Stimme irgend einen Vers oder Gebetformel herplapperten,
der sich bald wiederholte. Sodann folgte die von vier Männern auf zwei ein=
fachen, rohen Stangen getragene Bahre, zugedeckt mit rothem, gelb und grün be=
setztem Tuch. Hinter der Bahre folgten circa acht bis zehn Frauen, in ver=
schiedenen Gewändern, einige barfuß, die andern beschuht. Sie stießen ein wie=
derwärtiges Geheul aus, welches mit dem Gegrunze der ersten Begleiter und dem
Gekläffe der Jungens ein unerträgliches, ohrenzerreißendes Ensemble bildete. Man
konnte die bezahlten Klageweiber mit Leichtigkeit von den wirklichen Leibtragen=
den unterscheiden, obschon beide Kategorien des arabischen Leichencortege ver=
schleiert waren. Während Letztere einigermaßen in ihren Schmerzensäußerungen
den äußern Anstand bewahrten, ruhig einhergingen, mit gedämpfter Stimme
heulten, schlugen Erstere wie wahnsinnig mit den Armen um sich herum und
schrieen unaufhörlich mit lauter, vernehmlicher, kreischender und heulender, fast
brüllender Stimme. Kurz, es war ein infernalisches Vocalconzert, worüber selbst
mein Esel, der doch gewiß an dergleichen Aeußerungen ägyptischen Trauergefühls
gewohnt war, mehrfach erstaunt die Ohren spitzte. Beim Grab angekommen,
lagerte sich die Begleitung um dasselbe herum, die Männer am Kopfende, die

Frauen an der entgegengeſetzten Seite. Es entſtand einige Minuten Pauſe, dann aber ging der Spektakel von Neuem los. Gerne wäre ich bis an den Rand des Grabes herangetreten, da ich aber mit Gewißheit annehmen durfte, daß die ſchmerzerfüllten Schreier mein Beſtreben, orientaliſches Leben, Gewohn= heit und Gebräuche kennen zu lernen, eher für übel angebrachte Neugierde und Zudringlichkeit halten würden, ſo blieb ich in angemeſſener Entfernung zwiſchen den Gräbern ſtehen, zumal ich obenein auf viele tauſend Schritt in der Runde der einzige Menſch war, der eine europäiſche Kleidung auf dem Leibe hatte. Da ich Ausſicht hatte, in Kairo noch arabiſche Gräber ſehen zu können, ſo zügelte ich hier meine Neugierde, und erſpare mir eine Beſchreibung auf die Schilderung der Beerdigung eines reichen Arabers der höheren Stände, bei welcher Veranlaſſung mehrere Kameele, mit Brod und Waſſer beladen, vor dem Leichenconduct geführt werden, welche Nahrungsmittel unter die am Grabe ſich zahlreich eingefunden habenden Armen vertheilt wurden.

Bekanntlich legen die Muſelmänner ihre Todten ohne Sarg in die Gräber, und zwar auf die eine Seite, mit dem Geſicht gen Mekka, alſo nach Oſten ge= wendet. Leider konnte ich dieſe Handlung nicht mit anſehen, da meine Zeit be= ſchränkt war. Doch ſchien es mir, daß ſie ohne weitere Förmlichkeiten vorge= nommen worden ſein muß, weil die Begleiter der Bahre bald darauf die Grab= ſtätte verließen, um in den unweit vom Kirchhof etablirten Branntweinkneipen ihre Gefühle des Schmerzes und der Trauer nach anderer Richtung hin zu diri= giren. Tout comme chez nous. —

Die muſelmänniſchen Gräber ſind meiſtens — wenigſtens die der mittleren und höheren Stände — mit einer Art Ziegelſteine ausgemauert und werden in Form einer kleinen unterirdiſchen Höhle überwölbt und zwar von der Höhe, daß der Begrabene ſich bequem darin aufrichten kann, wenn er in der nächſt= folgenden Nacht von den zwei abgeſandten Engeln über ſeine Perſon, Thun und Laſſen auf dieſer ſündigen Welt examinirt wird, welche ſeinem Geiſt, der alſo nach muſelmänniſchem Glauben erſt nach Verlauf der erſten Nacht im Grabe den Körper verläßt, die ihm zuerkannte Wohnung, je nachdem er ſein Rigoroſum gut oder ſchlecht beſtanden hat, anweiſen. Das Grabgewölbe wird ſodann mit Steinen, Sand und Erde zugeſchüttet, nur in ſeltenen Fällen mit einem niedri= gen Grabhügel verſehen und dann mit einer großen Steinplatte verſehen, auf deren beiden Enden oder nur auf einem Ende Steinplatten von circa 2—4′ Höhe und circa 1′ Breite errichtet werden, bald rund, bald oblong im Durch= ſchnitt, deren einer, und zwar der auf dem Kopfende ſtehende, mit einem in Stein gemeißelten Turban, Fes oder der vom Verſtorbenen getragenen Kopfbe= deckung geziert wird, wenn nämlich der Verſtorbene ein Mann war; Frauen und Kinder erhalten keine ſolche Decoration, auf die Grabſteinplatte ſchüttet man ein Häufchen Erde und pflanzt Agaven oder Aloeſtauden darauf. Der große alexandriniſche Kirchhof ſcheint nur für arme und wenig bemittelte Muſ= lemine beſtimmt zu ſein, denn er beſitzt weder ſchöne Grabdenkmäler, noch Inſchriften oder Gräber mit Marmorplatten ꝛc., woran die Friedhöfe bei Kairo ſo reich ſind und worauf ich ſpäter zurückkomme.

Ich beſtieg alſo, nachdem ich den Zeitpunkt, wo die Gläubigen mit ihren Ceremonien zu Ende gelangt ſeien, für herangekommen erachtete, meinen Eſel und ritt durch das Bab el Colonna in die Stadt hinein. Es soll diese Straße, welche ich jetzt wählte, um nach dem Consulatsplatz zu gelangen, dieselbe sein, welche die Alten angelegt haben und welche das Heptastadion mit dem Stadttheil Rhacotis verband, welche also die Verbindung des Pharus mit dem hochberühmten stattlichen Serapium, jener großartigen Gruppe von säulenreichen Tempeln des Alterthums, vermittelte, welche auf dem Hügel, wo jetzt die Pompejussäule steht, erbaut war. Jetzt reitet man in dieser Straße zwischen schönen Gärten mit hohen Palmen hin, hinter denen elegante Wohnhäuser reicher Handelstreibenden (Levantiner und Griechen) hervorschauen. Erst nachdem man die zweite Hauptstraße des alten Alexandriens, welche von der Necropolis nach den Stadttheilen Bruchion und Cäsarion und dem canopischen Thore in gerader Linie von Ost nach West führt und rechtwinklig auf die erstgenannte Straße stößt, passirt hat, kommt man zwischen Häuser und zwar durchweg zwischen gut gebaute Häuser im italienischen Geschmack. Ein französischer Wagenbauer besitzt hier eine große Wagenbauanstalt und Magazin eleganter, leicht gebauter Wagen, meistens Halbchaisen. Die Straße mündet auf einem großen, dreieckigen Platz, der allerdings ungepflastert ist, aber nichts desto weniger schön genannt werden muß, da er durchweg von stattlichen Gebäuden, worunter das katholische Franziskanerkloster nebst Kirche und schönem Palmengarten exzelliren, eingeschlossen wird. Eine Buchdruckerei für englische, französische und italienische Bücher 2c. findet sich hier. Eine breite Straße führt von hier nach dem großen Franken- oder Consulsplatz, über welchen ich sehr bald nach dem Hotel gelangte, um mich hier für die Excursionen des Mittags, die ich in Gesellschaft des Herrn Viceconsuls unternehmen wollte, auszuruhen, denn der des Reitens ungewohnte Frembling fühlt sich von einem sechs- bis siebenstündigen, scharfen Eselritte etwas angegriffen.

Wir gingen durch das Rosettethor, verfolgten die alte Straße in der Richtung des Canopischen Thores, welches eine kleine halbe Stunde hinter dem jetzigen Rosettethor gestanden haben soll, und schlugen uns links herüber in der Richtung des Meeres nach einer kleinen Landzunge, genannt Pharillon, in dessen Nähe die Quarantaineanstalt ist. Diese Landzunge, sowie jene, dessen letzter Punkt den alten Pharus, den jetzigen Leuchtthurm trägt, schließen den sogenannten neuen Hafen ein, welcher von Mehmed Ali für europäische Schiffe bestimmt war und vor dessen Eingang die oben erwähnte Insel Antirhodus gelegen haben muß. Das ganze Feld zwischen der nach Rosette führenden Straße und dem Meer ist die Stätte des schönsten Stadttheils des alten Alexandriens. Leider deuten nur einzelne Fragmente von Säulen und Piedestalen aus Granit und Syenit die alte Herrlichkeit an. Das Terrain ist eine wellenförmige Ebene, die etwa 20' hoch über dem Meere liegt, welches an seinen Rändern die Ufer gewaltig auswäscht und unterwühlt, so daß oft große Mengen des aus Stein und Trümmern, Bauschutt, Ziegelstücken bestehenden Erdreiches herabfallen. Hier standen die Paläste der Könige und der Großen des Reiches, hier waren das Museum, wo Euklides lehrte, hier das Gymnasium, Theater und andere Prachtbauten. Jetzt sind der jüdische, armenische und englische Kirchhof hier, und dicht am Meere treiben zahllose Schaaren von herrenlosen Hunden sich umher, denn hier ist zugleich der Ort, wo die Tödtungen der Thiere vorgenommen werden und wohin alles gefallene Vieh gebracht werden soll. Das Terrain steigt an einzelnen

Punkten etwas höher, so daß man vielleicht 40' über dem Meere steht, weßhalb man einen vollständigen Ueberblick über die Stätte des schönsten Theiles der alten Weltstadt genießt, außerdem übersieht man einen großen Theil des jetzigen Alexandriens zwischen Rosettethor und dem Pharus, überragt von dem Hügel mit der Pompejussäule, von dem am Hafen gelegenen Fort Caffarelli, dem neuen Leuchtthurm und einigen andern Bastionen und Befestigungswerken hinter dem Rosettethor jenseits der nach Ramleh und dem Lager des Cäsars (Schlacht=feld von Nicopolis) führenden Landstraße. Ich hatte hier zum ersten Mal das Schauspiel einer, ich möchte sagen, echt afrikanischen Beleuchtung, wie ich sie später in zwanzig Meilen Entfernung von der Küste oft noch sah. Die Häuser, das Feld, selbst der Himmel und das Meer waren mit einem eigenthümlich fahlen, graugelblichen Licht übergoßen, das unwillkürlich an Wüste erinnerte. Aber doch war wiederum Alles so klar, daß man selbst in den entferntesten Häusern die Fenster zählen konnte. Mein freundlicher Nestor ermahnte zum Aufbruch, denn in jetziger Jahreszeit soll eine solche Beleuchtung der sicherste Vorbote eines nahen Regens sein, wir mußten deshalb den Spaziergang über das Heptastadion zum alten Leuchtthurm bis auf meine Rückkehr von Kairo ver=schieben. Unser Rückweg führte uns links von den Nadeln der Cleopatra vorbei und durch eine von recht netten Landhäusern gebildete Straße, in welcher ich zum ersten Mal einen Muselmann sein vorgeschriebenes Gebet verrichten sah. Dicht neben der sehr belebten Heerstraße hatte er sich, mit dem Antlitz nach Osten auf die niedrige, breite Umfassungsmauer eines Brunnens niedergelassen und ge=nügte allda den Vorschriften seiner Religion, unbeirrt um die zahlreichen vor=überfahrenden, reitenden, kommenden und gehenden Menschen und Thiere. In Kairo sah ich später die Gläubigen dutzendweise in einer Reihe sitzen und beten, welches fromme Officium wegen der merkwürdigen Gesten etwas Komisches für den Europäer hat, und komme ich später darauf zurück. Der Besuch der kop=tischen Kirche, bei welcher wir vorübergingen, unterließ ich auf Anrathen des freundlichen Landsmannes, der mir den Besuch der größten koptischen Kirche, die überhaupt existirt, im Koptenviertel in Kairo anempfahl. Der vorher prophe=zeite Regen stellte sich, als wir eben auf dem Frankenplatz angekommen waren, ein und nöthigte uns, den Besuch der im byzantinischen Geschmack aufgeführten, von einem Garten und eisernen, hohen Gitter umgebenen englischen Kirche auf=zugeben, um in der nahen Agentur der russischen Dampfschiffe, mit deren Di=rector ich zu sprechen wünschte, Schutz zu suchen. Zum Glück hielt der Regen nicht lange an, wir konnten uns unter die allabendlich auf dem mittleren, höher gelegenem Theil des schönen Platzes promenirende Menge mischen, ambulando wurden mir hier gründliche Anweisungen und Belehrungen für einen interessanten Aufenthalt in Kairo und Umgegend von meinem gütigen Führer ertheilt, der Jahre lang den ganzen Orient, Aegypten Arabien, Syrien, Palästina, Klein=asien und Türkei durchreist hatte und der in seiner freundlichen Wohnung mir in den folgenden Abendstunden viel Schönes, Interessantes aus seinen Reisen zeigte, die gründlichsten Erläuterungen hinzufügend. Ich beschloß, um das Land zwischen den beiden Hauptstädten kennen zu lernen, nicht in der Nacht, sondern erst am andern Morgen mit dem um 9 Uhr abgehenden Zug abzufahren. Obschon der arabische Diener Issa (zu deutsch Jesus) mir mit einem Fannus, worin zwei

Kerzen, nach Hause leuchtete und wir beide mit Stöcken bewaffnet waren, fielen wir beide bis über die Knöchel in die in Folge des Regens angefüllten Gossen der Rosettestraße und mußten uns zur Abwehr einiger über diese für uns nicht gerade angenehme Abenteuer munter gewordener, sich uns jedenfalls nicht in friedlicher Absicht nähernder Hunde unserer Stöcke, resp. Regenschirme bedienen. An diesem Abend lernte ich auch das Institut der ägyptischen Thürhüter, Boab oder Buab genannt, kennen. Jedes Haus hat nämlich ein oder zwei Araber, welche die Verpflichtung haben, während der Nacht sich an der Hausthüre aufzuhalten. Da Alexandrien noch viele kalte Nächte hat und noch in der Regenzone liegt, so erlauben die humanen Hausbewohner ihrem Boab, im Innern des Hauses hinter der verschlossenen Thür zu schlafen, wobei sie voraussetzen, daß dieser schwarze oder braune Herr leise schläft und beim Anklopfen mit dem eisernen Thürklopfer aufmacht, um den Eintritt oder Auslaß begehrenden Freunden und Bekannten der Hausbewohner oder denen selbst zu öffnen. In manchen Häusern ist kein Platz hinter der Thür, oder man traut dem Kerl nicht, kurz, in einigen Häusern der Städte muß der Boab außer dem Hause campiren. Bei kaltem Wetter (wie an jenem Abend) macht er sich ein Feuerchen und wärmt sich sammt den Boabs der benachbarten Häuser oder er hat sich einen eckigen sargähnlichen Kasten auf die Straße gestellt, in den er sich, von seinem Burnuß bedeckt, legt. Am meisten ergötzte mich eine Art halbirtes Schilderhaus, so schmal und so niedrig, daß der Kerl darin nicht sitzen, sondern nur stehen konnte und zwar ragte er mit dem Obertheil des Körpers von den Hüften an heraus. Wie dieser Ehrengentleman mit seinem grauen Bart, der beim Wiederschein des Kohlenfeuers etwas Ehrwürdiges hatte, in diesen Käfig hereinkommt und wie er schnell herauszuklettern im Stande ist, um Dieben nöthigenfalls nachzueilen, hätte ich gerne mit angesehen.

So hatte ich mit Ausnahme der Katakomben, des Palastes von Ras-el-Tin und dem Pharus, welche ich auf der Rückkehr von Kairo sehen wollte, die Sehenswürdigkeiten Alexandriens in Augenschein genommen, und ich konnte wohl vorbereitet am andern Tage nach Kairo weiter gehen, woselbst ich bis zum 18. Februar zu bleiben gedachte, und dann mit dem am 20. Februar aus Alexandrien nach Smyrna fahrenden Lloyddampfer weiter zu gehen. Allen meinen verehrten Landsleuten, die auf einen flüchtigen Streifzug durch den Orient nicht mehr als sieben Wochen verwenden können und doch dabei das zu erreichen möglich sehen und kennen lernen wollen, kann ich die von mir ausgeführte Route und Zeiteintheilung mit bester Ueberzeugung empfehlen.

Der bequeme Omnibus des Hotels brachte am Morgen des 5. Februar mich und einen französischen Reisenden nach dem Bahnhof, der zu Fuß in ³/₄ Stunden, zu Wagen wegen des entsetzlich schlechten Weges auch erst in ¹/₂ Stunde zu erreichen ist. Die Straßen, die man zu passiren hat, gehören zu denen, die ein an gute Sitte und Bewahrung des Anstandes gewöhnter Reisender nicht gerne passirt. Es ist schlechterdings unverzeihlich, daß das ägyptische Gouvernement hierin den die Straße täglich nach und vom Bahnhof passirenden Europäer und namentlich der europäischen Frauenwelt so wenig Rücksichten schenkt und nicht strengere Maßregeln gegen die hier sich niedergelassen habenden griechischen und arabischen Schenkwirthschaften der gemeinsten Gattung in Betreff der Auswahl des Niederlassungsortes zur Ausführung bringt.

Bei dem Bab el Gabari, d. h. dem nach dem Luftschloß Gabari — bekannt durch seine ehemals schönen Rosenhaine — führenden Stadtthor ist der Anfangspunkt des Mahmudiecanals und einige Hundert Schritt davon der Bahnhof. Zur Rechten öffnen sich einige Blicke auf den Hafen, in welchem stets eine Menge Kriegsschiffe der europäischen Nationen liegen. Es ist der Portus Eunustus der Alten, eine seit den uraltesten Zeiten gesuchte sichere Zufluchtsstätte der seefahrenden Nationen, in welchem Alexander einen großen Theil seiner Galeeren stationiren ließ.

Am Mahmudiecanal, der bei Atfeh den Rosettearm des Nils erreicht, herrschte ein solcher Lärm der beim Ein= und Ausladen, Kommen und Abfahren, Ein= und Aussteigen 2c. beschäftigten Araber, daß man das gellende Pfeifen und Getöse der Locomotiven im nahen Bahnhof vollständig überhörte. Dieser Canal, ein für den Handel und die Bedeutung Alexandriens hochwichtiges Bauwerk — denn er vermittelt die directe Verbindung sämmtlicher Hafen und Ausladplätze am Gesammtlauf des Nils, so weit derselbe schiffbar ist, mit Alexandria — ist ein sprechender Beweis ägyptischen Despotismus. Die Vortheile, welche der Handelswelt und der ägyptischen Production hieraus erwachsen sind, haben leider durch das Leben von 25000 Menschen erkauft werden müssen, welche den durch die furchtbaren Kraftanstrengungen hervor gerufenen ansteckenden Krankheiten, Hunger und Entbehrungen aller Art erlegen sind. Der Canal wurde im Jahre 1819 unter Mehemed Ali's Regierung begonnen, 1821 schon beendet. 250,000 Menschen arbeiteten auf des Herrschers Geheiß gleichzeitig an diesem Riesenwerk, dessen Herstellung in seiner jetzigen Beschaffenheit zwei Millionen Thaler gekostet hat. Derselbe ist $10\frac{1}{2}$ Meilen (deutsch) lang. Sein Lauf folgt zum Theil dem Bett des alten Canals von Jnah, der zur Zeit, als die Venetianer ihre Niederlassungen in Aegypten besaßen, schiffbar war, zum Theil dem alten Canopischen Nilarm, dem frühern Canal von Bamangeh. Die Canalreise zwischen Alexandrien und Kairo auf einer schnell segelnden Dahabie dauert bei einigermaßen günstigem Winde $3\frac{1}{2}$—5 Tage; die Dampfschiffe (welche sämmtlich Privateigenthum des Vicekönigs sind) legen diese Entfernung in 42 Stunden zurück.

Den Anblick des Anfangspunktes dieses Canals wird der europäische Reisende nie vergessen. Was das Innere von Aegypten, Nubien und Suban produzirt, konnte man hier sehen, alle die Völkerschaften, die am Nil wohnen oder per Karavanen ihre Erzeugnisse aus den weiter gelegenen Theilen Innerafrikas an den Nil bringen, waren hier vertreten und bildeten in ihren höchst malerischen Trachten und Costümen interessantes Material für ethnographische Studien und Sujets für noch interessantere Studien aus dem Schiffsleben des Orients. Hier hörte alles Jdyllische und alle Romantik auf, mit welchen Begriffen man so gern den unter Palmen, Angesichts altpharaonischer Tempelruinen auf dem göttlichen Nil dahinfahrenden Aegypter verbindet. Hier führten zwei Kerls einen mörderischen Kampf um einen Raum von vier Fuß, durch dessen Besitz der Inhaber vielleicht einen Tag früher zum Löschen seiner Ladung kommen könnte, das Finale war, daß der Besiegte rücklings auf mächtige Baumwollenballen stürzte, der Sieger, auf dem Rand seiner Dahabie stehend, jedoch die Balance verlor und zwischen beiden Fahrzeugen ins Wasser fiel. Was aus ihm geworden ist, weiß ich nicht, denn die Zeit der Abfahrt rückte heran. Höchst spaßhaft waren die Sprünge, die einige Esel machten, die man in ein Boot, worin bereits zwei Büffel Platz genommen hatten, bringen wollte. Abgekürztes, beschleunigtes Verfahren befolgte ein in grünen Kaftan gekleideter, hoch auf einigen Waarenballen stehender, anscheinend wichtiger Handelsherr, der einige Fellahjungen, welche ihm nicht schnell genug bei der Löschung der Ladung seiner großen Dahabie behilflich waren, mit Peitschenhieben fortjagt, nachdem er sie mit Fußtritten tractirt hatte. Ein anderer Schiffsbesitzer von Reis gerieth über das Reißen eines Sackes, worin Durrahkörner befindlich waren, so in Wuth, daß er den armen Schwarzen, dem dies Unglück widerfuhr, mehrere Hände voll Durrah ins Gesicht warf, und als dieser die Flucht ergriff, ihm nachlief, dabei mit anderen Gruppen carambolirte, einige Rudel Hunde in ihren abwartenden Stellungen störte, welche (sowohl die angerannten Menschen, als auch die Hunde, jedes in seiner Art) Lärm und Spektakel erhoben, so daß man mit Recht sagen konnte, daß Alles, was nicht im wahren Sinne des Wortes leblos war, lärmte und spektakelte. Mir hat diese Scene ächt orientalischen Lebens, nicht getrübt durch irgend welche langweilige abendländische Alltagsfigur, viel Vergnügen gemacht.

Das Bahnhofsgebäude ist ein einfaches, höchst unzweckmäßig eingerichtetes Haus. Die Wartesäle erster und zweiter Klasse ohne allen Schmuck, ohne alle Bequemlichkeit, der Wartesaal dritter Klasse verdient mehr den Namen Warteställ. Die Billeterpedition ist in einem ganz andern Theil des Hauses als wie die Gepäckerpedition, welche letztere schwer zu finden ist. Der Commissionair de place unseres Hotels, welcher sich ganz gegen unsern Willen uns angedrängt hatte, verlangte für jedes Stück Gepäck, welches auf dem Wagen sich befunden hatte und welches er, wie er sich auszudrücken beliebte, vor Dieben geschützt hatte, un demi franc und von mir wollte er außerdem dafür, daß er ohne meine Erlaubniß meinen Hut ergriffen hatte und so lange hielt, bis ich mein Handgepäck im Wagen zusammengesucht hatte, noch un demi franc. Wir gaben ihn natürlich in Summe nur einen Frank und ließen ihn, da der Kerl die Frechheit hatte, uns zur Gepäckerpedition zu folgen und uns Vorwürfe machte, im wahren Sinne des Wortes durch einige als amtliche Gepäckträger fungirenden Fellah's hinauswerfen, wobei er Gefahr lief, stark eingequetscht zu werden. Dafür, daß die Fellah's den unverschämten Kerl mit einer seltenen, von mir ungeahnten Virtuosität (welche von vielfacher Uebung Zeugniß ablegte) an die Luft setzten, erhielten sie un demi franc. Der Perron ist ziemlich breit und lang, ebenso einfach und schmucklos, wie das ganze Haus, die Locomotiven sind aus Manchester, die Personenwagen aus Birningham, die Transportwagen für Truppen aus Görlitz. Die Waggons erster Klasse haben gepolsterte Sitze und Rücklehnen, mit gelbem Glanzleder überzogen und Fußteppiche; die Wagen zweiter Klasse haben Polstersitze und Rücklehnen, mit schwarzem Leder überzogen, ohne Fußteppiche. Die Wagen dritter Gattung sind an den Seiten, von Hüfthöhe an, offen, mit reihenweise gestellten, hölzernen Sitzbänken ohne Lehnen versehen. Männer und Frauen fahren gesondert. Die Conducteurs tragen keine Uniform, sie sind nur an einem cartouchenartigem Ledertäschchen kenntlich, welches sie an einem breiten glanzledernen Riemen an der Seite tragen. Für unsern aus zehn Personenwaggons bestehenden Zug waren nur zwei Conducteurs thätig, deren Liebenswürdigkeit, Gefälligkeit und Artigkeit ich rühmend hervorheben muß. Den unserm Wagen attachirten Conducteur hörte ich während der Fahrt sich in fünf Sprachen unterhalten, französisch, englisch, italienisch, neu= griechisch und arabisch. Die Entfernung von Alexandrien bis Kairo auf dem Eisenbahnwege beträgt etwas über dreiundzwanzig deutsche Meilen, welche incl. des Aufenthaltes (der nur in Kafr Sejat, um Mittag einzunehmen, etwas lange dauert) in sieben Stunden zurück gelegt werden. Für den ersten Platz zahlt man 157 Tarifpiaster (circa 39 Francs) auf dem zweiten Platz 103 Piaster = 28 Francs. In der ersten Klasse hat der Passagier achtzig, in der zweiten fünfzig Pfd. Gepäck frei, die Ueberfracht muß enorm hoch bezahlt werden (ich mußte für vierzig Pfd. Ueberfracht 18 Francs bezahlen), und ich rathe deshalb jedem Passagier, die das vorgeschriebene Gewicht überschreitenden Collis einem Spediteur zur Besorgung nach Kairo zu übergeben, wofür man allerdings noch pro hundert Pfd. 4—5 Francs zu zahlen hat. Damen können ohne Weiteres in zweiter Klasse fahren, deren Wagen ganz entschieden luftiger — also ange= nehmer — construirt sind, als die Schwitzkästen der ersten Klasse. In unserm Coupé, worin sechs Bänke, je vier Personen fassend, angebracht waren, befan= den sich drei Damen, drei Griechen, ein Engländer, ein Franzose und ich. Der Bahnhof ist sehr groß und geräumig und sendet Schienengeleise nach dem Mah= mudiecanal und an mehrere Stellen des großen Hafens, es ist sogar gestattet, daß Personenwagen bis dicht ans Meer geschoben werden können, und kommt es oft vor, daß die aus Indien ankommenden Reisenden direct von dem Schienen= geleise ins Boot steigen, um nach dem europäischen Steamer gebracht zu werden. Die Richtung der Bahn ist fast ausschließlich eine gradlinigte, die wenigen Kurven — die bedeutendste ist beim Damiettearm des Nils — sind außerordent= lich gedehnt. Die eigentlichen Erdarbeiten, die haben gemacht werden müssen, sind äußerst einfach, weder Tunnels noch Viadukte, noch große Erdaufschüttungen oder Durchbrüche waren erforderlich. Außer einem langen Damm durch einen Theil des Mareotissee's, außer einigen Aufschüttungen in der unmittelbaren Nähe von dessen Ufer und außer einigen Brücken über die beiden Nilarme und einigen größern Canälen waren keine andern Arbeiten erforderlich, als einfaches Planiren. Die Höhe des Bahnhofs von Alexandrien ist nur um wenige Fuß niedriger, als die des Bahnhofes in Kairo. Die eigentliche Bahnoberfläche ist offenbar auf zwei Geleise eingerichtet, doch ist vorläufig nur ein Schienengeleise gelegt. Die Schienen dieser ersten Eisenbahn des Orients (denn die Strecke vor Smyrna in der Richtung nach Aidin wurde erst 1859 und zwischen Czernawoda und Kustendsche erst 1860 eröffnet) sind auf sogenannten Chairs, welche die Gestalt von fast halbkugelförmigen Schüsseln (aus Gußeisen) haben, mittelst hölzerner Keile festgemacht, wohingegen je zwei mit einander correspondirende Chairs wiederum durch gewalzte Eisenstäbe zur Innehaltung stets genau überein= stimmender, sich gleich bleibender Entfernung der beiden Schienenstränge, fest ver= bunden sind. Sämmtliche Eisentheile sind englisches Fabrikat, das zum Bau nöthig gewesene Holz ist zum größten Theil aus den Ostseeländern und Norwe= gen, nur wenig aus Cilicien herangebracht, denn bekanntlich leidet Aegypten den größten Mangel an Bau-, Brenn= und Nutzhölzern. Die gedachten Chairs, die man beim ersten Blick, wenn man sie noch neben der Bahn unangewendet liegen sieht, für eiserne, flache Kessel von circa 4' Durchmesser halten muß, liegen einfach auf dem Dammkörper, welcher zumeist aus Lehm, Thon, angeschwemmtem Nilschlamm und fruchtbarer Dammerde, nur an wenigen Stellen aus Sand be= steht. Bei den klimatischen Verhältnissen Aegyptens, wo es, namentlich südlich von Tantah, oft Jahre lang nicht, und zwischen Kairo und Suez überhaupt nicht regnet und wo es bekanntlich keinen Rasen giebt, weil sich keine Grasnarbe bil= den kann, womit man die Böschungen des Bahnkörpers so herstellen könnte, daß sie durch Rasenbekleidung den klimatischen Einflüssen wirksam widerstehen könnten, erhält sich der äußere Rand der Bahn selten für längere Zeit im vorschrifts= mäßigen Zustande. Es ist eine nothwendige Folge der trocknen Hitze, daß die Böschungen der Bahn, namentlich da, wo sie nicht durch Capillaritätswirkungen eines feuchten Untergrundes feucht und bindig erhalten werden, von der Sonne binnen kurzer Zeit zu Staub ausgetrocknet und vom heißen Wüstenwind so auf= gewühlt und aufgelockert werden, daß man an einzelnen Stellen (z. B. zwischen Birket el Sab und Galioub) zu Steinverkleidung schreiten mußte, um hierdurch zu verhindern, daß der Dammkörper unter den kesselförmigen Chairs abgeweht werde, wodurch natürlich der Oberbau selbst in Gefahr gerathen würde. Ob= schon im Allgemeinen die Beschaffenheit des Bahnkörpers von deutschen Eisen= bahnbaumeistern als eine nicht gerade absolut tadelhafte bezeichnet werden würde und obschon auf der ganzen Strecke nicht ein einziges Wärterhäuschen angebracht, also weder Bahnwärter noch Oberbahnwärter, noch Bahnmeister angestellt sind, kommen Unfälle äußerst selten vor. Die sieben Stationen auf der zwanzig Meilen langen Strecke werde ich weiter unten genauer erwähnen und bemerke ich jetzt nur, daß man von ihnen keine elegante europäische Bahnhofsrestauration mit Malaga, Portwein, verschiedenen Arten Gebäck, Confitüren und Braten er= warten darf, doch genügen sie dem Bedürfniß wenig anspruchsvoller Reisender vollständig. — In Kafr=Zayab ist wohl eine Art Verpflegungsanstalt, aber für Deutsche nicht zugänglich, wenn man nicht englischen Magen und englischen Geldbeutel mit sich führt. Orangen und Wasser kann man auf fast allen Sta= tionen erhalten, und wenn man sich von Kairo oder Alexandrien etwas kaltes Fleisch oder Semmel mitgenommen hat, so läßt sich es schon auf die ganze Tour aushalten. Es muß durchaus rühmend anerkannt und hervorgehoben wer= den, daß in dem Barbarenlande Aegypten mit seinen vielen nomadisirenden Völker= schaften der unbewachte Eisenbahnbetrieb ein durchaus ungestörter ist, böswillige Zerstörungen oder hämische Versuche, das Leben der „die Eisenbahn erfunden habenden ungläubigen Franken" zu gefährden, sind noch nicht vorgekommen. Die Eisenbahn gehört dem Vicekönig, mit Allem, was dazu gehört, und es ist sein größter Stolz, hiermit dem Sultan gegenüber renommiren zu können. Er fühlt sich durch die schon seit Jahren glücklich ins Leben getretene Eisenbahn vom Mittelmeer zum rothen Meer dem civilisirten Europa um Vieles näher stehend, als sein hoher Lehnsoberherr in Constantinopel, den er gründlich haßt, da Seine Majestät der Padischah ihm, dem Vicekönig, nicht erlauben wollen, auf die ägyp= tischen Münzen des Letzteren Namenszug zu setzen, und zur Durchstechung der Landenge von Suez noch immer die Concession verweigern. Durch den plötz= lichen Tod des präsumtiven Thronfolgers Said Pascha's, des in London erzoge= nen Ilhami Pascha, der drei europäische Sprachen verstand und zwei (englisch und französisch) sprach, welcher in Constantinopel, wie man sagt, vergiftet wor=

den ist, sind die gegenseitigen Beziehungen noch mehr gelockert worden, obschon nicht anzunehmen ist, daß der Sultan von diesem traurigen Ereigniß etwas gewußt hat, da Ilhami Pascha sein eigener Schwiegersohn war. Eine gemeinsame Sorge aber haben beide Despoten, nämlich die Sorge nach Geld, denn Beide geben weit mehr aus, als sie einnehmen. Der Sultan hatte im Februar 1861 schon pro 1862 seinen ägyptischen Tribut erhalten und Said Pascha hatte natürlich, um sich keine Verlegenheiten zu bereiten, kurz vor seinem Pilgerzug nach Mekka die eigentlich erst pro 1862 zu erhebenden Abgaben von seinen Unterthanen eingetrieben. Man nennt dies geregelte türkische und ägyptische Finanzwirthschaft.

Früher wurden die Passagiere, welche die ägyptische Staatseisenbahn benutzen wollten, oft von dem Umstand sehr unangenehm berührt, daß die Eisenbahn Privateigenthum des Vicekönigs ist. Wenn es Se. Königl. Hoheit nicht beliebt, Züge abgehen, oder wenn ihm einfällt, sein Militär spazieren fahren zu lassen, so werden die Personenzüge inhibirt und die armen Reisenden, die vielleicht Eile haben, um mit den nach Indien, resp. nach Europa gehenden Dampfschiffen aus Suez oder Alexandrien weiter zu reisen, müssen sich den despotischen Launen fügen und ruhig warten, bis sich der Vicekönig ihrer erbarmt. Als wir in Kafr el Zagab ungewöhnlich lange warten mußten, ehe wir abfuhren, äußerte ein mit den Sitten des Landes und den Angewohnheiten seines Beherrschers vertrauter Franzose „c'est bien probable que nous serons obligé de rester ici pendant quinze jours!" „Mais pourquoi?" interpellirte ich. Quand son Altesse royale a donné des ordres pour le trensport de ses soldats par chemin de fer il faut attendre et prendre patience. Zum Glück aber rollten wir bald weiter gen Kairo.

Die Landschaft, durch welche der Schienenweg führt, ist zwar einförmig, bietet aber des Interessanten ungemein viel, namentlich dem Europäer, der das Innere des Landes zum ersten Mal bereist.

Sobald man den Bahnhof verlassen hat, läuft die Bahn zwischen dem Mahmudiecanal und dem Mareotissee hin. Zur Linken sieht man hinter dem Canaldamm die spitzen, zackigen Segel der Dahabien hervorragen, zahlreiche Fabriketablissements (Indigofabriken, Zuckersiedereien, Baumwollspinnereien, Brodbäckereien und Maschinenbauanstalt) schöne Landhäuser, hohe Palmen, und über alle hinausragend den Hügel mit der Pompejussäule und einige der französischen Forts. Dicht am Canal (aus dem ausgegrabenen schlammigen Erdreich erbaute, an einander geklebte) Fellahhäuser und eine lange Reihe Windmühlen mit acht Flügeln. Zur Rechten überschaut man den Mareotissee, durch dessen letztes Ende man auf einem schmalen Damm hindurch fährt. Er ist mit Schilf dicht bewachsen und erhoben sich beim Heranbrausen des Zuges aus den Fluthen und dem grünen Rohrdicht zahllose Schwärme aller Arten Sumpf- und Wasservögel. Meine frühere Vorliebe für Ornithologie hatte mich während meiner Studienzeit zu äußerst häufigen Besuchen des Berliner Museums veranlaßt und ich freute mich, daß ich hier so manche Formen und Gestalten wiedersah, die ich früher in einzelnen Exemplaren hinter Glas und Rahmen oder auch aus Beschreibungen (namentlich in Brehm) kennen gelernt hatte. Immer neue Schwärme, zahlreicher als früher, erhoben sich unter entsetzlichem Geschrei über

die Störung ihrer Ruhe und ließen sich in geringer Entfernung bald wieder
nieder. Da waren zahlreiche Arten von Strandläufern in allen Farben und
Größen, Schnepfen, der bei uns seltene Säbelschnäbler, noch zahlreichere Arten
von Enten, Gänsen, Tauchern, Wasserhühnern, Kibitzen. Gravitätisch schritten
in einiger Entfernung von der Bahn die grauen Reiher, weißen Silberreiher durch
die seichten Stellen von Sandbank zu Sandbank, auch sah ich schon einzelne
Exemplare des Aegypten eigenthümlichen, schneeweißen, schwarzbeinigen und schwarz-
schnäbligen Babalas-Reiher, die auf dem Land unzertrennliche Begleiter der Büffel
sind, denn sie setzen sich oft zu zwei und drei auf dieselben, um diese von ihren Para-
siten zu befreien, ferner erblickte ich einige Exemplare des vaterländischen Storches, so
wie hoch in den Lüften einige riesige Pelekane. Eine braune Art Milan, einige
Falkenarten und der unvermeidliche See- und Fischadler schwebten, langsame
Kreise ziehend, über dem Wasser hin, Schrecken unter den kleinen Seeschwalben
und Möven verbreitend. Am meisten jedoch ergötzten mich drei Flamingos, die
ich auf circa sechzig Schritt Entfernung am Ufer des See's auf einem etwas
erhöhten Platze sitzen sah und die beim Vorüberfausen des Zuges eilents die
Flucht ergriffen, wobei das rosarothe Colorit ihrer Flügel auf das Deutlichste
zum Vorschein kam.

Der Mareotissee war früher mit süßem Wasser gefüllt und barg eine Menge
der feinsten, ausgezeichnetsten Fische. Die, sich die Träger und Verbreiter freier
und gemeinnütziger Ideeen nennenden Engländer haben sich bewogen gefühlt, durch
Durchstechen der schmalen Landzunge zwischen Meer und See den Letztern zu einem
leider niemals auszutrocknenden Magazin für Brakwasser, also unerschöpflichen
Depots für aller Art Miasmen zu machen, welcher Umstand auf den Gesund-
heitszustand der nahen Stadt von den gefährlichsten und nachtheiligsten Folgen
ist. Vielfache Projecte sind seit Mehemed Ali's Zeiten aufgetaucht, entworfen
und theilweise ausgeführt worden, um den durchweg seichten Mareotissee in
culturfähiges Land zu verwandeln, aber keines ist von den gewünschten und ge-
hofften Folgen begleitet gewesen. Hinter dem Mareotissee erhoben sich die niedrigen Höhenzüge der letzten Ausläufer der Hügel und Bergketten der lybischen
Sandwüste. Zur Linken führt der elektrische Telegraphendrath längs der Bahn
hin und zwar reicht derselbe nicht nur bis Kairo, sondern einestheils nach
Suez, anrerseits bis Theben und Esneh und war — von deutschen (speziell
preußischen) Ingenieurs — eine submarine Telegraphenleitung längs der ägyptischen Küste mit sechs Stationen bis nach Aden geführt. Leider hat die
englische Gesellschaft diese Leitung sammt allen Apparaten und Beamten zurück
gezogen, weil sie schon zwei Mal an den scharfen Korallenriffen des rothen
Meeres gerissen ist. Andere Telegraphendräthe verbanden Rosette, Damiette und
einige der wichtigeren Orte des Delta mit dem Sitz der Regierung und ist auch
auf dieses Zeichen des belebenden Fortschritts in seinen Landen der Vicekönig
nicht wenig stolz. Sobald man den See passirt hat, fährt man fortwährend
zwischen gut bebauten Feldern hin, auf denen man die Erfolge der ägyptischen
Bewässerungsweise durch in die Augen springende günstige Resultate sehen kann.
Nur wenige wellenförmige Erhebungen, die man aber noch lange nicht mit dem
Namen einer niedrigen Hügelkette bezeichnen kann, unterbrechen die fruchtbare
Ebene, die mit vielen Fellahdörfern, welche stets mit Palmen umgeben sind, be-

setzt ist. Im Grade der Fruchtbarkeit übertrifft nur das eigentliche Delta den Landstrich, den die Bahn vom Ufer des Mareotis bis Kafr el Zagab, den Uebergangspunkt am Rosettearm in das vielgepriesene, gesegnete Delta durchschneidet, und auch nur aus einem nicht sehr erheblichen Grad. Da vom 21. September bis ultimo November das Delta und das schmale Nilthal unter Wasser stehen, so bleiben dem Landbebauer wenig über neun Monate Zeit für die Bestellung seiner Felder. Aber in diesen neun Monaten können stellenweise drei Ernten gemacht werden. Ich hatte Gelegenheit, in Kairo den Director des großartigen Ländercomplexes kennen zu lernen, welches eine europäische Gesellschaft (an deren Spitze ein Verwandter eines sehr reichen deutschen Banquierhauses aus Berlin und Frankfurt steht) noch zu Lebzeiten des Jlhami Pascha von demselben gepachtet hat und ihm, sowie einem seiner liebenswürdigen Adjuncten verdanke ich die folgenden mir höchst interessanten Nachrichten über ägyptische Feldbestellung und Landwirthschaft.

„Man baut von den europäischen Cerealien nur den Weizen und Gerste, außerdem verschiedene Arten von Bohnen, Linsen, Erbsen und Lupinen, Klee, Fönum græcum, Flachs, Safflor. Diese Gewächse bilden die Aussaat zur ersten Ernte, welche im December geschieht und im März geerntet wird. Um einen Beweis von der fabelhaften Fruchtbarkeit zu geben, führe ich die Thatsache an, daß Klee in dieser Zeit drei Mal geschnitten wird. Außerdem werden noch einige Oelpflanzen für die erste Ernte cultivirt, z. B. Colza, sowie eine Art Salat rc.

Für die zweite Ernte, für welche man nicht immer nöthig hat, künstliche Bewässerungen eintreten zu lassen, wählt man Durrah, Mais, Reiß, Zuckerrohr, Indigopflanzen, Baumwollenstauden, Tabak, Mohn, Hanf und die Alcannapflanze; Felder, für Reis und Zuckerrohr bestimmt, müssen bewässert werden.

Will man noch eine dritte Ernte erzielen, so kann man hierzu nur die mit Durrah und Mais bestandenen Felder gebrauchen und zieht sodann Gurken, Kürbisse, Melonen, Liebesäpfel, Knoblauch, Zwiebel, Artischoken, Auberginen (Früchte der Eierpflanze), Kartoffeln und Blumenkohl. Für die dritte Ernte ist eine künstliche Bewässerung nöthig, welche auf drei verschiedene Weisen ausgeführt werden kann.

Andere Culturgewächse, deren Anbau der aufmerksame Tourist bei seinen Kreuz- und Querzügen sehen kann, sind Rosenbäumchen (zur Gewinnung von Rosenwasser), Olivenbäume, Maulbeerbäume, Acacien, Orangen von verschiedenster Art, Feigenbäume und von allen andern Bäumen die Dattelpalme. Die Cultur aller andern vorgenannten Bäume ist eigentlich nur auf größern Gärten beschränkt; hierzu wäre noch die Anone, Banane, die Lotospflaumen, Weinstock und der Cassienbaum zu rechnen, welche letztere und andere Bäume man in Schubra, auf Rhoda und in einigen Gärten Altcairo's in prachtvollen zahlreichen Exemplaren sehen kann."

Die Fahrt von Alexandrien nach Kairo lehrt aber auch die ägyptischen Hausthiere kennen, theils auf der Weide, theils in Thätigkeit. Ein höchst interessantes Schauspiel gewährt in dieser Beziehung der meist dicht neben der Eisenbahn bald zur Rechten, bald zur Linken hinführende breite Verkehrsweg mit seinen Abzweigungen nach und von den einzelnen Dörfern, die man auf größere oder geringere Entfernung hin, sieht.

Am meisten dürften Kameele und Esel vertreten sein, beide Thiere von allen Farben und Größen. Ich hatte früher nie glauben wollen, daß auch schwarze und weiße Kameele und gelbbraune Esel existiren, meine ägyptische Reise hat mich davon überzeugt. Beide Thiere sind Last- und Reitthiere, als Zug-thiere habe ich sie niemals verwendet gesehen. Die Pferde werden nur zum Reiten, Maulesel nur zum Tragen, Ochsen zum Ziehen und zur Bestellung der Felder, Büffel zum Mästen und zur Milchgewinnung gebraucht. Unter den Pferden sieht man, namentlich bei den Beduinen, sehr schöne Thiere, offenbar eine andere Race als das Pferd des Fellah, welches nicht gerade durch Schön-heit excellirt. Während vier Monaten des Jahres sind die Thiere unausgesetzt auf Persihn, d. h. sie werden in die Kleefelder getrieben und hier hat man oft das lächerliche Schauspiel, daß Besitzer, Pferd, Kameel, Esel und die andern Hausthiere ein und dasselbe Futter genießen. Der Fellah verzehrt mit demselben sichtlichen Wohlgefallen die saftigen Kleestengel, wie sein Esel, Pferd oder Kameel und befindet sich äußerst wohl dabei. Giebt es keinen Klee, so werden die Thiere mit Gerste und Häcksel gefüttert. Als Dreschflegel sah ich mehrfach die starken Rippen der Dattelpalmblätter gebrauchen. Daß die ägyptischen Esel ein ganz anderes Temperament und Beweglichkeit besitzen wie die europäischen, ist eine unzweifelhafte Thatsache. Dasselbe gilt von Maulesel und Maulthieren. Viel-leicht ist dies eine Folge der Fütterung der Esel mit den großen arabischen Boh-nen und grünem Klee. Die Leistungsfähigkeit dieser Thiere ist eine ganz außer-ordentliche. Man sieht während der Eisenbahnfahrt sehr oft kleine Esel, auf jeder Seite ein riesiges Bündel Klee und oben auf einen erwachsenen Fellah tragend, behende einher traben. Der Transport der in Unterägypten noch nicht von der Staude abgelösten Baumwollenkapseln geschieht fast durchweg auf Kameelen. Es sah sonderbar genug aus, als ich die erste so beladene Karavane, 37 Kameele, von einem Esel, oder eigentlich von einem sehr nachlässig auf einem Esel mehr liegenden als sitzenden, zerlumpten Kerl geführt, eines an das andere angebun-den, einzeln hinter einander laufend, zu Gesicht bekam. Es sah von weitem wie ein wandernder, kahler, von den Raupen total abgefressener Wald aus. Sechs bis acht Fuß lange Aeste nnd Zweige der Baumwollenstaude, denen die halb-aufgesprungenen, reifen Fruchtkapseln noch ansitzen, werden in riesige Bündel zu-sammengeschnürt und den Lastkameelen zu beiden Seiten angehangen, so daß man nur die Beine der Thiere sieht, nur hie und da erhebt sich der lange krumme Schwanenhals; mit seinem Schafsgesicht über das wandernde, dürre Gesträuch, aus welchem sich urplötzlich ein unangenehmes Getöse erhob, indem ein gereizter Kameelhengst, aufbäumend die große, sackartige Verlängerung der Luftröhre unter dem Kehlkopf neben der Zunge mit unangenehm gurgelndem Tone hervor bringend und dabei seinen schäumenden Geifer umherspritzend, hierdurch dieses Gebrülle ausstieß. — Ein ebenfalls recht ungewohntes Schauspiel gewähren die schwarzen Büffel; bekanntlich lieben sie über Alles das Wasser und bleiben des-halb Tage lang bis an den Hals im Wasser stehen, nur den Kopf über dessen Oberfläche erhebend. Da sie gute Schwimmer sind, werden sie manchmal ge-braucht, um als fliegende Brücken zu dienen. Kurz vor Tantah führt die Eisen-bahn an einem ziemlich langen Teich vorbei, in welchem ich einen Büffel sah, der auf seinem Rücken ein Bündel Klee und vor und hinter demselben ein

Fellahkind schwimmend durch das Wasser trug. Die ägyptischen Ziegen, die ich als Sinaiziegen bezeichnen hörte, sind hörnerlos; klein, meist mit braunem oder weiß- und schwarzgeflecktem, langem Haar bekleidet. Durch ihre langen, breiten, schlaff herabhängenden Ohren und ihre stark gebogene Nase machen sie einen merkwürdigen, gar nicht an Ziegen erinnernden Eindruck. Sie sind als Milch= produzenten ganz unersetzlich. Ihre über alle Maßen langen, fast bis zur Erde herabhängenden Euter sind für ein großes Quantum Milch berechnet. Man sieht in Kairo allmorgendlich die Fellah's der Vorstädte mit ihren Ziegen durch die Straßen ziehen und die Milch derselben direct vom Euter — also unver= fälscht — an die Consumenten verkaufen. Ich konnte beim Anblick dieser Art fliegender Milchbureaus einige Vergleiche zwischen dieser Art des Verkaufs und dem Usus (oder vielmehr Abusus) der Berliner Milchverdünner und Milchtäuscher nicht unterdrücken, die eben nicht zum Vortheil der intelligenten märkischen Milch= händler ausfielen. Zwei Arten Schafe sind in Aegypten zu unterscheiden, in Be= zug auf Beschaffenheit der Wolle ziemlich gleich, nämlich von mittelmäßiger Güte. Die eine Art ist dem unsern ganz ähnlich, die schwarze und braune Farbe ist jedoch vorherrschend, die zweite Art ist das sogenannte fettschwänzige Schaf, größer als das gewöhnliche europäische Schaf, und meistens von grauer Farbe. Katzen habe ich nur wenige gesehen, dagegen um so mehr die schlechten, häßli= chen Hunde, eine wahre Land= und Stadtplage. Von Geflügel sah ich nur Hühner und Tauben, nur in einzelnen Dörfern Enten und eine Art Gänse, welche kleiner und schmächtiger als unsere Hausgans sind.

Ich gehe nun zu einer ganz kurzen Beschreibung der Eisenbahnstationen über, wie sich dieselben bei einem zweimaligen Durchflug mir eingeprägt haben. Die erste Station heißt Kafr=Dauar, man erreicht sie in fünfundvierzig Minuten. Die Bahnhofsbaulichkeiten bestehen aus einem kleinen Häuschen und einem Schuppen. Namen der Stationen sind nicht angeschrieben. Eine am Ge= schäftslocal anbefestigte Signalglocke giebt es nicht, dagegen rennt ein halbnackter, alter Kerl an dem Zug entlang und läutet nur ein Mal kurz vor dem Abgang, indem er eine heisere, 1' lange, alte Glocke mit beiden Händen über seinem Turban hin= und herschwingt; das Signal hierzu erhält er durch einen Jungen, der ihm mit einer kleinen, rothen Fahne unter das Gesicht fährt. Es stiegen eine Menge Soldaten hier ein in grünen Jacken mit rothen Aufschlägen und Kragen, weiß sein sollenden Pumphosen und grauen Mänteln. Sie kamen aus einer Barke von dem immer noch dicht zur Linken sich hinziehenden Mahmudieh= canal. Als Bahnhofsinspector oder Stationsvorsteher fungirte ein Grieche, der trotz seiner Stellung beim Ein= und Ausladen der Güter tüchtig mit Hand an= legen mußte. Nach einer kleinen Stunde erreichten wir den hochgelegenen Flecken Damanhur, durch welchen die Bahn hindurch fährt. Die Communication der durch den Hügeleinschnitt in zwei Theile getheilten Stadt wird durch eine breite Brücke vermittelt, unter welcher man hindurch fährt. Fünf ziemlich große Minarets und ein Palmenhain geben der ganz aus grauen Backsteinen erbauten Stadt ein etwas freundliches Ansehen. Die nächste Station Jelbarut besteht aus dem Sta= tionsgebäude, einigen jämmerlichen Schlammhütten und einem arabischen Kirchhof. Die vierte Station Kafr=el=Reis bot ein sehr belebtes Bild dar. In dem links etwa zehn Minuten von der Bahn gelegenen Städtchen, welches durch Palmen,

6

Thürme und Moscheen ein pitoreskes Ansehen erhielt, war eine Art Jahr=
markt. Bei uns zu Lande pflegen Käufer, die Verkäufer zu Fuß zu besuchen,
um ihre Einkäufe zu machen. Aber hier ritten die Einkäufer, meistens Beduinen,
lange, einläufige Flinten über ihrem im Winde flatternden, weißen Burnuß tra=
gend, zwischen den Zelten, worin die Waaren feil geboten wurden, einher. Aber
auch einige Verkäufer waren zu Pferde neben ihren Haufen von Zuckerrohr,
Stroh und andern Feldfrüchten postirt, auch einzelne Frauen bewegten sich auf
Eseln zwischen den hin= und hersprengenden Arabern. Ich bedauerte lebhaft,
daß der Zug nur zehn Minuten anhielt. Es war ein höchst eigenthümlicher
Anblick echt orientalischen Lebens. Unter den Hunderten Menschen, die sich in
ihren malerischen Trachten gehend und reitend dort bewegten, war auch nicht
eine einzige abendländische Gestalt zu erkennen. Außer Produkten wurden auch Pferde
und Esel verhandelt, ein neben den Zelten liegender freier Platz diente zum Vor=
führen und Probereiten der Thiere. Nach etwa fünfzehn Minuten erreicht man
den heiligen Strom und zwar den bei Rosette mündenden Arm beim Dorfe
Dahari. Der Strom ist hier recht ansehnlich breit und die über ihn führende
Brücke das bedeutendste Bauwerk der ganzen Bahnstrecke. Die aus zwölf Bögen
bestehende Brücke ist ganz aus Eisen construirt, selbst die Pfeiler, welche hohle
eiserne Cylinder der riesigsten Dimensionen darstellen. Die Kosten der Brücke
sollen sich auf zehn Millionen Francs belaufen haben. Früher mußten die Passa=
giere bei Dahari die Waggons verlassen, um sich mittelst eines Dampfschiffes
an das andere Ufer setzen zu lassen. Für Güter und für die bequemen ägyp=
schen hohen Beamten und Würdenträger vermittelte vor der Vollendung der
festen Brücke eine fährartige Verrichtung die Verbindung zwischen beiden Ufern.
Auf einer großen Fähre waren Geleise angebracht, auf welche die Waggons ge=
schoben werden konnten, wobei allerdings die größte Vorsicht obwalten mußte,
um die Anfangspunkte des Geleises auf die Fähre genau an die Endpunkte des
Schienenstranges am Ufer anzuschieben. Daß dies nicht immer der Fall war,
beweist das Unglück mit dem präsumtiven Thronfolger Abbas Pascha, welcher
vor mehreren Jahren hier seinen Tod fand durch Hinabstürzen seines Salon=
wagens in die Fluthen des Niles zwischen der fliegenden Fähre und dem Ufer.
Am jenseitigen Ufer — wir befinden uns jetzt in Delta — angelangt, hält der
Zug in Kafr el Zayad, woselbst sich die beiden Haupttageszüge begegnen. Es
ist dies die Hälfte des Weges. Die oben erwähnte, für große englische Geld=
beutel berechnete Restauration findet sich hier. Mich hatten die Alexandriner
Freunde vor dieser Art Hotel Schröpfkopf gewarnt und ich vermied den Besuch,
vergeblich war mein Bemühen, den Franzosen vor dieser Prellwirthschaft zu
warnen. Er lief in's Verderben und mußte für ein Glas Bordeaux, ein wei=
ches Ei und ein halbes Huhn die Summe von sechs Schilling bezahlen (2 Thlr.
preußisch Courant). Ich benutzte die dreißig Minuten, um Volksstudien zu
machen, wozu sich ein reiches Material darbot. Eines der zwei schönsten ara=
bischen Mädchengesichter, welche ich überhaupt zu sehen Gelegenheit gefunden habe,
war hier, das zweite war meine Führerin in den Chalifengräbern bei Kairo.
Die Schlußfolgerungen von dem Aussehen der nordischen Mädchen auf ihr Alter
sind hier nicht zulässig, da der Entwicklungsgang im Süden bekanntlich ein ra=
scherer ist. Die Schöne von Kafr el Zayad war ein Mädchen von höchstens

fünfzehn Jahren, eine Orangenverkäuferin, welche in Gesellschaft von etwa noch einem Dutzend älterer Frauen und Mädchen in der glühenden Mittaghitze auf dem Sande saß und Früchte feil bot. Als ihr Geschäftscompagnon fungirte ihr Bruder, der den äußern Dienst zu versehen bestimmt schien, denn er war beständig mit Brod, Orangen, Feigen und Datteln zwischen den Waggons und seiner schönen Schwester unterwegens. Ich musterte natürlich die neben den Waggons sich gelagert habende gesammte Gallerie arabischer Schönheiten, kam aber immer wieder zu dem kleinen, braunen Fellahmädchen zurück, die offenbar expreß Markttoilette gemacht hatte. Ihr weites, faltiges, blaues Gewand und die weiten, blauen Beinkleider waren entschieden sauberer als bei ihren Nachbarinnen, ihr Fuß (sie hatte weder Strümpfe noch Schuhe an) war von einer entzückenden Kleinheit und Schönheit der Form. Um den Hals trug sie ein aus rothen und blauen Glasperlen gefertigtes, breites Halsband, ihre Ohrgehänge von großen Dimensionen stellten ein aus blankpolirten, hohlen Messingstäbchen gebildetes, gleichseitiges Dreieck dar, an dessen Grundlinie je fünf Messingscheibchen von der Größe unserer Sechspfennigstücken so angehängt waren, daß sie beim Wenden des Kopfes ein Geräusch hervor riefen, am rechten Arm trug die kleine Kokette zwei zinnerne, am linken Arm ein messingenes Armband. Sie hatte ein durch Tätovirung am wenigsten verunstaltetes Gesicht, nämlich am Kinn nur drei schmale blaue Streifen, ihre Fingernägel waren durch Alcanna roth gefärbt. Ihre pechschwarzen Augen gaben im Verein mit den schneeweißen Perlenzähnen dem wirklich schönen, braunen Gesichtchen einen unwiderstehlichen Reiz; dabei trug sie ihr Haar in ordentlichen langen Flechten (und nicht kurz geschoren) und hatte den Kopf mit einem dunkelblauen und carmoisin gewürfelten Tuch umhüllt — enfin, ich habe noch nie so sehr bedauert, kein Portraitkünstler zu sein, als auf meiner ägyptischen Reise. Daß ich die kleine Bande öfters durch Einkauf von Brod und Apfelsinen in Nahrung gesetzt habe, wird man ebenso natürlich als entschuldbar finden. Andere Fellahinnen verkauften gebratene Hühner, Wasser, Salz, Eier, aber erstere sahen mir nicht gerade sehr appetitlich aus, noch andere, und zwar die meisten bettelten, trotzdem sie öfters von den Conducteurs und andern Bediensteten nicht gerade auf die sanfteste Weise verhindert wurden, den Reisenden lästig zu fallen. Namentlich excellirte ein zerlumpter, halbblöder Beduine in der Erfüllung dieses Officiums, und da er hinkte, so war er eine Zielscheibe des Witzes und Hohnes der bettelnden Gassenjungengesellschaft, welche ihm, wenn er sich ihnen mit seiner Peitsche nahte, Wasser in's Gesicht gossen. Es rief diese Mißachtung seiner Person und Amtsgewalt eine solche Fülle von Schimpfworten hervor, wie ich sie noch nie in meinem Leben gehört hatte. Nachdem der Zug aus Kairo angekommen war, welcher eine bedeutende Anzahl Engländer und Engländerinnen mit sich führte, welche mit dem letzten Bombaydampfer in Suez angelangt waren, setzte sich auch unser Zug in Bewegung. Ueber eine rechts am Wege angelegte sehr schöne Gartenanlage zeigte ein Mitreisender nach dem Hügel, worauf das alte Saïd gestanden hat. Besagter Garten enthielt eine Fülle blühender Rosen, Hibiscus, Pelargonien und ganze Alleen von Orangen und Citronen, welche buchstäblich mit Früchten überladen waren, auch sah ich hier zum ersten Male die Opuntien in Riesenexemplaren. Nach einer halben Stunde hält der Zug vor der bedeutensten Stadt des Delta, Tantah,

einer in mehrfacher Beziehung für den Araber hochwichtigen Stadt von recht be=
deutendem Umfang. Im März findet hier zu Ehren des hier begrabenen musel=
männischen heiligen Saib eine Vereinigung von Wallfahrern statt, bei welcher
Gelegenheit oft 150000 Gläubige aus allen mohamedanischen Ländern des sunni=
tischen Bekenntnisses von Innerasien bis Fez und die Senegalländer zusammen
strömen. Gleichzeitig oder unmittelbar nachher werden bedeutende Messen abge=
halten. Les extrèmes se touchent, zuerst wird stark in Frömmigkeit ge=
arbeitet und nachher artet der Confluxus so vieler Menschen in complete Orgieen
und Bachanalien aus, denn während dieser Zeit gehen sämmtliche Frauen un=
verschleiert. Gleich wie sich in der fanatischen Verehrung des Grabes des Hei=
ligen der reiche Araber mit dem halbnackten Sudanesen, der hochgestellte Mauren=
häuptling friedlich mit im Schweiß seines Angesichts arbeitenden Fellah begegnen,
eben so finden sich die verschiedensten Stände bei ihren Ausschweifungen und
Ueberschreitungen alles Dessen, was Anstand und Sitte erheischt, zusammen. —
Die Messen haben auch, namentlich für europäische Käufer der Landesprodukte,
viel Interesse. Während der religiösen Feierlichkeiten halten sich die Franken
von Tantah entfernt, nachher aber trifft man die Repräsentanten von englischen,
französischen und deutschen Häusern. Von Außen zeichnet sich Tantah durch
einige gut gebaute Häuser, namentlich aber durch seine große Moschee mit ganz
besonders hohem, achteckigem Minaret aus, in deren Hallen der Heilige begraben
wurde. Noch nie soll ein Christ in diese Moschee gekommen sein. Obschon
bis zur Messe noch vier Wochen hin waren, so waren die Anhäufungen von
Waaren, namentlich Baumwollenballen, schon sehr bedeutende, so daß wir lange
aufgehalten wurden. Bei Tantah verläßt der Schienenstrang, welcher nach Da=
miette gelegt wird, die Hauptbahn. Derselbe ist jedoch erst bis Samanhaud,
eine durch Baumwollencultur wichtig gewordene Stadt, fertig. Hinter Tantah
nimmt die Bahn eine noch entschiedener südöstliche Richtung an und führt quer
durch das bis auf jeden Fußbreit musterhaft angebaute Delta über Birket=es=Sab
nach dem zweiten Allarm, dem von Tumielle, an dessen jenseitigem Ufer Benhar
der Stationsort ist. Das Delta möchte man einem Fischernetz vergleichen, dessen
Maschen das schöne, fruchtbare Land, das Gewebe die zahlreichen größern und
kleinern Canäle darstellen, aus denen das Wasser, wie ich bereits oben erwähnte,
auf drei verschiedene Weisen auf die Felder gebracht werden kann, über welche
da sie manches Seltsame darbieten, ich einige kurze Bemerkungen zu machen für
nicht uninteressant halte.

Ist das Ufer des Flusses oder Canales, aus welchem das Wasser gehoben
werden soll, höher als fünf bis sechs Fuß, so müssen, wenn nur Menschenkräfte
als Wasserhebungsmittel angewendet werden können, zwei solche Vorrichtungen, wie
ich sie vielfach gesehen habe und sogleich weiter beschreiben werde, über einander
angebracht werden.

Der ganz arme Landbewohner gräbt sich an dem dem Canal zunächst lie=
genden Ende seines Ackers unmittelbar über dem Wasser ein Bassin und versieht
dies mit so viel Abzügen als er Wasserzuflüsse bedarf. Er nimmt sodann einen
flachen Korb, aus Blattrippen und Bastfasern der Dattelpalme möglichst dicht
geflochten, bindet an beide Seiten einen Strick, ebenfalls aus Fasern der Dattel=
palme gedreht, postirt sich mit einem andern kräftigen Individium an das Wasser

unterhalb des Baſſins und ſchwingt den Korb unter das Waſſer. Die ſchwin-
gende Bewegung iſt hinreichend, denſelben nothdürftig zu füllen, ſie muß ſoweit
verſtärkt und fortgeſetzt werden, daß der oberſte Punkt des die Schwingung be-
ſchreibenden Bogens gerade über den Baſſin kommt, welches gefüllt werden ſoll.
Ein Druck der Hände der zwei Waſſerſchwinger läßt den Korb umkippen und
ſeinen Inhalt in das Baſſin oder Loch ergießen, von wo es ſodann weiter auf
die Felder läuft oder, wenn die Felder noch höher liegen, mittelſt einer nochmaligen Schwingvorrichtung bis zur nöthigen Höhe gebracht wird. Obſchon die
Leute nur mit einem Lendenſchurz bekleidet ſind, leiden ſie von dieſer körperlichen
Anſtrengung ſo ſehr, daß ſie ſich oft abwechſeln müſſen.

Wohlhabendere Leute errichten ſich eine Art Ziehbrunnen, welche von eines
Menſchen Kraft ganz bequem dirigirt werden können, mittelſt derer in einem
an einem langen Seil hängenden Eimer (das Seil iſt an dem Ende eines als
zweiarmiger Hebel wirkenden, langen Balkens befeſtigt) das Waſſer bis zu jeder
Höhe gehoben werden kann.

Die dritte Art iſt die Bewäſſerungsmethode mittelſt der ſogenannten Sa-
kieh, Schöpfwerke, welche mittelſt Ochſen in Betrieb erhalten werden. Ein Rad
iſt längs der Außenſeite ſeiner breiten Peripherie mit einer Reihe irdener, weit-
halſiger Flaſchen beſetzt, die Are des Rades wird nach Art unſerer Göpelwerke
von einem oder zwei Ochſen in Bewegung geſetzt und das mittelſt der irdenen
Gefäße geſchöpfte Waſſer läuft über der Oberfläche der Erde in Canälen bis in
weite Entfernung vom Nil oder direct auf die Felder.

Die beiden letztern Methoden verurſachen bei ihrer Handhabung ein ſo
widerwärtiges Geknarre daß man oft (namentlich erging es uns bei dem Wü-
ſtenritt von Memphis nach Kairo zurück) ganz nervös werden könnte. Bei der
Eiſenbahnfahrt hört man dieſe angreifende Muſik nicht und fühlt nur Mitleiden
mit den armen Kerls, welche an den hohen Canalufern in zwei Etagen auf
Terraſſen übereinanderſtehend, zu ſolch' außerordentlichen Kraftanſtrengungen verurtheilt waren. Birket-es-Sab iſt ein kleiner Ort, wichtig durch eine Indigo-
fabrik und Baumwollenſpinnerei, welche hier errichtet ſind. In einer guten
Stunde iſt das ſchöne, fruchtbare Delta durcheilt und zahlreiche weiße, dreieckige
Segel, ſowie einzelne ſchöne, ſtattliche Häuſer verkünden die Nähe des zweiten
Nilarmes, der ſich bei Damiette in's Meer ergießt. Der Uebergang geſchieht
hier auf einer weit ſchmäleren Brücke als bei Kafr el Zayad, ebenfalls aus ge-
walztem Eiſen conſtruirt. Beim Hinüberfahren hat man das im italieniſchen
Styl aufgeführte, von außerordentlich hohen und ſchönen Palmen beſchattete Luſt-
ſchloß des Abbas Paſcha, dicht am rechten Nilufer liegend, unmittelbar vor und
neben ſich. Der Bahnzug nimmt, auf dem Ufer angelangt, eine entſchieden
ſüdliche Richtung an, eine Zweigbahn führt zur Linken in öſtlicher Richtung nach
den Baumwollendiſtricten von Zaggazig, in deſſen Nähe das alte Bubaſtis geſtanden haben ſoll. Der Stationsort Benhar, auf franzöſiſchen Karten Bena
l'Aſſal genannt, liegt zwiſchen dem Bahnhof und dem Nil, ziemlich hoch gelegen.
Hohe Mauern, aus Schlamm und Lehmbackſteinen — ganz grau — erbaut,
umgeben die kleine Stadt und dienen einzelnen Häuſern als Außenmauer; die
Dächer ſind ganz flach, zum Wäſchetrocknen und als ſommerliche Schlafkammer
ſehr geeignet und als ſolche vielfach angewendet. Einige Palmen fehlen auch

hier mitten in der Stadt nicht, einige niedrige Kuppeln und einfache Minarets zeigen die Lage der Moscheen an. Rechts neben der Stadt erheben sich einige technische Etablissements, sehr lange zweistöckige Häuser mit thurmhohem Schorn= stein, sie erinnern uns lebhaft an das industrielle Abendland. Man muß un= willkührlich zwischen den Minarets und den kaum in Büchsenschußweite davon sich erhebenden Feueressen Vergleiche anstellen, sowie ich auch Parallelen nicht unterdrücken konnte zwischen dem bornirten Mueddin, dem Wächter des Mina= rets und dem intelligenten Kesselwächter, dem Bedienstelen des Schornsteins.

Ich hatte schon lange ungeduldig zur rechten Seite der Bahn heraus gelugt und den Horizont mit Brille und Fernglas durchsucht, ob man nicht endlich die Pyramiden würde erblicken können. Aber ich hatte sie nicht gefunden. Endlich entdeckte ich die colossalen Dreiecke dicht neben dem Schornstein der Locomotive sich scharf an dem graublaugelblichen Horizont der libyschen Wüste abzeichnen. Für die Gefühle, die mich beim ersten Anblick dieses „Bleibenden am Wechsel" der steinernen Grenzwächter zwischen Leben und Tod, zwischen Wüste und Cultur, dieser urältesten Denkmäler menschlicher Baukunst, dieser unvergänglichen Grab= denkmäler ägyptischer Despoten erfüllten, finde ich nimmer die richtig bezeichnenden, geschweige die erschöpfenden Worte. Man muß sie selbst gesehen haben, um es würdigen zu lernen, wenn man endlich das vor sich sieht, was dem Kind als eines der Weltwunder geschildert, dem Knaben als in seiner Bedeutung noch nicht genügend erklärte Monument, dem Jüngling als eine Hauptquelle altägyp= tischer Geschichte bezeichnet worden ist, und dessen Anblick sich man durch ein Vierteljahrhundert sehnlichst gewünscht, aber die Erfüllung dieses Wunsches in seinen kühnsten Träumen nicht zu hoffen gewagt hat. Ich hätte weinen können vor Freude. Ein italienisch sprechender Levantiner las die freudige Aufregung aus meinen Blicken und redete mich freundlich an, die Namen (mir allerdings seit zwanzig Jahren geläufig) der beiden (die kleine Mokerinus=Pyramide wird durch die Chephren=Pyramide verdeckt) mittheilend und mich auf manches Andere aufmerksam machend. Auch beim Herausschauen aus dem linken Waggonfenster wurde die Gegend interessant, denn schon sah man noch vor der letzten Station Galiub die Mocattamgebirgskette, auf deren letztem Ausläufer die Citadelle von Kairo nebst den vier Minarets der Mehmed Aali Moschee sich deutlich vom wolkenlosen Horizont abzeichnete. Vor Galiub tritt die Wüste von Suez bis fast dicht an die Bahn heran, sie zeigt sich als eine von Hügelzügen und ein= zelnen Felstämmen unterbrochene, trostlose Ebene von graugelblicher Farbe. Zur Rechten gewahrt man am Horizont jenseits des Nils die Höhenzüge der lybischen Wüste, von der Nachmittagssonne beleuchtet, ein fahles, graues, mattes Licht re= flectirend. Bei Galiub machte mich mein freundlicher Begleiter auf die Thürme der Barrage des Nil aufmerksam, eines Riesenbauwerkes, mittelst welchem der Vicekönig den Nil am Anfangspunkt des Delta stauen wollte, damit derselbe oberhalb des Letzteren eine größere Fläche Landes überschwemmen und mit Schlamm bedecken möchte. Leider verfehlt diese Riesenschleuße vollständig ihren Zweck. Zwischen dem Nil und der Eisenbahn befanden sich die Cavallerie= und Artilleriepferde in den Kleefeldern, bewacht von nur wenig Soldaten. Ein Reiter machte auf einem abgemähten Kleefeld auf ungesatteltem Roß allerhand Reitkünste und Lanzenbewegungen zum großen Gaudium der als Pferdewächter commandir=

ten Soldateska. Die schönen Alleen und die großen Gärten und Baumanpflan=
zungen aller Art, die wir passirten, einige gute Straßen und ein unaufhörliches
Kommen und Gehen von Reitern, Fußgängern, Karavanen, einzelnen Wagen
kündigen die Nähe der großen Stadt an. Auf zwei Paläste hat man gleichzeitig
den Blick und zur Rechten liegt Schubra, mit Kairo durch eine Allee von Sy=
comoren verbunden, die ohne Zweifel zu den schönsten Exemplaren ihrer Art ge=
hören, zur Linken, am Saume der Wüste, unfern der nach Suez führenden
Eisenbahn, erhebt sich die Palastgruppe, Abbassie, von Abbas Pascha und seinen
Ministern und Großwürdenträgern angelegt, die jetzt dem Verfallen entgegen=
geht. Die Bahn führt in den letzten fünf bis zehn Minuten durch einen aus=
gezeichnet bewässerten, sehr schön cultivirten Garten, durchschneidet mehrere Alleen
von Oliven, Tamarisken, Sycomoren, Robinien, Acacien, läßt ganze Wäldchen
von Orangen und Citronen zur Seite, tritt endlich wieder in's Freie und hält
Angesichts der Wunderstadt von Tausend und Einer Nacht auf dem Bahnhof.
Wir waren in dem märchenhaften Kairo, nächst Constantinopel, der volkreichsten
Stadt des Orients.

III.

Kairo, seine Umgegend und die Reise nach Alexandrien zurück.

Es war am 5. Februar Nachmittags gegen 4 Uhr, als unser Zug anhielt und wir Passagiere, die wir in Kairo ausstiegen, ähnlichen Scenen wie
beim Landen in Alexandrien entgegensehen mußten. Auch in Kairo läßt die
Einrichtung des Stationsgebäudes noch viel zu wünschen übrig. Die Gepäck=
ausgabe ist in einem Schuppen in einiger Entfernung vom Perron, auf welchem
man aussteigt. Nirgends sieht man über oder an den Thüren eine Bezeichnung,
wie dies bei uns Sitte ist, und man ist also auf die zahllosen Subjekte, die
sich als Führer zur Bagagekammer und als Träger von derselben zum Omnibus
oder Esel, den man möglicher Weise gemiethet haben könnte, anbieten. Als ich
die Hausflur des Stationsgebäudes passirt hatte, befand ich mich auf einem
freien Platze, umringt von Eseltreibern, lebigen Gepäckträgern, Fremdenführern,
welche, sowie die Besitzer von zweispännigen Droschken und kleineren Wagen
gewaltsam auf mich einstürmten. Auch drei Hotels hatten ihre Omnibus nach
dem Bahnhof gesandt, deren Commissionärs in ihrer bekannten zudringlichen
Weise mich zu kapern suchten. Mir hatte man das Hotel des Pyramides als
ein bescheidenen Ansprüchen vollständig genügendes Gasthaus beschrieben und ge=
rühmt und ich rief deshalb nach diesem Hotel. Aber gleichzeitig hatte man mir
gesagt, daß Herr Zech, Besitzer des Peninsular=Hotels in Alexandrien, auch in
Kairo das erste und beste Hotel besitze. Da ich zum Pyramiden=Hotel keinen
Omnibus entdecken konnte, beschloß ich, nach vieler Mühe und Spenden von
doppelten Trinkgeldern, mich und meine Effecten dem Omnibus von She=
perd's Hotel, dem Eigenthum des Herrn Zech, anzuvertrauen. Ich befand mich
unter sechs Engländern und Engländerinnen, welche, wie es scheint, dieses Hotel
fast ausschließlich zu ihrem Absteigequartier wählen. Nach ¼stündiger Fahrt
hielt der Wagen vor einem mit großer Freitreppe und Rampe versehenen palast=
ähnlichen Gebäude, welches an einem mit großen Bäumen bestandenen Platze
liegt. Es war dies Sheperd's Hotel. Der Stellvertreter des Herrn Besitzers,
ein Engländer, der jedoch durch langjährigen Aufenthalt in Köln, Frankfurt und
Berlin deutsche angenehme Sitten angenommen hat, empfing die Reisenden, um=
geben von einem Generalstab von Kellnern, auf deren Physiognomieen man so=
fort erkennen konnte, welcher Nation sie angehörten. Ein gutmüthiges deutsches

Gesicht suchte ich vergebens, der Geschäftsführer selbst macht den Deutschen die
Honneurs, und zwar auf die zuvorkommendste Weise. Auch ich muß dies rüh=
mend anerkennen. Dagegen waren die geschwollenen, weltverspottenden Gesichter
der englischen Waiters, die spitzbübische, durchtriebene Physiognomie eines grie=
chischen Cameriere unter dem rothen Tarbusch, das weltbeherrschende, civilisato=
rische Air eines französischen Garçons und die schlaue Miene zweier italienischer
Cameriere, welche Spalier bildeten, um die Fremden durchzulassen, sämmtlich
wenig Vertrauen erweckend. Daß es einem oder dem andern dieser Herren in
schwarzem Frack mit den unvermeidlichen genial zusammengefalteten, weißen Ser=
viette in den Vordertatzen eingefallen wäre, mir den Regenschirm oder irgend
ein kleines Handgepäck abzunehmen — nein, kein Gedanke, dazu waren die
Schlingel zu faul und zu vornehm. Der der Hausthür zunächst stehende rief
einige Ibrahim's, Hamed's, Aubalahs, Osman's ꝛc. herein und nachdem die nun Ange=
kommenen nach der Größe der gewünschten Zimmer gefragt worden waren, wurde
jeder der Zimmerbedürftigen einem der obengeschilderten Spalierformirer über=
geben, welcher mit Selbstbewußtsein eine schöne breite Treppe hinanschritt, so=
dann kam der Fremde, gefolgt von den seine Effecten tragenden Arabern. Ersterer
verließ mich schon an der Thür meines Zimmers, Letztere erst, nachdem sie für
das Tragen eines vierzig Pfd. schweren Koffers vom Hausflur bis in die erste
Etage 1 Schilling (10 Sgr.) mir abgepreßt hatten. O, warum hatte der Py=
ramidenwirth keinen Omnibus am Bahnhof stehen! Ich zog es vor, mich als=
bald nach den Preisen für Logis, Beköstigung ꝛc. zu erkundigen, und nachdem
mir die Summe von 11 Schillingen (3 Thlr. 20 Ngr.) genannt worden war,
stand mein Entschluß, am andern Tag das Pyramidenhotel, wo man nur
10 Francs (2 Thlr. 20 Sgr.) zu zahlen hat, aufzusuchen, fest. Für heute
mußte ich hier aushalten, ich wollte nur einige Empfehlungsbriefe abgeben, vor
Allem das Consulat aufsuchen und dann, wenn irgend möglich, dem Wirth des
billigen Pyramidenhotels einen Besuch machen. Es ist die Vorsichtsmaßregel der
sofortigen Meldung beim Consul von der Klugheit und dem Anstand geboten,
eine Maßregel, die ich meinen lieben Landsleuten nicht dringend genug anem=
pfehlen kann. Sofortige Meldung beim Consul und Deponirung des Passes im
Consulatsbureau — dann mag passiren, was da will, der natürliche Schützer
weiß, daß man am Ort ist, und kann, im Fall man Unannehmlichkeiten oder
irgend welchen Unfall zu erdulden hat, nöthigenfalls sofort amtlich einschreiten.
Ich war von Seiten des ersten Herrn Vertreters Preußens in Aegypten dem
Herrn Consul in Kairo empfohlen worden und durfte also auf freundliche Auf=
nahme zuversichtlich rechnen, und diese ist mir im reichsten Maße zu Theil ge=
worden. Wo ich nur immer Rath oder Unterstützung bedurfte, beides habe ich
auf dieselbe freundlichste und herzlichste Weise genossen, wie von dem Herrn
General-Consul selbst. Beiden Herren fühle ich mich für alle Zeiten zum wärm=
sten Danke verpflichtet. Sollten sie diese Zeilen lesen, so mögen sie daraus ent=
nehmen, mit welchem Vergnügen und dankbarer Freude ich an die in ihrer an=
genehmen und interessanten Gesellschaft verlebten Stunden zurückdenke. — Der
Zufall begünstigte mich hier ganz augenscheinlich. Nachdem ich das Reisecostüm
gewechselt und mir die ungefähre Richtung des Consulats hatte angeben lassen —
es sollte das Wappenschild über der Thür tragen — eilte ich die freie Treppe

hinab, durch die in dichten Schaaren das Hotel umringenden Eseljungen, Inhaber von Pferden, Reitkameelen und Droschken. Aber ich hatte mir vorgenommen, das Consulat allein, ohne fremde Hilfe zu finden. Ich sah zwei europäisch gekleidete Herren auf das Hotel zugeritten kommen, die ich französisch nach
der Wohnung des preußischen Consuls fragte. Mein guter Genius führte mir
in den beiden Herren den Consul und den stellvertretenden Kanzler entgegen, die
gegenseitige Vorstellung und Begrüßung war bald vorüber und ich folgte gern
der Aufforderung, mich ihnen zu einem Spazierritt anzuschließen. Da ich einige
Empfehlungskarten an Kairo's zwei berühmteste Aerzte, zwei Deutsche, bald abgeben wollte, erklärten sich die Herren sofort bereit, mich dahin zu führen und
diese Herren Doctors ebenfalls mitbesuchen zu wollen. Unser Weg führte durch
die sogenannten Gärten des Ibrahim, worunter man eine ungeheure Fläche ausgezeichnet cultivirten (weil vorzüglich bewässert) Landes zu verstehen hat, bestehend aus Zuckerrohrfeldern, Dattelpalmpflanzungen, Orangen-, Citronen- und
Feigengärten, Opuntienfeldern, die von stattlichen, etwas höher gelegenen Alleen durchschnitten werden. Letztere gebildet von Palmen, Acacien, Robinien,
Sycomoren, Tamarisken, hie und da von einigen Platanen unterbrochen. Einzelne dieser Alleen enthalten viel Sycomoren, die an Größe und Schönheit mit
den weltberühmten Bäumen der Schubra-Allee wetteifern können. Meistens
sind die Alleen so breit, daß sich zwei Wagen ganz bequem ausweichen können,
ohne den Zug Kameele und zwei neben einander laufende Fußgänger zu beengen.
Die Hauptverbindungsstraße vom Frankenviertel nach Alt-Kairo (dem alten Fostat) und nach dem Palast Kaß el Nil, einigen Kasernen, der Insel Rhoda,
nach den Pyramiden führt durch diese Gärten des Ibrahim. Das große Palais
von Kiamil Pascha bildet die Ecke des schönsten großen Platzes in Kairo, Esbekieh genannt, mit der ersten Allee und deren Gärten, welche in gerader Richtung
nach Bulak, dem Hafen Kairo's für alle unterägyptischen Fahrzeuge (woselbst
auch die dem Vicekönig gehörige Fluß-Dampfschiffsflottille immer zu finden ist)
führt. Wir schlugen uns links, kamen bei einigen Palästen, Kasernen, Hospi-
tälern, Moscheen vorbei, begegneten einer zahlreichen Menschenmasse und fanden
nach einigem Suchen die Landsleute, bei denen mir warme Empfehlungsschreiben
einiger meiner Berliner Universitätslehrer den freundlichsten Empfang und die
herzlichste Aufnahme verschafften. Zum ersten Mal wurde ich hier auf echt orientalische Weise mit Tschibucks und Kaffe bewirthet, die uns die nubischen Diener
wiederholt präsentirten. Ziemlich spät trennten wir uns und erreichten erst nach
eingetretener Dunkelheit die Stadt, wobei ich beinahe von einem störrischen,
eigensinnigen Kameele in den Straßengraben gedrängt worden wäre. Ich beschloß, im Hotel angekommen, bald die Ruhe zu suchen, um mich mit ganz
frischen Kräften am morgenden Tage der Besichtigung der vielgepriesenen, vielbesungenen Masr el Kahira widmen zu können.

Sheperd's Hotel hat circa neunzig Zimmer. Man steigt eine bequeme
Treppe hinauf und kommt auf einen breiten Corridor, der mit Abbildungen aus
Paris und London geschmückt ist. Die nach vorn heraus gehenden Zimmer sind
groß, hoch und elegant meublirt, mit guten Fußteppichen und vortrefflichen englischen
Porzellanwaschtoiletten versehen. Die an dem schmalen Corridore der Seitenflügel
liegenden Zimmer sind meist klein, für eine, selten für zwei Personen eingerichtet,

aber durchweg mit guten Betten versehen, Meublement sehr einfach. Alle Zimmer mit Marmor oder andern Steinquadern gepflastert, ohne Oefen, Betten mit weit herabhängenden Vorhängen versehen, Fenster schlecht schließend, Jalousieen tragend, Bett=Wäsche durchweg ausgezeichnet und Bedienung männlich, Araber oder Nubier fungiren als Zimmerkellner und Stubenmädchen. Wer also nicht mit Ansprüchen auf ein Hotel à lu Hotel du grand Louvre oder Hotel du Nord 2c. 2c. hier ankommt, wird sich, wenn es ihm auf einige Thaler nicht ankommt, in Sheperd's Hotel ganz wohl fühlen. Es gilt allgemein als das erste und beste Hotel der Stadt. Der Speisesaal zur ebenen Erde ist ein schöner, geräumiger, ungewöhnlich hoher Saal, aus den Fenstern seiner Vorder= und Hinterseite hat man einen lachenden Blick auf die im wahren Sinne des Wortes zum Fenster hereinhangenden Granatäpfel und Orangen und aus denen der Vorderseite auf das bunte Gewimmel des Esbekiehplatzes. Das Essen ist sehr gut; für einen anspruchslosen, deutschen Touristen, literarischen Handwerksburschen, harmlosen Kleinstädter oder unter welcher bescheidenen Firma er Aegypten besuchen will, ganz englisch, deshalb also stellenweise unverdaulich. Auch ist die ausschließlich englische Gesellschaft nicht Jedermanns Sache. Die Spezies der „Macdonald's" ist leider mehr, als man glaubt, in diesem Volk vertreten, wenn auch die einzelnen Individuen selten sich in so ausgezeichneter, unerreichter, einzig dastehender Weise documentiren, wie in Bonn. Auch hier grassirte ein Kerl beim Frühstück, der einen der bescheidenen und aufmerksamen arabischen Diener, welcher zur Hilfeleistung commandirt war, in einer solch' brutalen Weise Angesichts der gesammten, circa fünfzig Personen zählenden Tischgesellschaft behandelte, daß es allgemeinen Unwillen erregte. Sehr bezeichnend sagte mein Nachbar, der französische Eisenbahngefährte von Alexandrien: „C'est un Anglais." Es scheint also, daß das reisende Albion auch nach Frankreich Touristen à la Macdonald entsendet.

Der Tagespreis für Bett, Zimmer, Essen und Bedienung ist eilf Schilling und soll der Besitzer keine Rücksicht darauf nehmen, ob ein Reisender Tage oder Wochen lang bei ihm bleibt. Letzteres geschieht nur selten. Das Gros der Reisenden sind die aus und von Indien kommender Engländer, welche laut Abkommen mit der Gesellschaft (wenigstens früher) in diesem Hotel unter allen Umständen aufgenommen werden mußten.

Ich war am 6. Februar in dem voll besetzten Hotel der erste auf den Beinen, denn Old England schläft auch hier bis 9 Uhr, sogar der schwarze Diener, der mich durch seinen entsetzlichen Gesang (welcher einem Wüstengeheul täuschend ähnlich durch die langen Corridors erklang) am Abend vorher mehrmals am Einschlafen verhindert hatte, lag noch in seiner wollenen Decke am Ende des Corridors auf den Marmorplatten und wurde umsonst durch freundliches Zureden in englischer Zunge, sondern dadurch erweckt, daß ich meine ungeputzten Stiefeln dicht neben seinem wolligen Haupte auf die Marmorplatten niederfallen ließ, welche geräuschvolle Erweckungsmethode, die ich eben zu wiederholen mich anschickte, ihn bewog, sich zu erheben. Da so ein Wüstensohn sich in seinem completen Tagesanzuge Abends in seine Decke wickelt, so war er auch sofort bereit, den Reinigungsproceß meiner Chaussüre vorzunehmen, und wies mir eine Viertelstunde später die Richtung, die ich zur Auffindung des Hotels der Pyramiden einschlagen müßte. Seine Zungenfertigkeit in der englischen Pronunciation und Conversation glich der meinen, deswegen wurden wir ganz gut mit einander fertig.

Kairo, du vielbesungene, herrliche Stadt, nie wird die Erinnerung an den mächtigen Eindruck, der alles Andere, was ich bisher auf meinen Kreuz= und Querzügen durch Europa gesehen hatte, weit hinter sich zurückließ, in mir schwin= den, ein Eindruck, der sich nur fühlen läßt, der von Andern nur geahndet wer= den kann, denn für die Großartigkeit und Mannigfaltigkeit, Fülle und Schönheit alles Dessen, was sich hier dem Europäer entgegenstellt, giebt es keine völlig erschöpfende Worte und Bezeichnungen. Wir besitzen viele schöne Beschreibungen der märchenhaften, hochberühmten Saracenenstadt, aber erschöpfend habe ich keine gefunden, und da das Genie und die Feder eines Bogumil Golz, Brehm, Hailbronner, Schubert, Busch nicht im Stande gewesen sind, die Fülle der Ein= drücke und die Verschiedenheit der sich darbietenden Erscheinungen, Personen und Dinge ganz und vollständig wiederzugeben, so wäre es eine Vermessenheit, wenn ich, eine Novize in literarischen Erzählungen, wagen wollte, auf größere Voll= ständigkeit in der Schilderung meiner Empfindungen — die aus den oben an= geführten Gründen immer lückenhaft bleiben muß — Anspruch zu erheben.

Als ich in der frühen Morgenstunde des 6. Februar auf der Terrasse von Sheperd's Hotel stand, recapitulirte ich als Vorbereitung für meinen ersten Aus= gang in meinen Gedanken die anziehenden Erzählungen und Berichte jener aus= gezeichneten Beobachter aller der Dinge und Wesen, die sich außerhalb des Men= schen bewegen. Nebel deckte die Spitzen der riesigen Sycomoren, welche den Esbekiehplatz, den schönsten und größten Platz in dem fabelhaften, erinnerungs= reichen Vereinigungspunkt dreier Welttheile, dem Begegnungsort des Orients und Occidents, zieren. Der Esbekiehplatz liegt am Westende der Stadt, auf ihn münden die Straßen, welche vom Hafen Bulak, von Alt=Kairo und von dem Bahnhof nach der Stadt führen. An seinen Seiten stehen — mit wenigen Ausnahmen — fast nur Häuser im italienischen Styl, vier große Hotels, das Palais von Kiamil Pascha, in dessen Garten General Kleber ermordet wurde, das französische und englische Consulat, sowie die Posten der Dampferlinien jener beiden Nationen, das russische und schwedische Consulat, die ägyptische Hauptwache und andere weniger stattliche Häuser. Der ganze unregelmäßige Platz wird an seinen Seiten mit außerordentlich breiten, aber nicht gepflasterten Straßen umgeben. Vor Ibrahim Pascha's Zeiten war das Terrain ein Sumpf, jetzt ist der ganze Platz ein anmuthiger Park mit Gängen, Wegen, Sandplätzen, Alleen, auf welchen eine Anzahl Kaffehäuser, wovon eins für die bessere Gesell= schaft bestimmt ist, errichtet sind. Dattelpalmen, Sycomoren, Feigenbäume, Pla= tanen, Mandelbäume, Robinien, verschiedene Arten Acacien, Citronen, verschie= dene Arten Orangenbäume, Pistazien, südliche Eschen, Rosen und Pelargonien bilden die Hecken, Gebüsche und Alleen, unter denen allabendlich ein Theil der Bevölkerung Kairos, namentlich die fränkische Einwohnerschaft, lustwandelt. Wir pflückten hier am 6. Februar vielfach blühende Rosen.

Ueber diesen Platz schritt ich langsam hin, da es noch früh war, begegneten mir nur wenig Menschen. Die Wasserträger waren beschäftigt, die Wege und Straßen zu sprengen, einzelne Kameele und Trupps von Eseln brachten Hühner,

Feldfrüchte (Liebesäpfel, Kartoffeln ꝛc.) zur Stabt. Am meisten amüsirte mich die edle Zunft der Wasserträger, ein Institut, welches sich manche deutsche Stadt zum Muster nehmen könnte, um hierdurch eine Menge Taugenichtse und Tage=diebe zu nützlicher Thätigkeit anzuhalten. Diese Leute, kurzhosige, bekittelte und beturbante Araber tragen quer über den Rücken hinweg das an der Bauchseite fest zusammengenähte Fell eines ägyptischen wilden Schweines. Da dasselbe noch mit den Borsten versehen ist, so ist es sehr verzeihlich, wenn man neugierig näher tritt, um zu sehen, welche Art von wildem Thier die Leute auf dem Rücken tragen, denn ein solches mit Wasser angefülltes Reservoir sieht einem, dem Eu=ropäer noch unbekannten wilden afrikanischen Thier täuschend ähnlich. Unter dem linken Arme, da, wo der Hals sitzen sollte, ist das Fell eng zusammengeschnürt. Ein Druck mit dem Finger läßt aus dem aufgeschnürten Ende nach Belieben Wasser herausfließen. Durch schwingende Bewegung bewirkt der Träger mehr oder minder regelmäßiges Besprengen der Straßen. In eben denselben Schläu=chen wird Trinkwasser an den Stationen der Eisenbahn oder in den Stadttheilen, welche wenig Cisternen haben, feil geboten. Nie habe ich schmutziges Wasser aus diesen Schläuchen getrunken, stets erhielt ich wohlschmeckendes, vollkommen klares Nilwasser.

Am Ende der den Esbekiehplatz durchschneidenden Hauptstraße stehen zur Rechten und Linken zwei arabische Kaffehäuser. Unmittelbar vor ihnen deutete auf einem der Gebäude ein Wappenschild mit dem sitzenden Adler die Wohnung des Repräsentanten der Grande=Nation an. In den beiden arabischen Kaffehäusern begannen einige Schwarze die Wasserpfeifen, die am Abend vorher gebraucht waren, zu reinigen, wobei sie eine nicht gerade wohlklingende Melodie sangen, aber doch emsig arbeiteten. Drüben im Consulatshotel schoben einige inländische dienstbare Geister die elegante Halbchaise, mit weißer Seide gefüttert, heraus. Der „importirte" Herr Kutscher des „civilisatorischen" Consuls in eleganter, fran=zösischer Morgentoilette, seine Cigarette rauchend, gab Befehl, den Wagen zu wa=schen, und knüpfte sodann mit den im vollen Amtsgewand erscheinenden drei Kawassen (worunter ein ungewöhnlich schönes, kriegerisches Gesicht) ein Gespräch an, welches ich zu unterbrechen wagte, indem ich bescheiden fragte, welchen Weg man einschlagen müsse, um nach dem Hotel der Pyramiden zu kommen. Der Herr Kutscher war zu sehr mit der Construction einer neuen Cigarette beschäftigt, als daß er mir hätte Bescheid geben können. Der schöne Kawaß, ein Araber, in dunkelbrauner, reich mit schwarzen, seidenen Schnüren verzierter Jacke, dito Weste und faltigem Beinkleid, schneeweißem Kragen, goldner Uhrkette, rothseidener Schärpe, worin zwei Pistolen steckten, zeigte mir nicht nur den Weg, sondern begleitete mich bis zu einer Straßenecke, von wo man das Hotel sehen konnte. Dieser Kawaß sprach das Französisch so rein und geläufig und hatte überhaupt in seinem Gang, Manieren und Bewegungen etwas Gewähltes, wie ich dies weder vorher noch nachher bei irgend einem der vielen Consulats=Gesandtschafts=Cawassen, mit denen ich verkehren mußte, bemerkt habe. Ich bin diesem artigen Kawaß mit seinem reich verzierten Säbel fast täglich begegnet und habe manch=mal auf meinen Solo=Instructionsspaziergängen seinen Rath und Auskunft mir erbeten und bin immer freundlich von ihm beschieden worden. Manche höhere Polizeibeamte europäischer Residenzstädte möchten zum Kawaß des französischen

Consulats in Kairo gehen, um Unterricht in „dem Ertheilen gefälliger Auskunft und artiger Antworten auf bescheidene Anfragen der Fremden" zu nehmen.

Das Hotel des Pyramides war bald erreicht, es ist das erste Haus der Musky, jener breitesten Straße des eigentlichen Kairo's in welcher die Verkaufs= läden, Geschäftslocale der hier sich niedergelassen habenden europäischen Kaufleute und Handwerker sind. Das Hotel ist ein Haus mittlerer Größe, höchst günstig an einem kleinen Platze gelegen, welchen Alles, was vom Bahnhof und Bulak nach der Stadt will, was von der Citadelle und der Stadt dieselbe in westlicher und nordwestlicher Richtung verlassen will, schlechterdings passiren muß. Meine Aufnahme war bald vermittelt. Nicht wissend, daß der liebenswürdige, sehr ge= fällige Besitzer ein Deutscher sei, radebrechte ich mit ihm italienisch über Wahl und Preis des Zimmers, Essen ꝛc. ꝛc. und erst, als seine wohlbeleibte Gattin — eine Triesterin — ihrem Ehegespons auf gut österreichisch zurief: „Ober mein Got, warum sol der Herre nit auf Nro. 11 ziehen?" äußerte ich meine un= maßgebliche Meinung: ich fände es für uns Beide weit vernünftiger, daß wir deutsch mit einander sprächen, welche sehr triftige Bemerkung ungeheure Heiterkeit erregte und mir den Besitz des allerdings hoch gelegenen, aber doch sehr freund= lichen Zimmers Nro. 11 sicherte. Allen meinen lieben Landsleuten empfehle ich das bescheidene Hotel des Pyramides auf das Angelegentlichste. Billige Preise (ich zahlte für Alles 8 Francs per Tag) ausgezeichnetes Essen, gute Betten, aufmerksame Bedienung und ein liebenswürdiger, gefälliger Wirth und Wirthin sind die lobenswerthen Eigenschaften dieses fast ganz auf deutschen Fuß eingerichteten Gasthauses, dessen einziger Uebelstand kleine Zimmer und schmale winklige Treppen sind. Da aber die meisten Reisenden sich den ganzen Tag über in der Stadt und Umgegend aufzuhalten pflegen und nur zu den Mahl= zeiten nach Hause kommen und ihr Zimmer gewiß nur als Schlafstelle betrachten, so werden schmale Treppen und kleine Zimmer keine Ursache sein, dieses Hotel nicht zu wählen. Der Speisesaal, das Haus der Länge nach durchschneidend, ist sehr hoch, groß genug für eine sehr zahlreiche Gesellschaft, ein Pianoforte steht zur Disposition der musikalischen Gäste, die man hier stets findet. Das Haus, einem Pascha ehemals gehörig, ist in Bezug auf seine architektonischen Verhältnisse und Construction echt arabisch, es geht Trepp auf, Trepp ab, an Wänden entlang, bald mit einem Blick in den Hausflur, bald in den Hofraum, bald auf den blauen Himmel über sich, bald rechts und links, so daß es schwer ist, sich schnell zurecht zu finden. Von dem großen Erkerfenster des Speisesaales aus, in welchem (nämlich im Erkerfenster) fünfzehn Personen auf den breiten Divans höchst bequem sitzen können, übersieht man nach der einen Richtung die nach der Esbiekieh und dem Koptenviertel führende Straße, welche auf das Hotel stößt und nach der andern, der östlichen Richtung hin überschaut man einen Theil der Musky. Das riesige Gebäude zur Linken, oder vielmehr das Con= glomerat der großen und weiten Häuser und Paläste zur Linken war ehedem der Harem irgend eines ägyptischen Prinzen, jetzt wohnt in einem Flügel die Wittwe eines längst verstorbenen Verwandten Mehemed Ali's, aber der größte Theil steht leer und ist dem Einsturz nahe.

Niemand schildert die Aussicht von dem Erkerfenster des Speisesaals im Hotel der Pyramiden besser als Dr. Busch in seinem „Reisehandbuch" über

Aegypten" Triest 1858, literarisch artistische Abtheilung des österreichischen Lloyd und in seiner Reise nach Jerusalem. Wenn ich auch fühle, daß meine Beschreibung weit hinter jener meisterhaften Schilderung unseres berühmten Landsmannes zurück bleibt, so zögere ich doch nicht, zu versuchen, das zu erzählen, was ich hier gesehen habe und welchen Eindruck der Anblick des afrikanischen Babels, vom Erkerfenster im Pyramidenhotel betrachtet, auf mich gemacht hat.

Ein solches Durch- und Nebeneinander, solches Drängen, Treiben, Stoßen, Schieben, Drängeln, Schubsen, Drücken von Menschen und Thieren war mir noch nie vorgekommen. Dabei war die Luft erfüllt mit ohrenzerreißendem Schreien, Rufen, Commandiren, Heulen, Drohen, daß man sein eignes Wort nicht hören konnte. Die zwei Straßen und der Platz sahen von oben aus, wie ein verworrener, verschlungener, endloser Knäuel von Thieren und Menschen, Fußgängern, Reitern, Fahrenden, Frauen und Männern aller Art. Und schien es auch, als wollte einmal etwas Raum entstehen, so drängten von den Seiten- straßen, kommend und gehend und treibend, wieder Unmassen Volks, bald lang- sam gehend, bald trabend, bald im schnellsten Galopp rennend, nach, und das Gewirre blieb dasselbe. Aus dem auf uns abfluthenden Menschenstrom kann man täglich lernen, welche Völkerschaften in Kairo wohnen oder sich hier auf- halten, wahrlich eine interessante Musterkarte von Costümen, für den Fremden ein lehrreicher Beitrag zur Ethnographie Asiens und Afrikas, ein unumgänglich nothwendiges Mittel, um die Physiognomie der alten Saracenenstadt richtig zu verstehen. Bleiben wir zunächst einen Augenblick bei der Menschheit stehen, die im Laufe kaum eines Vormittags unter meinen Augen vorüber eilte, während welcher Zeit ich einen Freund zum Ritt nach Heliopolis erwartete. Zu Fuß, zu Roß, zu Esel, auf Maulthier und Kameel treiben männliche Gestalten mit rothen, weißen, blauen, auch grünen Turbanen vorbei, in weiße (oder richtiger gesagt, in weiß gewesene) oder braune Burnusse, in pfirsichblüthfarbene, olivengrüne, hellgelbe, zimmtbraune, orangefarbene, ultramarinblaue, lederfarbene, violette, ame- thystfarbene, scharlachrothe, silbergraue Kaftans, Jacken und gleichfarbige, faltige Hosen gekleidet; an Burnussen erkennen wir die diversen Beduinenstämme aus den verschiedenen Theilen der Wüste, wieder im langen, hellfarbenen Kaftan pa- radirt der Türke, Tunese und Städte bewohnende Araber, in reich verzierte Jacke und faltiges Beikleid kleidet sich der handeltreibende Grieche und Levantiner von allen Handelsplätzen und größeren Städten des Orients. In gestreiften Kaftanen, meist braune oder orangegelbe, auch lasurblaue Streifen auf weißem Grunde stolzirt der Araber aus Jemen und dem glücklichen Arabien, den Perlen- handel oder Kaffegeschäfte oder Reuglerde nach der „Siegreichen" führen. Auch die vornehmen Perser kleiden sich ähnlich. An dem abgeschabten, weitärmligen, mantelartigen, grauen Gewande und einem mit gestreiftem oder carrirtem Tuch umwundenen Turban erkennt man syrische, turkomannische Landeskinder, überhaupt Bewohner des inneren Kleinasiens. Der Perser mittlerer Stände ist an der hohen Filzmütze sofort mit Sicherheit zu erkennen, in der Regel trägt er seinen kurzen, hellfarbenen Tuchkaftan, so z. B. die Teppichhändler.

Der feine Orientale verwendet auf seine Schärpen viel Geld, hierin wird ein ungeheurer Luxus entfaltet, ich sah deren im chan Halil Bazar im Werth von 120 Livre Sterling. Gleichzeitig mit diesen vollständig und anständig bekleibeten Menschen strömen im Volksgewühl auf und nieder die halbnackten Fellah's in ihrem hellschmutzigblauen, baumwollenen, luftigen Gewande, die Suda=nesen in ihren kurzärmligen, bis an die Kniee reichenden, ebenfalls blauen Hem=ben, mit nackten Armen, Beinen und Füßen, ferner durcheilen die Straßen die Nubier, Darfur und Dongolaneger, Abyssinier und Aethiopier, alle in sehr leichtem, manchmal gar zu luftigem Gewande, nur zu unterscheiden an dem verschiedenen Grad des Schwarz in ihren Gesichtern, meistens nicht eben schöne Menschen, mit langen, dürren Armen und noch längeren, dürreren, dünneren Beinen ohne jegliche Spur von Waden, mit aufgetriebenen Lippen, mehr oder minder schiefem Gesichtswinkel, aber durchweg schönen Zähnen. So ein kohlschwarzer Kerl in seinem blauen Hembe und grauer, spitzer Mütze (aus Kameel= oder Ziegenhaar gefertigt) auf dem Höcker eines Kameels sitzend, mit einem langen Spieß in der Hand, machte auf mich einen sonderbaren Eindruck. Dieser Herr, muthmaßlich aus dem allerinnersten Flecken Afrika's stammend, schien ebenso, wie ich, zum ersten Mal Kairo zu sehen, denn er hatte weniger Acht auf seine aus einigen zwanzig mit Ballen beladenen Kameelen bestehende Karavane, als auf die sich in den Straßen bewegende Völkerfluth. Neugierig stierte er, das blendende Weiße im Auge zeigend, mit offenem Mund, aus welchem ein wie Alabaster glänzendes, ebenso tadellos weißes Gebiß herausragte, die Menschen und Häuser an. Als ihm aber zwei Levantinerinnen, unverschleiert, im schwarzen, mit Blumen ver=zierten Magyarenhut und in Crinoline begegneten, da stieg sein Erstaunen auf's Höchste und lange schaute er diesen für ihn fabelhaften Wesen nach. Man muß unwillkürlich lachen, wenn man sich mitten unter solcher Sorte Menschen, die also nichts auf dem Leibe tragen als jenes unvermeidliche, ehedem blaue Hembe, begiebt, angethan im schwarzen Frack, Pariser Hut und weißen Glacéhandschuhen, um irgend eine Visite zu machen. Was mögen die schwarzen Naturkinder über diese schwächenden Verfeinerungen unserer Cultur und Civilisation denken, wenn sie nämlich überhaupt denken können. Als ich einstmal nach dem österreichischen Consulat ging, um dort Besuch zu machen, fiel aus dem Strickennetze von einem beladenen Kameel ein Stück Kalk von der Größe eines Kinderkopfes so dicht neben mir zur Erde, daß mein schwarzes Visitengewand davon bestäubt wurde. Der Kameeltreiber, ein dunkelbrauner Schlingel von etwa sechzehn Jahren, wollte sein Stück Kalk retten und schob mich, der ich mit Abstäuben meines Fracks beschäftigt war, so unsanft zur Seite, daß ich an einen mit schmutzigem Klee beladenen, neben mir zur andern Seite vorbeitrabenden Esel anprallte. Ich war hierüber so erbittert, daß ich a tempo nach beiden Seiten hin Puffe aus=theilte und zwar in Glacéhandschuh; aber ich that dies einmal und nicht wieder, denn die Hand, die den dunkelbraunen Kameelbengel getroffen hatte, trug nach glücklich applizirtem Knuff nicht mehr einen weißen Handschuh, sondern einen grau und braun gefleckten, und der weiße Handschuh, der mit dem Eseljüngling in Berührung gekommen war, trug Spuren des ägyptischen Brennmaterials im frischen Zustande, wovon ich mich durch den kräftigen Ammoniakgeruch sofort überzeugen konnte. Jedenfalls waren die beiden Afrikaner über den weißfingri=gen Franken im hohen Grade erstaunt, was mich aber am meisten ärgerte, war ihr dämonisches Gelächter über die ruinirten Handschuhe, die ich sofort abzog. Nie bin ich später Visiten machen gegangen, sondern stets geritten, nie habe ich, auch wenn ich hoch zu Esel war, später die weißen Handschuh eher als im Hause des zu Besuchenden angelegt. Eben so sonderbar wie ein geschniegelter und gebügelter Europäer unter den schwarzen und braunen Wüstenbummlern und Nilgesindel erscheinen die höheren ägyptischen Offiziere und Staatsbeamten, gegen deren Gold- und Silberstickerei an Hose, Jacke und Schärpe das Quantum edlen Metalls auf dem Galla-Frack eines französischen Senators vollständig verschwindet. Militär sah ich nicht viel auf den Straßen, vielleicht deshalb, weil 12,000 Mann mit dem Vicekönig in Mecca abwesend waren, um denselben unterwegs zu beschützen und ihm dort in der Erlangung eines ansehnlichen Quantums Heiligkeit und Frömmigkeit behilflich zu sein. Die einzelnen Kriegsvölker, die man außerhalb der Wachen und Kasernen sich in den Straßen ergehen sah, gehörten zu der schwarzen Garde und zur gewöhnlichen Infanterie. Aber für ein „militärisch geschultes" Herz ist der Anblick dieser Gattung Kriegscameraden wenig erfreulich. Rothe Jacken mit weißen Knöpfen und weiß sein sollenden, ungeheuer weiten, faltigen Hosen bilden die Bekleidung dieser barfüßigen, schwarzen Kriegerschaar, die sich in der Krimm aber gut geschlagen haben soll. Die ägyptische Infanterie hat dunkelgrüne Jacken mit carmoisinrothen Aufschlägen und Kragen und ebenfalls sehr weite, weiße Unaussprechliche. Außerdem führt der Vicekönig auch Cuirassiere, eine wahrhaft wahnsinnige Idee. Wenn man sich einen solch armen Kerl unter dem schweren, metallenen Panzer bei vierzig Grad Wärme auf einem Uebungsmarsch durch die Wüste begriffen denkt, so muß man beim bloßen Gedanken daran den Sonnenstich riskiren, und in der That kommen oftmals Fälle vor, daß die Panzerreiter todt vom Pferde fallen. Aber daran knüpft kein Mensch etwa eine mißbilligende Bemerkung und mein französischer Begleiter äußerte ganz kurz sein stereotypes Oh, ce n'est rien, il ne faut pas oublier que nous sommes dans un pays des barbares, als ich ihm, ergrimmt über dieses fluchwürdige Spiel mit Menschenleben, meine Entrüstung zu erkennen gab. Den meisten kriegerischen Anblick gewähren die als Cawassen des Gouverneurs fungirenden Arnauten und Albanesen, die man einzeln oder zu zweien durch die Straßen patrouilliren sieht. Außer ihrem meist guten Säbel tragen sie im Gürtel einige Pistolen und Dolche, ihre Kleidung ist ungemein malerisch, aber nicht für Alle dieselbe, wenigstens nicht in Bezug auf Farbe. Unter dem Menschengewimmel sieht man zu allen Zeiten des Jahres fromme Pilger aus allen Theilen der muhamedanischen Welt, mir zeigte man eine Herde Mauren und Beduinen des Atlasgebirges — letztere im wahren Sinne des Wortes mit Schmutzkrusten in Gesicht, Arm, Brust, Hals und Bein überzogen, welche unter Anführung eines alten, langhaarigen, fast ebenso malpropren Derwisches in spitzer Filzmütze die Moscheen von Kairo abarbeiteten. Mit dieser Gattung Gläubigen contrastirte in fast lächerlicher Weise ein Franziskaner, der in brauner Kutte eilenden Schrittes an seinem mohamedanischen Confrater vorüberwandelte. Und als wenn eine Art von Zusammentreffen sämmtlicher Gattungen und Untergattungen der Knechte Gottes, die in dieser sündigen Welt fungiren, auf dem Platze vor dem Pyramidenhotel verabredet gewesen wäre, erschien in der Equipage von Sheperd's Hotel mit zwei Damen ein englischer Missionär, kenntlich an dem breitkrämpigen Hut und der unvermeidlichen, handhohen, weißen Halsbinde. Ein koptischer Priester zur Seite einer auf einem Esel sitzenden vornehmen Koptin

war wenige Minuten vorher über den Platz weggegangen und kaum eine Minute
nach dem Vorübereilen des Dieners der englischen Hochkirche schritten zwei grie=
chische Popen die Musky hinab, während ein armenischer Geistlicher die Richtung
nach seiner Kirche einschlug. Es fehlte nur ein Rabbiner, um die Artenzahl der
Diener monotheistischen Glaubens complet zu machen. In jedem Augenblick sieht
man Sklaven verschiedener Farbe, Kleidung und Livree in den Straßen, auch
fehlen nie die ebenso verabscheuungswürdigste als bemitleidenswertheste Menschen=
sorte — die Eunuchen. Meistens reiten diese Kerle gute Pferde und sind ge=
folgt von mehreren Sklaven zu Fuß oder zu Pferd, deren einer, der sogenannte
Sais, im Gallop dem Reiter voraufeilt, um ihm Platz zu verschaffen. Jeder
Wagen — hier Arabia genannt — hat seinen Sais, die Generalconsules und
Pascha's deren zwei, Letztere meist in eleganten Livreen, in denen ein roth mit
Gold gesticktes, miederartiges Jäckchen mit langen und weiten Aermeln, unter
denen blendend weiße Hemdärmel hervorsehen, die Hauptrolle spielt. Stets sind
diese Sais, meist Jungens bis zwanzig Jahren, barfuß. Auch die Miethswagen
haben ihre Sais als unzertrennliches Inventarstück. Die Nothwendigkeit eines
solchen Individuums ergiebt sich aus der Beschaffenheit der Straßen, in denen
man, da sie so winklig, schmal und nicht gepflastert sind, einen Wagen nie rasseln
hört und auch heftiges Peitschenknallen genügt nicht, um Unglücksfällen vorzu=
beugen. — Aber wollte ich das endlose und immer wechselnde Volksgewühl er=
schöpfend schildern, so müßte ich jedes einzelne vorübergehende, reitende und fah=
rende Individuum in seiner Kleidung, Gesichtsfarbe, Beschäftigung und Physio=
gnomie schildern, was ich aber, da es mir hierzu an Fertigkeit und Fähigkeit
mangelt, unterlasse. Nur über die Frauen muß ich noch ein Wort hinzufügen.

Die Frauen des Kahiranischen Straßengetümmels lassen sich in mehrere
Categorieen bringen. Europäerinnen, Griechinnen und Levantinerinnen, Koptin=
nen, Araberinnen, Fellahinnen und Beduininnen und sudanesische, äthiopische und
abyssinische Sklavinnen. Das für Theilnahme für die armen Mitmenschen zu=
gängliche Gemüth des Beobachters wird mit dem innigsten Mitleid für die armen
Fellahinnen erfüllt, wenn man diese Jammergestalten in ihrem zerlumpten Ferdar,
d. i. ihr blau gefärbter, baumwollener Lappen, welcher Hemd, Schleier, Ueber=
wurf und Rock repräsentirt, an der Straße neben ihrem Esel hocken sieht, und
dicht daneben eine nach den neuesten abendländischen Moden in Seide und Spitzen
gekleidete Engländerin vorüberfährt. Dort die bitterste Armuth, hier der raffinirte
Luxus. Die arme Fellahmutter trägt ihr nacktes Kind rittlings auf der einen
Schulter, die Engländerin hat ihre Kinder, in hochschottisches, reiches Sommer=
gewand gesteckt, neben sich sitzen. Die Fellahinnen und Beduininnen kann man
nicht gut unterscheiden, sie gehen meistens zu Fuß oder reiten auf Kameelen;
die Araberinnen und Koptinnen gehen se ten, sondern reiten — aber eben so wie
die Männer, d. h. rittlings — auf Eseln, auch diese beiden Frauengattungen
kann man nur nach längerer Uebung unterscheiden, die Griechinnen und Levantine=
rinnen und andere Europäerinnen fahren in Wagen oder reiten nach züchtiger
Damensitte auf Pferd und Esel. Die Letztern sind durch ihren wenig gebräun=
ten Taint mit Leichtigkeit von den dunkeln, schwarzäugigen, schwarzgelockten Töch=
tern des Orients und Griechenlandes zu unterscheiden. Von Kairo's Bewohne=
rinnen gehen nur die Levantinerinnen und Europäerinnen beständig unverschleiert,

meistens auch die Frauen und Töchter der Fellah's und Beduinen und die Araberinnen der niedern Stände, dagegen erinnere ich mich, nur einige Male Koptinnen und Araberinnen der bessern Stände unverschleiert gesehen zu haben. Gelbe und rothe Schuhe werden fast ausschließlich von den beiden Letzteren getragen, bald mit breiter Spitze, bald mit lang vorgezogener, schnabelförmiger Spitze, die Kleidung der Reiterinnen ist so eigenthümlich, daß ich sie, so weit man dies vom äußern Beschauen aus thun kann, zu beschreiben versuchen will.

Eine reitende arabische Dame der höheren Stände sieht von der Rückseite allem Andern eher ähnlich, als einem Exemplar des Meisterstückes der Schöpfung. Auf einem hohen Sattel sieht man einen schwarzen Ballen, von welchem zu beiden Seiten des Esels zwei Anhängsel, welche in zwei goldgelben Schuhen stecken, herabhängen. Dieses Letztere sind die Beine. Von vornher gesehen, sieht man einen schwerseidenen, meist schwarzen Mantel, um welchen zwei schwarze, breite, ebene Stücken Zeug geschlungen und mit beiden Händen festgehalten werden. Unter dem Mantel sieht man (darf eigentlich nicht sehen) von rosarother oder Abster Seide irgend noch ein Kleidungsstück, ob Jacke oder Rock muß ich dahingestellt sein lassen, und als Gürtel fungirt ein bunter Shwal. Ueber den Kopf hinweg bis auf die Stirn wird der Mantel gezogen und unter den Augen mit Häckchen ein circa ein Fuß breiter, weißleinener Streif angeheftet, welcher vorn auf den Sattel des Esels herabfällt. Vom Gesicht sieht man auf diese Weise außer den meist sehr ausdrucksvollen Augen nichts. Bei den Beduinen sind die Männer durchweg schön, die Frauen häßlich, das Umgekehrte möchte ich für die Fellah's behaupten.

In diesem Gewühl, Gewimmel und Getümmel von den Menschen und Thieren ertönen die verschiedensten Stimmen der hausirenden Gewerbsleute und all der Personen, welche ihre Geschäfte auf offener Straße abmachen und ohne einen Kaufladen zu besitzen, ihre Waaren unter Gottes freiem Himmel ausbieten, und deren sind wahrlich nicht wenige. Ein Araber vermeint nichts ausrichten zu können, wenn er nicht entsetzlich schreit, die Wichtigkeit und Bedeutung eines Geschäftes bemißt er nach dem Geschrei, welches von den Parteien dabei erhoben wird, und rechnet man hierzu die unangenehmen Gutturallaute der arabischen Sprache, so wird man glauben, daß der Lärm oft ein unerträglicher zu nennen ist. Dazu Peitschenknall der Rosselenker, das Klirren der Münzen auf den an allen Straßenecken etablirten Wechslertischen, das Klappern der Messingschalen, der Wasserträger, das Gebrülle der Kameele, Schreien der Esel, Meckern der Ziegen, kurz, es ist ein wahrer Höllenscandal! Dazu Bellen der Hunde, Brummen der Büffel, Geblöcke der Schafe. Von fern her läßt sich eine wirr durch einander tönende lärmende Musik vernehmen, ein rother Baldachin schwankt über den Köpfen der Menge, ein Knabe, auf reich mit rothem Sammt und Gold verziertem Pferde sitzend, eröffnet den Zug, er wird zur Beschneidung geführt; unmittelbar hinter ihm folgt ein Zug verschleierter Frauen, deren erste Reihe, aus drei bestehend, (von denen die mittelste, die Braut, in rothem Gewand, ganz dicht verschleiert von zwei andern, mit Ausnahme der Augen ebenfalls ganz verschleierten) geführt wird; die Freundinnen führen dieselbe vor der religiösen Feier nach dem Bade, wo sie sich zum Hochzeitsfeste schmücken soll. Also Beschneidung und Hochzeit auf ein Mal! Bald nachher erschallt grelles Geschrei aus anderer Richtung, noch ohrzerreißender ertönt das Wehklagen der zahlreichen Mitglieder eines Leichenkonduktes, die einem Verstorbenen durch ihr Gewieher, Gebrülle, Geächze, Gestöhne nnd Geschrei den letzten Freundschaftsdienst erweisen wollen. Derwische tragen bunte Seidenfahnen vorauf, dann folgt, am Kopfende mit dem Turban geschmückt, mit Teppichen bedeckt, der Sarg des vornehmen Todten, dann die endlose Reihe der bezahlten Klageweiber, welche (je viehischer und unnatürlicher, je besser) die außerordentlichen Vorzüge des Todten preisen. Hart hinter einer solchen Procession sah ich einstmals eine Hochzeitsgesellschaft im sausenden Galopp in vier Wagen vorüberfahren, im ersten, hinten offenen Wagen zwölf Musikanten, welche im ungezügelten Lauf der Pferde, während die Kutscher knallten und laut schreiend ihre Rosse antrieben, ihren Instrumenten entsetzliche Töne entlockten; die Gäste folgten in den letzten, ebenfalls im gestreckten Galopp vorüberfahrenden Wagen.

Das ist ein schwaches Bild von dem Straßenleben Kairo's, wie es sich mir von dem Erkerfenster des Hotel des Pyramides am Anfang der Musky darbietet.

Ich kann mir es nicht versagen, meinen eigenen Notizen und Beobachtungen die „vollendete Beschreibung von Kairo" folgen zu lassen, welche unser vortrefflich schildernder Landsmann Bogumil Golz in seinem mehrfach erwähnten Buch „Kleinstädter in Aegypten" über dasselbe Thema niedergelegt hat.

„Die Kontraste von wilden und civilisirten Situationen, Scenen und Historien sind es, welche Kahira so romantisch, abenteuerlich machen, die den Reisenden vom ersten bis zum letzten Augenblick frappiren und unterhalten, die selbst das blasirteste, europamüdeste Narrenexemplar anfrischen und sich durch alle Sphären und Erscheinungen dieser Araber- nnd Wüstenhauptstadt wie durch ganz Aegyptenland ziehen!

Kahira ist die bunteste, keckste Mosaik und Musterkarte aller Nationen, Lebensarten und kulturhistorischen Epochen, ein lebendiges Museum von allen möglichen und unmöglichen Formen, Fragmenten, Fetzen und Fratzen der Bildung, der Mißbildung, der Artung, der Ausartung, der Rohheit, der Sitte, der Künste, der Wissenschaften, des Heidenthums, des Christenthums, des Muhamedanismus (nämlich des aufgewärmten Judenthums), der verwilderten Civilisation, der Kulturbarbarei, der Ueberfeinerung, der Lebensvergeudung, der Lebensverkümmerung, der Verschwendung, der Bettelhaftigkeit, des Kleiderprunks, der Nacktheit, der Wollust, des Fakirthums, des Fanatismus, der Glaubenslosigkeit, der Glaubensmengerei, des Paradieses und der Wüstennatur.

Drei Welttheile berühren sich hier wie mit den Stirnen, und ihre Bewohner, ihre Reisenden, Gelehrten, Abenteurer, Handelsleute, Genies und Weltverbesserer geben sich hier ein Welt=Rendezvous."

Kairo, arabisch Masr el Kahira, die Siegreiche, auch Ommna=ed=dunja, d. h. Mutter der Welt, von den Arabern genannt, besteht aus der eigentlichen Stadt nebst Citadelle und den beiden sehr großen Vorstädten Bulak und Fostat (auch Alt=Kairo genannt) und jenem Stadttheil, welcher zu beiden Seiten der nach Schubra führenden Allee liegend, sich immer mehr vergrößert. Der von der Häuserzahl bedeckte Flächenraum soll fast eine Quadratmeile betragen. Der Unterschied der Stadt Kairo zu ihrer Blüthezeit mit jetzt ist in Bezug auf Einwohnerzahl bei Weitem nicht so bedeutend, wie bei Alexandrien. Während das vorchriſtliche Alexandrien 600,000 Einwohner, das heutige 120,000 Seelen zählt, hatte Kairo zur Blüthezeit 400,000 Einwohner, jetzt circa 300,000 Einwohner. Eine genaue Angabe der Einwohner läßt ſich in keiner muſelmänniſchen Stadt machen, die Harems geſtatten keine Zählungen. Dieſe 300,000 Einwohner wohnen unter 400 Moſcheen und Minarets in 30,000 Häuſern; von ihnen ſind 12,000 Kopten, 2000 Griechen, 2000 Armenier, 9000 Europäer, 4000 Juden, 1000 Heiden, der Reſt Mohamedaner, Türken, Araber, Fellah's, Beduinen, Mauren, Syrer, Turkomannen und Perſer.

Die vornehmen Leute, die höhern Beamten der Regierung, ſind, wie auch die Familie des Vicekönigs, türkiſcher Abkunft; unter den hier lebenden Europäern, Franken genannt, wiegt das italieniſche Element vor. Auch die Nordamerikaner bezeichnet man mit dem Namen Franken. Die hier lebenden Deutſchen ſind Gewerbstreibende jeglicher Art, Banquiers, große Exporteurs und Importeurs. Das öſterreichiſche Conſulat hat 600 bis 700, das preußiſche 150 Schutzgenoſſen, zu Erſterem gehören jedoch eine Menge Walachen, Serbier, Ungarn, Slaven, Italiener aus den noch nicht annectirten Landestheilen Mittelitaliens. Trotz ſo vieler und ſo verſchiedener Beimiſchung anderer Nationalitäten und Bekenner anderer Religionen hat dieſe alte Metropole arabiſchen Lebens den orientaliſchen Typus und Charakter ſich unverfälſcht zu bewahren gewußt.

Ich war lange im Zweifel, ob ich nach dem Plane der Stadt die Sehenswürdigkeiten von Kairo und Umgegend beſchreiben oder ob ich den Leſer bitten ſollte, mich auf den Spaziergängen zu begleiten in der Reihenfolge und Art und Weiſe, wie ich es gethan habe. Durch Befolgung des Letzteren glaube ich dem in dem Titel niedergelegten Verſprechen, orientaliſche Reiſebilder zu liefern, am nächſten zu kommen, obſchon ich befürchten muß, daß durch Mittheilung meines Tagebuches mancher Leſer und ſpätere Beſucher zu nicht gut gewählter Zeiteintheilung veranlaßt werden könne. Ich habe einen Mittelweg gewählt und bringe in Folgendem eine kleine Anleitung, wie ich — wenn ich ſollte aufgefordert werden, einen Landsmann in Kairo herumzuführen — meine Zeit eintheilen würde. Hierdurch glaube ich das ſoeben ausgeſprochene Bedenken gehoben zu haben, und finde Gelegenheit, alles das, was ich ſah, hörte, erlebte und die Gedanken und Empfindungen, die in mir aufſtiegen, am richtigſten Ort zum Nutz und Frommen und Unterweiſung meiner kairobegierigen, nilluſtigen Leſer zu berichten und zu erzählen.

Der deutſche Reiſende wird Kairo jedenfalls mit dem Nachmittags ankommenden Zuge zu erreichen ſuchen, um hierdurch Gelegenheit zu finden, das flache Land in Aegypten kennen zu lernen. Der mit dem Nachtzug ankommende Reiſende muß ſich, um nur ſchnell in's Hotel zu kommen, auf Gnade und Ungnade dem erſten ihm entgegen kommenden Lohndiener ergeben, was zumal in einer wildfremden Stadt im halbciviliſirten Lande äußerſt mißlich iſt. Von 4 Uhr Nachmittags hat man mit Beſichtigung des Esbekieh und mit Betrachten des Straßenlebens von dem Fenſter ſeines Gaſthauſes ſo viel zu thun, um von oben herab zu lernen, wie man am beſten verfährt, um, ohne zerdrückt, zermalmt, zerquetſcht, umgerannt, überritten, überfahren, gerädert zu werden, die Straßen zu durchſchlendern, daß man an etwas Anderes nicht denkt. Man wird alsbald gewahren, daß man ohne einen Stock, oder noch beſſer, ohne eine aus den

Haut des Nilpferdes geschnittene Reitpeitsche, hier Curbatsch genannt, nur schwie=
rig sich durchzudrängen vermag. Man gehe deshalb zu einem der fränkischen
Sattler oder Lederwaarenfabrikanten oder zu dem auf der rechten Seite, unfern
des Pyramidenhotels in der Musky wohnenden Nubier Abu Aali und kaufe sich
einen Curbatsch; ein eleganter, lackirter Curbatsch kostet 4 Francs, ein natureller
1 — 1 $\frac{1}{2}$ Francs. Mit diesem Instrument bricht man sich durch die Menge
Bahn, und wehrt die stürmisch und ungestüm uns entgegenströmenden Reiter und
Fußgänger, Thiere und Menschen ab, d. h. man haut auf die Kameele, Hunde,
Esel, Pferde ebenso wie auf die störrischen Eingebornen los, die sich jedem Eu=
ropäer von Haus aus feindlich gegenüberstellen und erst artig und bescheiden
werden, wenn sie sehen, daß man ihnen mit Energie und Consequenz entgegen=
tritt. Am Abend des Ankunftstages lauscht man den Klängen der (zur Zeit
meines Besuches aus achtzehn Mann bestehenden) böhmischen Musikkapelle, welche
mit gewohnter, rühmlichst bekannter Virtuosität und Präcision ihre Salonstücke,
Opernpiecen und Tanzstücke vorspielt. Man sitzt auf schlechten, unbehobelten
Kinderstühlen an miserablen, kleinen, unbehobelten, rohen Holztischen, trinkt Kaffe
oder genießt Eis und andere Süßigkeiten, raucht Wasserpfeife oder Cigarrette
und sieht Kairo's interessante Persönlichkeiten vorüberziehen. Man wird in seinen
psychologischen und ethnographischen Studien nicht von einem mit dem Teller
herumziehenden Musikanten gestört; dadurch, daß man den Kaffe etwas theuer
bezahlt, deckt der Besitzer des Kaffehauses die ihm durch Engagement der
Kapelle verursachten und erwachsenen (nicht unbedeutenden) Kosten. Wohl aber
hat man sich der zudringlichen arabischen Gassenjungen zu erwehren, welche mit
einem completen Wichsreservoir sich sofort auch auf den armen Franken stürzen,
der nur gering bestäubte Stiefeln oder Schuhe trägt. Dagegen ist der Verkehr
so mancher öffentlicher Verkäufer höchst interessant, die recht wohl wissen, daß sie
den Fremden nirgends besser als hier treffen, um ihm ihre Waaren zu offeriren,
und auch in Bezug auf die Höhe des zu fordernden Preises liegt kein Ort gün=
stiger, als die Esbekieh. Der Fremdling mag hier nicht feilschen — so denkt
der schlaue Muselmann — und bewilligt die Preise, die du in deinem Kauf=
laden nimmer erreichen würdest. So kam z. B. allabendlich der Nubier Abu
Aali und brachte die verschiedensten Dinge, Papageien, Geweihe von Steinbock
und Gazellen, Straußenfedern und Straußeneier; ein anderer schwarzer Kerl
handelte mit Spießen, Lanzen, Schildern, Bogen und Pfeilen; ein Dritter mit
Leopardenfellen und prachtvollen Filigranarbeiten in Silber aus dem Sudan;
ein andrer Araber, das schönste arabische Mannesgesicht, welches ich sah, offerirte —
allerdings vergebens — wundervolle Säbel, Dolche, Handschare, Yatagans aus
Damascener Stahl mit reicher Verzierung in Gold und Edelsteinen. Andere kamen
mit Früchten und schließlich erschien ein Gentleman vom Sinai mit Dattelwürsten,
jenem weltberühmten Fabrikat der Mönche am griechischen Kloster auf dem Sinai,
mit deren Anfertigung die frommen Brüder ihre Mußestunden ausfüllen, von
welchem Artikel ihnen die gütige Natur (außer den dort landesüblichen zwölf
Schlafstunden per Tag) noch zwölf andere Stunden an jedem Morgen zur Ver=
fügung stellt. Bei der Bezeichnung „Wurst" vom Sinai, die in Kairo verkauft
wird, muß jeder anständige Mann denken und sich sagen: „wohl dir, daß du
nicht verdammt bist, in Aegypten arabische Wurst zu essen", denn wir sind

gewohnt, beim Begriff „Wurst" stets an ein culinarisches Kunstprodukt von ent=
schieden animalischem Charakter zu denken. Doch ist dies hier durchaus nicht
der Fall. Dattelwurst ist ein köstlich schmeckendes Gemisch, bestehend aus in
kleine, scheiben= oder würfelförmig geschnittenen Stückchen von Datteln, Feigen,
Pistazien, Mandeln und Rosinen, welche gewaltsam in Ziegen= oder Antilopenfell
eingepreßt werden und hierbei mehr oder weniger regelmäßig cylindrische Form
annehmen. Man kann dieses Confect fünf bis sechs Jahre lang aufbewahren,
ohne daß es an der Lieblichkeit seines Geschmackes verliert, wenn man die Ober=
fläche gut verschließt und dem angeschnittenen Stücke einen trockenen kühlen Platz
anweist.

Will man die herrliche Stadt Kairo und ihre nächste Umgegend bis auf
circa vier deutsche Meilen Entfernung kennen lernen, ohne die auswärtigen Touren
als Hetzjagden behandeln zu wollen, so genügt die Zeit, die zwischen der An=
kunft eines Triestiner Lloybdampfers in Alexandrien und der Abfahrt des directen
Steamerdampfers aus Alexandrien liegt, vollkommen. Man hat bei Beobach=
tung dieser Frist auch noch Zeit, für Alexandrien zwei Tage zu verwenden, und
können sogar Leute, die gerne das rothe Meer wenigstens gesehen haben wollen,
einen Abstecher nach Suez machen. Mir wurde letztere Tour ganz entschieden
widerrathen, einmal, weil die lange Wüstenstrecke zwischen dem Nil und dem
rothen Meer absolut gar nichts des Sehenswürdigen darbietet, und zum andern,
weil der Aufenthalt in Suez selbst kostspielig und langweilig ist. Und da der
Anblick des rothen Meeres und einiger Peninsulardampfer für die Summe von
20 Thlr. mir zu hoch erkauft däuchte, so blieb ich in Kairo und benutzte meine
Zeit zum möglichst vielseitigen Kennenlernen des arabischen Volkslebens und be=
schloß, die Summe, die für eine Excursion nach dem rothen Meere nöthig ge=
worden wäre, zum Einkauf von solchen Natur- und Kunstprodukten zu verwen=
den, durch deren Besitz man das Nützliche mit dem Angenehmen zu verbinden
in den Stand gesetzt wird und die für die ganze Lebenszeit eine lebendige, an=
genehme Erinnerung an die interessanten Tage im Orient bleiben. Als solche
bezeichne ich Leopardenfelle, Waffen, Pfeifenröhre, arabische, syrische, persische
Stickereien, Webewaaren, Teppiche, Geweihe rc. rc. Dringend und wiederholt
aber bitte ich meine geehrten Landsleute, beim Einkauf von dergleichen Dingen
sich stets die Mitwirkung eines der Preise kundigen Landsmannes zu erbitten, um
erstens auch wirklich ächt orientalische Sachen zu erhalten, und zweitens, um
nicht gar zu sehr übertheuert zu werden, denn ad. 1 bemerke ich, daß die
Speculation schon so weit vorgeschritten ist, daß in England und Frankreich
(auch in einigen westdeutschen und belgischen Fabriken) Unmassen von Säbeln,
Spießen, Lanzen rc. — auch Smyrnaer und Persische Teppiche — nachgemacht,
nach dem Orient verschifft und hier als veritables Fabrikat wiederum verkauft
werden.

Als längere Wüstentour (d. h. zwei Tage dauernd), womit die meisten
Deutschen, die nicht speziell wissenschaftliche oder künstlerische Zwecke verfolgen,
auch vollständig befriedigt sein dürften, wurde mir Fayum in der lybischen Wüste
genannten, die durch seine Rosencultur und Fabrikation von Rosenwasser vielge=
nannte Oase. Um sich diesen (etwas kostspieligen) Genuß zu verschaffen, thut
man am besten, sich an sein Consulat zu wenden, welches durch Vermittlung

seiner Dragomans, sichere und zuverlässige Führer und Begleiter, am leichtesten ermitteln wird. Sich auf das Gerathewohl einer Karavane anzuschließen ist ganz unthunlich. Ich hätte gerne einen Landsmann, ehemaliger Kavallerieoffizier, nach dort begleitet, der als seiner Reiter die Tour zu Pferde machen wollte, da mich aber der erste Versuch einer Wüstenreise von Gizeh nach Daschur und Memphis nicht sonderlich befriedigt und mir in Folge der entsetzlichen Hitze die Lust ver=gangen war, mich vier Tage in derselben aufzuhalten, so beschloß ich, Geld und Zeit besser anzuwenden. Durch Mitnahme von Zelt, Bett und Nahrungsmitteln für sich, die Begleiter und Thiere wird eine solche Reise sehr theuer.

Durch Befolgung der unten angegebenen Art und Weise, Kairo und seine Umgegend zu besuchen, wird man am besten und billigsten zum Ziele gelangen, ohne Gefahr zu laufen, durch übermäßige Anstrengungen seiner Gesundheit zu viel zuzumuthen. Da Kairo bereits innerhalb der regenlosen Zone liegt, so kann man mit absoluter Sicherheit auf beständiges Wetter rechnen und hiernach unbeirrt seine Zeiteintheilung treffen; die Hauptstörung in getroffenen Disposizio=nen wird durch die Chamsinwinde hervorgerufen; da aber die Deutschen nur während des europäischen Herbstes, Winters oder Frühlings nach dem Nil zu wandern pflegen, so tritt auch dieser Umstand in Hintergrund. Doch glaube ich nicht unerwähnt lassen zu dürfen daß ich am 16. Februar einen viertelstündi=gen Regen — eine solche Seltenheit für Kairo, daß ein seit fünfunddreißig Jahren dort lebender Hanoveraner ganz erstaunt war — und am 13. Februar bei vierundzwanzig Grad Wärme R. den ersten Chamsinwind erlebt habe, wenn auch den Letzteren nur in seinen Anfangsgründen, doch aber für uns Nord=deutsche so empfindlich, daß wir ganz beklommen in den Straßen der Stadt um=herwandelten und die Wüstentour nach dem steinernen Wald und Mosesbrunnen aufzugeben uns bewogen fühlten.

Ehe ich zur Angabe und Beschreibung der einzelnen Touren mich wende, halte ich es für angebracht, noch einen Blick auf die Stadt und ihre Häuser in Bezug auf deren Lage im Allgemeinen und die Bauart bei Letzteren zu werfen, um Wiederholungen zu vermeiden.

Daß Kairo nächst Konstantinopel die größte orientalische Stadt ist, erwähnte ich schon oben. Aber in Betreff der unmittelbar in der nächsten Nähe der Stadt gelegenen herrlichen Promenaden unter den prachtvollen Palmen, Orangen, Cactus, Sycomoren, Acacien besitzt Kairo einen großen Vorzug vor Konstanti=nopel. Den größten Vorzug aber möchte ich darin erblicken, daß es bisher der europäischen Civilisation — oder richtiger gesagt — der europäischen Ansiedlung noch nicht gelungen ist, der alten Saracenenstadt ihren Charakter und Typus zu benehmen. Der unverfälschte, unvermischte Orient tritt uns hier in Gebäu=den, Menschen und Thieren entgegen. Mit Ausnahme der wenigen im unreinen italienischen Style erbauten Häuser, welche am Esbekiehplatz und zu beiden Seiten der Allee von Schubra stehen, und mit Ausnahme jener Paläste und halb schloß=; halb kasernenartig aufgeführten Etablissements, welche den reformatorischen Bestrebungen Mehemed Ali's und seiner Nachfolger ihr Entstehen zu verdanken haben, ist Kairo eine durchweg arabisch oder, richtiger gesagt, orientalisch gebaute Stadt, denn der sachverständige Architekt unterscheidet in Kairo zwischen sarace nisch=maurischen und arabischen Häusern und findet auch hie und da architektonisch

Verzierungen und Constructionen, welche ihn an den byzantischen Baustyl und an
die Art und Weise erinnern, wie man in Damascus und Aleppo baut, ohne
daß man hiernach eine Gattung syrischen Styles aufstellen könnte. Man mag
die gefeierte Stadt betrachten, von wo man will, überall ist und bleibt der An=
blick ein unvergeßlicher. Durch die Stämme der Palmen hindurch, zwischen und
über den Kronen der hohen Sycomoren und Acacien gesehen oder betrachtet von
der Höhe der Citadelle: immer gewähren die bemalten, grauen, reich mit Holz=
schnitzwerk verzierten Häuser, die weißen Paläste (Alles mit flachem Dach), dazu
die zahllosen Gewölbe der Moscheen mit ihren schlanken Minarets, einen unbe=
schreiblich schönen Anblick.

Die Dynastie der fatimitischen Khalifen begann ihre ruhmreiche Herrschaft im
zehnten Jahrhundert mit Erbauung der Stadt Kairo; den gewaltigen Selahebbin,
vor dessen Streichen so mancher Kreuzritter fiel, dünkte es vortheilhaft, die
Stadt mit Thoren und hohen Mauern zu umgeben, die jetzt theils abgebrochen
sind, theils in Trümmern liegen, zum Theil noch gut erhalten sind. Noch jetzt
ist Kahira, die „Beschirmte", die vornehmste arabische Stadt unserer Zeit, die
Hauptstadt aller arabischen Lande; ganz Syrien, Mesopotamien, Arabien, Aegyp=
ten, der Suban, Nubien und ein großer Theil der innerafrikanischen Lande,
sowie die gesammten Beduinen des nördlichen Afrika's östlich von Tunis betrach=
ten nicht Konstantinopel, sondern Kairo als Hauptstadt des Landes der Gläubi=
gen. Kairo giebt den Ton an, so weit arabische Sitte und Sprache herrscht,
in ihr sehen wir, was die Khalifenperiode Großes erreicht hat, und zeigt dem stau=
nenden Abendländer, der bei jedem Schritt und Tritt an die Erzählungen von
„Tausend und einer Nacht" erinnert wird, was das arabische Wesen und Leben
Großes und Höheres in sich birgt. Gelbgrau, gleich dem Grunde der endlosen,
Entsetzen erweckenden, Tod verbreitenden Wüste, auf dem sie, damals zur Zeit
der Gründung hart am Ufer des Nils auf einer durch eine Taube bezeichneten
Stelle gegründet wurde, erstreckt sich die herrliche Saracenenstadt, so schön und ge=
waltig wie keine andere, vom Ufer des göttlichen, heiligen Nils bis hinan auf
die kühnen letzten Ausläufer des Mocattam=Gebirges und mit ihren letzten Vor=
städten hinaus bis in die trostlose Wüste. Diesem Häusermeer, aus welchem
sich — Schiffen mit schlanken Masten vergleichbar — die zahllosen Moscheen
mit ihren schlanken, luftigen, kunstvoll errichteten, theils reich verzierten Mina=
rets erheben, diesem Häusermeer gegenüber thronen auf starrem Felsenhügel der
lybischen Wüste die königlichen Pyramiden der alten Pharaonischen Despoten, die
ewigen Wachhalter am fruchtbaren Nilthal, seit mehr denn vierzig Jahrhunderten
als das einzige im Wechsel Bleibende hienieden. Wahrlich, das heutige Kairo
ist eine würdige Genossin in der Reihe der ägyptischen Städte, eine schöne
Nachfolgerin von Sais, Theben und Memphis.

Die Stadt Kairo übertrifft an Unregelmäßigkeit der Bauart alles bisher
Dagewesene. Die Straßen sind mit Ausnahme der einzigen Muszky eng, krumm,
winklig, oft in Sackgassen auslaufend, die die Straßen und Gassen bildenden
Häuser von gänzlich verschiedener Größe und Art, zu einzelnen Quartieren und
Gruppen zusammengedrängt, welche sich sehr spezifisch von einander unterscheiden.
Man sieht ganze Straßen und Viertel, in denen eine Stille und Leblosigkeit
herrscht, wie in einer verlassenen Stadt, wo das Gras auf den Gassen wächst;

doch rührt diese scheinbare Unbewohntheit mehr von der sonderbaren Bauart der Häuser, als von wirklicher Menschenleere her. Die Häuser haben nämlich nicht ihre Fenster heraus auf die Gassen, sondern hier sieht man häufig nur leere Wände mit hie und da unsymmetrisch und regellos angebrachten, kleinen Oeffnungen, während die bewohnten Zimmer mit ihren reich mit Holzschnitzwerk verzierten Fenstern, bedeckten Gängen und schönen Terrassen nach dem geschlossenen Hof hin liegen. Diese hohen Quadermauern, durch deren hohe, mit Eisen stark beschlagene Thore man in jene großen Höfe blickt, in denen sich das ganze häusliche Leben entfaltet, sind eine eigenthümliche Erscheinung. Dringend rathe ich meinen wißbegierigen Freunden und Landsleuten, nur sehr vorsichtig die Thorwege zu betreten, um einen Blick in den innern Hofraum zu gewinnen, ich hätte einmal für mein Bestreben, den Kreis meiner Anschauungen nach dieser Richtung hin zu erweitern, unangenehme Folgen haben können. Zum Glück kam ich mit dem Schreck davon. Eine alte, wahrhaft scheußlich häßliche Araberin saß in erschreckend leichtem Anzug auf der Terrasse über dem Eingang, durch den ich sehr vorsichtig eingetreten war, und stürzte sich' unter entsetzlichem Geschrei und Scheltworten, ihr einziges Kleidungsstück, mit dessen Ausbesserung sie eben beschäftigt war, in der Hand haltend, mir, dem erschreckt Fliehenden entgegen, der ich mich eben anschickte, die fein ausgeführten Holzschnitzereien an den Fenstern genauer anzusehen. Man kann sich keinen größeren Contrast denken, als den zwischen den nicht belebten und belebten Straßen Kairo's. Hier sind die engen Straßen zum Schutze gegen die Sonne von Matten aus Blättern der Palmen, Schilf oder andern Rohrarten, Segeltuch oder andern Geweben überspannt, welches Schutzdach durch Balken, welche von Dach zu Dach gezogen werden, gestützt wird. Die Häuser, zum wenigsten im Unterstock aus Stein erbaut, oft über der Thür und rings um die Einfassung der Thür herum mit blaurothen Streifen, Blumen und abenteuerlichen Verzierungen bemalt (wodurch angedeutet werden soll, daß der Bewohner die ihm vorgeschriebene Wallfahrt nach Mecca und Medina gemacht hat), sind zwei bis drei Stock hoch, mit schrankartigen, weit vorspringenden Erkern versehen, wodurch man recht lebhaft an Nürnberg und andere altdeutsche Städte gemahnt wird. In diesen Erkern sieht man Holzschnitzerei von solchem Geschmack und Mannigfaltigkeit, daß mancher Musterzeichner hier Jahre lang Stoff zur weiteren Ausführung sammeln könnte. Mir wollte es scheinen, als ob die Hausbesitzer in den Erker- und Fenstergitterverzierungen eine Art Luxus entfalteten. Manche Straßen, die unten am Fuße der Häuser neun Fuß breit sind, erscheinen oben über dem dritten Stock in Folge der vorgebauten Fenster fast ganz geschlossen, denn der Erker der zweiten Etage ragt weiter in die Straße hinein, als der der ersten. Sämmtliche Häuser haben glatte Dächer, auf denen man mit Bequemlichkeit umherspazieren kann, oft so weit, daß man über ganze Stadtviertel, die nicht durch Straßen getrennt sind, fortschreitet. Doch gehört einige Vorsicht dazu, denn man läuft manchmal Gefahr, durch das Dach hindurch in die Wohnung des die oberste Etage Bewohnenden zu fallen, wie mir dies von einem Nachbarhause des Pyramidenhotels erzählt wurde, und von der Wahrscheinlichkeit eines solchen Durchtretens konnte ich mich einige Tage später in der Wohnung eines soeben aus Massana am rothen Meere zurückgekehrten Pantherfell- und Muschelhändlers durch eigenen

Augenschein überzeugen. Glasfenster giebt es nur im Franken= und theilweise im Griechenviertel und in den Palästen des Vicekönigs, der Pascha's, Beys und in den öffentlichen Gebäuden, die in italienisch=spanischem Genre aufgebaut sind. An allen andern Häusern sieht man lediglich Holzgitter vor den Fensteröffnungen, doch sind dieselben — wie schon oben erwähnt — meistens in so verschiedenen, aber immer (troß aller Bizarrerie) in so anmuthigen Figuren und Mustern ge= schnißt, daß man das Glas sehr gern vermißt. Bunte Glasscheiben sah ich nur in einigen Moscheen und in dem Hause eines sehr reichen Kahiraners. In den Hauptverkehrsstraßen und in allen Bazars sind die Verkaufsläden im Erd= geschoß angebracht. Nur in die fränkischen Läden und in einige Läden orienta= lischer Händler kann man hinein gehen, alle andern Verkaufslocale bestehen in etwas über dem Erdboden erhöhten durch Fallklappen abzusperrenden und zu verschließenden Nischen; die meisten Verkaufsläden und zwar sämmtliche Bazar= verkaufsstellen sind kleine, unansehnliche Zimmer, deren Vorderseite offen ist. Der Eigenthümer oder Verkäufer sißt, wie in Alexandrien, auf dem Boden, der un= gefähr zwei bis drei Fuß höher ist, als die Straße. Wenn ein Geschäft nicht gerade von großer Bedeutung ist, wird es abgeschlossen, ohne daß sich der Käufer seßt, im entgegengesetzten Fall seßt man sich vor den Verkäufer hin und läßt sich die auszusuchenden Waaren vorlegen. Als feines Mittel, den Käufer zu fesseln, wendet der Verkäufer Tschibuk und Kaffe an, und — will er den Käufer ganz besonders hoch ehren, so raucht er ihm selbst den Tschibuk vor, dem er jedes Mal eine ächte Bernsteinspiße angesteckt hat.

Ich hatte Gelegenheit, das Innere eines Hauses, dessen Besitzer ein wohl= habender Handelsmann ist, zu sehen. Es glich an Planlosigkeit und Verwirrung der Vertheilung des Raums innerhalb seiner vier Umfassungsmauern (und auch diese stießen nicht in regelmäßigen, rechten Winkeln zu einander) vollkommen dem Straßengäßchen und Winkellabyrinth, aus welchem die Stadt selbst zusammen= gesetzt ist. Aber bei Betrachtung der einzelnen Räume stößt man auf eine Menge einzelner Schönheiten, die wohl des Erwähnens werth sind; war auch die spezi= fisch arabische Einrichtung, das Meublement ꝛc. daraus entfernt, so hatte nichts desto weniger das Haus in allen seinen Räumen den unvermischten orientali= schen Charakter beibehalten. Daß System und eine bestimmte planmäßige An= ordnung nicht darin zu erwarten sind, hatte ich oben schon angedeutet, aber um so mehr hat der Baumeister mit Poesie gearbeitet und seine Phantasie bei der Ausschmückung und Decoration arbeiten lassen. Es ergiebt sich dies aus den überaus zierlichen Thürmchen, Gittern, Säulen, eigenthümlichen Bogenwölbungen, Simsen, Consolen und Terrassen, reizenden Deckenverzierungen, phantasievoll zu= sammengesetzten Fußböden, kunstvollen Arabesken, geschmackvollen Wandschränkchen, Consols, Räumen für Springbrunnen, die man in den Zimmern oder auch theil= weise in den nach dem Hof zu gelegenen, schön gewölbten Bogengängen findet. So ein überaus reich verziertes Zimmer von circa dreißig Fuß Höhe, ganz un= regelmäßig gebaut, hoch gewölbt, mit ganz allerliebstem Holzschnißwerk an, unter und über den buntgemalten Fenstern der verschiedensten Größe, schönes Parquet und Plafond, künstlerisch schönen Wandschränken, Marmorstraden, in welchem ich fast täglich verkehrte, dient jetzt als Comptoir eines der ersten deutschen Im= port= und Exportgeschäftes, welches sich den Absatz zollvereinsländischer Produkte

(Glas= und Porzellanwaaren, Tuche, baumwollene Stoffe ꝛc.) sehr angelegen sein läßt.

Meine Versuche, in ein noch von Arabern bewohntes Haus zu gelangen, waren vergeblich. Hierzu muß man längere Zeit am Orte bleiben und selbst dann würde es nur ganz ausnahmsweise durch Bestechungen der Dienerschaft und ganz spezielle Bekanntschaften zu ermöglichen sein, während der Abwesenheit der weiblichen Bewohner die Frauengemächer zu sehen, in denen — nach Allem, was man liest und hört — der raffinirteste Luxus entfaltet sein soll.

Will man hierüber etwas Zuverlässiges erfahren (denn viele Beschreibungen sind ein recht anmuthig zu lesendes Gemisch aus Wahrheit und Dichtung), so muß man die betreffende Beschreibung in dem vortrefflichen Werk von Lane lesen, welches mir von Allen, die ich hierüber um Rath fragte, einstimmig als das beste und ausführlichste bezeichnet wurde, selbst Leute, die seit mehreren Decennien in Aegypten leben, gaben ihr Votum dahin ab, daß Lane nie etwas beschrieben und geschildert habe, was er nicht in eigener Person gesehen und ge= hört hat, und daß seine Erzählungen und Schilderungen in nichts übertrieben sind.

Wenn ich jetzt noch einmal nach Kairo kommen und Landsleute umher= führen sollte, so würde ich keine andere als folgende Zeiteintheilung treffen.

Den ersten Tag reite man nach der Citadelle und besuche auf dem Rück= weg die Hassanmoschee und den Waffenbazar. Wenn man um 7 Uhr früh wegreitet, kann man mit Bequemlichkeit um Mittag im Hotel zurück sein. Den Nachmittag verwende man auf einen Besuch im Kasr=el=Nil und Bulak, dem Hafen von Kairo für die von Ober=Aegypten ankommenden Schiffe und besichtige dort das ägyptische Antikencabinet, die Geschützgießerei ꝛc., von 2 bis 6 Uhr läßt sich diese Tour bequem abmachen.

Am zweiten Tag reite man nach Heliopolis und nach dem Marienbaum, in sechs bis sieben Stunden ist dieser Ritt gemacht; den Rest des Tages ver= wende man mit Besuch einiger Bazars.

Am dritten Tag besuche man die Gärten des Ibrahim, die Insel Rhoda, die Amrumoschee, die älteste christliche Kirche in Aegypten, den riesigen Aquäduct, und wenn jener Tag ein Freitag ist, das Kloster mit den tanzenden Derwischen. Den Rest des Tages schlendre man wieder in den Straßen umher.

Am vierten Tag reite man früh nach den Khalifengräbern und nach der Abbasie; und Nachmittags nach Schubra, nachdem man sich vergewissert hat, daß man Einlaß in die Gärten und Paläste erhält.

Den fünften und sechsten Tag benutze man zum Besuch der Pyramiden von Ghize, Sphinx, der Pyramiden von Abaßr, Sakhara, der Apis= und Ibis= gräber, Memphis, lasse sich bei Tora übersetzen und kehre durch die Todtenstadt über den riesigen Platz, wo sich die Pilgercaravane sammelt, nach der Stadt zurück.

Am siebenten und achten Tag besichtige man die andern Moscheen der Stadt und einige interessante Bazars, arabische und koptische Kirchen und andere Sehenswürdigkeiten, nehme ein Bad, um sich für den neunten Tag den Ritt nach dem steinernen Wald und dem Mosesbrunnen, zu stärken.

Der zehnte Tag dient zu Einkäufen und zu einem abendlichen Ritt nach der herrlichen Citadelle, um den gefeierten Siegreichen, dem heiligen Strom und drüben den gigantischen Grabdenkmälern Lebewohl zu sagen.

Ich wende mich zu einer kurzen Schilderung der einzelnen Sehenswürdig=
keiten strikte nach den möglichst ausführlichen Notizen und Beschreibungen, welche
ich am Platze selbst sofort niedergeschrieben und verzeichnet habe, und beginne
mit Kairo's sehenswürdigstem und zugleich schönstem Punkt, mit der Citadelle,
die ich in Begleitung eines jener Landsleute machte, dessen militärischer, achtung=
gebietender Tüchtigkeit die ägyptische Artillerie ihre heutige Bedeutung verdankt;
ich konnte wahrlich keinen liebenswürdigeren und unterrichteteren Führer als ihn
finden, der, seit einer Reihe von Jahren im Lande, sich allseitige Kenntnisse
der Sprache, Sitten und Gebräuche des Volkes und des Landes zu erwerben
gewußt hat, die er auf die zuvorkommendste Weise den Landsleuten zu Gut
kommen läßt. Durch seine Vermittlung durfte ich sämmtliche Räume des Pa=
lastes auf der Citadelle betreten, seine Ortskenntnisse machten mir meine noch=
maligen, wiederholten Besuche auf der Höhe der Citadelle noch interessanter und
verliehen ihnen einen bleibenden, unauslöschlichen Eindruck.

Wer die Citadelle nur einmal besuchen kann, muß dies schlechterdings am
frühen Morgen thun, wenn die Sonne ihre ersten Strahlen hinter dem Mocattam=
gebirge hervor auf die in westlicher Richtung unter den Füßen des Beschauers
liegende, anscheinend so friedlich ruhige Stadt, auf den auf eine Strecke von
zehn Meilen zu verfolgenden Nil und die dahinter liegende Wüste wirft. Die
röthlich=gelbe Morgenbeleuchtung ist ganz entschieden die günstigste. Alles, Mi=
narets, Kuppeln, Paläste, Gärten, Bäume, Häuser, die grüne Nilniederung er=
scheint am frühen Morgen um deswillen dem Beschauer schöner, weil dies Alles
noch nicht durch die heiße, zitternde Luft in gleiches Zittern versetzt wird und
der Besucher selbst von der Hitze noch nicht zu leiden hat. Auch die Contouren
der drei unvergänglichen Riesenwerke zeichnen sich scharf und klar von dem
gelblich blauen Himmel ab, zu ihrer Linken die Pyramiden von Abusir, noch
mehr links die Pyramiden von Sackhara, deren Stufenpyramide man ganz deut=
lich zu unterscheiden vermag, und am weitesten nilaufwärts die Pyramiden von
Daschur. Der weltberühmte Strom singt uns, langsam dahin rollend, seine
uralten Sagen und Geschichten vor und unsere Seele vertieft sich hinein. Aber
auch nilabwärts von Gizeh aus hat eine Pyramidengruppe gestanden, über die
man noch wenig weiß und deren Ueberbleibsel man ebenfalls sieht. Wer sich über
das in allen Sprachen der Welt, von den Gelehrten aller Völker nach jeder Rich=
tung des Denkens, Forschens und Wissens hin durchgearbeitete Kapitel „Pyra=
miden" unterrichten will, der muß im dritten, vierten und fünften Bande von
Westermann's Monatsheften die interessanten Berichte unseres Landsmanns Dr.
Reil nachlesen und sein Wissensdurst wird befriedigt werden. Was einem auf=
merksamen Touristen (natürlich keinem eingefleischten Hieroglyphenjäger) zu wissen
frommt, findet er hier, ein Mehreres zu wissen ist unnütz, man beschwert sich
unnöthig sein Gedächtniß.

Der Weg nach der Citadelle führt die Musky und Straba nuova in ihrer
ganzen Länge hinauf; man wendet sich am Ende der Letzteren rechts und über=
läßt sich dem dichtesten Volkstreiben, um sicher zu sein, auf irgend einem Wege
nach dem Rumelieh=Platze, jenem staubigen, öden Platze zwischen der hochberühm=
ten Hassanmoschee und der Citadelle zu gelangen, von wo man die steile, aber
breite, theils durch den Fels hindurch gehauene Straße hinaufreiten kann, bei

welcher Gelegenheit man das Bab el Asab passirt, ein schönes, hohes Thor neuerer Construction, stark befestigt! Auf unserem ersten Ritt nach der Citadelle wählten wir einen andern noch interessanteren und sehr belebten Weg. Wir verfolgten die schon oben erwähnte, rechtwinklich auf die Musko stoßende Straße (eine der wenigen sogenannten Hauptstraßen bis zu dem alten, mit zwei Thürmen versehenen Thor, welches zu Saladin's Zeiten die Südgrenze der Stadt bezeichnet hatte), sahen die alte Moschee El Moyed, wandten uns links durch den endlosen Bazar der Sattler, bei welcher Gelegenheit wir recht reiche Sattel= und Zaum= zeuge für Reitpferde und Esel und reich verzierte Geschirre für Wagenpferde zu sehen erhielten, passirten den noch weit interessanteren Waffenbazar, wo der Neu= und Wißbegierige eine vollständige Rüstkammer aller in den benachbarten Theilen von Asien und Afrika gangbaren Hieb=, Stich= und Schußwaffen, Speere, Lan= zen zu betrachten Gelegenheit findet. Auf dem letzten Theil des Weges erregten zur Linken zwei schöne, reich verzierte, arabische Brunnen unsere Aufmerksamkeit in hohem Grade. · Nach wenig Minuten kamen wir, die ausgedehnten Gebäude Kairo's denkwürdigster Moschee, der schon oben erwähnten Hassanmoschee zur Rechten lassend, auf dem großen Rumeliehplatze an, einem unregelmäßig viereckigen und ungleichseitigen, öden Platze, welcher, unmittelbar unter der Citadelle gelegen, eigentlich nur deshalb merkwürdig ist, weil hier das arabische Straßenleben in vollster Blüthe steht. Kein Franke, kein Grieche oder Jude oder Kopte wohnt hier oder in der Nähe; nur selten reiten neugierige Reisende über denselben hin= weg. Gaukler, Taschenspieler, Escamoteurs, Improvisatoren, Schlangenbeschwörer, Thierbändiger, Wahrsager treiben ihr Wesen ungestört hier, doch möchte ich dem Europäer dringend rathen, nur vorsichtig sich einem Kreise oder Menschenknäuel (dem irgend etwas vorerzählt oder vorgegaukelt und gespielt wird) zu nahen und seine Bemerkungen über die Galgenphysiognomien und Attituden, die er zu sehen Gelegenheit findet, nicht laut werden zu lassen. Ein Pferdemarkt fand bei mei= nem ersten Besuch des Rumliehplatzes auf demselben statt und gab mir die er= wünschte Gelegenheit, zu sehen, wie die Beduinen ihre schönen Thiere den Kauf= lustigen anpreisen, vorführen und vorreiten. Auch hier konnte man zwei Pferde= racen mit Leichtigkeit unterscheiden, das mehr gedrungene, kleinere Berberpferd und das schlanke, größere, arabische Pferd. Dicht neben dem Platz, wo die Pferde standen, fand der Verkauf von Zuckerrohr im Großen statt. Ich erwähne dies nur deshalb, weil ich hierbei bei einem zweiten Besuch des Platzes Gelegenheit fand, zu sehen, wie zwischen zwei alten Araberinnen, anscheinend Fellahinnen, ein Streit beim Einkauf und der Bezahlung des Zuckerrohrs entstand, durchge= führt und beendet wurde. Wer sich von einer Furie eine richtige Idee machen will, muß eine alte, häßliche Fellahin reizen. · Eine Fluth von Schimpfworten war der erste Akt des Gefechts, der zweite bestand in gegenseitigem Abreißen ihrer blauen, halbzerlumpten, mantelartigen Gewänder und das Finale wurde dargestellt, daß die beiden, halbnackten, scheußlich anzusehenden Weibsbilder (in gelöstem, kurzem Haupthaar), mit Stücken von Zuckerrohr sich weidlich durch= prügelten, indem sie dabei ein mehr als diabolisches Gebrüll, Geschrei, Geheul oder wie man diese bestialischen Laute nennen will, ausstießen.

Vis à vis der Citadelle liegt die Hassanmoschee, zwischen derselben und dem einen der zwei Aufgänge zur Citadelle die in Trümmern liegende, alte

Mahmudiehmoschee, die andern zwei Seiten werden von jammervollen Häusern, zerfallenen Wohnungen und leeren Schuppen und Stallungen eingenommen, welche früher der ägyptischen Artillerie eingeräumt waren. Auf diesem großen Platze und auf dem dicht daneben liegenden Karameidamplatz findet die Versammlung der nach Mecca pilgernden Gläubigen statt und zwar überreicht der Oberpriester von Kairo von dem Balcon eines unter der Citadelle gelegenen Hauses den die Karavane begleitenden Ulema's den berühmten Teppich, Geschent des Vicekönigs an die erste Moschee des gesammten Islams zu Mecca, die hochgefeierte El Haram, worin dieser Teppich die Stelle eines Vorhanges vertritt. Nach den in Kairo hierüber empfangenen Mittheilungen, die ich leider mir nicht sofort notirt habe und deshalb aus dem Gedächtniß wiedergeben muß, ist dieser Teppich von der feinsten, schwarzen Seide, worauf das muselmännische Glaubensbekenntniß und andere fromme Koransprüche in reicher Goldstickerei eingearbeitet sind. Das hierzu gehörige Futter besteht aus der schwersten Rosaseide und ist ein Geschent des Sultans. Der vorjährige Teppich, nachdem er ein Jahr in Mecca gedient hat, wird wieder zurückgebracht und auf demselben Platze in Kairo den rückkehrenden Pilgern in zahllose kleine Stückchen geschnitten, welche, als Amulette dienend, in höchstem Ansehen und Werth stehen und deshalb theuer bezahlt werden. Wer aus den Händen des die zerschnittenen Stückchen vertheilenden Oberpriesters ein Stück aufzufangen so glücklich ist, darf sich und seine Familie glücklich preisen.

Wir ritten nun auf der Nordostseite der Citadelle auf einer breiten, vortrefflich gehaltenen Straße langsam hinauf. Zur Linken erblickten wir in der Ferne die am Rande der Wüste gelegenen, weltbekannten Khalifengräber, die Todtenstadt einer großen Zahl der alten Saracenenhäuptlinge, ein anderes Seitenstück zu den gegenüberliegenden Pyramiden. Nach kurzer Strecke wendet sich die schöne, breite Straße nach südöstlicher Richtung und man befindet sich nach wenigen Minuten vor dem seltsamen Gemisch von noch seltsameren Gebäuden der verschiedensten Art und von Ruinen, welche man mit dem wenig passenden Collectiv-Namen „Citadelle" bezeichnet.

Von den zahllosen europäischen Reisenden, welche Kahira's erste Sehenswürdigkeit, die Citadelle, besucht haben, hat eine nicht unbedeutende Anzahl sich gemäßigt gefunden, sie zu beschreiben. Ich habe dergleichen Geistesprodukte von Engländern, Amerikanern, Franzosen und Deutschen gelesen, erinnere mich auch, und zwar mit vielem Vergnügen, der vortrefflichen Schilderung dieser Vereinigung von Palästen, Häusern, Kasernen, Moschee, Gewehrfabrik, Münze, Gefängniß und andern Gouvernementsgebäuden, welche mir im Sommer 1857 ein junger schwedischer Naturforscher in Stockholm darüber machte, welcher zur Wiederherstellung seiner Gesundheit zwei Jahre in Kairo zugebracht hatte. — aber keine aller dieser Beschreibungen vermag sich der erschöpfenden und doch so kurzen Schilderung unseres Landsmannes Golz an die Seite zu stellen, welche ich hier anführe.

„Selbst wenn man aus den Geisterräumen der Hassanmoschee zu Saladins Veste hinansteigt, kommt man nicht aus Märchen und Träumereien heraus; sie haben vielmehr in diesem wunderlichen Durcheinander von alten wie neuen Bauwerken ihr tausendfältiges, wundervolles Hexennest und Versteck. Diese

Citadelle ist ein in der ganzen Welt nicht zum andern Mal anzutreffendes phan=
tastisch=babylonischer Wirrsaal von sabelhaften Höfen und mörderischen Mauer=
gängen, von Kasernen und Palästen, von jäh abstürzenden Felsmauern und
schauerlichen Mordwinkeln, in welchen die Geister der massakrirten Mameluken=
häuptlinge und der heimlich umgebrachten Haremsschönheiten umgehen. — Ruinen
und Neubauten, Schutthaufen und Prachtbauten, in Alabaster ausgeführt, Felsen=
brunnen, die bis zum Spiegel des Nils hinabreichen, und Minarets, die wie
ungeheure Wachskerzen auf Candelabern um das Heiligthum der Kuppeln auf=
gesteckt sind, durchirrt der Fremdling mit beängstetem Herzen und zögerndem Fuß.
Wenn man diese Contraste in so allgemeinen Andeutungen und Citaten
zusammenstellt, so ist es nur ein Schattenriß, eine abstracte Formel für die
concrete Proteuspoesie, für die dämonischen Phantasmagorieen, welche an diesem
seltsamsten Ort und Bauwerke in den unerhörtesten Verkleidungen, Gestaltungen,
Tonarten und Metamorphosenspielen umherspuken und dann wieder idealisch und
natürlich zum Himmel wachsen, so bald der Beschauer die hohen Mauerzinnen
betritt, von denen sich eine Aussicht nach allen Weltgegenden hin, ähnlich wie
von den Pyramiden über das ägyptische Wunderland und die Wunderstadt er=
öffnet, welche der Araber in gerechtem Stolze Ommabanja, d. h. Mutter der
Welt, nennen mag."
Obschon hierin eine vollständige Schilderung aller der Eindrücke enthalten
ist, die der denkende Reisende, der vorbereitet (namentlich in Bezug auf histori=
sche Dinge) den Schauplatz so vieler erschütternder Begebenheiten betritt, aufzu=
nehmen vermag, so unternehme ich es dennoch, ein wenig in das Einzelne einzugehen.
Möglich, daß ich mit ganz eigenthümlichen, vielleicht getrübten, subjectiven
Empfindungen das Innere der Citadelle betrat — denn ich fühlte bald, daß
zur objectiven, ruhigen Betrachtung und Beschauung ein wiederholter Besuch
durchaus nothwendig sei. Ich fühlte mich aufgeregt, denn man hatte mir als
ganz zuverlässig erzählt, daß, als die Nachricht von den Christenmetzeleien in
Damascus nach Kairo gelangt waren, die Ulema's dieser Stadt den Fanatismus
der Gläubigen zu wiederholten Malen trotz der energischen Drohungen des
christenfreundlichen Vicekönigs anzustacheln versucht haben, welche Umtriebe nur
dadurch beendet werden konnten, daß Said=Pascha eines Morgens fünf der
widerspänstigen Priester enthaupten ließ, welches abgekürzte Verfahren ebenfalls
in einem abgelegenen Hofraum der Citadelle stattgefunden hat. Dazu kam die
Erinnerung an die Schreckensscene mit den Mamelukenbey's — kurz, ich sah im
Geiste überall Mord und Todtschlag, Fanatismus, verblendete Mordgier verkör=
pert in den hingeschlachteten Priestern und Kriegerführern, ohne jedoch Furcht
oder Bangigkeit u empfinden.
Links von dem Hauptthore, unter welchem man hindurchschreitet (es ist dies
der einzige Durchweg von unten herauf in die innern Citadellenräume) erheben sich
die thurmhohen, fensterlosen Baulichkeiten des Harems. Eine Equipage mit zwei
Sais, zwei Eunuchen hielt an dem schmalen Mauerpförtchen, erst als wir das
Thor passirt hatten, fuhr der Wagen, in welchem vier Frauen — naürlich tief
verschleiert — eingestiegen waren, im scharfen Trabe nach der Stadt hinunter.
Jener Durchgang führt unter einer sehr großen Kaserne hindurch nach dem
inneren Hofraum, der gebildet wird von Norden von eben der großen, unterwölbten

Kaserne, von Süden von der prachtvollsten Moschee des sunnitischen Muhame=
banismus, gegen Osten von einem Theil des Kriegsministeriums (hier Diwan
der militärischen Angelegenheiten genannt). Gegen Westen endet der überhaupt
nach Süden zu ansteigende Platz in einer Bastion, welche mit Kanonen von
schwerem Kaliber montirt und deren Zugang uns nicht gestattet war. Der
südliche Theil des Platzes wird noch durch eine Mauer abgesperrt, es scheint,
als wolle man hiermit andeuten, daß dieser Theil zur Moschee gehöre, denn
wir mußten hier von den Eseln steigen und den circa fünfzig Schritte breiten
Raum bis an den herrlichen Säulengang zu Fuß zurücklegen. Es ist dies der
höchste Theil der Citadelle, der nach Westen zu mehrere Hundert Fuß steil nach
den vorhin erwähnten Rumelieh= und Karameidamplätzen abfällt. Hier ist der
Flaggenstock angebracht, hier waren einige zwanzig Geschütze aufgefahren und
zahlreiche Munition erinnerte daran, daß dieser Platz auch zu andern Zwecken
als zum Versammlungspunkt der Gläubigen dienen müsse. Aber was den Werth
und die Bedeutung der Citadelle als vertheidigungsfähige Befestigung anbetrifft,
so scheint sie nur eine Zwingburg für die unter ihr liegende Stadt zu sein,
die man von jener Flaggenstockbastion (hart neben dem Gotteshaus gelegen)
binnen Kurzem in einen Trümmerhaufen verwandeln könnte, die Citadelle selbst
kann jedoch von der Höhe des Mocattamgebirgszuges beschossen werden.

So lange der Posten an den Kugelhaufen mit Ausbessern seiner Strümpfe
und Hosen beschäftigt war, konnten wir uns an der unvergleichlichen, herrlichen
Aussicht von der Höhe herab, auf einem kurzen Vierundzwanzig=Pfünder rittlings
sitzend und auf der Mauer lehnend, erfreuen, als der tapfre Krieger uns aber
nach gemächlicher Beendigung seiner Toilettenreparatur erblickte, erfaßte er sein
französisches Percussionsgewehr, eilte barfüßig auf uns zu und bedeutete uns,
daß der Zutritt zu den Kugelhaufen und Geschützen nicht erlaubt sei. Mein
freundlicher Führer vertröstete mich, der ich mich nur ungerne von dem pracht=
vollen Blick auf Stadt, Nil, Wüste und Pyramiden trennte, auf die Südseite
der Moschee, von wo wir dasselbe und noch einen weiteren Theil von Mittel=
ägypten sehen würden. Deßhalb unterließ ich, die ägyptische Soldateska durch
Bestechungsversuche günstig für mich zu stimmen, und folgte dem Freunde nach
der Moschee.

Diese Moschee könnte man kurzweg als eine Composition von Gold, Mar=
mor, Alabaster, Sammt, Seide und prachtvollen Teppichen bezeichnen. Weder
Stambul noch Aleppo, noch Damascus, noch Mecca, noch Bagdad besitzen eine
so reich verzierte Moschee; sie wird an Reichthum und Schönheit nur von
der Meschid=Schah=Moschee in Ispahan übertroffen, dem von Schah=Abbas er=
bauten ersten und schönsten Gotteshause der schiitischen Moslems.

Die Moschee besteht aus dem eigentlichen Betraum, welcher an seiner West=
seite von einem mit riesigen, blendend weißen Marmorquadern bekleideten Hof=
raum begrenzt wird, welcher an der Süd=, West= und Nordseite von prachtvollen
Bogengängen (aus goldgelbem und weißem Alabaster) eingeschlossen wird. Mitten
im Hofraum befindet sich der reichverzierte Brunnen. Ein Thurm mit einer
Uhr erhebt sich in der Mitte des westlichen Bogenganges hart über dem drei=
bis vierhundert Fuß tief unten liegenden Rumeliehplatze. Die Moschee ist mit
verschwenderischer Pracht ausgeführt und besteht in einer colossalen, von einer un=

geheuren Kuppel überdeckten Halle, welche von vier ungeheuren Pfeilern getragen wird, vier kleinere Kuppeln wölben sich über eben so viel Seitenräumen und in den vier Ecken des in seinen Umfangsmauern ziemlich regelmäßig quadratischen Gebäudes erheben sich vier achteckige, thurmartige, tuglig zugewölbte, noch kleinere Nebenkuppeln.

Zwei schlanke, fast halmartig dünne Minarets, ebenfalls aus blendend weißem Marmor an den beiden Ecken der Westseite aufgeführt, erheben sich bis zu dreihundert Fuß Höhe — wahrlich die schönste äußere Verzierung dieses auf steilem Bergesabhang stehenden Prachtbaues!

Noch vier Stunden von Kairo entfernt, sieht man diese Wahrzeichen des Islam sich kühn in die blauen Lüfte erheben und ich finde das Entzücken der Reisenden natürlich, die nach langen Reisen im Innern des Landes, vom Sudan aus Oberägypten kommend, zum ersten Mal von ihrer Nilbarke aus diese im Glanz der Sonne blendend weiß glänzenden, hoch erhobenen, ebenfalls durch saracenisch-byzantinische Sculpturarbeiten reich verzierten Thürme wieder erblicken, sie sind für die Wüstensöhne die Leuchtthürme in dem Sandmeer der lybischen Wüste und der Wüste von Suez.

Imposant sind die hochgeschwungenen Bogen, welche die vier Pfeiler mit einander verbinden, von denen die centrale Hauptkuppel getragen wird. Dieselbe trägt auf dunkelblauem Grunde eine große Anzahl in Gold ausgeführter Sprüche des Koran's, die durch fantastische, arabeskenartige Verzierungen unterbrochen werden, und weiß man oft nicht, ob die goldenen Striche und Häkchen rc. Schriftzeichen vorstellen sollen oder schon zu den ausschmückenden Decorationen gehören. Eine hüfthohe Gallerie, von schönen, hellgelben Alabastersäulen getragen, läuft in halber Höhe an den vier Wänden hin, das eiserne Gitterwerk dieser Gallerie ist stark vergoldet und stellt ganz eigenthümliche Zeichnungen und Muster dar. Um den Fries der Kuppeln ziehen sich ebenfalls fußhohe Buchstabenreihen mit künstlich durch einander gezogenen Schriftzügen, sämmtlich in Gold ausgeführt, entlang. Die Fenster sind viereckig, mit bunten Scheiben versehen. Ein riesiger Kronleuchter (französisches Fabrikat) hängt von der Decke herab und verdeckt dem gerade im Centrum der Moschee stehenden Beschauer durch seine fabelhafte Größe den Blick nach der Höhe der Hauptkuppel. Seine Anwesenheit stört, nicht nur durch seine Größe, sondern überhaupt weil er da ist. In eine Moschee gehört kein fränkischer Kronleuchter. Die Beleuchtung darf hier nur durch Lampen in unverfälscht orientalischer Weise bewirkt werden. Kränze, aus starken Messingstäben gebildet, vom verschiedensten Durchmesser hingen von den höchsten Punkten der neun Kuppeln und von je vier Punkten ihrer untersten Friesränder bis zu verschiedener Höhe ins Innere der Moschee herab, jeder einzelne fünfzig bis fünfhundert bunte Glaslampen tragend, und da durch die große Anzahl der kranz- und ringförmigen Gruppen mit ihren an dünnen Ketten aufgehangenen zahllosen Lampen — mit deren Instandsetzung zum heutigen Festtage (es war der Todestag Mehemed Ali's) man eifrigst beschäftigt war — nothwendiger Weise eine strahlende Helle verbreitet werden mußte, wandelte uns die Lust an, Abends wieder zu kommen. Die Kanzel ist von weißem Marmor, mit überreichen Goldverzierungen, grünseidenen und grünsammtenen Ausschmückungen vollständig überladen. Eine schmale Treppe mit geschmackvollem Schulengeländer führt zu der ungewöhnlich hohen, mit einem aus Sammt und Seide gefertigten Baldachin überdeckten Podium, von wo die Erklärung des Koran stattfindet. Wie in jeder Moschee, so ist auch hier in der Mitte der Ostseite eine Vertiefung angebracht, das Allerheiligste, den Gläubigen die Stelle der Kaaba in der Moschee von Mecca andeutend. Ein reichgestickter Vorhang, von dessen grüner Grundfarbe man zu Folge der Ueberladung von Goldstickerei wenig mehr sehen konnte, verschloß diese Nische den Blicken der Ungläubigen. Rechts vom Haupteingang in die Moschee, der stets offen steht, befindet sich hinter einem stark vergoldeten Gitter das Grab des Gründers dieser Moschee, des unsterblichen Mehemed Ali's oder, wie die Araber sagen und schreiben, Mahammed Aali. Auf prachtvollen persischen Teppichen steht auf weißem Marmoruntersatz der Sarg des genialen Mannes, dem Aegypten unendlich Vieles verdankt. Aus welchem Stoff der Sarg sein mag, vermag ich nicht zu berichten, denn eine Menge von schweren Stickereien von Gold auf dunkelgrünem Sammt, Candelabern und Leuchtern machen dies unmöglich. Die reich mit Arabesken, dem Namenszug des Verstorbenen und andern morgenländischen fantastischen Decorationen versehene Eingangsthür zum Grabmal stand offen, eine Menge Gläubiger erfüllten das Innere der Moschee dicht vor dem Sarge und beteten. Für gewöhnlich ist das Grabmal verschlossen. Matten, aus den Fasern und Blattrippen der Dattelpalme gewebt, bedecken den ganzen Raum in der Moschee, hie und da sieht man Teppiche darüber gebreitet, vielleicht für die Leute, welche im Besuch der Moschee abonnirt sind, die sich ihren Gebetsteppich nicht immer mitschleppen wollen. Hier war es, wo ich zum ersten Mal die Ceremonien des Fünfuhrgebets von Anfang an bis zu Ende beobachten konnte. Ich kann nicht läugnen, daß manche, ich möchte sagen, jede einzelne dieser eine ganze Kette verschiedener Attituden, Hand= und Körperbewegungen bildenden, religiösen Ceremonien und Gebräuche etwas zum Nachdenken Anregendes· haben, darüber nachzugrübeln, aus welchem Grunde der kühne Stifter dieser Art Religion gerade diese Bewegung und keine andere angeordnet hat. Doch ich darf mit diesen Reflexionen meine geehrten Landsleute nicht belästigen, aber eine kurze Beschreibung der Betscene halte ich für nicht überflüssig. Der Mohamedaner betet fünf Mal innerhalb vierundzwanzig Stunden. Der Betende stellt sich so, daß er das Gesicht gen Mecca wendet. Die Füße dürfen nicht dicht an einander stehen; zuerst spricht er leise vor sich hin, wie viele einzelne Gebete er zu sagen beabsichtigt, dann hebt er seine offenen Hände zu beiden Seiten des Gesichts empor, und sagt, indem er die Ohrläppchen mit den Spitzen der Daumen berührt: Allahn akbar, d. i. Gott ist sehr groß. Dann erst beginnt er die vorgeschriebenen und freiwillig hinzuzufügenden Gebete in folgender Weise. Noch stehend und die Hände ein wenig unter dem Gürtel vor sich haltend, die linke in der rechten, recitirt der Betende (indem er die Augen auf die Stelle richtet, wo sein Kopf bei der Niederwerfung den Boden berührt) das Eröffnungscapitel des Koran und eine oder einige Suren. Dann sagt er: „Gott ist sehr groß" und verneigt zu gleicher Zeit Kopf und Körper, indem er die Hände auf die Knice legt und die Finger dabei aus einander breitet. In dieser Stellung spricht er wiederum eine Gebetsformel. Dann erhebt er den Kopf und Körper, murmelt einige Worte, kniet langsam nieder und flüstert wiederum: „Gott ist groß", legt dann seine Hände in kurzer Entfernung vor den Knieen auf den Boden und berührt

mit Nase und Stirn den Boden zwischen seinen beiden Händen. Bei dieser
Niederwerfung wird ebenfalls gebetet. Dann richtet er Kopf und Körper empor,
bleibt aber knieend, sinkt rückwärts mit dem Oberkörper auf die Fersen, legt die
Hände auf die Schenkel und sagt wiederum zugleich: „Gott ist groß". Dieselben
Worte wiederholt er noch einmal, indem er den Kopf nochmals zur Erde niederbeugt.
Hiermit sind die Gebetsceremonien, deren Reihenfolge genau zu beobachten jeden=
falls eben so schwierig zu erlernen ist, wie die Zahl der Verbeugungen beim
katholischen Ritus, beendet. Einem jeden der fünf Gebete geht eine Waschung
voraus und zwar ist die Reihenfolge der zu waschenden Körpertheile, sowie die
Zahl der verschiedenen Waschungen und Besprengungen ebenfalls ganz genau
vorgeschrieben. In jeder Moschee ist ein Brunnen, in einer erblickte ich sogar
ein größeres Wasserbassin, von schönem Marmorrand umgeben, aus welchem
eilf Mohamedaner à tempo die Abwaschungen executirten. Mir schien, als wenn
diese Gläubigen sich weniger aus schuldiger Ehrfurcht gegen die Gesetze des
Korans, sondern mehr aus tiefgefühltem Bedürfniß wuschen, denn sie rieben mit
einer Vehemenz auf ihren incrustirten Armen und Beinen herum, daß es eine
wahre Lust war. Leider wurde mir auf eine nicht gerade artige Weise ange=
deutet, daß meine Gegenwart bei diesen Vorbereitungen zum Gebet nicht noth=
wendig sei, und ich mußte mich beeilen, die sechs Stufen hinabzusteigen. Wie
der Name dieser ungastlichen Moschee hieß, weiß ich nicht. Es war auf einem
meiner einsamen Spazierritte durch Kairo, wo ich merkwürdiger Weise innerhalb
einer Stunde aus zwei Moscheen heraus complimentirt wurde. In der zweiten,
welche ich schleunigst verlassen mußte, wurde der Koran vorgelesen und erklärt,
und während dieser frommen Lectüre sandte ein alter, graubärtiger Araber einen
Museljungen an mich ab, der ich — allerdings mit Stiefeln an den Füßen —
ganz bescheiden eingetreten war, welcher mir die Eingangsthür mit so deutlichem
Geberdenspiel zeigte, daß ich keinen Augenblick im Zweifel sein konnte, was er
von mir wollte. Mir war gerade eine Ausweisung aus dieser Moschee als gar
nicht denkbar erschienen, weil im Vorhof derselben ein ziemlich lebhafter Geschäfts=
verkehr mit baumwollenen Stoffen, Pantoffeln, Messern ꝛc. stattfand, wobei ich
unwillkührlich an die biblische Erzählung, nach welcher Jesus einstmals eine Horde
schachernder Juden aus dem Tempel jagte, erinnert wurde. Doch ich kehre zur
schönen Moschee auf der Citadelle zurück, in deren herrlichem Hofraum, der mit
herrlichen, weißen Marmorquadern gepflastert ist, wir längere Zeit umherwandelten,
nachdem man uns mit schwarztuchenen Ueberschuhen versehen hatte, ehe wir das
Innere des prachtvollen Gotteshauses betraten. Die schön geschwungenen Bogen
der Arkaden mit ihren fantastischen Verzierungen, in denen ebenfalls auf grünem
Grunde goldene Koransprüche angebracht sind, üben einen angenehmen Eindruck
auf den Beschauer aus. Der zwölfeckige Brunnen in der Mitte des Hofraums
ist ein würdiges Seitenstück in Bezug auf sauber ausgeführte Verzierungen, ge=
schmackvoll angebrachte, wenn schon im Einzelnen hie und da etwas ungewöhnlich
und bizarr erscheinende Decorationen zu dem weltbekannten Brunnen im alten
Stambul und Topchane. Die zwölf Wasser gebenden Röhröffnungen wurden
nie leer von Gläubigen, die sich — ihre Pantoffeln in der Hand, die nämlich
jeder Muselmann beim Eintritt in die Moschee ablegen muß — hier dem
Reinigungsproceß unterwarfen.

Der Uhrthurm auf der Westseite erregte meine ganz besondere Aufmerk=
samkeit durch sein riesiges Zifferblatt mit arabischen Ziffern, ein Geschenk
Louis Philipps an den vorwärts strebenden Mehemed Ali. Auf der Plattform
des Thurms ist eine Art Terrasse zur bequemen Aussicht auf die Stadt, Nil und
Wüste erbaut, leider war der Zugang verschlossen und kein Schließer zur Hand.
— Die sehr gründliche Besichtigung der innern Moschee, so wie die umfassen=
den Vorkehrungen, welche man daselbst zur würdigen Begehung des wiederkehren=
den Todestages Mehemed Ali's traf, ließen uns den festen Beschluß fassen,
diese Gelegenheit nicht unbenützt vorüberstreichen zu lassen, um den Prachtbau
auch im Glanze der abendlichen Beleuchtung bewundern zu können. Eine Per=
sönlichkeit aber fesselte uns, speziell mich, noch einen Augenblick, ehe wir den
Vorhof der Moschee durch das Thor auf der südlichen Seite der Bogengänge
verließen. Es war dies Hassan Pascha, der Minister des Hauses des Vicekönigs,
der mit der Revision der Vorbereitungsarbeiten beschäftigt, mit einigen Bey's
die Moschee durchschritt. Seine Kleidung so wie die seiner Begleiter war durch=
weg europäische Façon, dunkler Tuchanzug, der Tarbusch fehlte. natürlich
Keinem. —
Wir betraten nun den freien Platz an dem Südende der Citadelle, wo die
Mamelukenmetzelei stattfand. Ein kleines Palais mit wundervollem Garten steht
unweit davon, es wird von Ibrahim Pascha bewohnt, welcher im Garten pro=
menirte. Aber mehr als Ibrahim Paschas Palast und Garten interessirte mich
die unvergleichliche Aussicht, die man, hart an dem hohen senkrechten Felsab=
hang, dicht an der Außenwand der zur Moschee gehörenden Bogengänge stehend,
genießt, eine Aussicht, die wegen des Objects, was man sieht, einzig in der
Welt ist. Ich begriff leicht, daß diese Aussicht in den ganz frühen Morgenstun=
den am Schönsten sein muß wenn die Sonne eben erst ihre ersten Strahlen
über das Mocattam=Gebirge herüber erglänzen läßt. Dann sind die Contouren
der Wüstenhügel, Felskämme, Pyramiden, Palmenhaine und die einzelnen Häu=
sergruppen, Moscheen, Minarets, so wie die der Bewässerungscanäle in der Nil=
niederung noch am schärfsten ausgedrückt und der glückliche Beschauer hat noch
nicht von Staub und Hitze zu leiden. Unmittelbar zu den Füßen des Beschauers
liegt sie imposant da, die gelbgraue alte Riesenstadt, deren Lärm und Toben
nur wie tumpfes Gemurmel da oben sich anhört, mit ihren zahllosen vom
Sonnenlicht fahl gerötheten Minarets, ihren Palästen, Kuppeln, Gärten, Hainen
und romantischen Trümmerhaufen. Hart unten am Felsabhang der ungeheuere
Rumeliehplatz mit der Hassan=Moschee, hinter derselben die meist, weißen Ge=
bäude des Harems des alten grausamen wollüstigen Abbas Pascha links davon
die Touloun=Moschee, kenntlich durch ihren großen Minaret, um welchen außen
herum die Treppe hinaufführt — überhaupt für Architekten und Alterthumsfor=
scher wohl die interessanteste Moschee Kairo's — noch mehr links in südlicher
Richtung unmittelbar unter der Citadelle der große Karameidamplatz, eingeschlos=
sen von Kasernen und Ställen. Die Riesenstadt mit ihrem Häusermeer erscheint
wie ein verworrener Haufen von Häusern, Moscheen, Palästen, Ruinen, hie und
da unterbrochen von einem Gärtchen oder Palmengruppe, von oben gesehen
erschienen die Straßen nur wie schmale Sprünge, Risse in einem gelbgrauen
Steinhaufen, der hie und da mit Moos bewachsen ist. Im Südwesten am

Rande der Stadt zwischen Altkairo und der Wüste einerseits und den Stadtmauern hindurch führt ein riesiger Aquäduct, der lebhaft an großartige Römerbauten erinnert, die Nilwasser bei der uralten Amrumoschee ins Land. Und
wie majestätisch treibt der geheimnißvolle göttliche Strom jetzt in seinem Silber-
glanze, bedeckt von zahllosen Fahrzeugen (worunter auch 2 so eben von Oberägypten mit einem schwedischen Prinzen zurückkommende Dampfschiffe) seine frucht-
bringenden Wogen an den Steinbrüchen von Tora und den gegenüberliegenden
großen Palmenwald von Memphis vorüber zwischen Gizeh und Alt-Kairo dem
paradiesischen Eiland, der Insel Rhoda entgegen, sie bespülend, hinter der „Siegreichen" vor Bulak vorbei, dem Delta zu und dort zur Rechten vom Beschauer
sich in seine 2 Arme theilend. Dem herrlichen Eilande Rhoda, eine schöne Vereinigung von Palästen und schönen Gärten, voll der seltensten tropischen Bäume
und Blumen, schließen sich würdig an die großartigen Gärten des Ibrahim
zwischen Bulak, Fostat und Kairo, von der Citadelle aus gesehen, wie ein großer
Frucht-Garten, durchschnitten von Alleen, gebildet aus riesigen Palmen, Sycomoren, Acacien, Opuntien, Tamarisken. Zwischen hindurch schimmert das im
Innern feenhaft geschmückte Lustschloß des jetzigen Vicekönigs, Kasr el nil und
einige Paläste früherer Herrscher und noch lebender Mitglieder der Herrscherfamilie. Im Nordosten dehnt sich am Abhange des Mocattam die Todtenstadt
der alten Khalifen in einer Länge von einer halben deutschen Meile im Sande
der Wüste liegend aus, eine ununterbrochene Reihe von Begräbnißkirchen, leider
bereits theilweise in Ruinen liegend, aber immer noch ein sprechendes Zeichen
alter saracenischer Baukunst und Kunstsinns. Jenseits derselben am Saume
einer weiten, nur spärlich von Datteln, Sycomoren, häufiger von Tamarisken-
alleen und Gruppen unterbrochenen Ebene, in denen die schon mehrfach genannte
Abassie — ein mißlungener Versuch, mitten in der Wüste eine Stadt aus Palästen bestehend anzulegen — als weiße unförmliche Häusermasse erscheint, taucht
der hohe Obelisk von Heliopolis als letzte Grenze alter Cultur nach der Richtung der syrisch-arabischen Wüste hin, hinter den grünen Bäumen hervor. Hinter ihm wurde jene denkwürdige Schlacht von 1000 disciplinirten Franzosen
gegen die aus 4000 undisciplinirten Reitern bestehenden Mamelukenschaaren geschlagen und gewonnen. —
Aber immer und immer kehrt der Blick zum Nil zurück. Gleichsam als
ob sein Anblick schon den beängstigenden Eindruck, den die erdrückende Sterilität
der endlosen Wüste, die nach allen Richtungen der Windrose den Horizont einnimmt, wiederum ausgleicht und das Gemüth nicht nur durch die Erinnerungen
an die Cultur des grauen Alterthums, die an seinen Ufern herrschte, sondern
auch durch die segenspendenden Folgen seiner Ueberschwemmungen wieder auf-
richtet. „Und an seinen vorübereilenden sich ewig bildenden und ewig verschwin-
denden, kommenden und gehenden Wogen stehen als Gegensatz im fortwährenden
Strome der Zeiten, die ins Meer der Ewigkeit münden, die im vollen Sonnenlicht, marmorweiß schimmernden Pyramidenmassen fest wie die Felsen, durch
welche die todte starre lybische Wüste in langer monotoner Linie von der lebenden freudiggrünen Nilniederung abgeschnitten wird." In östlicher Richtung kann
man das Mocattamgebirge auf eine weite Strecke verfolgen, auf dem zunächst
der Citadelle liegenden höchsten Punkte ist ein Fort angebracht, welches die Cita-

belle beherrſcht. Herumlungernde Araber moleſtiren auf dem die ſchönſte Aus=
ſicht gewährenden Platze den Fremden mit Bitten, ſich zum Andenken an die
Moſchee einige Stücke Alabaſter oder Marmor mitzunehmen, die ſie in der Form
von einfachen Briefbeſchwerern eckiger und runder Geſtalt gebracht haben. Sie
ſtellen natürlich exorbitante Forderungen und begnügen ſich ſchließlich mit dem
4. bis 6. Theil ihres erſten Gebotes. Ich kaufte ein Stück gelb=weiß geflamm=
ten Alabaſters von der Größe und Geſtalt eines Gänſeeies, wofür ein bildſchö=
ner dunkelbrauner Araber talata Francs d. i. 3 Franken verlangte für 3 Pia=
ſter, alſo für wenig mehr als einen halben Franc.

Da der ſchöne Garten vor Jbrahims Palaſt nicht beſucht werden durfte,
ſo ſchlugen wir die Richtung nach dem am öſtlichen Rande der Citadelle ge=
legenen Joſefsbrunnen ein; der Weg führte uns durch einen großen Hof, deſſen
eine Seite begrenzt wurde durch ein ziemlich ſtattliches Gebäude, wenn ich mich
recht entſinne, des Miniſteriums der auswärtigen Angelegenheiten, hier Dîvan
des Aeußern genannt. Auf der andern Seite ſtand eine Ciſterne und Ställe,
wie deren überhaupt die reichliche Hälfte ſämmtlicher auf der Citadelle befind=
licher Gebäude Kaſernen ſind. Auf dem Hofe herrſchte der tollſte Lärm und
Scandal, entweder ſind die in ihren Bureaus arbeitenden Herren Geheimen Mi=
niſterial = und Legationsräthe über ſolchen Höllenlärm erhaben, oder ihre Ge=
ſchäfte ſind der Art, daß ſie hiervon nicht tangirt werden, oder ſie hatten ihre
Geſchäftsſtunden bereits hinter ſich. Eine Anzahl Soldaten tummelten ſich auf
geſattelten und ungeſattelten Roſſen, andere putzten Gewehre und Säbel, andere
amüſirten ſich mit Kegelſpiel, andere kauten an Zuckerrohr und aßen Brot —
alle lärmten und tobten auf eine entſetzliche Weiſe. Der berühmte Joſefsbrun=
nen liegt etwas verſteckt, über Mauertrümmer hinweg gelangt man zu ſeinem
oberen Rande. Die Gelehrten ſind nicht einig, ob er von Joſeph Saladin an=
gelegt oder nur wieder in Betrieb geſetzt wurde, oder ob er mit dem keuſchen
Joſeph nicht vielmehr in nähere Beziehung zu bringen ſei. Sei ihm wie ihm
wolle; es iſt ein recht bedeutendes Bauwerk. Ein runder Schacht iſt durch das
feſte Geſtein des Nummulitenkalkes bis auf den Spiegel des Nils hinabgetrieben.
Aus einem runden Baſſin ſchaffen hier 2 Maulthiere mittelſt Schöpfräder und
einfacher Paternoſterwerke (mit Schöpfeimern verſehen) das Nilwaſſer hinauf in
die verſchiedenen Waſſerreſervoirs der Citadelle. Auf einem 6—8' breiten,
ſehr hohen gewölbten in den Felſen gehauenen Gang, der in ſtellenweis ſehr
ſteilen Schneckenwindungen um den Umfang des Schachtes hinabführt, gelangt
man zum Schöpfrabe und muß hier nolens volens aus einem irdenen (nicht
grade ſehr reinlich ausſehenden) flachen Gefäß, welches der begleitende Araber
mit Waſſer füllt, trinken. Mein Begleiter gab ſich alle erdenkliche Mühe mir
auf arabiſch die Dimenſionen der Tiefe, Weite 2c. anzugeben, die ich natürlich
nicht verſtand, obſchon er ſeine 10 Finger in fortwährende Bewegung ſetzte.
Ich gebe ſie hier nach Brehm und Jſambert wieder; ſeine Tiefe iſt 95 métres
und 3 Fuß, ſein Umfang 40 Fuß. Der ganze Schacht iſt in 2 Hälften oder rich=
tiger geſagt in 2 Abſätzen durch das Geſtein getrieben, am Grunde alſo auf
gleicher Höhe mit dem Nilſpiegel befindet ſich das unterſte Schöpfrad und auf
dem Abſatz in der Mitte das zweite.

Ohnweit des Joſefsbrunnen ſoll der Palaſt des kühnen Saladins geſtan=

ben haben, man hat vorgezogen aus den abgebrochenen Steinen der Burg des alten kriegerischen Saracenenfürsten gleichgiltigere Gebäude, Kasernen und Pferde-ställe zu bauen. Wieder über Kasernenhöfe und wüste Plätze hinweg führte uns unser Weg nach dem Residenzpalast des Vicekönigs, in dessen Audienz-Ge-sellschafts- und Speisesäle. Ich muß gestehen, daß ich auf den Anblick eines mit dem raffinirtesten orientalischen Luxus und Pracht ausgestatteten Palastes recht be-gierig war. Aber ich bekenne, daß meine Erwartungen von der Wirklichkeit nur theilweise erreicht wurden. Der Palast des Vicekönigs mit seinem schauerlich hoch und wüst herabblickenden Stockwerk (die ehemalige Haremswoh-nung) mit einem geschmacklos seitwärts angebrachten Minaret (dessen Kuppel-aufsatz aus glasirten Ziegeln von verschieden grüner Farbe aufgeführt ist) und sparsamen unregelmäßig angebrachten Fenstern von mannichfaltiger Gestalt und Größe macht gerade keinen königlichen Eindruck. Als wir uns dem unschönen Eingangsthor näherten, stürzten einige herumlungernde zerlumpte Kerls auf uns los, um sich als Frembenführer aufzubringen. Von Portier, Lakaien, Kammer-dienern oder ähnlichen Dingen, die nach europäisch-civilisirten Ansichten von dem Wort „Palast und Schloß" unzertrennlich sind, war nirgends etwas zu sehen. Es scheint, daß hier jeder beliebige Bummler berechtigt ist, Fremde in den Ge-mächern seines Beherrschers umherzuführen. Der Flur des Palastes zeigte man-gelhaftes Parquet aus Marmorquadern verschiedener Größe gebildet und weiße Wände ohne jegliche Malerei oder Blumenschmuck oder andere Decoration. Der Treppenaufgang war, wenigstens bis zum ersten Absatz, ebenfalls mangelhaft, erst bei der Wendung nach dem riesigen fast die ganze erste Etage einnehmen-den Saales merkt man, daß man sich der Wohnung eines mächtigen reichen orientalischen Herrschers nähert. Man betritt von der obersten Stufe der breiten Treppe unmittelbar den größten der Säle, in welchem die Feste stattfinden. Von der hohen Decke hingen zahlreiche Kronleuchter herab, 6 prachtvolle 12—14' hohe Candelaber, deren jeder eine bedeutende Anzahl Kerzen trägt, bilden den Hauptschmuck dieses Empfangsaales, an dessen Wänden entlang Divans mit grün und weiß und golddurchwirkten Stoffen überzogen, stehen; circa 20' hohe Thüren mit dito Portieren garnirt führten nach den hinteren Sälen, unter den 2 riesigen größten Candelabern waren runde kreisförmige Divans angebracht. Diese Can-delaber bestehen nur aus Crystallglas, ich zählte an jedem derselben über 60 Kerzen, welche jede von einer tulpenartig geformten buntfarbigen Glashülle kelch-artig umgeben waren, die andern kleineren Candelaber (aber doch noch 10' hoch) trugen blau und rothe und grün und rothe Glasverzierungen und waren au-ßerdem mit künstlichen Blumensträußchen etwas überladen decorirt. Auch hier versuchte ich die Zahl der Lichter zu zählen, bei 60 angekommen gab ich aber das Bestreben auf. Der Empfangsaal für die Generalconsuln und andere hohe Würdenträger ist mit Prachtspiegeln von bedeutender Größe und schwer ver-goldeten Rahmen versehen, in ihm befindet sich eine außerordentlich werthvolle Stutzuhr, sehr große Lüstres und die ganz besonders breiten Divans sind mit odergelbem gold- und silberdurchwirktem Seidendamast überzogen. Die feinsten Stoffe — schwerer weißer Seidendamast mit roth, grün und goldenen sehr ge-schmackvoll ausgeführten Blumenstickereien — befinden sich in dem östlichen Sa-lon, in welchem der Vicekönig für gewöhnlich sein soll. Ein Diener pflegte sich, barfuß auf den Divans liegend und erhob sich nur, um das unvermeidliche Backschiesch einzucassiren, legte sich natürlich aber sofort wieder nieder, nachdem ihm dieser Tribut verabreicht worden war. Es war spaßhaft, wie sich die Trinkgelder mit dem Zweck der Säle und der kostbaren Beschaffenheit der darin verwandten Stoffe und der höheren Bestimmung derselben steigerten. Außer Divans habe ich, von Meublement Nichts gesehen, weder hier noch später auf Raffeltin in Alexandrien, wo ich noch tiefer eindringen durfte und Schlafzimmer, Badesalon und Eßsaal besuchte. Bilder, Gemälde, Statuen oder andere Ornamente erinnere ich mich nicht in Kairo gesehen zu haben. Möglich, daß Kasr el Nil glänzender ausgestattet ist. Es soll dieses am Nil gelegene Palais das schönste und eleganteste sein, und rathe ich deshalb Jedem, bei dem betreffenden Consul bald Schritte zu thun, um für dieses Palais und für das Zauberschloß in Schubra Eintrittskarten zu erhalten. —

Wir verließen das Palais, schritten zwischen thurmhohen Kasernen und anderen Gouvernementsgebäuden (Münze, Ministerien, Gefangenhäusern) nach dem freien Platz innerhalb des äußeren Thores, um unsere Esel wieder aufzusuchen. Wir ritten den steilen, theilweis durch den Felsen gehauenen Weg durch das Bab el Arab hinab, über den Rumelieh-Platz hinweg, nach der Hassanmoschee, welche dem so eben erwähnten Citadellenthor grade gegenüber liegt. Eine Menge Holzbudiken, worin mannichfache Producte und Manufacte feil geboten werden, liegen an der Außenseite dieser herrlichen Moschee. Nur durch eine schmale, nach den Waffenlagern führende Straße von ihr getrennt, liegen dicht nebeneinander 2 Moscheen, noch aus alter Zeit stammend, dem Verfall preisgegeben, aber ihre schönen architektonischen Formen noch deutlich zeigend. Von dem Versuch das Innere dieser von Außen so schönen Bethäuser kennen zu lernen stand ich bald ab, da ein Gläubiger mir in seinen scheußlich klingenden Gutturaltönen mit heiserer Stimme belfernd und kläffend in den Weg trat, ich verstand nur das Wort nazzarani. Aber ich konnte mir denken, daß seine Worte weder eine Einladung zum Eintritt, noch eine Schmeichelei für mich enthielten. Dieser Gläubige — übrigens eine schöne Erscheinung — bekam beim Weggehen mit einer Fruchtverkäuferin Händel und nie habe ich bei Frauen die Erbitterung in Worten, Geberden, Bewegungen und Handlungen auf eine so bestialische Weise zu beobachten Gelegenheit gehabt als bei diesem Weibe. So unangenehm dieser Zank auf der einen Seite war, so interessant war er für mich in psychologischer Beziehung. Das Erwecktwerden der Affecte des Zorns, die muthwilligen Reizungen zur Steigerung der Erbitterung, die Schadenfreude des Mannes, die Wuth über die erlittene Kränkung und noch mehr über den Gleichmuth und die höhnische Kaltblütigkeit des Beleidigers — dazu die Gesticulationen mit den Händen, denen fast convulsivisch zu nennende Bewegungen des ganzen Körpers folgten, gaben im Verein mit den teuflisch gewordenen Gesichtszügen, dem Zähnegefletsch und der brüllend ausgestoßenen Fluth von Schimpfworten dem ohnedem schon häßlichen Fellahweib etwas pavianartiges — das Menschliche hatte vollständig aufgehört, das Gottähnliche war aus diesem Geschöpf gewichen, die entfesselte Bestie stand vor mir. Und was war die Ursache gewesen? Der Gläubige, der mich harmlosen Nazzarani am Besuch einiger alter im Verfall begriffener Moscheen verhindert hatte, hatte beim Vorbeigehen ein Stück Zucker-

rohr weggenommen, deſſen Ende ausgeſogen und zerbiſſen und dann der Ver=
käuferin höhniſch lachend wieder zugeworfen, ohne zu bezahlen. Nie hatte ich
bisher die Entmenſchung auf dieſe Stufe geſunken geſehen, ich wünſche mir nicht
eine Wiederholung ähnlicher Veranlaſſung zur Anſtellung pſychologiſcher Studien
nach dieſer Richtung hin. — Faſt auf derſelben Stelle erlebte ich wenige Tage
ſpäter die früher geſchilderte Streitſcene zwiſchen 2 Weibern. Wir kamen zur
Haſſan=Moſchee. An manchen Tagen ſoll der Eingang mit viel Schwierigkei=
ten verknüpft ſein. Wir wagten es und es gelang uns in dieſer denkwürdigen,
in ihrer Einfachheit und Prunkloſigkeit dennoch großartig ſchönen Moſchee wohl
eine Stunde zu verweilen, obſchon fortwährend einzelne Gläubige zum Gebet
kamen. An den thurmhohen endloſen Außenmauern führt eine breite Treppe in
die hochgewölbten Corridors, welche nach der 1. Etage über der Straße liegen=
den eigentlichen Moſchee führen, deren Hofraum durch ein niedriges Holzgitter
abgeſperrt war, vor welchem eine Art Thürhüter lauerte, der uns die Wahl
ſtellte, ob wir unſere Stiefeln auszziehen oder Filzſohlen über dieſelben ziehen
wollten. Natürlich entſchieden wir uns für das Letztere und überließen uns
nun ganz ungeſtört der Betrachtung des coloſſalen impoſanten ehrwürdigen
Baues. Es ſoll dieſe größte Moſchee Kairo's aus den abgebrochenen Stücken
einer Pyramide erbaut ſein. Ihre Mauern ſteigen zu einer rieſenhaften Höhe
hinan, ihr oberer Rand wird von Zinnen und Crenelirungen gekrönt; in ihrem
ſchönen Kuppelbau und in den zahlreichen innen und außen und im Hofraum
angebrachten Gewölbebogen iſt der Grundtypus alter ſaraceniſcher Bauten und
die Hufeiſenform deutlich ausgeprägt. Der ſchöne mit Marmorquadern gepfla=
ſterte Hofraum hat an allen 4 Seiten Nebenhallen, in der Mitte ſteht die üb=
liche Fontaine, ein unter einem einfachen auf 8 ſchmuckloſen Säulen ruhenden
halbkugligem Dache angebrachtes Waſſerreſervoir. Die den Hofraum einſchlie=
ßenden Wände ſind ringsum mit einer Inſchrift — dem Koran entlehnt — ver=
ſehen, deren einzelne en das relief ausgeführte Buchſtaben wohl eine Höhe
von mehr denn 2 Fuß haben mögen. Die nach Oſten zu liegende Halle iſt
tiefer, als die andern derſelben, in ihr befindet ſich die Kanzel, geſtützt von
Porphyrſäulen, eine 16 Stufen zählende Treppe aus Marmorplatten beſtehend,
führt hinauf. Zur Seite derſelben hängt von dem höchſten Gewölbe ein recht
kunſtvoll gearbeiteter bronzner Kronleuchter herab; außerdem aber hängen aller
Orten in ſämmtlichen Hallen kleine Glaslampen an langen dünnen Meſſingkett=
chen bis circa 8' über dem Fußboden herab. Hinter der Kanzel ſchließt ein
eiſernes Gitter eine Art Seitenkapelle von dem Betraum — der durchweg mit
Matten und Teppichen belegt iſt — ab. Hier befindet ſich in der Mitte die=
ſes Raumes ein umſchloſſenes Grabmal — das Grab des Gründers — in
Porphyr, Marmor und Alabaſter ausgeführt. Auf demſelben liegt ein Exem=
plar des Korans in rieſigem Format, ein Muſterwerk arabiſcher kunſtvoll aus=
geführter Kalligraphie. Die Wände tragen in einer Höhe von circa 30—40'
in ſchwarzer Rieſenſchrift Verſe aus dem Koran. Ein dienſtbefliſſener Muſel=
mann zeigte uns dunkle Flecke auf dem Marmorquader, angeblich von Blut
herrührend. Ich konnte nicht mit Sicherheit erfahren, was für eine Mordthat
oder ähnliche Schandthat hier verübt worden iſt. Thatſache iſt, daß 1799 ſich
die Araber bei der Einnahme Kairo's durch die Franzoſen hierher zurückzogen.

Die Geschichte erzählt außerdem, daß der Gründer dieses Prachtbaues, erfreut
über das gelungene Werk seines Baumeisters, diesem die Hand habe abhauen
lassen, damit derselbe nicht noch ein ähnliches Prachtwerk ausführe. Als wenn
die Architekten nicht auch ohne Hand vollendete Kunstwerke ausführen könnten!
Bogumil Golz spricht sich folgenderweise über das in ihrer absoluten Schmucklosigkeit dastehende dennoch schöne Bauwerk — dem entschiedensten Kontrast zur
Mehemed Aali-Moschee und zu dem sonstigen bunten, schmuckvollen prunksüchtigen orientalischen Leben — folgenderweise aus.

„Aber eben diese Einfachheit, die gänzliche Schmucklosigkeit und Leere,
die Geisteröde der stillen geweihten Räume, zu deren hohen Fensterbrüstungen
der Lärm des Welttreibens nicht hineinzubringen vermag, krampft das eitle
Herz zusammen, spricht zum Geiste und wirkt das Gefühl des Erhabenen in den
Tiefen des menschlichen Gemüths.

In diesen leeren Räumen wird das Gott ergebene Herz ähnlich wie in
der Wüste, endlich den Anblick und die Pein des Erdengerümpels, des Sinne
verwirrenden vielfältigen Lebensapparates, dieser nach Besitz und Bequemlichkeit
hoffenden Menschenwelt los. — Diese Gott geweihten Mauern des muhamedanischen Glaubens bieten den schroffsten Gegensatz zu dem bunten Kram und der
farbenschillernden, aus tausend schimmernden Mosaiksteinchen, aus zehntausend
Drahtringen damascirten Weltlust, welche das Profanleben der Moslemin
charakterisirt.

In diesen Räumen giebt es nichts, was die Sinne zerstreuen und von
dem Gedanken an den außerweltlichen Allah abziehen könnte, als ein fabelhaf-
tes in Holz gebautes und geschnitztes Grottenwerk, welches jeden der 4 Win-
kelräume zwischen den Wänden und der Kuppel ausfüllt, aus 7 colossalen Nischen übereinander und nebeneinander bestehend, in welche fort und fort so viel
andere Nischen hineingebaut und geschnitzt sind, daß sich das Ganze den Augen
als ein Mysterium und Labyrinth darstellen muß 2c."

Ich wüßte mich nicht zu erinnern, daß mich der Besuch eines muhamedanischen Gotteshauses in solch mächtiger Weise zum Blick nach Oben gedrängt
und mein Gemüth mit ernsten Gedanken erfüllt hätte, als gerade diese alte,
würdevolle, schmucklose Moschee in ihrer Todtenstille. Immer wieder ging ich
noch einmal durch die Hallen, nach dem Hof und zum aufgeschlagenen Koran
auf Hassan's Ruhestätte, denn der Eindruck war ein gewaltiger — aber ein
wohlthuender. Es war zum erstenmal seit der Heimath, daß ich am Tage in
so lautloser Stille mir selbst überlassen war und doch so nahe dem Gewühl von
fast einer halben Million Einwohner. Hätte mich nicht der Freund zum
Aufbruch gedrängt, ich wäre gern noch mehrere Stunden allda geblieben. —

Zwei Minarets hat der herrliche Bau, der in seinem Innern die Form
eines griechischen Kreuzes imitirt. Der höchste mit 3 übereinander liegenden
Galerien erhebt sich auf der südwestlichen Ecke, der zweite kleinere und schmälere
ist ziemlich in der Mitte der Ostseite angebracht. —

Unser Rückweg führt uns durch den Waffenbazar. Freunde seltener und
schöner Waffen orientalischer Völkerschaften finden hier schönes aber sehr theures
Material.

Hieb- und Schußwaffen aus allen Jahrhunderten, von jeglicher Construction, Garnirung und Qualität finden sich hier zu beiden Seiten einer etwa 80 Schritt langen Straße, auf der absolut nichts Anderes als Waffen zu sehen sind. Ganz besonders erwähne ich prachtvolle Gewehre und kostbare Säbel und Dolche. —

Da es noch früh am Nachmittag war, beschlossen wir einen Gang durch Kairo's schönsten Bazar, den sogenannten Chan Halil zu machen, einem Laby= rinth von überdachten Gäßchen, welche sich zwischen großen Karawanen und Häuserquartieren an der Stelle der ehemaligen Chalifengräber hinziehen. Dieser Bazar ist wegen der Mannigfaltigkeit und der ausgezeichneten Beschaffenheit der darin ausgestellten Waaren berühmt und verdient von Allen besucht zu werden.

Außer einigen wenigen Griechen, welche mit europäischen Wollen= und Baumwollenwaaren handeln, werden hier nur Produkte des Morgenlandes und des fernen Ostasiens und Afrikas feilgeboten.

Als Weg dahin schlugen wir die winkligen, theilweise menschenleeren Stra= ßen ein, welche zur ägyptischen Universität führen, einen mit der Moschee Gama el Azhar verbundenen Lehranstalt für Theologen, woselbst auch früher Aerzte (Hakim's) gebildet wurden; denn nach muhamedanischen Begriffen ist der Arzt vom Priester unzertrennlich und die Qualität zu dem Einen hat die Befähigung fürs Andre zur Folge. Ob noch Jurisprudenz gelehrt wird, konnte ich nicht mit Bestimmtheit erfahren. In einer Gesellschaft Europäer wurde meine desfallsige Frage von einem schon längere Zeit im Orient lebenden Beamten des österrei= chischen General=Consulats dahin beantwortet: die Rechte könne ein Muselmann nicht studiren, sondern nur die schreienden Unrechte sich einlernen, mit denen er daheim seine Mitmenschen quälen kann, und ein anderes Mitglied des Confu= latspersonals faßte den Inbegriff des muhamedanischen Rechts in einer recht leiblichen Nilpferdpeitsche zusammen. Die Moschee El Azhar ist eine der älte= sten Kairo's, angeblich im Jahre 970 unserer Zeitrechnung erbaut, in ihrer jetzigen Gestalt ist sie jedoch ein Machwerk der neueren Zeit, viele Sultane und Khalifen haben sie erweitert und vergrößert. Sie scheint weniger als Bethaus estimirt zu sein, sondern mehr deshalb weil in ihren Höfen und Hallen und Ar= laben armen fremden Muselmännern unentgeltlich Matten zu Schlafstellen aus= gelegt werden, namentlich aber darum, weil in den riesigen an die nördliche und südliche Halle anstoßenden Sälen die Unterweisung der aus allen Theilen der muhamedanischen Welt nach hier zuströmenden Jünglinge stattfindet. Ich hätte gern diese Auditorien besucht und wo möglich einer Vorlesung oder Erklärung und Auslegung des Korans beigewohnt, aber die uns begegnenden Diener und Bewohner dieses, die combinirte Universität und Moschee bildenden Häuser und Höfecomplexe hatten kein gastlich einladendes Aussehen, so daß wir unsere Schritte nach dem Chan Halil Bazar beschleunigten.

Sämmtliche Läden dieses größten Bazars Kairos, der an Größe, Be= deutung und Reichhaltigkeit gleich hinter dem weltberühmten gemauerten Riesen= bazar in Stambul und den Bazars von Damascus rangirt, sind kleine, etwa 10—12' lange und ebenso breite Zimmer, deren ganze Vorderseite offen ist. Der Verkäufer sitzt schweigend und rauchend, seltener lesend und schreibend, noch seltner im Gespräch begriffen auf dem mit dickem Teppich belegten Boden, der 2—2½' höher ist als die Straße. Wir ließen unsere Esel auf der Haupt=

ſtraße, um in der Betrachtung der einzelnen Gegenſtände nicht behindert zu ſein, und begannen eine genaue Muſterung der ausgeſtellten Herrlichkeiten. Der Orientale, d. h. der wirkliche Orientale, zum Unterſchied von den Griechen und den ebenſo unangenehmen Levantinern ſo genannt, nämlich der Türke, Araber, Syrer, Tuneſe, Nubier, Perſer und Bewohner des innern Kleinaſiens iſt einer=ſeits der gefälligſte Verkäufer, den man ſich denken kann, andererſeits der prell= und gewinnſüchtigſte Handelsmann. Wir ließen uns in vielen Läden eine Menge Gegenſtände auspacken, was dem Verkäufer in vielen Fällen viel Mühe verurſachte, fragten unaufhörlich nach den Preiſen, boten das Drittel oder die Hälfte und refüſirten dennoch, wenn auch vom Verkäufer das taïb d. h. gut, ich will es zu dem von uns geſtellten Preiſe verkaufen, erfolgte. Aber nie= mals habe ich bemerkt, daß die Leute unwillig geworden wären oder eine Art von Unmuth gezeigt hätten. Schon oben ſagte ich, daß wenn ein Geſchäft, wel= ches die Leute unter ſich machen, oder auch im Verkehr mit den Franken nicht grade von großer Bedeutung iſt, ſo wird es abgeſchloſſen, ohne daß ſich der Käufer ſetzt, im entgegengeſetzten Fall oder wenn der Verkäufer ſich Mühe giebt, die Fremdlinge an ſeinen Laden zu feſſeln, ſo regalirt er dieſelben mit Tſchi= buck und Kaffee und nöthigt ſie zum Platz nehmen neben ſich. Mein vortreff= licher Führer wurde von einem der Verkäufer, den er, wie er ſagte als den zuverläſſigſten erkannt und ihm deswegen alle Landsleute zuführe, auf das Lebhafteſte begrüßt, indem jener aufſtand, ihm den großen Gruß widmete und ihn dringend bat Platz zu nehmen, es war ein ſchöner wohlgewachſener Mann, Ara= ber aus Yemen — mit herrlichem vollen ſchwarzen Bart und großen Augen und prachtvollen ſchneeweißen Zähnen, der auch mich zuerſt echt orientaliſch be= grüßte und mir dann auf fränkiſch grüßend die Hand reichte. Sofort reichte er dem Freund ſeinen Tſchibuck, den mir derſelbe ſodann auf einige Züge über= gab und beſtellte bei ſeinem Boab, der immer in der Nähe des Ladens ſich aufhalten muß, 2 neue Tſchibucks und Kaffee. Das Lager dieſes Mannes 8′ tief, 12—14′ hoch und 12′ breit, hatte nach Schätzung des Freundes einen Werth von 10,000 Pfd. Sterling. Mir ſchien dies kaum glaublich; nachdem ich aber den Mann (auch ohne den freundlichen Landsmann) täglich öfter be= ſucht und Cachemirſhawls für 120 Guineen pro Stück, Bernſteinſpitzen für 2000 Francs, ein Khoraſſan=Säbel für 100 Lir Sterling; Taſſenunterſetzer nebſt Teller aus Filigramarbeit in reinem Gold ausgeführt für 150 Guineen ge= ſehen hatte, fing ich an dieſe Angabe für vollkommen glaubwürdig zu halten. Nie habe ich in einem kleinen Kaufladen ſolch ausgezeichnet werthvolle Koſtbar= keiten der verſchiedenſten Gattung aus ſo verſchiedenen Welttheilen vereinigt ge= ſehen. Unſer erſter Beſuch war nicht zu Einkäufen beſtimmt, mir ſollte Gele= genheit gegeben werden aus nächſter Nähe orientaliſche Kunſtfertigkeit, Induſtrie und Geſchmack kennen zu lernen; da ich einen Beſuch im Chan Halil und ſeine Artikel ganz beſonders ſchildern will, begnüge ich mich hier mit kurzen Andeu= tungen. Aus Perſien waren allda prächtige Teppiche, nicht minder aus Uſchak im Innern Kleinaſiens, aber die Fabrikate beider Gegenden unterſcheiden ſich in ihren Deſſins ſchon auf den erſten Blick. Aus Sukh bei Beyrut ſtammten aus= gezeichnet ſchöne Stickereien, Webereien, Arbeitstäſchchen für Damen, Tabacks= beutel für Männer, Ueberzüge zu Divankiſſen und zu Pantoffeln; ſie beſtan=

den aus buntfarbiger Seide mit Gold und Silber durchwebt, in den verschiedensten Mustern, meistens phantastische Blumen oder fabelhafte eigenthümliche arabeskenartige Zeichnungen darstellend; die in Gold, Silber und feinster Seide ausgeführten Schärpen und Tischdecken stammten aus Damascus, Shawls aus Persien, Afganistan, Indien, aus Brussa waren prachtvolle wollene Tischdecken und Tücher vorhanden, mit kunstvollen, sauber ausgeführten Seidenstickereien — meistens einen Vers aus dem Koran und den Namenszug des Sultans enthaltend, Mousselintücher mit eingestickten Blumen aus den feinsten und zartesten Gold = und Silberfaden; Waffen waren nur wenige vorhanden, aber die wenigen Stücke waren durchweg vom höchsten Werth, so namentlich einige Paar Pistolen mit Elfenbein, Gold und Silberverzierung und Dolche mit Perlen, Türkisen und Rubinen verziert. Ein kleines Glaskästchen, welches zur Schau ausgestellt war, enthielt die mit Smaragden, Rubinen und Brillanten verzierten Bernsteinspitzen, reiche Schmucksachen — Ketten, Ringe (mit Amuletten), Ohrgehänge aus massivem Gold und Silber aus Abessynien, ferner Filigranarbeiten von Silber und Gold aus dem Suban, mehrere Etuis in elegant ausgestattetem Saffian (jedenfalls Pariser Arbeit), worin Pfeifen, welche auseinanderzunehmen waren, befindlich. Eine dieser Pfeifen hatte einen Preis von 100 Lire Sterling; es war ein schönes Jasminrohr von 3′ Länge mit Bernsteinspitze, die wiederum mit Perlen und Edelsteinen verziert war, breiten Goldbeschlägen und reich verziertem Kopf.

Die projectirte Wiederholung des Besuchs der Mehemed = Ali = Moschee während der abendlichen Illumination nöthigte uns zum Aufbruch, deshalb beschleunigten wir unsere Tour durch den Bazar, und ich wurde heute nur auf die besonders interessanten Dinge aufmerksam gemacht. Wir eilten gegen 4 Uhr nach dem fränkischen Kaffeehause auf der Esbekieh, woselbst sich um diese Zeit die elegante einheimische, fränkische und levantinische Welt von Kairo und die nie fehlenden Fremden einfinden. Eine 16 Mann starke böhmische Kapelle spielte vorzüglich; wir würden uns sicherlich auch bei weniger guten Leistungen beim Anhören vaterländischer Melodieen ebenso gut amüsirt haben. Bald hatten sich an 12—14 Deutsche zusammengefunden, die — während die Individuen der andern europäischen Völker keinen Trieb von Association zeigten — alsbald im Kreise sitzend in der lebhaftesten Unterhaltung begriffen waren. Ein neu angekommenes Element, wenn es sich nur einigermaßen mittheilsam zeigt, wird mit ganz besonderer Herzlichkeit aufgenommen und ich sah mich für die Zeit meines Aufenthaltes in Kairo mit Offerten der Landsleute, mir zur Erreichung meiner Zwecke behilflich zu sein, schon bei diesem ersten Begegnen und Zusammentreffen überhäuft. Leider bringt die Musik zweier arabischer Kapellen, die in den ohnweit gelegenen Kaffeehäusern für Griechen, Kopten und Eingeborne spielen, bis zu den Ohren der Gäste des fränkischen Kaffeehauses und kann man im Vergleich mit deutscher Musik die Erbärmlichkeit der ganz melodielosen, wilden, verworrenen arabischen recht deutlich erkennen. Unter den Fremden von Distinction befand sich zur Zeit nur ein schwedischer Prinz am Ort, der an demselben Tage auf dem ihm vom Vicekönig bereitwilligst zur Verfügung gestellten Dampfschiff aus Oberägypten zurückgekommen war. Capitain und Offiziercorps einer amerikanischen Fregatte hatten von Alexandrien aus eine Tour nach der alten Sara-

cenenstadt unternommen, sie machten sich auf eine manchmal unliebenswürdige
Weise bemerkbar, indem sie plötzlich plein chasse auf ihren Eseln auf den
für die Spaziergänger bestimmten Wegen in der Nähe der Musikbande herum-
sprengten, wobei es nicht selten vorkam, daß sie die leichten Stühle umwarfen
und die ruhig und friedlich promenirenden Personen zwangen, ihnen auszuwei-
chen. Sonst boten die Fremden nichts von Interesse. Dagegen bewegte sich
unter den Einheimischen eine Persönlichkeit, die eine Art von Berühmtheit erreicht hat, und die auch in Europa den Portrait=Genremalern nicht unbekannt
geblieben ist. Es war dies ein ehemaliger griechischer Schiffscapitän, über dessen Antecedenzien und frühere Personalien gar wundersame Gerüchte coursirten.
Die jedem Fremden sofort auffallende Persönlichkeit, ein schöner wohlgewachsener
Mann von herkulischem Körperbau mit vollem schwarzen Bart in ausgesucht elegantem reichen Kostüm mit goldenen Uhrketten fiel auch mir beim ersten Zusammentreffen auf. Nachdem derselbe als ein gefürchteter kühner Seefahrer
Jahrelang sein zweifelhaftes Handwerk auf den Wellen getrieben hat, ist er auf
eine räthselhafte Weise der Lebensretter (manche corrigiren diese Bezeichnung in
„Lebenserhalter“) eines steinreichen Engländers geworden, wofür er ein anständiges Honorar für Lebenslang sich ausbedungen hat, welches er in Kairo, woselbst die Polizei nach den früheren Tugenden und Lastern anziehender Fremden
nicht viel frägt, verzehrt. Seine ganze Beschäftigung besteht in Spazierengehen
und Cigarrenrauchen und sich dabei bewundern lassen. Manchmal wird es ihm
zu langweilig daselbst (andere sagen wieder fatale Consequenzen des früheren
Lebenswandels nöthigten ihn zu temporärer Luftveränderung) und er läßt sich
in Europa an solchen Plätzen nieder, wo Malerakademieen oder andere Kunstin-
stitute dieser Art sind, um hier durch Modellsitzen Geld zu verdienen: enfin,
dieser mainotische Seeheld ist eine schöne Erscheinung, gefürchtet und bewundert,
die alltäglich in malerischem griechischem sauberem Costüm auf dem Esbekieb zu
finden ist. —

Außer dieser interessanten Persönlichkeit verkehren die Kinder der Mitglieder
des Herrscherhauses unter Führung der zu ihrer Erziehung berufenen französischen Bonnen vielfach auf dem schönen Platze, außerdem das gesammte Corps
consulair und die levantinischen Familien höheren Grades, unter deren jüngeren weiblichen Mitgliedern sich entschieden vollendet schöne Gesichter befanden.
Auch aus den niedern Schichten der Bevölkerung verkehrten interessante Persönlichkeiten alltäglich beim fränkischen Kaffeehaus, dessen Oberkellner, ein Grieche,
baarhäuptig mit hohen Wasserstiefeln und abgeschabtem Rock die Bedienung re-
präsentirte. So kamen, wie schon erwähnt, Kerls mit Papageien, Leopardenfellen, Steinbockgehörnen, Stacheln des Stachelschweins, Waffen aller Art, Früchten, Confect 2c. 2c. in bunter Abwechslung und molestirten die neu angekommenen Fremden mehr oder weniger mit ihren übertriebenen Offerten, für deren
vierten Theil sie schließlich ihre Waare hingaben.

Die beginnende Dunkelheit mahnte, sich zum nochmaligen Besuch der Mo-
hemed Aali Moschee zu rüsten, um der Todtenfeier ihres unsterblichen Gründers
beizuwohnen.

Die Equipage unseres allezeit gefälligen und zuvorkommenden Consuls, begleitet von Vorläufern und Cawassen in ihrem vollen Costüm nahm 5 Preußen

auf, die sämmtlich einer religiösen Abendfeierlichkeit noch nie beigewohnt hatten.
Die vortrefflichen Pferde brachten uns binnen 20 Minuten an den Fuß der
Citadelle, von deren Höhe herab die 2 vordersten schlanken hohen Minarets von
strahlender Lampenbeleuchtung aus dem Dunkel der Nacht herniederblickten. Es
war ein überraschend schöner Anblick, zahlreiche Lichterkränze, immer einer über
dem andern, ein noch nie gesehener Anblick, der aber von dem Eindruck, den
die Beleuchtung des Innern der Moschee auf mich machte, vollständig verdrängt
wurde. Die Gläubigen strömten in dichten Schaaren hinauf, manche kamen schon
zurück, so daß befürchtet werden mußte, daß ein Theil der Ceremonie schon vor=
über sei. Auf dem großen Platz vor der Moschee angekommen hörte man schon
von Weitem seltsam Geräusch, nicht dumpfes Gemurmel, sondern ein Geräusch,
welches an Tosen und Brausen von großen Wassermassen erinnert. Der Platz
war voller Muselmänner jeglicher Qualität; jede Hautfarbe, jeder Stand, jedes
Alter, jede Art von Bekleidung war hier vertreten. Der Obercawaß mit seinem
silberbeschlagenen Stock schien zu imponiren, denn man machte uns bereitwilligst
Platz, als wir uns unter Vortritt der Dienerschaft der Moschee näherten, um
ohne Weiteres einzutreten. Aber hier begann nun die Discussion zwischen un=
serm Cawaß und dem fertig arabisch sprechenden Landsmann einerseits und
einem halben Dutzend hartnäckiger Thürhüter andrerseits. Es war nahe daran,
daß wir unverrichteter Sache wieder heimkehren mußten, als unser resoluter
Cawaß plötzlich seine Schuhe auszog und ohne ein Wort zu sagen, schnurstracks
über den marmorgepflasterten Hof hin nach der Moschee eilte, hier nach dem
Gouverneur der Stadt Kairo spähete und denselben zu uns herausbrachte. Die=
ser wohlwollende Mann, mit dem Rang eines Pascha, beseitigte sofort alle
Schwierigkeiten. Es war scherzhaft anzusehen, wie derselbe sich abquälte, um
dem Consul in dem entsetzlichsten Französisch, was ich je in meinem Leben ge=
hört habe, begreiflich zu machen, wie leid es ihm thue, daß wir so lange hätten
müssen vor der Thür stehen. Ich für meinen Theil, der ich durch die hohen
Gitterfenster und geöffneten Thüren Blicke in das Lichtmeer der innern Moschee
geworfen hatte, wäre untröstlich gewesen, wenn wir unverrichteter Sache hätten
wieder abziehen müssen. Der Polizeidirector von Kairo erbot sich sofort uns in
eigner Person einzuführen und stellte nur die eine Bedingung: Stiefeln auszu=
ziehen; welche Forderung von einigen von uns mit einigen drastischen Bemer=
kungen begleitet jedoch augenblicklich befolgt wurde. Auch ich riskirte mit Ver=
gnügen Schnupfen und kalte Füße, vertraute der tadellosen Beschaffenheit meiner
Strümpfe und meinem guten Genius, auf einen dicken Teppich als Unterlage
hoffend. So schritten wir, unsere Fußbekleidung nicht ohne einiges Mißtrauen
unter der Obhut eines der Thürhüter zurücklassend, eilenden Schrittes über die
empfindlich kalten Marmorquadern des Vorhofes und drängelten uns durch das
Riesenportal in die Moschee, der Polizeidirector eröffnete den Zug, der Cawaß
mit seinem Achtung gebietenden silberbeschlagenen Stock schloß ihn. Den An=
blick des Innern dieser Moschee werde ich nie vergessen. Wir blickten in ein
aus Tausenden und abermals Tausenden von Lampen gebildetes Lichtmeer, welche
in kreisförmiger Anordnung das Innere dieses hehren Tempels bis in die höch=
sten Höhen seiner Kuppeln und Nischen und Erker erfüllten. Das Gold der
Schriftverzierungen, der Glanz der Lampengläser und der Crystallverzierungen

am Kronleuchter und Armwandleuchter, der Lichtreflex des geschmackvoll gear=
beiteten vergoldeten Metallgitters, welches die große Gallerie ziert, brachten im
Verein mit den zahllosen Lampen, welche sich in dem glänzenden gelb und weiß
gefärbten Alabaster in den zahllosen Säulen und Wandquaderbekleidungen wie=
derspiegelten, einen nicht zu beschreibenden Effect hervor. Nun weiß ich, was
orientalische Beleuchtung zu bedeuten hat. Die bei uns nachgemachten orienta=
lischen Leucht= und Lichtvergnügungen sind durch ihre entschieden occidentalischen
Beigaben bunter Flammen und anderer Künsteleien mannigfaltiger und amüsanter,
aber glanzvoller, lichtvoller gewiß nicht. Ein confuser Lärm, gebildet aus reli=
giösen Gesängen, frommer Unterhaltung der anwesenden Gläubigen, Geschrei der
Kaffeeverkäufer und Wasserträger, herrschte im Innern. Die Moslems gingen
und wogten auf und nieder, mehrfach sah ich Jungens von 8—12 Jahren sich
herumjagend und balgend durch die andere Menschheit hindurchdrängen. Wir
wurden bis in die Nähe der Ostseite geführt, an welcher zwei Riesenkerzen (aus
schmutziggelbem Wachs geformt) à 2 Cantar (1 Cantar 112 Pfd.) Gewicht
zur Seite des mit einem grün und goldburchwirkten Vorhang verhüllten Aller=
heiligsten ein nur schwaches Licht verbreiteten, welches in gar keinem Verhältniß
zu ihrer Colossalität stand. Vor den 2 Riesenkerzen saßen die in Kairo anwe=
senden Minister des Vicekönigs, erst neu in ihrem Amte, denn die Intrigue,
welche das alte Europäerfreundliche Ministerium mit seinem vortrefflichen Mini=
ster des Aeußern Sherif Pascha gestürzt hatte, hatte erst wenige Wochen vorher
gespielt. Hierbei bemerkte ich gleichzeitig, daß es allgemein und laut getadelt
wurde, daß von den Mitgliedern des neuen Ministeriums nicht ein Einziger ge=
läufig französisch spräche, während sämmtliche abgetretene Conseilmitglieder lang=
jährige europäische Erziehung genossen hatten. Es waren anwesend Zulfila=
Pascha der Minister des Aeußern, sowie Ethem=Pascha der Minister des Innern,
beide kleine unansehnliche Gestalten, imponirender ist Haffan=Pascha der Cultus=
minister und Minister des viceköniglichen Hauses, und noch 2 Großwürdenträger,
deren Namen und Rang ich vergessen habe. Nachdem der Polizeichef uns die=
sen Herrn gemeldet hatte, erhielten auch wir in unmittelbarer Nähe derselben
einen Teppich, der auf die Strohmatte gelegt wurde und man bedeutete uns,
mit untergeschlagenen Beinen Platz zu nehmen. Das andere Volk nahm keine
Notiz von uns, es lärmte, schrie, heulte, sang, tummelte sich gehend und sprin=
gend in der Moschee herum, so daß wir eine ganz eigenthümliche Idee von
muhamedanischen Todtenfeiern bekamen. Unsere Stellung wurde uns nachgerade
unbequem, manche streckten die Beine weit von sich zur Seite und schon wollten
wir, nachdem wir fast eine Stunde uns sitzend gequält hatten, wieder aufbrechen,
als sich vor den Ministern und vor uns ein freier Platz bildete, der alsbald
von Derwischen occup rt wurde. Der Aelteste dieser ganz besonders gläubigen
Clique unter den Gläubigen verneigte sich mehreremal vor den Ministern, aran=
girte sodann seine Untercollegen in mehrere Glieder und stellte sich, mit dem
Rücken nach Osten gekehrt, vor seine Dienstmannen hin. Vom linken Flügel
an begann der Aufmarsch, jeder Einzelne trat vor, küßte den Oberderwisch, der
in seiner braunen langen Wollkutte, die in der Mitte nicht mit einem Strick zu=
gebunden war, sondern ihn bequem schlafrockartig kleidete und mit den Händen
zugehalten werden mußte, sich sehr wohl zu befinden schien, auf seine linke Backe

und rechte Hand und stellte sich sodann, dem Allerheiligen und den Ministern
ebenfalls den Rücken zukehrend, zur Rechten des Häuptlings. Der Dritte hatte
nun schon mehr Arbeit, er mußte den Oberderwisch und seinem unmittelbaren
Vorgänger jedem 2 Küsse appliziren, der 4. küßte 3 Mann — und da 23
Derwische vorhanden waren, so mußte der 23. 2mal 22 Küsse austheilen. Nun,
jedes Thierchen hat sein Plaisirchen! Ich dankte meinem Schicksal, daß ich nicht
der 23. Derwisch sei. Nach diesen allgemeinen Küssen machten sie Front vor
dem Ministerium, der eine der hohen Beamten entließ die langbekittelten frommen Brüder, welche sofort spurlos verschwanden, worauf sich die Minister erhoben und sich ebenfalls nach Hause verfügten. Nun waren auch wir von unseren unbequemen Sitzen erlöst, wir aber streiften noch einige Zeit in der Moschee umher, besahen die Instrumente für Executionen geistlicher Musik und betrachteten verschiedene Betercyclen. Da saßen einige Dreißig fromme Moslems
im Kreise, recitirten immer ein und denselben Koranvers, dessen einzelne Worte sie
mit Neigungen des Oberkörpers nach rechts, links, vorn und hinten begleiteten,
welche Körperbewegungen mit überraschender Exactität und Gleichförmigkeit ausgeführt wurden, dort standen 20—30 Gläubige, welche ebenfalls monoton einen
Koranvers unaufhörlich herplapperten und diesen Text mit ähnlichen, nichts weniger als classisch schönen aber doch nach ihrer Ansicht religiösen Körperbewegungen nach hinten, vorn, rechts und links begleiteten, deren Rhythmus und Auf-
einanderfolge aber wie auf Commando zur selben Secunde erfolgte. Nach und
nach leerte sich die Moschee und wir beschlossen ebenfalls die Heimkehr anzutreten. Es hatte sich ergeben, daß wir die einzigen Abendländer waren, die diesem
Fest beigewohnt hatten.

Wir eilten nach Sheyers Hotel, woselbst ein ehemaliger Honvedoffizier, ein
Ungar, jetzt Cellovirtuose, ein Concert veranstaltet hatte, dem die gesammte europäisch gebildete Welt Kairo's beiwohnte, und um die Eindrücke des ersten Tages
meines Aufenthalts in Kairo noch allseitiger und vielfältiger zu machen, führten
mich die Freunde nach Beendigung des vortrefflich executirten Concerts in eine
deutsche Conditorei; dort, woselbst das fern der heimathlichen Berge consumirte
Schwettacher Bier uns schließlich in eine so gehobene Stimmung versetzte, daß
beschlossen wurde, den Rest des Abends bei einem Glas Rheinwein im Hause
eines der Freunde zuzubringen. Mittlerweile aber war es 11 Uhr geworden
und da im Orient jeder Mann, der auf der Straße ohne Laterne angetroffen
wird, von den arabischen Patrouillen verhaftet werden kann, so mußte erst für
die nöthige Anzahl Papierlaternen gesorgt werden. Auf dem Wege fanden wir
Gelegenheit, uns auch ohne Mitglieder des Vereins gegen Thierquälerei zu sein,
für einen Hund ins Mittel zu legen, der weil er krank und schwach war und
nicht schnell laufen konnte, von 4 arabischen Jungens mit glühender Asche be-
streut worden war, wodurch das arme Thier entsetzlich zu leiden hatte. Wir
ergriffen zum Glück die Thäter, zwangen sie mittelst einer hinreichenden Anzahl
Hiebe das leidende Thier von den glühenden Kohlen zu befreien und jagten sie
sodann nach Vertheilung einer zweiten Partie Carbatschenhiebe nach allen 4
Weltgegenden aus einander. — Der gastliche liebe Freund, in ganz Kairo bei
den dort wohnenden abend- und morgenländischen hohen und höchsten Familien
durch seine hervorragenden musikalischen Leistungen hoch geachtet, hielt uns noch

einige Stunden bei einem Glase vaterländischen Rheinweins vereint und ich fand Gelegenheit für meine Pyramidentour wichtige, interessante Notizen, Winke und Belehrungen zu sammeln. Die Gesellschaft bestand aus 11 Deutschen aus 7 verschiedenen Ländern unseres armen Deutschlands, natürlicherweise blieb die Politik nicht aus, aber alle Ansichten gingen auf in dem Wunsche des baldigen Aufhörens aller Zerfahrenheit und Zerrissenheit des schönen Vaterlandes, worauf das letzte Glas des vortrefflichen Rheinweines geleert wurde. So trennten wir uns in heiterster Laune, ich, um nach wenigen Stunden Ruhe den Ritt nach den Pyramiden anzutreten.

Ich gestehe, ich konnte lange nicht einschlafen. Der Gedanke binnen circa 10 Stunden am Fuße der Pyramiden zu stehen, also einen Wunsch erfüllt zu sehen, der mich während meiner Knabenjahre auf das lebhafteste erfüllt hatte, und auf dessen Erfüllung all mein Sinnen und Trachten gerichtet war, einen Wunsch, den ich als Jüngling durch alle Jahre und Stadien meines Bildungsganges hindurch mit eiserner Consequenz angestrebt und verfolgt hatte, diesen Wunsch nach 20jährigem Hoffen endlich erfüllt zu sehen — dieser Gedanke ließ mich lange keine Ruhe finden. Ich recapitulirte mit ängstlicher Sorgfalt nochmals alle geschichtlichen Pyramidenstudien, bemühte mich, mir nochmals Alles was ich über Nil und Wüste in geographischer und naturgeschichtlicher Beziehung gehört, gelesen, gelernt hatte nochmals ins Gedächtniß zurückzurufen und klar zu machen, um den bevorstehenden Besuch eines der ältesten Baudenkmäler der vorchristlichen Culturvölker und seiner Umgegend zu einem erfolgreichen für mein Wissen zu machen, denn ich mußte mir sagen, daß auch die Pyramiden zu den Punkten gehören, die ich in meinem Leben Einmal und dann nie wieder würde besuchen können. Der Gefühlsmensch kann dergleichen Empfindungen nicht unterdrücken und es gehört eine ziemliche Dosis Horazischer Weltanschauung dazu, um das allbekannte Carpe diem, quid sit futurum cras fuge quaerere in solchen Momenten zur Geltung zu bringen. Bald gelang es meinen Bemühungen meine sentimentale Stimmung zu überwinden, die Philosophie des heiteren Epicuräers gewann die Oberhand in mir, Morpheus streuete eine gute Anzahl großer Mohnkügelchen um mich, denn ich schlief so fest, daß mir der Schwarze recht vernehmlich und mehrfach am andern Morgen das verabredete Cinque ore e mezzo Signor Doctore zurufen mußte, ehe ich hinter meinen Gazevorhängen ihm mein dopo dieci minuti io sono pronto zur Antwort gab. Der fürsorgliche liebe militärische Landsmann hatte mit weiser Vorsorge von der allezeit gefälligen, freundlichen Hotelbesitzerin das Nöthige an Speise und Trank für 4 Personen incl. Lebensmittel für die Eseljungen, da diese nothwendige Uebel für jeden Reiter sind, am Tage vorher einkaufen und zurecht machen lassen und Joseph, der Kellner aus Neiße, hatte 2 Esel mit viel versprechenden Fouragetaschen behangen, so daß wir um 6 Uhr mit der Beruhigung vom Hotel der Pyramiden abreiten konnten, selbst für den stärksten Hunger mit den nöthigen Nahrungsmitteln, Eier, kaltem Braten, Käse, Butter, Brot nebst einigen Flaschen vortrefflichen französ. Rothweines (der in ganz Alexandrien und Kairo den griechischen, italienischen und Cyperweinen vorgezogen wird) gerüstet zu sein. Ein Arzt aus Hannover, ein Officier aus Dresden, der militairische Landsmann aus Weißenfels und ich bildeten die kleine Gesellschaft,

welche in der heitersten Laune in früher Morgenstunde unter den 30 Fuß hohen
Mauern des ehemaligen Harems von Abbas Pascha entlang trabten. Die Ge=
wißheit, daß Niemand unser lautes Denken verstand, ließ allerlei Vermuthungen
über egyptische Prinzenharemswirthschaft ꝛc. als erstes Gesprächsthema aufstellen,
welches erst verlassen wurde, als wir in die engen Vorstädte gelangten, deren
Straßen meistens so eng sind, daß ein Esel hinter dem andern reiten muß.
Eine zur Stadt ziehende Caravane von 17 mit Klee, Zuckerrohr und Baum=
wollenstauden (Brennmaterial) beladenen Kameelen zwang uns, die nächstführende
Straße zu verlassen und einen Seitenweg einzuschlagen, der uns bei einer Art
von Scharfrichterei — einem schmutzigen Wassertümpel, an dessen Rand 2 todte
Katzen und ein todter Hund, Eingeweide und anderer thierischer Abfall lagen
— vorbei führte, hinter welcher wir einen Theil der unter dem Namen Plan-
tations d'Ibrahim Pascha schon mehrfach erwähnten berühmten Gärten
passirten, ehe wir in den Hauptweg von Kairo nach Altkairo — wo die Ueber=
fahrt nach Gizeh stattfindet — gelangten. Diese sogenannten Gärten des Ibra=
hims bleiben für den Europäer eine höchst interessante Zusammenstellung vor=
trefflich bewässerter Felder von Zuckerrohr, Mais, Opuntien, Liebesäpfel, Klee=
arten, Reis, Durrah, Weizen, Tabak, Baumwolle, Indigo, Wälder von Dattel=
palmen, Orangen, Citronen, Bananen, Feigen, also eine Art Musterwirthschaft,
zwischen denen allenthalben breite und schmale Wege, zu beiden Seiten von Sy=
comoren und Tamarisken bestanden, hindurchführen, und obschon ich am ersten
Tage meines Aufenthaltes in Kairo durch sie hindurchgeritten war, so sieht man
immer wieder Neues. Zwischen der früheren Salpeterfabrik und dem Derwisch=
kloster war der Punkt, wo unser Weg in die Hauptstraße am rechten Nilufer
einmündete. Ein großer freier Platz ist hier vorhanden, denn hier ist unmittel=
bar am Weg die Stelle, wo der feierliche Nildurchstich in Gegenwart des Vice=
königs stattfindet. Zur Rechten liegt das große von deutschen Aerzten geleitete
Hospital. Zur Linken ist der Anfangspunkt jenes riesigen Aquaeducts, eine den
Römerbauten würdige Nachahmung, welche die Stadttheile jenseits der Citadelle
mit Nilwasser versieht, dessen ich schon bei Beschreibung der Aussicht von der
Citadelle Erwähnung gethan habe. Hier beginnt Altkairo und an dem Nil er=
heben sich die Gärten, Paläste und Häuser der weltberühmten Insel Rhoda,
worauf die Nilmesser. In Altkairo, in dessen Hauptstraße ein reger Verkehr
stattfindet, ist nach europäischem Muster eine Art Pension, die Pension Bellevue
vis à vis den Palmenhainen der Insel Rhoda, errichtet; nicht weit davon
eine Bierbrauerei, die erste und einzige in Egypten, deren Besitzer, ein biederer
sehr gesprächiger Nassauer, in der weniger heißen Jahreszeit aus ägyptischer
Gerste und ungarischem Hopfen Bier braut. Zweimal löschte ich während mei=
nes Aufenthaltes in Kairo meinen Durst auf der großen Terrasse des Hauses
und fand jedesmal deutsche Landsleute allda. Alt=Kairo, Fostad, auch Masr
el Atilah genannt, ist gegenwärtig eine Art Vorstadt von Kairo, während es
früher bis in die zweite Hälfte des 10. Jahrhunderts die Hauptstadt des gan=
zen östlichen Afrikas war und dieselbe Bedeutung hatte, wie das jetzige Kairo.
Gegründet von Omar's General Amru hatte es in seiner Blüthezeit mehrere
hunderttausend Einwohner und nahm einen Flächenraum ein, der dem heutigen
Kairo nur wenig nachgiebt. Ausgedehnte Trümmerhaufen von Bausteinen,

Mauern und Gebäuderesten, welche im Osten und Südosten des heutigen Fo=
ftad die Ebene bedecken, geben ein Bild von der Größe der verbrannten Stadt,
welche 1168 von den Mameluken angezündet wurde, um den Kreuzrittern nicht
in die Hände zu fallen, und 54 Tage ununterbrochen gebrannt haben soll. Das
Einzige, was an die Vergangenheit erinnert, ist die Amru = Moschee, auf deren
Beschreibung ich später zurückkomme.

Das gegenwärtige Foftad besteht zur Hälfte aus der coptischen, zur Hälfte
aus der muselmännischen Stadt. Es dehnt sich am Nil entlang vis à vis der In=
fel Rhoda bis wenig über deren Südspitze hinaus, und hat eigentlich nur eine
breite Straße, die immer belebt ist, weil durch sie Alles hindurch muß, was
vom Landungsplatz, welcher Gizeh gegenüberliegt, nach der Stadt will und was
die entgegengesetzte Richtung einschlägt. Der Bazar befindet sich ohnweit des
durch seinen prachtvollen Garten berühmt gewordenen Palastes von Soliman
Pafchas, eines französischen Renegaten und des vielerwähnten Landungsplatzes,
deffen Nähe man durch das betäubende finnenverwirrende Geschrei der Araber,
Beduinen und ihrer Esel und Kameele zeitig genug gewahr wird. Wir stiegen
oben auf der Höhe, (der Landungsplatz liegt an einem Punkt des ziemlich stei=
len und hohen Nilufers) von den Eseln, stärkten uns durch einige Absynthe für
den Wüftenritt und amüfirten uns über die Scene unter uns. Das Anbord=
bringen der ungeschickten, störrischen Kameele und die Capriolen der beim Sprung
in das Fahrzeug hinten und vorn aus'schlagenden Esel, das Ein = und Ausladen
einiger Trupps Schaafe, Ziegen, Büffel und das Ein= und Aussteigen der dazu
gehörigen Menschheit, welche im heftigen Streit mit dem Pächter der Ueber=
fahrtsstelle und seinen Genoffen begriffen waren, ergötzte uns ungemein. Wir
warteten mit Vergnügen bis eine „Dahabieh" (so nennt man die flachen Fahr=
zeuge, welche zur Ueberfahrt benutzt werden) für uns ankam und nachdem der
der Sitten, Gebräuche und Prellereien kundige Landsmann dem unverschämten
Pächter (das Gouvernement hat sämmtliche Niltrajecte verpachtet) ziemlich ver=
nehmlich zugeflüstert hatte (wobei er mit seiner Reitpeitsche einige vielsagende
Bewegungen in der Luft machte), daß er ihn verklagen würde, wenn er den Ta=
rif überschritte, stießen wir vom Ufer ab. Der heilige Strom trug uns unter
dem schönen säulen = hallengeschmückten Palast des Haffan = Pafcha unmittelbar
unter der Südspitze der Insel Rhoda vorüber nach Gizeh, einmal saßen wir fest,
3 Matrosen, arabische Gefänge murmelnd, „Imlal Imlal Imlali," (worin fie
ihren Propheten bitten, er möge fie in ihrer Arbeit unterstützen) brachten uns
jedoch bald an's gegenüberliegende Ufer, woselbst mehrere Dampfschiffe vor An=
ter lagen. Gizeh steht vom Nil gesehen, stattlich und großartig aus. Eine
von Mehemed Aali angelegte Caserne, so wie eine große Anzahl von Landhäu=
fern muhamedanischer Großen bilden längs des hohen Nilufers eine Reihe an=
sehnlicher Gebäude, deren Orangen = und Feigengärten, Palmen = und Acacien=
haine die Schönheit des Bildes noch mehr vermehren. Es herrscht hier ein
reger Verkehr, denn Gizeh ist ein sehr bedeutender Stapelplatz für alle Arten
von Feldfrüchten. Wir landeten unterhalb des großen Getreidemarktes an einem
dem Herausspringen der Esel äußerst günstigen Platze und wurden hier von 2
Beduinen empfangen, die die außerordentliche Freundlichkeit haben wollten, uns
für 2 Thlr. per Mann den Weg nach den Pyramiden (welchen man beiläufig

gesagt, fortwährend vor Augen hat) zeigen wollten. Durch krumme winklige enge Straßen, zwischen hohen (aus Nilschlamm und Lehm construirten) Mauern hinreitend, gelangten wir auf einen geräumigen Platz, auf welchem eine Art Markt = Verkehr, ein Getreidemarkt stattfand. In riesigen Haufen sah ich hier Durrah, Mais, Weizen, Bohnen, Linsen und andere Futterkräutersaamen auf bloßer Erde aufgeschüttet. Hier wurde in Hohlmaßen gehandelt, nur Datteln, Feigen, Orangen, Knoblauch rc. wurden nach der Zahl oder nach dem Gewicht verkauft. Wir kauften ein jeder 1 Dutzend Orangen (welche die armen Esel= jungen, welche unverdrossen in ununterbrochenem scharfen Trabe neben uns ein= her gallopirten, tragen mußten) und recht gutes Durrah = Brot und ritten nach dem großen Nildamm zu. Leider hab ich, obschon ich 3mal in Gizeh war, ver= gessen, mir einen jener ägyptischen Brutöfen anzusehen, welche gerade hier mit bestem Erfolg in Betrieb erhalten werden. Gizeh erscheint dem Reisenden als ein ziemlich volkreiches Dorf, denn es währte lange ehe wir ins Freie kamen. Wir ritten auf dem von Palmen, Acacien und Sycomoren ziemlich dicht be= schatteten Nildamm dahin, links an dem mit Barken dicht besetzten Nil, rechts an einem großen Palmenwald, in welchem Gerstenfeld abwechselnd mit einer Art Kleefeld die Stelle des Haidekrautes in unsern norddeutschen Kieferwäldern ver= treten. Nur auf den niedrigsten Stellen, welche noch unter Wasser standen, fand ich Reiscultur. Zahllose weiße Reiher schritten in den grünen Feldern einher, Schwärme kleiner Tauben und schwarz = weißgefleckter Eisvögel umkreisten schreiend und krächzend die Kronen der Palmen. Im Nil wälzten sich die Büf= fel und zwischen ihnen bewegten sich im Wasser, im adamitischen Costüm, sich je= doch gottvoll amüsirend, die Bewohner des nächsten Dorfes jeden Alters und Geschlechts. Es war ein mehr als idyllischer, herzerfreuender Anblick; diese ba= denden Büffel, Männer, Frauen und ihre Kinder würden zu einem Genrebild mit dem Titel „gemüthliches Familienleben am Ufer des Nil's" für den Pinsel unserer Meister in diesem Fach ein treffliches Sujet abgeben. Eine Carawane von einigen 40 Kameelen, sämmtlich mit Baumwollenstauben (an denen noch die Fruchtkapseln saßen) beladen, zog an uns vorbei. Wir hatten das erste Dorf erreicht. Hier nimmt der Weg, der nun in den Palmenwald eintritt, in welchem jenes Dorf liegt, eine entschieden westliche Richtung an, die Pyra= miden vermag man jedoch, so lange man im Walde reitet, nicht zu sehen. Der Weg selbst ist nicht besonders gut, oft so schmal, daß ein entgegenkommender Reiter vom Weg herunter ins Feld reiten muß, um dem Ersteren Platz zu machen. Außerdem erheischt die Bewässerung, daß zahlreiche Wassergräben ge= zogen werden, welche — Ueberbrückungen oder Ueberwölbungen scheint man für unnütz zu halten — ein fortwährendes Aufpassen verursachen, so daß man stellen= weise seiner Umgebung wenig Aufmerksamkeit schenken kann, und immerwährend auf den trabenden Esel vorsorglich zu achten hat, daß er nicht falle. Gefahr= loser und bequemer wird der Weg hinter dem ersten Palmenwald; wir hatten nun die Pyramiden in ihrer ganzen gewaltigen Größe und imponirenden Ge= stalt vor uns. Ich theile keineswegs die Gefühle mancher Reisenden, denen diese colossalsten aller Grabdenkmäler in größerer Entfernung nicht so außerge= wöhnlich erschienen sind, als in der unmittelbarsten Nähe. Sobald ich sie beim Austritt aus dem ersten Walde sah, erschienen sie mir wie riesige Bergspitzen

des am Horizont in niedrigen zerrissenen Zacken und Kämmen sich hinziehenden
Gebirgszuges, die vom Glanze der Vormittagssonne beschienen, im röthlichfahlen
Lichte mit gelblich - grauer Beimischung sich mir darstellten.

Zum Besuch der Pyramiden sind die Monate Januar und Februar die
besten, September und November die schlechtesten, weil die Nilüberschwemmung
den nächsten Weg, den wir heute einschlagen konnten, vollständig unter Wasser
setzt. Die warme Februarsonne hatte schon bedeutend getrocknet, wir durften
hoffen innerhalb 3 Stunden eine Distanz zurückzulegen, deren Endpunkt man im
September und November erst in 6 Stunden zu erreichen im Stande ist. Die
Felder waren allenthalben mit dem üppigsten Grün bekleidet, Klee, Weizen, Durrah und Mais (weniger Zuckerrohr und Baumwolle) erblickt man überall.
Zahlreiche Gruppen von Zelten nomadisirender Beduinen, umgeben von den
Heerden ihrer Besitzer, nahmen der flachen Nilniederung ihren einförmigen Charakter, hier waren die Beduinen beschäftigt Zelte abzubrechen, aufzurollen, die
weidenden Kameele einzufangen und anzubinden und die zerstreuten Schaf = und
Ziegenheerden zusammenzutreiben, dort begann eine Familie sich am Saume
eines noch nicht abgeweideten Kleefeldes von sehr bedeutendem Umfang häuslich
niederzulassen, indem das Material für die Zelte abgepackt wurde und der Fa-
milienvater den Fleck absteckte, wo das braune niedrige Zelt aufzuschlagen sei,
dessen Außenwände durch vorgeschobene Bündel von Baumwollensträuchwerk festgehalten werden sollten. Es schien ein reicher Heerdenbesitzer zu sein. Seine
aus einigen 20 Stück Kameelen bestehende Lastthierheerde war gleichzeitig eine
interessante Zusammenstellung von Thieren jeglichen Alters und jeglicher Färbung. Schwarze, hellgraue (fast weiße), lehmgelbe, kaffeebraune Exemplare dieser nützlichsten aller Wüstenthiere gaben sich dem eifrigsten Kleefressen hin; auch
in verschiedenfarbigen Eseln besaß jener glückliche Nomade eine amüsante Musterkarte, welche sich, sobald sie ihrer Ladung ledig waren, ungesäumt mit dem süßen Klee in allernächste Beziehung setzten. Das zweite Dorf auf dem nächsten
Wege nach den Pyramiden liegt auf einer niedrigen Anhöhe, auf einer Seite
von einem Weiher und einem kleinen Palmenwald umgeben, in welchem ein
kleiner Falke mit fabelhafter Schnelligkeit eine Heerde noch schnellerer Tauben
verfolgte, ohne eine davon zu erwischen, bis ihn ein jagender Franzose herunter-
schoß. Will man sich eine getreue Vorstellung jenes Dorfes machen, so nehme
man ein Wespennest, denke sich die Wandungen der einzelnen Zellen aus Nilschlamm gemacht, die oberen Ränder der Zellen mit zerbrochenen Thonkrügen
und Töpfen garnirt, in jede Zelle 4 – 6 Weiber und Männer sowie Kinder
und andere Esel, Schafe, vielleicht auch hie und da ein Kameel und einige Ziegen hineingesetzt — so hat man einen Begriff jenes ausgehöhlten Nilschlamm-
klumpens oder Aggregat von jämmerlichen Einzelhöhlen, von denen je 2
Nachbarn eine gemeinschaftliche Scheidewand haben, dessen halbnackte Bewohner
uns in Schwärmen und Individuen jeglichen Alters und Geschlechts bestehend,
mit dem stereotypen Bakschisch entgegenlärmten und uns mit einer eines bessern
Erfolges würdigen Consequenz und Hartnäckigkeit bis auf Kanonenschußweite
jenseits des Dorfes verfolgten. Die Fruchtbarkeit der Aecker bleibt auch, wenn
man sich dem Wüstenrand mehr nähert, dessen scharf abgeschnittene, gelbgraue
Linie immer deutlicher hervortrat, · eine ganz außerordentliche. Auch zwischen

dem zweiten und britten Dorf in der Nilniederung ift die durch Inundation
und Schöpfvorrichtung hervorgerufene Bewässerung und Berieselung von ganz
ausgezeichneten Erfolgen begleitet. Zur Rechten, in der Richtung nach Norden,
etwa ½ Stunde von unserm Wege, ift das Schlachtfeld, wo Bonaparte durch
die Disciplin seines kleinen muthigen Kriegerhäufleins die übermächtigen undisciplinirten muselmännischen Schaaren besiegte, nachdem er ihren Muth durch die
Erinnerung an die nahen 4 Jahrtausend alten Bauwerke begeistert hatte. Vor
dem britten Dorf nöthigte uns eine sich lang hinziehende Wasseransammlung
einen Umweg zu machen. Bei dieser Gelegenheit hatte man völlig Muße sich
den Eindrücken hinzugeben, die den denkenden Menschen erfüllen müssen beim
Anblick des blauen Himmels, der graugelben Wüste, der freudig grünen Nilniederung und des die letztere bedingenden und hervorrufenden Wassers. Und als
Grenzwächter zwischen der starren todten Wüste und der hohe Fruchtbarkeit darstellenden Nilebene erhoben sich die scharf am azurnen Himmel sich abzeichnenden
Contouren der gelblich grauen Riesendenkmäler der älteften Zeit. — Es liegt
in diesen 5 Dingen eine solche Fülle von Stoff zum Nachdenken über die einzelnen Beziehungen der 4 erstgenannten Dinge für sich, in ihren Contraften zu
einander und der Bedeutung des fünften an diesem Platze, daß der denkende
Natur- und Geschichtsforscher hier unerschöpfliche Themata zu den intereffanteften
Reflexionen auffinden würde.

Als wir uns dem britten Dorfe auf Büchsenschußweite genähert hatten,
welches Dorf ungleich günstigeren Eindruck auf uns machte, als das vor 1
Stunde passirte, eilten uns dienstfertige Geifter in Geftalt von jungen kräftigen
Kerls und jugendliche Wasserträger und Trägerinnen, so wie alte Bakschiesch-
bedürftige Insaffen schaarenweise entgegen. Wir umritten das Dorf langsam
um uns an dem imponirenden überwältigenden Totalanblick der gesammten Pyramidengruppe von Gizeh zu weiden und näherten uns dann langsam dem
Nordrand der Cheopspyramide. Unser lieber gefälliger Landsmann traf unter
den Einwohnern ihm als zuverlässig bekannte, bewährte Persönlichkeiten, die er
für uns engagirte, so daß wir uns ungestört dem unvergeßlichen Anblick der
sprechenden Größe längft untergegangener Zeiten und Geschlechter erfreuen
konnten. —

Man sagt immer, die Natur mache keine jähen Sprünge. Entschiedener
kann die Grenze vom festen Lande mit dem Meere nicht ausgebrückt sein als
der Gegensatz zwischen der fruchtbaren grünen Nilniederung und der gelben libyschen Sandwüste, wie sie hier auftritt. Als letzter Vorposten der grünen Vegetation gegen die Sterilität der Wüste zog sich ein circa 20' breites Kleefeld längs
des hier beginnenden Sandmeeres hin. Jedoch war, obschon der Sand aus
gelblich grauen Körnern von Stecknadel- bis Linsengröße beftand, keine Spur
deffelben auf dem Kleestück zu sehen und wiederum unterbrach kein grünes Hälm-
chen oder Blättchen die wellenförmig ansteigende Sandfläche. Erft hinter den
Pyramiden gelang es mir 2 blühende Pflänzchen aus dem Wüstensande heraus-
zuziehen, eine rosablühende Wickenart und eine gelblich schmutzigweiß blühende,
unserm Wermuth verwandte Pflanze, welche auf dem glühend heißen Sande hin-
kriechend, durch ihr Wachsthum ein kümmerliches Dasein frifteten.

Wir ritten langsam über Steingerölle, verwittertes, anftehendes Geftein,

Flecke losen Sandes die Anhöhe hinan, auf welcher die Pyramiden stehen, und richteten unser Augenmerk nach der nordöstlichen Ecke der großen oder Cheops= pyramide. Diese Anhöhe ist der letzte Ausläufer des hier noch circa 80—100' über dem Nil gelegenen Hochplateaus der libyschen Wüste, an deren Rande, gleich riesigen Thoren, an verschiedenen Punkten, Gruppen von Pyramiden er= baut sind. Bald bemerkten wir zu unserer Rechten eine Art schiefer Ebene, zu= sammengesetzt aus viereckigen Werkstücken von riesiger Größe. Man sagte uns, es sei dieß die Bahn gewesen, welche vom Ufer des Nil oberhalb Gizeh nach dem hohen Steinplateau, auf welchem man nach vorhergegangener Planirung die Pyramiden errichtet habe. geführt habe, um auf derselben die ungeheuren Werkstücke mit weniger Mühe an den Ort ihrer Bestimmung hinzuschaffen. An manchen Stellen liegt diese Transportbahn ganz offen zu Tage, je mehr man sich dem Rande des Plateaus nähert, um so mehr ist sie von Sand und Kies und Felsgeröll bedeckt und namentlich an ihren Seiten vielfach demolirt. Der Kopf der Sphinx bleibt weit zur Linken, in größerer Nähe des Reitweges auf jenem Riesendamm bleiben auch 3 kleine Pyramiden zur Linken, von denen eine den Namen Pyramide der Rhodopis, Tochter des Königs Cheops, führt, weil man in ihrem Innern deren Sarkophag und ihre in Hieroglyphen nieder= gelegte Lebensbeschreibung gefunden hat. Diese kleinen Pyramiden sind kunstlos und ohne besondere Sorgfalt und Vorsicht aufgeführt. Ganz anders der coloss= sale Gigantenbau des Erbauers jener höchsten Pyramide, des Herrschers Cheops oder Chupha der 4. Dynastie, welcher man sich immer mehr nähert und an ihrer Außenseite endlich angekommen zu seinem nicht geringen Erstaunen be= merkt, daß sie, zum Wenigsten an der ganzen Nordostseite, an dem größten Theil der Südostseite, auf 40—50' Höhe von Sand beschüttet und verweht worden ist. Gegen Südwesten dagegen scheint ihre Basis noch die ursprüngliche zu sein, welche auf das vorher geebnete Kalksteinplateau gesetzt wurde, und als äußerste Schutzmauer für die geheiligten Grabkammern, welche das Innere ent= hielt, (denn bekanntlich haben die neueren Forschungen und vor allen Dingen die Lepsius'schen Untersuchungen gelehrt, daß die besseren Pyramiden, zu denen die von Gizeh gehören, von innen nach Außen erbaut und vergrößert worden sind) dienten riesige Quadern. Es wäre thörichte Anmaßung, wollte ich, vollständigst Laie auf dem Gebiet der Archäologie irgend welche Betrachtung über den Zweck, Be= deutung und Veranlassung der Pyramiden hier aussprechen, ebenso ermüdend für den Leser wäre es, wollte ich den zahllosen Beschreibungen über diese Wunderbau= werke, die in allen Sprachen des Erdballs bisher veröffentlicht worden sind, noch eine neue hinzufügen. Dieselbe gehört nicht in eine Sammlung orientalischer Reise= bilder. Ich verweise auf die zahlreichen Reisehandbücher, Geographieen, Reisebeschrei= bungen und einzelne Aufsätze, die in so vielen deutschen Journalen enthalten sind. Bogumil Golz hat, damit kein Vorwurf der Unvollständigkeit sein vor= zügliches Werk treffe, in dem Capitel über die Pyramiden nicht versäumt, den Flächen= und Längen=, kurz allen Raumverhältnissen derselben gebührend Rech= nung zu tragen, nachdem er meisterhaft seine eigenen Empfindungen beim An= blick, während des sich Näherns und beim Besteigen der Colosse, Worte verliehen hat. Ich verweise auf diese Schilderung.

Man thut als Erzähler gut, von Pyramidenfeldern oder ebenso richtig aus=

gedrückt, von Todtenfeldern zu reden. In jeder Pyramidengruppe hat man große Grüfte oder Mausoleen, in der Mitte einer größern oder geringern An=
zahl von Gräbern und Todtenkammern gelegen zu erblicken; vor jeder größern Pyramide stand ehedem noch ein Tempel. Das Pyramidenfeld von Gizeh muß eines der Bedeutendsten gewesen sein, zu welchem Schluß die Größe der Pyra=
miden, die große Zahl der Grabkammern und das Vorhandensein der Riesen=
sphynx berechtigen. Will man sich genauer über Alles, was die Pyramiden und das was zu ihnen gehört informiren, so muß man Bunsen Aegyptens Stellung in der Weltgeschichte oder das klassische Werk von Lepsius nachschlagen. Eine schöne Uebersicht in gedrängter Kürze giebt Dr. Reil, auf eigene Messun=
gen, Forschungen und Betrachtungen gegründet, in seiner bekannten höchst in=
teressanten Schrift „Aegypten als Winteraufenthalt für Kranke", welchem Werke er einen sorgfältig ausgeführten Plan der 5 Pyramidenfelder Unteregyptens nach eigener Aufnahme beigegeben hat. Es darf ein nicht geringer Stolz für uns Deutsche sein, daß grade unser Volk es ist, welches zum Verständniß, zur Würdigung der eigentlichen Bedeutung der Pyramiden, überhaupt zur Ent=
deckung von Daten der ältesten Geschichtsperiode des Nillandes außerordentlich viel beigetragen hat.

Nach dreistündigem ununterbrochenen Ritt von Gizeh aus waren wir am Fuß der Pyramiden angekommen, d. h. an dem Punkte, der gegenwärtig bereits 30—40' über der eigentlichen uranfänglichen Basis dieser Gigantenbauten liegt. Wir sprangen von den Eseln und konnten kaum den Termin zum Hinaufklim=
men erwarten. Die Eseljungen hielten an der nordöstlichen Ecke, fütterten die Thiere mit unterwegs gestohlenem Klee, wir gingen an der Nordostseite der Py=
ramide, gefolgt von 12—15 Wüstensöhnen, die ein jeder sich selbst theils als Führer, theils als Wasserträger in allen abendländischen Sprachen empfohlen, und ihre Brauchbarkeit, Schnelligkeit und Anspruchslosigkeit auf die lächerlichste Weise anpriesen. Zum Glück waren wir an jenem Tage die erste Gesellschaft, die angekommen war und wir nahmen auf den Rath des lieben Landsmannes Besitz von dem circa 14 Quadratfuß großem Platz, welcher durch Herabfallen einiger Werkstücke der äußersten Schicht unmittelbar über dem Eingang in das Innere der Pyramide entstanden ist. Die Stelle liegt so geschützt, daß uns die Sonnenstrahlen nichts anhaben konnten. Das einzig Unangenehme war, daß nur 3 der Unsrigen auf dieser ohnedem nur nach schwierigem Klettern erreich=
baren Stelle Platz fanden, der 4. mußte sich in halber Höhe einige Fuß unter uns ein Sitzplätzchen suchen. Hier sollte Frühstück Nro. 1 gehalten werden. Auf einem ausgebreiteten Plaid wurde schnell das frugale Frühstück servirt, während welcher Zeit uns die Redensarten der 4 Beduinen, welche zur Beglei=
tung nach der Spitze für den Doctor aus Hannover und mich auserwählt worden waren, im höchsten Grad amüsirten. Auch in deutscher Sprache ergin=
gen sich die harmlosen Wüstensöhne, und als der Eine, Ibrahim, den Collegen aus Hannover mit „gut Doctor" anredete, erreichte unsere Heiterkeit den höchsten Grad, auf welchem sie erhalten wurde durch die Naivetät eines meiner Führer Auballah, welcher mir aus dem Zipfel einer Art Taschentuches auspackend einige Zettel vorlegte, worauf mit Bleistift einige Zeilen der Empfehlung von französi=
schen und englischen Reisenden geschrieben waren, von mir ein Gleiches erbittend.

Ich erklärte mich hierzu jedoch erst nach beendigter Besteigung bereit und bat die beiden Landsleute auch ihrerseits den bereits „Empfohlenen" späteren deutschen Reisenden zu recommandiren. Bei dem Wort „Empfohlen" kam der arme Kerl aber in große Angst und rief fortwährend no, no, ful, no. Wir konnten uns seine Angst und Betrübniß anfangs gar nicht erklären, erst nach einigen Minuten fiel dem Landsmann ein, daß ful die arabische Bezeichnung für die Lieblingsspeise der arabischen Esel, eine Art Bohnen, ist. Der gute Beduine mochte fürchten, daß wir uns über ihn lustig machen wollten, dadurch daß wir nach seiner Meinung seine Person mit Eseln und deren Nahrung in irgend welche Beziehung zu bringen schienen. Als wir ihn hierüber beruhigten und sämmtlichen auserkornen Begleitern das zu erwartende Bakschiesch gezeigt, auch ihnen auf das Strengste untersagt war, während des Steigens oder auf der Spitze ein extraordinäres Bakschiesch zu verlangen, was sie auch gelobten, wurden sie ganz zutraulich, überhäuften uns mit Ehrentiteln, Hakim (d. h. Doctor) Bey oder sogar Hakim Pascha; von dem mitgenommenen Geflügel und Eiern aßen sie, den Rothwein aber refüsirten sie, mit Ausnahme des bereits stark europäisirten Ibrahim, der dem preußischen General-Consulat speziell bekannt ist und von allen deutschen Malern und Photographen als ein anstelliger zuverlässiger Mensch vielfach gebraucht worden ist, woher er seine deutschen Worte gelernt hat.

Nach und nach kamen noch 4 Gesellschaften, darunter auch Damen und zwar hatten diese auch in der Wüste sich von ihren Crinolinen nicht trennen können. Horribile dictu, sie bestiegen nach uns in Crinoline ebenfalls die Cheopspyramide, eine schöne junge Italienerin und eine häßliche alte Mistreß kletterten hinauf, oder — wenn man so sagen darf — wurden hinaufgezogen, geschoben, getragen, geschubst; übrigens schien den dienstleistenden Beduinen, 3 für jede Dame, der Transport der becrinolinten Schönen viel Vergnügen zu machen, denn wenn man von der Spitze herab sah, so hörte man ihr Gejubel und Gelache über die Schwerfälligkeit ihrer Passagiere und deren wenig geeignete Bekleidung, um 202 Riesenstufen eine jede von 3½–5' Höhe zu erklimmen. Man sah von oben ganz deutlich, wie die kleine Signora auf den Rücken eines ihrer Führer stieg, derselbe hob sich sodann langsam mit ihr, Nr. 2 faßte sie von der zunächst liegenden höheren Stufe bei einer Hand, während sie sich mit der andern Hand auf die Schultern von Nr. 3 stützte, welcher mit seinen Händen sie festhielt, um sie vor dem Herabgleiten von dem Rücken des sich langsam erhebenden ersten Beduinen zu schützen. Diese Scene wiederholte sich auf jeder Stufe. Die alte Engländerin hatte 4 Beduinen zu ihrem Transport nöthig. Daß hierbei sehr viele komische Scenen sich ereigneten, liegt zu sehr in der Natur der Sache, als daß man sich darüber noch wundern könnte. —

Nach eingenommener Stärkung krochen wir von unserem hoch und unbequem gelegenen Frühstücksplatz unter der Platte mit jener vielgenannten Hieroglyphenschrift, welche von der Preußischen Expedition angebracht wurde, herab und begaben uns an die östliche Ecke der Pyramide. Bekanntlich zeigen die 4 Ecken der Cheopspyramide genau nach den 4 Weltgegenden. Die östliche Ecke ist der bequemste Punkt, um von hier aus die Besteigung zu beginnen. Ich mußte lebhaft an die Abbildung in Hackländer's Zeitschrift denken, welche eine

Besteigung der Pyramiden darstellt, auf welchem Bilde sich 2 Beduinen bemühen einen unglücklichen Fremdling hinaufzuziehen, während Nr. 3 kräftig durch
Schieben hilft. Jener Reisende scheint die Pyramidenmasse nur eben mit den
Sohlen zu berühren. Das Bild hat auf mich immer einen ängstlichen Eindruck gemacht, der aber in der Wirklichkeit vollständig schwand und der allge-
meinsten Heiterkeit Platz machte.

Wäre es Seitens des Gouvernements den Arabern nicht auf das Strengste
untersagt, zu gestatten, daß fremde Reisende ohne Begleiter die Besteigung unternehmen, so würde ich ganz allein ohne Unterstützung hinaufgekrochen sein.
Als alter Turner würde ich sonder große Mühe auch die 5' hohen Stufen erklommen haben. Aber da der Scheich des nächsten Dorfes, der vom Morgen
bis Abend an der östlichen Ecke Posto faßt, darauf zu sehen hat, daß kein Fremder ohne Begleitung hinaufsteigt und namentlich, da meine Führer so begierig
waren, micht recht schnell hinaufzuschaffen, so blieb mir nicht viel Zeit zu Reflexionen und ich ergab mich in mein Schicksal. Jedem Fremden wurden 2
Beduinen zugetheilt und da die bequemste Aufgangsstelle nur grade an der
Basis der scharfen Ecke ist, so mußte geeilt werden, um nur wenigstens einige
Stufen in die Höhe zu gelangen, wo dann die Besteigung längs der ganzen
Nordostseite vor sich geht. Beim Aufblicken nach der Spitze, die man jedoch
erst sieht, wenn man nur noch 40—60 Stufen vor sich hat, sah man aller
Orten inmitten zweier halbnackter Beduinen den betreffenden Fremden, der gewaltsam hinaufgezerrt und geschleppt wurde, und dieselben lächerlichen Gruppen-
bilder sieht man beim Herabblicken. Meine beiden flinken Führer oder Schlep-
per hätten mich am liebsten in einem Zuge ohne Auszuruhen bis auf die Spitze
gebracht, meine ersten Versuche, auszuruhen vereitelten sie, indem sie auf die sich
wiederum nahenden Gesellschaften Reisender wiesen und „Inglesi" bedeutungs-
voll schmunzelten, womit sie sagen wollten: sie müßten sich beeilen, bald herauf,
bald wieder herunter zu kommen, um die Inglesi, welche molto bakschiesch wie sie sagten, zahlten, heraufzuholen. Nach 6½ Minute ununterbrochenem Steigen vermochte' ich nicht weiter zu klimmen, ich mußte Gewalt anwenden, um mich von den unermüdlich Stoßenden und Ziehenden frei zu machen, um 1 Minute auszuruhen, und als sie wieder ihr molto bakschiesch,
Inglesi ertönen ließen, setzte ich mich gelassen nieder und lispelte ihnen ein
sehr deutliches mabfisch bakschiesch zu. So blieb ich auf der scharfen
Ostecke der großen Pyramide einige Minuten sitzen, wartete auf den Landsmann
aus Hannover, machte mit ihm Glossen über die heraufkrabbelnden 2 Frauen,
erfreute mich der herrlichen Rundsicht und überließ mich, gestärkt durch die Ruhe
und den angenehmen kühlen Nordostwind, wiederum meinen 2 Führern. Rechne
ich die Zeit des Ausruhens ab, so hatte ich zum Besteigen der 460 Fuß hohen
Cheopspyramide 10 Minuten 40 Secunden gebraucht. Der obere Raum ist
ohngefähr 10—12 Schritt lang, ebenso breit, mit riesigen Quadern (Nummulitenkalk) theilweis unregelmäßig bedeckt, so daß man nur längs der 4 Seiten
bequem gehen kann. Ich setzte mich an die Westecke, weil hier der bequemste
Sitzplatz war, und erfreute mich am Anblick des riesigen Todtenfeldes, der endlosen Wüste, des heiligen Niles und seiner freudig grünen Ufer. Der Gedanke,
daß auf demselben kleinen Raume, den nach und nach jene 2 Damen, 3 Fran-

zofen, 5 Engländer, 2 Italiener und 20 Führer und Wasserträger mit uns 2 Deutschen theilten, auch einst Alexander M. und Napoleon gestanden haben, machte weiter keinen besonders tiefen Eindruck auf mich. Während sämmtliche andere Fremden beschäftigt waren mit Hülfe der ihnen von den Arabern gelieferten Messern ihre Namen in den weichen Kalkstein zu graben, überließ ich mich den gewaltigen Eindrücken, welche der Anblick der für mich ganz neuen sich unter mir ausbreitenden Scenerie in mir hervorrief. —

Bekanntlich waren fast sämmtliche Pyramiden von ihren Erbauern mit einer glänzenden Bekleidung versehen, welche ihr stufen- und treppenartiges äußeres Aussehen vollständig verdeckte. Mit dem Abbrechen der Spitze der Cheops= pyramide muß der Verlust jener glänzenden Decke verknüpft gewesen sein, denn die Pyramide war so lange unersteiglich, als sie noch vollkommen mit ihrem glatten glänzenden Ueberzug bekleidet war. Die Cheopspyramide verjüngt sich in ihren 202 Riesenstufen aus einer Grundfläche von 21½ preuß. Morgen bei 460' Höhe bis zu ihrer jetzigen geringen Oberfläche von circa 400 Qua= dratfuß. Erwägt man daß diese mehr denn 90 Millionen Kubikfuß Steinmasse, aus welchen die Cheopspyramide erbaut ist, durch Menschenhände (ohne Anwen= dung von Pulver) gebrochen, nach dem Nil geschafft, in Fahrzeuge geladen, wieder ausgeladen und ohne Anwendung von Maschinen oder andern Hülfs= transportmitteln der Mechanik schließlich bis zur Höhe von 460 Fuß gehoben worden sind, so muß man staunen vor der Ausdauer des Volkes, welches diese Riesenmonumente setzte, vor denen die Bauten der Neuzeit, die mit Hülfe von Dampfmaschinen und andern Erleichterungsvorrichtungen construirt werden, weit zurücktreten müssen. Aber man muß diese Werke auch von einem andern Ge= sichtspunkt betrachten, und ist wohl berechtigt zu erwägen, was für unendlich Gutes der Despotenwille des Gründers hätte schaffen können, wenn er die Arbeits= kraft und die Zeit, die auf Erbauung der Cheopspyramide verwendet wurde, nach anderer Richtung hin, zum dauernden Heil der Mit= und Nachwelt hätte nutzbar machen wollen.

Die beiden andern großen Pyramiden des Todtenfeldes von Gizeh stehen so, daß die Verlängerung einer Linie von der Ost= nach der Westecke der Cheopspyramide dieselben Ecken bei der Chephren und auch fast genau dieselben Ecken der Mycerinuspyramide durchschneidet. Die Chephrenpyramide ist nur 40—50' niedriger als die erste; die helle warme Morgensonne ließ das Frag= ment ihrer Gypsbekleidung, welches die Spitze noch deckt, im hellsten Glanze vor unseren Augen erscheinen; 2 Beduinen offerirten sich der europäischen Ge= sellschaft von der Spitze der Cheopspyramide aus die Besteigung der Chephren= pyramide zu unternehmen und nach 10 Minuten wiederum bei der Gesellschaft angelangt zu sein. Mich dauerten die armen Kerls und ich suchte sie durch Auflegen der Hand auf Herz und Lunge und durch Auf= und Niederbewegen derselben ihnen anzudeuten, daß dieses gefährlich sei. Einige Franzosen theilten meine Ansicht. Als aber ein spleeniger Englishman, der Gatte jener kühnen Pyramidenbesteigerin, 3 östreichische Viertelguldenstücke hinlegte, war kein Halten mehr. Die beiden Kerls sprangen wie die Katzen herab, eilten im scharfen Trabe über das die beiden Pyramiden trennende Sandfeld hinüber nach der Chephrenpyramide und klommen mit einer unglaublichen Leichtigkeit an der Ost=

feite hinauf, in die Gypsbekleidung hatten sie Rige geschlagen, mittelst deren und natürlicher Sprünge sie bis auf die Spige gelangten. Hier schwenkten sie ihre Turbans, sprangen mit erneuerter Schnelligkeit herab, durcheilten das Sandfeld wiederum im schärfsten Trabe, kommen mit Affenbehendigkeit neben der Westecke der Cheopspyramide wieder zu uns herauf und nahmen die 3 Viertelgulbenstücke in Empfang, als sei nichts vorgefallen.

Die 3. Pyramide, die Mycerinuspyramide, wird, von der Höhe der Cheops-pyramide gesehen, von der mittleren theilweise gedeckt. Da man uns da oben erzählte, daß sie, aus rothem und schwarzem Granit und Porphyr aufgeführt, die schönste gewesen sein soll, so beschlossen wir, sie jedenfalls auf dem Wege zur Sphinx zu besuchen, deren colossaler Kopf aus dem gelben Wüstensande zwischen der Cheops- und Chephrenpyramide hervorragte. Eine Caravane zog am Wüstenrande, sich den Sphinx nähernd von der Nilniederung herauf. Von der Höhe aus gesehen, erschienen Menschen und Thiere nicht größer wie kleine Spielfiguren, sie bewegte sich nach einem Punkte in der Nähe der Sphinx hin, wo für Rechnung des Gouvernements Ausgrabungen stattfinden.

In südlicher Richtung kann man die Pyramidengruppen von Abusir, Sakara und Daschur vollständig überschauen, noch weiter südlich begrenzen die aus der Wüste wellenartig hervorragenden Felskämme und Sandberge den Hori-zont. Ein gleiches Bild liefert der Blick nach Südwesten, Westen und Nord-westen vom Fuße der Pyramide an, wogegen nach Nordosten, Osten und Süd-osten das fruchtbare Land das durch den Blick auf die unheimliche, erdrückende, starre, todte Wüste ermüdete Auge und angsterfüllte Gemüth des Reisenden auf das angenehmste wieder erfrischt. Aber nur theilweise dürfen wir uns dieses schönen belebenden Anblicks erfreuen. Darüber hinaus treten überall, wo der Mokattamberggug das Bild begrenzt, wiederum die endlosen graugelblichen Flächen der Wüste von Suez in den Gesichtskreis. Von Oasen ist noch nir-gends etwas zu sehen; aber der nordische Reisende kann sich einen Begriff einer Oase machen, wenn er die kleine Baumgruppe, aus Sycomoren, Acacien und einer Dattelpalme, in Summa vielleicht 6—8 Stämme betrachtet, welche ohnweit der Mycerinus-Pyramide auf dem Wüstenplateau, durch einen langen Felskamm vom anstürmenden Wüstensande geschützt, betrachtet. Es soll unter diesen Bäumen manchmal ein kleiner Quell zu Tage treten, was ich gern glau-ben will, da so oft ich den Blick auf diese malerisch vereinsamte Gruppe warf, immer Menschen und Thiere, gehend und kommend, zu sehen waren.

Schon oben versuchte ich den Eindruck zu schildern, den die scharfe Grenze des anbaufähigen und — was hier dasselbe ist — auch wirklich bebauten Lan-des (denn hier säet man auf jede Scholle Land, welche man bewässern kann) mit der Wüste macht. An Ort und Stelle selbst kann man begreiflicher Weise diese Grenzlinie nur auf einigen tausend Schritt verfolgen. Aber von der Höhe der Pyramiden aus gesehen erscheint der schmale grüne Streif, der sich zwischen dem Fluß und dem Wüstenrand eingekeilt hat, auf circa 10 deutsche Meilen Entfernung nach Süden und Norden in überall gleich scharf ausgeprägter Ab-grenzung, und wenn man mit ganzer Aufmerksamkeit dieses Auftreten so wie den Plag, den die Erbauer der Pyramidengruppen diesen gen Himmel gethürm-ten Steinmassen, diesen von Menschenhänden aufgeführten Felsbergen angewiesen haben, berücksichtigt, so kommt man zu der Annahme, daß die ungeheuren Denksteine am Saume der leblosen starren unendlichen Wüste vermöge ihrer Massenhaftigkeit die passendsten Marksteine sind, um für alle Zeiten anzudeuten: hier beginnt vor uns das frische Leben, hinter uns aber ist das Leben eine Unmöglichkeit geworden, da ist Alles dem unerbittlichen Tode verfallen. Die gigantischsten aller Grabdenkmäler konnten wohl nirgends auf der Erde eine geeignetere Stelle finden, als hier an der Scheidewand der Sahara, dem Wohnsitz des Todes, mit den Palmwäldern und der reichen Fruchtebne des heiligen göttlichen Nilstromes, der auf noch heutigen Tages unerklärte Weise zur bestimmten Stunde aus fernen, unbekannten Gebirgen und Ländern herniederfließend, fruchtbaren köstlichen Schlamm mit sich führend, dem Lande Segen und Gedeihen für's ganze Jahr bringt, und in diesem seit den urältesten geschichtlichen Zeiten bekannten Cyclus von und aus den Ufern treten, von Befruchten, Tränken und ruhigem Zurückweichen in sein Bett, den Völkern, welche auf diesem Schauplatz ihre Rolle gespielt haben und noch spielen, Leben und die Möglichkeit zur Existenz bringt. Und wenn es wahr ist, daß die räthselhafte riesige Sphinx die Wächterin der Pyramidengruppe von Gizeh auf ihrer Brust eine Inschrift trug, wie Herodot uns erzählt, so war wohl keine geeigneter als die

„Deinen hehren Leib setzten hierher die unsterblichen Götter
Auf daß er schirme die weizentragende Erde."

Gleichsam als sollte die Sphinx die Stürme mit ihrem Alles verheerenden, versengenden, heißem Wüstensand bannen, und, mit dem Antlitz gen Osten und auf die Nilebene gewandt, der Letzteren ihre Fruchtbarkeit erhalten. —

Dies farblose, klanglose, einförmige, unabsehbare Sandmeer der Wüste, das man einen im Augenblick des höchsten Sturmes versteinerten Ocean nennen könnte wegen der längeren oder kürzeren, den Wellenbergen vergleichbaren aus dem endlosen Sandmeer herausragenden Felskämmen und Steinrücken ist in ihrem Entsetzen erregenden Gelbgrau, in dem alles Lebende ertödtenden Sande ein ungeheures Bild des Schweigens, der durch Gewalt hervorgebrachten Ruhe, des ewigen Stillstandes, der Lebensunmöglichkeit, der Vernichtung. Das ist das Bild, welches sich dem Auge zumeist darbietet. Kein Gegensatz kann ergreifender sein, keiner vermag das menschliche Gemüth schneller und totaler umzustimmen, als der Wechsel des Wüstenanblicks mit dem Blick auf den alten Freuden- und Fruchtbarkeitsbringer, Segens- und Lebensspender, den Nil, mit seinen heiteren, grünenden, blühenden und schwellenden Saatfeldern, Baumwollen- und Zuckerrohrgefilden, seinen herrlichen Palmen- und Orangenwäldern, seinen von Sycomoren, Tamarisken, Acacien und Palmen beschatteten Dörfern und deren bewunderungswürdigem Bewässerungs- und Berieselungs- und Canalisirungssystem. Und wenn der Mensch zufrieden mit dem Gedanken, daß der Schöpfer, der dem sagen- und geschichtsreichen göttlichen Strom schon seit Jahrtausenden mit gleicher Fürsorge in dem segenspendenden Schlamm das sichtbarste Zeichen seiner Göttlichkeit gegeben hat, und hierdurch das Wüstenland culturfähig gemacht hat, sich nach Abwechslung sehnt und die Schiffe in ihrem Laufe nilabwärts verfolgt, so gewahrt er hart am Nil gelegen die 3 Städte Bulak, Gizeh und Fostat, gleichsam als Uebergänge, damit der Unterschied zwischen den kleinen Ansiedlungen der Fellah's mit der Hauptstadt „Der Siegreichen" ein nicht allzu

plötzlicher und gewaltiger sei; in diesen 3 Plätzen herrscht jederzeit ein reges
Leben und Treiben, welches sich darstellt als eine Vermittlung als eine
Uebergangsstufe des ländlichen Verkehrs zum Gewühl der Stadt. Zwischen
Bulak und Fostat, dem Nil und dem steilen Felsabhang des Mokattam, halb
versteckt durch die unsterbliche Schöpfung des despotischen Ibrahim = Pascha,
den Gärten des Ibrahim, ruht der umherschweifende Blick auf dem Häusermeer
Kairo's, der in der Ferne mit ihren Hunderten von Minarets und Moscheen
im Scheine der warmen Mittagssonne so hell erglänzenden Kahira, dem neuen
Babel, dem Erdenpunkte, „wo 3 Welttheile und ihre Nationen sich berühren und
verkehren, wo die alte und neue Welt, wo Barbarei und Gesittung, Heiden= und
Christenthum noch bis zu diesem Tage nicht zur Scheidung gekommen sind."
Hinter Kairo gewahrt man die ganze Reihe der Khalifengräber, die Abbasie so
wie die Gärten und Alleen am Wege nach Heliopolis. Abwärts, (man vermag
beide Arme auch nach ihrer Zertheilung noch eine große Strecke zu verfolgen),
erglänzen der Palast und die Landhäuser des zauberisch schönen Schubra am
Ende der weltberühmten Sycomorenallee von Schubra, sowie einige durch Baum=
wollencultur und durch die Eisenbahn bedeutend gewordene Orte des Delta und
der unteren Nilniederung. Die verfehlte, unvollendet gebliebene Riesenschleuße
am Anfang des Delta, ohnfern der Bahnstation Kalius, Barrasch genannt, (Ba-
rage du nil) wurde uns ebenfalls gezeigt, sie sollte wie schon oben gesagt
ein Mittel sein, um durch Aufstauung des Nils die culturfähige Nilniederung
zu erweitern, wahrlich, ein großer Zweck, ein Kampf mit der endlosen Wüste,
um Theile derselben dem ewigen Tode zu entreißen und durch Absatz von an=
geschwemmten Schlamm lebenskräftig und lebensfähig zu machen. Auch sollte
sie dazu dienen, um für das eigentliche Unterägypten eine beliebige Menge Was=
ser zu reserviren. Aber der Menschen Werk ist zu pygmäenhaft im Ringen nach
dem Besitz eines Streifen Landes, welches seit Jahrtausenden dem Tode verfallen
ist und von dessen Krallen festgehalten wird. Obschon die bedeutendsten In=
genieure des Abendlandes bei der Anlage dieses colossalsten Schleußenwerks der
Erde von dem Pascha zu Rath gezogen wurden und obschon der Bau derselben
von einem talentvollen Franzosen, dem verdienten Linant, geleitet wurde, so spot=
tet der Strom des Werks, das seine Wogen zwingen sollte, sich vorher über
das Land zu verbreiten. Ungenutzt steht der Riesenbau da, der Strom läuft
unter seinen colossalen Bogen dahin, nicht mehr und nicht weniger Land über=
fluthend und düngend, als ehedem.

Wir mochten wohl 1 Stunde auf der Spitze der Pyramide verweilt haben
und da wir möglichst viel von dem Todtenfelde sehen wollten, außerdem auch
noch das Innere der Pyramide zu besuchen, uns entschlossen hatten, eilten wir
den Rückzug anzutreten. Wer zum Schwindel neigt, muß sich krampfhaft auf
die Schultern der Araber stützen, noch rathsamer ist es, langsam von Stufe zu
Stufe herabzukriechen, (der Neigungswinkel beträgt 52°) mit dem Gesicht nach
Innen, denn die von den Stufen gebildeten Parallellinien laufen in optischer
Täuschung schließlich anscheinend so in = und durcheinander, daß man entweder
die Augen schließen und sich von den Beduinen im wahren Sinne des Wortes
heruntertragen lassen möchte oder aber man läuft Gefahr, schwindlich zu werden.
Jedenfalls ist das Herabsteigen gefährlicher als das Erklimmen. Ganz besonders

ſchlimm waren die armen Damen dran, ſie kamen $\frac{1}{2}$ Stunde ſpäter als wir, bis auf den Tod erſchöpft mit zerriſſenen Gewändern und blutigen Händen und Armen an. Sie mußten ruckweiſe von einer Stufe zur andern geſchoben wer= den, welche Bewegung von den rohen Wüſtenſöhnen nicht eben ſehr ſorgſam ausgeführt wurde. Die Miſtreß, an welcher ich ziemlich ſchnell unter Aſſiſtenz meiner 2 Führer vorbeieilte, rutſchte mit gefalteten Händen und geſchloſſenen Augen die 202 Stufen hinab. Sie hatte ſich in das Schickſal mit einer nach= ahmungswürdigen Reſignation gefunden und als ich ihr nach 1 Stunde wieder begegnete und ihr mein Bedauern über die gehabten Anſtrengungen ausdrückte, antwortete ſie ganz gelaſſen very beautiful but very faſtidious und der Gatte accompagnirte, durch engliſches Grunzen die Wahrheit der Ausſage ſeiner Ehehälfte beſtätigend.

Nach einer Viertelſtunde waren wir wiederum an dem Eingang bei den Freunden angelangt. Derſelbe liegt genau in der Mitte zwiſchen der nördlichen und öſtlichen Ecke, circa 50' über der eigentlichen urſprünglichen Baſis des Wüſtenhochplateaus, in der 15. Schicht der Werkſtücke, heutigen Tages aber er= ſcheint die Oeffnung an der Grundfläche zu liegen, weil die Nordoſtſeite bis zu dieſer Höhe mit Wüſtenſand und Geſteinstrümmern aller Art bedeckt iſt ſo daß man nöthigenfalls bis unmittelbar vor den Eingang reiten könnte. Die Ein= gangsöffnung hat eben ſo etwas Abſonderliches und Abentheuerliches, als wie der ganze Bau ſelbſt. Als Thürpfoſten dienen 10—12 Fuß lange 2—2½' breite und 6—8' dicke Granitplatten röthlichen Geſteines, ſehr feldſpatreich, mit weißem Glimmer, zwei ähnliche Steincoloſſe, in horizontaler Richtung überein= andergelegt bilden in Gemeinſchaft mit noch 2 in ſchräger convergirender Rich= tung dachſparrenartig geneigt gelegter Steinplatten die Decke der Eingangsthür. An ihrer Seite ſtehend hat man ſo recht bequem Gelegenheit die Coloſſalität der einzelnen Werkſtücke zu betrachten. Sie ſind nicht ſämmtlich von gleichem Cubikinhalt und Gewicht, ich ſah deren von 6' Länge und 4' Höhe und 3—4' Dicke, im Allgemeinen ſind die Werkſtücke, welche die unteren Stufen bilden, größer als in größerer Höhe, eine gleichmäßige Abnahme nach oben hin findet jedoch nicht ſtatt, aber jede Stufe hat, ſo weit man die Seite entlang ſehen kann, ein und dieſelbe gleichmäßige Höhe und hierin beſteht der Hauptvorzug der mit größter Sorgfalt erbauten Cheopspyramide vor der aus unregelmäßigen, verſchieden geformten und verſchiedenartigen Steincoloſſen erbauten Chephren= pyramide. —

Nachdem die Araber die mitgebrachten Kerzen angezündet hatten, begannen wir mit der Beſichtigung des Innern. Ein unter einem Winkel von 25° nach andern von 27° geneigter Gang von 3½' Höhe und ebenſo viel Breite iſt grade lang genug, um dem neu= oder wißbegierigen Reiſenden das gebückte Herabſchreiten (welches wegen der glatten Bodenbekleidung ſehr vorſichtig geſchehen muß) unangenehm zu machen. Dieſer erſte Stollen ſoll circa 75—80' lang ſein. An ſeinem tiefſten Punkt verengt ein coloſſaler Granitblock, den ich auf 60—80 Cubikfuß Inhalt ſicher nicht zu hoch taxire, die Paſſage. Dienſtfertige Beduinen und emſige Forſcher haben an ſeiner rechten Seite einige Steine aus der Pyramidenmaſſe herausbrechen laſſen, um die Möglichkeit zu gewinnen, das ennen zu lernen, was hinter dem Steincoloß ſich befindet. Die Annahme, daß

dieser Punkt auf dem ursprünglichen Felsplateau liegen soll, also in der Pyra=
midenbasis, auf welchem die Pyramiden aufgeführt sind, ist falsch. Hinter dem
Steine theilt sich der dunkle Gang, ein Arm führt in fortgesetzter Richtung un=
ter demselben Winkel noch tiefer, bis wirklich in das Innere des Felsplateau's,
um dann genau unter der Pyramidenspitze, aber 550' circa unter derselben
(96—100' unter der Pyramidenbasis) in horizontaler Richtung noch weiter nach
Süden sich zu erstrecken. Wir zogen es vor, den andern Gang zu betreten,
welcher in 27° Steigung unter Beibehaltung derselben unbequemen Höhen= und
Breitendimensionen aufwärts führt. Seine Länge wird auf 100—110' ange=
geben. An seinem Endpunkt wird man angenehm überrascht durch den Eintritt
in eine hohe Gallerie, deren Höhe gestattet, den durch das beschwerliche Ab= und
Aufklettern lahm gewordenen Körper nach Herzenslust zu strecken und die klamm
gewordenen Gliedmaßen wieder auszurenken. Neben und unter der aufsteigenden
Gallerie läuft in horizontaler Richtung ein niedriger Gang hin, den wir aber
nicht verfolgten, sondern zur angenehmen Abwechslung die geräumige Gallerie
wählten, deren eigenthümliche Construction aber eine eben nicht ganz leichte
Passage gestattet. Die Breite mag $4\frac{1}{2}$—5' sein, aber sie wird beeinträchtigt
durch 2 bankartige Vorsprünge mit glatter Außenfläche, welche an beiden Sei=
ten an der Basis der Galleriewände ihrer ganzen Länge nach angebracht sind.
Auf diesem linken bankartigen Vorsprung haben die Beduinen mit Hammer und
Meißel Aushöhlungen eingehauen, damit den Reisenden das Emporklimmen er=
leichtert werde. Die Mitte der Grundfläche ist so glatt, daß ein Fortbewegen
längs derselben sehr schwierig, fast unmöglich war. Die mangelhafte Beleuch=
tung gestattete eine nähere und genauere Betrachtung des Gesteins nicht. Die
Höhe der Gallerie wird auf 25' angegeben. Sie verfolgt genau die unter 27°
ansteigende Richtung nach dem Centrum der Pyramide in einer Länge von 150'
circa, um sodann in einen niedrigen kurzen horizontalen Gang überzugehen, der
nach wenig Schritten in die genau unter der Pyramidenspitze im Centrum ge=
legene große Grabkammer, genannt Kammer des Königs, führte. Diese Kammer
ist nach Champollions Messungen in deutsche Maße übertragen etwa 18' hoch
32' lang und 16' tief. Die lästige Temperatur im Innern der Pyramide von
21°, entsprechend der mittleren Jahrestemperatur Aegyptens, dazu das beschwer=
liche hastige Steigen bei meist gebückter Körperstellung, hatten unsere Kräfte so
angespannt, daß wir uns ganz erschöpft auf den dicht an der westlichen Kam=
merwand stehenden Sarkophag setzen mußten, ehe wir eine genauere Besichtigung
dieses Raumes unternehmen konnten. Nach und nach sammelte sich der Raum
mit Fremden und Arabern, bei dem schwachen Licht von 8 Kerzen machten die
bärtigen Spitzbubenphysiognomien der halbnackten Araber, die sich ihres Oberge=
wandes entledigten, einen etwas schauerlichen Eindruck. Die Kammer liegt circa
300' unter der Mitte des jetzigen obersten Pyramidengipfelplateau's, ist mit
ausgezeichnet schönen rothschwarz gefleckten Steinplatten — Syenit — ausge=
täfelt, in welcher die ankommenden Söhne Albions natürlich sofort ihre Namen
eingraviren mußten. Theilweise fand sich auch ein weißer salzartiger $\frac{1}{8}$'' dicker
Ueberzug vor, der stark nach Salpeter schmeckte, möglicherweise von den Excremen=
ten der zahllosen Fledermäuse herrührend. Die Araber beschäftigten sich mit ge=
waltsamem Abschlagen einiger Stücke der Granitumkleidung der Wandung, um

immer noch mehr Bakschiesch beanspruchen zu können. Der Sarkophag von 7'
Länge 3' Breite und 3½' Höhe ist aus rothem Granit; sein Deckel wurde
nicht vorgefunden. Wo die Mumie Sr. Majestät hingekommen ist und wer die=
selbe verschleppt hat, weiß Niemand. Eigenthümlich bleibt, daß keine einzige
Hieroglyphe oder Bild auf demselben angebracht war. Dagegen fand sich der
Name Cheops oder Chufu in den Seitenwänden eines ganz schmalen schornsteine
artigen Ganges vor, welcher vom Endpunkt der hohen Gallerie anfangend nach
5 etagenartig übereinander liegenden über der Decke der Königskammer ange=
brachten niedrigen Zellen führte, deren Zweck kein andrer gewesen sein kann, als
um den enormen Druck des Gemäuers auf die Decke der Königskammer zu
mäßigen. Unsere Araber trieben zur Eile und ich muß gestehen, daß die Stick=
luft so unerträglich war, daß ich mich nicht bewogen fühlte, mich hier Reflexio=
nen hinzugeben. Wir wurden von unsern bakschiesch lüsternen Führern ziemlich
schnell die hohe Gallerie herunter geschoben, wobei ich meinen Landsleuten im
Allgemeinen den guten Rath geben möchte, zum Pyramidenbesuch lederne
Beinkleider anzuziehen, deren Mangel ich ganz besonders jetzt drückend empfand,
und wurden genöthigt, den obenerwähnten horizontalen Gang zu betreten, der
uns glücklicherweise nach wenig Minuten in die Kammer der Königin brachte,
welche, circa 66' senkrecht unter der Königskammer (ebenso hoch wie diese),
ebenfalls genau über der Mitte der Pyramidenbasis gelegen ist. Diese Kammer
hat einen unebenen Fußboden und ist leer. —

Hiermit war mein Wunsch das Innere der Pyramiden kennen zu lernen,
auf das Vollständigste erfüllt, ich widerstand herzhaft den Anstrengungen der
Araber, die mich durchaus unterhalb der Pyramidenbasis nach einem Gange füh=
ren wollten, wobei sie fortwährend Nil und aqua riefen. Die Verdollmet=
schungen und Erläuterungen des landeskundigen Freundes belehrten mich, daß
sie mir noch den Brunnen zeigen wollten, der mit dem Nil in irgend welcher
Verbindung gestanden haben soll. Ich war froh, wieder von der Sonne be=
schienen zu werden und mußte erst ½ Stunde Ruhe genießen, ehe an die Be=
soldung der Führer, von denen wir nur einen Einzigen mitnahmen, und an den
Aufbruch gedacht werden konnte. Außer den Führern erhielt auch der Scheich
des Dorfes seinen Viertelgulden von jedem Reisenden. Kurz ehe wir aufbrachen
konnten wir noch einer ritterlichen Pflicht genügen. Einige Damen hatten ver=
sucht das Innere zu besuchen und ich war nicht wenig erschrocken und gleichzei=
tig erfreut, aus dem Munde einer derselben die halb ohnmächtig von den sie
begleitenden Arabern herausgezogen und geschoben wurde, in gut östreichischem
Dialekt die Worte, „Jesus Maria, i wär beinah g'storben" ausrufen zu hören.
So ganz unerwartet die eigene Sprache am Fuß der Pyramiden zu hören war
mir eine so große Freude, daß ich mich beeilte, der schönen Landsmännin aus
Triest etwas Rothwein und eine Orange zur Stärkung zu überreichen.

Längs des Nordostrandes gingen wir nach Norden zu und stiegen an der
Nordecke nach dem Felsplateau und der ureigentlichen Pyramidengrundfläche her=
ab. Die Werkstücke der untersten Reihen sind das Colossalste, was man in dieser
Art sehen kann, ich entsinne mich, irgendwo gelesen zu haben, daß ein solches
Stück 120—140 Centner wiegen soll. Ohne mit Kaltmörtel verbunden zu sein
halten sie durch ihr eignes Gewicht den Bau zusammen; Einige aber behaupten,

daß die Werkstücke jeder oberen Schicht in die der untern Schicht mittelst einel ausgemeißelten Falzes von einigen Zollen Tiefe eingelassen seien, ich habe bei den herabgestürzten Quadern und bei den angeschlagenen Stücken nichts derarti= ges sehen können. —

Unser Weg führte uns zunächst nach den in nordwestlicher Richtung ge= legenen Gräbern hin, deren Entdeckung, Ausgrabung und Erklärung wir dem unermüdlichen Eifer unseres gelehrten Landsmannes Lepsius zu danken haben, welcher 130 Gräber untersucht und beschrieben hat, eine Zahl, die kein anderer Forscher irgend welcher andern Nation nur annähernd erreicht hat. Unser Füh= rer Ibrahim nannte die Gräber kurzweg nach ihrem Entdecker, er sprach nie von den Gräbern aus der Nähe der Cheops = oder Chephrenpyramide, sondern stets von den Gräbern Lepsius, Caraglie, Wyse und Champollion. Die Entfernung der Lepsius'schen Gräberreihen von den Pyramiden ist in 10 Minuten zurückzu= legen, der Weg dahin war durch das Waten im losen Sande bei der drückend heißen Sonnenhitze nicht grade angenehm. Diese Grüfte, verschieden groß und geräumig, bald aus 2, bald aus mehr Abtheilungen gebildet, sind theilweise vom Sand verschüttet, der Eingang zu den meisten ist auf der Ostseite, doch hat der Zahn der Zeit oder Menschenhände bei vielen einen Theil der die Be= dachung bildenden Steinplatten herabgeworfen, so daß durch den daherstürmen= den Wüstensand gar bald der innere Raum verschüttet und angefüllt werden mußte. Ich kroch in 6 Gräber hinein, von denen mir einige als ganz beson= ders wohl erhalten bezeichnet wurden, und in der That sind die bunten Male= reien an den Wänden und zumal an den Deckenplatten so wohl erhalten, daß man es nicht für möglich halten möchte, daß dieselben seit 4 Jahrtausenden be= stehen. Die Hieroglyphen, welche zwischen und unter den Gemälden in Syenit=, Granit = und schwarzen Basaltplatten eingemeißelt sind, sind so deutlich und scharf ausgeführt, daß man die Härte der Instrumente bewundern muß, mit denen die Oberfläche des harten Gesteines ziemlich auf $^3/_4''$ Tiefe bearbeitet wurde. Hinter der vorderen Reihe der geräumigeren, größeren Gräber befinden sich 6—8 Reihen kleinerer, einfach ausgeschmückter Grüfte, muthmaßlich als Grabstätten von Beamten niederen Grades zu betrachten, während die vorderste Reihe nach den Lepsius'schen Forschungen die sterblichen Ueberreste der Großwür= denträger und hohen Hof = und Staatsbeamten des Königs Cheops enthielt. Die Sarkophage, welche in dieser Reihe Grüfte sich befanden (in den hinteren Reihen sollen keine vorgefunden worden sein) sind gegenwärtig in den ägyptischen Mu= seen der europäischen Hauptstädte zu suchen. Die am besten erhaltenen Gräber dienen jetzt den Liebhabern der Hyänen= und Schakaljagden als sicherer Hinterhalt oder auch für Reisende, welche den Sonnenaufgang von oben betrachten wollen, als Nachtquartier; und man kann für ersteren Zweck in der That keinen besse= ren Platz finden, um auf diese wilden Bestien in einer stillen Mondnacht zu lauern, als die am linken Ende der vordersten etwas hochgelegenen Reihe befind= liche Gruft oder Grabkammer, von deren 3 Seiten, aus welchen einzelne Plat= ten ausgebrochen sind, man einen großen Theil der Pyramidenfelder und der angrenzenden Wüste übersehen kann. Wirft man einen todten Esel oder sonst verwesende animalische Reste auf Schußweite, so kann man sicher sein — wenn die Windrichtung dem Jäger nur einigermaßen günstig ist — zum Schuß zu kommen. Man bezeichnete uns den Fleck, wo man gewöhnlich etwas zu diesem Zweck hinwirft. Der Besuch der ersten Gräberreihe erinnerte mich ganz besonders lebhaft an die im neuen Museum in Berlin zugebrachten Stunden und glaube ich das Original zu mancher dort angebrachten Copie hier wieder erkannt zu haben. Erst wenn man an Ort und Stelle gewesen ist, erkennt man, mit welchen außerordentlichen zeitraubenden Schwierigkeiten und körperlichen Anstrengungen die Arbeiten der Lepsius'schen Expedition verknüpft gewesen sein müssen, und man muß der Ausdauer des Forschers den größten Dank wissen, daß er sich der Mühe unterzogen hat, diese Fülle von geschichtlichen Begebenheiten zur Kenntniß der Nachwelt gebracht zu haben.

Da keiner von uns der Hieroglyphen kundig war, verweilten wir nur so lange auf und in diesen westlichen Grabkammern als nöthig war, um eine Anschauung von der Größe, Einrichtung, Bauart und Ausschmückung einiger derselben zu gewinnen, wobei wir recht herzlich lachen mußten über die krampfhaften Anstrengungen, die der biedere Ibrahim machte, um uns die Kunstfertigkeit seiner würdigen Altvordern in Bezug auf dauerhafte Construction und Malerei an Wänden und Decke zu rühmen und um uns die Bedeutung der Hieroglyphen anschaulich zu machen. So z. B. blieb er längere Zeit vor einer Gruppe stehen, welche einen Zug Krieger nebst Gefangenen und Beute darstellt, welche sich einem in vollständiger Bewaffnung auf einem Sessel dargestellten Häuptling nahen. Letzteren bezeichnete er zuerst als „King" und als wir dies nicht glauben wollten (denn dazu war der ganze Habitus nicht geeignet) nannte er ihn „Pascha" und die Gefangenen wurden als „Berberini" bezeichnet: den noch jetzt bei den Fellah's und Beduinen gebräuchlichen Collectivnamen für alle Individuen mit dunklerer Hautfarbe als sie selbst haben.

Wir schlugen sodann eine südliche Richtung grade nach der Westseite der 2. Pyramide ein, deren Ueberbleibsel der schimmernden Bekleidung uns von der Spitze hell entgegenglänzte. Der Weg dahin führte durch mäßig tiefen Sand, über an vielen Stellen vollständig blosgelegten festen Felsgrund, von welchem auch hie und da einzelne colossale Stücke lose umherlagen. Plötzlich befanden wir uns am Rande eines circa 30' hohen senkrechten Abhanges, welcher in rechtwinklig auf einander geführter Richtung die Nord- und Westseite der Chephrenpyramide umgiebt, und bei dessen Beschauen man deutlich erkennt, daß der Bauplatz zur 2. Pyramide sammt dem dazu gehörigen Todtenfelde aus der Masse des Felsplateaus durch Menschenhände ausgehauen worden ist; eine Riesenarbeit und würdige, ganz entsprechende Vorbereitung für den eigentlichen Giganten-Bau der Pyramiden selbst. Wir stiegen mit größter Vorsicht hinab in den zwischen dem Abhang und der Pyramide gebildeten Hofraum, dessen Breite ich auf 150—200 Schritt taxiren möchte, und gingen nach der Westseite dieses Abhanges, welcher eine fortlaufende Reihe von mehr oder weniger kunstvoll in den Fels eingehauener Grabgewölbe enthielt; natürlicherweise kroch ich auch hier in eine derselben hinein, fand jedoch nicht das Geringste von Hieroglyphen oder Malereien und befleißigte mich, ein Stück jenes glänzenden Ueberzuges aufzusuchen, womit der Erbauer die ganze Pyramide geschmückt hat, was mir auch bald gelang. So dicht an der Chephrenpyramide entlang schreitend kann man keinen Augenblick verkennen, mit wie wenig Sorgfalt und Genauigkeit dieselbe im Vergleich mit der Cheopspyramide erbaut ist. — Sie wurde, wie man aus einer im Innern aufgefundenen Inschrift ersehen hat, bereits im Jahre 1200 v. Ch. von einem Saracenenhäuptling El Azis geöffnet, jedoch sofort wieder ver= schlossen; erst im Jahre 1816 gelang es dem italienischen Gelehrten Belzoni das Innere kennen zu lernen und die darin niedergelegten geschichtlichen Data's zum Verständniß der Mit = und Nachwelt zu bringen. Ganz abweichend von der Cheopspyramide, deren Eingang wie erwähnt 50' über der ursprünglichen Basis ist, liegt der Eingang zur Chephrenpyramide unmittelbar an der Basis der Nordseite und es scheint fast, als sei er zum Theil aus dem Fundamentalge= stein heraus gearbeitet. —

Die 3. Pyramide liegt weiter von der zweiten entfernt, als diese von der ersten, alle 3 liegen — wie schon oben erwähnt, in einer und derselben Rich= tung. Die Mycerinuspyramide ist nur circa 200' hoch; auch sie wurde schon von einem Khalifen geöffnet, jedoch wiederum verschlossen und erst 1837 von dem unermüdlichen englischen Alterthumsforscher den Consul Wyse — eine auch in dem Munde der Araber sehr bekannte und (wegen seiner reichlichen Bak= schisch) noch jetzt in gutem Andenken stehende Persönlichkeit, der Erste, welcher nach länger als 630 Jahren diese Pyramide wiederum öffnen ließ und an das Studium ihrer Geschichte schritt. Es gelang ihm, den Sarkophag mit der Mu= mie des Königs und Erbauers Mycerinus (nach Andern Menkara oder Men= keres) aufzufinden. Leicht begreiflicher Weise schickte er den wichtigen Fund in sein Vaterland, wo er noch jetzt eine Zierde des Britisch Museum's ist. In der 3. Pyramide befindet sich die Grabkammer in der Axe derselben aber in dem Felsen, unter der Pyramidenbasis. Hier ist also die Pyramide nicht das Grab selbst, wie die Cheops = und Chephrenpyramide, sondern das Grabdenkmal im eigentlichsten, strengsten Sinne des Wortes. Diese 3. Pyramide, ebenfalls aus Muschelkalksteinquadern erbaut (und zwar etwas sorgfältiger als die Chephren= pyramide) scheint eine Bekleidung von rothem feldspathreichen Granit = oder Sy= enitstücken entweder gehabt zu haben, oder man hat ihr eine solche geben wol= len. An der Eingangsseite trägt die Basis etwa 10 Reihen derselben, eine Un= zahl anderer liegt auf allen Seiten um sie herum und man kommt sich vor als wenn man einen großen Bauplatz betritt, wenn man um diese Pyramide her= umwandert. In südlicher Richtung von der Mycerinuspyramide liegen nicht gar weit enfernt noch 2 oder 3 kleine Pyramidchen, wahre Anfangsgründe des Py= ramidenbaues, jetzt zum großen Theil in Trümmern. Ich vergaß, genauer hin= zusehen, ob sie von Granit, Kalk, Backsteinen oder aus getrocknetem Nilschlamm aufgeführt worden sind.

Vor der Ostseite der 3. Pyramide soll ebenfalls ein Tempel gestanden haben, aber wir sahen Nichts, woraus auf die Existenz eines solchen hätte ge= schlossen werden können, wohl aber sind die Spuren jener mit riesigen Quadern gepflasterten Kunststraße an manchen Stellen noch deutlich zu erkennen, auf wel= cher die Werkstücke zum Bauplatz hinangeschafft wurden.

Unser freundlicher Landsmann lenkte unsere Schritte wiederum zum Rande des die Pyramiden und ihre Todtenfelder gleich einer Mauer umgebenden Fels= abhangs, in welchen höchst sehenswürdige große Gräber, weite Gewölbe und halbunterirdische Grotten in das Felsgestein ausgehauen respective angelegt sein follten. Und in der That, wir haben trotz des beschwerlichen Steigens und Kletterns den Besuch derselben nicht zu bereuen. Einige derselben sind unter dem Namen der Gazellengräber bekannt, weil hier Gazellenjagden im großartig= sten Maßstab in Farben von solcher Frische und Lebendigkeit abgemalt sind, daß man glauben möchte, sie seien erst vor wenig Monaten auf das Gestein aufge= tragen. Mir erschien der Besuch dieser Höhlen oder Gräberreihen weit inte= ressanter als der der an der Westseite gelegenen Grabgewölbe. Hier war das Leben des alten Aegyptens, seine Beschäftigungen, Ackerbau, Viehzucht, Fisch= fang, Weberei, Jagd, Kriegsführung, Krokodilfang, Wasserfahrten so treu und so ausführlich (natürlich ohne alle Berücksichtigung perspectivischer Verhältnisse) dargestellt, daß man den Sachverständigen vollkommen beipflichten muß, welche diese Gräberreihen als eine unschätzbare, als eine der wichtigsten Quellen zur Kenntniß des alten Aegyptervolkes bezeichnen. In dem einen Grabe deutet eine Inschrift auf den Reichthum des Besitzers hin, welcher sich nebst seinem Sohne und Hund darin hat abmalen lassen. Die Zahl der Esel, Stiere, Schafe zc., welche ihm gehörten, soll ebenfalls mit angegeben sein. Mich interessirte ganz besonders eine Krokodiljagd, wobei auf einem kleinen Fahrzeug 3 nackte braune Aegypter abgebildet sind, welche mit 3zackigen Gabeln nach einem riesi= gen Krokodil, welches nach ihrem Kahne schnappt, stoßen. Dicht daneben kriecht ein zweites Krokodil aus dem Wasser auf das Ufer, wo eine große Anzahl Männer beschäftigt sind, Stroh in Form von Häcksel zu bringen (wie dies noch heute geschieht); andere schneiden mit sichelartig gebogenen Messern die Getreide= halme, noch andere pflügen. Pflüge und alle andern Instrumente, welche die heutigen Fellahin bei der Bestellung ihrer Felder und Ernte benutzen, gleichen denen der alten Aegypter vollständig. Die Bauart der Nilbarken, die Construc= tion der Geschirre, welche sie jetzt ihren Zug= und Lastthieren auflegen, ist ganz dieselbe wie auf jenen Bildern in den sogenannten Gazellengräbern.

Jetzt dienen dieselben als Nachtquartier für die Reisenden, welche den Son= nenaufgang oder Untergang von der Spitze der Pyramiden genießen wollen oder als Quartier für die Armee, wenn es seiner Hoheit dem Vicekönig beliebt, in der Nähe der Pyramiden ein Manoeuver auszuführen. Europäische Künstler und Gelehrte haben hier längere Zeit gewohnt, weil sie für Forschungen und Arbeiten auf dem Gesammtpyramidenfeld von Gizeh gar keine bequemer gelegene Quartiere finden können.

Nach dem Besuch der Gazellengräber suchten wir das unter dem Namen Campbell's Grab vielgenannte Denkmal altägyptischer Bauweise und Baukunst auf. Es ist dieses Monument ebenfalls von ganz eigenthümlicher Einrichtung, und giebt es ähnliche nur noch wenige in der Nähe der Mycerinuspyramide. Man denke sich einen circa 12 Schritt im Geviert haltenden Schacht mit dop= pelter Wandung von 50' Tiefe, auf dessen Grund genau in der Mitte ein rie= siger Sarkophag aus dunklem Gestein steht, in welchen Hieroglyphen, die man sogar von oben herab noch erkennen kann, eingemeißelt sind. Die Wandungen dieses Riesengrabes bestehen aus dem Nummulitenkalk des dort allenthalben zu Tage tretenden Felsgebirges, sie sind durch einen Zwischenraum von circa 4' Breite getrennt. In diesem merkwürdigen Zwischenraum sind in verschiedener Höhe an der Süd= und an der Nordseite Oeffnungen von circa 12 Quadrat=

fuß angebracht, wodurch ermöglicht wird, daß man in jeder derselben einen
Sarkophag, wenn ich nicht irre aus schwarzem Basalt, oder sehr dunklem Gra=
nit stehen sieht. Bogumil Golz sagt über dieses höchst merkwürdige Grab: in
diesem Brunnen mit doppelten Wänden, den man durchaus nicht beschreiben,
sondern mit seinem ganzen Accompagnement von Sonne, Wüstenpyramiden, Ge=
birgen und der Sphinx an Ort und Stelle überträumen muß, — steht da un=
ter Andern ein gut erhaltener colossaler Sarkophag aus Syenit mit schön aus=
gemeißelten Hieroglyphen bedeckt, — also das Heiligthum der finstern Gräber,
auf das freie Feld und an's grelle Sonnenlicht hinausgestellt. —

Campbell's Grab liegt ohnweit der Sphinx, deren colossale Formen schon von
Weitem den Blick auf sich ziehen; ehe wir aber dieselbe näher ins Auge fassen
wollten, beschlossen wir, den ganz kürzlich ausgegrabenen kleinen Tempel mit sei=
nen bewunderungswürdigen 4eckigen Granitsäulen (Monolithen) in Augenschein
zu nehmen. In östlicher Richtung von der Sphinx neben dem zu Tage tre=
tenden Felsabhang des Kalkplateaus hat der unermüdliche Director sämmtlicher
Ausgrabungen für den Vicekönig, der gelehrte französische Ingenieur Mariette,
einen Tempel ausgegraben, der dem Reisenden, der nicht nach Oberägypten gehen
kann, das beste Bild giebt von den dortigen Tempeln. Man denke sich vier=
eckige Monolithe aus rothem Granit in 4 Reihen gestellt, nur circa 12′ hoch,
aber circa 3 4′ breit mit 1½′ dicken Granitplatten von 10—12′ Länge und
4′ Breite überdeckt und man erhält eine Idee von dem Massenhaften dieses klei=
nen Tempels, in den man vorsichtig hinabsteigen muß. Kleine niedrige Grab=
kammern, deren Wände ebenfalls mit riesigen Granitplatten ausgekleidet sind,
stehen jetzt leer; die darin aufgefundenen Statuen und Sarkophage hat Mariette
nach dem Museum von Bulak bringen lassen, wo ich dieselben später zu bewun=
dern Gelegenheit hatte. Die Entdeckung dieses Tempels von der Ostseite der
Chephrenpyramide ist eine der glänzendsten auf dem Gebiete altägyptischer Ge=
schichte. Einmal sind die darin aufgefundenen Statuen des Königs Chephren
oder Chaphra die ältesten Proben der Bildhauerkunst, die man bis jetzt kannte
und andrerseits hat Mariette in diesem kleinen Tempel am Ende des mittleren
Säulenganges eine Gedenktafel von Basalt aufgefunden, worauf die Namen von
12 Königen verzeichnet waren, von denen man bisher keine Ahnung hatte, daß
sie überhaupt existirten. Nach einer hierüber von einer hochgestellten und gut
unterrichteten Persönlichkeit in Kairo empfangenen Mittheilung soll diese Tafel
die Namen sämmtlicher Könige der 1—19. Dynastie, 40 an der Zahl, ent=
halten. Man hatte am Tage zuvor aus diesem verschüttet gewesenen Tempel
einen riesigen Sarkophag zu Tage gefördert, dessen Transport (es geschah auf
niedrigen Wagen) wir früher hörten, als sahen. Wohl an 100 halbnackte Be=
duinen zogen und schoben den aus seiner ursprünglichen Ruhestätte unfreiwillig
entfernten todten König oder Würdenträger unter wahrhaft diabolischem Geschrei
und Gezänke durch die Sandwüste den Abhang hinunter nach dem nächsten
Dorf, von wo er auf den Fluthdämmen nach dem Nil zur Beförderung in das
Museum zu Bulak gebracht werden sollte. —

Der Sphinx sollte das letzte sein, was wir heute beschauen wollten, und
fast hatten wir uns schon zu viel zugemuthet. Das viele Sehen, von so vielem
noch nie Gesehenen, verbunden mit geschichtlichen Reflexionen als geistige Thätig=

keit einerseits, die Besteigung der Pyramide, der Besuch des Innern, der Marsch durch einen großen Theil des ganzen Todtenfeldes von Gizeh, bei der drückenden Sonnenhitze die Besichtigung der theilweise recht schwierig zu besuchenden Grab= gewölbe und Grüfte als körperliche Anstrengung andrerseits hatten uns zwei an die ägyptische Sonne noch nicht gewöhnte Hyperboräer in solchem Grade an= gestrengt, daß wir am Halse der Sphinx angekommen, uns erst eine halbe Stunde in deren Schatten auf unsere Plaids ausstrecken mußten, ehe wir an die Beschauung dieses ganz absonderlichen, ungeheuerlichen, fabelhaften Mach= werks altägyptischer Bildhauerei gingen.

Die Sphinx ist aus einem sich aus dem wellenförmigen Kalksteinplateau steil und kammförmig erhebenden Felsen ausgehauen worden; an den wenigen Stellen, wo das Gestein fehlte, hat man sich mit Mauerung geholfen. Die Be= deutung der „räthselhaften" Sphinx dürfte jetzt wohl außer Zweifel gestellt sein, sie soll die Darstellung einer Gottheit der Sonne gewesen sein, errichtet von einem Könige der 18. Dynastie Tutmosis, dessen Bild man in dem kleinen Tempel zwischen ihren gigantischen Vordertatzen gefunden hatte, den 3 Forscher zu verschiedenen Zeiten vom Wüstensand befreit haben, der aber durch die hef= tigen West = und Südwestwinde nach wenig Jahren immer wieder verweht und verschüttet wird. Auch wir sahen keine Spur davon. Sie stammt aus dem 16. Jahrhundert vor Christo. Auch zur kurzen Schilderung des Eindrucks, den dieses Gebild oder Zerrbild altägyptischer Plastik auf mich gemacht hat, kann ich nichts Besseres thun, als wenn ich mich der ausgezeichneten treffenden bezeichnen= den Worte unseres Landsmanns Golz bediene. Er sagt:

„Wir traten jetzt an die Sphinx. Wenn man so mit verbundenen Augen oder mit Hülfe eines Schlaftrunks aus der modernen Welt und Nüchternheit vor dieses Riesenphantom der alten Aegypterphantasie gebracht werden könnte, so käme man bei lebhafter Einbildungskraft und einem Ueberrest von wahrer Poesie im Leibe in den ersten Augenblicken zur Clairvoyance."

Das Gesicht der Sphinx zeigt eine deutlich nubische Physiognomie, nach Golz die eines Mannes, nach andern die eines Weibes. Gegenwärtig dürfte die Entscheidung sehr schwer sein; was frühere Erzähler von dem gewölbten weiblichen Busen berichten, den man vor der Verschüttung durch den Wüsten= sand noch gesehen haben will, soll auf Fabel und Dichtung beruhen. Das gegenwärtige Signalement der arg verstümmelten Sonnengottheit (an welcher Schimpfirung die Touristen und namentlich verrückte Engländer den wesentlichen Antheil haben) dürfte folgendes sein. Die Nase ist fort, an Stelle der Augen sind nur Höhlen zu sehen. Dem Munde fehlt der größte Theil der Oberlippe, und dem Kinn der dritte Theil von unten. Die rechte Wange und ihr Ohr sind so gut erhalten, daß man sogar noch die Glätte und die etwas ziegel= und fuchsrothe Färbung der erstern wahrnimmt. Hals, Rumpf und Rücken zeigen nur ein verwittertes weißgraues Gestein, ziemlich grobkörnigen Kalk von flach= muschligem Bruch, ohne die Spur einer Modellirung oder andern künstlerischen Behandlung. Der Rücken schaut nebst einem Theil des Leibes aus dem Sande hervor, von Vordertatzen ist keine Spur zu sehen. Ein eigenthümlicher Kopf= putz ziert Stirn und die obere Hälfte des Haupts zu beiden Seiten. Die ganze Länge des aus dem Fels gehauenen und mit ihm zusammenhängenden Bildes beträgt 117 Fuß; der Umfang des Kopfes 51 Fuß; die Höhe von der Brust bis zum Scheitel des Kopfes 51 Fuß. Auf dem Kopf soll eine Höhlung angebracht sein, welche in einen Gang führt, der die Sphinx mit den Pyramiden in Verbindung setzen soll!?

„Die Gesichtszüge der Sphinx graben sich in die Seele des Beschauers und kommen ihm Zeitlebens nicht aus dem Sinn." Ich muß auch diesem Ausspruch des unübertrefflich richtig schildernden Landsmannes beipflichten. Obschon das Antlitz völlig verstümmelt ist und man keinen bestimmten Ausdruck darin abgespiegelt findet, ihm vielmehr jeder Ausdruck durch die abwesenden Augen fehlen muß, so ist der Eindruck, den das Bewußtsein auf den Reisenden macht: in das riesigste Antlitz, dem an Colossalität der Dimensionen kein anderes gleichkommt, zu schauen, das bestimmt war das Urprincip alles Lebens und Gedeihens, die Sonne, zu repräsentiren, ein so gewaltiger, daß man den Lapidarstyl, der dem gigantischen Baudenkmal mit dem Menschengesicht und dem Löwenkörper inne wohnt, n i e vergessen kann. Ich stand zuerst wie gebannt vor dem Coloß, auch während einer kleinen Mahlzeit, die wir unter ihrem Haupt, am Halse liegend einnahmen, wandte ich unaufhörlich meine Blicke nach dem wenn schon eigentlich unschönen, todten, rohen gigantischen Gesicht in der Höhe und beim Fortreiten schaute ich noch oft nach dem die Weizentragende Erde im Nilthal beschützenden Genius der alten heidnischen Bewohner.

„Der Leib der Heidensphinx ist verwittert und verschüttet, aber ihr Kopf ragt noch immer aus dem Wüstensande und ihr Blick verhext noch heute im Naturalismus und Materialismus nicht allein die muhamedanische, sondern auch die Welt, welche sich die christliche nennt."

Mit diesen Worten schließt Bogumil Golz seine Betrachtung über die Sphinx.

Es war mittlerweile 4 Uhr herangekommen und die Heimkehr mußte angetreten werden. Ich hatte an diesem Tage so viel Neues gesehen, vor mir hatte ein Band ägyptischer Geschichte, oder richtiger gesagt, vor mir hatte einer der bedeutungsvollsten Bände der Culturgeschichte des Menschengeschlechts aufgeschlagen dagelegen, hinreichenden Stoff liefernd, um mich Jahre lang mit Nachdenken und Sinnen zu erfüllen. Es war zu viel für so wenige Stunden. Ich fühlte dies recht wohl und deshalb möchte ich allen Landsleuten rathen, ihren Besuch auf dem Pyramidenfeld von Gizeh so einzurichten, daß sie Nachmittags gemächlich von Kairo abreiten, am Abend die Sphinx und die östlich von den 3 großen Pyramiden gelegenen Alterthümer beschauen, in den Gazellengräbern übernachten und am andern Tage die 3 Pyramiden und die Grabgewölbe der Westseite besuchen, vielleicht am 2. Abend nach Sachhara reiten, um am 3. Tage das Serapeum, die Isisgräber und Memphis zu sehen.

Um von all dem Gesehenen und Gehörten Nichts zu vergessen, eilte ich nach Hause, um das Tagebuch sorgsamst nachzutragen. Einzelne Notizen hatte ich allenthalben gemacht, aber man thut gut, nach der Besichtigung jedes merkwürdigen Gegenstandes sofort auf der Stelle alle seine Bemerkungen schriftlich niederzulegen. Wir galoppirten auf demselben Weg, auf dem wir gekommen waren, nach Gizeh, wo wir um 6 Uhr ankamen, nachdem wir auf dem Wege mit einer das edle Waidwerk übenden Horde Franzosen, die mit ihren geladenen Ge-

wehren im höchsten Grade unvorsichtig umgingen, einen kleinen Strauß zu be=
stehen gehabt hatten. Gedachte Franzosen trabten auf ihren gemietheten Eseln
auf dem holprigen Wege immer auf Schußweite vor und neben uns hin, ihr
Gewehr wie Spazierstöcke schwingend oder neben sich zur Seite, mit der Mün=
dung bald nach vorn bald nach hinten haltend, so daß wir fortwährend riskiren
mußten, bei dem durch mögliches Straucheln des Esels oder bei unvorsichtiger
Bewegung des Reiters, verursachten Losgehen der Gewehre getroffen zu
werden.

In Betreff der Jagd bemerke ich, daß das Institut der Jagdkarten in
Aegypten noch unbekannt ist und daß jeder Mann jagen darf, ganz gleich, ob
Einheimischer oder Fremder.

In dem am Nil gelegenen Kaffeehause in Gizeh machten wir Halt. Stühle
oder Sessel aus den Fasern der Dattelpalmstämme gefertigt gab es nicht, wir
mußten deshalb auf den aus den Rippen der Palmblätter construirten bank=
ähnlichen, etwas zerbrechlichen Sitzapparaten Platz nehmen, welche ich später
allenthalben wiederfand. Der arme Fellah bedient sich derselben als Bettstelle,
desgleichen auch die Thürhüter der Häuser in Kairo; welche ihren Burnuß aus=
ziehen, auf den Flechtwerk ausbreiten und darauf liegend so fest schlafen, daß
wir, in der Nacht nach Haus kommend, mehrfach Gewaltmaßregeln anwenden
mußten, ehe der Thürhüter erwachte, um uns das Haus zu öffnen.

Der lebhafte Verkehr, welcher in Gizeh allenthalben herrschte, lockte mich
trotz aller Müdigkeit an, um das Leben und Treiben auf dem großen Platze und
in den Straßen kennen zu lernen. Ich schlenderte deshalb ganz Solo umher.
Ich sah Kameele beladen und von ihrer Latung befreien, beobachtete den Ver=
kehr der Leute unter sich, schaute ungestört und ungehindert in manche Hütte
wo gekocht, gewaschen, genäht und andere häusliche Verrichtungen ausgeführt
wurden, sah längere Zeit einem alten freundlichen Mann mit grauem Bart und
Haar zu, welcher ein junges schönes Mädchen in der Anfertigung von Flecht=
werk aus Fasern und Rippen der Palme unterrichtete; derselbe schien innig
erfreut als ich seiner kleinen Schülerin eine Orange zusteckte, denn beide dankten
mir durch mehrfache Bewegungen der rechten Hand nach Herz und Mund und
Stirn. Dicht daneben sah ich 2 Mütter (ich schätzte sie kaum 14 Jahre) mit
ihren neugebornen Kindern, Klee und Zwiebeln massenhaft vertilgend, an Zucker=
rohr kauend und leckend; sie hatten ihre Kinder an der Brust, sie gaben sich
ungenirt ihren süßen Mutterpflichten hin und ließen sich durch den neugierigen
Fremdling nicht stören. Einer anderen Händlerin, welche gleichzeitig mit Durrah,
Mais und Zuckerrohr handelte, kaufte ich von letzterem Artikel einige Stück ab,
um es nach Sitte der Eingebornen im rohen Zustande zu consumiren. Aber
entweder war dasselbe zu hart oder nicht reif genug, oder aber ich verstand
nicht, es richtig zu behandeln, — kurz die Süßigkeit, welche ich dem gekauften
Zuckerrohr entzogen habe, ist eine so unbedeutende gewesen, daß mir der Appetit
nach rohem Zuckerrohr verging. Mir gewährte das Alleinumherschlendern unter
halbcivilisirten Menschen viel Vergnügen und Belehrung und wenn die Dunkel=
heit nicht mit Macht eingebrochen wäre, so würde ich auf diese Weise noch
lange „Volksstudien" gemacht haben. Aber die Gefährten mahnten zum Auf=
bruch, wir mußten noch über den Nil und hatten auch noch den weiten Weg

von Alt = Kairo nach der Musky zurückzulegen, somit durch Straßen zu reiten, deren lebhafter Verkehr den im Eselritt wenig Geübten leicht zu Fall bringen kann und da Keiner von uns Lust verspürte von einem Bewohner des Landes umgeritten und von Kameelen ertreten zu werden, so brachen wir auf. Die wunderbar schöne Kühle des Abends während der Ueberfahrt wirkte so kräfti= gend auf uns Alle, daß wir den Entschluß faßten, den Tag der Pyramidenbe= steigung bei einem Glase gutem Schwechater = Bier zu beschließen, was denn auch in Gesellschaft noch einiger Landsleute nach glücklicher Rückkehr in der deutschen Bierstube des biederen Brauer J. Müller, ohnfern der Musky, geschah. Bei dieser Gelegenheit kann ich nicht umhin, den deutschen Landsleuten die Müller'sche Restauration als einen allgemein beliebten Rendezvousort bringend zu empfehlen, dessen liebenswürdiger, in dem gesammten Orient gereister und bekannter Besitzer jedem neu Angekommenen auf die bereitwilligste Art und Weise helfend und rathend zur Hand geht.

Am andern Morgen wurde ich durch scheußlichen Scandal geweckt. Fan= tasia raunte mir mein schwarzer Kammerdiener zu. Ich öffnete das Fenster und sah ein halb Dutzend omnibusartiger Wagen im Galopp die Musky herab= fahren. Vorauf 2 Sais in vollem glänzenden Kostüm, sodann ein Wagen mit Musikern, sodann 5 andere Wagen mit jubelnden schreienden Menschen. Es war dies eine arabische Hochzeit aus den wohlhabenderen Ständen.

Den Rest des Morgens benutzte ich, um einige andere Bazars kennen zu lernen. Ich wandte mich, am Ende der Straba Nuova angelangt, rechts, anstatt links nach dem Chan Chalil zu gehen, sah den Tschibuckfabrikanten zu in dem Ausbohren und Garniren der Röhren mit Gold = und Silberdraht, Seidenge= spinnsten und schweren seidenen Quasten, war Zeuge wie ein reicher in carmoi= sinrothe Tuchjacke und dito faltige Pantalons gekleideter Grieche 2 ächte Jas= minrohre von 10′ Länge mit 2 Guineen bezahlte und ging auf gut Glück bei der El=Ghonri = Moschee in den von ostindischen, syrischen und persischen Seiden= waaren reichen Bazar gleichen Namens. Die genannte Moschee, eine der klei= neren Moscheen Kairo's, enthält das geschmückte Marmorgrab ihres Stifters, ist aber auch dem Verfall nahe. Unweit derselben beginnt der Bazar für Rosen= wasser, Rosenöl und andere „Wohlgerüche des Orients.“ Aber man sieht hier nicht jene in Europa bekannten kupfernen Estompen oder kleinen Kamieren, in denen auf dem europäischen Droguenmarkt das feinste Rosenöl verkauft wird. Die Parfümeriehändler des langen aber schmalen sogenannten Rosenbazars ver= kaufen einmal wohl schwerlich ganz ächtes reines Rosenöl und dann sind sie an die Glasflaschen so gewöhnt, daß sie sich schwerlich an eine andere Verkaufs= weise gewöhnen würden. Das Wort „Rose“ wird dem hindurchpassirenden Fremden von den Händlern (Griechen und Armeniern) unaufhörlich zugerufen, selten fügt einer das Wort „Jasmin“ hinzu. Ein zudringlicher Grieche suchte mich mit Gewalt zum Kauf zu bewegen, indem er mir eine Quartflasche voll wohlriechendem Oel, welches er als „Rose“ bezeichnete, unter die Nase hielt. Ich erkannte ohne Schwierigkeit in dem dargereichten Product das sogenannte Geranium oder Gingergras = Oel. Die Standgefäße sind fast sämmtlich böhmischen Ursprungs. Wer Gelegenheit gehabt hat, die Glashütten in Böh= men, Hayda, Leippa und Stein = Schönau kennen zu lernen, wird beim Besuch des Parfümeriebazars lebhaft an dieselben erinnert, man sieht nur weiße, hie und da mit streifigen oder blumen= und kranzartigen Vergoldungen versehene 12—16eckige, rundausgeschliffene Glasflaschen. Das ächte Rosenöl kommt aus Persien und vom Balkan, das falsche aus Ostindien, ebendaher das Sandel= holzöl. Die spirituösen Parfüms, deren sich die Griechen und Levantiner gern bedienen, werden sämmtlich aus Südfrankreich importirt, die wohlriechenden äthe= rischen Oele aus Spanien und Sicilien. Aber Rosenwasser liefert die Oase Fayum; in großen irdenen Flaschen von 6—8 Quart Inhalt, welche zu 2 und 2 in einem aus Palmblattrippen geflochtenen Korb stehen, wird dasselbe auf Kameelen nach hier gebracht und soll in den Harems in unglaublichen Mengen consumirt werden.

Aus dem Rosenölbazar führte mich der Weg in den Tuneser Bazar, in welchem gelbe und rothe Lederschuhe, Fez's aller Art und Farbe, Burnusse von dem verschiedensten Schnitt in ganz unglaublichen Quantitäten aufgeschichtet waren. Hier herrschte ein ungleich regeres Leben, als im vorhergehenden. Die Wege hatten ordentliche Straßenbreite und die Nachfrage nach den hier aufge= stapelten Artikeln war eine recht lebhafte. Obschon ich ganz allein war und kaum nothdürftig die Zahlen bis 20 gelernt hatte, trat ich mit einem gut= müthig aussehenden alten graubärtigen grünbeturbanten Tunesen in Unterhand= lung wegen ein Paar breiter gelber Beduinenschuhe, die ich denn auch schließlich für 20 Piaster kaufte. Ein Andrer hätte vielleicht nur 15 gegeben, ich war froh von 40 Piaster auf 20 heruntergehandelt zu haben.

Der Tunesenbazar schien keinen Ausgang zu haben und da ich bei meinen Streifzügen schließlich nicht mehr wußte, wo ich mich befand, aber immer noch hoffte, ohne Führer nach Hause oder nach der Hauptstraße zu kommen, so lief ich auf gut Glück in westlicher Richtung weiter, obschon ich, so weit ich sehen konnte, keinen Europäer mehr erblickte, nicht einmal einen einigermaßen erträg= lich gekleideten Levantiner oder Griechen, bei dem man einige Kenntniß der ita= lienischen oder französischen Sprache voraussetzen konnte. Wenn mich auch unter meiner damaligen Umgebung, die in dichtem Gedränge auf und niederwogte, gerade keine Angst befiel, so traten mir die Gräuelscenen von Djedda und Da= mascus so deutlich vor die Augen, daß ich mich schließlich so unheimlich fühlte und deshalb den Entschluß faßte, das nächste mir begegnende Vertrauen er= weckende Menschenkind als Führer nach dem großen Hamsaui oder Hamzauieh= Bazar zu engagiren, der meiner Meinung nach nicht weit sein konnte. Ein grün beturbanter Kerl fletschte mir die Zähne, als ich schüchtern wahrscheinlich un= deutlich jenes Wort aussprach, wahrscheinlich wollte er durch diese Attitüde sei= ner Würde als Nachkomme des Propheten einem Ungläubigen gegenüber nichts vergeben. Dieser erste Versuch hatte mich so entmuthigt, daß ich, aus Furcht durch undeutliches oder falsches Aussprechen des Namens möglicherweise etwas Dummes oder Beleidigendes zu sagen, zu meinem alten Pantoffelhändler zurück= kehrte und demselben die Worte Hamsaui, Musky und Esbekieh vorstammelte. Der alte Biedermann zog sofort seine Schuhe an, sprang aus seinem Verkaufs= local heraus, ließ dasselbe unbewacht und unbeaufsichtigt, und ging eilenden Schrittes vor mir her, mich fragend ansehend und dabei inglese und fransai anredend. Da ich nicht wußte, was nein heißt, so schüttelte ich mit dem Kopf

und da ich nicht annehmen konnte, daß dieser tunesische Schuster oder Schuh=
waarenhändler von einem „Prussiano" eine Ahnung hätte, so antwortete ich
„nemse." Diese Bezeichnung umfaßt alle Deutschen, ganz speziell heißt aber
der östreichische Consul „consul nemse". Ich glaubte, der gute Alte, der
dieses Wort gleich verstand, würde mich bis an das auf der Musky gelegene
Consulat bringen, aber ich täuschte mich. Nach wenigen Minuten befanden wir
uns in einer kaum 6 Fuß breiten von massiven Häusern gebildeten krummen
winkligen Straße, die er als Hamsaui bezeichnete. Mit orientalischem Gruß ent=
fernte er sich rasch, ich hatte kaum Zeit ihm einige Piaster Trinkgeld zu verab=
reichen und befand mich mit meinen gelben Pantoffeln allein in dieser neuen,
mir ebenso unbekannten Straße, auf der ebenso wenig wie vorhin ein Esel=
junge zu sehen war. Das also sollte der großartige Hamsauibazar sein! Das
wollte mir nicht einleuchten, denn man hatte ihn mir als eine fortlaufende Reihe
der reichsten Kaufläden mit europäischen Waaren aller Art geschildert. Ich trat
ängstlich in das erste große Haus ein und befand mich plötzlich in einem Hof=
raum, an dessen entgegengesetzter Seite sich eine Art Comptoir befand, aus wel=
chem ein beturbanter Araber, in isabellgelben langen Kaftan, dito Beinkleider
mit rosa seidner Schärpe umgürtet, mir entgegentrat, der mich in fließendem
Französisch sehr artig fragte, ob ich Moccakaffee kaufen wollte. Wie ich später
erfuhr, befand ich mich im größten Depot dieses Artikels in Kairo, von welchem
viele Hundert Ballen im Hofraum und unter den Bogengängen des Hauses
umherlagen. Ich fühlte mich nun wieder wohler, da ich fragen und erzählen
konnte: wie, wo, warum. Der feine Araber aus Yemen war bereits 2mal in
Geschäften in Europa, sogar einmal in Frankfurt a. M. gewesen und ging in
seiner Liebenswürdigkeit so weit, daß er sich mir zum Führer anbot, welches
Anerbieten ich jedoch, nachdem er mir meine Marschroute genau angegeben hatte,
dankend ablehnte. Ich befand mich wirklich im Hamsauibazar, denn schon im
nächsten Hause hatte ein Araber eine reiche Niederlage französischer Porcellan=
waaren etablirt. Es befanden sich prachtvoll gemalte, reich vergoldete Blumen=
vasen, Fruchtschaalen aus Sèvres Porcellan dabei. Ueberhaupt schienen
Glas = Porcellain = und Metallhändler hier ihr Wesen zu treiben. In einem
der nächsten Häuser war ein Tassenmagazin von böhmischen, französischen und
englischen Fabriken, vom ordinärsten bis feinsten Genre, von der weiß und
schwach blau bepinselten Tasse des armen Fellah bis zur elegant gewählt bemal=
ten reich vergoldeten Tasse, die nur ein Pascha kaufen kann. Bekanntlich sind
die türkischen oder überhaupt orientalischen Tassen von der Gestalt und Größe
unserer Eierbecher, bald mit Untersatz von Porcellan, bald von Metall, im letz=
tern Fall von Messingblech oder Neusilber; doch hatte ich auch im Juwelen=
bazar schon Untersätze aus Filigranarbeit in Silber und Gold, obenein reich mit
Smaragden und Rubinen besetzt, gesehen. In den Glashandlungen spielten Am=
peln, Bechergläser, namentlich aber Wasserpfeifen, hier Tschibe oder Nargileh ge=
nannt, eine große Rolle. In der größten dieser Handlungen mochten wohl an
Tausend solcher Wasserpfeifen von der verschiedensten Form, Größe, Gestalt,
Güte und Feinheit des Glases und seiner reicher Verzierung in Farbe und Gold
vorhanden sein. Bei den Metallwaarenhändlern sah ich Lüstre's, Giranbolen,
Ampeln, Lampen, Leuchter, Statuen von Bronze ꝛc. ꝛc. alles französisches Fabrikat.

Das Ganze war mir zu europäisch, zu bekannt, ich ging deshalb rasch fort und fand mich zu meiner nicht geringen Verwunderung bei der nächsten Krümmung der Straße nur noch 50 Schritt von der Straba Nuova entfernt. Ohnfern der Posta Europaea erreichte ich dieselbe und eilte nach Hause, um zum Derwischtanz noch zur rechten Zeit zu kommen, welcher alle Freitage — dem muselmännischen Sonntag — in den Nachmittagsstunden stattfindet.

Hinter dem Hospital und dem großen Palast von Ismaïl Pascha, gegenüber der alten Salpeterfabrik, liegt eins der 2 berühmtesten Klöster der tanzenden Derwische der gesammten mohamedanischen Welt. Das andere befindet sich in Scutari. In Gesellschaft eines der Reisegefährten der Pyramidenexcursion ritt ich denselben Weg wie gestern in der Richtung nach Alt-Kairo hinaus. Eine große Menge Esel nebst den dazu gehörigen Jungen so wie einige elegante Arabias ließen uns nicht lange im Zweifel, wo der Eingang zu diesem „Collège des Dervishes“ wie es von einem Franzosen genannt wurde, zu suchen sei. Durch einen schmalen Gang zwischen 2 hohen Mauern hindurch gelangten wir auf einen etwa 30 Schritt im Quadrat haltenden Hofraum, in dessen Mitte, umgeben von 3 hohen Sycomoren und Acacien ein Podium, bedeckt mit aus Dattelpalmfasern gefertigten Matten, errichtet war. Auf 3 Seiten waren lange Bänke mit Rücklehnen angebracht, auch waren noch Stühle vorhanden, um einem ziemlich zahlreichen Zuschauerkreis bequeme Sitzplätze zu verschaffen. Da wir noch früh genug kamen, suchten wir uns natürlich die besten Plätze aus. Muselmänner jeden Alters und Standes, in nichts weniger als sonntäglicher Kleidung, kamen und gingen, die Sitzplätze füllten sich ebenfalls bald mit dem schaulustigen fränkischen Publikum, worunter sich auch 15 Damen befanden. Das blonde Albion hatte natürlich auch hier das größte Contingent gestellt. Wir suchten die Derwische zu erspähen, denn wir vermutheten, sie in besonderer Ordenstracht zu sehen, und trösteten uns gegenseitig mit der Hoffnung, sie im feierlichen Zuge anrücken zu sehen. Drei Kerle mit Haupthaar, welches ihnen bis fast auf die Hüften herabfiel, in langen abgeschabten Kaftan's von blau roth und weiß gestreiftem Seidenstoff machten sich besonders bemerklich. Schließlich begannen sie Kaffee zu kochen, und reichten gratis den gesammten europäischen Zuschauern jedem eine Tasse vorzüglichen Kaffee's. Wir hielten sie für die Tafeldiener oder ähnliche dienstbare Geister, vielleicht dienende Brüder dieses Ordens und priesen die Menschenfreundlichkeit des Prior's oder Ulema's, welcher diesen Kaffeeparagraph (vielleicht §. 11) den Ordensstatuten einverleibt hat. Man rauchte ungenirt weiter. Endlich verläßt Alles den Hofraum, man folgt den 3 langhaarigen Gestreiften, eine in einen Corridor führende Thür öffnet sich und Alles, Christ und Muselmann drängt sich hinein, um zur Rechten in den religiösen Tanzsaal (denn eine Moschee kann dieser Raum keineswegs genannt werden) einzutreten, und um daselbst einen guten Platz zu erwischen. Wir parlamentirten mit einem bakschischlüsternen küsterähnlichem Individuum, ob es nicht möglich sein würde, die Stiefeln an den Füßen zu behalten, aber er blieb hartnäckig bei der Satzung des Korans stehen; unsere Neugierde aber, den vielbesprochenen Derwischtanz zu sehen, war stärker als die Furcht vor Erkältung und Schnupfen als Folge des bevorstehenden stundenlangen Stehens auf den kalten Marmorquadern. Wir zogen unsere Stiefeln ab, welche der hartnäckige Küster — ohne uns nach abendländischem Usus eine Marke zu geben und ohne eine solche an die Stiefeln zu befestigen — auf den in starkem Wachsen und Zunehmen begriffenen Berg von Stiefeln, Stiefeletten und Schuh.n warf. So waren wir nach seinen Begriffen würdig, das Heiligthum zu betreten.

Das was ich jetzt zu schildern versuche, habe ich mir unmittelbar nach Be-endigung des gesehenen und gehörten Unfugs und Scandals, welcher so weit von religiöser Ceremonie entfernt ist, als der Himmel von der Erde, gewissenhaft und sorgfältig aufnotirt. Es ist mir Nichts aus dem Gedächtniß entschwunden, denn ich folgte dem ganzen Hergange von Anfang an mit gespanntester Auf-merksamkeit und wenn ich ein geschickter Zeichner wäre, so könnte ich noch heute, nach 10 Monaten jedes einzelne Gesicht dieser Tollhäusler und Vagabonden malen, bei denen man, sobald man sie Freitag Nachmittags in jener Moschee sieht, die Vermuthung hegt oder hegen muß, daß sie direct aus dem Irrenhause kommen. So etwas Unmenschliches bei Ausübung einer Obliegenheit, die eine Religion ihren Bekennern vorschreibt, ist mir noch nie vorgekommen.

Die Naturgeschichte lehrt uns 2 Species in der Gattung Derwisch unter-scheiden, die tanzenden und die heulenden. Von den 4 Hauptorden, die sich durch die Farben ihrer Fahnen und Gestalt ihrer Mützen unterscheiden sollen, schweige ich hier, denn es giebt unter allen 4 Abarten tanzende und heulende Subjecte. Die Exemplare, welche ich in jener Moschee zu sehen Gelegenheit hatte, gehörten streng genommen zu keiner von beiden Species, wenn man näm-lich als Unterscheidungsmerkmale geordnetes Tanzen und lautes Singen oder meinetwegen Springen und Schreien gelten lassen.will. Man möchte die Kerle von jenem Freitag den 7. Februar unter eine dritte Species gruppiren, zum wenigstens sie als eine Abart, die den Uebergang zu Affen oder andern Bestien macht, hinstellen. Die deutsche Sprache jedoch besitzt bei allem Wortreichthum keine Bezeichnung, um das Gebahren dieser 32 Subjecte, die sich angeblich um eine Gott wohlgefällige, den Propheten ehrende Handlung auszuführen, so vie-bisch aufführten, treffend und erschöpfend zu schildern. Deshalb muß nothwen-dig meine Beschreibung hinter der Wirklichkeit zurückbleiben, was ich um so mehr bedaure, weil das von mir gesehene und gehörte Schauspiel so originell ist, wie man es wohl nirgend anders in muselmännischen Ländern in gleicher Weise zu sehen und zu hören Gelegenheit findet.

Wir traten also in eine Art Saal von etwa 50—60' Länge und 20—25' Breite. Unter dem Deckengewölbe befanden sich in fortlaufender Reihe mit nur schmalen Fensterpfeilern die langen schmalen Fenster. Das Deckenge-wölbe hatte nichts besonders Bemerkenswerthes, die Wände waren einfach weiß gestrichen, der Fußboden (zu unserer nicht geringen Freude) mit Matten aus Palmblattrippen belegt. Nur eine Thür führte in diesen Raum. In der nach Osten gelegenen Wand war eine etwa 10' hohe und 6' breite Vertiefung.an-gebracht, in deren Mitte der die Ceremonie dirigirende Ulema, eine imponirende männlich schöne Figur saß, neben ihm hatten 2 ältere gebrechliche Individua mit grünem Turban und grünem Ueberwurf, also Verwandte des Propheten, Platz genommen; diese 3 Männer saßen auf einem niedrigen Podium auf bunten Teppichen. In der Höhe der Wand befanden sich 2 Fahnen, welche über der Vertiefung herabhingen, die eine war von grünem Stoff, besonders groß, mit schwarzen arabischen Schriftzeichen; die zweite etwas kleinere, ebenfalls von grünem Stoff, mit handbreitem rothen Rande versehen. Links neben diesen Fahnen hängen in der Höhe von 6 Fuß mehrere Becken, Pfeifen und 5 Tambourins verschiedener Größe an der Wand, rechts bilden alte Waffen, Säbel, Lanzen, Dolche die Wandverzierung. Der der Eingangsthür gegenüberliegenden Wand dienen 5 eingerahmte überglaste Bilder und Schriftstücke als Schmuck. An der nach Westen gerichteten Wand war eine Art Verschlag aus Brettern angebracht. Sonst war im ganzen Lokal keine Verzierung. Als wir eintraten befanden sich außer dem dirigirenden Ulema und seinen 2 Assistenten nur noch 3 uralte Moslems ohnweit der Vertiefung auf dicken Teppichen kauernd, anscheinend ausrangirte, pensionirte oder auf Wartegeld gesetzte Oberderwische. Das Publikum bestand aus 40—50 Personen, darunter an 20 Damen und Mädchen, für manche derselben schleppte ein herumlungernder Kerl (den ich später in dem „heiligen Zirkel“ sah) Stühle und Sessel herbei. Wir männlichen Europäer stellten uns bescheiden an der ganzen Länge der Nordseite auf. Nach und nach sammelten sich die Derwische und andere Muhamedaner in dem Saal. Jeder Eintretende näherte sich dem Ulema, küßte ihm die rechte Hand und nahm dann in einiger Entfernung Platz; einige brachten sich Teppiche oder Felle mit. Als 32 Personen herein waren, setzten sie sich in einen großen Halbkreis um die Vertiefung, in welcher die oben geschilderten 3 Personen saßen, und die „heilige Handlung“ begann.

Wenn ich mir jetzt diese saubere Gesellschaft vergegenwärtige, so bin ich fast bei der Ueberzeugung angelangt, daß an jenem Freitag weniger die Derwische religiösere Exercitien, als vielmehr eine Anzahl muhamedanischer Strolche, Gassenjungen, Herumtreiber, Soldaten, Taugenichtse, Bummler, Herumlungerer, Eseljungen sich in schönster friedlichster Vereinigung ein Stelldichein hier gegeben haben mußten, um eine Stunde Zeit auf diesem für sie nicht mehr ungewöhnlichem Wege todtzuschlagen.

Als Derwische im eigentlichen Sinne des Worts spreche ich nur jene 3 blau=roth=weiß gestreiften Kaffeespender an, die mit ihrer langen Mähne und dito Bart etwas „Derwischartiges“ hatten. Doch mochten andere 4 Herren ebenfalls zu irgend einer Unterart der Derwischclique gehören, denn sie trugen keine Beinkleider, dagegen ihre charakteristische Filzmütze, welche einem umgekehrten Blumentopf täuschend ähnlich ist. Diese Mützen mögen vor Zeiten weiß gewesen sein, da aber der Grad von Schmutz oder der Grad der Nuancirung ihrer Mütze ins Gelbe, Graue oder Braune für sie ein Criterium der Frömmigkeit zu sein scheint (wie es bekanntlich in Tyrol bei den Sennern im Betreff der Leibwäsche für den der Heerde gewidmeten Fleiß ist, und derjenige als der fleißigste gilt, der das schmutzigste Hembde mit heimbringt) so trägt jeder Derwisch möglichst schmutzige Filzmützen. Ihre anderweitige Uniform bestand in grauem Hemd, und ebenso langem oder kurzem grauen Ueberwurf; ein Eseltreiber — ein ganz junger Bursche — erschien mit einer Reitpeitsche unter der Hand ebenfalls unter der frommen Gesellschaft, ferner ein Soldat von der schwarzen Garde, einige Fellah's in ihren blauen hüllenartigen Gewändern; ganz besonders aber

11

fiel mir ein elegant in apfelgrüne Jade und faltige weite Hosen gekleideter jun=
ger Mann auf, dessen reiche Seidenverzierung (ähnlich den Husarenschnüren und
Arabesken an Jade und Beinkleid) und goldene Uhrkette den reichen Mann ver=
riethen. Entweder hat der Mann zu Haus gar nichts zu thun oder er will
irgend Etwas abbüßen, so meditirte ich; und ich möchte das Letztere glauben,
denn er betheiligte sich mit solcher Aufopferung seiner körperlicher Kräfte an den
frommen Uebungen, daß mir der Mann innig leid that.

Auf ein gegebenes Zeichen begann das Hermurmeln eines Gebetes in ein=
töniger Melodie, wobei die ganze Gesellschaft sich gleichmäßig nach rechts und
nach links mit dem Oberkörper bewegte. Diese Bewegungen wurden ruckweise
aber durchaus gleichartig und gleichzeitig ausgeführt. Nach etwa 5 Minuten
schreit, nein brüllt oder wiehert ein lautes „Allah" ein am linken Flügel fitzen=
der junger Kerl, wodurch sich die Gesellschaft jedoch nicht stören läßt, sondern
in ihrem langweiligen einförmigen näselnden murmelnden La ilaha illa – Allah
fortführt. Nach wiederum 4 oder 5 Minuten erhebt sich am rechten Flügel
einer jener Herren ohne Hosen, schließt die Augen oder kneift sie wenigstens er=
bärmiglich zusammen und beginnt einen Sang, einen Sang, „der Steine er=
weichen, Menschen rasend machen kann." Der Chor schweigt. Der Sänger,
der von Treffen eines Tones keine blasse Ahnung hat, gefällt sich in entsetzlichen
Tönen, die er bald staccato, bald gezogen, bald allegro, bald andante
zum Besten giebt. Er begleitet seine fromme Weise mit Bewegungen seines
dicken Schädels und schneidet dabei Gesichter, als wenn er so eben irgend welche
scharfe Säure verschluckt hätte. Seine Lunge muß in gutem Zustande sein,
denn ¼ Stunde dauerte diese Tortur. Hätte Schiller diesen Burschen singen
hören, so hätte er das Lied des Gesanges entweder gar nicht publicirt oder aber
mindestens noch 2 erläuternde Verse nachgeliefert. Wenn es wahr ist, daß böse
Menschen keine Lieder haben, so ist jener Sansculotte mit der Pavianphysiogno=
mie der beste der Menschen, denn seine Lieder nahmen kein Ende; hie und da
accompagnirte der Chorus oder recitirte einige Refrains. Nur mit äußerster
Mühe unterdrückten wir Ungläubigen das Lachen über seine gottsjämmerlichen
Gesichter, die accompagnirenden Windungen und krampfhaften Drehungen seines
ungeschlachten Oberkörpers und fingen schon an, den jungen Mann wegen seiner
vortrefflichen Lunge und mimisch=plastischen Leistungen zu beneiden, als der
Ulema mittelst donnerndem „Allah" seinen Leistungen ein Ziel setzte. Die ganze
Gesellschaft beantwortet diesen Gruß auf gleiche Weise, erhebt sich und beginnt
stehend die Körperbewegungen von rechts nach links, von vorn nach hinten mit
derselben Pünktlichkeit und Gleichmäßigkeit wie vorhin, die pendelartigen Rechts=
und Linksbewegungen des Oberkörpers im Sitzen. Auch zu den im Stehen aus=
geführten Körperbewegungen giebt ein Vers den Takt an, den sie ebenso ein=
tönig herleiern wie vorhin, hie und da kläfft oder brüllt Einer sein „Allah" da=
zwischen. Es ist nicht zu verkennen, daß nach und nach das Singen schneller,
somit auch die Körperbewegungen beschleunigter, das Allahrufen wilder, brüllen=
der, diabolischer, viehischer werden. Es geht das Ausstoßen dieses Wortes schließ=
lich in ein kurzes rauhes Bellen und heiseres Krächzen über. Das allgemeine
Singen artet in Schreien aus, die Worte folgen sich schneller, die Bewegungen
werden wilder; namentlich die Vor= und Rückwärtsbeugungen verleihen den

langhaarigen Derwischen, deren Haare wie ein Pferdeschweif in der Luft hin- und herpeitschten, etwas Unmenschliches. Wenn ein gewisser Grad von Schnelligkeit und Zügellosigkeit eingetreten ist, erhebt sich der Ulema, legt seine 2 Obergewänder ab und steht in gelbseidenem eng anliegenden langen Rock inmitten der aufgeregten Horde, er beginnt mit Verbeugungen gegen das wie das unruhig bewegte Meer hin und herwogende Gesindel, singt mit, berührt den 11. Mann vom linken Flügel, zieht ihn mitten in den Kreis, nimmt ihm ebenfalls sein Obergewand ab, heißt ihn gleiche Verbeugungen machen, schickt ihn an seinen Platz zurück und kehrt selbst auf seinen Sitz zurück, von wo sofort jene 2 Alten im grünen Turban aufsprangen und seine Stelle vertraten. Während alle Dem schreien unisono die 32 Gläubigen unverdrossen fort, machen unverdrossen mit dem Oberkörper nach vorn, hinten, rechts, links ihre Bewegungen, und zwar in immer schnellerem Tempo, bis dieselben etwas Convulsivisches annehmen. Da erklingt plötzlich der Ton eines Tambourins, der Ulema hat sich ein großes Tambourin reichen lassen und bearbeitet dessen Fell auf eine unbarmherzige Weise, gleichzeitig hierdurch den Takt angebend. Bald darauf bemächtigen sich einige Andere einiger Flöten und Becken, jeder bläst nach Gutdünken, jeder keilt nach Gefallen auf die Becken los; so waren schließlich 2 Paar Becken, 3 Flöten und 3 Tambourins in Thätigkeit, auf denen ein infernalischer Scandal executirt wurde, ein würdiges Arrangement zu dem Geheule, Gebrülle, Gekrächze, Gewiehere der sich krampfhaft hin und her Reckenden und Streckenden, Drehenden und Wendenden, von denen Einige im Gesicht kirschbraun, manche blau und dunkelblutroth aussahen, so daß ich jeden Augenblick fürchtete, die Menschen würden entweder todt, oder doch wenigstens unter den heftigsten Zuckungen und Krämpfen zusammenstürzen. Den Ton zu schildern, den dieser Kreis von im höchsten Grade aufgeregten entmenschten Subjecten am Schluß der Scene ausstießen, ist unmöglich, ebenso wenig bin ich fähig, das Resumé meiner Betrachtungen hier niederzuschreiben, die ich bei ruhigem Zurückdenken an diese „geistliche Uebung" mit mir selbst anstellte. Vorwiegend blieb mein Bedauern über den Mangel an jeder bessern Einsicht in dem Herzen des gemeinen Mannes, meine Verachtung gegen diejenigen höher Stehenden die solchem Unwesen ihren Beistand leihen und meine Erbitterung auf die, die solchem Unfug keinen entschiedenen Damm entgegensetzen. Möchte endlich die Sonne der Aufklärung jenen Verblendeten scheinen, damit dergleichen Scheußlichkeiten unmöglich werden, die darum ganz besonders jeden Menschenfreund auf das Tiefste empören müssen, weil er weiß, daß sie von den uncultivirten geknechteten Menschen nur darum begangen werden, weil diese glauben hierdurch etwas Verdienstliches gethan zu haben.

Nachdem das höchste Stadium durch Accompagnement mit der großen Pauke durch je 3 rasch hintereinander folgende Schläge mit 3 Secunden Pause einige Minuten festgehalten war, legte der Ulema und die Musikanten ihre Instrumente hin, der Ulema sang ein Gebet her und sprach sodann nach einigen Minuten Pause mit sonorer klangvoller Stimme ein Gebet.

Hiermit war diese heilige Handlung zu Ende. — Ich eilte nach einem einsamen Palmbaum in der Nähe, um das Gesehene zu notiren. Auch fühlte ich mich außerdem bewogen, andere Gedanken zu suchen, denn ich hatte verspro-

11*

chen an demselben Nachmittag einem Tags vorher verstorbenen deutschen Landsmann die letzte Ehre zu erweisen.

Hierdurch hatte ich Gelegenheit den Friedhof der Protestanten kennen zu lernen.

Zwischen Altkairo und dem eigentlichen Kairo, ohnweit des großen Biaducts, ¼ Stunde vor dem Bab Eyub Bey liegen dicht neben einander die Friedhöfe der Katholiken, genannt der französische Kirchhof und der der Protestanten, genannt der englische Kirchhof.

Die Leiche des Landsmanns wurde in schnellem Trabe gebracht, Einer der Kawassen des Preußischen Consulats begleitete ihn und eine kleine Anzahl Landsleute waren gefolgt. Als Todtengräber und Kirchhofswächter fungiren Araber. Der Geistliche sprach unter einer schönen schattenreichen Sycomore die nach englischem Ritus vorgeschriebenen Gebete, sodann wurde der Sarg in das Grab gesenkt und der Pastor sprach das Schlußgebet und den Segen. Der Gestorbene war aus Thüringen nach Kairo zu dem ihm nahe befreundeten, als ausgezeichneten Arzt allgemein geachteten Dr. R. gekommen, um Genesung zu finden. Leider zu spät; er langte schon in solch bedenklichem Zustand an, daß seine Rückreise nicht mehr rathsam erschien.

Der evangelische Kirchhof ist ein von circa 15' hohen Mauern eingeschlossener Raum, mit Blumen, Strauchwerk und Bäumen gartenartig bepflanzt. Mit dem Bau eines Begräbnißkirchleins nach gothischem Styl war man eifrig beschäftigt. Nachdem die Leiche versenkt war, machten wir einen Spaziergang durch den gartenähnlichen Friedhof, wo fern den Seinen so Mancher unter Aegyptens glühender Sonne den eisernen Schlaf des Todes schläft. — Wer das Unglück gehabt hat, an Ostasiens fernster Küste den einzigen, geliebten Bruder durch den Tod verloren zu haben, der weiß, wie sehr es die Angehörigen in der Heimath mit dankbarer Freude erfüllt, wenn sie hören, daß deutsche Landsleute den Ihrigen auf seinem letzten Wege geleiteten. Durch meine Begleitung des mir völlig unbekannten Landsmanns wollte ich diesen Gefühlen Rechnung tragen. Sie wurden von sämmtlichen Anwesenden 12 an der Zahl getheilt. —

Requiescat in pace!

Einige schöne Denkmäler zieren den Friedhof unserer Glaubensgenossen, namentlich zeichnen sich das Denkmal auf dem Grabe eines um die ägyptische Eisenbahn hochverdienten englischen Ingenieurs und eine abgebrochene Säule auf dem Grabeshügel eines englischen Oberst, der sich in Indien mannichfache Verdienste erworben hat, aus. —

Durch das Bab el Tonloun ritt ich langsam zurück, kam bei der hochberühmten Moschee Gama Tonloun vorüber und verweilte längere Zeit auf dem Platze vor derselben; leider aber war der Zutritt auf das Strengste untersagt.

Diese Moschee ist eine der ältesten und gleichzeitig eine der größten von Kairo. Ihre Gründung fällt ziemlich ein Jahrhundert vor der Erbauung der jetzigen Stadt Kairo, nämlich 960 n. Ch. Sie gehört zu den Moscheeen Kairo's welche von einem der vielen Häuptlinge, Khalifen oder Sultanen der verschiedenen Dynastien erbaut sind, um später als Grabdenkmal zu dienen. Ihr Gründer war der Gründer der Tuluniden-Dynastie, Achmed Eber Tonloun oder

Julean. Sie soll genau nach dem Plan der heiligsten und gefeiertsten aller Mo=
scheen, nach der Kaaba in Mecca erbaut worden sein. Ursprünglich gehörte sie
zu Altkairo und war mit der Amru=Moschee, welche heutigen Tages noch um=
geben von den Schutt= und Trümmerhaufen der alten ursprünglichen saraceni=
schen Hauptstadt steht, die Zierde aller religiösen Bauwerke Alt=Kairo's. Von
ihrem Innern kann ich nichts berichten, da man mir merkwürdigerweise den Ein=
tritt verweigerte, während, wie ich noch an selbem Abend auf der Esbekieh er=
fuhr, man sonst durchaus nicht so streng ist. Leider liegt diese Moschee sehr
entfernt von der Musky und bin ich deshalb nie wieder in ihre Nähe gekom=
men. Die Säulengänge im Spitzbogenstyl, welche ihren geräumigen großen
Hofraum einschließen (an 3 Seiten 3, an der 4. 5 Säulengänge) sollen einen
imposanten Anblick gewähren, ich will dies nach den Photographien, die ich in
der sehr reichhaltigen Kunsthandlung des Herrn Hammerschmidt, eines Erfurters,
später zu sehen Gelegenheit hatte, sehr gern glauben. Früher hatte die Moschee
4 Minarets, gegenwärtig nur einen, der aber so merkwürdig und ausgezeichnet
ist, daß er jedem Besucher sofort in die Augen fällt. Während bei allen an=
dern Minarets, so viel deren auf Erden existiren, die nach den oberen Galle=
rien führenden Treppen im Innern angebracht sind, wandelt der Muebbin,
wenn er zum Gebetsruf hinansteigt, an der Außenseite des unten viereckigen, in
der Mitte runden, oben achteckigen Minarets, empor. Der Wunsch des Er=
bauers, auf einen Minaret hinauf reiten zu können, ist die Ursache dieses eigen=
thümlich construirten Thurmes. Auch auf diesen Minaret, von dessen oberster
Spitze man eine herrliche Aussicht auf die ganze Stadt, Fostab und Gizeh haben
soll, durfte ich nicht hinauf. Ein grinsender, die Zähne fletschender, unzugäng=
licher, sogar ein Bakschiesch von 4 Piastern verschmähender, bigotter, fanatischer
obenein einäugiger Kerl weigerte sich hartnäckig mir zu erlauben, hinaufzu=
steigen.

Den weiteren Weg nach der Musky hätte ich ohne Eseljungen oder andern
Führer nimmermehr gefunden.

Ein unverständliches, nicht endenwollendes Labyrinth von Gassen, Häuser=
spalten, Winkeln, Höfen, Gäßchen, schmalen Stegen — oft den unheimlichsten,
beängstigenden, wiederwärtigsten Eindruck machend — mußte passirt werden, ehe
wir wieder auf eine Straße kamen, in welcher Kaufläden etablirt waren, wo
also etwas Verkehr herrschte. Manche Straßen waren so eng, daß ich einmal
vom Esel heruntersteigen und mich vor meinen Esel dicht an die Wand drücken
mußte, um einen mir entgegenkommenden in ockergelbe Jacke und dito faltige
Hose gekleideten arabischen Eselreiter an mir vorüber passiren zu lassen, was
noch ohnedem seine Schwierigkeiten hatte; eine andere Straße war von einer
einziehenden Kameelkarawane so vollgepfropft, daß ich mich bewogen fühlte den
Esel seinem Eigenthümer anzuvertrauen und mit Lebensgefahr unter und zwischen
den Kameelen hindurch kriechend und schlüpfend, mich weiter vorwärts zu be=
wegen. Wie mein Esel und sein Junge hier durchpassirt sind, ist mir noch
heute ein Räthsel. Einige der Kameele hatten scharfkantige Holzkisten, andere
Sennaballen, noch andere Baumwollenstauben geladen, mit letzterer Labung
streiften sie fortwährend an beiden Häuserreihen. Oft mußten sie sich im wah=
ren Sinne des Wortes gewaltsam durchzwängen.

Mir war wohl als wir uns dem Gemäuer des ohnweit des Hotels ge=
legenen ehemaligen Harem des Abbas Pascha näherten, woselbst ein reger Ver=
kehr die Nähe der Hauptstraße andeutete.

Nach rasch eingenommener Stärkung im deutschen Bierhause des Herrn
Müller, von welchem, wenn man sich vor die Thür setzte, das Wogen, Drän=
gen und Treiben der Muski auf 15 Schritt Entfernung beobachten konnte,
schloß ich mich einem Spazierritt der Herren vom Consulat durch das griechische
und jüdische Stadtviertel nach den nördlich der Stadt gelegenen Gärten, unweit
der Abbasie, an; der Weg führte uns zunächst durch eine rechtwinklig auf die
Muski mündende recht belebte Straße bei 3 Moscheen vorbei, durch verschie=
dene kleine winkliche todte Straßen in die Nähe der Hakem=Moschee, welche dicht
an dem Bab en Nasr liegt, durch welches wir hinaus ritten und auch unmit=
telbar hinter dem Thor sofort den Boden der Wüste betraten, welche im wah=
ren Sinne des Wortes hier bis dicht an die Thore der Stadt herangeht.
Rechts auf der Höhe präsentirten sich die weltbekannten Khalifengräber, vor uns
die immer mehr verfallenden Häusermassen, welche der Despot Abbas Pascha
zu errichten befahl, um Leben und menschliche Bewohner in die Wüste zu ver=
pflanzen. Die dahin commandirten Höflinge und Untergebenen hatten aber nichts
Eiligeres zu thun, als nach dem Tode des Regenten ihre alten Wohnungen in
der Stadt wieder aufzusuchen. Das Bab en Nasr, Siegesthor, ist deswegen
merkwürdig, weil die nach Mecca ziehende und von dort kommende Pilgercara=
wane durch dasselbe ein = und auszieht.

Die einst so herrliche Hakem = Moschee, deren Trümmer noch deutlich von
ihrer Pracht, Größe und Schönheit Zeugniß geben, ist nur wenig jünger als
die Jordanmoschee. Sie erregte aus zwei Gründen meine besondere Aufmerksam=
keit, einmal weil ihr Gründer, ein Herrscher der Fatimidendynastie, gleichzeitig
Stifter der Religion ist, zu welcher sich heute noch die Drusen des Libanons be=
kennen, und zum andern, weil der schöne Minaret von den Franzosen als will=
kommner Posten zur Beobachtung der nördlichen und nordöstlichen Umgegend der
Stadt benutzt und befestigt wurde. Die französische Besatzung, welche in dem
weiten Hofraum und unter den schönen maurischen Hufeisenbögen der Moschee
campirte, wird auch nicht grade zur Erhaltung der schönen architectonischen Ver=
zierungen an Säulen, Nischen, Bögen und Simsen beigetragen haben.

An dem Kreuzpunkt der Wege angelangt, wandten wir uns links und rit=
ten zwischen der nach Suez führenden Eisenbahn und den nördlichen Vorstädten,
zu beiden Seiten Gärten und fruchtbares Land sehend, in der Richtung nach
Westen. Das Terrain ist äußerst coupirt; kleine Hügel, durch tiefe Gräben
oder andere Einschnitte von einander getrennt (deren höchster von den Franzo=
sen, welche von dieser Richtung her den Ueberfall der Mameluken befürchteter,
befestigt wurde), jetzt recht gut angebaut, verleihen der Gegend einen besondern
Reiz, der noch dadurch erhöht wird, daß man im Hintergrund fortwährend das
von der bethürmten Citadelle überragte Kairo erschaut, dessen Anblick fortwäh=
rend wechselt. Die Ansicht von W. Heine in der Illustrirten Zeitung vom
Juni 1860 ist von jener Gegend aus aufgenommen.

Hier soll auch das Grab des General · Kleber sein, der in einem der Gär=
ten am Esbekieh = Platze ermordet wurde. Wir haben nichts davon entdeckt.

Der Weg, den wir heute eingeschlagen hatten, ist entschieden einer der angenehm=
sten Spazierritte, er gewährt fortwährend Schatten, ist breit genug, um aus=
weichen zu können, führt zwischen Feldern und Gärten, Palmenwäldern und
Orangenhainen hin und gestattet von vielen Stellen einen Blick nach dem nach
Suez führenden Schienenstrange, so wie nach den in der Richtung von Schubra
gelegenen Landhäusern mit ihren Anpflanzungen. Uns wurde der Weg noch
mehr verkürzt durch die drolligen Erzählungen und Fragen meines Eseljungen,
eines kleinen untersetzten muntern bescheidenen Burschen, dessen Redseligkeit sich
in einem Ragout von verunstalteten englischen, französischen, italienischen, grie=
chischen, deutschen und arabischen Worten äußerte, worüber wir herzlich lachen
mußten, noch mehr aber, als er uns seine Ansichten über die Eisenbahn, wobei er
die Kraftäußerungen der Locomotive mit seinem Esel verglich und deren Getöse
nachzuahmen sich bestrebend, auseinandersetzte, und nur bedauerte, daß er noch
nie mit der Eisenbahn gefahren sei und wohl auch nie fahren werde, weil er
seinen Esel nicht allein lassen könne und nicht verkaufen wolle.

Je mehr man sich dem Bab el Hadib, dem dem Bahnhof zunächst ge=
legenen Thore nähert, um so schattenleerer, aber belebter wird der Weg. Eine
Caserne trägt das ihrige hierzu bei. Wir hatten Gelegenheit, Studien über
arabisches Familienleben, häusliche Sitten und Unsitten, Gebräuche und Miß=
bräuche zu machen, während wir langsam an einem zusammengekitteten Häuser=
conglomerat oder Höhlen vorüberritten und dabei natürlich als wißbegierige
Europäer nach Kräften uns bemühten, über die Mauern hinweg in die Hof=
räume und in das Innere der Höhlen zu sehen. Was wir zum Theil dort
sahen, läßt sich nicht füglich beschreiben, man muß es selbst gesehen haben, um
zu glauben, daß in einem Lande, welches Eisenbahn, Telegraphen, Fabriken rc.
besitzt und dem segensreichen Einflusse europäischer Civilisation und Cultur offen
gelegt ist, der Mensch sich noch so wenig über die Bestie zu erheben vermag.
Wäre mein Franzose zur Hand gewesen, er würde mein Erstaunen mit den
stereotypen Worten vous oubliez que nous sommes dans un pays des
barbares beseitigt haben. —

Vor dem Bab el Hadib herrschte wie immer ein reger Verkehr. Käufer
aller Art, Geschlecht und Alter drängten sich um die Buden und um die Ver=
käufer von Lebensmitteln, Stoffen, welche unter Gottes freiem Himmel ihr We=
sen treiben. Natürlich herrschte ein unglaublicher Spektakel, hie und da prügelte
man sich. Da ich keinen besondern Zweck zu verfolgen hatte, ritt ich langsam
durch die Menge durch, sah den Geldwechslern und dem Handeln zu, war Zeuge,
wie ein Pferd verkauft wurde und amüsirte mich an den arabischen Tischlern,
welche an mehreren der benachbarten Häuser Vorbereitungen für die bevor=
stehende Illumination zu Ehren des wieder heimkehrenden Vicekönigs trafen. Die
Ungeschicklichkeit und Unanstelligkeit dieser Leute aber übersteigt allen Glauben;
Alles fingen sie verkehrt an, beim geringsten Hinderniß wußten sie sich keinen
Rath und mußte erst über die zu wählende Stellung oder Lage dieses oder
jenes Lämpchens oder Figur oder Holzstabes rc. langandauernde Berathung ge=
pflogen werden. Zudem sind diese Leute wenig productiv. Außer halben Mon=
den, Sonnen und Sternen, auf roth, grün und gelb angestrichenen Latten auf=
genagelt, sah ich in der ganzen Stadt nichts Anderes.

Gegen Abend pflückte ich — es war der 8. Februar — auf der Esbekieh ein großes Bouquet blühender Veilchen, Pelargonien, mit Orangen= und Rosen= knospen. —

Da mir der Sonnabend und der Montag als diejenigen Tage geschildert wurden, an denen im Bazar das meiste und regste Leben herrscht, und da ich für Montag eine Tour nach Außerhalb beabsichtigte, so beschloß ich, mich heute, am Sonnabend ausschließlich im Chan Halil Bazar aufzuhalten und denselben seiner ganzen Länge nach mit allen Seiten= und Sackgäßchen und dazu gehöri= gen Karawanserei's möglichst genau kennen zu lernen, und da ich zudem Ein= läufe zu machen beabsichtigte, so stellte ich mich unter den Schutz zweier gefälli= ger Landsleute, welche mit Aufopferung ihrer Zeit und größter Uneigennützigkeit mir allenthalben beistanden.

Wer vom Orient etwas mit nach Hause nehmen will, wird doch selbst= redend nur solche Sachen wählen, die am Ort oder im Land gefunden oder ge= fertigt oder doch zum mindesten solche nichtorientalische, wenn sie von dem abendländischen Geschmack abweichen. Ich ließ mich von diesen Grundsätzen leiten und die mitgebrachten Sachen sind noch heute und werden mir für alle Zeiten eine frische, lebendige Erinnerung an die durchreisten Länder und ihre Bewohner bleiben.

Daß man im Chan Halil Alles findet, was nur irgend in Kairo zu suchen sein könnte, habe ich schon oben gesagt. Die einzelnen Kaufläden sehen nicht eben glänzend aus auf den ersten Blick, aber einige derselben bergen wahre Unica, Prachtsachen. Die Wahl Etwas zu kaufen, ist wirklich schwer und will man nur von den characteristischsten Sachen Etwas requiriren, so hat man bin= nen Kurzem eine recht erhebliche Summe ausgegeben. Um diese so niedrig wie möglich zu machen, waren die lieben Landsleute unermüdlich. Unverdrossen eilten sie mit mir von einem Verkäufer zum Andern und durch dieses Manöver wurde mancher schlaue Araber bewogen, zu ganz fabelhaft billigen Preisen ab= zugeben. Außerdem trat der Umstand hinzu, daß außer mir noch 3 Deutsche sich unter die Aegide der orts= und leutekundigen Landsleute gestellt hatten und unser kleines Cortège deshalb von manchem der fremden Verkäufer heran= gewinkt wurde.

Zunächst möchte ich die Webereien und Stickereien als etwas Ausgezeich= netes, wohl des Mitbringens werth bezeichnen. Suth bei Beyrut liefert die herrlichen syrischen Seidenwaren. Rohe Seide mit Gold= und Silberfaden, feine bunte Seide, ebenfalls mit Gold und Silber durchwirkt, wird dort verarbeitet und werden ganz allerliebste Sachen in Kairo feilgeboten.

Lebhafte Farben, recht grelle Muster, abentheuerliche Arabeslen und Blu= men bilden die Sujets zu Arbeitstäschchen für Damen, Tabaksbeuteln, feinen Morgenschuhen (natürlich nur im Zimmer zu gebrauchen) und Schlummerkissen= überzügen. Aus Damascus kommen feine Schärpen und prachtvolle Tischdecken in reiner Seide, ebenfalls mit kostbaren Verzierungen (Blumen und Bäumen). Aus Persien und Indien stammen die theuern Shawls, Umschlagtücher und Schärpen. Aus Brussa und andern gewerbreichen Orten Kleinasiens werden die Kopftücher mit den langen Quasten, die Coffien bezogen, Teppiche in zwei ver= schiedenen Genres, liefert Smyrna und Uschak in Kleinasien einerseits, andrer=

seits Bagdad und Persien, die mit Silberfranzen und Silberstickereien gezierten rothen und grünen Decken über die Kaffeetassen werden in Kairo und in Arabien gearbeitet und die sogenannten arabischen Taschentücher, englischer, sehr dünner Baumwollenstoff mit etwas plumper Stickerei in den 4 Zipfeln, wird ebenfalls in Aegypten gemacht. Auf europäisches (deutsches) Tuch (weißes, rothes und schwarzes) werden in der Türkei und in Kleinasien in Seide die sauberſten Stickereien ausgeführt. Meistens kommt in die Mitte der Namenszug des Sultans, umgeben von einem Kranze arabischer Worte, Blumenbouquets, Halbmonde und Sterne werden allenthalben angebracht. Diese Tischdecken bilden einen bedeutenden Exportartikel, ihre schreiend bunten Farben geben ein recht deutliches Bild des prunksüchtigen Orients. Man sollte nicht glauben, daß gelbe, grüne, blaue Stickereien auf scharlachrothem Tuch sich vortheilhaft ausnehmen könnten und doch ist es so.

Die Filigranarbeiten in Gold und Silber kommen aus dem Sudan. Ich sah Ringe, Amulette, Ohrgehänge, Halsgeschmeide, Untersätze zu Tassen, eine Blumenschaale in Gold und Silber ausgeführt, so kunstvoll in so außerordentlich geschmackvollen Dessins, daß man vermuthen möchte, ein tief gebildeter abendländischer Zeichner und Modelleur habe die Vorlegeblätter zur Nachbildung nach dort geschickt. Ich wurde bei dem Ansehen derselben lebhaft an die Gold- und Silberkünstler in Genua erinnert, welche, allerdings mit noch mehr Geschmack, weil sie mit Ueberlegung und Nachdenken eigene Compositionen anfertigen, in diesem Artikel arbeiten.

Die Waffen kommen aus Khorassan, Tscherkessien und Afghanistan und Beludschistan. Obschon ein eigentlicher Waffenbazar, genannt Soug-es-Selah, in der Nähe der Hassanmoschee etablirt ist (den ich bereits passirt hatte und auch oben erwähnt habe), kann man auch im Chan Halil kostbare Gegenstände in diesem Genre kaufen. Ein Franzose, mein Reisegefährte von Alexandrien nach Kairo, handelte um ein prachtvolles Doppelgewehr, Blumendamascirung, mit Verzierungen in Elfenbein, Lapis Lazuli, eine Löwenjagd darstellend. Er bot 600 Francs, der Verkäufer blieb unerbittlich bei 700 Francs stehen und da der junge Franzose nicht mehr geben wollte und der Verkäufer die 30 Napoleons, die derselbe vor ihm aufgezählt hatte, zurückschob, unterblieb der Handel. Dolche, Handschars, Kribs, Säbel, Degen, Schwerter jeder Art und von jedem Grade der Güte konnte man sehen und ich muß gestehen, daß ich den Begleiter eines schwedischen Prinzen, welcher einen kleinen Dolch, dessen vergoldeter Griff mit Rubinen und Smaragden reich verziert war, beneidet habe, als ihn derselbe für 12 Ltre Sterling erstand.

In reich verzierten Tschibuks, — aus Weichselrohr, Jasmin und Ahorn, und andere Crataegusarten gebohrt — war eine außerordentliche Auswahl vorhanden. Die abgeschnittenen Stämmchen oder besonders ausgewählten Aeste kommen aus der Umgegend von Constantinopel, dem Balkan und dem nördlichen Kleinasien in rohem Zustand nach Kairo, wo sie gebohrt und mit bunter Seide, Perlen, Quasten, Gold- und Silberverzierungen, auch mit feinem Strohgeflecht höchst geschmackvoll garnirt werden.

Natürlich finden sich auch Bernsteinspitzen, Pfeifenköpfe, Kohlenzange und die zum Rauchen unentbehrlichen Untersetzer in diesem Bazar. Sind doch bekanntlich Bernsteinspitzen ein Gegenstand des höchsten Luxus in der gesammten muselmännischen Welt, und kann Niemand einen Gast mehr ehren als wenn er ihm einen Tschibuk reicht, dessen Bernsteinspitze recht groß und — ebenso der Pfeifenkopf — mit Edelsteinen und Perlen besetzt ist. Für die schönsten Bernsteinspitzen, welche zur Zeit im Chan Halil käuflich waren, forderte der Eigner — ein verschmitzter Smyrniate — per Stück 1500 Francs; aber von diesen theuren wovon 4 Stück in einem Glaskästchen neben 60—80 kleineren, im Preise von 15 Francs anfangend bis 800 Francs (je nach der Größe und Farbe des Bernsteins) lagen, war keine einzige garnirt. Sie waren vollkommen gleichmäßig hellgoldgelb, durchscheinend, ohne dunklere oder weißliche Färbung, und sollen für Ilhami Pascha den präsumtiven Thronfolger Aegyptens, bestellt gewesen sein. Da derselbe aber bekanntlich in Constantinopel starb, so sind sie dem Händler nicht abgenommen worden. Von den ganz besonders schönen Spitzen, von der Größe eines Taubeneies, mit einem Kranze aus Perlen, Rubinen und Smaragden besetzt, sah ich bei einem Juwelenhändler nur 2 Stück à 2500 Francs, die derselbe außer unter Glas und Rahmen noch in einem schwarzen verschlossenen Etui aufbewahrte, dessen Schlüssel derselbe stets an einem Schnürchen um den bloßen Hals hängend, trug. Bei diesem Juwelenhändler sah ich eine Menge Halsbänder, Armbänder und anderen Frauenschmuck, ganz besonders eigenthümlich geformte Ohrgehänge und Geschmeide, welches, wie ich später vom glücklichen Zufall begünstigt einmal zu sehen Gelegenheit hatte, von den Frauen der höheren Stände um Stirn und Schläfe getragen wird. Amethyste, Rubinen, Smaragden, Diamanten, Heliotrope, Granaten, Onyx waren die hier zu verwendeten Edelsteine, außerdem natürlich auch Perlen. —

Ein durchaus ägyptischer Industriezweig ist die Fabrikation verschiedener Geräthe aus 2 Arten Thon von äußerst feiner gleichmäßiger Beschaffenheit, die eine ist rostbraun, die andere tiefschwarz. Ihr Vorkommen ist bei Kenneh in Oberägypten, woselbst die gesammte Bevölkerung, Männer, Frauen und Kinder mit Thonindustrie beschäftigt ist, Pfeifenköpfe, Becher, Schaalen, Kaffeetassen, Tabacksbüchsen, Wasserflaschen anzufertigen. Die darauf angebrachten Verzierungen werden mit dem Messer ausgeführt und man muß erstaunen, welchen Kunstsinn und welche Accuratesse diese auf der untersten Culturstufe des Töpferhandwerks stehenden Menschen hierbei entwickeln.

Vor einem Magazin, in welchem Rosenkränze aus Sandelholz, Tschibuks ꝛc. verkauft wurden, hingen einige stattliche Leopardenfelle, deren schönstes ich für 1 Guinee bereits erhandelt hatte, als der zurückgebliebene Landsmann sofort dazwischen trat und mir die Versicherung gab, am andern Morgen 2 solcher Felle für 1 Guinee zu beschaffen. Er hat beinahe Recht gehabt, durch Zufügung eines Schillings wurde mir Gelegenheit geboten, 2 vorzüglich schöne wohlerhaltene Leopardenfelle zu requiriren. —

Indem wir uns immer mehr in diesen unerschöpflich und endlos scheinenden Bazar vertieften, kamen wir bei dem Fruchtbazar an. Eine solche Auswahl von Südfrüchten hatte ich noch nie gesehen. Ich will versuchen sie aufzuzählen, 4 verschiedene Arten süßer Orangen (Apfelsinen), Citronen, Pomeranzen, Pistazien, Jujuben, (Zizyphusbeeren), 5 Arten Datteln, Oliven, Feigen, Aepfel, Johannisbrod, Haselnüsse, Anonen (Gischte) Bananen, Granaten, Lotus pflaumen, Corinthen, Traubenrosinen in 2 verschiedenen Varietäten, übten auf den Gaumen der vor ihnen stehenden armen Nordländer einen eigenthümlichen Reiz aus. Das Bedauern, hier nicht mit vollen Kräften sämmtliche Sorten durchproben zu können, wurde auf verschiedene Weise geäußert. Daneben sollten wir südfruchtlüsternen Hyperboräer mit neuen Tantalusqualen gefoltert werden, einige Confecthändler hatten ihre Süßigkeiten, Marmeladen, Confitüren — von denen man sich bei uns nichts träumen läßt — in Hülle und Fülle hier zur Schau ausgestellt. Bei ihrem Anblick dieselbe Betrübniß, wo möglich in noch höherem Grade. Zum Glück wurde unsere Aufmerksamkeit durch eine andere Art Südfrucht in solcher Weise in Anspruch genommen, daß wir die so eben schmerzlichst entbehrten Südfrüchte und Confitüren vergaßen. Zwei (natürlich tief verschleierte) Damen in schwerer Seide huschten an uns vorüber, um bei einem Parfümeriehändler Einkäufe zu machen. Natürlich mußten diese beiden Wesen, welche übrigens tadellose Füßchen präsentirten, bildschön sein. So wenigstens bildeten wir uns ein. Da sie begannen die Ginsengwurzel — ein Conservirungsmittel für schöne Zähne — in die Händchen (welche mit blauschwarzen weißgenähten Handschuhen bekleidet waren) zu nehmen, die eine überdies noch ein kleines leeres Flacon herauszog, um es füllen zu lassen, so war unser Entschluß gefaßt, sofort bei demselben Verkäufer, einem alten griesgrämlichen Türken, einen Einlauf zu machen oder doch wenigstens mit ihm zu handeln, um die Gesichter der beiden jungen Schönen — denn jung und schön mußten sie durchaus sein — zu sehen. Wir drängten uns so dicht an, als es der Raum gestattete, aber trotz der vielfachen Versuche, durch Zureichen von Stücken Ginsengwurzeln, oder Rosenkränzen ꝛc. wollte es uns nicht gelingen, außer den beiden schwarzen Augenpaaren etwas Anderes vom Antlitz zu sehen. Daß die beiden Damen keine Koptinnen seien, war uns jetzt klar, daß sie jung sein mußten, verrieth das rasche Wenden ihres Köpfchens, sobald einer der 5 Repräsentanten europäischer Neugierde sich ihnen näherte. Als wir immer bringendere Anstalten machten zum Ziele zu kommen, riß den Frauen die Geduld. Da sie gehört hatten, daß einer von uns fertig arabisch mit dem Verkäufer sprach, wendeten sie sich zornsprühend gegen denselben und verbaten sich auf das Entschiedenste jede weitere Belästigung, die eine eilte fort und holte einen alten Kerl herbei, der mit 2 reich aufgezäunten Eseln herantrabte, die Frauen beim Aufsteigen unterstützte, uns jedoch äußerst freundlich ansah und mit ihnen forttrollte. Wir hatten es also mit 2 Muselfräulein oder Frauen von sehr furchtsamer Natur oder von sehr entschiedenem Character oder von einem übertriebenen Fanatismus zu thun gehabt.

Das letzte Ende des Chan Halil bewohnen die Gold- und Silbersticker, deren ich 5 zählte. Sie waren sämmtlich stark beschäftigt mit Stickereien in Gold auf grünen Jacken, rothen Schabraken und schwarzen Kragen. Einige fertige Leibgurte hingen in den Magazinen und war sowohl das gewählte Muster als die Ausführung desselben eine in jeder Beziehung gelungene zu nennen. —

So waren 4 Stunden am Chan Halil verstrichen, ohne daß uns die Zeit einen Augenblick lang geworden wäre. Auf dem Rückwege sahen wir noch ein Magazin persischer Teppiche in der innern Ecke eines der größten Karawanserai's.

Wir waren erstaunt über die Reichhaltigkeit in der Auswahl und über die außer=
ordentliche Größe mancher Teppiche. Die kleinsten wurden mit 12 Francs, die
größten mit 800 Francs verkauft; auf allen waren die Farben durchweg rein
und lebhaft und bei denen, die wir genauer ansahen, war die Arbeit ebenfalls
durchweg gut. —

Da wir einmal im Flaniren begriffen waren, wurde beschlossen, noch den
indisch=chinesischen Bazar eines Judiers, des Mr. Sulam, zu besuchen, der ohn=
weit des Hamsani=Bazars in dem Hofraume eines Baumwollenmagazins seine
Waaren ausgestellt hat. Da der Mann fertig französisch und englisch sprechen
sollte, überhaupt als ein civilisirter Mann geschildert wurde, so war ich auf den
Besuch dieser Kunst=Naturalienhandlung ganz besonders gespannt.

Schon ehe man in das Verkaufslokal tritt, vermuthet man Absonderliches.
Ein Zebrafell liegt vor der Eingangsthür in der Vorhalle, ein sehr kostbares Fell,
wofür mancher Liebhaber in Europa mit Vergnügen 50 Thlr. geben würde.
Es muß ein ganz besonders großes, starkes Thier gewesen sein, welches einem
4' hohen Pferde wenig nachgegeben haben würde. Ein einziger Lanzenstich am
Halse verunstaltete es, doch hätte sich durch Untersetzen eines aus den Weichen
ausgeschnittenen Stückchens Fells auch dieser Schandfleck leicht verdecken lassen.
Das Innere entsprach ganz meinen Erwartungen. Der gefällige, wohlunterrich=
tete Mr. Sulam hatte in seinem kleinen Verkaufslocal Kunstsachen von hohem
Werth aus Japan, China, Ostindien, Abessynien vereinigt. Aus Japan produ=
cirte er höchst geschmackvoll und sauber gearbeitete Korbwaaren; kleine Büchsen
aus feinem Reisstroh geflochten; erstere theils aus Reis, theils aus den Fasern
mehrerer Palmenarten gefertigt. Aus China hatte er ganz vorzügliche Schnitze=
reien in Elfenbein ausgestellt, Täschchen zu Visitenkarten und Briefmappen, deren
äußere Hülle mit in Elfenbein ausgeführten Verzierungen ausgelegt war; ferner
Becher, Cigarrenständer, Statuen, Schreibzeuge und andere Luxusgegenstände; aus
Ostindien führte er die bekannten Grasleinentücher mit höchst geschmackvoller
(theils mit Goldfaden) Eckenverzierung, je 3 Stück in einem saubern Carton lie=
gend, verkauft er mit 12 Francs; aus Abessynien hatte er Trinkbecher, Kaffee=
tassen, Tabaksbüchsen, aus den Hörnern des Nashorns gedrechselt, bezogen. Alles
war schön und gut, aber auch theuer. Ich begnügte mich mit dem Ankauf
eines Horns eines Rhinoceros, wofür ich 2 Frcs. zahlte. Meinen Wunsch, ein
Visitenkartentäschchen mit elfenbeinerner Hülle und reicher Verzierung in Perlmutter
zu besitzen, mußte ich unerfüllt lassen, da dasselbe 30 Francs kosten sollte. Das
Zebrafell, obschon es durch die Gehenden und Kommenden, die dasselbe noth=
wendig beim Oeffnen und Schließen der Thüre betreten mußten, schon gelitten
hatte, hätte ich gar zu gern erstanden. Aber der Mann konnte sich von ihm
nicht trennen: es war ein Geschenk eines Geschäftsfreundes aus Chartum. Da
der Besitzer der größten Naturalienhandlung Kairo's und Nubiens, Abu Aali
aus Roseires, dessen Magazin wir jetzt besuchen wollten, nicht anwesend war, so
wurde beschlossen, nach Bulak, dem Hafenplatz Kairo's, zu reiten, um das dor=
tige Alterthumsmuseum zu besichtigen. —

Nachdem bekanntlich sämmtliche abendländische Völker in ihren Hauptstädten
Museen errichtet haben, in denen die Abtheilung für ägyptische Alterthümer einen
mehr oder weniger wichtigen Theil ausmachen, hat Said Pascha, damit endlich

einmal dem Wegschleppen werthvoller Beiträge zur genaueren Erforschung alt=
ägyptischer Geschichte ein Damm entgegengesetzt wird, die Gründung eines Na=
tionalmuseums in Bulak decretirt, gleichzeitig den französischen Ingenieur Marietta
(dessen Namen ich schon vielfach erwähnt habe), einen Mann, dem die Mit= und
Nachwelt ganz außerordentlich viel Dank schuldig ist für seinen unbegrenzten Eifer
in der Anstellung von Nachforschungen und Ausgrabungen, zum Director dieses
Museums und Oberleiter = sämmtlicher Ausgrabungen rc. ernannt. Derselbe hat
darüber zu wachen, daß Alles, was gefunden wird, dem Museum einverleibt wird.
Aber bei aller Mühe und Wachsamkeit kann er nicht hindern, daß die verschmitz=
ten Beduinen, welche einen Theil seiner Ausgräber bilden, täglich Statuetten,
Figuren, Ornamente, Geräthe rc. rc. stehlen und in Kairo den Fremden anbieten.
Ich habe durch Vermittlung eines angesehenen Nordländers 3 Statuetten erhalten,
deren Aechtheit unzweifelhaft ist. Die Figuren der Isis und Osiris tragen noch
Spuren von Vergoldung an den Halsverzierungen, obschon der größte Theil der
Oberfläche mit einer grünspahnähnlichen Kruste überzogen ist. —
Der Weg nach Bulak führt in schnurgerader Richtung unter dem schützen=
den Laubdach alter Sycamoren und Acacien vom Esbetiehplatz neben dem Palais
von Kiamil Pascha nach dem Nil direct nach Westen. Es ist zweifelsohne diese
Straße die belebteste von allen, welche nach Kairo führen. Halbwegs über=
schreitet man den Schienenstrang, welcher vom Bahnhof nach Saïd's Lieblings=
aufenthalt Kasr-el Nil, jenem Feenpalast mit der fabelhaften, übertrieben luxu=
riösen Einrichtung, den wir links am Wege liegen sahen, gelegt ist. Da man
beschäftigt war, das Palais wieder für den aus Mecca heimkehrenden Vicekönig
herzurichten, so konnten wir keinen Zutritt erlangen. Wir ritten deshalb direct
nach dem Museum, uns durch die, die ganze Breite der wohl 20′ breiten Straße
occupirenden Züge von Kameelen, Eseln, Wasserwagen, Schaf= und Ziegenheerden
mühsam und vorsichtig durchwindend. Als wir vor dem Gitterthor hielten, um Einlaß zu begehren, hatte ich Ge=
legenheit, einem ägyptischen Quacksalber zuzusehen. Ein alter Kerl saß an der
Außenmauer des Museums, vor ihm lehnte sitzend auf der bloßen Erde, mit dem
Rücken gegen einen Baum, ein junges Mädchen mit stark entzündeten Augen.
Der Alte zog ein Büchschen aus einer Tasche, faßte mit der Linken das Mädchen
am Kopf, murmelte irgendwelche Formel, fuhr mit der Rechten in der Luft um=
her, beschrieb auf ihrem Gesicht im Umkreis der Augen einige seltsame Figuren,
brach sodann einen dünnen Zweig vom Baume, nahm mittelst desselben eine
Dosis weißer Salbe aus der irdenen Büchse und fuhr damit dem armen Mäd=
chen in beide Augen, worüber dieselbe laut aufschrie. Mein Mitgefühl über
dieses Gemisch von Charlatanerie und Rohheit wurde so rege, daß es dem Da=
zwischenspringen eines Freundes bedurfte, der mich vom Interveniren abhielt,
denn ich war eben im Begriff, das arme Kind vor den weiteren Mißhandlungen
des gewissenlosen Quacksalbers zu schützen. Zum Glück kam die Erlaubniß zum
Eintritt und ich wurde bald auf andere Gedanken gebracht. Als wir wieder
heraustraten, war der Unhold verschwunden.
Wer etwas Genaues über die Schätze dieses hart am Nil gelegenen Mu=
seums, dessen Räume früher zu irgendwelchen militärischen Zwecken gedient haben,
wissen will, mag sich den bidleibigen Catalog, ebenfalls eine Arbeit des verdienst=

vollen Mariette, kommen laſſen. Gegenwärtig waren 4 Säle mit Antiquitäten angefüllt; im Hofraum und im Flur ſtanden die größten der Statuen, Sarko= phage und Hieroglyphentafeln noch ungeordnet und man ſagte mir, daß man mit der Idee umginge, ein großes geräumiges Haus zu bauen, beſtimmt, Alles was im Lande von nun an zu Tage gefördert wird, hier geordnet aufzuſtapeln, alſo gleichſam ein plaſtiſches Geſchichtswerk Aegyptens zu gründen, ſo weit dies, nachdem Paris, London und Berlin ein gut Theil des alten Aegyptens einſtens genommen haben, noch möglich ſein wird. Den erſten Grund zu dem Bulaker Muſeum hat Saïd Paſcha durch Ankauf der Sammlung des frühern öſtreichi= ſchen General=Conſulats Herrn von Huber gelegt, für welche er 20000 Fünf= frankenſtücke gegeben haben ſoll. Ich übergehe die Aufzählung der zahlloſen Statuetten, Schmuckſachen, Ge= räthe, welche Figuren, Menſchen, Thiere, Gottheiten ꝛc. ꝛc. darſtellen, die hier unter Glas und Rahmen zu betrachten ſind, ebenſo die Sculpturarbeiten in Gra= nit, Syenit, Porphyr und Baſalt und erwähne nur einer in maſſivem Gold ausgeführten Nilbarke von circa 2   2¼' Länge mit Beſatzung, welche, wenn ich mich recht erinnere, im Serapium aufgefunden worden iſt, als des werth= vollſten Stückes der jungen Sammlung. Die Ausſicht von dem hoch über dem Nil gelegenen Hofraum dieſes Mu= ſeums auf den Hafen, die gegenüberliegende Seite, die Inſeln Gezirct Bulak und Rhoda, auf Gizeh und die hinter Letzterem liegenden Pyramiden iſt ſo ſchön, daß wir uns gern ¼ Stündchen länger hier aufhielten. Mehrere Dampfſchiffe lagen unmittelbar unter uns, der Strom war belebt durch eine ſehr bedeutende Anzahl gehender und kommender Schiffe, denn Alles, was vom Meere zu Schiff kommt und nach Kairo will, muß hier anlegen und Alles, was weiter hinauf will, muß ebenfalls hier vorbei; ebenſo muß Alles, was von oben herunter kom= mend nach dem Delta oder dem Meere zuſteuert, nothwendig hier vorbei paſſi= ren. Die gegenüberliegende flache Inſel Geziret Bulak verhindert, daß man den Fluß in ſeiner ganzen Breite überſehen kann; will man dieſen Anblick genießen, ſo muß man bis an das nördlichſte Ende des Ortes reiten, wo man den heili= gen Segenſpender in ſeiner ganzen Breite ruhig dem Meere zuſtrömen ſieht. Am Orte ſelbſt iſt nicht viel zu ſehen; es herrſcht zwar ein reges Leben und Treiben, aber ein unangenehmer Geruch nach nicht mehr ganz friſchen Fiſchen wird an gewiſſen Stellen im Orte recht fühlbar. Eine große Druckerei, welche ſogar eine arabiſche Zeitung für Kairo druckt, exiſtirt hier. Außer türkiſchen und arabiſchen Lettern iſt hier jedoch nichts zu finden; franzöſiſche, engliſche und italieniſche Sachen müſſen in Alexandrien gedruckt werden. Am Nordende des Ortes iſt die große Geſchützgießerei, links am Wege das Arſenal, beides Anlagen von Mehemed Ali. Letzteres ſteht mittelſt ſeparatem Schienenſtrang mit dem Bahnhof in Kairo in Verbindung. Vor der weſtlichen Façade ſtehend hat man einen vollſtändigen Ueberblick über die ganze Breite des Nil; gegenüber liegt das Dorf Embabeh, bekannt durch den letzten Sieg der Schlacht an den Pyramiden (21. Juli 1798), welche mit Erſtürmung dieſes von Murad=Bey ſtark befeſtigten Dorfes endete. Das große neue Gebäude, wel= ches man rechts vom Wege, der zwiſchen der Eiſenbahn und den Gärten von Achmet Paſcha entlang geht, liegen ſieht, ſoll von der Eiſenbahngeſellſchaft er=

baut worden fein und wird als Maschinenbauanstalt, Kessselschmiede, Schmiede=
und Schlosserwerkstatt für die an Locomotiven, Waggons ꝛc. vorkommenden Re=
paraturen benutzt.

Der bequeme und gute Rückweg, den wir verfolgten, führte uns nach we=
nigen Minuten in die schöne Allee von Schubra. Man denke sich eine 30′
breite gut erhaltene Straße, zu beiden Seiten mit Gräben versehen, an deren
Ränder riesige Sycamoren und Acacien stehen, deren gewaltige Kronen so in=
einander gewachsen sind, daß sie ein vollkommen geschlossenes Laubdach bilden.
Fußwege zu beiden Seiten machen diese Allee von Schubra, welche fortwährend
durch Wassersprengen möglichst staubfrei gehalten wird, zu einem angenehmen
Spazierweg; die Bewohner, welche Pferd und Wagen haben, halten täglich ihre
Corsofahrten hier. An beiden Seiten haben sich die wohlhabenden Europäer und
Levantiner schöne Landhäuser erbaut, da das Terrain zu den fruchtbarsten Land=
strichen gehört. Der einzige Uebelstand ist der, daß die ganze Gegend unter der
Inundation des Nils liegt. Auf einem etwas hochgelegenen Punkte dicht an der
Allee, zur Linken gelegen, läßt sich Saïd Pascha ein Schloß, mit prachtvollen
Säulen=Bogengängen, Veranden ꝛc. umgeben, erbauen.

Die herannahende Dämmerung nöthigte uns, unsern Spazierritt abzukürzen;
wir wandten die Esel und kamen eben zum Mittagessen zurecht, nach dessen Ab=
solvirung sich Alles rüstete, um das im Deutschen Verein für heute angesagte
Dilettanten=Theater mit anzusehen.

Bekanntlich existiren im Auslande sonst für keine andere Nationalität Ca=
sino's oder Vereine, als für uns Deutsche. Es ist doch merkwürdig, daß sich
dieser Associationsgeist, dieser Trieb nach geselliger, gemüthlicher Vereinigung nur
im Auslande manifestirt und sich im Vaterlande nur die deutlichst ausgesproche=
nen Gegensätze dieser so eben genannten vortrefflichen Gesinnungen äußern. Von
den europäischen Nationen, die in Kairo aufzufinden sind, kommen die Deutschen
erst in fünfter Linie und doch haben dieselben in Verbindung mit den daselbst
lebenden Schweizern schon seit Jahren einen Verein ins Leben gerufen, in wel=
chem deutsche Zeitungen gelesen, deutsche Männerquartetts gesungen, deutsches
Bier getrunken und deutsche Theaterstücke aufgeführt werden. Sowie in Alexan=
drien steht auch hier der deutsche Verein unter dem abwechselnden Schutz des
preußischen und östreichischen Consulats, deren jedesmalige Chefs Ehrenmitglieder
des Vereins sind.

Das Local liegt in einer Seitenstraße unweit der Muski und besteht aus
einem ziemlich geräumigen einfach tapezirten Saal, geschmückt mit dem deutschen
Doppeladler, welcher umgeben ist von 2 großen Fahnen in den preußischen und
östreichischen Farben, zwischen denen sächsische, bairische, hannöversche und würtem=
bergische Fähnchen angebracht sind, 2 geräumigen Lese=, Spiel=, Eßzimmern und
den nöthigen Garderoberäumen. Obschon die Mittel des Vereins sehr unbedeutend
sind, hat doch ein Flügel angeschafft und das ganze Local in respectablen Zu=
stand gebracht werden können. Die Coulissen, das Theater ꝛc. ist durch die
einzelnen Mitglieder selbst angefertigt worden.

Eine Theatervorstellung vereinigt stets die ganze deutsche Colonie in ihren
Räumen und so war es auch heute. Ein musikalisches Mitglied eröffnete die
Zusammenkunft durch den Vortrag einiger Piçcen, sodann wurde ein scherzhafter

Prolog vorgetragen, worauf das Lustspiel „Durch" ganz vortrefflich gut aufge=
führt wurde. Sodann wurden einige vaterländische Lieder gesungen und zum
Schluß noch einige Stunden nach dem Flügel getanzt. Durch Vermittlung
einer musikalischen Autorität wurden sogar ganz neue Tänze, z. B. aus Flick
und Flock, Orpheus in der Unterwelt, bereits in Kairo gespielt und machte mir
dieser Umstand namentlich deswegen viel Spaß, weil es ohne Zweifel im engern
Vaterlande noch sehr viel Stadtmusikanten giebt, die weder von dem einen, noch
von dem andern Stück irgend eine Ahnung haben. In ungestörter Heiterkeit
saßen wir bis nach Mitternacht zusammen, obschon der Verein aus den mög=
lichst verschiedensten Elementen, Leuten von sehr verschiedenem Bildungsgrade,
äußerer gesellschaftlicher Stellung, verschiedenem Bekenntniß, entgegengesetzter po=
litischer Ansicht, zusammengesetzt ist. Gelehrte, Aerzte, Künstler, Kaufleute, Hand=
werker, Militärs, Staatsbeamte, alle Stände und Klassen waren hier vertreten,
aber Alles einigt sich hier unter dem schwarzrothgoldenen Panier, dem vornehm=
sten Schmuck des Saales. Unangefochten feiern die Deutschen ihre geselligen
Zusammenkünfte aller Art, welche der Araber „fantasie nemsavi" nennt.
Da während dem jedesmaligen Vereinsabend die Cawassen des östreichischen und
preußischen Consulats in ihrem Amtscostüm anwesend sind, so wagt Niemand,
eine Störung zu veranlassen, denn die silbernen Cawassenstäbe sind geehrt und
gefürchtet allenthalben. —

Ich sammelte noch am selben Abend belehrende Notizen über die Excursion
nach Heliopolis und dem berühmten Marienbaum, welche ich in Gemeinschaft
einer der Herren des diesseitigen Consulats unternehmen wollte. Obschon auch
dieser noch nie dagewesen war, beschlossen wir, uns der Führung des Eseljungen
getrost anzuvertrauen und ritten an dem herrlich klaren warmen Sonntagmorgen
(10. Februar) ab. Der Weg führt zum Bab el Hadid hinaus, an der nörd=
lichen Seite der Stadt, nach der Abbasie hin, die wir nach ½ Stunde bereits
erreichten. Von der Morgensonne hell beleuchtet erglänzten die Minarets der
schönen Mehemed=Mali=Motschee auf der Citabelle im goldigen Licht, zur rechten,
am Nordabhang des Mioccattam lagen die schönen Khalifengräber, so wie ein
Pulvermagazin. Die Abbasie, oder Abbasieh auch geschrieben, sollte wie bereits
erwähnt, der Krystallisirpunkt einer neuen Stadt im abendländischen Geschmack
werden. Der grausame Despot Abbas Pascha baute sich mit ungeheuren Kosten
einen Palast von solcher Ausdehnung, daß er für sich selbst schon einer kleinen
Stadt gleicht, und zwang seine Höflinge, ein Gleiches zu thun. Sein frühzeiti=
ger Tod trat hindernd in den Weg, das Project fiel, sämmtliche Gebäude stehen
leer und beginnen bereits einzustürzen   ein Loos, was so viele der ange=
fangenen und nicht vollendeten Bauten der früheren ägyptischen Herrscher thei=
len. Für mich hatte die Abbassijeh ein doppeltes Interesse; einmal weil dicht
dahinter sich hoffentlich recht bald die Klinik unseres vortrefflichen Landsmanns
des Dr. Reil erheben wird und zweitens deshalb, weil nach Reil's Mittheilun=
den das sanft wellenförmige Terrain im Nordosten der Abbassijeh sich außer=
ordentlich gut eignet, um die Erscheinungen der Fata Morgana, welche hier
häufig zu beobachten ist, beobachten zu können. Die flimmernde Bewegung der
erwärmten Luftschichten des den ganzen Tag von der Sonne beschienenen letzten
Ausläufers des Moccattams soll zur Hervorbringung von Nebelstreifen oder

Nebelgruppen vielfach Veranlassung geben, in denen Reil mehrfach dieses inter=
essante Phänomen wahrgenommen hat.

Hinter der Abbassijeh überschritten wir die nach Suez führende Eisenbahn
und ich hatte die beste Gelegenheit ihre Bauart gründlich in Augenschein zu
nehmen. Der Bahnkörper ist für 2 Gleise eingerichtet, doch war zu jener Zeit
nur eines gelegt. Auch hier sind, gleichwie zwischen Alexandrien und Kairo, die
einzelnen Schienenstücke (englisches Fabrikat) auf schlüsselförmigen, gußeisernen
Kugelschnitten, sogenannten Chairs, mittelst Keilen von Holz befestigt und stehen
zur Herstellung der Parallelität die 2 gegenüberliegenden Chairs mittelst ange=
schraubter einfacher runder Eisenstäbe von 1″ Durchmesser in möglichst fester
Verbindung. Der Bahnkörper ist in der Nähe von Kairo aus Nilschlamm ge=
macht, weiter hin aber aus Kies und Wüstensand. Die Chairs liegen unbedeckt
auf der Oberfläche des Bahnkörpers, dessen Seiten überall in Europa und den
Ländern gemäßigtem Klimas bekanntlich mit einer schützenden und conservirenden
Rasendecke belegt werden. So weit die Bahn in der Nilniederung hinläuft ist
auch in Aegypten der Bahndamm durch Strauchwerk ꝛc. vor der austrocknenden
Glut der ägyptischen Sonne geschützt; aber hinter der Abbassijeh und in der
ganzen Suezwüste, wo die versengenden Strahlen der Sonne den Bahnkörper
so austrocknen, daß heftiger Wind den Sand unter den Chairs und unter den
Schienen wegweht, hat man zur Aufmauerung des Dammkörpers schreiten müssen.
Zwischen der Abbassijeh und dem ersten arabischen Dorf, in welchem irgend
einem Bey zu Ehren eine stattliche Moschee errichtet ist, ist eine Strecke, die von
den vom Moccatam oftmals sehr heftig herabwehenden Winden zu leiden hatte,
mit Kalksteinen vom nahen Gebirge aufgemauert. Weiterhin in der Wüste sol=
len hohe Dämme aus Sand auf beiden Seiten der Bahn aufgeführt, die ver=
derblichen Wirkungen der heißen Winde abhalten. — Wohl keine Landstrecke
hat den Fortschritt in der Beförderung von einem Ort zum andern binnen einem
Zeitraum von etwa 30 Jahren in solch außerordentlicher Weise erfahren, als
grade die Strecke zwischen dem Nil und dem rothen Meer, zwischen Kairo und
Suez. Noch in den 30er Jahren durchzog alle Jahre etwa 2—3 mal eine
Karawane die von räuberischen Stämmen äußerst unsicher gemachte Wüste von
Suez und brauchte zu dieser Tour einen Zeitraum von 3 Monaten. Mehemed
Ali räumte unter dem Räubergesindel so gewaltig auf, daß nach einem Decen=
nium schon einzelne Courriere wagen konnten, diese Tour ohne Bedeckung zurück=
zulegen. Mit Relaisdromedaren wurde dies in 3—4 Tagen bewerkstelligt. Als
Mitte der Vierziger Jahre die Engländer die Overland=Mail errichteten und
Stationshäuser mit Wechselpferden einrichteten, wurde die 18 Meilen lange
Strecke in 20 Stunden zurückgelegt. Auch hiermit noch nicht zufrieden, besserten
die englischen Ingenieure die Wüstenstraße so weit aus, daß später diese Tour
in 12 Stunden zurückgelegt wurde. Jetzt geht die Eisenbahn in fast grader
Richtung und bringt auf den gewöhnlichen Tagespersonenzügen die Reisenden in
6 Stunden vom Ufer des Nil bis an's Schilfmeer. Said Pascha, dem man
von den Courierzügen Englands erzählte, hat sich schon mehreremale in 2½
Stunde von Suez nach Kairo fahren lassen.

Als wir eine kleine Strecke längs dem Bahnkörper hinritten, konnten wir
Ausbesserungen an demselben ausführen sehen. Die Arbeiter, halbnackte Fellahin,

welche von einem Araber in weißem Burnuß, gelben Schuhen, mit der Reit= pferdpeitsche in der Hand dirigirt wurden, bestanden zum allergrößten Theil aus Knaben und Jünglingen. Der Transport der Erde und des Sandes geschah meistens in flachen Körben aus den Fasern und Blattstielen der Dattelpalme gewebt, die kleineren Körbe trugen die Arbeiter auf dem Kopf, zur Handhabung der größeren waren 2 stärkere Burschen erforderlich, Tschibuckrauchend und schel= tend schritt der Herr Bauaufseher, eine rohe Häscherphhsiognomie, unter ihnen auf und nieder.

Jenseits der Eisenbahn betraten wir wiederum nach kurzem Ritt durch ein Tamarislengehölz fruchtbares, mit Canälen und Wasserschöpfgräbern versehenes Land. Unter einer Allee mäßig großer aber doch ganz angenehmen erquicken= den Schatten gebender Gummiacacien ritten wir auf ein dem Mustapha Pascha gehöriges Landhaus hin. Zu beiden Seiten des Weges waren reiche Klee =, Mais = und Durrahfelder angelegt, Weinstöcke und Olivenplantagen vertraten die Stelle des Oberholzes; auch schien die Cultur sämmtlicher Arten Orangen und Bananen eine nicht unbedeutende zu sein. Dazwischen erhoben die Dattelpalmen ihr Haupt in die Lüfte. Junge Araber waren mit Anlegung eines neuen Dat= telhaines zur Linken des Landhauses, an dessen Nordseite Reben, Aprikosen und Pfirsiche spalierartig gezogen wurden, beschäftigt. Das Haus selbst war im ge= wöhnlichen südeuropäischen Styl angebaut, lag mitten in einem blumenreichen Garten, in dessen 12—15' hoher Mauer durch ein eisernes Gitterthor der Aus= und Eingang ermöglicht wurde und uns den Blick hinein gestattete. Außer einem alten schwarzen Eunuchen sahen wir nur noch 2 schöne edle arabische Rappen, von denen der eine von 2 schwarzen Sclaven mit reichem Zaumzeug versehen wurde. Hinter dem Landsitz breitet sich ein großer Olivengarten und Orangenhain zu beiden Seiten des Weges aus. Wir mußten denselben seiner ganzen Länge nach hindurchreiten, ehe wir ins Freie gelangten. Der Weg führte an der Nordseite des Dorfes Matarijeh hin, dessen stattliche 20—25' hohe Häuser — denn als solche muß man sie, deren platte Dächer mit Topfscherben, Maiskolben verziert waren, bezeichnen — etwas noch nie Gesehenes von Reinlich= keit und Sauberkeit zeigten. In diesem Dorfe waren sogar enge Gäßchen an= gebracht. Hinter dem Dorfe erhob sich ein Garten voller riesiger Orangen= und Citronenbäume, die größten, die ich auf meiner ganzen Reise gesehen habe. Ich schätze sie auf 30 —40' Höhe. Ihre mit den schönen freudig grünen brei= ten Blättern versehenen Aeste bogen sich im wahren Sinne des Wortes unter der Last der Früchte. Der Besitzer war der Scheich des Ortes, eine imponirende schwarzbärtige braune Figur, der neben der Satieh in einem weißen Burnuß, rothem Fez und breiten gelben Schuhen auf einem Bündel Baumwollenstauden sitzend, uns mit freundlichem Gruß empfing. Zwei Buben liefen voraus nach dem Marienbaum, dem ersten Ziel unserer heutigen Excursion, 1 Meile etwa von Kairo entfernt. Wir ritten um ein Gebüsch aus Mimosen, Sycomoren, Rosen von Jericho, Acacien, Mandelbäumen bestehend und befanden uns an der Thür eines kleinen Gärtchens, welche von einem hohen Cassiabaum, dessen 2' lange bohnenartige Früchte bis auf 5' Höhe herabhingen, beschattet wird. Sand= gänge, Rabatten, Gemüsebeete, Obstbäume — wir waren erstaunt und glaubten uns in einen europäischen Handelsgarten versetzt, als die beiden Buben jeder mit einem Blumenstrauß aus Orangenblüthen, Pelargonien, Mimofenblüthen und Blättern, Aprikofenblüthen, Blüthen eines lilien = oder crocusartigen Ge=wächfes und Rofenknospen uns entgegentraten und uns unter die mitten im Garten stehende coloffale Sycomore geleiteten, das älteste Exemplar diefer Baum=art im Aegypterland, von deffen Aesten fie einige Zweige für uns brachen, welche, so wie jenes Blumensträußchen ich aufbewahre. Unter diefem uralten hochgefeierten Baume, den kein Engländer und kein Katholik unbefucht läßt und deffen Umfang an der Bafis circa 20' beträgt, soll einer frommen Sage nach die Jungfrau Maria mit dem Weltheiland, von ihrem Gatten begleitet, geruht haben, als fie dem Mörder Herodes glücklich entronnen auf der Flucht nach dem fernen Nilland begriffen war. Wer diefe liebliche Sage zuerst erfunden hat, ob ein für den chriftlichen Glauben begeisterter Kreuzfahrer, oder ob fie noch aus faracenifchen Zeiten stammt und vielleicht irgend welche Verwechslung hier vor=liegt, laffe ich dahin gestellt fein. So viel aber ist gewiß, daß diefer Baum zu Lebzeiten des göttlichen Kindes noch nicht existirt hat, denn es ist erwiefen, daß die Sycomoren ein sehr rafches Wachsthum befitzen, welches in einer so gut bewäfferten Gegend wie diefe fich noch mehr steigern muß. Mag dem fein, wie ihm wolle, ein so eindringlicher Mahnruf an die geheiligte Perfon Christi mitten in der Wüste, mitten in der muhamedanifchen Welt, erfüllt das Gemüth des Christen immer mit einer gehobenen Stimmung, dazu kam der Umstand, daß wir grade zu der Stunde an jenem Platze waren, zu welcher in der fernen Heimath die Glocken zum Kirchenbefuch auffordernd, läuten mußten. Nichts natürlicher, als daß wir zwei längere Zeit mit fich felbst befchäftigt still und stumm neben einander unter dem Schatten des schönen gewaltigen Baumes fitzen blieben. Auch den kleinen Buben und dem Efeljungen mochte unfere ernste Stimmung auffallen, denn fie traten zurück und ließen ab mit Herbeibringen neuer Blumen und Früchte. Auch ein Stück von dem Holz des Baumes nah=men wir, wie viele andere Befucher, mit.

Die Umfchau des Gartens hat uns ungemein befriedigt, man möchte faft behaupten, er sei in feiner jetzigen zierlichen Form von europäifchen Händen an=gelegt. Allenthalben Orangenbäume, blühend und Früchte tragend; prachtvolle gewaltige Dattelpalmen bildeten die Ecken diefes lieblichen Fleckchens Erde, die kleinblättrige Myrthenorange in einigen 15—20' hohen dichtbelaubten reichtra=genden Bäumen fah ich hier zum ersten Mal, ebenfo waren einige Tamarinden, welche am Gartenzaun standen, mir noch völlig unbekannt. Ein coloffaler Jo=hannisbrodbaum begann fich wieder zu belauben, eine Anzahl Piftacien und fremde Efchenarten entwickelten bereits ihre Blüthen. Als Einfaffung der Ra=batten hatte man prachtvolle großblumige Nelken angewendet. Das frifche Grün der Bäume wurde durch das Silbergrau der Olivenbäume angenehm unterbro=chen und die großen ganzrandigen Blätter der Orangen und Sycomoren erhiel=ten durch die Fiederblätter der Acacien, Caffien und durch die noch feiner zer=theilten Tamariskenblättchen die angenehmste Abwechslung. Eine Feigenplantage, welche dicht an den Garten angrenzt, bot einen nicht grade angenehmen Anblick dar, da die Bäume faft ganz entblättert waren, um so beffer konnte man die Größe derfelben — die meisten derfelben hatten Stämme von 3' Durchmeffer — im Verhältniß zu unfern forgfältig zu pflegenden Individuen ins Auge faffen.

Aber die Zeit drängte und wir hatten noch eine gute Strecke bis zum Obelisk von Heliopolis, dessen Spitze wir nach kurzem Ritt hinter einer Hügel= kette hervorschauend erblickten. Der Weg blieb nach wie vor angenehm, zwi= schen fruchtbaren Saatfeldern und dichtbelaubtem Gebüsch bis zu dem Höhenzug, auf welchem das kleine Dörfchen jetzt liegt, wo früher das biblische On, später Heliopolis mit seinem weltberühmten Sonnentempel lag. Schutthaufen an Schutthaufen, nicht einmal mehr Trümmer, kennzeichnen nur noch schwach die Lage der prachtvollen tempelgeschmückten Residenz der alten Pharaonen. Ein alter grämlicher Araber schien den Portier des Obeliskes spielen zu wollen und verweigerte uns den Eintritt in den Obstgarten, in welchem gegenwärtig derselbe steht. Zum Glück ließen wir uns weiter nicht einschüchtern, wir ritten mit der Nilpferdpeitsche in der Hand in sehr scharfem Trabe auf ihn los und er fand gut, sich durch lächerlich anzusehende Biegungen und Wendungen den Eselhufen und Peitschenhieben zu entziehen. Nach wenig Minuten befanden wir uns am Fuß des einzig noch übrig gebliebenen Obelisk von Heliopolis, auf der für die Kultur damaliger Zeiten hochwichtigen, gewiß der wichtigsten Stätte Unterägyp= tens. Hier stand der Tempel des Sonnengottes, dessen fabelhafte Pracht uns Strabo schildert. Vor seinem Eingang standen 4 riesige Obelisken, 2 davon be= finden sich jetzt als Nadeln der Kleopatra in Alexandrien, der 3. ist nach Rom geschleppt, der 4. steht noch hier, als einziger Rest der ungeheuren Pharaonen= residenz. Vor den Obelisken bildeten 2 Reihen Sphinxe aus gelbem Marmor eine Art Allee, welche in den kostbaren Tempel mündete, in welchem der bekann= ten Sage nach, nach je 5 Jahrhunderten der aus dem fernen Arabien herge= flogene fabelhafte Vogel Phönix sich in dem Allerheiligsten des Tempelraumes auf einem Scheiterhaufen von Rosen = und Sandelholz verbrennen ließ, um aus seiner Asche neu verjüngt zu erstehen, wieder gen Arabien zurückzufliegen und nach 500 Jahren wiederzukommen. Noch zur Griechenzeit stand Heliopolis im Rufe einer hochgelehrten Stadt. Es ist erwiesen, daß hier wie zu Saïs eine Schule der Tempelweisheit, welche bekanntlich in Geheimlehren, Mysticismus be= steht, existirte, womit eine Akademie für Naturwissenschaften, Mathematik und Astronomie verbunden war. Es ist Thatsache, daß Plato 3 Jahre hier studirt hat, noch zu den Zeiten des römischen Imperator Augustus konnte Strabo jenes Haus sehen und besuchen, in welchem der geniale Grieche gewohnt und jenes Collegium beschreiben, wo derselbe den Lehren der ägyptischen Priester gelauscht hat. Ebenso verdanken Herodot, Pythagoras, Democritos, Eratosthenes, Euclides, Dionysos Areopagita, Solon und Lycurg den hier empfangenen Unterweisungen ihre spätere Berühmtheit. Ob Homeros, Daedalus und Orpheus auch hier ge= weilt haben, ist nicht mit Sicherheit nachgewiesen. Aber nachgewiesen ist, daß der noch stehende, bis unter seine Spitze mit Hieroglyphen besetzte Obelisk um 2300 v. Chr. von König Sesurtesen errichtet worden ist. Gegenwärtig ist er schon bis zu 5 Fuß von Schlamm und Erde bedeckt, seine eigentliche Basis lag tiefer und beträgt seine Höhe incl. Piedestal 68'. Er ist Monolith aus röth= lichem grobkörnigem Granit, nach oben zu verjüngt er sich zu einer Spitze. Die Breite der Basis beträgt circa 5½'. Die Hieroglyphen sind ganz besonders schön und scharf ausgemeißelt. Den zweiten Obelisk soll der Zerstörer der Stadt und des Tempels, der Perserkönig Cambyses, umgestürzt haben. Der Umstand,

daß das Piedestal des Obelisk so tief in der Erde steckt, erschwert die Nach=
grabungen nach Antiquitäten ganz ungemein und läßt sich heute die Ausdeh=
nung der Stadt nur sehr ungenau nach den vorhandenen Schutthaufen und auf=
geworfenen Dämmen muthmaßen. Reil hat in seinem Werke: „Aegypten als
Winteraufenthalt für Kranke" eine interessante Beobachtung ausgesprochen, die ich
wörtlich hier wiedergebe:

„Der Umstand daß gegenwärtig der Fuß des Obelisk so tief von Erde
bedeckt ist, welche, wie die des umgebenden Gartens und Landes aus reinem
Nilschlamm besteht, hat in Verbindung mit den Spuren des höchsten Nilstandes
die man am Obelisken durch die dunklere Farbe der unteren Theile erkennt, zu
Versuchen der annähernden Berechnung der jährlichen Bodenerhöhung Veran=
lassung gegeben und man hat daraus eine Säcularerhöhung von 5 Pariser Zoll
erhalten." —

Wir waren mit der Besichtigung dieses einzigen übriggebliebenen Wahrzei=
chens früheren Glanzes und Pracht und Größe des Nillandes bald fertig und
schritten zur Beschauung der Umgebung. In nordöstlicher Richtung, auf der
Höhe eines Hügelzuges, der möglicherweise noch viele alte Denkmäler enthält,
vielleicht ein Product zusammengewehter Trümmer und Schuttes ist, hat sich
— wenn ich nicht irre — der armenische Bischof eine Sommerwohnung ge=
baut. Mir wollte dieser Platz nicht recht gefallen, später aber hörte ich, daß
ihm, dem Brustkranken, Wüstenluft verordnet ist. Der Garten, in welchem der
Obelisk steht, liegt tief und zeigt die köstlichste Vegetation; aus dem üppigsten
Graswuchs erheben sich zahlreiche Aprikosen=, Orangen=, Citronenbäume, Pal=
men, und fehlen recht stattliche Exemplare dieser Baumarten keineswegs. Eine
Quelle dicht dabei liegend, eine Seltenheit der dortigen Gegend, liefert uner=
schöpfliche Mengen frischen Wassers. Entweder soll hier oder aus dem Brunnen
ohnweit des Marienbaumes die heilige Familie ihren Durst gelöscht haben. Die
Berichterstatter weichen in ihren Angaben ab. —

Unser Eseljunge gab uns zu verstehen, er wisse noch mehr Ruinen und
erbot sich uns dahin zu führen. Zuerst führte er uns in nordöstlicher Richtung,
woselbst die Sphinxallee gestanden haben soll. Hier sahen wir nur einige Gra=
nitquadern, nur einer trug eine Spur von Hieroglyphen; mehr dagegen auf
dem Abhang des Höhenzuges, über welchen wir kurz vor dem Dorf hinweg ge=
ritten waren, woselbst 3 Bruchstücke eines Capitäls, irre ich mich nicht, von
Kalkstein, aus dem unergründlichen Schutt zu Tage gefördert waren. Eine Stein=
platte enthielt einige stark beschädigte Hieroglyphen. Es ist nicht zu bezweifeln,
daß, sobald Mariette sich Heliopolis zum Schauplatz und Gegenstand seiner For=
schungen wählen wird, noch mancher wichtige Fund gemacht werden wird.

Den Rückweg wählten wir über das ziemlich große Dorf Koubbet el
Ghouri, dessen Häuser vielfach mit ausgetrockneten Krokodilen verziert waren;
machten vergeblich Mühe, Eintritt in die hier befindliche recht gut erhaltene
Grabmoschee zu erhalten und ritten dann durch ein Tamariskenwäldchen nach
der Eisenbahn und unbeirrt auf dem Bahnkörper nach Hause. Nach europäi=
schen Begriffen ist ein Schienenweg nicht grade ein Ort, um auf demselben
Spazierritte zu unternehmen. Aber in Aegypten kennt man bekanntlich weder

Bahnwärter, noch Oberbahnwärter, noch Bahnmeister und so ist es den Franken gestattet auf der Bahn entlang nach Herzenslust zu reiten. —

Der Ritt nach Heliopolis, namentlich aber der von uns beliebte, nähere, schattenlose Rückweg, während welchem die Sonne (es war 1 Uhr) mit ihren glühend heißen Strahlen uns im höchsten Grade belästigte, hatten uns etwas angegriffen und da ich am nächstfolgenden Tage eine sehr starke Tour Sackhara-Memphis beabsichtigte, so beschloß ich ein arabisches Bad zu nehmen, um mich hierdurch zu kräftigen. Als ich nach vielem Suchen mit Hülfe meines Eseljungen, dem ich pantomimisch meinen Wunsch zu erkennen gab, ein solches Etablissement gefunden hatte, und in den ersten Raum, woselbst einige 20 Muselmänner saßen, standen und lagen, und ich zweifelsohne der einzige Europäer gewesen wäre, da verließ mich der Muth, mich ohne Gesellschaft unter die Ungläubigen zu begeben und der Entschluß zu baden wurde vertagt. Dagegen beschloß ich allein nach Schubra zu reiten und dort Einlaß in die Schlösser und Gärten zu begehren. Derselbe Eseljunge, der mich bisher begleitet hatte und der sich selbst „Ibrahim comico" nannte, einen Beinamen, den ihm deutsche Landsleute wegen seiner drolligen Einfälle gegeben haben, wurde gedungen. Der Junge hatte sich in den 4 Tagen so an mich gewöhnt, obschon ich ihm nicht übermäßig reichliche Bakschiesch, aber überall Speise und Trank wie für mich selbst, gereicht hatte, daß er früh 7 Uhr regelmäßig in meinem Zimmer erschien und seine Vorschläge für das Tagesprogramm machte, und unglücklich war, wenn ich nicht von früh bis Abend sein „gut gereiter Esel" „very good dunky, molto buono bursico" für mich benutzte. Da der Junge (er war höchstens 18 Jahre, aber schon verheirathet) aus 4 Sprachen verschiedene Worte aufgeschnappt hatte, so war es möglich, eine Art Unterhaltung mit ihm zu führen und so ist mir die Zeit, auch wenn ich ganz allein mit ihm war, nie lang geworden. Der Junge unternahm sogar einmal eine Prügelei in meinem Interesse in der belebten Allee vor Schubra, wo ein Kerl ein Kameel, das mit Baumwollengesträuch beladen war, ungeschickter Weise so dicht an mir vorübertrieb, daß mein Rock zerrissen wurde. Ibrahim comico, der dies bemerkte, riß sofort einen Ast einer Baumwollenstaude vom Rücken des Kameels herunter und teilte unverzagt auf den ungeschickten Kameelführer los, wobei er natürlich sich in einen Strom von Schimpfreden gegen denselben erging, aus welchen ich nur die Worte hakim - bey (welche Bezeichnung er mir gegeben hatte) verstand. Später von einem Sprachkundigen über seinen heftigen Dialog inquirirt, hat er seine Entrüstung aussprechen wollen, wie ein ibn kelp, ein Kameeltreiber, sich unterstehen dürfe dem Reiter seines Esels, der ein achtungswerther hakim - bey sei, den Rock zu zerreißen. Hakim - Bey wörtlich übersetzt heißt „Herr Doctor." —

Den ersten Theil der herrlichen Allee von Schubra habe ich schon oben zu schildern versucht. Damals waren wir bis zum neuen Palast von Sa b Pascha gekommen und in der Richtung der Stadt zu geritten. Den ganzen Weg entlang hat man fortwährend schöne Landhäuser von Gärten umgeben und fruchtbaren Feldern, Orangenhainen, Gruppen von Dattelpalmen zur Seite. Zur Linken sieht man die Segel auf dem Nil, jenseits die Berge und Höhenzüge der libyschen Wüste mit den Pyramidenresten bei Aburoasch, rechts kann man die Eisenbahn noch ein gut Stück Weg verfolgen. Für uns Deutsche dürfte wohl die Klinik des Herrn Dr. Reil aus Halle für Brustkranke das interessanteste Gebäude auf diesem Wege sein, welche so lange hier bleiben soll, bis es ihm gelungen sein wird, durch Actienzeichnung das noch erforderliche Capital erlangt zu haben, um auf dem ihm vom Vicekönig geschenkten Flecken Wüstenland von 4 Fetschar (circa 4 preußische Morgen) ein großes stattliches Gebäude aufge= führt zu haben. Der liebenswürdige Arzt und Menschenfreund, dem schon Man= cher der Eingebornen Leben, Gesundheit und eine große Anzahl unglücklicher Au= genkranken ihre Sehkraft verdanken, nahm auch mich, der ich Empfehlungen an ihn hatte, mit größter Herzlichkeit auf. Ihm verdanke ich eine Fülle schätzbarer Belehrungen und viele frohe Stunden. Die wenige Zeit, die ihm die Behand= lung der von Europa zu ihm gekommenen Leidenden und seine eigene große Praxis übrig lassen, benutzt er, um Aegypten in naturwissenschaftlicher und me= dicinischer Beziehung zu studiren. Seine darüber erschienenen Abhandlungen in Westermanns Monatsheften und sein oben angeführtes specielles Werk gehören zu den gediegensten Arbeiten über diesen Gegenstand. Als ich ihn besuchte, fand ich eine russische fürstliche Familie, 3 Deutsche, 1 Franzose, 1 Engländer, 1 Walache und eine Moldauerin bei ihm, welche mit Ausnahme der letztge= nannten Beiden in dem interimistischen Klinikum und den angrenzenden Cam= pagnen wohnen. Leider waren darunter 2 hoffnungslose Kranke, deren Ende vorauszusehen war und welche auch später dem Tode verfallen sind. Die An= stalt ist klein, aber sie genügt allen billigen und gerechten Ansprüchen. Jeder Kranke hat sein sehr geräumiges Zimmer, für je 2 ist ein Diener engagirt, der in den meisten Fällen italienisch versteht. Im gemeinschaftlichen Speisesaal ver= einigt der biedere Menschenfreund seine Patienten und fast täglich den oder jenen Landsmann bei sich. Im Salon, woselbst ein französisches Pianoforte steht, liegen deutsche, französische, englische Zeitungen und illustrirte Journale aus und eine vortreffliche Bibliothek mit einer vollständigen Literatur über Aegypten neben den hauptsächlichsten Klassikern der 3 Nationen verschafft den leselustigen Kran= ken hinreichend Lectüre. Vortreffliche Landkarten, eine sehr schöne Petrefacten= und Amphibiensammlung liefern Stoff für ernstere Studien und sind letztere für die Erforschung ägyptischer Gäa und Fauna von hohem Werth. Der Doctor sammelt mit unermüdlichem Fleiß weiter daran, und beabsichtigt, sie dereinst sei= ner alma mater an der Saale zum Geschenk zu machen. —

Zur Gründung eines geräumigeren größeren Aufnahme = Gebäudes für die Hülfe suchenden Fremden fühlte er sich durch die gesteigerte Frequenz bewogen, welche ihn zwang, mehrere Kranke in der Nachbarschaft und in der Stadt in den besseren Hotels oder in guten Privatwohnungen zu placiren. —

Nachdem ich dieses Institut kennen gelernt und den tüchtigen Gründer schon beim ersten Begegnen lieb gewonnen hatte, setzte ich meine Excursion nach Schubra fort. Der Character der schönen Allee und der nächsten Umgegend wechselt nicht bis zum Dorfe Schubra. Hier traf ich eine Gesellschaft fränkischer Herren, welche mit einem sehr proper und sauber gekleideten Diener, dem Saïs des jetzigen Besitzers von Schubra, Halim Pascha, laut parlamentirten. Als ich näher kam konnte ich deutlich hören, daß es sich um die Erlaubniß zum Be= such des Palais, Kiosk und Parks handelte, und daß der roth und goldgestickte Diener durch keine Macht der Erde zu bewegen war, uns die Herrlichkeiten und

die Pracht von Schubra zu zeigen. Nicht einmal in den hochberühmten Garten durften wir. Wir vermutheten, daß der Harem von Halim Pascha sich zur
Zeit dort aufhalte, eine Vermuthung, die den Stempel der Gewißheit erhielt,
denn vor mir waren während des Herausreitens 3 elegante vierfitzige Wagen
mit verschleierten Frauen und dem unvermeidlichen schwarzen Scheusal neben
dem Kutscher, dem Eunuchen, in raschem Trabe vorüber gefahren. So mußten
wir ohne unsern Zweck erreicht zu haben mißmuthig umkehren. Nicht viel besser
erging es mir an einem der folgenden Tage. Ich hatte den Consul gebeten,
mir eine Eintrittskarte zu verschaffen und dieser, der von der Parthie sein wollte,
hatte zuvor beim Gouverneur angefragt, ob der Besuch gestattet sei, war aber
ebenfalls abschläglich beschieden worden.

Schubra soll den schönsten Garten der Welt besitzen. Alle Arten von
Bäumen und Sträuchern, die in China, Indien, Arabien, Persien, Syrien, Tunis, Algier, Marocco, Nubien, Habesch und am Senegal wachsen und deren
Mehemed Ali habhaft werden konnte, sind hierher verpflanzt und gedeihen vortrefflich. Mitten im Garten steht der weltberühmte Kiosk des alten Mehemed
Ali von fabelhafter Größe, ein riesiges Viereck bildend, von schneeweißen Mar-
morsäulengängen umgeben. In der Mitte ist ein ungeheures Marmorbecken mit
einer künstlich hergestellten Insel, worauf ein prachtvoller Pavillon. Auf diesem
Marmorbecken hat sich der alte Schäker Mehemed Ali in seinen Mußestunden
von seinen Haremschönheiten umherrudern lassen. Die 4 Ecksalons des Kiosk
sollen das prachtvollste sein, was auf dem Gebiet des raffinirtesten orientalischen
Luxus zu erschaffen möglich ist. — So wurde mir am Abend dieses Tages
erzählt.

Den Rest des Nachmittags jenes Sonntags vor Dunkelwerden benutzte ich
zum Besuch einiger christlichen Kirchen, Sekten gehörig, deren Gotteshäuser ich
noch nie zu sehen Gelegenheit hatte, nämlich die armenische und die koptische
Kirche. Beide liegen ohnweit der Esbekieh. Ohne Führer, auf meinen Eseljungen vertrauend, den ich von einem der arabisch sprechenden Freunde über
den Zweck meines Rittes hatte instruiren lassen, ritt ich in das finstere Labyrinth engster Gassen, die man sich denken kann hinein, wo oft nur eben ein
Mensch gehen oder reiten kann und der Entgegenkommende am Anfang oder
Ende der Straße warten muß, bis der Ankommende passirt ist. Obschon der
Junge sein taib taib d. h. „schon gut, ich weiß" mehrmal versichert hatte,
hatten wir uns so verritten, daß ich die Hoffnung aufgab die Kirche zu finden
und deshalb, da von sämmtlichen Menschen die ich sah und traf keiner das
Vertrauen einflößte, französisch, englisch oder italienisch zu verstehen, comman-
dirte, nach der Esbekieh zurückzureiten. Auf dem Rückwege begegnete mir ein
anscheinend gut unterrichteter Levantiner, der mir in geläufigem Französisch die
Richtung nach der Koptenkirche angab und mich ein Stück dahin begleitete. Nach
kurzem Suchen war der Kastellan gefunden, der die alte Kirche aufschloß. Ich
erschrak, als ich in dieses feuchte, modrige ungepflasterte, theils ungedielte, schup-
penartige Gebäude eintrat. Vier Abtheilungen, eine größere und drei kleinere
mit einem großen und drei kleinen Kronleuchtern, empfangen ihr Licht durch
wenig und schmale nur an einer Seite angebrachte schmutzige Fenster. Fünf
Heiligenbilder und ein Christus hingen über dem Altar, vor welchem ein Gebet-

pult errichtet war, auf letzterem lag die koptische Bibel aufgeschlagen. Außer einer an einer rohen Kallwand hinlaufenden Bank waren keine Sitzvorrichtungen vorhanden. In der mittleren Abtheilung, welche einige Stufen tiefer als die letzte und eine Stufe höher als die ersten zwei nicht gedielten Abtheilungen liegt, hingen 14 miserable Heiligenbilder. Das Ganze sah so unreinlich, unheimlich, verlassen und verkommen aus, daß es auf mich einen höchst ungünstigen Eindruck machte, zu sehen, wie wenig Werth eine koptisch christliche Gemeinde von circa 12000 Seelen auf eine würdige Ausstattung ihres Gotteshauses legt. Aber ich widerrief im Stillen meine scharfe Rüge, als man mir hinter dieser stallähnlichen Kirche die im Bau begriffene neue koptische Kirche zeigte. Säulengänge aus graublauem und weißem Marmor errichtet, umschließen den für die innere Kirche bestimmten geräumigen Platz und verspricht dieses Kirchlein eine Hauptzierde des in vieler Beziehung mit Recht übel berufenen Kopten = Viertels zu werden.

Von da aus ritt ich auf Wegen und durch Gassen, die ich mich nicht getraue wieder aufzufinden, bald durch Hofräume, bald unter total finstern gewölbten Durchgängen hindurchpassirend, nach der ungleich stattlicheren großen armenischen Kirche. Ein sehr artiger Sakristan oder Pförtner in weltlichem levantinischen Gewande empfing mich und geleitete mich durch das Heiligthum, mir in armenischer also absolut unverständlicher Sprache die Bedeutung aller Gegenstände erklärend. Die armenische Gemeinde zählt 2000 Seelen. Da eine schmale Seite ihrer blau angestrichenen Kirche, welche von den langen 2 Seiten durch violette Fensterscheiben gefärbtes Licht erhält, wird von 3 Altären ausgefüllt. Der Hochaltar ist mit 2 Gemälden verziert, einem sehr großen Marienbilde und unter demselben befindet sich ein kleineres Bild, einen Christuskopf darstellend; 10 schöne Blumenvasen in 5 Paaren mit künstlichen Blumen angefüllt und 10 silberne Leuchter bilden den Schmuck des mittleren, größten der 3 Altäre, die beiden Nebenaltäre, mit dem mittleren in gleicher Höhe liegend, hatten jeder nur 1 Bild, rechts einen Johannes mit der Fahne, links Maria und Magdalena. Sämmtliche 3 Altäre waren aus blaugrauem Marmor aufgeführt. Vor dem mittleren stand ein Betpult aus Marmor, mit kostbaren Teppichen behangen. Auf 6 Stufen steigt man in den Raum hinab, in welchem sich die Andächtigen versammeln. 6 Kronleuchter und 12 Ampeln deuten darauf hin, daß auch öfters gottesdienstliche Feierlichkeiten bei Beleuchtung stattfinden. Dem Altar gegenüber befindet sich die Orgel. Das Ganze macht bei aller Einfachheit einen würdevollen Eindruck, die größte Sauberkeit herrschte überall, auch in einigen Seitenkammern, woselbst kleinere Altäre angebracht waren, welche als Aufenthalt der Priester vor der Predigt und während des Gesanges dienen.

Ich begehrte nun nach der Esbekieh zurückgeführt zu werden, hierbei mußte ich ein langes finsteres Gewölbe passiren, welches nach dem in der Nähe der Rosettegärten gelegenen Kapuzinerkloster führt. Diese Gärten sind eine vernachlässigte Blumen = und Baumanlage, mitten in der belebten Stadt ohne jeden höheren Werth.

Bald gelangte ich nach der Esbekieh, hatte zuvor wieder Gelegenheit einem Hochzeitszuge und einem Zuge zu begegnen, der einen Knaben zur Beschneidung

geleitete. Beide muß ich, da sie nicht ohne Interesse sind, etwas näher beschreiben.

Ein entsetzlicher Scandal, hervorgerufen durch Lärmen und Toben vieler
Menschen und den Gebrauch oder richtiger Mißbrauch einiger Instrumente, erregte meine Aufmerksamkeit im hohen Grade. Ich sah am Ende der Straße
ein Knäul Menschen sich auf mich zu bewegen und trieb deßhalb meinen Esel
an, um zu sehen was da los sei. Bald erkannte ich einen Zug Männer und
Frauen, dem ein in rother goldbesetzter Jacke, dito Beinkleider gekleideter Junge
von etwa 6—7 Jahren vorauftritt, vor dessen glänzend angeschirrtem von einem
reinlich und sauber gekleideten Reitknecht geführten Pferde 3 Musikanten einher-
schritten. Zwei dieser Spectakelmacher bliesen auf doppelläufigen clarinettenarti-
gen Rohrpfeifen nur wenige Töne, aber an diese wenigen Töne, deren mark-
und beinburchbringender gellender Schall Alles bisher Gehörte übertraf, werde
ich Zeit meines Lebens denken. Die beiden Kerls bliesen in ihre Rohre mit
einer Gewalt, hinreichend um die ihnen entgegenkommenden Leute umzublasen,
eine infernalische Musik! Als Dritter im Bunde figurirte ein lahmer Kerl,
der eine kleine Trommel mit einem recht stattlichen Schlägel dergestalt bearbeitete,
daß ich jeden Augenblick hoffte, er werde das Kalbfell durchschlagen. — Enfin,
es war in der That unerträglich und nur die Neuheit des originellen noch nie
gesehenen Schauspiels bewog mich still zu halten und Alles genau anzuhören
und anzusehen, obschon mein Esel, in dem Augenblick, als die dienstfeirigen Musikanten vor mir vorüber watschelten, ob dieser Disharmonie einen Satz nach
vorn machte und ich es nur der Geistesgegenwart des braven Ibrahim comico
zu verdanken habe, daß mich mein unmusikalischer Esel nicht mitten im Cortège
abgeworfen hat. Hinter diesen 3 Scandalmachern folgte ein einfach gekleideter
Araber, welcher ein geschnitztes Holzkästchen trug. Es war dies der Bediente
des Barbiers mit den zur heiligen Handlung nothwendigen Instrumenten in jenem Kästchen, wie mir später erzählt wurde. Hierauf folgte der Candidat. Der
arme Junge saß oder hing mehr auf dem wohlgenährten, überaus reich und
prächtig angeschirrten Rosse. Er war bekleidet mit einem rothen Ueberwurf, welcher mit reichen goldenen Stickereien besetzt war, in der rechten Hand hielt er
ein Tuch sich vor das Gesicht, wodurch er vor dem Blick des bösen Geistes für
sein Leben lang bewahrt bleiben soll. Hinter dem Zug schritten 2 Sectionen
verschleierter Weiber, deren Geheule und Geschreie mit der Höllenmusik der 3
Musikanten ein würdiges ohrzerreißendes Ensemble bildeten. Zu 2 und 2 folgten sodann Frauen, theils unverschleiert, (meistens junge,) theils verschleiert —
muthmaßlich die Alten, welche nur stellenweise ihre kreischenden Stimmen ertönen ließen. Den Beschluß machte ein Dutzend barfüßige schweigende alte Männer, unter ihnen aber befand sich ein Derwisch, der in dem Ausstoßen unarticu-
lirter Töne mit den Bestien aller Länder und aller Zonen zu wetteifern schien.
Ich konnte mich nicht enthalten, laut zu lachen, als dieser mitten unter den
schweigsamen Alten ganz gemüthlich und höchst vergnügt einherschlendernde Mann
Gottes aus dem scheußlichsten Brüllen mit einem Mal in eine Art Trillern
überging, nach wenigen Secunden gelang es ihm das Grunzen des Schweines
täuschend nachzuahmen, worauf er ein leises piependes Gezirpe anhub, aber auch
hierbei beruhigte sich er nicht, sondern ging bald in ein blöckenähnliches Geschrei

über. Weiter konnte ich dem braven Mann nicht folgen, denn ich mußte be=
fürchten, durch mein unheiliges Gelächter Anstoß zu erregen. Und schon wurde
mein profanes Gemüth auf's Neue durch einen unmittelbar dem Beschneidungs=
zug folgenden Hochzeitszug in Aufmerksamkeit erhalten. —

Wiederum waren Musikanten, diesesmal 4 an der Spitze des Zuges. Aber
zum Glück waren entweder diese Leute zu alt, oder ihre Pfeifen taugten nichts,
denn der von ihnen vollführte Hochzeitsmarsch klang sehr dünn, nur ein Sub=
jekt mit ein Paar kleinen Becken klapperte vergnügt drauf los. Sodann folgten
paarweise eine Anzahl, wenn ich mich recht entsinne 14 verschleierter Mädchen
verschiedenen Alters und Größe, die kleinsten waren in blauen Kleidern aber
weißen Schleiern und Ueberwurf. Hierauf kam die Braut, d. h. eine verhüllte
Gestalt, der man selbst über das Gesicht einen Schleier geworfen hatte, der oben
auf dem Kopf unter einem halb Diadem, halb kronenartigen Aufsatz befestigt
war, das mit einem vergoldeten Gürtel umschlossene Kleid, Ueberwurf, Schleier,
die mit Franzen und Troddeln behängte Kopfverzierung — Alles war hell
scharlachroth. Zwei Frauengestalten in blauem Gewand mit schwarzem Ueber=
wurf und weißem Schleier führten die Braut. Diese 3 Gestalten wandelten
unter einem Baldachin, von roth und gelb gestreiftem Zeug gefertigt, der an
den 4 Ecken von 4 Männern getragen wurde. Hinter demselben schritten etwa
12—14 Frauengestalten, tief verschleiert, in reinlicher, gewählter, buntfarbiger
Kleidung, Schuhe tragend. Den Beschluß machte neugieriges Volk, welches
jauchzte und jubelte.

Die Braut wurde zunächst ins Bad geführt, der eigentliche Hochzeitszug
ist noch anders, auch einem solchen begegnete ich am nächstfolgenden Sonnabend
auch gleichzeitig mit einem Beschneidungszug und werden beide Festlichkeiten, na=
mentlich wenn die Feste in unter sich bekannte oder verwandte Familien fallen,
gern vereinigt. Der Beschneidungszug geht durch die Hauptstraßen des Quar=
tiers, in welchem die Eltern wohnen und kehrt sodann in das Haus der Eltern
zurück. Trifft ein solches Fest in reiche Familien, so ereignet es sich oft, daß
der reiche glückliche Vater mehreren bis 7 Kindern ärmerer Eltern ein gleiches
Vergnügen auf seine Kosten bereitet, um diesen die nicht unbedeutende Ausgabe
zu ersparen und dauert das Geschmause und Gejuble eine volle Woche.

Es war dieser Nachmittag mit seinen Erlebnissen eine ganz erwünschte Un=
terbrechung in der Beschauung der untergegangenen ägyptischen Sehenswürdig=
keiten, mit welcher interessanten Beschäftigung am andern Tag durch Besuch der
Khalifengräber fortgefahren werden sollte. —

Ich muß gestehen, daß ich nicht wenig gespannt war, dieselben kennen zu
lernen, nachdem ich Brehm's vortreffliche Schilderung derselben schon früher ge=
lesen hatte, aber meine nicht geringen Erwartungen sind von der Wirklichkeit
noch übertroffen worden.

Ich ritt in Begleitung eines seit 4 Wochen in Kairo zur Herstellung seiner
angegriffenen Gesundheit weilenden Landsmannes durch das Griechenviertel in
der Richtung nach den nordöstlichen Thoren. Um wieder einige neue Straßen
und Stadttheile kennen zu lernen, beschlossen wir anstatt durch das Bab el Nasr
(Siegesthor), diesmal durch das Bab el Foutouh zu reiten. Wiederum führte
uns der Weg bei der herrlichen, leider schon theilweise in Trümmern liegenden

Halem - Moschee vorbei, wiederum staunten wir der prachtvollen Bogengänge und ihrer Verzierungen. Das Bab el Joutouh ist in Nichts von den andern einfachen Stadtthoren Kairo's verschieden; unmittelbar hinter dem Thor schlugen wir eine östliche Richtung ein, trabten einen kleinen Hügel hinan und befanden uns bald inmitten eines arabischen Kirchhofs der einfachsten Art; kein besonders in's Auge fallendes Monument, oder bessere Grabdenkmäler waren zu bemerken. Und doch sollte dieser Friedhof für die Europäer eine Art Anziehungskraft ausüben, weil, wie erwiesen, auf demselben ohnweit des Siegesthores sich das Grabmal eines Christen, des berühmten Reisenden, J. L. Burkhardt, eines Schweizers aus Lausanne befindet, welcher sich in solcher Weise unter den Arabern eingelebt hatte, daß die meisten seiner Freunde ihn ebenfalls für einen Muselmann hielten und er nach seinem im Jahre 1817 erfolgten Tode auch nach muhamedanischem Ritus beerdigt worden ist. Ich erfuhr diese Nachricht erst nach der Rückkehr, sonst würde ich mich bemüht haben, dieses durch einige wenige besondere Kennzeichen kenntlich gemachte Grab aufzusuchen.

Auf der kleinen Höhe angekommen, lagen die Khalifengräber, diese herrlichen Mausoleen einer großen Anzahl der alten hochberühmten, tapfern und muthigen Saracenenhäuptlinge im herrlichsten Sonnenschein vor uns, sich in der Wüste an einem Abhang des Moccatamgebirges hinziehend; ein Rudel neugieriger Engländer jagte im Carrière an uns vorüber, die armen Esel wurden auf die roheste Weise von ihnen gepeinigt, um möglichst schnell über die Sandfläche (wo die Thiere immer tief einsanken) hinwegzukommen. Erst als einer der unsinnigen Reiter von einem widerspenstig gewordenen Esel, der hinten ausschlug, weit über den Kopf des Esels fort in den Sand geworfen wurde, kehrte Besinnung und Vernunft in die Köpfe der insularen Reiter zurück und sie ritten im Schritt weiter.

Eine solche Verschiedenheit von Bauwerken, die einem und demselben Zweck dienen, wie die vor uns liegenden Khalifengräber, bei dessen nördlichstem wir nach halbstündigem Ritt vom Thor aus gerechnet, ankamen, läßt sich kaum denken. Wie ein architectonisches Skizzenbuch, wie eine Sammlung von Vorlegeblättern zum Studium fleißiger Architecten, lag die Reihe derselben vor uns. Es ist eine große Anzahl prachtvoller, aus allen Perioden der saracenisch arabischen Baukunst herrührender Moscheen, voller Geschmack und mit hohem Kunstsinn erdacht und ausgeführt, mit hohen Kuppeln, Bogengängen, Höfen, Brunnen und Minarets — jedes einzelne in den verschiedensten Constructionen und architectonischen Verhältnissen, innen und außen mit regellos und wirr durch einander gewundenen und geschlungenen, verschieden gefärbten und doch harmonisch zum Ganzen passenden Arabesken, deren Anblick dem Auge wohlthut und das Gemüth mit Staunen erfüllt für die Fülle von Phantasie und gewähltem Geschmack, welcher hierin niedergelegt ist. Kein Zeichner ist im Stande, dem Chaos von Blumen, Blättern und noch nie dagewesenen originellen Verzierungen zu folgen, welche in den Spitzbögen, Hufeisengewölben, hohen Kuppeln und Friesen und auf der Außenseite der Kuppeln angebracht sind. Die Todtenstille der eine kleine Stadt bildenden Fürstengrüfte contrastirt auf eine wunderbare Weise mit dem geschäftigen lauten Drängen und Treiben der so eben verlassenen Stadt, so daß eine Art von feierlicher Stimmung den Besucher erfüllt. Auch uns erging es so. Aber es war kein niederdrückendes Gefühl, dem man doch wohl sonst so leicht beim Besuch von Grabstätten verfällt, nein, unserer bemeisterte sich ausschließlich das Gefühl des gerechten, begründeten Staunens ob dessen, was hier noch zu sehen und zu bewundern war. Wie mögen erst diese Räume beschaffen gewesen sein als noch der Halbmond allein hier herrschte, der kunstliebende Fürstenstamm der Mamelukenbeherrscher hier schaltete und waltete, der sich in dieser Necropolis einen leider immer mehr der Vergänglichkeit anheimfallenden Gedenkstein gesetzt hat. Es ist tief zu beklagen, daß einige der Moscheen (zum Glück sind die schönsten und kostbarsten noch am besten erhalten) schon in Trümmern liegen, andere dem Einsturz drohen. Goltz sagt von den Khalifengräbern: sie sind eine Todtenstadt von vielleicht hundert Moscheen, an denen sich die Kunst der Bildhauer erschöpft und die Bildkraft der arabischen Phantasie in einem unerschöpflichen Arabeskenwitze ein Denkmal gesetzt hat, das so lange dauern wird, wie es noch Künstler, Architecten, Poeten, Mystiker, Symboliker oder irgend einen Dessinzeichner, Spitzenklöppler und Piquefabrikanten auf dieser Erde geben wird. — Man muß ihm Recht geben! Ein Musterzeichner fände in der Fülle von Verschnörkelungen Material für sämmtliche Fabriken des Abendlandes auf viele viele Jahre lang. Wer diese von Außen und Innen mit Reliefsculpturen und Mosaik bedeckten, von Sand= und Kalkstein= blöcken (manchmal mit abwechselnd rothen Werkstückschichten) auf's Sauberste zu= sammengefügten Prachtkuppeln mit gesunden Augen und Sinnen gesehen hat, dem muß klar werden, welchen Quellen die Motive zu den gothisch=architecto= nischen Bildwerken, die mystischen Configurationen und Arabesken, die Sprossen= werke, Rosetten, Emporien, Baldachine und Sacramentshäuschen an den deut= schen Münstern entstammen; denn diese Quellen (angeschaut und studirt von abendländischen Kreuzfahrern) sind an den arabischen Wunderkuppeln wie ein versteinerter Sprudel anzuschauen, der in seinem mystischen Widerscheine Palmen, Sterne und Blumen erkennen läßt, aus denen jene Steinmuster in Wirklichkeit zusammengedichtet sind. Und welchen Anblick gewährte jetzt die todte Khalifen= stadt? Der Wüstensand häuft sich an den Wänden der Moscheen in die Höhe, faule Menschen, denen der Weg bis zu den Steinbrüchen des Moccatam zu weit ist, reißen mit vandalischer Gier die Prachtbauten ein, um sich elende Häuser zu bauen — und Niemand steuert diesem Vandalismus; — der wolkenlose Himmel und die fahle todte Wüste gucken durch die schöngewölbten hohen Fen= ster in die kunstgeschmückten stillgewordenen, leeren Geisterräume, in denen schon mancher stattliche Baum gedeiht; in Räume, deren Arkaden einstmals von den zum Grab des Fürsten wallenden Gläubigen erfüllt wurden, deren Wände und Fußböden mit farbigen Marmorsteinen, mit verde antico und Rosenporphyr, mit Lapis Lazuli und Alabaster, mit Perlmutter und Jaspis in den wunder= barsten Mustern ausgelegt sind. Zum Theil sieht man noch manche schöne Scheibe in den Fenstern, auch sie sind in bunten Mosaikfarben zusammengesetzt und ihre oberste Spitze trägt noch heute die kunstvoll in Holz geschnitzten origi= nellen Verzierungen, die sich nicht beschreiben lassen, die man sehen muß. —

Wir waren in 3 Moscheen, oder richtiger gesagt in den 3 Moscheen der dazu gehörigen Baulichkeiten, welche die Gräber der 3 Sultane el Achraf, el Barkouk und Kaï=Bey umgeben. Die Gama el Barkouk ist die größte, die zierlichste und reichste ist die Gama Raït-Bey, die Gama el Achraf ist ausgezeichnet durch die Größe der hufeisenförmigen Bogen, ihr Minaret ist ohne Verzierung.

Die Gama el Barkouk ist die nördlichste. Sie hat einen großen viereckigen mit Marmor gepflasterten Hof, in welchem Tamarisken, Lotospflaumen und Feigenbäume standen. Prachtvolle rein maurische, d. h. hufeisenförmige Bogengänge, führen an den Seiten hin, an der Ostseite erweitert sich der Gang zu einer breiten Halle, in welcher an beiden Enden mit Gittern versehene von hohen Kuppeln überwölbte Grabdenkmäler angebracht sind. In dem einen ruht der gegen die Türken siegreich gewesene Sultan Barkuk, in der andern seine Familie. Die westliche Seite dieses Hofes trägt 2 viereckige 2 etagenhohe Minarets. Daß ehedem vielfach Gottesdienst in dieser Todtenhalle gehalten wurde, sieht man an der Kanzel, welche an der Ostseite angebracht ist, so wie an der Gebetsnische.

Ein alter widerwärtiger, fast gefährlich aussehender Araber, der fortwährend um uns herum lief und unaufhörlich Batschisch zu erpressen suchte, war die Ursache, daß wir nicht wagten, noch mehrere anstoßende Räume in der untern Etage und in der obern Etage anzusehen, von denen wir eine recht schöne Aussicht über den östlichen und nördlichen Theil der Stadt Kairo vermutheten.

Die zweite Moschee, in welcher wir längere Zeit verweilten, schien an einen jungen Ehemann verpachtet zu sein, welcher eines der früheren, mit bunten Glasscheiben und herrlichen Sculpturarbeiten, hochgewölbter Kuppel versehenes Gemach als Wohn- und Schlafzimmer zu benutzen schien. Als wir ganz harmlos eingetreten waren und uns anschickten die Schönheiten des Mosaikmarmorparquets zu bewundern, jagte er, ehe er sich uns widmete, seine Frau hinter eine Art von spanische Wand und lief dann mit uns umher, uns auf arabisch seine Kenntniß von dem schönen Gebäude mittheilend. Natürlich thaten wir als verständen wir Alles, worüber der eifersüchtige Blaukittel sehr erfreut schien und noch freundlicher wurde als ihm 2 Piaster Gratification verabreicht wurden.

Am interessantesten war für mich der Besuch der Gama Raït-Bey. Eine herrliche Kuppel — ich schätze sie 90—100' hoch — mit den prachtvollsten Reliefsculpturarbeiten umschließt das kostbare Grab des 1496 gestorbenen Gründers. Diese Moschee erschien mir die besterhaltene. Hier war Alles noch vorhanden, Lampen, Holzschränkchen, Fußbänke, Wandmalerei, bunte Fenster, herrliche Mosaik. Ein Minaret ziert diese Moschee, wie man ihn selten finden wird. Seine 3 Etagen mit den schönsten Geländern in weißem Marmor versehen, dazu die geschmackvolle Spitzenverzierung, machen ihn zu einer Zierde ersten Ranges. Als Führerin in dieser Moschee, welche verschlossen gehalten wird, diente uns ein Mädchen von etwa 13—14 Jahren, deren Gesichtszüge ich nie vergessen werde. Diese Araberin und jene Orangenverkäuferin auf der Station Kafr-Zayad sind die schönsten Gesichter, welche ich unter den vielbesungenen, hochgefeierten orientalischen Frauen der niederen Stände gesehen habe. Einen kleinen Jungen an der Hand führend, der sie mit Riza anredete, geleitete sie uns zu allen Sehenswürdigkeiten der Moschee. Hier bedauerte ich zum ersten und zugleich zum letzten Mal, daß ich nicht arabisch gelernt hatte. Die kleine Niza war eine gar zu nette Erscheinung. Ihr weites bis auf die Füßchen herabfallendes auf der Brust geschlitztes blaues Oberhemd mit weiten Aermeln war jedenfalls ganz neu oder frisch gewaschen, dito ihr dunkles, weiß geblümtes Kopftuch. Ihre Füße, die kaum 5″ lang waren, deckten rothe Schuhe, welche sie natürlich an der Schwelle auszog. Zum Glück war sie unverschleiert und man konnte an ihr mit aller Ruhe die Färbungen und Tätowirungen betrachten, so wie ihr Geschmeide, Ringe und Armbänder. Namentlich litt sie es gern, daß wir mit einigem Erstaunen die Pracht der letzteren bewunderten. Sonst war sie fern von jeder eitlen falschen Prüderie; es war das einfache schlichte, unverdorbene bildschöne Kind der Wüste. Ihr blühend frisches Gesicht mit dem bräunlichen Teint, prachtvoll schwarzen Augen und schneeweißen Zähnen ist mir unvergeßlich; im Besitz von 2 messingenen Armbändern und einem sehr complicirten Ohrgehänge aus demselben edlen Metall mit böhmischen Granaten garnirt, war sie überglücklich und wurde durch ein Geschenk von ½ Francs für sich und 10 Para für ihren kleinen Bruder so dankbar, daß sie uns nazzarani — als solche bezeichnete sie uns ihrem kleinen Begleiter — noch ein weites Stück begleitete. Die Verunstaltung des Gesichts mit Farbe ꝛc. gefiel mir bei diesem frischen jugendlichen Gesicht ganz gut. Bisher war mir jedes tätowirte und gefärbte Antlitz zum Ekel und widerwärtig, die kleine muntere harmlose Niza gefiel mir vortrefflich. Am Kinn hatte sie 5 parallele Verticalstreifen von blauer Farbe eingeätzt, an den Schläfen je einen fünfstrahligen Stern. Die Augenbrauen und die Wimpern waren tief schwarz gefärbt und bildeten einen vortrefflichen Gegensatz zu dem Schneeweiß ihres südlich lebhaften Auges, welches hierdurch größer und glänzender erschien; die Fingernägel hatte sie natürlich roth gefärbt.

Als sie uns noch ein Stück Weges begleitete, überkam uns beim Herannahen eines Trupps Männer doch etwas Furcht. Niza war nicht verschleiert und wenn sie auch erst im zartesten Jungfrauenalter stand, so konnte doch der Fanatismus der Wüstenfellah's erweckt werden und ihre Erbitterung gegen uns 2 wehrlose Europäer konnte leicht durch den Anblick Einer der ihrigen neben 2 Christen neue Nahrung erhalten. Aber die Angst war grundlos, nach etwa 100 Schritten bedeuteten wir dem schönen Kinde zurückzugehen, welcher Forderung sie auch Folge leistete. Ich konnte aber den ganzen Tag und auch die folgende Woche das edle regelmäßige Gesicht der Jungfrau aus dem letzten Khalifengrabe nicht vergessen und noch jetzt denke ich mit Vergnügen an das Geplauder der hübschen kleinen Niza.

Unmittelbar hinter der Gama Kaït-Bey beginnt der allgemeine arabische Kirchhof, in welchem wir jetzt 1 Stunde hinzureiten die Aussicht hatten. Hätte man weiter nichts zu sehen als den oben, einförmigen muhamedanischen Friedhof, so müßte man sterben vor Langeweile, denn nichts ist ermüdender als der Anblick von Tausend und aber Tausend weißen oblongen flachen Grabsteinen, an deren 2 Enden weiße 3—4′ hohe Steinsäulen mit oder ohne Tarbuschimitirung angebracht sind. So aber ritten wir hinter der Citadelle, an deren östlichem Rande vor dem Moccattamabhang hin. Erstere präsentirt sich von allen Seiten vortheilhaft, auf Letzterem bewirkt ein angelegtes Fort und eine kleine Moschee eine recht angenehme Unterbrechung des einförmigen Kalksteingrau. Der

Weg war gut, bequem, breit und recht belebt, es kamen und zogen eine Menge Carawanen, wiewohl keine ganz große. Alles was aus der arabischen Wüste nach Altkairo oder umgekehrt will und die Stadt Kairo nicht passiren mag, muß diesen Weg wählen, der allerdings über eine Einsenkung des Djebel Moccattam hinüberführt, aber doch ganz leidlich zu passiren ist. Aber der Anblick der Gräber vor und hinter sich und zu beiden Seiten wirkt störend und beängstigend und man athmet wieder auf, wenn man sich der im Süden der von hier aus besonders majestätisch anzuschauenden Citadelle gelegenen großen Grabmoscheen der Herrscher neuerer Zeit und ihrer Familie nähert, — ein Seitenstück (aber ein sehr schwaches) zu den Khalifengräbern, von deren Besichtigung unser Gemüth noch ganz erfüllt war. Jedenfalls ist der Kirchhof von Kairo einer der größten der Welt, wenn man bedenkt, daß derselbe am Bab el Nasr an der Nordseite der Stadt anfängt und sich längs des Fußes des Moccattam bis fast zur Hälfte des Weges nach dem Dorfe Bassatin in grader südlicher Richtung und rechts (westlich) herüber bis an die Schuttberge und Trümmerhaufen des alten Fostat hin erstreckt. Dieses Ganze kann als eine riesige Todtenstadt, in der auch Paläste nicht fehlen, angesehen werden. Denn ganz so wie im Leben in jeder Hauptstadt die Herrscher ihre Paläste und ihre Angehörigen ihre Schlösser, die Reichen und Vornehmen ihre schönen Häuser haben, also hat auch die Todtenstadt von Kairo ihre Grabpaläste, reichverzierte Grabdenkmäler und einfache Gräber. Die dem südlichen Thore Bab Quarafeh und der Citadelle zunächst gelegenen Grabmoscheen, welche wir zu unserer Rechten behielten, sollen ebenfalls Mameludenfürsten angehören. Sie sind zum größten Theil zerfallen, weil sie mit weniger Sorgfalt und Solidität gebaut waren, als die auf der Nordseite der Stadt; von manchen stehen nur noch die tiefklaffenden Risse zeigenden Minarets, deren oberster Kranz oft merkwürdig zackig verziert ist, während die zugehörige Moschee in Trümmern liegt; bei andern dagegen sind die Minarets umgestürzt und man erblickt nur noch die Portalbogen und Kuppeldächer des Grabes; hier und da ist auch wohl eine ganze Ecke des Grabmonuments vom Eckpfeiler bis zur Kuppel eingestürzt und durch die klaffenden Mauerwände schimmert das weißbetünchte Innere hervor, ja von einigen Monumenten hat nur das Gewölbe eines massiven Portals dem zerstörenden Einflusse der Jahrhunderte widerstehen können.

Auch auf dem Gebirgskamm des Moccattam und an dem steilen zerklüfteten Abhang desselben befinden sich einige mehr oder weniger zerfallene Moscheen auf den Grabstätten heiliger Männer, so wie einige größere Denkmäler. Die oberste Moschee, hinter dem die Citadelle beherrschenden Fort auf dem Gebirgskamm selbst gelegen, soll das Grab des Seid Sabeh umschließen. Die größere in halber Höhe zwischen den Feldklüften erbaute, dem äußern Ansehen nach noch am besten erhaltene wird el Macocus genannt, weil der von Ancon, dem Er- oder Aegyptens besiegte Gouverneur dieses Namens allda begraben liegt. Seitwärts vor ihr öffnen sich im Felsen hier und da zahlreiche Eingänge zu Höhlen in das Kalksteingebirge, welche bald kleinere oder größere Kammern, bald tiefe Gänge bilden. In einer derselben soll ein ganz besonders heiliger Mann, El Magauery begraben liegen.

In der Mitte des großen südlichen Todtenfeldes liegen gleich einer wirklichen Stadt, eine Anzahl kleiner von Mauern umschlossener Grabdenkmäler und mit hohen Kuppeln versehene moscheenartige Gebäude. Sie liegen durch förm=lich Straßen getrennt, quartierartig geordnet. Hie und da ist ein freier Platz gelassen, so daß der Character einer lebenden Stadt vollständig wiedergegeben ist; aus manchen Gruppen schaut obenein das dunkle Grün einer Sycomore oder Lotus oder Cypresse über die Mauern, oder man nimmt während des Vorbeireitens beim Hineinblick eine Agave oder Cactus wahr. Die kleinen vier=eckigen, unsern Gartenpavillons in Architectur ähnlichen, meist auf Säulen ruhen=den Gebäude, mit Zierrathen von Holz oder Stein versehen, sind die Bedachun=gen mohamedanischer Erbbegräbnisse reicherer Leute; der Hof um sie herum ist mit 8' hohen Mauern umschlossen, zu denen eine wohlverschlossene Thür führt, das Nebeneinanderliegen vieler solcher Erbbegräbnisse verleiht dem Ganzen das Ansehen einer Stadt en miniature mit vielen Kreuz=, Quer= und Sackgassen. Hoch über allen diesen Gemäuern ragt fast am Ende der Todtenstadt das große Kuppelgewölbe des Grabes des Imam Chafai hervor, dessen Spitze mit einem Halbmond geziert ist. Dieses Grabmal ist ein gefeierter Wallfahrtsort für fa=natische Kairener. Eine spätere Excursion führte mich ganz dicht dabei vorbei, so wie auch unmittelbar an den Grabmoscheen der Glieder aus Mehemed Aali's Familie entlang, welche unweit der großen Kuppelgrabmoschee liegen.

Dieses große Erbbegräbniß, dessen Beschreibung ich hier folgen lasse, besteht aus einem Corridor, aus welchem man in 2 große von Kuppeln überwölbte Zimmer tritt, deren Grundform das Viereck ist, welches durch Abschneiden der Ecken in ein Achteck übergeht. Der Bau ist ganz massiv aus gut geglätteten Kalksteinblöcken des Moccattam errichtet, weder im Innern noch äußerlich mit Farbe überstrichen. Diese Einfachheit des Baues, welche gegen die bunten per=sischen Teppiche des Bodens und die grellfarbigen Verzierungen einzelner Gräber bedeutend absticht, macht auf den Beschauer einen wohlthätigen Eindruck. Hier ruhen die Söhne Mehemed Aali's, Jussuf und Jsmaël; ferner der Sohn Jussuf's, der bekannte Abbas Pascha, der verstorbene Vicekönig und viele männ=liche und weibliche Verwandte des alten Mehemed. Das schönste Grabmal aber, welches, von imponirender Größe und nach türkischem Geschmack prächtig aus Marmor, mit erhabenen goldenen Buchstaben auf blauem Grunde, vielen Koran=sprüchen und Verzierungen hergerichtet und zum Schutz von dichten grünen Vor=hängen umgeben ist, gehört dem Stiefsohn Mehemed Aali's, dem berühmten Jbrahim Pascha, welcher fast alle seine Schlachten schlug und zu seinem Nach=folger bestimmt war, als der alte Mehemed geistesschwach wurde, leider aber noch einige Monate vor diesem starb.

Weit um diese zusammenhängende Todtenstadt nach Süden, Osten und We=sten erstrecken sich die vielfach bunt bemalten Gräber der Muhamedaner niedern Standes. Ein schreiendes Gelb, helles Ziegelroth und Jndigoblau, dazwischen ein helles intensives Grün sind die Couleurs, die verwendet werden, um die Tiefe der Trauer um den Verstorbenen, oder dessen Rang und Vorzüge auch nach dem Tode noch zu markiren. Erst an der Wasserleitung, also dicht vor den Trüm=merhaufen des alten Fostat, denen wir uns nun endlich näherten, hören die Gräber auf. Es war ein Ritt unter Todten und Trümmern, den ich an diesem

Tage machte, aber nichts desto weniger gelang es mir, alle misantropischen und
trüben Gedanken zu bannen. Der Aquäduct ist ein großartiges Bauwerk, das
durch seine Colossalität noch manchen Jahrhunderten trotzen wird. Er ist eines
der vielen verdienstvollen Werke des kühnen Saladin's und besteht aus einem
2 Etagen hohen thurmähnlichen, sehr massiven Gebäude unmittelbar am schmalen Nilarm (wie oben erwähnt ohnweit der gefeierten Stelle, wo der Kanal abzweigt, welcher zur Zeit der höchsten Nilhöhe zur Füllung der städtischen Cisternen und Reservoirs mit Wasser aus dem Nil gespeist wird) und aus mehreren
Hundert Bogen, auf denen der gemauerte Kanal ruht, welcher das Wasser zur
Citadelle und kurz vor dieser durch eine seitliche Abzweigung nach dem Erbbegräbniß des Mehemed Aali bringt. Das Wasser communicirt aus dem Nil
mittelst eines unter der großen nach Alt-Kairo führenden Straße hindurch führenden Kanals mit einem riesigen Reservoir, aus welchem es durch von mehreren Paar Ochsen getriebene Schöpfräder bis zur ersten Etage gehoben wird und
hier ein zweites Reservoir füllt. Aus diesem heben es andere auf der oberen
Plattform gehende Ochsen auf gleiche Weise in die Höhe, wo es sich in den
Kanal ergießt und mit nicht unbedeutendem Fall nach Osten läuft. Unmittelbar hinter dem Aquäduct beginnen die sich bis unmittelbar an die Häuser von
Altkairo hin erstreckenden Trümmerhaufen von Fostat. Ein Schießplatz war hier
für das Militär etablirt und außerdem nahm ein ganzer Schwarm ägyptischer
Gassenjungen oder richtiger Wüstenjungen (denn Gassen giebt es hier nicht)
Luftbäder, in welchem Vergnügen sie sich gar nicht stören ließen. Ländlich, sitt-
lich! Der Aquäduct blieb uns, da wir nach der Amru-Moschee lossteuerten,
weit zur Rechten. Inmitten der Schutt- und Trümmerhaufen des ursprünglichen Khalifensitzes erhebt sich zwischen der von uns eingeschlagenen Route und
der Wasserleitung eine einsame nicht grade große Moschee, die Abu Saoud-
Moschee, in deren Nähe sich ein Menschenknäuel mit Kameelen und Eseln vereinigt, langsam bewegte. Wir vermutheten, daß dies eine aus der Stadt kommende Wallfahrercolonne sei.

Nach einem sehr anstrengenden Ritt von ³/₄ Stunden, nachdem wir die
Wasserleitung passirt hatten, befanden wir uns an der Ostseite der von Kopten
bewohnten Häuser Altkairos. Unser Eseljunge fragte sehr naiv, indem er die
Worte Amru und Maria und Maria und Amru aussprach, ob wir zuerst die
alte Moschee oder zuerst die alte christliche Kirche besuchen wollten. Da nach
unserm Situationsplan, den wir vielfach zu Rathe zogen, die Amru-Moschee
näher liegen sollte, so entschieden wir uns für diese und nachdem wir einen
Trümmer- und Schutthügel von recht bedeutender Ausdehnung herunter geritten
waren, hieß uns Ibrahim comico absteigen und durch ein geräumiges eigenthümliches Thor, über welchem ein hufeisenförmiges Fenster in der Mauer angebracht war, in einen riesigen Hofraum, der von mehreren Reihen Säulengängen
umgeben war, in der Mitte ein von Palmen beschattetes Brunnenkiosk zeigte,
eintreten. Nicht ohne Furcht traten wir ein, denn eine Anzahl nicht eben gastfrei,
tolerant und freundlich aussehender Araber, worunter mehrere grün beturbant,
stand in der Nähe der Eingangspforte und unter den Arcaden der Ostseite lagen mehrere im Gebet vertieft. Aber unsere Besorgnisse waren ungegründet,
unser Ibrahim trat sofort in Unterhaltung mit ihnen und mochte ihnen wohl

195

von uns erzählen, denn ihre friedlich aussehenden Blicke wandten sich bald auf
den Einen, bald auf den Andern.

Die Amru = oder Omar = Moschee ist die älteste Moschee Kairo's und
Aegyptens, überhaupt eins der ältesten größeren Bauwerke des arabischen Styls
und kann deshalb mit Fug und Recht als der Urtypus aller Moscheen ange=
sehen werden. Im Grund genommen ist so eine Moschee somit etwas sehr ein=
faches. Ein viereckiger Platz, in dessen Mitte eine Quelle sprudelt oder wo man
einen Brunnen erbohrt hat, wird mit einer Mauer umgeben, diese Mauer mit
ein oder mehreren Säulengängen verziert, in die Ecken oder in die Mitte der
Mauer an irgend welcher Seite oder an mehreren Seiten Minarets errichtet, in
die Mitte der östlichen Mauer eine Vertiefung angebracht und die Moschee ist
fertig. Die Amru=Moschee wird nur auf ganz besondere Veranlassung zum
Gottesdienst benutzt, jetzt dient sie nur den dicht dabei wohnenden Arabern zur
Abhaltung ihrer Gebete. Obgleich mehrere der Säulen umgestürzt balagen; und
obgleich man dem Ganzen ansah, daß zur Conservirung Nichts mehr geschieht
und obgleich im weiten Hofraum Sträucher, Bäume und mannichfaches Unkraut
wucherten, auch der Brunnen nichts mehr hergab, so machte der erste Anblick
nichts desto weniger einen imposanten Eindruck. Mochte die historische Erinne=
rung, mochten die vielen merkwürdigen räthselhaften Erzählungen, die sich daran
knüpfen, mochte endlich die Vergegenwärtigung des allgemein verbreiteten Aber=
glaubens: daß wenn diese urälteste der ägyptischen Moscheen zusammenstürzt,
auch der Islam zusammenfällt, das Ihrige dazu beitragen, diesem ersten und
hochgefeierten Gotteshause der Muhamedaner besondere Wichtigkeit beizulegen —
kurz, mir erschien die Moschee in ihrer Säulenfülle und Säulenpracht wie etwas
ganz Besonderes. Man kann in der That keine gründlicheren und umfassende=
ren Studien in der Form, Gestalt und Verzierung der bis zum Gründungsjahr
dieser interessanten Moschee erfundenen Säulen machen, als grade hier. Von
den 230 Säulen soll keine der andern gleichen. Ich glaube diese unwahrschein=
lich klingende Behauptung sehr gern. Und mit welcher Hast und Schnelligkeit
das Aufsetzen des aus allen Städten, Tempeln und Palästen der römischen,
griechischen, assyrischen, babylonischen, persischen, arabischen, altägyptischen Blüthe=
zeit gestohlenen Säulen geschehen sein muß, möchte man daraus schließen, daß
manche Säulen vollständig verkehrt, statt dem Sockel das Capitäl an der Basis
tragend aufgestellt worden sind. Die Ostseite, die besonders heilige Seite jeder
Moschee, weil gen Mecca gerichtet, ist hier namentlich reich geschmückt. Wäh=
rend die Westseite nur eine, die nördliche und südliche eine dreifache Säulenreihe
trägt, ist die Ostseite mit 6facher Säulenreihe versehen. Unter diesen 6 wun=
dervollen Arcaden wandelten wir wohl eine Stunde lang auf und ab; die
Schönheit und Verschiedenheit der Säulen hatte soviel Anregendes, daß wir uns
nicht satt sehen konnten. Eine Kanzel und eine heilige Nische, beide in weißem
Marmor ausgeführt, sind natürlich ebenfalls vorhanden. Das Parquet wird aus
prachtvollen Marmorquadern zusammengesetzt. In der dem Eingangsthor dies=
mal gegenüberliegenden Ecke befindet sich das mit einem Eisengitter (in phan=
tastischen Formen und Schnörkeln) umschlossene Grab des Stifters, dem die civi=
lisirte Welt für ewige Zeiten fluchen muß, weil er es war, der durch Verbren=
nen der alexandrinischen Bibliothek alle die kostbaren unschätzbaren Manuscripte,

13 *

Papyrusrollen der griechischen und römischen Klassiker, die dort aufbewahrt wurden, vernichtete. Das Grab, aus Marmorplatten in grün, roth und weißen Farben aufgeführt und reiche goldverzierte Inschriften tragend, ist mit einem 3seitigen giebelartigen Dach überdeckt, welches auf den 4 Ecken auf schlanken 4eckigen Säulen ruht. Drei Minarets zieren die Moschee, zwei ziemlich hohe und ein niedriges. Erstere stehen an der Südseite und in der südöstlichen 'Ecke. Als ganz besondere Merkwürdigkeit zeigte uns Ibrahim jene Säule, welche an ihrer Oberfläche eine tiefe Schramme zeigt, indem er dabei mit einer Reitpeitsche die Pantomime des Schlagens ausführte. Weder der Landsmann noch ich kannten eine Beziehung zwischen einer Peitsche und 'einer Säule in einer Moschee; bis uns von den Freunden erklärt wurde, daß dies diejenige Säule sei, welche angeblich aus dem heiligen Tempel in Mecca stamme. Als nämlich der Baumeister dieser Moschee den stolzen Khalifen Omar bat, er möge ihm eine Säule aus der Kaaba in Mecca schenken, um die Heiligkeit der neuen Moschee zu erhöhen, gebot der Khalif einer der dortigen Säulen sich nach Fostat zu begeben; aber die Säule that ihm nicht den Gefallen. Auch dann rührte sie sich nicht, als der Despot den Hieb nach ihr ausführte, dessen Spuren man noch heute sieht. Erst als er sie im Namen des Propheten geziemend ersuchte, nach Fostat zu wandeln, that sie dies. Wie in manchen christlichen Kirchen manche Reliquien eifrigst und pflichtschuldigst nicht nur geküßt, sondern complet abgeleckt werden, so wird auch dieser Säule öfter dieselbe Ehre angethan. Ich habe es nicht mit angesehen; die Gläubigen, die während meiner Anwesenheit daselbst ihr Wesen trieben, bewegten sich durchaus in den Grenzen anständiger, gemäßigter Frömmigkeit, als da ist Kniebeugen, Armkreuzen, zur Erde nieder fallen, mit der Stirn die Erde berühren ꝛc. Die Stelle in der Moschee, wo Amru's Zelt gestanden hat (daher der Name Fostat, d. i. Zelt) mußte natürlich besonders gekennzeichnet werden. Es soll später an diesem Fleck eine Quelle hervorgesprudelt sein, die (um das Wunder des Propheten zu erhöhen) mit der Quelle Zem=Zem in Mecca in Verbindung steht. Ob diese Verbindung unter dem Boden des rothen Meeres hindurch oder durch die Landenge von Suez längs der arabischen Küste geht, davon wissen die Schriftgelehrten des Koran nichts zu berichten. — Jene 2 dicht an einander stehende Säulen, zwischen denen kein Ungläubiger soll hindurchkriechen können, vermochte ich mit Sicherheit nicht aufzufinden.

Als wir wieder von bannen ritten, verfolgte uns ein nicht unbedeutender Theil der muhamedanischen Straßenjugend Altkairo's, ich glaube nicht zu übertreiben, wenn ich behaupte, daß uns 40 Knaben und Mädchen en plein carrière nachrannten und laut und deutlich den Wunsch zu erkennen gaben, Bakschisch zu erhalten. Hier war guter Rath theuer, denn wenn wir einem derselben gegeben hätten, so würden die Andern mit verdoppelter Hartnäckigkeit uns wo möglich bis nach der Esbekieh verfolgt haben, hätten wir uns einfallen lassen eine Schwärmattaque auszuführen, so hätten wir Steinwürfe riskirt und uns sicherlich den Zorn und die Wiedervergeltung der Herrn Eltern zugezogen. Nachdem wir einige Straßen bald langsam bald Trab und Galopp passirt hatten und der Haufe immer größer und zahlreicher wurde, beriethen wir uns, ob ein kühner Angriff von Ibrahim ausgeführt, die Bakschischomanen wohl unschädlich machen würde. Es war höchst problematisch, ob derselbe, der doch jedenfalls oft in die Nähe der Amrumoschee und der Marienkirche kommt, sich dieses Auftrages unterziehen würde, denn im Weigerungsfalle war unsere Autorität vollständig untergraben und wir würden dann vollständig unser Uebergewicht dem biedern Ibrahim gegenüber verloren haben. Wider alles Erwarten schien sich Ibrahim über den ihm schüchtern und zaghaft von mir ertheilten Auftrag zu freuen. Mit hochgeschwungener Nilpferdpeitsche und einer Fluth von Redensarten, die die Geschmeidigkeit seiner Kehle auf das Unzweifelhafteste documentirte, auf deren Wiederholung — um sie verstehen zu lernen — wir aber gern verzichteten, stürzte er sich auf seine Excollegen und fuchtelte dergestalt unter ihnen herum, daß die ganze Horde die Flucht ergriff. Als Succurs folgten wir ihm, um im Falle der Noth, ihn — so ungern wir uns auch dazu verstanden haben würden — mit klingender Münze auszulösen. Als er uns von diesen unerträglichen Trabanten befreit sah, kehrte er, triumphirend die Peitsche schwingend und unverständliche Gutturallaute loslassend, in denen wir ein Siegesgeschrei wähnten, zu uns zurück. Ein halber Schilling war der fürstliche Lohn seines Heroismus.

Bei dieser Gelegenheit hatten wir aber die Route nach der alten Kirche mit jener Kapelle, in deren Souterrain die heilige Familie auf ihrer Flucht nach Aegypten verweilt haben soll, verloren. Kein Mensch wußte etwas von Maria oder Chiesa, und andere Bezeichnungen für den Ort kannten wir nicht. Nach dem Plan, den wir wiederholt ausbreiteten und den Ibrahim und die uns Begegnenden höchst verwundert anstarrten, mußten wir uns schlechterdings in der Nähe des Koptenklosters befinden. Da aber die Kopten ihre eigne Sprache reden und von einem ehrlichen deutschen Touristen nicht zu verlangen ist, daß er auch noch koptisch lernt, so war es schwierig zurecht zu finden. Ibrahim hatte den Kopf verloren. Wohl 20 Leute redete er arabisch an, Niemand verstand ihn, endlich kam ein unzweifelhafter Araber, der ihn und uns zu der Dür=en Nasarah, so heißt das Kloster mit der Marienkapelle, geleitete. Beim Anblick dieses Klosters aber muß man seine europäischen Begriffe von Kloster und Kirche vollständig vergessen. Eine Zwingburg von himmelhohen Mauern umgeben, in dessen Inneres kleine schmale Thüren führen — das ist das Koptenkloster, welches in der Mitte des Koptenviertels, umgeben von hohen schmalen finstern fensterlosen Häusern, von denen es durch enge winklige, schmutzige dunkle Gassen nur getrennt ist, erbaut ist.

Nach langem Klopfen und Pochen und Stoßen an einer der Thüren erschien ein schwarzbeturbanter, blaukittlicher Kopte, der irgend welche Redensarten losließ, die wir aber als gar nicht gesprochen betrachteten und ihm ganz categorisch „Maria" vordeclamirten. Der alte Knabe mochte wohl bald wissen, was wir wollten. Er nahm die Tete und wir folgten ihm Trepp auf, Trepp ab, über Dächer und Höfe hinweg, durch Keller, Hausflur, Zimmer, Kammern, Gewölbe, so daß mir eigentlich unheimlich ums Herz wurde. Auch der Landsmann hatte schon längst geschwiegen und ziemlich mit einem Munde beschlossen wir, umzukehren. Da faßte ich noch einmal den Entschluß und buchstabirte dem Kerl möglichst langsam das Wort Maria (denn eine Kenntniß von Joseph und Jesus traute ich demselben nicht zu), worauf er wiederum mit Zuversicht be-

jahend nickte und fürder schritt. Wir Beide allein zurückgehen wäre Thorheit
gewesen, denn wir hätten in diesem Labyrinth nimmer den Ausweg gefunden.
Da endlich, nachdem wir über einen schlechten Fußboden hinweggestolpert waren,
befanden wir uns in einem Raum, den man eine in ihren Anfangsgründen befindliche Kirche nennen könnte. Ob der Raum, in welchem wir uns befanden,
zu ebener Erde, oder im Keller, oder hinter hohen Mauern versteckt im 1., 2.
oder 3. Stock gelegen hat, vermag ich nicht anzugeben. Genug, er hatte nichts
Feierliches. Einige gut geschnitzte Betpulte, überhaupt recht schöne Schnitzereien
in Holz waren das Beste was hier zu sehen war. In einer dunklen, durch
Lampen erhellten Nische soll die heilige Familie sich verborgen gehalten haben.
Die Heiligenbilder, die hier und da aufgehängt waren, ebenso die Wandgemälde
waren jammervoll, einige Gitter von Metall, welche gewisse Abtheilungen dieses
wahrlich nicht zur Frömmigkeit stimmenden Gotteshauses umschlossen, reihten sich
in Bezug auf Schönheit den geschmackvollen Holzschnitzereien der Schränke, Gebet-
pulte, Altargeländer würdig an. Mir war es unheimlich in dieser Kirche und
auch der Landsmann sah sich scheu umher, um die Ausgangsthür nicht aus den
Augen zu verlieren. Wir waren froh, als wir in den dunkeln und winkligen
Straßen von Alt-Kairo wieder das Tageslicht erblickten. Fast wollte es mir
scheinen, als wenn in solchen unheimlichen Orten nur Leute wie die Kopten zur
Andacht gestimmt werden könnten.

Nach wenig Minuten befanden wir uns auf der Hauptstraße von Alt-
Kairo, welche ich heute zum fünftenmal passirte. Wir trabten nach dem Punkte,
wo die Barken anlegen, welche die Bewohner der vielgerühmten Insel Rhoda
nach und von der Stadt bringen, und es gelang uns hier bald von drüben
einen Fährmann zu erlangen, der uns und den verständigen Ibrahim, der uns
schon viel von den „belle madame di Hassan-Pascha" erzählt hatte,
welche auf der Insel Rhoda wohnen, hinüberfahren sollte. Und er hatte wirklich Recht. Der Harem von Hassan Pascha befand sich zur Zeit auf der Insel.
Wir landeten ohnweit der Südspitze, ohnfern des Sommerpalastes von Hassan
Pascha. Man hatte mir die Insel Rhoda als eine Vereinigung von Schlössern,
Zaubergärten ägyptischer Prinzen und hoher Würdenträger geschildert. Ich war
daher nicht wenig erstaunt, mich, als ich die hochgelegene Oberfläche der Insel
erklommen hatte, mitten unter ärmlichen Häusern und zwischen deren Bewohnern
zu finden. Da ich aber bei meiner zweimaligen Ueberfahrt über den Nil an der
Südspitze der Insel ein herrliches, mit Vorhalle und von Säulen getragenen
Arcaden umgebenes Palais gesehen zu haben mich erinnerte, so schlug ich die
nach Süden führende enge Straße ein und befand mich auch bald vor einem
Gartenthor, welches ich — über dasselbe hinausschauend gewahrte ich in südwestlicher Richtung am Horizonte die lange Pyramidenkette — ohne Erlaubniß
abzuwarten öffnete und schleunigst nach der westlichen Seite zueilte, um mich
am Anblick des malerischen Gizeh, seinen Palmenwäldern, des langsam zu unsern
Füßen dahinfluthenden Nils zu erfreuen. Da lagen sie wieder einmal so recht
klar und deutlich vor uns, ihre Conturen scharf gegen den Horizont abzeichnend,
zunächst die Pyramiden von Gizeh, dann die von Abusir, dann die von Sakarah,
vor ihnen und neben ihnen der große Palmenwald von Memphis und am Horizont die südlichste Pyramidengruppe Unterägyptens, die von Daschur. Die

Abendsonne beschien sie und die lange Fläche der Gizehpiramiden erschien von röthlichfahlem Feuerglanz übergossen. Die Kronen der herrlichen Palmen hinter den hohen Häusern von Gizeh erschienen noch einmal so groß als sonst, die Strahlen der untergehenden Sonne bewirkten eine eigenthümliche Täuschung, drüben auf der Citadelle erglänzten — aber nur noch für wenige Minuten — die obersten Spitzen der Minarets von Mehemed Aali's Prachtbau in der warmen Vergoldung des Abends. Es war ein zauberisch schöner Anblick! Leider mußten wir eilen, um noch möglichst viel zu sehen. Hier war ja der Nilmesser, dieses wichtige Institut Kairo's, in Augenschein zu nehmen. Natürlich stieg ich zur Tiefe desselben hinab, um die wunderbare Einrichtung desselben kennen zu lernen und mit eigenen Augen zu schauen, von dem mir, dem wißbegierigen 10jährigen Knaben bereits Wunderdinge erzählt waren, von dem man sich aber größere Vorstellungen macht, als in der Wirklichkeit vorhanden sind, denn es ist weiter nichts als ein einfacher, in einem viereckig ausgemauerten Raume angebrachter Pegel; staunte über ein colossales Marmorbecken nebst schöner, säulengetragener Marmorrotunbe, welches die Südseite des auf hoher Südspitze der Insel Rhoda gelegenen Palais des verständigen Hassan Pascha ziert. Wahrlich, eine herrliche Idee, sich an solchem Orte ein Palais zu erbauen, von welchem man eine so prachtvolle Aussicht genießt, wo man trotz aller Wärme durch die sich zu den Füßen des da oben träumenden oder wachenden Besitzers an der gemauerten Spitze brechenden Wogen des Flusses fortwährend Kühlung erhält. Aber diese Räume stehen leer. Der Springbrunnen in dem Marmorbecken sprudelt nicht, die Jalousieen der Prachtsäle im Erdgeschoß waren heraufgezogen, sie standen leer, man durfte durch die theilweise geöffneten, theilweise zerschlagenen Fenster ins Innere sehen. Um so mehr wurde unsere Aufmerksamkeit von den Schönheiten des Gartens gefesselt. Wiederum eine Fülle von Orangenbäumen der verschiedensten Art, blühend und mit Früchten beladen, Bignonien, Cassien, verschiedene Arten Palmen, Tamarinden, Aprikosen, Pfirsiche, Pelargonien, Mimosen, Acacien, Platanen, Sycomoren — es war ein herrliches Viertelstündchen, welches ich in dem prachtvollen Garten des glücklichen Hassan Pascha zubrachte und gern nahm ich ein Sträußchen, welches mir der freundliche Gärtner für ein kleines Bakschiesch überreichte, als Andenken mit. Aber wie ohne Schatten kein Licht ist, so sollte auch der Aufenthalt auf der Insel Rhoda noch durch ein unerwartetes Abenteuer getrübt werden. Beim Beschauen so vieles Schönen und Herrlichen hatte ich der hier residirenden „Meisterstücke der Schöpfung" mit keiner Silbe mehr gedacht und vollständig vergessen, daß der Harem hier sei. Nun will ich zugeben, daß, nachdem mich an dem Beschauen des eigentlichen Palastes Niemand gehindert hatte, ich mit Betrachten eines anderen größeren mitten im Garten stehenden Gebäudes in gleich harmloser Weise fortgefahren habe. Aber „unter Palmen wandelt Niemand ungestraft." Als ich dieses zweite Gebäude, dessen Anschauen mir beinahe Verderben gebracht hätte, schon längst im Rücken hatte, kam aus einer zur Linken in die Palmenallee einmündenden verstümmelten Hecke (nach Versailler Art) eines jener Scheusale der Menschheit, ein Eunuche eilenden Laufes nachgesprungen und geiferte uns in seinen unverständlichen Lauten an. Was dieser Gentleman wollte, konnte ich nur errathen. Auf sein Geschrei und Gebrüll kamen aus einem nahe liegenden Gartensalon einige feingekleidete

Herren mit Tschibuk heraus, deren einer, ein junger bleicher Mann, mich sofort in elegantem Französisch fragte, was es hier gäbe. Als ich ihm auseinander= gesetzt hatte, daß ich nicht wüßte pourquoi tant de bruit de la part de ce monsieur là (auf den schwarzen Schlingel etwas verächtlich deutend), und ihm erzählte, daß ich nur hierhergekommen sei pour voir le parc ravissant de son Excellence Hassan Pascha, befahl er mit zwei Wortem dem widerwärtigen schwarzen Kerl zurückzugehen und wurde so höflich und artig, daß ich nur bedauerte, daß der hereinbrechende Abend mich hinderte, länger bei ihm zu bleiben. Es war dieser Herr der in Frankreich erzogene Sohn oder Neffe von Hassan Pascha.

Als wir wieder in Alt=Kairo ans Land stiegen, war es beinahe dunkel ge= worden, und um in den engen dunkeln Straßen in der Nähe des Bab el Seyde Zeyneb und der Moschee Seyde Zeyneb nicht Gefahr zu laufen, in dem Ge= dränge Schaden zu nehmen, beschlossen wir am Kasr el Aini (Hospital) vorbei durch die Gärten des Ibrahim Pascha nach der Stadt zurückzureiten, woselbst wir im Hotel nach ³/₄stündigem Ritt glücklich wieder eintrafen. —

Obgleich mich die mir befreundeten drei deutschen Aerzte vor einem Bade gewarnt hatten und zwar deshalb, weil nach ihrer Ansicht für Touristen, welche erst wenige Tage im Lande seien und nach wenigen Tagen schon wieder in nördlicher Richtung abreisen wollten, die Folgen eines arabischen Bades oft die allerschlimmsten seien, so konnte ich doch nicht widerstehen, ein morgenländisches Bad zu nehmen, und da einer der deutschen in Kairo ansässigen Landsleute den= selben Wunsch äußerte, so wurde beschlossen, den nächsten Morgen hierzu zu be= nutzen. Ich stellte nur die zwei Bedingungen: mit größter Gemächlichkeit dieses Vergnügen zu genießen und ein möglichst glänzend eingerichtetes Local zu wähln. Der Landsmann ging sofort hierauf ein und wir begaben uns am andern Mor= gen nach einem kurzen Spaziergang durch den Bazar, worin persische, türkische, arabische und ägyptische Wasserpfeifen nebst allem Zubehör verkauft wurden, nach dem ohnweit des Hamsani=Bazars gelegenen Badelocale, woselbst wir uns durch das Fehlen des als Merkmal vor der Thür aufgehängten Teppichs überzeugten, daß die für die Frauen bestimmte Badestunde noch nicht da sei und daß auch für diesen Morgen keine Reunion in dem Bade stattfinde, denn bekanntlich wer= den die besseren arabischen Bäder vielfach benutzt, um darin gesellige Zusammen= künfte und Festivitäten abzuhalten. Selbst der verschlossene, schweigsame Türke wird im Badelocal ein gesprächiger Mann. Ich muß gestehen, daß unsere ge= wöhnlichen Bäder (die vereinzelt dastehende Einrichtung des gemeinschaftlichen Badens im Bassin zu Warmbrunn übergehe ich) im Vergleich zu den orienta= lischen Bädern eine höchst mangelhafte Einrichtung sind. Als wenn es ein Ver= gnügen wäre, sich in eine tiefe Wanne zu versenken, die oft so kurz und so schmal ist, daß man sich nicht rühren kann, nnd deren Inhalt so schnell aus= kühlt, daß man nur immer an den neuen Zufluß von erträglich warmem Wasser zu denken hat. Erwägt man noch, daß es auch kein Amüsement ist, seinen Leichnam einer Wanne anzuvertrauen, deren frühere Insassen man nicht gekannt hat, und daß das Gesetz, nach jedem Bade die Wanne zu reinigen, sehr oft gar nicht befolgt wird — so wird man mir beipflichten, daß so ein mit Vor= sicht genommenes türkisches Bad das Angenehme mit dem Nützlichen in einer so vollkommenen Weise vereinigt, daß Nichts zu wünschen übrig bleibt. Ich sollte meinen, daß ein Begründer eines Etablissements für orientalische Bäder in den großen Städten des nördlichen und mittleren Europa's brillante Geschäfte machen würde. Ohne die hohe Temperatur eines russischen Dampfbades — dessen Ver= ordnung für jeden Reconvaleszenten oder Patienten doch immer mehr ein Schreck als ein Vergnügen ist — zu erreichen und ohne die von einem solchen unzer= trennliche Zugabe durch kalte Douche, Brause und Abwaschung (oder wie die sonderbaren, ihren Zweck meistens total verfehlenden Gegensätze heißen mögen) ähnelt ein orientalisches Bad insofern mehr dem Dampfbade, als man sich nach dem Entkleiden durch allmäligen Uebergang aus dem nicht geheizten Ankleide= raum durch immer wärmer werdende Piecen, in denen man ganz nach Be= lieben Station machen kann, schließlich in einem Raume befindet, welcher von warmen Dämpfen ganz vollständig angefüllt ist und wo man von den Bade= sclaven ganz nach Belieben mit kaltem, lauem und warmem Wasser abgewaschen, eingeseift, gebürstet, gerieben, geknetet (fast zerrissen) wird; dann hat man die Wahl, entweder im allgemeinen Abwaschsaal sich im großen Bassin mit lauem oder heißem Wasser abzuspülen oder in einer der Nebenhallen sich ein Separat= vergnügen in gleicher Weise zu machen. Dann verläßt man das letzte warme Zimmer und gelangt endlich wieder aus der tropisch heißen Zone in die ge= mäßigt warmen Regionen nach dem ersten oder Ankleidezimmer, wo man in Tücher eingewickelt auf eine Matraze gelegt und von kleinen Knaben trocken ge= rieben und trocken geknetet wird, wobei man aber ganz gemüthlich seinen Kaffee trinkt und Tschibuk oder Schiche raucht, oder auch schläft — kurz sich ganz nach Gefallen in sämmtlichen Räumen aufhalten kann. Nur einen Rath gebe ich den deutschen Fremdlingen beim Gebrauch des Bades, auf den glatten Mar= morfliesen, mit denen sämmtliche Räume ausgelegt sind, sich vor dem Ausgleiten durch vorsichtiges entenartiges Gehen wohl zu hüten. Die Marmorquadern sind unter stumpfem Winkel in der Mitte des Locals gegeneinander geneigt, um für die condensirten Wasserdämpfe einen Abzug zu verschaffen. Man thut am besten, wenn man mit jedem Fuß auf einer Seite der schmalen Gosse, letztere zwischen den Füßen behaltend, entlang geht.

Als wir Zwei eintraten, nöthigte uns der Portier nach dem Zahltisch zu gehen. In einem durch Vorhänge abgesperrten kleinen Raum saß ein junger Mann, dem wir unsere Uhren, Geld (nachdem es in seiner Gegenwart gezählt worden war) und Notizbücher übergaben. Wir befanden uns in einem circa 40' langen und ebenso breitem Raume, der vollständig überdacht, sein Licht von oben empfing. Es herrschte vollständige Helle darin. An den Wänden entlang befanden sich in einer Höhe von 3' Estraden, zu denen Stufen führten von etwa 12' Breite, hier lagen an 50 Matrazen in bester Ordnung, eine jede mit Kopfkissen mit weißem Linnen überzogen, mit weißem Betttuch und den nöthigen wollenen Decken versehen zum Gebrauch bereit. Das Parquet bestand aus Mar= morplatten. Das Dach wurde durch eine Reihe von recht geschmackvoll ge= schnitzten Holzsäulen getragen. Die Mitte des Raumes nahm ein circa 10' breites flaches rundes Marmorbassin ein, vor welchem stehend ein Gläubiger sich eben anschickte, die vorgeschriebenen Waschungen zum Morgengebete auszuführen, nach deren Beendigung er eine Estrade erklomm und (sich seiner Frömmigkeit

nicht schämend, wie wir dies leider so oft im Abendlande finden) mit dem Ge=
bet begann. Mehrere der Matrazen waren schon besetzt. Wir suchten uns eine
vor Zugluft geschützte Stelle aus — Niemand kümmerte sich um uns — und
begannen uns langsam auszukleiden. Die andern Badecandidaten gaben uns
ein Beispiel der Ordnungsliebe. Ehe sie in die erwärmten Räume gingen,
brachten sie ihre Kleider, Pantoffeln, Tarbusch ꝛc. in die musterhafteste Ordnung,
man hätte glauben mögen, daß deren Besitzer in irgend einer preußischen Caserne
oder Militairlazareth seine Ausbildung genossen habe. Als wir uns erkundigt
hatten, ob der innere Raum nicht zu überfüllt sei, und als einer der alten
Badediener, ein kahlköpfiger Araber mit silbergrauem vollem Bart dies verneint
hatte, schlüpften wir durch eine schmale Thüre in einen halbdustern Gang. Der
Silberbärtige sorgte für schnellen Verschluß des Raumes. Dieser Gang endigte
mit einem Raum, genügend hoch, daß 4 Mann hätten über einander stehen
können, aber nur circa 8' lang und eben so breit, mit einer Art Pritsche ver=
sehen, welche mich lebhaft an diese interessanten Institute der vaterländischen
Wachtstuben erinnerte, nur mit dem Unterschied, daß diese aus Marmor bestand.
Hier standen für die Badenden Holzpantoffeln mit hohen Absätzen versehen —
wahrscheinlich um Ausgleiten zu vermeiden. Die hohen Absätze verliehen dem
angeblichen Erleichterungsmittel zum Gehen auf den stets feuchten Marmor=
quadern etwas Stelzenartiges, so daß ich vorzog, mich auf meine Füße zu ver=
lassen und in verbreiterter Gangart mich an der Pritsche vorbei in ein drittes
Gemach zu begeben. Der Badewärter, Hahmahmdji genannt, folgte mir, um
mich nöthigenfalls durch Unterfassen zu unterstützen, doch refüsirte ich seine Hülfe,
da ich entschlossen war, nöthigenfalls in den Bestimmungsort zu rutschen, wenn
das Gehen auf dem schlüpfrigen Boden unsicher werden sollte. Man soll sich
eigentlich einige Minuten in diesem zweiten Local aufhalten, um einen allzu ra=
piden Uebergang von dem Auskleideraum nach dem heißen Local zu vermeiden.
Das letztere war dergestalt mit heißen Wasserdämpfen erfüllt, daß man sich in
den ersten Minuten wenig behaglich fühlte, denn das Athmen wurde schwierig
und man konnte kaum zwei Schritte entfernte Gegenstände erkennen. Aber bald
gewöhnte man sich auch an diesen Dampfraum und ich begann die Localitäten
so weit es möglich war genau in Augenschein zu nehmen. Dieser letzte Raum,
der eigentliche Baderaum, war eine länglich ovale Halle, die das Licht von oben
herab durch eine Glaskuppel erhielt. An den Seiten waren gewölbte Nischen
angebracht, in denen kleine oder größere Marmorbecken standen, mit lauem und
heißem Wasser angefüllt, einige als Sitzbäder zu gebrauchen. Zu der größten
derselben führten 4 Stufen hinauf; in ihr befand sich ein großes Marmorbassin
mit sehr heißem Wasser (ich taxirte es auf 30—40°) angefüllt, geräumig genug,
daß sich mehrere Personen darin bewegen konnten. In der Mitte des größeren
länglichen Raumes war eine fußhohe Erhöhung, achteckig aus weißem und
schwarzem Marmor und rothem Granit zusammengesetzt, angebracht, von runder
Form, circa 10' im Durchmesser, auf deren Mitte ein verziertes Marmorbassin
befindlich war, welches ebenfalls warmes Wasser enthielt. In diesem Raum be=
wegten sich einzelne Gestalten auf und ab, andere lagen auf der mittleren Er=
höhung und wurden von den Badedienern auf eine wahrhaft Besorgniß erregende
Weise behandelt. Auch wir sollten diesem Schicksal nicht entgehen und nachdem

wir den gehörigen Grad von Transpiration erreicht hatten und nachdem die Erhöhung frei geworden war, umgürtete der Hamahmdji mit einem Laken unsere
Hüfte und wir mußten uns ausgestreckt hinlegen. Der Silberbärtige übergoß mich
mit warmem Wasser, bedeutete mir sodann mich wieder aufrecht zu setzen und
begann sich mit meinem Knochengerüst in eindringlicher, stellenweise sehr unangenehmer Weise zu befassen. Trotz seines Alters verarbeitete er meinen Leichnam
ebenso kräftig als unerbittlich; ehe nicht jedes einzelne Gelenk knackte, schien er
nicht beruhigt. Bei Fingern, Armen und Zehen ließ ich mir das gefallen, als
der Kerl aber, meinen Kopf an seinen Körper drückend, meine Hals- und Rücken-
wirbel aus der bisherigen Lage zu bringen ernstlich Anstalt machte, bat ich um
Himmels Willen den ohnweit sitzenden Landsmann, dem Schädiger meines Knochen-
stelettes zu bedeuten, daß, wenn er mich nicht sofort mit ferneren Ausrenkungs-
versuchen verschonen würde, ich mich veranlaßt fühlen müsse, die Stärke meiner
Muskeln an seinem Corpus zu erproben. In seiner Antwort soll sich dieser
Naturmensch höchlich verwundert haben, daß seine Arbeit an meinem sterblichen
„Ich" mir kein Vergnügen mache. Er ließ also ab und begann eine andere
Art practischer Studien. Waren dieselben bisher mehr osteologischer Art, so
nahmen sie jetzt einen mehr myologischen Charakter an, d. h. der eifrige Badediener drückte, quetschte, streckte und preßte meine Muskeln so stark, daß ich hätte
laut aufschreien mögen. Aber ich wollte den emsigen Mann nicht noch einmal
in seinem Thun unterbrechen und beschloß heroisch auszuharren und zum A auch
das B zu sagen. Nachdem ich nun seiner Ansicht nach in Knochen und Muskeln
gefügig gemacht worden war (der Schweiß rann in Strömen am Körper herab)
erschien ein zweiter Badediener mit einem kupfernen Napf, worin Seife befindlich, und einem aus Palmfasern zusammengeflochtenen Wisch. In ersterem
machte er mit Hilfe des letzteren einen starken Schaum, womit er mich vollständig einbalsamirte, nachdem er mich der ganzen Länge nach hinzulegen bedeutet hatte. Mit dem Palmfaserwisch arbeitete, scheuerte und kratzte er aber
in einer solchen Weise auf und an mir herum, daß ich jeden Augenblick fürchten
mußte, ganze Stücke meiner Haut einzubüßen. Aber auch in diese Mißhandlung
ergab ich mich mit stiller, stummer Resignation. Ich war ja an dieser qual-
vollen Situation ganz allein Schuld. Wie froh war ich, als das lebendige
Reibeisen mich mit lauem Wasser übergoß und den Schaum und die Palmfaser-
reste, die — ein deutlicher Beweis seiner Schrubberkunst und Scheuerleistungs-
fähigkeit — massenhaft auf und an mir hafteten, zu entfernen. Nun glaubte
ich, am Ende angekommen zu sein, und triumphirend, nun endlich dazu zu
kommen, ein halbes Stündchen auf den schönen Marmorfließen ruhig ausgestreckt
liegen bleiben zu können, machte ich dem Landsmann die nöthigen Vorschläge
über unsere fernere Zeiteintheilung und Beschäftigung in diesem Badelocale. Aber,
das Schrecklichste sollte noch kommen! Nach wenig Minuten erschien der Scharf-
richter wieder, legte mich, ohne ein Wort zu sagen, wie ein kleines Kind auf
das Gesicht, zog über seine rechte Hand und Unterarm einen strumpfähnlichen
Ueberzug von roher Kameelwolle und begann mich unter dem gewaltsamsten
Druck auf die schonungsloseste Weise abzureiben, zu zerquetschen, abzuscheuern, —
kurz, es war als ginge er direct darauf los, meinen Körper abzubalgen, abzu-
häuten. Mit einer solchen Schnelligkeit arbeitete der Kerl unverdrossen auf und

an mir herum, daß jeder Versuch aufzustehen und auf und davon zu laufen unmöglich war. Meine Arme, welche zuletzt an die Reihe kamen, nahmen so wie der ganze Körper eine Farbe an, die derjenigen gesottener Krebse äußerst ähnlich war. Als er mich durch seine barbarischen Manipulationen so schachmatt gemacht hatte, daß ich nur mit Mühe von der Folterbank herunterzugleiten vermochte, raunte er mir eine Redensart zu, die so viel bedeutete als „Wohl zu bekommen." Ich glaubte, der Alte wollte hier noch foppen und sandte ihm einen Gruß in norddeutscher Mundart nach, den er hoffentlich nicht verstanden hat, kroch langsam, aufs Äußerste erschöpft, die vier Stufen in das Seiten=cabinet hinan und glitt in das Bassin, woselbst ich geraume Zeit liegen blieb. Der Rath des Landsmannes, daß das durch das Reiben und Kneten verursachte schmerzhafte Gefühl beim Gebrauch von mäßig lauem Wasser sofort sich verlieren würde, wurde von mir anfangs als unwahrscheinlich bezeichnet. Erst nach dringenden Vorstellungen entschloß ich mich, denselben zu benutzen und kroch durch die andern Seitennischen durch, wo ich allenthalben Wasserübergießungen vornehmen ließ, um meinen maltraitirten Körper einigermaßen wieder in Ord=nung zu bringen. Aber selbst noch beim Austritt aus den Baderäumen in die Ankleidehalle war ich wie zerschlagen und ich ließ es, ohne ein Wort zu verlieren, über mich ergehen, daß zwei kleine Knaben mir einen ganzen Wäsch=schrank voll weißer Linnen um Kopf und Körper wickelten und mich, den auf der Matraze erschöpft Daliegenden, trocken drückten, denn ein ihrerseits angestellter Versuch, mich trocken zu reiben, wurde gewaltsam von mir inhibirt. Erst als ich einige Tassen (findal) herrlichen Kaffee genossen und die Wasserpfeife in Gang gesetzt hatte, fing ich an laute Betrachtungen über die ungeahnten schönen Empfindungen während eines orientalischen Bades zu machen, von welchem ich mir recht wohlthätige Wirkungen und angenehme Rückerinnerungen wünschte, welche Wünsche in schönste Erfüllung gegangen sind, denn jetzt denke ich mit wahrem Vergnügen an die mehr eigenthümlichen und gewaltsamen, als grade ganz besonders angenehmen Intermezzos in der Dampfhalle des arabischen Bades zurück und wünsche Nichts sehnlicher, als daß ich recht bald wieder einmal ein so gründlich alle Scharniere und Gelenke neu belebendes, die Hautthätigkeit von Neuem anregendes Bad nehmen könnte.

Nach Genuß von sehr vielen Täßchen Kaffee und mehrerer Wasserpfeifen erhoben wir uns von unserm Lager, um uns anzukleiden, und wollten eben das Local verlassen, als der Bartscheerer erschien. Natürlich mußte auch ich, um möglichst viel zu erleben, mich seiner Geschicklichkeit anvertrauen. Der gute Mann strich sein Messer an einem ledernen Anhängsel seines Gurtes, legte mei=nen Kopf, indem er sich auf die Estrade stellte, auf welcher ich saß, an seinen Schenkel oder auf sein Knie, spannte die Haut an und schabte munter darauf los, nachdem er mein Gesicht mehr als nöthig mit weißem Seifenschaum, mittelst zusammengebundener Palmblattfasern hervorgebracht, vollgeschmiert hatte.

Für das Bad (mit Bakschiesch fürs Maltraitiren) und Barbier wurden uns nicht mehr als 9 Piaster, circa 12—14 Sgr., abverlangt. Ich gab aber dem Silberbärtigen für seine Bemühungen, mir die Haut herunter zu reißen, noch extra 2 Piaster, worauf er mit tiefstem dankendem Gruß uns bat, recht bald wiederzukommen, und versprach, es beim nächsten Mal noch besser zu machen. —

Der Rückweg nach dem Hotel, woselbst ich nach dem empfangenen Rath der Freunde mich noch ein Stündchen dem dolce far niente überlassen wollte, führte uns an einer Barbierstube vorbei. Sei es, weil mich erst vor wenig Minuten ein Mitglied dieser Zunft unter Händen gehabt hatte, oder daß diese Barbierstube an Umfang alle bisher gesehenen übertraf, genug, ich blieb am Eingang stehen. Das fünffache Schauspiel des Kahlscheerens eines Menschen= schädels hatte ich noch nie gesehen. Die Gesichter der 5 executirenden Künstler waren eben so interessant, als die Visagen der 5 Kahlköpfe. Mit einer Behen= digkeit und Kunstfertigkeit, die einer edleren Beschäftigung würdig gewesen wäre, seiften die Künstler mit Seife und mittelst jenes aus Palmfasern lose zusammen= gebundenen Instrumentes, Life genannt, die Köpfe ein und schoren binnen wenig Minuten den Kopf des Scheerbedürftigen, welchen sie zwischen ihren Knieen festgeklemmt hatten, entweder ganz kahl oder ließen auf dem Scheitel einen kurzen Schopf Haare stehen, denn bekanntlich hoffen die Moslems von Mohamed direct an diesem Haarbüschel in den Himmel hineingezogen zu werden. Nachdem diese Operation vollendet ist, wurde den Geschorenen Kopf, Gesicht und Bart geglättet und letzterer ganz gleichmäßig verschnitten, sodann aus einer weißen Büchse ein Parfüm auf Kopf, Gesicht und Bart vertheilt. —

Als ich im Hotel die schmalen, merkwürdig confuß angelegten Treppen empor stieg, war ich Zeuge, wie der Hotelbesitzer von einem hausirenden Beduinen des Sinai jene bekannten Dattelwürste kaufte, wobei er den vierten Theil von dem geforderten Preise bot und sie schließlich auch für diesen Preis erhielt. Bei dieser Gelegenheit konnte ich einen Besuch in der Küche des Hotels abstatten und will ich diese Veranlassung benutzen, um den deutschen reiselustigen Landsleuten eine Vorstellung von dem zu geben, was für Speise sie in Aegyptenland er= wartet. —

Die eigentliche unverfälschte arabische Küche kann man nur noch auf dem Lande in den Wohnungen der Fellahs und Beduinen genießen. Zweimal machte ich .mir das Vergnügen, mich den essenden Bewohnern als Gast aufzudrängen, nachdem ich dem Hausherrn eine kleine ägyptische Silbermünze und den andern Insassen Kupfermünzen verabreicht hatte. Aber mit diesen zwei Versuchen, mich an der Mittagsmahlzeit dieser Leute zu betheiligen, bin ich vollauf befriedigt. Das erstemal ritt ich zwischen Zwölf und Eins zwischen dem nach Alexandrien und nach Suez führenden Schienenwege spazieren in der Richtung nach Schubra. Der Weg führte mich bei drei isolirt stehenden, oben näher beschriebenen Fellah= höhlen vorbei. Aus einer derselben, die von einem circa 8' breiten Hofraume umgeben war, in welchem ein Kameel, ein Esel und drei Ziegen friedlich neben einander lagen, drang Rauch heraus, so daß die Vermuthung in mir entstand, hier könne am Ende das Mittagsmahl bereitet werden. Und so war es auch. Der Reichthum an Vieh ließ mich glauben, zu einem der wohlhabenderen Fellah gekommen zu sein, aber die Beschaffenheit des Innern dieser 8' hohen Höhle belehrte mich vom Gegentheil. Der von mir unzertrennliche Ibrahim, dem ich mit Gesten und einzelnen Worten, mangiare x., meine Absicht zu erkennen gegeben hatte, diese Wohnung zu besichtigen, wurde als Parlamentair hinein= geschickt, um mich anzumelden. Ich hörte ihn drinnen öfter das Wort Hakim-Bey aussprechen und bald darauf kam er mit dem Besitzer, einem noch ziemlich jungen, entsetzlich unreinlichen Kerl heraus. Letzteren begrüßte ich mit dem gewöhnlichen arabischen Gruß Allah saleikum, den er mit saleikum Allah erwiederte, noch mehrere Redensarten losließ, die wahrscheinlich bedeuten sollten: Tritt ein, Fremdling. Ich drückte ihm sofort die ägyptische Silbermünze in die Hand und trat, von Ibrahim gefolgt, ohne Weiteres in die Hütte. Beinahe wäre mir aller Appetit vergangen. In keiner Hinsicht konnte man behaupten, daß dieser Fellah zu den orthodoxen Muselmännern gehörte, denn während diese Gattung ihre weiblichen Hausgenossen vor den Blicken der Ungläubigen sorgfältig verbergen, hatte der Araber nichts dagegen, daß dicht an meiner Seite zwei Weiber ihre Garderobe durch Anlegen ihrer mehr Lumpen als ordentlichen Kleidungsstücken gleichenden blauen Ueberwürfe in meiner Gegenwart ohne alles Schamgefühl vervollständigten. Daß zwei Kinder vollständig nackt blieben, versteht sich von selbst. Die ganze Gesellschaft avancirte nun gegen den in der linken Ecke befindlichen dampfenden Kessel, der innen und außen von Schmutzkrusten überzogen war. In demselben befand sich Reis in Wasser kochend, in welchem einzelne unförmliche Stücken Fleisch herumschwammen. Man sah letztern deutlich an, daß das Thier keineswegs mit Beil oder Messer regelrecht zertheilt war, es schien vielmehr auseinander gerissen zu sein. Messer schien man überhaupt nicht zu kennen, denn der würdige Hausherr griff in den Kessel, erwischte ein Stück Fleisch, riß sich ein Stück davon ab, warf das andere wieder in den Kessel und verarbeitete das behaltene mit Händen und Zähnen weiter. Die beiden Frauen, deren eine, ein altes Weib, der Typus von Häßlichkeit und Wildheit war, während die andere — wahrscheinlich die Gattin vorstellend — etwas mehr an Weiblichkeit erinnerte, verarbeiteten mit einem an Gier grenzenden Wohlbehagen andere Stücke des Fleisches, von dem ich nicht klar geworden bin, ob es Ziege oder Schaf war. Die jüngere warf den beiden jungen Weltbürgerinnen hier und da ein Stück zu,' welches diese denn auch sofort sehr begierig benagten resp. verschlangen. Auch Ibrahim nahm Theil an der Mahlzeit. Ich aber dankte sehr entschieden, nachdem ich gesehen hatte, daß von der aus Dattelpalmblättern und Kameeldünger construirten Decke hier und da einzelne Stücke in den Kessel hinabgefallen waren. Ein andermal — es war dies auf einem einsamen Ritt über die Schutthügel von Fostat nach der deutschen Bierbrauerei von Alt-Kairo, assistirte ich einer Mahlzeit in einer andern Hütte, wo es jedoch entschieden feiner zuging und wo ich nicht verschmähte, ein Stück Geflügel (dem allerdings noch ein großer Theil der Federn ansaß) und einige alte harte schlechte Datteln mitzuessen. —

Die auf europäischen Fuß eingerichteten Hotels haben eine Küche, die man am besten als ein mehr oder weniger gelungenes Gemisch von abendländischer und arabischer Kochkunst bezeichnen kann. Während in Cheper's Hotel 99 % englische Küche mit 1 % arabischer Küche gehandhabt wird, stellte sich im Pyramidenhotel das Verhältniß ganz anders. Von deutschen Besitzern geleitet, war deutsche Kochkunst mit italienischen und arabischen Leistungen zu einem tabellosen Ganzen vereinigt. In Coulons Hotel herrscht französische und italienische Küche vor. Ueber das Hôtel du Nil will ich mein Urtheil zurückhalten, denn deutsche Reisende scheinen dasselbe von jeher zu meiden, doch will ich wenigstens ben schönen großen Garten bieses in einer schmalen Seitenstraße gelegenen Hotels nicht unerwähnt lassen. Dr. Reil meint, die Hotelküche läßt viel zu wünschen übrig. Jedenfalls urtheilt er barin zu streng! Allerbings ist es eine in Kairo allbekannte unbestrittene Wahrheit, baß man nirgenbs so vortrefflich speist als in seiner von einer französischen Schweizerin geleiteten Wirthschaft, welche mit Hilfe erfahrener, europäisirter arabischer Köche und Diener exquisite Diners zu bereiten versteht, welche noch angenehmer gemacht werben burch die interessante allseitige ungezwungene Unterhaltung, welche zu allen Tagesmahlzeiten im Reil'schen Speisesaal herrscht, wo während meiner Anwesenheit in 5 verschiebenen Sprachen, beutsch, italienisch, englisch, französisch und arabisch converfirt wurde. —

Bekanntlich giebt es im ganzen Orient kein Schweinefleisch, es sei benn, baß in europäischen ober levantinischen Häusern ein Wilbschwein auf ben Tisch käme, benn ber Muhamebaner barf bas unreinliche Thier nicht halten unb züchten. Kalbfleisch kommt äußerst selten vor, bas Rinbfleisch (meist von alten ausrangirten Büffeln) war stets so zähe unb hart, baß es ohngeachtet ber bazu wahrhaft verschwenbeten Tomaten-Sauce (Liebesäpfel) boch seine Geschmacklosigkeit unb Binbfabennatur nicht verlor. Von zahmen Vierfüßlern ist ber Hammel basjenige Thier, bessen Fleisch täglich — entweder zum Mittag ober zum Abenb — verspeist wirb. Hammel in schöner Vereinigung mit Hühnern liefern die täglichen sich abwechselnden Braten, selten kommen Tauben, Gänse, Enten, Truthühner unb Sumpfvögel aus ben ben Schnepfen nahestehenden Gattungen auf ben Tisch, noch seltener figurirt die Bezeichnung quartier de gazelle auf ber Speisekarte. Ob bies wirklich Gazellenbraten ober nicht vielmehr eine meuchlings getöbtete Sinaiziege war, vermag ich nicht zu entscheiben, boch halte ich es burchaus nicht für so unwahrscheinlich, baß sich bas Fleisch jener in Aegypten heimischen Ziegenart ebenso vortrefflich in Gazellenbraten umwanbeln ließe, wie in ber beutschen Alpenkette bas Fleisch unserer gemeinen Hausziege in Gemsenbraten. Die kleine Senegaltaube Columba senegalensis, so wie einige Arten Wüstenhühner, barunter jenes schön gezeichnete rothe Rebhuhn, welches allnächtlich in kleinen Schwärmen aus ber Wüste nach ber Stabt kommt unb hier gefangen wirb, liefern einen prachtvollen Braten. Der gefällige Pyramibenwirth kam auch in bieser Beziehung ben Wünschen seiner Gäste zuvor, ließ auch manchmal Seefische aus Alexanbrien kommen, benn die Nilfische werben als weichlich unb wenig schmackhaft bezeichnet. Mehl- unb Eierspeisen mit unb ohne eingelegte Früchte unb Macaroni giebt es reichlich, ebenso Reis in allen nur möglichen Formen. Fast täglich muß man bas arabische Nationalgericht Pillav mit in ben Kauf nehmen. Es ist bies bickgekochter Reis mit Geflügel unb schwach angebrannter brauner Butter, als Sauce figurirt Senf-, Kapern- ober Tomatenbrühe. Von ben trocknen Gemüsen sinb es hauptsächlich zwei, die in vorzüglicher Qualität hier consumirt werben, nämlich Linsen in zwei Arten (größere unb kleinere) unb eine Art großer bicker gelber Bohnen, unsern Pferbebohnen (Vicia faba) in Größe unb Gestalt ähnlich. Von frischem Gemüse kommen ganz ausgezeichnete Sorten auf ben Tisch unb ich kann wohl sagen, baß nächst bem Obst die Gemüse die wohlschmeckenbsten Theile einer ägyptischen Hotelmahlzeit bilden. Blumenkohl in riesigen Exemplaren, Spinat, feingehackte runbblättrige Malve,

Artischokenköpfe, Artischokenstengel als Spargel bereitet und genossen, verschiedene Arten grünen Salat, Endivien, grüne Erbsen, ein mir unbekanntes Rhizom irgend einer Pflanze (ich vermuthe Arum colocasia) bilden in erwünschtester Abwechselung die Beigaben zu dem Einerlei der Braten. Als Obst figurirten 3—4 Arten süßer köstlicher Orangen, eben so viele Arten Datteln, Wallnüsse, Haselnüsse, Bananen, Feigen, 2 Arten Rosinen, Mandeln, Pistazien, Granat-äpfel und europäische Aepfel und Birnen. In wohlhabenden Privathäusern treten feine Confitüren aus Constantinopel und der Insel Syra dazu, meist aber so süß, daß man nur wenig davon genießen kann und schleunigst einen „Pistache-liqueur" nachschlürfen muß. Die oben erwähnte Dattelwurst ist ein häufiges Desert. Kartoffeln und Erdäpfel kommen nicht häufig vor, sie werden nicht zeitig genug aus der Erde genommen und es schien mir, als wenn sie bei zu-nehmender Größe an Wohlgeschmack und Mehlreichthum verlören. Ob die Braten mit Olivenöl oder Butter angemacht werden, weiß ich nicht, jedenfalls aber gab es in der Zeit, wo ich in Kairo war, massenhafte Butter. Theils soll sie von der Insel Candia gebracht, theils (namentlich in den kühleren Wintermonaten) im Lande selbst gemacht werden, ich sah in vielen Straßen im Innern der Victualienverkaufsgewölbe (in denen Zwiebeln und Zuckerrohr die Hauptartikel sind) bocksledderne Schläuche mit Butter angefüllt zum Verkauf aushängen. — Die Milch war überall ausgezeichnet, in Gizeh gab es Büffelmilch, in Kairo Ziegenmilch. In Betreff des Verkaufs der letzteren habe ich mich bereits oben ausgesprochen und empfehle dringend die Einführung ambulanter Milchbüreaus in Berlin; denn ebenso gut wie Bier frisch vom Faß könnte man auch Milch frisch vom Euter weg öffentlich annonciren, um eines glänzenden Erfolges sicher zu sein. —

Von Weinen sind am häufigsten griechische und französische Weine. Deutsche Weine fand ich nur in Privathäusern. An die griechischen Weine muß man sich besonders gewöhnen. Ihr eigenthümlich harzig-bitterer Geschmack mißfällt im Anfang den Meisten. Spanische und sicilianische Weine erschienen mir zu feurig und Ungarweine zu theuer, deswegen wurden auf die weiteren Spazier-ritte und Excursionen stets einige Flacons französischer Rothwein im Preise von 4 Francs mitgenommen. Griechische Weine benutzte ich nur, um das Cisternen-wasser, welches während einiger Tage mir nicht munden wollte, genießbar zu machen. Sonst aber hat mir das Nilwasser immer und das Cisternenwasser meistentheils vortrefflich gut geschmeckt. —

Nach dieser Abschweifung kehre ich zur Schilderung eines Besuches des Gartens zurück, der zum Palais des Soliman Pascha (eines französischen Rene-gaten) gehörig, von den beiden dicht dabei wohnenden Aerzten Dr. Lautner und Dr. Bilharz benutzt, durch deren Mühe dieser Garten den Namen des bo-tanischen Gartens von Kairo verdient. Beide Herren hatten mich schon mehr-fach zu einem längern Besuch in ihren gastlichen Räumen, hauptsächlich um den prachtvollen Garten recht genau ansehen zu können, aufgefordert und ich benutzte daher gern den ersten vollen Nachmittag, um mich recht lange in der lehrreichen Gesellschaft dieser hochverdienten und allgemein geachteten Männer bewegen zu dürfen.

Um wieder neue Gegenden und Straßen kennen zu lernen ritt ich dicht

hinter dem Pyramidenhotel in das alte arabische Stadtviertel hinein, meinem
Eseljungen als erstes Ziel meiner Tour die Moschee Seyde Zeyneb angebend.
Mir hatte dieselbe von außen so gut gefallen, daß ich ihr Inneres gern gesehen
hätte, und obschon ich einmal abschläglich beschieden war, ließ ich die Hoffnung
doch nicht sinken, mit Hülfe des klugen Ibrahim, meiner Nilpferdpeitsche und
einigen Piastern mein Ziel zu erreichen. Mannigfach gekrümmte, gewundene
Straßen, Winkel, Gassen und überwölbte Durchgänge mußten passirt werden, ehe
wir ans Ziel kamen. Gleich im Anfang ritten wir an einem stattlichen, dem
Gouvernement gehörigen Gebäude vorbei, welches fremden „Sultans" (wie Ibrahim
sagte) als Absteigequartier dient und wo gegenwärtig der schwedische „Sultan"
wohnte, der in diesem Augenblick den Besuch von Mustapha Pascha, Saïds
ältestem Bruder empfangen hatte, welcher in elegantem europäischen Costüm, mit
wenig Orden geschmückt, in einer zweispännigen Carosse in Begleitung eines Ad-
jutanten aus dem großen Portal herausgefahren kam. Die gesammte Bevölkerung blieb stehen, der prinzliche Pascha warf zu beiden Seiten einen flüchtigen
Gruß hin und die Schaaren der Muselmänner hoben ihn mit tiefster Verbeugung
von der Erde auf.

Da die zu passirenden Straßen ziemlich leer waren, so hatte ich Muße,
der Bauart dieser Häuser mehr Aufmerksamkeit zu schenken. Es waren durchweg große Häuser, bis über das erste Stockwerk hinaus aus viereckigen, ziemlich
großen Quadern von Muschelkalk (muthmaßlich aus dem nahen Tora oder
Moccattam) erbaut. Warum manche Häuser und welche Häuser einzelne hori-
zontale Steinschichten mit grünen und rothen, seltener gelben und blauen Farben
angestrichen waren, konnte ich nicht ergründen. Während bei den von Geschäfts-
leuten bewohnten Häusern der unmittelbar an die Musky anstoßenden Straßen
der obere Theil der Häuser in die Straße hineinragt und oft herrliches Holzschnitzwerk zeigt, waren die Häuser in diesen Straßen meistens von gleichmäßiger
Vorderseite, zeichneten sich aber durch besonders ausgeschmückte Verzierungen über
der Haupteingangsthür aus. Diese Thüre, deren einfacher, origineller Verschluß
mittelst eines 3' langen hölzernen, die Stelle eines Schlüssels vertretenden In-
struments schon einige Tage vorher unsere europäische Heiterkeit erregt hatte und
uns an dies unentbehrlichste Hausgeräth der Universitätszeit — nämlich an den
großen Hausschlüssel — erinnerte, sind merkwürdiger Weise sämmtlich im Rundbogenstyl erbaut und meistens von saubern, mit vieler Mühe und Sorgfalt ausgeführten Reliefarbeiten umgeben. Findet man in rother, grüner oder blauer
Farbe einen Spruch aus dem Koran über der Thüre oder längs der Außen-
linie der steinernen Thürverzierung angebracht, so kann man mit Sicherheit annehmen, daß der Besitzer dieses Hauses mindestens einmal in Mekka gewesen ist.
Doch sagte man mir, daß dergleichen Sprüche weniger bestimmt sind, den Grad
der Frömmigkeit der Bewohner anzuzeigen, als vielmehr um mit der gemachten
Reise zu renommiren und um gegen den bösen Geist und Nachtgespenster zu
schützen. Wäre letzteres allein wahr, so müßte also das bunt bemalteste Eingangsthor in ein Haus führen, dessen Besitzer den meisten Aberglauben docu-
mentirt.

Auf dem recht belebten aber kleinen Platze vor der Moschee angekommen,
sprang ich vom Esel, um den Eingang zu versuchen. Aber auch diesesmal ver-

geblich. Die Weigerung wurde mit solch deutschen Pantomimen begleitet, daß jeder Andre für immer die Lust verloren hätte, Einlaß zu begehren. Nicht so ich. Ich trat in das nächste arabische Kaffeehaus ein, winkte Ibrahim hinter mir her und bot den zahlreich versammelten Gästen ihren artigen Gruß, der zu meinem Erstaunen auch von den kartenspielenden Griechen und den mit martirten Holzscheibchen spielenden Arabern freundlich erwiedert wurde. Als ich auch den Eseljungen mit Kaffee tractiren ließ, wurde ihre Aufmerksamkeit rege und Ibrahim mußte sehr oft erzählen, daß ich ein Hakim=Bey sei und mit dem Prussiano sehr bekannt wäre, womit er den preußischen Consul meinte. Der pfiffige Ibrahim kam meinen geheimsten Wünschen zuvor. Das hatte ich eben gewollt. Ich hoffte unter diesem Titel Zutritt in die Moschee zu erhalten und schmeichelte mir, einer der kaffeetrinkenden älteren Nichtsthuer würde auffstehen und mich hinüber begleiten. Nichts von alledem. Die Kerls blieben sitzen, rauchten ihre Schische ' resp. Tschibuck weiter, schlürften viel Kaffee, so daß der alte Kaffetier fortwährend mit Kaffeestampfen, Anfertigen von kochendem Wasser und Herzutragen von brennenden Kohlen zu thun hatte. Ein reichliches Bakschiesch und abgerissene Redensarten sollten ihn bewegen, für mich die Erlaubniß zum Eintritt in die schöne Moschee zu erbitten, consequentes Kopfschütteln war die Antwort.

So mußte ich auch diesmal ohne mein Ziel erreicht zu haben, abziehen und setzte meinen Esel in Galopp um auf dem kürzesten Weg nach Altkairo zu kommen. Derselbe führte zwischen dem großen Hospital und der alten Salpeterfabrik über den Anfangspunkt des großen Kanals, hart am ersten Pfeiler der Wasserleitung vorbei. Nach 10 Minuten war ich auf dem mir hinlänglich bekannten Wege, den ich schon mehrfach zurückgelegt hatte, am Ziele angelangt. — Die beiden Herren begannen sogleich die Erklärung ihres an tropischen Gewächsen so reichen, gut gepflegten Gartens. In diesem Garten standen — sämmtlich im Freien — von, mir besonders merkwürdigen Pflanzen, eine Sagopalme, verschiedene Arten der Bananenpflanze, die schöne Urania, die Arrow-Root-Maranthe, ein Affenbrotbaum (Adansonia), ein Wollbaum (Bombax), wohl 10 Arten Mimosen, der die Sennesblätter liefernde Strauch, Tamarinde, Carobenbaum, Judasbaum (Ceris Siliquantrum), Pistazien, Mastixbäume; verschiedene Cactus = Arten, Opuntien, seltene Euphorbien in riesigen Dimensionen, Aloe's, Agaven, Dracaenen, Pandanen, so wie dicht am Eingang ins Haus eine Reihe stattlicher (Winter und Sommer im Freien verbleibender) Exemplare von Bambusa acundinacea. Ein Caryophyllus aromaticus (Nelkenbaum), Rosenäpfelbaum (Eugenia Jambo), herrliche Exemplare von Gischte (Anona squamosa u. Chevimolia), deren saftige reife Früchte mir vortrefflich mundeten, Guajavenbaum (Psidium pyriferum), Campherbaum (Laurus Camphora), Dolichos Lablab, riesige Artischoken, Dattelpflaume in 40' höhen Bäumen, Melonenbaum (Papaya vulgaris), Jujubensträucher und wohl an 20 Arten Varietäten der Gattung Citrone, Orange, — als da heißen Pomeranzen, Apfelsinen, Limetten, Cebraten, Citronen, Orangen, Limonen, Bigaraden, Pampelmusen, Bergamotten ꝛc. ꝛc.; Pfirsiche, Mandelbäume, Granatäpfel, Aprikosen und andre von uns ganz besonders gefeierte Bäume werden dort nur gebuldet. Daß riesige Lotospflaumenbäume (mit einzelnen reifen Früchten) und herrliche Sycomoren nicht fehlen, versteht sich von selbst. In einem Theile des Gartens spazierten einige Flamingo's umher, die erst gejagt werden mußten, um das herrliche rosenrothe Gefieder unter den Flügeln sehen zu lassen. Der Besuch dieses Gartens wurde noch interessanter durch die Begegnung und Unterhaltung mit dem Schwiegersohn des Besitzers, dem vor Kurzem vom Amt zurückgetretenen Minister des Aeußern, Sherif Pascha, wohl dem tüchtigsten Mitgliede des durch Hofcabalen in Folge des Entschlusses zur Meccareise unmöglich gewordenen liberalen, toleranten Ministerium, dessen Mitglieder durchweg erkannt hatten, daß das Wohl Aegyptens nur in einem engen Anschluß an das intelligente Europa zu suchen sei. Sherif Pascha war lange Jahre in Frankreich gewesen, woselbst er in Perpignan, wenn ich nicht irre, die Stelle eines Regimentscommandeurs bekleidet hat. Seine Excellenz, die das Französisch mit erstaunlicher Geläufigkeit sprachen, füllten gegenwärtig ihre Musestunden damit aus, die kleinen Tauben herunter zu schießen, welche die Wipfel der Palmen schaarenweise umschwärmten. Ein Sclave in laubfroschgrüner Kleidung trug ihm ein kleines Gewehr nebst Tasche nach. —

Den Rest des Nachmittags verbrachten wir in Gesprächen über die Pyramidenfelder von Sakhara und Abusir, welche ich so wie das Serapeum und die Stätte von Memphis am andern Tage besuchen wollte. Manche nützliche Winke, welche diese Herren mir mit gaben, haben dazu beigetragen, durch richtige Zeiteintheilung, Anweisung der besten Reihefolge, in Einem Tage möglichst viel des Sehenswürdigen zu besuchen und zu betrachten. Erst in der späten Abendstunde kehrte ich von diesem lehrreichen Besuche zurück.

Donnerstag's am 14. Februar ritten wir vier Europäer, zwei Preußen, ein Schweizer und ein Russe (der Fürst I.) früh um 5 Uhr vom Hotel ab. Es war noch Niemand auf den Straßen, die Boabs schliefen noch auf ihren korbartigen Gestellen, ein dichter Nebel deckte die ganze Gegend, so daß wir, als wir in die Gärten des Ibrahim Pascha kamen, kaum 10 Schritt vor uns sehen konnten. In scharfem Trab kamen wir bei der Fähre in Altkairo an und waren an diesem Tage die ersten, die nach Gizeh übergesetzt wurden. Noch lag so starker N.bel auf dem Nil, daß wir von der Insel Rhoda nur dunkle Umrisse, von der stattlichen Häuserreihe Gizeh's aber gar nichts erblicken konnten. Erst als wir auf dem Damm hinter Gizeh fort trabten, brach die Sonne durch und wenige Minuten, nachdem sie über den Kamm des Moccattamgebirges sich erhoben hatte, zertheilte sich der Nebel und Fluß und Niederung und Wüste und die Pyramidenkette erglänzte in der goldigen Beleuchtung der voll und hell ihre Strahlen zu uns herübersendenden Sonne. Nichts desto weniger war es kalt und wir mußten noch $\frac{1}{2}$ Stunde lang die wollenen Decken benutzen. Inzwischen war auch Leben unter die Menschheit gekommen. Vom Fluß herauf schallte Gesang und Geschrei, im nächsten Dorfe hinter Gizeh Gezänk und Geschrei. Anstatt nun hier rechts abzubiegen (nach den Pyramiden von Gizeh) ritten wir geradezu auf die Pyramiden von Sakhara los. Der Weg ist ausgezeichnet gut, er führt auf dem festen Nildamm fortwährend hin und ist so breit, daß sich 2 europäische Wagen ausweichen könnten. Erst hinter dem 2. Dorfe, einem großen mit Minaret geschmückten Ort Schobrament wird er schmaler, verliert aber nichts an seiner Festigkeit und vortrefflichen Beschaffenheit. Das Land rings umher ist vorzüglich bewässert und ebenso vorzüglich bebaut. Ueppige Fruchtfelder bedecken die ganze weite Ebene vom Nil bis dicht an den Fuß des höheren Wüstenplateaus. Einige Weiher scheinen als nothwendige Wasserreservoirs in der Nähe der Dörfer betrachtet zu werden. Sie sind stets von Palmen umstanden und der Sitz dichter Schwärme von Sumpf= und Wasservögeln aller Art, die kreischend auffuhren, wenn einige der leider so häufigen Raub= vögelarten aus dem Falkengeschlecht unter sie fuhren. Vierfüßige wilde Thiere sah man gar nicht, auch noch keine Geier. Der Weg entfernt sich vom Nil, einzelne Palmenwäldchen verdecken ihn manchmal vollständig, zudem schlugen wir eine mehr südwestliche Richtung ein und näherten uns der hier sanft sich ab= dachenden Wüste, die hier ihren felsigen und steinigen Character verloren zu haben scheint. Hinter Schobrament beginnt ein Palmenwald, der zu den größ= ten in der Nähe von Kairo gehört. Die einzelnen Bäume stehen ziemlich ent= fernt, vielleicht deshalb, um dem ausgesäeten Getreide (theils Weizen, theils Gerste) nicht den Zutritt der Sonnenstrahlen abzuschneiden. Hie und da erhebt sich als eine Art Unterholz ein Feigenbaum oder ein Oelbaum. Beim Austritt aus dem Palmenwald eröffnete sich wiederum ein herrlicher Blick auf die 3 Py= ramiden von Gizeh und gegenüber auf die Steinbrüche von Tora. Vom Nil sah man nur hie und da einen schmalen Streifen, auf welchem sehr zahlreiche Dahabieen auf= und abwärts segelten. Da die Pyramiden von Abusir, denen wir uns näherten, schon theilweise in Trümmer lagen, obenein eine Art Teich mit sehr morastigen Ufern uns vom Wüstensaume und von ihnen trennte, be= gnügten wir uns, sie von dem an diesem Teich entlang führenden Weg zu be= trachten und beschlossen unter den Palmen dicht beim Dorfe Abusir das erste Frühstück einzunehmen. Es sind 5 Pyramiden noch deutlich zu sehen, die je= doch ungleich groß waren, keine derselben erreicht die Größe der kleinsten der 3 Gizeh=Pyramiden, keine derselben ist so wohl erhalten und keine ist mit solcher Sorgfalt erbaut als jene. Unter den Palmen von Abusir angekommen, rasteten wir am Rande eines Kleefeldes, in welches wir die Esel jagten. Erst nach dringenden Vorstellungen gestatteten die unheimlichen Wüstenbewohner, daß die Thiere dort ihrer Nahrung nachgehen durften und erst nach langem Hin= und Herreden brachte man uns Trinkwasser. Da von hier aus die eigentliche Wü= stentour ihren Anfang nehmen sollte und da wir präsumtiv vor Ablauf von 6 – 7 Stunden schwerlich nach Memphis, woselbst eine zweite Collation einge= nommen werden sollte, gelangen würden, so wurde mit besonderem Eifer diesem Frühstück obgelegen und erst nach einstündiger Rast die Wüste, die unmittelbar hinter dem Dorfe in südwestlicher Richtung wieder steil ansteigt, betreten. Die Sonne brannte schon recht heiß, so daß wir bald, nachdem wir ½ Stunde auf dem Wüstenplateau zwischen einzelnen öden Felskämmen und Gruppen auf dem sehr hügl'gen, fast bergigen Terrain hingeritten waren — natürlich ohne Weg und Steg — recht ermüdet waren. Der Anblick auf etwas Grünes und Le= bendiges hatte auch schon aufgehört, wir befanden uns an der Stelle, woselbst eine industriöse englische Compagnie die gebleichten Knochen, Schädel und Hufe der gefallenen Thiere ansammeln läßt, von welchen Dingen wir einige beträcht= liche Ansammlungen ohnweit unseres Weges sahen, die man ganz bezeichnend Knochenberge und Knochenhügel nennen könnte. Wir befanden uns, obschon

nur 3 Stunden vom Nil entfernt, doch schon in der Wüste. Einige Geier tru=
gen auch nichts dazu bei, um den Weg angenehm zu machen, im Gegentheil,
die nahen Beziehungen zwischen Aas, Leichen und Geier und die aufgethürmten
Knochenhaufen waren ganz geeignet, eine Wüstenreise als etwas Entsetzliches,
Unnatürliches und für meine Person grabezu Unausführbares zu bezeichnen.
Nichts wie Sand und Fels und Gestein, Thäler und Hügel bildend, nur daß
der zu Tage tretende Fels hier eine Spitze oder Grube, dort mehr massig gerun=
dete Kämme bildete; allenthalben als Grundton in der Farbe ein mattes graues
Gelb. Selbst der Himmel der mir in der Nilebene so schön blau erschienen
war, hatte einen fahlen Schein angenommen. So ritten wir schweigend 1
Stunde immer in die Wüste hinein, als wollten wir direct nach Timbuktu, als
endlich zur Linken die Pyramiden von Sakhara halb rechts vor uns ein Haufen
Menschen sichtbar wurden, welche wie sich später ergab, einen Theil der von Mr.
Mariette angestellten Ausgrabungsmannschaften bildete. Die furchtbare Hitze
hatte uns alle den Mund verschlossen, wir ließen die Zügel auf den Rücken der
Esel gleiten und folgten mit vor Müdigkeit und Erschöpfung geschlossenen Augen
dem Scandal der Araber. Selbst unsere Eseljungen schlichen langsam hinter
uns her. In der Nähe der Leute angekommen zeigte es sich, daß außer Alter=
thumsgräbern auch Knochensammler unter ihnen seien. Anstatt irgend etwas In=
teressantes zu sehen, wie wir gehofft hatten, befanden wir uns wieder unter
massenhaften Knochenansammlungen. Wir mußten also wiederum eine neue Rich=
tung einschlagen, wobei die armen Thiere tief in den losen Sand einsanken und
wir entsetzlich von der Mittagssonne zu leiden hatten. Bald gewahrten wir,
anscheinend in geringer Entfernung vor uns, eine Bretterhütte. Die Eseljungen
bezeichneten sie als die Wohnung des Herrn Mariette. Wir steuerten darauf
los und kamen nach halbstündigem beschwerlichem Ritt durch das tief wellenför=
mig unterbrochene allmälig ansteigende Terrain an der Thür an, wo uns ein
kohlpechrabenschwarzer Nubier die äußerst niederschlagende Mittheilung machte,
daß sein Herr, der vielgenannte Herr Mariette im Museum zu Bulak sei. Ein
Affe sprang auf dem Dache sehr behend umher, er litt nicht von der glühenden
Hitze. Um die Bretterbude rings herum standen einzelne Statuen, auch einige
Sphynxe, sämmtlich Früchte der Mariette'schen Ausgrabungen. Es galt nun
das hochberühmte Serapeum, die unterirdischen Grabkammern der heiligen Stiere
aufzusuchen, von welchem der uns begleitende freundliche Landsmann nur wußte,
daß es sich in westlicher Richtung befände und nicht allzuweit gelegen sei. Ich
muß gestehen, daß ich kleinlaut folgte, denn die Perspective möglicherweise stun=
denlang zwischen den Sandhügeln und Terraineinschnitten herumzureiten, hatte
meine Sehnsucht nach Mariette's glänzendster Entdeckung bedeutend herabge=
stimmt. Aber das Glück war uns günstig, nach 20 Minuten standen wir vor
dem Eingang in die unterirdischen Grabgewölbe, die ganz entschieden den Glanz=
punkt der Sehenswürdigkeiten auf diesem Felde altägyptischer Alterthümer
bilden.

Das Serapeum und die damit verbundenen Gräber der heiligen Stiere,
waren von Lepsius in dieser Gegend vermuthet und zwar durch an Ort und
Stelle angestellte Vergleiche mit Strabo's Beschreibung. Mariette, der Strabo
auf das Gründlichste durchstudirt hatte, ließ genau nach den von dem alten

griechischen Geographen mitgetheilten Straßen, an dem Punkte, wo nach diesen der im grauen Alterthum hochberühmte Apistempel, das Serapeum gestanden haben mußte, Nachgrabungen anstellen, welche von den glänzendsten Resultaten begleitet waren. Mariette fand und hat vollständig ausgegraben die lange Allee von Sphynxen und Bären und Panthern, welche den Eingang zu dem vielge= feierten Tempel bildeten, in welchem der berühmte Stier von den Priestern ge= pflegt wurde. Schon zu Strabo's Zeiten soll der Tempel vielfach von den hef= tigen Wüstenwinden, welche bedeutende Mengen Sandes heranwehen, zu leiden gehabt haben, denn derselbe liegt ohne jeglichen Schutz den West=, Süd= und Nordwinden ausgesetzt. Mariette hat binnen 2 Monaten 141 Sphynxe ausge= graben, welche eine Allee von circa 650 Fuß Länge gebildet haben. Am Ende dieser Allee fand Mariette etwas so Ueberraschendes, daß ich es wohl der Mühe für wichtig genug halte, davon hier Erwähnung zu thun. Die Allee mündete zunächst in einen Halbkreis, in welchem der Entdecker die Statuen von Aristote= les, Plato, Homer, Pindar, Solon, Lycurgus, Aeschylus, Euripides, Pythagoras und noch von zwei andern berühmten Griechen (umgestürzt und deshalb unkennt= lich geworden) vorfand, theils mit ihren Attributen versehen, theils an ihren Piedestals die Namen tragend. Von allen diesen Herrlichkeiten, so wie von einer rechtwinklig mit der vorerwähnten Sphynxallee sich schneidenden zweiten Allee, sahen wir nichts mehr, nur der Platz des Hemicyclus mit den Trümmern irgend einer Thierstatue war wahrzunehmen. Den Platz des eigentlichen Sera= peums oder Apistempels konnte man nur nach genauer Beschreibung als einen früher von Mauern umgebenen großartigen Tempel erkennen. Bekanntlich stam= men die kunstvoll ausgehauenen Löwen im Louvremuseum von dem Serapeum und ebenso sollen die 2 großen schwarzen Basaltlöwen im Vatican von hier aus nach dort verschleppt worden sein.

Der Ausbauer des Herrn Mariette ist, wie schon erwähnt, auch die Ent= deckung der Apiskatakomben zu danken, eines großartigen unterirdischen Bau= werkes, dessen Besuch kein Europäer, der nach Aegypten kommt, unterlassen sollte, gegen welches in Bezug auf Höhe und Breite und Ausdehnung der in dem harten Felsgestein getriebenen unterirdischen Gänge und Gewölbe, alle europäi= schen Grabgewölbe und Grüfte verschwinden.

Im Folgenden gebe ich eine kurze Beschreibung des gegenwärtigen Zu= standes dieser wunderbaren subterranen Gänge und Hallen mit ihren Sarkophag= colossen.

Zwei Systeme bilden die Apiskatakomben; die eine Katakombengruppe in der Richtung von Süden nach Norden unter Tage sich erstreckend ist ein ein= faches Gewölbe zur Seite mit 20 Grabkammern, welche aus den Zeiten des Ramses (19. Dynastie) bis zu Psammetich (20. Dynastie) herrühren. Das zweite Souterrain ist das bei Weitem interessantere. Wir traten durch 2 Py= lonen von kleinkörnigem rothen Granit in einen runden Hof von nur mäßiger Größe, der schon bedeutend mit Sand angefüllt und dessen Wände von oben bis unten mit eingemauerten Platten bedeckt war. In der rechten Ecke führt eine breite aber niedrige Eingangsöffnung schräg abwärts in einen langen tunnelartig in den festen Kalkstein kunstlos gearbeiteten Stollen von circa 10' Breite und 15—20' Höhe, Deckengewölbe und Wände sind roh ausgehauen.

Unsere Eseljungen hatten zwei Führer herbeigeholt, welche hier Lichter anzünbeten, um uns überall herumführen zu können. Nach etwa 30 Schritten fanden wir den Weg durch einen riesigen Sarkophag aus dunkelgrünem Gestein versperrt. Es soll dies der Sarg des letzten heiligen Stieres gewesen sein, der nicht an den Ort seiner Bestimmung gelangte, der ebenso colossale Deckel liegt daneben. Wir drückten uns zwischen Sarkophag und Wand durch und befanden uns wiederum in dem geräumigen Tunnel, der sich in mehreren rechtwinkligen Krümmungen noch tief in das Gestein erstreckt. Nach 10 Minuten gewahrt man zu den Seiten des Ganges in abwechselnder Folge rechts und links colossale Nischen von circa 20′ Höhe, ebenso viel Tiefe und etwa 12′ Breite; ihre Basis ist um einige Fuß tiefer als die des zwischen ihnen hindurchführenden Hauptganges. Hier stehen die spiegelblanken riesigen Sarkophage der Apisstiere, jeder hat ohne Deckel 7′ Höhe bei reichlich 5′ Breite und 12½′ Länge, und da die Dicke der Wände 18—20 Zoll beträgt, so kann man sich von ihrem cubischen Inhalt einerseits und andrerseits von ihrem Gewicht eine Vorstellung machen. Von den 32 aufgefundnen Sarcophagen sind 24 aus schönem Granit gefertigt und möchte ich das Gewicht eines einzelnen auf 1800—1900 Centner angeben. Selbst wenn man an Ort und Stelle ist, so begreift man nur schwer, wie es möglich war, diese Felscolosse an ihre Plätze zu bringen und man weiß nicht, ob man sich über die Schwärmerei der alten heidnischen Aegypter mehr verwundern oder den Despotismus der Erbauer und Priester mehr verwünschen soll, die solche Werke ausführten. Die Sarkophage reichen von Psammetich 600 v. Ch. bis zu den Römerzeiten. Ob alle Sarcophage mit Hieroglypheninschriften versehen sind, weiß ich nicht; da ich kein Engländer der curiosen Gattung bin, so bin ich natürlich nicht um jeden Sarkophag herumgestolpert, sondern begnügte mich den ersten und den letzten genau anzusehen. Letzterer ist aus einem schwarzen Gestein ausgehauen und über und über mit Hieroglyphen versehen. Die Araber zeigten das Zeichen des heiligen Käfers, des Scarabaeus und sollen in diesem Sarkophag die Knochen eines Stiers von ganz besonderer Heiligkeit aufbewahrt worden sein. Außerdem waren massenhafte Ibise, Katzen und andere ähnliche langnasige und großmäulige und langohrige Götter und Königsbilder dargestellt. Von den aus Mauerwerk errichteten 5 Sarkophagen, von denen Reil uns Mittheilung macht, habe ich keinen gesehen. Als Mariette zum ersten Mal diese Gänge betrat, fand er die Nischen theilweise bis zur Hälfte vermauert und alle Sarcophage bis auf zwei mit Steinen und Schutt gefüllt, zum Beweise, daß eine zerstörende und höhnende Hand, muthmaßlich die Wüstenbeduinen — daselbst schon früher, ehe der Wüstensand den Eingang verweht hatte, gewirthschaftet hat.

Zur Anwesenheit des Herzogs von Brabant waren auf Befehl des Vicekönigs sämmtliche Nischen, Gänge ꝛc. brillant erleuchtet und soll der längste der Corridor's (eben der mit den Seitennischen) einen zauberhaft schönen Anblick dargeboten haben.

Höchst befriedigt verließen wir die unterirdischen Stiergräber, um einen seit wenig Monaten ausgegrabenen Tempel in nordöstlicher Richtung aufzusuchen, den wir nach wenig Minuten denn auch glücklich fanden. Ob dieser Tempel auch noch zum alten Serapeum gehört hat, wußte mir Niemand zu sagen. Sei dem wie ihm wolle; dieser aus Kalksteinsäulen erbaute Tempel besteht aus dem Tempelraum einer großen und einer kleinen Nebenkammer. Die die Wände der letzteren 2 Räume bekleidenden Wandzeichnungen und Malereien gehören zu den ausgezeichnetsten und vollendetsten, die ich zu sehen Gelegenheit hatte und erschienen mir noch besser erhalten, als die der Gazelleng-äber, namentlich war die Abbildung einer Gazellenjagd, eine Eselcavalkade und die mittelst langhörniger brauner Stiere ausgeführte Felderbestellung so vorzüglich erhalten, daß man hätte meinen sollen, der Maler habe erst vor wenig Stunden die Räume verlassen.

Dieser Tempel liegt etwas tief. Um zu den Pyramiden von Sakhara zu gelangen mußten wir durch sehr coupirtes, zerrissenes und wellenförmig unterbrochenes Wüstenland einen langen Weg bergan reiten, während welcher Zeit wir wiederum von der Sonne sehr stark zu leiden hatten. Endlich waren wir am Fuß der sogenannten Stufenpyramide, eine in 5 riesigen Absätzen erbaute Pyramide von ungefähr 220' Höhe angekommen. Es ist dies ein ganz originelles Bauwerk. Die Spitze fehlt und die Stufen sind durch das herabgefallene Geröll in mehr oder weniger ununterbrochene Flächen verwandelt. Die Gelehrten sind noch unentschieden, ob dies eine eigenthümliche Art von Pyramide oder nur ein Pyramidenkern ist, dem die äußere Bekleidung fehlt. Das Alter sowie der Erbauer der Stufenpyramide sind völlig unbekannt. Ganz im Gegensatz zu sämmtlichen andern Pyramiden, deren Durchschnitt ein regelmäßiges Quadrat bildet, ist die Basis dieser Pyramide eine Oblongum. Sie enthält einen krummen oder schachtartigen hohlen Raum im Innern, in welchem viele Gänge labyrinthisch in verschiedener Höhe münden, doch kann ihr Inneres gegenwärtig nicht mehr besucht werden. Zwei sehr kleine Pyramiden in ganz zerfallenem Zustande liegen vor ihrer Ostseite, eine größere, auch nur als ein riesiger Trümmerhaufen zu betrachten, befindet sich südwestlich von ihrer Südwestecke. Wir ritten, die Stufenpyramide dicht zur Rechten lassend, zwischen dieser und zweien nordöstlich von ihr in Trümmern liegenden kleineren Pyramiden hindurch über Gräberfelder hinweg, welche allenthalben den Raum zwischen den einzelnen Pyramiden und Pyramidchen einnehmen, deren Aufwühlung behufs Ansammlung der Knochen für die englische Zuckersiederei unten am Nil vielen der Einwohner der beiden Dörfer Abusir und Sakhara Lebensunterhalt gewährt. Zur Rechten gewahrt man die südliche Pyramidengruppe von Sakhara mit einem eigenthümlichen Bauwerk, von dem man noch nicht weiß, was es zu bedeuten hat, ob es die Anfangsstadien einer Pyramide sein sollen oder ob es der riesige Unterbau eines andern Bauwerks sein soll. Die Beduinen nennen es Mustabat el Pharaon, d. i. Thron des Pharao. Weiter hin in südlicher Richtung erheben sich die Pyramiden von Daschur beim Dorfe gleiches Namens, unter ihnen befindet sich eine durchweg aus Nilschlamm erbaute, ziemlich große Pyramide und die sogenannte Knickpyramide, einzig in ihrer Art und deshalb so genannt, weil ihre Kantenwinkel, nachdem sie bis Zweidrittel der Höhe der ganz aus Stein gebauten Pyramide aufgestiegen sind, plötzlich in einen stumpfen Winkel einknickend sich gegen einander neigen und auf diese Weise also früher zur Spitze zusammenkommen. Beiläufig gesagt folgt diese Knickpyramide in der Größe unmittelbar auf die 2 großen Pyramiden von Gizeh.

Unfer Weg führte noch immer bergan. Wir trösteten uns, daß der Anblick des Nilthales von dem Rande des hier hoch und steil herabfallenden Wüstenplateaus uns bald für die gehabten Strapazen entschädigen würde. Nach
$\frac{1}{4}$ Stunde war der Rand erreicht.

An dem eigenen Wiederaufleben kann ich mir denken, wie eine dem Ver-
schmachten nahe Karawane, wenn sie aus dem Innern des Landes kommt, durch
den Anblick der freudig grünen Nilniederung sich gehoben, belebt und gekräftigt
fühlt; die Freude von uns drei Nordländern, die wir doch nur wenige Stunden
hatten den Anblick eines Baumes und Feldes entbehren müssen, war eine allgemeine. Während die andern Reisegefährten hinabeilten, um nach dem Dorfe
zu gelangen, um unter den Palmen sich zu lagern, fühlte ich mich wieder
so weit stark und fähig neue Eindrücke aufzunehmen, daß ich gern meinem Eseljungen folgte, um die in der Mitte des Abhanges irgendwo angebrachten Ibisgräber zu besuchen.

Dieser ganze Abhang des Wüstenhochlandes bis dicht vor das Dorf Abusir
soll Katakomben größerer oder geringerer Ausdehnung enthalten. Die Ibisgrotte
oder Ibisgräber waren mir als die sehenswerthesten, wenn auch schwer zu besuchenden geschildert. Ein ziemlich steil in das Gestein hineinführender Schacht
von 60—70' Tiefe erweitert sich unten zu einem kleinen Gewölbe, von welchem
nach 2 Richtungen unterirdische Gänge, ihrerseits wiederum mit Seitennischen
und Nebenkammern versehen, führen. Namentlich fand ich hier die Deckenge-
mälde — zum großen Theil den ausgebreiteten fliegenden Vogel darstellend —
gut erhalten. Doch sind auch die Wände der Seitenkammern mit Hieroglyphen
und Gemälden verziert. Einige der Seitenkammern waren mit dunkelgrünen
Serpentirplatten ausgelegt und in den hierdurch gebildeten, Wandschränken zu
vergleichenden Räumen, wurden die heiligen Vögel in den sogenannten Ibismu-
mienkrügen aufbewahrt, deren Trümmer und Scherben man haufenweise findet.
Der mich begleitende mit Licht versehene Beduine schlug eine der noch ganz gebliebenen zuckerhutförmigen thönernen Enveloppen entzwei und der Inhalt fiel
als braunschwarzes Pulver gemischt mit grauen Knochen- und Schnabelrudimen-
ten heraus.

Das Herauskriechen war leichter wie das Hereinkriechen und nach kurzer
Rast und Inaugenscheinnehmen des Aeußern eilte ich den Freunden in den nahen
Palmenwald nach, der an einen schilfigen Weiher grenzend, von wilden Schwei-
nen vielfach besucht werden soll und deshalb von den europäischen Jagdliebha-
bern stark frequentirt wird. Ein vom Wirbel bis zur Sohle in Grau gekleideter jagdlustiger schweinebegieriger Engländer mit fuchsrothem Bart, auf einem
grauen Esel sitzend, ritt — mit einer langen Vogelflinte bewaffnet — zwischen
den Palmen am Ufer des Weihers unermüdlich auf und ab.

Nach kurzem Aufenthalt im Palmenwalde von Sakhara schlugen wir eine
östliche Richtung ein und gelangten bald auf den nach Memphis führenden
Damm und befanden uns nun wiederum inmitten grünender gutbewässerter
Fruchtfelder und Kleeweiden, auf denen eine große Anzahl von Eseln, Kameelen,
Ziegen, Schafen, Büffeln und gewöhnlichem Rindvieh weideten. Dieser Damm
scheint eine recht belebte Verkehrsstraße zwischen dem Nil und den am Rande
der Wüste gelegenen Dörfern Daschur, Abusir, Sakhara zu sein, denn noch nie

waren wir so zahlreichen Zügen von beladenen Eseln, Kameelen, Trupp's beritte=
ner Araber (auf Esel und Pferd) begegnet, als grade hier. Es ist dies auch
erklärlich, wenn man erwägt, daß einige Stunden unterhalb Memphis eine sehr
stark frequentirte Nilfähre existirt. Nach kurzem Ritt erreichten wir den berühm=
ten Palmenwald von Memphis, der das Trümmerfeld der alten Riesenstadt be=
deckt. Es ist der größte auf 10 Meilen in der Runde von Kairo und denke
ich mit ganz besonderem Vergnügen an die durchweg herrlichen bis 80′ hohen
Exemplare dieser Bäume, die „ein Wald über dem Walde" ihre auf schlanken
Stämmen ruhenden, vollen, reichblättrigen Kronen über den die Stelle des Un=
terholzes vertretenden Tamarisken, Acacien, Orangen, scharf gegen das tiefazur=
blaue Himmelsgewölbe abzeichneten und vom kühlenden Nordwestwinde gekräuselt,
langsam hin= und herwiegten. Obschon ich gewohnt bin durch Gefühle nie ver=
löschender Dankbarkeit und inniger Verehrung gegen Humboldt, der auch mich
5 Jahre hindurch durch seine wohlwollenden Gesinnungen hoch geehrt hat, sein
Andenken überall und zu allen Zeiten durch die ungeschwächte Erinnerung an
sein uns in Wort und Schrift gegebenes Beispiel zu ehren, so war es ganz
besonders inmitten dieses größten Palmenwaldes, den ich bisher gesehen, wo mir
der große Todte lebhaft vor die Seele trat und ich seine Begeisterung und sein
Entzücken nun erst verstehen lernte, mit welchem er in seiner Physiognomik der
Gewächse die „edelste" Pflanzenform — die Palmen — behandelt und geschil=
dert hat. Wenn schon die Dattelpalme, einer der 2 Repräsentanten dieser edel=
sten Pflanzenfamilie, die ich in freier Natur und in ihrer Heimath kennen ge=
lernt habe, durch ihren majestätischen Wuchs vollständig geeignet ist, das Ge=
müth des denkenden Reisenden mit Wonne zu erfüllen, wievielmehr mußten die
an Arten ungleich reicheren südamerikanischen Palmenwälder in der Seele des
unsterblichen Großmeisters jene hohe Begeisterung erwecken, deren Ausfluß wir
in den Ansichten der Natur in so unerreicht herrlicher Weise niedergelegt
finden.

Lebhaft wünsche ich (und diesen Wunsch werden mit mir Alle diejenigen
theilen, die ein Verständniß für die trefflichen Schilderungen eines Karl Müller
und Masius haben), daß diese beiden Coryphaeen in Naturschilderungen Ge=
legenheit finden möchten den herrlichen Palmenwald von Memphis zu sehen, da=
mit durch ihre Meisterhand dem für Naturschönheiten empfänglichen Reisenden
das wahre richtige Verständniß der Palmenwelt in derselben poetischen schwung=
vollen Weise zu Theil würde, wie dies an einzelnen Stellen in den „Natur=
studien" von Masius und in dem „Pflanzenstaat", cosmische Botanik von Mül=
ler über unsere nordischen Bäume niedergelegt ist. Diese Werke dürften eigent=
lich in der Bibliothek keines Menschen fehlen, der Interesse für Naturschönheiten
zu haben vorgiebt. Ihre Lecture, oder vielmehr ihr Studium lehren uns die
Natur erst richtig verstehen und erfassen und geben uns Mittel und Wege an
die Hand, um nicht blos im mächtigen Baum, sondern auch in dem anscheinend
„Unscheinbaren", noch in unwesentlich scheinenden Nebenumständen Schönheiten
und Beziehungen für das wahre Verständniß zu entdecken; namentlich lehren sie
uns tief in die geheimnißvolle Stille der Pflanzenwelt einzudringen und jeder
aufmerksame Leser wird die Werke der beiden Forscher mit der Befriedigung
aus der Hand legen, daß ihr Studium ihm ein wirksames Mittel gewesen sind,

um sich Genüsse der edelsten Art unvergeßlich und bleibend für alle Zeiten zu verschaffen.

Ja, die Palmen sind und bleiben die Fürsten des Pflanzenstaates, wie man sie mit ehrfurchtsvollen Gefühlen für ihre majestätische Schönheit genannt hat. Vischer, der berühmte Aesthetiker, bezeichnet den Typus der großen Pflanzen = Abtheilung, in welcher die Palmen die erste Stelle einnehmen, gradezu als einen orientalischen. Und wirklich trägt ein schöner Palmenwald etwas so feierlich Erhabenes und Träumerisch = Phantastisches an sich, daß man in seinem Schatten liegend, ganz unwillkürlich sich in das Reich des Aufganges versetzt glaubt. Masius sagt „wo mögen wir uns die Palme mit dem stolzen Blätterturban lieber denken, als in jenem Lande, dessen Fluren der heilige Strom tränkt, aus dessen Wüsten Sphinx und Pyramiden sich erhebt." Im Vergleich mit unserer deutschen Pflanzenwelt erscheint in der That die Palme uns als eine Art vegetativer Architectur, es ist außer allem Zweifel, daß sie der Baukunst mehr als ein Vorbild geliehen hat. Man denke an die Wunder der Alhambra, an das schlanke Minaret, an die Tempelsäule mit der Blättergarbe im Kapitäl, an die Riesenleuchter unserer Paläste. Was Masius von der Kohlpalme Südamerika's sagt, gilt auch von der Dattelpalme, zumal von den herrlichen Exemplaren im Walde von Memphis. Oft kaum 2 Fuß breit ragen die silbergrauen mit Narbenkränzen versehenen Stämme wie erzgegossene Säulen zu dem ewig blauen Himmel hinauf und droben wiegen sich im langsamen Rhythmus die feingefiederten Blätter, jetzt stolz emporschwellend und bald darauf anmuthig sich senkend. Das helle kräftige Grün dieses majestätischen imponirenden, dabei doch so ätherisch = zierlichen Gewölbes, vom Licht der Sonne durchströmt, um welches bald ein blendend weißer Silberreiher, bald Schwärme der smaragdgrünschillernden afrikanischen Tauben schwärmt — das Alles bringt eine zauberische Wirkung hervor. Jeder Abendländer, der mit Verständniß hier im Nilthal einen Palmenwald betritt, gesteht sich, daß hier, wo alle Sinne und auch die Erinnerung an die verflossenen Jahrtausende gleichsam ein Fest des Genießens feiern, daß die Palme in der That der Baum der Mährchen und der Träume ist. Aus dämmernder Nacht zur Sonnenhöhe emporsteigend begrüßt sie hier den Menschen als ein Bild der Freiheit, zu der sein Geschlecht allmählig heranreift. Und doch liegt auch über den majestätischsten stattlichsten kerzengraden Bäumen dieses Waldes der träumerische Schatten des Orients, jener Hauch von Melancholie, namentlich aber muß man dies sagen von den Exemplaren, die nur mangelhaft bewässert werden können. Doch verschwindet dieser Eindruck vollständig in der wunderbaren Lebensfülle, welche diesem Gewächse, wie keinem zweiten eigen ist, denn aus dem welkenden, abfallenden Blätterkreise steigen rastlos frische neue Cyclen heraus, ein sprechendes Bild unversiegbarer Jugendkraft. Dies erfaßte der denkende Grieche, indem er jenen fabelhaften, unsterblichen, aus der eigenen Asche wieder erstehenden Vogel und den stets sich verjüngenden Palmbaum mit gleichem Namen belegte.

Kein Baum hat eine so hohe Bedeutung in dem Haushalt der Araber, Fellahin und Beduinen, als die Dattelpalme. Zu den 3 Wohlthaten Aegyptens gehört neben dem Nil und dem Kameel die Dattel und nach arabischem Glauben ist sie einzig unter allen Pflanzen erst am sechsten Tage der Weltschöpfung aus derselben Erde emporgesprossen, aus welcher Adam geschaffen wurde. Uebe hundert verschiedene Gegenstände verfertigen Aegyptens Einwohner aus den verschiedenen Theilen der Dattelpalme. Zunächst sind es die Früchte, welche als solche oder als Mus gegessen werden, sie sind im frischen und getrockneten Zustand für Menschen und Thiere ein Hauptnahrungsmittel. Zwei Jahre sollen sie sich getrocknet aufbewahren lassen. Am wohlschmeckendsten sind sie mit Gerstenmehl zu einem Teig gemischt. Aus ihnen wird ein stark berauschender Branntwein gewonnen. Aus den gespaltenen Blattstielen werden Körbe, Stühle und Matten geflochten, aus den einzelnen Fasern Taue und Stricke gedreht, die dicken Enden der Blattstiele liefern aufgeklopft Besen, die Stämme dienen als Bau- aber nicht als Brennmaterial kurz, die Verwendung aller Theile der Dattelpalme ist eine höchst mannigfaltige. Doch ich kehre nach Memphis zurück.

Wir näherten uns der Stelle, wo der berühmte Coloß von Memphis liegt. Ein Gefühl unendlicher Beklemmung bemächtigte sich meiner, als ich bei demselben angelangt, mir sagen mußte, daß dieser Coloß außer einigen höchst unbedeutenden Trümmern von Sculpturwerken das Einzige sei, was von der Riesenstadt übrig geblieben; ein Steincoloß von 50' Länge, einziger Ueberrest einer palast- und tempelreichen Stadt von 1 1/2 deutsche Meilen Umkreis. Sic transit gloria mundi. Erst Theben, dann Heliopolis, dann Memphis, dann Fostat, dann Kairo, jetzt Alexandrien! Das ist die Reihenfolge von Aegyptens Hauptstädten. —

Gegenwärtig liegen 2 Dörfer Mitrahinne und Bedreschin in dem schönen Palmenwald, welcher auf der Stelle einstiger Wunderbauten ersten Ranges kräftig empor gewachsen ist. Der Coloß selbst liegt mit dem Antlitz zur Erde gerichtet den größten Theil des Jahres zur Hälfte im Sumpfe; wir waren jedoch so glücklich ihn vollständig trocken liegend vorzufinden. Es ist dieß die Statue des Ramses des Großen, in ein Gestein gehauen, welches ich für ein Hornblendegestein ansprechen möchte. Die Gesichtszüge haben einen äußerst friedlichen Charakter, trotz ihrer colossalen Dimensionen; der Halsschmuck und auch ein Theil des Kopfputzes ist noch vortrefflich erhalten, welcher Umstand wohl darin begründet sein dürfte, daß eben die Statue 3/4 Jahr im Wasser und Schlamm vergraben liegt und hierdurch dem Vandalismus' halbgebildeter Touristen entrückt bleibt. Es ist ein Verdienst Caviglio's, diese Statue entdeckt zu haben. Gegenwärtig ist sie Eigenthum der Engländer, doch haben diese bisher die enormen Kosten gescheut, welche nothwendig der Transport dieses colossalen Stückes machen würde. Wir machten eine volle Stunde Rast in der unmittelbaren Nähe der Statue, vertilgten die Reste des mitgenommenen Proviants, besahen noch einige Trümmerreste anderer kleinerer Statuen und anderer Bildwerke, welche in rothem Granit ausgehauen hinter einer kleinen benachbarten Hütte liegen und hier dazu dienen einen Ziegenhof einzufriedigen und streiften in dem herrlichen Walde umher, besuchten den ebenfalls dicht dabei liegenden Hügel Fell-Morref, welcher für die Stelle des Hauptpharaonenpalastes zu Memphis gehalten wird und machten uns sodann auf den Weg nach Bedreschin. Die Statue des Ramses soll in aufrechter Stellung vor den Pylonen eines Phthatempels angebracht gewesen sein. Nach den Verhältnissen der Statue zu schlie-

ßen, muß dieser Tempel in seinen colossalen Dimensionen ein würdiges Seiten=
stück zu dem Gigantenbau der Pyramiden von Gizeh gewesen sein.

Als Rückweg wurde die Route längs des Nils gewählt. Der ebenfalls
vortrefflich gehaltene Damm, auf welchen man entlang reitet ist stellenweise so
hoch und so frei gelegen, daß man den Nil in seiner ganzen Breite übersehen
kann. Eine Schaar Engländer trieben sich mit Schießgewehr versehen in den
Kleefeldern umher, d. h. sie ritten auf Eseln in den Feldern hin und her und
knallten auf 300 Schritt immer noch lustig hinter den Tauben her, natürlich
ohne auch nur einem dieser Thiere ein Federchen zu rauben. Ob die auf dem
Damme postirten Gattinnen dieser geschickten Jäger sich mehr über die Unge=
schicklichkeit der Gatten oder überhaupt über das Knallen amüsirten, blieb uns
unklar, nur so viel weiß ich, daß die drei schon ziemlich alten und erschrecklich
häßlichen Töchter Albions einen entsetzlichen Scandal machten. Wir passirten,
nachdem wir dicht am Nil angekommen waren, irgend eine technische Anstalt,
ein recht hoher Schornstein deutete dies an, es soll dies eine Salpeterfabrik sein,
welche die Schutthügel des alten Memphis successive auslaugt. Nicht weit da=
von, gegenüber dem unter Palmen und Sycomoren am Fuße einer Bergkette
gelegenen Dorfe Tora ist die Fähre, welche wir, um wiederum neue Districte
in der Umgegend Kairo's kennen zu lernen, wählten, um das entgegengesetzte
Ufer zu erreichen. Ein Dampfschiff kam aus Theben, es war ein Gouverne=
mentsdampfer mit Regierungsdepeschen, wie solche manchmal expedirt werden,
denn leider hat die regelmäßige Dampfschiffverbindung, welche ehedem bis Aßuan
ging, ganz aufgehört und sind somit die Europäer, welche Oberägypten besuchen
wollen, darauf angewiesen, sich der theuren und von der Windrichtung abhängi=
gen Segelbarken zu bedienen. Zahlreiche beladene Dahabien segelten stromauf=
und stromabwärts, auf beiden Seiten des Stroms gingen und kamen Karawa=
nen und größere oder kleinere Züge von Menschen und Thieren; jenseits des
Nils erblickt man die sehr umfangreichen Steinbrüche von Tora, sowie ein von
Napoleon gebautes Fort auf dem letzten Ausläufer der Berge von Tora, ferner
den ganzen langen mannigfach gestalteten und zerrissenen Bergzug des Moccattam
und zur Linken die Vorstädte von Kairo mit der Citadelle und der herrlichen
Moschee so war das Bild am Ufer des Nils vor mir; und wenn ich mich
umwandte so sah ich über die lachende grüne Nilebene nach dem hinter demsel=
ben aufsteigenden Hochplateau der libyschen Wüste, vor welchem einige Dörfer
in und neben Palmen zerstreut lagen und hoch in die Lüfte erhoben sich sämmt=
liche Pyramidengruppen Unterägyptens, dann am ganz fernen Horizonte in süd=
licher Richtung erblickte man noch die Pyramiden von Matanieh, sodann die
von Daschur, Sakhara, grade in westlicher Richtung die von Abusir, weiter
rechts die von Gizeh und am Horizont in nordwestlicher Richtung die Trümmer=
hügel der Pyramiden von Aburoasch. — In nördlicher Richtung dicht am Nil
erhob sich hinter dem großen Palmenwald das stattliche Gizeh.

Lautes Geschrei verkündete die Vorbereitungen zur Abfahrt der Fähre. Ein
halb Dutzend Kameele, 4 Esel und einige Dutzend Menschen bildeten die Passa=
giere. Die Fahrt über das kühle Wasser that uns Allen, die wir heute so viel
Hitze zu erleiden gehabt hatten, unendlich wohl, und hätten wir am jenseitigen
Ufer ein Fahrzeug bis Bulak gefunden, so wären wir mit wahrem Vergnügen

auf dem Nil heimgefahren. So aber mußten wir wieder unsere ebenfalls sehr ermüdeten Esel besteigen und noch den entsetzlich tristen, einförmigen Weg durch die Sandwüste bis dicht an die Todtenstadt am Fuß der Citadelle zurücklegen. Erst ganz zuletzt gelangten wir wieder in bewässertes und angebautes Terrain. Große Weizenfelder durch bedeutende Melonenanpflanzungen unterbrochen, erfrischten hier noch einmal das Auge, eine Heerde von einigen Hundert fettschwänziger Schafe gab eine weitere Abwechslung in den einförmigen Nachhauseritt. Der Eindruck, den die Todtenstadt, die Gräber der Söhne Mehemed Ali, Ibrahim Pascha's Mausoleum auf mich gemacht hat, habe ich schon oben zu schildern versucht. Ich fühlte mich heute von einem fast 12stündigen Wüstenritt so erschöpft, daß ich — und meinen Reisegefährten erging es ebenso — nur den einen Wunsch hatte, möglichst bald im Hotel zu sein, und es wurde beschlossen, die neuen Stadttheile, durch welche der nächste Weg nach Hause führte, am andern Tage mit aller Ruhe anzusehen. Nachdem wir noch einen Hundekampf angesehen hatten, ausgeführt von ca. 20 hungrigen, häßlichen Hunden, welche sich um einen gefallenen Esel wüthend zankten und sich jämmerlich zerbissen und schließlich heulend auseinanderstoben, als wir uns den Scherz machten, gegen sie mit Steinwürfen zu Felde zu ziehen, ritten wir durch das Bab el Quarafeh in die Stadt. Auf dem dicht am innern Thor befindlichen großen Karameidam=Platze empfing uns eine Schaar arabischer Gassenbuben und verfolgte uns mit dem Ruf: „nazzarani" (Christen) — bei dieser Sorte Volk natürlich als Scheltwort im Gebrauch. Auch hier zeigte mein vortrefflicher Eseljunge Ibrahim comico sich als ein brauchbares Individuum, indem er nach kurzem Besinnen seine jüngeren Landsleute durch einige gut angebrachte Hiebe auseinander sprengte und uns Ruhe verschaffte. Hinter dem öden und ziemlich langweiligen Platz, der dicht unter der Citadelle liegt und den wir seiner ganzen Länge nach durchreiten mußten, folgt der weit interessantere, schon öfter genannte Rumelieh=Platz mit der herrlichen Hassan=Moschee. Wie gewöhnlich waren auch jetzt, obschon es schon dunkelte, Gruppen Menschen um einige schwarze Taschenspieler und Possenreißer versammelt, um ihren Aberglauben durch Anschauen derartiger Kunststücke von Neuem zu stärken. Nach 20 Minuten befanden wir uns wieder in ganz bekannten Regionen in der Musty und um 8 Uhr waren wir glücklich im Hotel angelangt. Ich begab mich mit dem festen Vorsatz zur Ruhe, allen Landsleuten, welche diese Tour, die jedenfalls interessanter ist, wie der Besuch der Gizeh=Pyramiden, unternehmen wollen, den dringenden wohlgemeinten Rath zu geben, ihre Dispositionen in anderer Weise zu treffen; d. h. Nachmittags nach Sakhara reiten, dort übernachten und am andern Tage frühzeitig die Besichtigung des Pyramidenfeldes von Sakhara, Serapeum ꝛc. zu beginnen; man macht in diesem Falle Nachtlager beim Scheich (Ortsschulzen) des Dorfes Sakhara, der außer einigen Zimmern (d. h. nackte 4 Wände) auch eine Antikensammlung zur Disposition der Reisenden hält. Doch soll er auch in Anfertigung von künstlichen Antiken sehr geschickt sein und es darin schon recht weit gebracht haben. —

Die Ermüdung, die die natürliche Folge dieser Tour war, war leider am andern Tage noch so groß, daß eine Excursion nach dem versteinerten Walde und nach der Mosesquelle, welche für den andern Tag verabredet worden war, unterbleiben mußte. Ich konnte mich kaum ½ Stunde auf dem Esel im Sitz erhalten und schlich deshalb den ganzen nächsten Tag in den Straßen umher, machte Volksstudien, besuchte die Bazars, sah den Kupferschmieden, Drechslern, Tschibuckfabrikanten aufmerksam zu und versäumte nicht, von 4 Uhr ab bis zur Dämmerung der schönen böhmischen Musik auf dem Esbeckieh anzuhören und die elegante und schöne levantinische und europäische fashionable Welt beiderlei Ge= schlechts hier spazieren fahren, reiten, gehen und sitzen zu sehen, und da der Kreis der Deutschen, welche heute hier versammelt waren, ein ungewöhnlich gro= ßer und zahlreicher wurde, so hatte ich keinen Grund mehr, zu bedauern, daß die Tour hinter das Moccattamgebirge nach dem versteinerten Wald nicht ausge= führt worden war. —

Am folgenden Tage, einem Sonnabend, beschloß ich die Citadelle noch ein= mal möglichst früh zu besuchen. Ich ritt allein mit Ibrahim zunächst nach der Azhar = Moschee, der berühmten arabischen Universität. Sie liegt im alten sara= cenischen Theil der Stadt in östlicher Richtung vom Ende der Straba nuova, nicht gar weit von dem Bazar Chan Halil; etwa 25 Minuten vom Pyrami= denhotel entfernt. Diese Moschee enthält gleichzeitig eine Facultät für Theologie und eine für Jurisprudenz. Während sie früher von Lernbegierigen complett überfüllt war, hat jetzt der Zudrang nachgelassen, doch genießt sie noch immer eines ausgezeichneten Rufes und es begegnen sich hier die Hörer aus Mogador, Mascate, Zanzibar, Bagdad und aus der Türkei. Ich bin überzeugt, daß in keiner deutschen Universität der Professor in solch cordialer, gemüthlicher, ungenir= ter Weise seine Weisheit den Schülern offenbart, wie hier, wo der Lehrer unter den Säulengängen zwischen den theils sitzenden, theils lagernden Schülern auf= und abgehend, denselben seine Vorlesungen hält. Die Moschee ist weniger schön und prächtig, als wichtig durch ihren Zweck. Man sagte mir, daß sich die Zahl der Zuhörer auf weit über Tausend beläuft. Der Begriff „Collegiengelder" ist hier unbekannt; der gesammte Unterricht wird gratis ertheilt, ja, eine Anzahl Bedürftiger erhalten noch obenein Stipendien. Der Hauptreichthum dieser mu= hamedanischen Hochschule besteht in bedeutendem Felderbesitz, außerdem bezieht sie aus dem Staatseinkommen noch eine ziemliche hohe Summe, die nicht normirt ist, sondern dem jedesmaligen Ermessen des betreffenden Ministers oder Ober= priesters Scheich el Islam überlassen bleibt.

Interessant bleibt doch immer die Betrachtung der schönen Säulen, die man zum Theil aus verschiedenen Tempeln des Alterthums zusammengeschleppt hat; theils aus Marmor, theils aus Granit, Porphyr und Basalt gehauen, gaben sie den deutlichen Beweis, daß diese Moschee zu verschiedenen Zeiten erbaut wor= den ist. In den Säulengängen der nach Osten zu gerichteten Seite hängen Tausende von Lampen an langen dünnen Ketten herab, sie dient ausschließlich zum Gottesdienst, ich wagte nicht sie zu betreten; dagegen finden unter den Säulengängen der andern 3 Seiten die Vorlesungen der betreffenden Docenten statt. Da ich versäumt hatte den Consulats = Cawaß mitzunehmen, so begnügte ich mich mit einem kurzen Ueberblick des großen Hofraumes, bedaure aber heute noch, daß ich hierdurch verhindert war die alterthümlichen Säle zu durchwandern, in denen die Bibliothek aufgestellt ist und in deren prachtvoll geschnitzten Holz= schränken höchst werthvolle und seltene Manuscripte aufbewahrt werden. Gegen=

wärtig ist mit der Moschee ein Blinden = Institut verbunden, ein wahrer Segen für die Bevölkerung Aegyptens, wo Augenleiden zu den am häufigsten vorkommenden Krankheiten gehören und die der verstockteste Aberglaube nicht regelrecht zu heilen gestattet.

Ohnweit der El Azhar = Moschee liegt die Hassanein = Moschee, gewidmet den Enkeln des Propheten, den Kindern dessen Tochter Fatima, Hossein und Hassan. Von Ersteren soll der Kopf, von Letzterem die Hand — oder umgekehrt — hier aufbewahrt werden. Auf Grund dieser Reliquien steht sie in einem hohen Ansehen bei den Gläubigen und ist als Wallfahrtsort sehr beliebt. Ich habe weder den Kopf noch die Hand der beiden Heiligen gesehen, sondern mich ganz still unter einer Menge betender Gläubigen verhalten und kann kaum eine Beschreibung des Brunnens und der Säulengänge liefern. Weil auch diese Moschee weit ab vom Mittelpunkt der Stadt, wo fränkisches Leben herrscht, liegt, so hatte ich nicht rechten Muth, mich ganz allein in dem der Andacht leicht zu fanatisirender Muselmänner geweihtem Ort länger aufzuhalten.

Unser Weg nach der Citadelle führte uns wieder durch den Sattlerbazar, eine lange Straße, in deren Kauf = und Handwerkerläden nichts Anderes zu sehen war als Sättel, Geschirr, Zaumzeuge, Schabraken und zwar mitunter von außerordentlicher Pracht. Die eigenthümlichen arabischen Sättel und namentlich die breiten, schweren Steigebügel erregten ganz besonders meine Neugierde.

Mein dritter Besuch auf der Citadelle war ebenso wie die beiden erstern vom herrlichsten Wetter begünstigt und die Aussicht wiederum entzückend. Ich konnte mich lange von dem vordern Mauerwerke an der Südseite der herrlichen Moschee stehend nicht trennen, denn ich mußte mir sagen, daß ich wohl nie mehr diesen Genuß des Anblicks eines so großen Theiles der Nilebene haben würde. Noch einmal besuchte ich das prachtvolle Innere der Mehemed Ali= Moschee, noch einmal, das letztemal trat ich an den Mauerrand um die von der Morgensonne hell beschienenen Grenzwächter der Wüste, die Pyramiden in ihrer ganzen Zahl und Großartigkeit ihrer Erscheinung und den Nil, dessen Lauf man von hier auf 10—12 Meilen Länge übersehen kann, zu betrachten, dann setzte ich mich auf meinen Langohr und ritt langsam den steilen Weg nach dem Rumelieh=Platz, den ich schon einmal zurückgelegt hatte, hinab, ich blieb auf der Mitte halten, 5 Moscheen übersah ich hier mit einem Blick; die schönste oben auf der Citadelle; die großartigste in ihren Dimensionen: die Hassan = Moschee; die Marbani = Moschee mit ihrem prachtvollen (vielleicht elegantesten Minaret) und die bereits im Verfall begriffenen 2 kleineren Moscheen, die Mahmudieh= und die Emir Akhor = Moschee.

Die Stadttheile, die ich auf dem Heimritt von Sakhara nur ganz oberflächlich kennen gelernt hatte, wollte ich heute genauer kennen lernen. Doch verirrte ich mich gar bald und befand mich nach 10 Minuten auf dem großen freien Platze, der vor dem Palais des verstorbenen Ilhami = Pascha liegt. Der Platz ist todt, öde, einförmig, ebenso das geschmacklos erbaute Haus. Sehr schön und sehr groß soll der hinter dem Palais gelegene Garten sein, dessen Eintritt man mir aber verweigerte. Die großen Ställe waren leer, ebenso die Säle und Zimmer, wenige Wochen vorher hatte die Auction der Pferde und des Inventariums, welches zum größten Theil aus den renommirtesten Fabriken

Frankreichs, Englands und Deutschlands stammte, stattgefunden. Zur Auction der Prachtpferde hatte auch der König von Würtemberg einen Käufer gesandt, dem es gelungen war, einen der edelsten (vielleicht den edelsten) Hengste für eine enorme Summe zu erstehen. Leider ist dieses Thier, welches ganz unersetzlich ist, auf der Ueberfahrt gestorben. Man munkelte allerlei Geschichten über diesen Todesfall. Nach den am meisten verbreiteten Ansichten sollen die arabischen Stallmeister des verstorbenen Prinzen = Thronfolger, untröstlich, daß ein Pferd aus so edlem Stamme ihrem Lande entzogen wird, dasselbe vergiftet haben, um die Ungläubigen nicht in den Besitz dieses Thieres gelangen zu lassen. In dem prachtvollen Nachlaß des Ilhami = Pascha war auch die preußische Industrie stark vertreten; das beste Damastgedeck mit den prachtvollsten Stickereien stammte aus Oberschlesien und der schöne vollzählige Silberservice war Berliner Fabrikat.

Ich bog wenige Schritte hinter dem Palais links ab und gelangte bald in die Hauptstraße, welche die Stadt in der Richtung von Süden nach Norden durchschneidet und in welcher fast eben so viel Leben herrscht, als in der Musky. Europäische Läden und Schilder sah ich aber hier nicht. Außer einigen griechischen Inschriften war aller Handel und alles offene Geschäft in den Händen von Arabern. Einige Kurden und Perser mit ihren eigenthümlichen Mützen trieben sich, mit Teppichen behangen in der Straße umher. Zwei Kerls, in violett und weiß gestreiftem Turban, langem violettem Kaftan und eigenthümlichem Gesichtsausdruck bei fast kupferrother Hautfarbe fesselten meine Aufmerksamkeit. Ich hielt sie, langsam neben ihnen hinreitend, für Malayen und erst nachdem der eine einen Haufen Fächer, aus Palmblättern äußerst kunstvoll zusammengenietet, mir entgegenhielt und mich in englischer Sprache bat, ihm einige abzukaufen, erfuhr ich auf ein Eingehen in eine Unterhaltung mit ihnen, daß sie Hindu's seien und aus Madras stammten. Die beiden Leute, namentlich der Eine, der fließend englisch sprach, erregten meine Neugierde in hohem Grade und ich bat um die Erlaubniß sie in ihre Wohnung begleiten zu dürfen, um ihre anderweitigen Kunstproducte zu sehen. Während Beide unter einander Sanscrit sprachen, denn der Andere verstand außer Arabisch und Sanscrit keine andere Sprache, konnte ich ihre Physiognomien und ihr Mienenspiel in aller Ruhe beobachten. Eine ungeheure Gutmüthigkeit sprach aus ihren kleinen schwarzen Augen, ihre Unterhaltung unter sich und auch die Conversation des Einen mit mir war von Lächeln fortwährend begleitet. Durch unwegsame schmale unheimliche Straßen gelangten wir endlich in den riesigen Hofraum des Khan Halil, dem Abladeplatz aller per Kameel ankommenden Waaren für die in dem großen weiten Bazar des Khan Halil handelnden Kaufleute. Ein großartiges Gebäude mit einer Unzahl von Magazinen, Niederlagen, Verkaufshallen, Lagerräumen, Wohnungen, Schlafstellen umschließt diesen Hofraum, in welchem an hundert Kameele sich befanden, welche theils abgeladen, theils beladen wurden. Das Geschrei und Gezänke der Beduinen und Araber bildete im Verein mit dem Gebrülle der Esel und Kameele einen entsetzlichen Scandal, der in den Treppengewölben, unter denen wir hinanstiegen, unangenehm widerhallte. Im dritten Stockwerk hatten die biedern Hindu ihre Waarenvorräthe, welche nur in einer großen Anzahl Fächer von verschiedener Farbe und Construction und in Sticereien aus Perlen (falschen Glasperlen) bestanden. Ich kaufte einige Fächer, ließ mir über ihre Reise und weitern Absichten erzählen, animirte sie zu einer Reise nach den größeren Städten Europa's, um dort ihre zierlichen Handarbeiten zu verwerthen, und war erstaunt, daß der Eine von ihnen von London, Liver= pool und Manchester erzählte, auch die Reiseroute von Alexandrien über Malta nach Marseille und von da durch Frankreich durch, nach England vollkommen kannte. — Die Hindus machten durch ihre billigen Forderungen für ihre Sächel= chen eine rühmliche Ausnahme von den Persern, mit denen ich wiederholt per Dolmetscher in Geschäftsverbindung zu treten beabsichtigte, um einen ächten Tep= pich zu kaufen.

Als ich von diesem Spazierritt nach dem Hotel zurückkam, wurde mir ge= meldet, daß am Morgen ein Deutscher und Siebenbürge mit Leopardenfellen und andern Naturalien aus Massaua am rothen Meer via Suez in Kairo einge= troffen sei. Mit Hilfe des schwarzen Portiers fand ich ihn auf dem Dache eines Hauses im Araberviertel wohnend, und da hier zur Abschließung eines Kaufs kein Dolmetscher nöthig war, so gelang es mir bald, ein schönes Leo= pardenfell, welches noch sämmtliche Barthaare und sämmtliche Krallen trug, für 4 Thaler, b. i. 20 Francs, zu kaufen. Ein weniger vollkommnes, mit zwei Löchern am Halse versehen, kaufte ich für 15 Francs. Das theuerste und größte, ein tabelloses Exemplar, sollte 30 Francs kosten. Außerdem hatte er schöne Muscheln, Korallen und Hörner verschiedener Antilopengattungen mitge= bracht; da ich aber schon das Gehörn des Steinbocks vom Sinai und der Dorcas = Antilope in dem Kaufgewölbe des Nubiers auf der Musky, dessen Be= such ich jedem Landsmann nicht dringend genug anrathen kann, erstanden hatte, refüsirte ich die Offerte dieser Art Naturalien.

Leoparden=, Hyänen= und Gazellenfelle sind jeder Zeit in Kairo zu kaufen; selten aber findet man von ersteren eine so große Zahl und auch selten kauft man gute Felle so billig wie ich. — Jedenfalls bilden die Leopardenfelle als Zimmerzierde eine der schönsten Reiseerinnerungen für Jeden, der Aegypten be= sucht hat. —

Gegen Abend besuchte ich eine kleine Sammlung wilder Thiere, die ein Frankfurter hier beständig hält und hier und da die kleineren Menagerien und zoologischen Gärten Deutschlands mit frischer Waare versorgt. Der Mann hat das ganze Parterregeschoß und 2 kleine Hofräume eines sonst leer stehenden Hauses mit diesen wilden Ungethümen bevölkert. Drei junge Löwen, eine Hyäne, zwei Antilopen, vier Affen und ein Leopard waren die interessantesten Thiere, die ich hier sah. —

Am andern Morgen (es sollte der letzte Tag sein, den ich in Kairo ver= leben konnte), suchte und fand ich bald die Gelegenheit, einen Kameelritt zu machen. Es schien mir unbedingt zu einem Aufenthalt in Aegypten zu gehören, auf einem gewöhnlichen Kameel geritten zu sein. Bekanntlich giebt es Reit= und Lastkameele Von ersteren stehen stets einige schön bequem gesattelt auf dem Esbeciehplatz vor Shepard's Hotel. Ich verschmähte diese als zu bequem und verfolgte die Richtung nach Schubra. Bald fand ich einen einzelnen auf einem mit rohem Sitzgestell versehenen Kameel reitenden Beduinen, den ein Viertelflorenstück sofort zum Stillstand und Herunterspringen bewog. Einige

Freunde waren mir gefolgt, um sich an dem vornüber zur Erde fallen zu er=
götzen, denn es sind bekanntlich verschiedene Maßregeln inne zu halten, ohne
deren Beobachtung man kopfüber herunterfällt. Da das durch Schlagen vor die
Kniepolster zum Hinlegen genöthigte Kameel beim Aufstehen zuerst mit den
Hinterfüßen sich erhebt, während es mit den Vorderfüßen noch auf den Knieen
liegt, so muß der Reiter sich stark nach hinten zurücklegen, seine Füße gewaltsam
gegen den Hals des Thieres stemmen und sich krampfhaft mit einer Hand an
einer der vordern, mit der andern an einer der hintern Sattelgestellgabeln fest=
halten, um nicht herabzufallen. Die meisten Europäer kennen diese Vorsichts=
maßregeln nicht und es soll höchst spaßhaft aussehen, wenn sie, kaum im
Sattel des noch liegenden Thieres sitzend, bei dessen Aufstehen sofort an dem
Bug Robolz schießend, in den Sand fallen. Es gereichte mir zur nicht ge=
ringen Genugthuung, fest im Sattel sitzen geblieben zu sein, und schritt mein
Thier, eine junge Kameelstute, mit schnellem Schritt von dannen. Da diese
Thiere mit den beiden Beinen jeder Seite gleichzeitig ausschreiten, so soll ihr
schwankender Gang Zufälle hervorbringen, die der Seekrankheit vollkommen glei=
chen. Ob ich, da ich von dieser Krankheit bisher verschont geblieben bin, auch
hiervon nicht affizirt wurde, weiß ich nicht. Genug, mich hat ein halbstündiges
Reiten im lebhaften Schritt nicht im Mindesten belästigt; dagegen wären die
Versuche, in Trab überzugehen, bald von schlimmen Folgen begleitet gewesen,
und rathe ich daher Niemandem, Kameeltrab auf nicht besonders zugerittenen
Reitthieren zu unternehmen. Die Höhe, von der man von dem Höcker eines
Kameels herabfallen muß, wenn das Thier ausschlägt, flößt immer mehr Be=
sorgnisse ein, als wenn man vom Rücken eines Pferdes herabfällt. —

Bei dem Einpacken meiner Effecten und eingekauften Gegenstände hatte ich
wieder einmal eine recht schöne Gelegenheit, die strenge Religiosität der Musel=
männer in den untersten Volksklassen zu beobachten. Einige Freunde hatten
mir ihre Diener zur Hilfsleistung gegeben. Als wir im eifrigsten Packen waren,
erschallte plötzlich der Ruf des Mueddin vom nahen Minaret zum Nachmittags=
gebet. Die beiden Muselmänner ergriffen die nächstliegenden Palmmatten, legten
die Pantoffeln ab und verrichteten, mit dem Gesicht gen Osten gewendet, mit
derselben Andacht ihr Gebet, als wenn sie in der Moschee wären. Es machte
einen guten Eindruck auf sie, daß wir zwei Europäer, ihre Sitten ehrend, in
unserer Beschäftigung inne hielten und warteten, bis sie ihre Andacht beendet
hatten. —

Den Rest des Tages und Abends hatte ich vollauf zu thun, um den lieben
Freunden und Landsleuten für die mir erwiesenen Beweise von Freundschaft,
für den Rath und die Unterstützung, die sie mir hatten angedeihen lassen, zu
danken. Am andern Morgen, am Montag den 18. Februar, reiste ich mit dem
um 9 Uhr abgehenden Tageszuge nach Alexandrien zurück. Die Wartesäle auf
dem Bahnhofe für die 1. und 2. Klasse sind groß und geräumig, die Billet=
expedition, noch mehr aber die Gepäckabfertigung, sehr mangelhaft. Die Tarif=
sätze für Passagiergepäck sind enorm und würde ich wiederholentlich Jedem rathen,
der mehr als Handgepäck hat, welches er unter dem Sitz mit Bequemlichkeit
placiren kann, sein Reisegepäck einem der Spediteure zur Weiterbeförderung zu
übergeben. Ich mußte für einen Koffer von circa 60 Pfund Uebergewicht

28 Francs Frachtgebühr zahlen. Wieviel hiervon tarmäßig und wieviel nicht tarmäßig war, läßt sich allerdings nicht mehr ermitteln Meine Reisegesellschaft bestand aus einem Bey aus dem Diwan des Innern, der nach Tantah fuhr, 5 Arabern der höhern Stände und einem italienisch sprechenden Türken, dem ich zu verdanken habe, daß ich auf der Station am Nilübergang ein echt arabisches Mittagsessen einnehmen konnte, nämlich gebratenes Huhn, ein süßes breiartiges Gericht und Brot, sämmtliches Essen ohne Löffel, Messer und Gabeln mit bloßen Fingern, welche Gerichte in ' großen offenen blechernen Schüsseln trotz der brennenden Sonnenhitze von, im Sturmschritt bei den Waggons vorüber eilenden Kerls offerirt wurden. Zum Glück gab es hinreichende Wasserträger, welche aus ihren Wildschweinshäuten Trink= und Waschwasser in Masse spendeten. Der kleinen hübschen Orangenverkäuferin, die mich bei meiner Fahrt nach Kairo so entzückt hatte, kaufte ich natürlich wieder eine Anzahl ihrer süßen Früchte ab. Auch sie hatte mich sofort wieder erkannt Einige Engländer amüsirten sich durch Kokettiren mit einigen arabischen Dirnen, welche unverschleiert in einem durch inwendige seidene Vorhänge nothdürftig geschlossenen Schwitzlastencoupé 1. Klasse saßen und mehrfach hinter den Vorhängen hervorschauten, jedesmal aber unter lautem Gelächter zurückwichen, wenn die beiden Don Juans sich dem Fenster näherten. Ein englisch sprechender Conducteur mußte endlich ins Mittel treten, um das junge Albion zu warnen, denn der die Damen begleitende Haremswächter war inzwischen vom Mittagsessen zurückgekehrt und im Begriff, seinen Platz im Nebencoupé wieder einzunehmen.

Die große Hitze bewirkte, daß wir Alle bald in tiefen Schlummer versanken, aus welchem wir erst kurz vor Alexandrien wieder erwachten. Der zierliche Omnibus des Peninsular=Hotels nahm mich sofort auf und da auch die Auslieferung des Gepäcks keine Weitläufigkeiten verursachte, so waren wir bald nach 3 Uhr im Hotel. Um 4 Uhr befand ich mich bereits mit dem liebenswürdigen Viceconsul auf dem Wege nach dem alten Pharus, einem der sieben Weltwunder, ehemals auf der Insel Pharus von Ptolomaeus Sotor errichtet, dessen Grundmauern man kaum noch erkennen kann. Das alte Weltwunder ist nicht mehr; an seiner Stelle steht ein befestigter Leuchtthurm, niedriger als der eigentliche elegante Leuchtthurm, der auf dem letzten Ende jener schmalen Landzunge steht, auf welcher die Sommerresidenz des Vicekönigs, das herrliche Raffeltin erbaut ist, und welcher dem jetzigen Hafen von Alexandrien (dem alten Eunostus) als Signal dient, wogegen der auf der Stelle des alten Pharus erbaute Leuchtthurm dem alten „großen Hafen", jetzt „neuer Hafen" genannt, als Signal dienen könnte, wenn Vorrichtungen getroffen wären, daß auch in diesem letztern Leuchtfeuer unterhalten wird.

Der Weg dahin führt durch die Hauptstraße, in welcher der Hauptverkehr zwischen dem Hafen und dem Frankenviertel vermittelt wird, und sodann längs der Meeresküste nach jener schmalen Landzunge, die sich in halber Länge nochmals theilt; auf ihrem östlichen Ende — ehemals eine Insel — stand der Pharus, ihre westliche Spitze nimmt ein von französischen Ingenieuren erbautes Fort ein. Die Aussicht von dem Pharus ist beschränkt, nur die östliche Stadt läßt sich übersehen, der Blick auf den Hafen ist verschlossen durch eine Landzunge, welche das große Hospital, Arsenal, die zum Palais Raffeltin gehörigen großartigen Bauwerke und den neuen Leuchtthurm trägt. Der Weg nach dem alten Pharus ist ziemlich beschwerlich, die See hatte das Mauerwerk des Dammes und der Brustwehr stellenweise durchbrochen, an einigen Punkten lagen, von den Wellen bespült, einzelne Säulenbruchstücke und Capitältrümmer aus rothem Granit — die Zeugen der Herrlichkeit der einst hier gestandenen Prachtbauten; Wir genossen von der Höhe der Mauerung das Schauspiel eines prachtvollen Sonnenunterganges und fühlten uns hierdurch für die etwas gefährliche mit Klettern und Springen verbundene Abendpromenade reichlich entschädigt. — Die Strapazen wurden durch ein Souper im schönen eleganten Local des deutschen Vereins bald vergessen; eine Anzahl geräumiger Localitäten, aus großem Ballsaal, Speisesaal, Billardzimmer und Lesezimmer (mit kleiner aber gewählter Bibliothek der vaterländischen Classiker) bildet das deutsche Casino, wo sich allwöchentlich mehreremal die Deutschen zu gemeinsamer Unterhaltung zusammenfinden. Außer der Leipziger Illustrirten Zeitung und dem Kladderadatsch werden noch eine Anzahl deutscher Zeitungen gelesen. Ein ausgelegtes Fremdenbuch, worin jeder Eingeführte seinen Namen einträgt, enthielt eine nicht unbedeutende Menge Namen interessanter Persönlichkeiten, so z. B. hatten die hervorragenden Mitglieder der ostasiatischen Expedition insgesammt hier ihre Namen verzeichnet.

Der folgende Tag, der letzte, den ich auf afrikanischem Boden zubringen sollte, war zum Besuch des schönen Schlosses Rasseltin und der Bäder der Cleopatra, so wie der in der Nähe der letzteren befindlichen Katakomben bestimmt.

Auf dem Wege nach dem Palais versuchte ich die Scheik-Ibrahim-Moschee zu besuchen, deren in der untern Hälfte achteckiges, vier Stockwerk tragendes, in der obern Hälfte rundes, schlankes Minaret mit seiner zwiebelähnlichen Kuppel und mit seinen, von zierlich durchbrochenen Gallerien umgebenen Balluftraden eine Zierde des türkischen Viertels ist. Einige schöne Palmen in der unmittelbaren Nähe tragen nicht wenig zur Verschönerung bei, aber man wies mich ziemlich barsch ab und da ich in Kairo eine genügende Anzahl von Moscheen gesehen hatte und da ich hoffte, in Constantinopel deren noch mehr zu sehen, so bestand ich weiter nicht darauf und trabte auf einer breiten, gut gehaltenen Straße zwischen Gärten und in italienischer Weise gebauten Häusern nach dem Palais Rasseltin zu. Hinter den Gärten zur Linken des Weges, mit einer langen Front nach den im jetzigen Hafen befindlichen großen Docks gerichtet, erhebt sich das von französischen Ingenieurs erbaute Arsenal; zur Rechten sieht man das mit einem großen Platz vor seiner Vorderseite versehene Hospital, eine Schöpfung des ausgezeichneten französischen Arztes Clot-Bey, ehemals Leibarzt von Mehemed Aali. Eine Art Portikus, welcher durch seine mehrfachen Durchgänge an das Brandenburger Thor erinnerte, bildet den Eingang zu den zahlreichen Gebäuden, welche mit der Sommerresidenz des Vicekönigs in irgend welchem Zusammenhang stehen. Ein kolossaler Hofraum, mit Alleen bepflanzt, wird auf zwei Seiten von stattlichen, palastähnlichen Häusern umgeben, gradeaus bringt ein halb in Trümmern liegendes Fort und dahinter der neue Leuchtthurm eine Art Abwechslung in die nach gleichem System aufgeführten Häuser. Rechts hart am Meere befinden sich die Haremsgebäude, links das Residenzschloß des

Vicekönigs, ebenfalls dicht am Meere gelegen, mit herrlicher Aussicht auf den ganzen großen Hafen und längs der Küste bis zum Fort Marabut hin. Nach der Hofseite zu ist das Palais von einem kleinen Garten umgeben, nach der Meerseite zu sind elegante Terrassen angebracht. Da von der äußersten Spitze dieser nur wenige hundert Schritt breiten, an beiden Seiten von tosenden Wogen umbrandeten Landzunge sich ein schöner Blick auf die Stadt und den Hafen erschließen sollte, so beeilte ich mich, diesen äußersten Punkt, der den Leuchtthurm trägt, zu erreichen. Da der Leuchtthurm den Tag über verschlossen ist, so mußte ich mich begnügen, von den Trümmern eines halbverfalleren, unmittelbar unter dem Leuchtthurm gelegenen Forts einen recht schönen Ueberblick über die Landzunge in ihrer ganzen Ausdehnung, die arabische Stadt und den Hafen, die zahllosen Windmühlen an der Küste und über das unfern des Gabari-thores gelegene Palmenwäldchen zu genießen. Auch im Besuch des Residenz-schlosses gelang es mir anfangs nicht, zum Ziele zu gelangen. Erst durch Ver-mittelung eines der englischen Sprache kundigen Handwerkers, früher in Diensten der Wasserwerte von Alexandrien (mittelst welcher sogar bis in das Palais des Vicekönigs das süße Wasser des Mahmudiecanals geleitet wird), gelang es mir, Einlaß zu erhalten. Man war in der Empfangsrotunde, einem schönen, geräu-migen, mit Marmorquadern gepflasterten und mit Marmorwänden versehenen Raum, welcher von allen Seiten Licht erhält, mit Vorbereitungen zum Empfang des aus Mecca heimkehrenden Vicekönigs beschäftigt. Die große Treppe, aus weißen carrarischen Marmormonolithen zusammengesetzt, ist ein schönes Bauwerk, welches — mit vergoldeten Geländern versehen, nach dem Corridor der ein-zigen Etage führt. Der Treppenaufgang ist mit schreiend gelb und hellblau gemusterten französischen Tapeten garnirt; zahlreiche Wandleuchter und Giranden sind an der Decke und den Wänden befestigt. Der Corridor ist mit eleganten Parquet in verschiedenen Hölzern versehen, im ersten Gemach hängen die leben-großen Bilder von Ibrahim Pascha und Mehemed Aali, der Plafond ist echt orientalisch bunt; einige mit roth und silbernem Damast überzogene Armsessel, sowie Tische mit riesigen, blendendweißen Marmorplatten und vergoldeten Füßen bilden das Ameublement dieses ersten Salons, hinter welchem noch drei andere folgen, bis man in den sogenannten Audienzsaal gelangt, in welchem der höchste orientalische Luxus entfaltet ist. In der Mitte des aus den seltensten und theuersten Hölzern phantastisch zusammengesetzten Parquets ist eine aus Lapis lazuli, Perlmutter und Schmucksteinen geringerer Gattung componirte Parquet-figur ausgeführt, zehn riesige Spiegel bilden den Schmuck der Wände; colossale vergoldete Lüstres mit grün, roth und blauen Glaskugeln, Prisma's und schnurren-artig angebrachten Guirlanden in Glas hängen von der Decke herab, Portieren in roth und grüner Seide, mit Gold durchwirkt, garniren die hohen Flügel-thüren und längs der Wände stehen Divans in blau = weißem schwerem Atlas, ebenfalls mit Seide durchwirkt. Auch die Badezimmer, Schlafzimmer ec., wo Verschwendung von Marmor herrscht, sah ich; in einem der kleinen Säle be-fanden sich einige Glaskästen und Glasglocken, unter welchen eine große Anzahl ausgestopfter tropischer Vögel asservirt wurden; eine Menge reichverzierter Blumen-vasen, worin künstliche Phantasieblumen in den grellsten Farben prangten, dienten als Zimmerdecoration neben einer riesigen goldenen Uhr, welche auf einer schönen breiten Alabasterconsole von weiß und honiggelber Farbe stand. Für alle diese Kostbarkeiten, Einrichtungsgegenstände ꝛc. haben die französischen Künstler und Fabrikanten eine Unsumme Geldes erhalten und hörte ich mehrfach die Aeußerung, daß es diese Herren am Gründlichsten verstehen sollen, schon mittelst einer einzigen Lieferung für den Vicekönig so glänzend abzuschneiden, daß es eines zweiten Geschäftes nicht mehr bedarf. Namentlich sind die Spiegelfabrikanten und die Lieferanten der Stoffe für Portieren und Divanüberzug zu diesen gewandten Speculanten zu rechnen. Man wunderte sich allgemein, daß der Vicekönig die Lust am Bauen und eleganter Einrichtung neuer Palais trotz aller bittern Erfahrung noch nicht verloren hat.

Die Aussicht von einigen der oberen Gemächer auf den Hafen ist ausgezeichnet schön; in den gewaltig großen Docks lagen die Reste der bei Navarin vernichteten ägyptischen Marine, die mit nur ganz niedrigen Masten versehenen, vollständig abgetakelten Schiffskörper zweier ägyptischen Linienschiffe, die als Lazarethschiff und als Kaserne benutzt werden. Ohnweit davon ist eine „Seamans Chapel" auf Kosten der englischen und amerikanischen Regierung erbaut worden, eine wesentliche Verschönerung jenes Stadttheils, welche schon beim Landen den Fremden angenehm überrascht.

Vom Palais ritt ich nach dem Hafenthor, sah dort dem Landen der Passagiere eines aus Marseille so eben angekommenen Dampfers zu und trabte durch neue Straßen der arabischen Stadt nach der Moschee von 1001 Säule, welche an jenem Orte steht, den ehedem die Marcuskirche, der Sitz der Patriarchen von Alexandrien, eingenommen hat. Aber hier waren nur betrunkene Matrosen und liederliches Volk beiderlei Geschlechts in Masse zu finden und ich zog es vor, nach der innern Stadt zurückzureiten.

Am Nachmittag durfte ich mit dem diesseitigen Herrn General-Consul nach den Katakomben und den Bädern der Cleopatra fahren. Der heutige Weg verfolgt muthmaßlich die Richtung derselben Straße, welche das Bruchion der Alten durchschnitt. Vor Kurzem hatte man beim Bau eines Hauses die Büste eines Imperators aus rothem Granit gefunden; sie lag, an ein Haus gelehnt, ganz unbeachtet da; eine Antiquität, die man in Europa in hohen Ehren halten und als sehr werthvoll bezeichnen würde, diente hier, umgeworfen, als Sitzplatz. Bei dem Gabarithor, ohnfern des Bahnhofes und dicht an dem Einmündungspunkt des Mahmudiekanals in den Hafen gelegen, verläßt man die Stadt und fährt auf der wohlerhaltenen Straße, welche nach dem Lustschlosse Gabari führt, dessen ausgedehnte Gärten zur Linken bleiben, ohnfern der Meeresküste entlang. Die Gabarigärten, ehedem berühmt durch ihre herrlichen Rosengebüsche, sind theils in Exerzierplätze verwandelt, theils ihres Hauptschmuckes beraubt und sollen nicht mehr der Mühe eines Besuches lohnen. Wir fuhren an der äußern Seite, worin nur Palmen, Feigenbäume und Tamarisken wuchsen, an einem in Trümmern liegenden Fort vorüber und befanden uns plötzlich hart am Meer. Zur Linken hatte sich inzwischen der Blick über den weiten Spiegel des Mareotis-See's aufgethan. Das Ufer des Meeres ist hier nicht hoch, aber ziemlich steil. Man kann mit Leichtigkeit einzelne viereckige Abtheilungen unterscheiden, denen man mit Fug und Recht den Namen geschlossene Bäder beilegen könnte, denn das Meer fluthet aus einer derselben in die andere; aber ob die Cleopatra sich diese

Bäder in das Felsgestein hat aushauen lassen, darüber fehlen alle sicheren Nach=
richten. Ungleich wichtiger und interessanter sind die nach bestimmtem Prinzip
angelegten, völlig unterirdischen Grabgewölbe, bestehend aus einer Reihe von ge=
wölbten Räumen verschiedener Größe, Höhe und Ausdehnung, durch einzelne
niedrige Gänge mit einander in Verbindung stehend, Reste der alten Necropolis
der Ptolemäerstadt. Manche derselben sind eingestürzt und man vermag durch
die geborstenen, zertrümmerten Deckengewölbe hineinzuschauen. Das größte dieser
Grabgewölbe zeigt noch eine Art von durch Säulen besonders ausgezeichneten
Eingang.

Die Bäder der Cleopatra empfehle ich Jedem, der sich zur Erinnerung an
den Besuch der afrikanischen Küste einige Algen, Tange und Muscheln mitnehmen
will, als einen hierzu außerordentlich günstigen Platz. Die Außenseite der Aus=
höhlungen in den Felsen, welche die Bäder vorstellen sollen, sind dicht bewachsen
mit einer großen Anzahl zierlich gestalteter, theilweise dunkelblutroth und hellgrün
gefärbter Tange, welche, auf Papier unter Wasser ausgebreitet, ein baum= und
strauchartiges Ansehen annehmen. —

Hiermit hatte ich das Wichtigste gesehen, was Alexandrien dem Fremden
bietet, und da das nach Constantinopel bestimmte Lloydboot Aquila imperiale
noch vor Tagesanbruch, in den ganz frühen Morgenstunden des 21. Februar,
die Anker lichten sollte, so entschloß ich mich, noch bei Tageslicht in aller Ruhe
an Bord zu gehen. Meine Vorsichtsmaßregeln haben sich als höchst zweckmäßig
bewährt, denn die geldgierigen Barkenführer hatten einem Italiener, der sich erst
in später Abendstunde an Bord begab, mitten auf der Ueberfahrt das doppelte
Fahrgeld abgepreßt, ehe sie ihn an der Landungstreppe des Dampfers absetzten,
und einem Andern fiel im Gedränge des Auf = und Absteigens ein Koffer ins
Meer, welchen Schaden ihm natürlich auch Niemand ersetzt hat. Obenein wurde
mir gesagt, daß die via Smyrna und Anatolien nach Constantinopel fahrenden
Dampfer mit Deckpassagieren überfüllt seien und man gut thue, sein Gepäck im
vollen Tageslicht den betreffenden Schiffsbeamten zu übergeben, um nicht Gefahr
zu laufen, von dem griechischen Deckgesindel bestohlen zu werden. Auch dieser
Rath war im vorliegenden Fall gut angebracht, denn als ich Abends 7 Uhr
an Bord des genannten Schraubendampfers anlangte, war das ganze Deck mit
einer Anzahl Passagiere so vollständig besetzt, daß man von dem Deck des ersten
Platzes noch eine Hälfte hatte absperren müssen, um hier für die Frauen,
Kinder und Sclavinnen noch einen Raum für Deckpassagiere zu gewinnen. Der
Aquile imperiale ist eben so groß als der Neptun, 400 Pferdekraft und
1100 Tonnen Gehalt, aber — weil er hauptsächlich für Güterverkehr und für
Deckpassagiere eingerichtet ist, weniger elegant als der Neptun. Aus letzteren
zwei Gründen war die Zahl der Offiziere vier. Seine Reiseroute ist ausschließ=
lich der Orient, fast lediglich die Communication zwischen Trapezunt und
Alexandrien, entweder längs der syrischen Küste oder von Smyrna direct nach
Aegypten. Wir Passagiere der 2. Cajüte hatten aber über Nichts zu klagen,
die Einrichtung derselben — obschon sie bei weitem kleiner war als auf dem
Neptun — war eben so preiswürdig und bescheidenen Ansprüchen genügend, als
dort. Als ich an Bord kam, fühlte ich mich angenehm überrascht durch die
Anwesenheit eines Hofpianisten aus Gotha, Violoncello = Virtuos K., den ich in

Kairo kennen gelernt hatte, welcher gleich mit nach Smyrna zu fahren beabsich=
tigte und mir den ersten Abend durch seine detaillirten Erzählungen über zwei
Concerte in dem Palast des Sultans (welche seltene Ehre er den Bemühungen
einiger Herren der Preußischen Gesandtschaft zu danken hatte) angenehm ver=
streichen ließ. Leider waren wir gezwungen, in der Cajüte zu bleiben, denn
das Drängen, Stoßen und Rennen auf dem Deck und der hierdurch entstandene
Lärm, vermehrt durch Ankommen neuer Passagiere, Abgehen der Agentur= und
Postbeamten, Einnehmen von Kohle, Gütern, Proviant ꝛc. war so arg, daß
man sich im wahren Sinne des Wortes nicht drei Schritt auf= und abgehend
bewegen konnte; zudem wehte ein empfindlich kalter Nordwind und wir zogen es
vor, bei einem ausgezeichneten Glase Wiener Bier in der Cajüte zu bleiben,
woselbst sich bis 11 Uhr noch 6 Passagiere einfanden. —

IV.

Von Alexandrien über Smyrna nach Conſtantinopel.

———

Unſere Abfahrt von Alexandrien am andern Morgen wurde durch ein Kettengeraſſel annoncirt, wie es in der Hölle tief unterſtem Grunde nicht lauter und unerträglicher ſein kann. Das Heraufziehen des Ankers wollte kein Ende nehmen, derſelbe mußte ſehr tief liegen, denn es dauerte circa eine Stunde, ehe die Kette in Ordnung gebracht war. Wenn man einmal das Heraufwinden einer ſolchen Kette mit angeſehen hat und weiß, wie viel Männer dabei beſchäf= tigt ſind, nicht nur um ſie heraufzuwinden, ſondern auch um ſie auf Deck ſofort in Ordnung zu legen, ſo wird man die Bezeichnung „infernaliſcher, diaboliſcher" Lärm nicht übertrieben finden. Natürlich war an Schlaf ſeit 5 Uhr nicht zu denken und als die Matroſen mit dieſer Beſchäftigung geendet hatten und wir glaubten und hofften, noch einige Stunden Ruhe zu haben, begann das Arbeiten der Schraube und das Reinigen des Decks, welche beide practiſche Studien jeden Verſuch zu ſchlummern als thöricht erkennen ließen. Das durch die Schraube verurſachte Geräuſch theilt ſich als ein Knattern und Poltern und abgebrochenes mühlenartiges Klappern dem ganzen Fahrzeug mit und man muß ſich erſt daran gewöhnen, denn man befindet ſich in fortwährend gleichmäßig geſchüttelter Be= wegung. Ueber den durch übertriebenes Reinigen hervorgerufenen und bedingten Scandal — welche doch ſonſt ſo unumgänglich nothwendige Beſchäftigung im vorliegenden Fall den Character eines Unfugs annahm — habe ich ſchon oben geſprochen. Bogumil Golz nennt die Reinigungsprocedur mit Holzkloben und hartem Seegras, die jenen Teufelslärm allmorgendlich verurſachte, „dämoniſche Reinlichkeitsexceſſe". Obſchon ich nicht in der oberen Coje lag, ſo erſchien mir dennoch einigemal dieſe Hantirung ſo prononcirt, daß ich fürchtete, der Kerl da oben müſſe demnächſt die Bretter durchſcheuern und auf meiner Haut ſeine Be= ſchäftigung fortſetzen.

Etwas erbittert über dieſe Störung des Morgenſchlafes kroch ich heraus und herauf, um die Muſterung der Paſſagiere und Menſchenſtudien an Offizieren und Matroſen zu beginnen. Mit letzteren Studien war ich bald im Reinen; erſtere, d. h. die Paſſagiere, haben mir den ganzen erſten Reiſetag, wo wir ohnehin nichts ſahen, als Himmel und Waſſer, und nur ein Schiff in Sicht kam, hinreichend Stoff zum Denken und Reflectiren, Raiſonniren und Reſumiren gegeben.

Die vier Offiziere des Schiffes übertrafen an Liebenswürdigkeit und Gefälligkeit, bereitwilligster Ertheilung jeder Art von Auskunft und Belehrung noch
ihre freundlichen Kameraden vom Neptun. Der erste Capitain, ein Dalmatiner,
sprach vollkommen fertig deutsch (denn er war früher zwischen Wien und Pesth
auf der Donau gefahren) und sprach gern deutsch. Die drei Offiziere conver-
sirten fertig französisch, englisch und italienisch und zeigten sich auf der ganzen
Reise als mit der gesammten alten, mittleren und neueren Geschichte und mit
den geographischen, statistischen und topographischen Verhältnissen des Orients in
solch gründlicher Weise vertraut, daß es ein wahres Vergnügen war, ihnen zuzuhören. Die Matrosen, sämmtlich Dalmatiner, waren insofern nicht leicht zugänglich, als sie ein zu schlechtes corrumpirtes Italienisch sprachen.

Die sechs andern Passagiere des zweiten Platzes schienen, außer einem armenischen Priester in violblauem, pelzverbrämten Talar, Handelsleute zu sein.
Ihre verschmitzten Physiognomien und ihre Beschäftigungen mit Rechnenexempeln
sprachen für diese Vermuthung. Da außer zweien, welche auch einige Worte
französisch sprachen, die andern nur neugriechisch parlirten, so kamen wir uns
nicht nahe. Der von ihnen am geläufigsten französisch sprechende Priester des
Mercur steuerte auf eine Stellung in einer Seidenfabrik von Smyrna los.

Amüsanter war die aus Armeniern, Inselgriechen, Juden, Türken, ionischen
Griechen, Chioten, Persern, Syrern, Kurden, Arabern, Tscherkessen, Arnauten,
Bulgaren bunt zusammengesetzte Musterkarte der Passagiere der dritten Gattung,
welche, ganz als wenn sie bei sich zu Hause seien, es sich bequem eingerichtet
hatten. Da diese Gesellschaft an der Küche und Verpflegung nicht participirt,
so hatte sich ein Jeder seinen Lebensunterhalt mitgenommen. Auch die Betrachtung der verschiedenen Speisekarten und Gebräuche dieser Nationen, überhaupt
ihre ganze Lebensweise war für mich von höchstem Interesse. — Da die Offiziere denjenigen Passagieren, welche sich ihnen vorstellten und mit ihnen nähere
Berührung suchten, gern gestatteten, die schmalen Verbindungsstege zu besuchen
(welche über den Deckcajüten hinweggingen), von wo aus die Signale gegeben
und dem Steuermann die Richtung der Fahrt angegeben wurde und welche
eigentlich ausschließlich für die Offiziere bestimmt sind, so konnte ich ganz ungestört und namentlich ohne Gefahr zu laufen, mit diversen Insecten — die un-
zertrennlichen Begleiter dieser etwas curiosen Art Menschenbrüder — in unangenehme Berührung zu kommen, Volksstudien machen. Während der Türke auch
am Tage im Schlafen Erstaunliches leistete, der Syrer und Kurde nur im Aus-
gestrecktliegen und Nichtsthun Vergnügen zu finden schien, lasen die Perser und
Bulgaren recht häufig in verschiedenen Büchern, die Arnauten tranken ungeheure
Quantitäten Kaffee, die Griechen und Armenier rechneten viel, zwei Tscherkessen
beschäftigten sich stundenlang mit einigen Rebhühnern, die sie mitgenommen
hatten, putzten auch mitunter ihre Gewehre. Nachmittags um 5 Uhr war eine
Stunde der Bewegung für die gläubigen Muhamedaner. Schon ½ Stunde
vorher wuschen sie sich, stäubten ihre Teppiche aus und mit dem Glockenschlag
Fünf fielen die sunnitischen Bekenner des Islam, mit dem Gesicht nach Osten,
zum Gebet auf die Kniee. Ob die schiitischen Muselmänner, zu denen die Perser
bekanntlich gehören, andere Gebetsstunden haben, vermag ich nicht anzugeben.
Thatsache ist, daß die beiden Perser sich durch die frommen Betäubungen ihrer

Reisegefährten gar nicht aus ihrer Ruhe stören ließen. Auch die 3 Syrer in ihren stark beschmutzt orangefarbenen Gewändern und grünen Faltenhosen blieben ganz tranquill, während die gesammte muselmännische Welt betete, mein Erstaunen hierüber verlor sich jedoch, als man mir sagte, es seien Christen vom Libanon. Daß Alles, was nicht schlief oder betete, Tabak rauchte, versteht sich von selbst. Das Mögliche hierin leistete ein türkischer Major, welcher in voller Uniform unter dem Plebs 3. Gattung friedlich reiste. Obschon seine Uniform (blauer Rock und rother Kragen mit kleinem zierlichen goldgestickten Halbmond an jeder der vordern Ecken) von einem gewissenhaften preußischen Capitain d'armes kaum noch als für die ehemaligen Straffectionen tauglich erklärt worden wäre (denn von Wolle war nicht mehr allzuviel zu bemerken, Ellbogen und Achselpartieen waren bedauerlich blosgelegt) und obschon der Absatz an dem einen Stiefel des Bim=Pascha gänzlich fehlte und am andern Fuß die Zehen in ihrem Bestreben am Genusse der frischen Luft zu partizipiren, siegreich gewesen waren, so schritt der türkische Stabsofficier — ein noch junger Mann — mit seinem langen Tschibuk alltäglich nach unserem Diner, an welchem er keinen Theil hatte, stolz auf dem Verdeck umher, verschmähte es mit den türkisch sprechenden Passagieren des 1. und 2. Platzes zu verkehren, vertiefte sich aber in seiner liebenswürdigen Herablassung in den Umgang mit einigen bulgarischen Sackträgern, mit denen er eine Art Kartenspiel entrirte. Die 3 Spieler nahmen mit ihren 5' langen Tschibuks einen unverhältnißmäßig großen Raum ein und wurden mehrfach von einer Stelle zur andern gejagt, bis sie endlich auf der Höhe eines aus Ballen, Fässern x. gebildeten Gepäckhügels ein stilles Asyl gefunden hatten. Diese Spielgruppe hat uns unerschöpflichen Stoff zu physiognomischen Studien und zu Bemerkungen und Conjecturen der verschiedensten Art gegeben.

Unter dem Zeltdach, welches auf dem Hinterdeck aufgeschlagen worden war, um die große Anzahl Passagiere des 3. Ranges zu befördern, war eine Abtheilung für Frauen. Die aus einem Gitterzaun gebildete Scheidewand war auf eine Länge von mehreren Fuß ohne Segeltuchbekleidung und man konnte, wenn man auf dem Verdeck lag, mit aller Bequemlichkeit in diesen Raum hineinsehen, welcher Beschäftigung ich mich denn auch mit gewissenhaftem Eifer, um in diesem geheimnißvollen Raum gründliche Umschau zu halten, hingegeben habe. Auf deutschem Grund und Boden, d. h. an Bord eines K. K. Oesterreichischen Schiffes, im persönlichen Verkehr mit den Commandirenden des Schiffes fühlte ich mich wenn auch nicht berechtigt, aber doch hinreichend geschützt, um etwaige Reclamationen und Beschwerden der betreffenden Frauen sofort mit allem Nachdruck beantworten zu können. Drei junge Nordamerikaner, Passagiere des 1. Platzes, leisteten mir bei dieser Befriedigung der Neugierde unaufgefordert Gesellschaft und als am zweiten Tag ein auf der Hochschule Heidelberg gebildeter Schweizer unserm Quartett sich anschloß, fühlten wir uns stark genug, auch ohne Schutz der Offiziere etwaigen Störungen unseres Vergnügens energisch entgegenzutreten. Aber es waren alle Befürchtungen unnütz, denn erstens waren die neun Bewohnerinnen dieses Zelts durchaus nicht spröde, zweitens waren sie nicht hübsch genug, um zu befürchten durch ihre Schönheit aufzufallen, und drittens amüsirten sie und die männlichen Türken sich über unsere Wißbegierde ganz erfichtlich, ober thaten wenigſtens ſo. Von den neun Muhamedanerinnen waren vier in Kairo getaufte Nubierinnen, ganz junge Mädchen — ziemlich hübſch — die alltäglich zweimal von einem alten Begleiter Eſſen erhielten und bei den Dardanellen ausgeſchifft wurden; dieſe vier Mädchen kamen alle Abende nach dem Diner aus ihrem Zelt und ſetzten ſich ohnfern des Steuermanns an die Erde, um ſich mit einander zu unterhalten. Aber ihre·Converſation hatte nichts mädchenhaft freudiges, heiteres. Man ſah ihnen deutlich an, daß ſie ſich ge= drückt fühlten. Mich dauerten die armen Kinder grade zu dieſer Stunde am Meiſten und der Menſchenhandel erſchien bei der Gewißheit, daß dieſe armen Weſen ihre Heimath und Angehörigen wohl ſchwerlich jemals wiederſehen wür= den, mir in doppeltem Grade fluchwürdig und abſcheulich. Ferner waren drei ältere häßliche Frauen in gelbwollenen mit blauen Arabesken verzierten Kleidern, welche Perſerinnen ſein ſollten, fortwährend mit Rauchen und Eſſen beſchäftigt, ſie haben die ganze Zeit über auf ihren ſchönen perſiſchen Teppichen ausgeſtreckt gelegen. Eine alte Bulgarin ſchien am aller Ungenirteſten zu leben, ſie ſchaute oftmals heraus und unterhielt ſich mit dem Steuermann in türkiſcher Sprache über Dauer der Fahrt, jeweilig zurückgelegter Route ꝛc., übermäßige Schönheit drückte ſie auch nicht, auch ſie leiſtete im Vertilgen von Feigen, Orangen und Piſtazien Unglaubliches. Nr. 9 war eine ſo abſchreckend ſcheußliche Viſage, daß ich mehrmals verurſacht war, dieſes Monſtrum für die Uebergangsſtufe vom Pavian zum Chineſen zu halten. Ich hätte gern erfahren, woher dieſe über alle Beſchreibung gräßliche Erſcheinung herſtammte, aber Niemand wußte es und als wir nächtlicher Weile die Inſel Mytilene paſſirt hatten, war ſie am andern Morgen verſchwunden. Der Schweizer und ich konnten natürlich unſere Bemer= kungen über die negative Totalität jeder Art von Beziehungen zwiſchen dieſem Ungethüm und der ſchönen Sappho nicht unterdrücken.

Die wenigen Paſſagiere der erſten Cajüte boten in Bezug auf Stand und Würden und Nationalitäten auch hinreichend Stoff zu Beobachtungen. Ein Die= ner der engliſchen Hochkirche mit ſeiner blaſſen, aber ſehr ſchönen Gattin aus dem gelobten Lande heimkehrend, eine türkiſche „Excellenz“ mit Frau, deren Cou= ſins, zwei Kinder, Hauslehrer und Dienerſchaft in diplomatiſcher Miſſion aus Beyrut und Kairo nach Konſtantinopel zurückkehrend, ein armeniſcher Großhänd= ler vom Rothen Meer vom Perlenhandel kommend, drei junge Nordamerikaner, auf einer Runreiſe durch den Orient begriffen, zwei franzöſiſche Vergnügungs= reiſende und ein Agent eines Alexandriner Hauſes, alſo Repräſentanten der Di= plomatie, des Handels, der Gottesgelahrtheit, ‑des Schulfachs, des Belehrung ſuchenden Nichtsthun — aus Europa, Aſien, Afrika und Amerika hatten ſich hier zuſammengefunden.

Die gegenſeitige Bekanntſchaft wurde hier ſchon im Laufe des erſten Tages gemacht, ſie wurde ſo ſchnell vermittelt durch die Liebenswürdigkeit der Offiziere, welche ſich in Wahrheit bemühten, die Honneurs des Schiffes zu machen. Es kann ſich wahrlich die Lloydgeſellſchaft gratuliren, ſolch vortreffliche Beamte und Repräſentanten zn beſitzen und muß man ihr und wir Deutſche müßten es uns ſelbſt wünſchen, daß die deutſche Flagge überall, wo es Concurrenz mit andern Nationen zu beſiegen gilt, von ſolch achtungswerthen Characteren begleitet wird. Nicht nur daß dieſe Herren mit größter Bereitwilligkeit Karten und Fernröhre

zur Disposition der Reisenden stellten, nein, sie theilten den aufmerksamen Passa=
gieren die Fülle ihrer Kenntnisse mit und wenn Jemand von uns mit dem
Fernrohr irgend welchen Punkt suchend, von ihnen gesehen wurde, so konnte
man sicher sein, daß einer von ihnen bald zur Seite war und jedwede Aus=
kunft ertheilte. Unter solcher Führung und in Gesellschaft solcher Führer wird
eine Reise längs der classischen Gestade und Inseln des alten hochberühmten
Schauplatzes „Kleinasien" doppelt genußreich.

Das prachtvolle Wetter hatte die sämmtlichen Passagiere auf Deck versam=
melt, auch die türkische Excellenz (Schwager von Fuad Pascha) nebst gesammter
Familie hatte sich eingefunden. Die Damen speisten in Glacehandschuhen, einige
Sclaven hielten elegante seidene Regenschirme vor, doch konnte man ohne Mühe
beim Auf= und Abgehen die Gesichter sehen. Die Gattin des Großwürdenträ=
gers, ein wirklich schönes Gesicht, sprach viel französisch mit dem Hauslehrer ihrer
Kinder und jenem in Heidelberg gebildeten Schweizer und las auch viel Fran=
zösisch, ihre Begleiterin und Cousine, eine alte violette Sybille, schwieg sich gründ=
lich aus. Die Kinder, ein Knabe Feridon und ein Mädchen Fatma, ergingen
sich auch mit mir in schüchternen Versuchen französisch zu sprechen.

Wäre die Gesellschaft nicht so amüsant gewesen, so wäre der erste Reise=
tag schließlich langweilig geworden, denn trotzdem wir auf hoher See waren,
blieben die Wellen klein und langsam, ein schwacher Südwind war uns günstig,
es wurden einige Segel aufgesetzt und da dieser Wind anhielt, so waren wir
am Morgen des 2. Tages, also nach 26stündiger Fahrt schon in Sicht der
südlichsten der Sporaden, der 2. Insel Skarpantho (ehedem Karpathos) und
(links davon in westlicher Richtung) Kasos.

Der über alle Beschreibung wunderbar schöne Sonnenuntergang des ersten
Reisetages und das Heraufsteigen des Vollmondes, der in überirdisch güldener
Pracht aus dem schwarzen Oceanos heraufstieg, hatte die Reisegesellschaft am
Abend vorher noch lange auf Deck zurückgehalten. Meine Gedanken waren noch
immer fast ausschließlich mit dem Wunderland Aegypten beschäftigt, sie erhielten
durch den herrlichen Abend eine gewisse höhere Weihe. Ich habe die beiden
großen Gestirne des Himmels auf= und niedergehen sehen auf Norwegens felsi=
gen Gebirgen, über den Eisfeldern der Schweiz und über das Wäldermeer so
manchen deutschen Gebirgslandes, ich habe auf der Nord= und Ostsee und im
tyrrhenischen Meere im stillen Betrachten des Sinkens der purpurstrahlenden
Sonne und des Aufsteigens der silberglänzenden Mondscheibe, schöne Stunden
verlebt, aber (so däuchte mir wenigstens) die Tinten des Meeres und des Him=
mels und der Wolken, der Glanz der Gestirne und die Durchsichtigkeit der Luft
waren heute hier ohnfern der Südküste Kleinasiens andere wie damals. Da=
mals wurde der Geist in seiner beschauenden reflectirenden Thätigkeit zersplittert,
auch die andern Elemente und Gegenstände, die Berge, Wälder und Bäume,
das Eis, die Felsen und der Schnee traten in ihrem concreten Dasein vor die
Seele, heute aber konnte ich all mein Sinnen und Schauen, mein Fühlen und
Denken concentriren auf die Begriffe Sonne, Mond und auf die Wirkungen
ihres Lichtes auf Luft und Wasser. Wie schwach, wie ungenügend, wenig be=
zeichnend und noch weniger erschöpfend sind doch alle die Schilderungen der
neueren Sprachen im Verhältniß zur Majestät und Größe des göttlichen Schau=

spiels. Um wie viel näher kam der denkende Grieche mit seiner heiteren Weltanschauung und seinem rührenden Pantheismus der Wirklichkeit. Jener Abend
wird mir um deswillen unvergeßlich sein, weil grade während der wenigen Minuten, in denen die volle Mondscheibe aus der schwarzen stygischen Fluth auf-
tauchte und die überspritzenden Schaumgürtel der heranrollenden Wellen mit
ihrem glitzernden Lichtschein versilberte, eines jener vier unglücklichen Negermäd-
chen aus dem fernen Nubien einen schwermüthig klingenden Gesang leise und
monoton ertönen ließ. Ein unendliches Mitleiden mit diesem armen Wesen, das
von Heimweh und Sehnsucht geängstigt, in einem Augenblick, wo sie sich unbe-
obachtet glaubte, ihren Gefühlen auf diese traurige Weise Ausdruck verlieh, erfaßte mich.

Das alte Karpathos erscheint wie eine röthlich gefärbte mannigfach zer-
rissene fast senkrecht auf dem Meere sich erhebende Felsmauer, deren steile Ab-
stürze nur an sehr wenigen Stellen von ganz geringem Umfang mit spärlichem
Baum- und Graswuchs bekleidet sind. man hält es für unmöglich, daß in dieser tristen Einöde Menschen wohnen können und doch birgt die Insel im Innern
Wälder und angebautes Land und tapfere muthige Einwohner, welche in Gemeinschaft mit ihren kühnen Nachbarn, den Bewohnern der nicht in gleichem
Grade gebirgigen Insel Kasos, im griechischen Unabhängigkeitskampfe eine große
Rolle spielten. Obgleich Unterthanen des Padischah haben sie ihre Selbstän-
digkeit so weit zu wahren gewußt, daß sie auf ihren eigenen Schiffen (sie waren
als schlimme Piraten früher gefürchtet) unter griechischer Flagge fahren.

Je mehr wir uns der Insel näherten, desto deutlicher erschienen die malerischen grotesken Berg- und Felsparthien der Gebirgszüge. Hier und da konnte
man auch ein Häuschen am Ufer des blauen Meeres sehen und in dessen Nähe
regelmäßig einige Fischerbarken. Ein kleiner Trabakel fuhr hinüber nach der
Insel Rhodus, deren Gebirgszüge sich in nordöstlicher Richtung aus den blauen,
schwach gekräuselten Fluthen emporhoben. Wir hatten herrliches Wetter und
eine selten günstige Fahrt. Die Loggleine ergab 11 Meilen in der Stunde.
Die „Clara Rhodos", deren Götterwein Virgil mit beredter Zunge preist, mit
ihrem ca. 5000' hohen Artemira und mit ihren reichen Schatze der Erinnerungen aller Zeiten, die Heimath manches großen Geistes trat uns immer näher.
Leider mußten wir längs der bergigen, stark bewaldeten Westküste auf einige
Meilen Entfernung entlang fahren. Wie gern hätten wir Alle die berühmte
Insel mit ihren griechischen, persischen, römischen, macedonischen, saracenischen,
türkischen, christlichen, abendländischen Reminiscenzen kennen gelernt, wie gern
die Fülle ihrer Frucht- (Orangen-, Granaten, Feigen, Reben) und Cypressen-
wälder kennen gelernt. Aber die Bestimmung, daß die von Alexandrien nach
Smyrna expedirten Schiffe die malerisch amphitheatralisch gelegene Stadt Rhodus, in deren stattlichen Hochmeisterpalast jetzt der Pascha der Sporaden sein Unwesen treibt, ist leider aufgehoben und wir mußten uns mit dem Anblick des
schönen gefeierten Eilandes begnügen. Immer neue Inseln, dahinter die hohen
pittoresken Berge des kleinasiatischen Festlandes, tauchen aus der Meerfluth empor. Der Dampfer eilt an ihnen vorüber. Bei manchen hat man kaum Zeit
den Eindruck, den sie hervorbringen, flüchtig aufzuzeichnen, denn schon erheben sich
hinter und neben ihnen neue Eilande. Ohne Ausnahme ist der Character aller

derselben ein entschieden gebirgiger, steriler. Wälder sieht man nur hier und da. Mir war, als lägen mehrere Bände der alten Geschichte vor mir aufge= schlagen, als wir uns in dem Theater so vieler zu allen Zeiten gespielt haben= der Thaten, Kriege, Siege und Schlachten weiter fort bewegten. Zur Rechten des Schiffes gewahrt man die eine fortlaufende Kette bildenden Inseln Chalkos, Tilos, Nisyras und Yalos; die letztere ist ganz unbewohnt, die anderen schwach bewohnt, ihre Einwohner sind geschickte Taucher, welche an den Küsten dieser Felseneilande und des gegenüberliegenden Festlandes Schwämme und Korallen aus der Tiefe emporholen. Hinter Nisyros erhebt sich steil aus einer Höhe von mehreren Tausend Fuß jäh herabfallend das Cap Crio, vor dessen Fuß eine kleine Insel liegt, ehedem die durch ihren Venustempel berühmte Stadt Cnidos tragend. Südlich vom Cap Crio erkennt man einzelne hohe schneebedeckte Gi= pfel der westlichsten Ausläufer der Janonsketten. Zur Linken vom Schiff ge= wahrt man in südwestlicher Richtung am fernen Horizonte in schwachen Umris= sen die Höhenzüge von Creta, in größerer Nähe jedoch die ganz kleinen Eilande Stariba und Giovannino; auf letzterer soll der Apostel Johannes gelebt haben. Astropalia mit seinen zackigen Zipfeln bleibt weit links liegen, dagegen fährt das Schiff so dicht an dem Ufer von Cos (jetzt Stanco) vorbei, daß man die einzelnen Bäume zu unterscheiden vermag. Zwischen Nisyros, welches man eher einen aus dem Meere emporgehobenen Felsen nennen möchte, denn allenthalben sind die Ufer hohe Felswände, und Cos sieht man die Küste des Festlandes, es ist der Sinus ceramicos, jetzt Golf von Cos, welcher sich tief in das Land hineinerstreckt, ehedem lag Halicarnassus, eine der 6 Städte des dorischen Staa= tenbundes, deren Trümmer noch jetzt ihre frühere Größe anzeigen, an dieser Küste. Cos, die Geburtsstätte des Hippokrates, zeigt in seinen südlichen Theilen nur mäßig hohe dichtbewaldete Höhenzüge, seine Westküste ist ein flaches hügliges Weideland, welches stellenweise mit großen Pinien oder ähnlichen Nadelhölzern bestanden war, in deren Schatten kleine Schafheerden weideten. Vor der an der Nordküste gelegenen Hauptstadt der Insel konnte man ganz deutlich die am Meere gelegenen weißen Häuserreihen mittelst des Fernrohrs erkennen. Dicht an der Nordwestspitze der Insel vermochte man in einer Meeresbucht mehrere Dör= fer theils am Meere, theils auf der sanft ansteigenden, gut angebauten, von be= waldeten Hügelreihen eingefaßten Ebene liegend, ganz deutlich zu erkennen. Kaum hatten wir Cos passirt, so treten Kalymnos und Leros als zwei wiederum fel= sige aber dicht bewaldete Eilande, dahinter die gebirgige, ruinenreiche Küste des Festlandes in den Gesichtskreis. Die Ufer beider Inseln sind mannichfach zer= rissen, ehedem waren sie als unzugängliche Schlupfwinkel der griechischen See= räuber gefürchtet. Am Horizont zur Linken traten in fast gleicher Breite mit Kalymnos die Berge einiger der zu den Cycladen gehörigen Inseln hervor, wenn schon nur in schwachen Umrissen, dagegen fuhren wir zwischen Pathmos und Lipso hindurch, und zwar in der Entfernung von nur 1 Seemeile von beiden Inselchen, und steuerten grade auf die Westspitze der Insel Samos los. Mir schien, als wenn Pathmos auch für die Muselmänner Interesse haben müsse, denn sonst wüßte ich keinen Grund, warum eine ganze Anzahl der muselmänni= schen Passagiere, als sie hörten, daß wir an den Küsten von Pathmos seien, an die Verkleidung kamen, um das bewaldete Felseneiland zu sehen. Ein alter

Grieche bekreuzte sich beim Vorüberfahren an dem berühmten Exil des von Domitian hierher verbannten Apostels. Die Grotte, worin er nach einer frommen Sage seine Apocalypse geschrieben haben soll, ist jetzt mit einer Kapelle überbaut, aber das an der Ostküste ehedem gelegene Dorf Katabaffis, in welchem das Evangelium geschrieben sein soll, existirt nicht mehr. Ohne alles Interesse in Bezug auf Geschichte sind die zur Linken des Schiffes liegen bleibenden Inseln Fourni und Nicaria, um so interessanter das Land des Polycrates, das vielbesungene, fruchtbare, pitoreske, an landschaftlichen Schönheiten reiche blumen- und blüthenreiche Samos, welches wir mit eintretender Dunkelheit passirten. Die schöne Insel erscheint von Weitem als ein hoher vielfach zerklüfteter Felsen, die Westküste scheint der höchst gelegenste Theil der Insel zu sein, denn hier ragen die Berge hoch über die andern stark bewaldeten Gebirgszüge empor. Der Aufenthalt auf Samos soll nach den Erzählungen des zweiten Capitains dem von Rhodus noch vorzuziehen sein. Bei gleich schöner üppiger Vegetation bietet die Insel Samos dem Landschafter ungleich mehr Stoff zu schönen Gemälden, außerdem ist die rein griechische Bevölkerung betriebsamer und intelligenter, sie hat einen bedeutenden Grad von Autonomie sich zu erhalten gewußt und ihre Schiffe, deren ich später mehrere in Smyrna, Gallipoli und Syra sah, fahren unter eigener Flagge, rothes Kreuz im blauen roth geränderten Felde. Der ca. 5000' hohe Kerki-Berg erschien durch Felsabstürze und nackte Felsparthieen ganz unersteiglich. Hinter Samos kamen wir wieder in offenes Meer, doch bleibt die Küste des Festlandes zur Rechten sichtbar. Ein prachtvoller Sonnenuntergang ließ wiederum auf einen schönen nächsten Tag hoffen, den ich mir um so mehr wünschte, als grade die Einfahrt in den Golf von Smyrna zu den herrlichsten schönsten Parthieen an der gesammten kleinasiatischen Küste gehören sollte.

In der Nacht hielten wir behufs Reparatur der Maschine in dem Kanal von Chios, Angesichts der Hauptstadt gleiches Namens dieser von den Türken im Befreiungskriege auf die schändlichste Art geplünderten und verwüsteten Insel, dem Hauptproductionsort des Mastix und dem Vaterland der schönsten Inselgriechinnen.

Als wir am andern Morgen auf Deck kamen, befanden wir uns schon im Golf von Smyrna, am Anfang jener direkt in südlicher Richtung sich abzweigenden Seitenbucht, in welcher das alte Clazomene gelegen hat. Der Golf schien ein Binnensee zu sein, so spiegelglatt habe ich das Mittelmeer nie gesehen, die pittoreske Gebirgskette mit den beiden hohen zuckerhutförmigen Felsspitzen der due fratelli, welche noch mit Schnee bedeckt waren, schien eine volle Seite zu bilden und man mußte glauben, daß die Ausläufer dieser auf der südlichen Seite des Golfs von Smyrna liegenden Kette das gegenüberliegende nördliche nicht ganz so bergige Ufer erreichten. Hinter den due fratelli flammte die Morgensonne majestätisch in die Höhe. A very glorious day rief der englische Geistliche aus. Und in der That es war ein gloriofer Morgen. Hell und warm beleuchtete die schöne Sonne den sich hinter dem Gebirgszug wiederum erweiternden Golf und seine entzückend schönen Ufer, die mit Gärten, Feldern, Wäldern, Dörfern und Flecken aller Art besetzt sind. Im Golf herrschte reges Leben. Eine Unzahl Schiffe, Barken, Kähne, kurz alle nur möglichen

Fahrzeuge kommend und gehend mit ihren rothmützigen Mannschaften fesselten unsere Blicke fortwährend und zeigten am sichersten an, daß wir uns einem Handelsplatz ersten Ranges näherten. Und das ist Smyrna auch zweifelsohne. Smyrna, die Perle von Kleinasien, die Hauptstadt Anatoliens tauchte am Horizont auf, d. h. man sah eine unbestimmte Häusermasse aus dem Meere aufsteigend, am Ufer hingebaut und sich an den im Hintergrund erhebenden Bergen hinaufziehend. Wir passirten die Festung Sandschak-Kaleh, am flachen sandigen Ufer gelegen, ein im Genueser Styl gebautes bethürmtes mit crenelirter Mauer umgebenes und mit Schießscharten versehenes Schloß, an dessen Signalflaggenstock die kaiserlich türkische Kriegsflagge heraufrauschte, um das kaiserlich österreichische Banner zu begrüßen. Der erste Blick läßt erkennen, daß dieses Fort nicht im Stande ist einem einigermaßen bedeutenden Kriegsschiffe den Eintritt auf die Rhede von Smyrna zu wehren. Die einmalige Salve nur einer einzigen Breitseite einer mittleren Fregatte würde hinreichend sein, um Thurm und Schloß und Mauern wegzufegen. Eine Gruppe hoher Cypressen und Platanen bildet einen angenehmen Hintergrund, Weinpflanzungen und Olivengärten zogen sich bis hoch an den Uferbergen in die Höhe, welche an der Südseite des Golfes eine größere Erhebung besitzen, als auf der Nordseite, auf welcher stattliche Landhäuser, größere Ortschaften, überhaupt mehr Gärten und schöne Baumgruppen auf den Einfahrenden den angenehmsten Eindruck machen. Bald befanden wir uns im Hafen von Smyrna. Zwei englische, ein belgischer, ein griechischer, drei türkische, ein österreichischer, zwei französische und ein russischer Dampfer lagen mit Löschen der Ladung und Einnehmen neuer Fracht beschäftigt ohnweit des Ufers. Außerdem Segelschiffe in größter Zahl. Ein englisches Kriegsschiff, zwei große russische Fregatten und ein amerikanisches Kriegsschiff schienen bestimmt zu sein, nöthigenfalls mit obligatem Kanonenaccompagnement die Interessen ihrer betreffenden Landsleute zu unterstützen. Es scheint, daß eine stillschweigende Uebereinkunft zwischen den civilisirten christlichen Nationen herrscht, wonach beständig einige derselben vor den wichtigsten Handelsplätzen des Orients Kriegsfahrzeuge unterhalten, um jeder Eventualität sofort gewachsen zu sein. Vor Alexandrien lag eine englische und eine französische Escadrille und in Constantinopel hatte ein jeder der Herren Gesandten ein Kriegsfahrzeug seines Staates zu seiner Verfügung. Die Besatzung der größeren der beiden russischen Fregatten wurde bereits am frühen Morgen mit nautisch-militärischen Uebungen gequält; es fanden, während wir auf Büchsenschußweite von ihr die Anker warfen, auf Deck Exercitien und Kletterübungen in der Takelage statt. Wir hatten Gelegenheit die außerordentliche Schnelligkeit und Gewandtheit in dieser Art gymnastischer Uebungen bei den russischen Schiffsjungen zu bewundern.

Die zahlreichen Segelschiffe anderer Nationen bildeten eine doppelte Chaine längs des Ufers. — Durch die Masten und das Takelwerk hindurch eröffnete sich der Blick auf die Stadt mit ihren Ziegeldächern, Minarets, Kirchen, Speichern, Waarenhallen, Landungsbrücken und den dicht neben letzteren liegenden Restaurationen und Schifffahrtsagenturen. An zwei Bergen zieht sich die Stadt in die Höhe, einer, der höchste der Pagos ist mit den Trümmern einer genuesischen Festung gekrönt, rechts davon bilden die von den herrlichsten Cypressen umgebenen und geschmückten großen türkischen Friedhöfe einen wesentlichen Schmuck in der Schönheit dieses landschaftlichen Bildes. In östlicher Richtung öffnet sich ein Blick in ein Thal in das Innere des Landes, der Hintergrund wird durch schön geformte malerische Berge und Hügel gebildet. Am meisten rechts am Ufer gewahrt man das Lazareth, darauf folgt nach links eine große Kaserne mit einer armirten Bastion, sodann bilden die weiten Räume des Zollamtes, Ablade= plätze größerer Handlungshäuser, Waarenspeicher, Gasthäuser und andere Privat= häuser, auch viele Consulate die Reihe der Gebäude, welche hart am Meere lie= gen. Die Erlaubniß zum Landen ward bald ertheilt, der musikalische Reisege= fährte und ich waren so glücklich die ersten zu sein, welche das Schiff, das bis zum andern Abend im Hafen liegen bleiben sollte, verlassen durften. Während der Ueberfahrt nach der Stadt fingen die gaunerischen griechischen Kahnfahrer an uns zu übertheuern und wollten uns, als wir uns sträubten mehr als die ge= setzliche Taxe beträgt, zu bezahlen, nach dem Schiff zurückrudern. Erst als sie sahen, daß alle Mühe uns zu prellen vergeblich war, brachten sie uns nach dem zollamtlichen Revisions= und Landungsplatze. Da noch keiner der Beamten an= wesend war und wir uns zum Princip gemacht hatten, unnöthiger Weise keine Bakschiesch zu geben, so mußten wir ¼ Stunde weit mit unserm Gepäck nach dem Hauptbüreau der Zollabfertigung laufen. Hier brauchten wir allerdings kein Trinkgeld zu zahlen, mußten uns aber die sonderbare Frage mit anhören, weshalb wir mit solcher Geringfügigkeit die oberen Chargen der Zoll= und Steuerverwaltung belästigt hätten. Ich, nichts Arges beabsichtigend, erklärte dem Fragesteller, daß der Einzige, der beim Landen mich hätte revidiren wollen, von mir auf Grund seiner zerlumpten Kleidung für keinen Kaiserlich ottomanni= schen Zollbeamten gehalten worden sei, worauf ein so vorwurfsvoller Blick des Oberzollbeamten mich traf, daß ich mich beeilte nach der Pension Gion zu kom= men, woselbst zwei Landsleute wohnen sollten, Associe's eines Droguenexport= hauses, an welche ich Empfehlungen abzugeben hatte und woselbst alltäglich sich zum Mittagessen ein Kreis deutscher und schweizer Kaufleute vereinigen sollten. Die Pension Gion, eine Art Hotel, war bald gefunden, sie liegt dicht am Meere und hat man von der Terrasse des Speisezimmers einen herrlichen Blick auf den Hafen und die imposante Bergkette der 2000' hohen due fratelli. Il n'y a point de places lautete der Bescheid der corpulenten Wirthin, welche mit einem schönen weißen langhaarigen Bologneser Spitz in der Thür des Ho= tels erschien. Alles Bitten und Parlamentiren half nichts, als ich aber die Namen zweier ihrer täglichen Tisch=Stammgäste nannte, welche im Hotel für immer Wohnung haben, da wurde sie zugänglich und wohlwollend und „nous verrons, mettez vos effets dans la fenêtre" gab mir gegründete Hoff= nung auf gastliche Aufnahme, welche ich denn auch im Zimmer eines alten Be= kannten, dessen Sopha als Bett benutzend, fand.

Mit Hilfe eines italienisch radebrechenden Griechen gelang es mir bald die deutschen Landsleute, an welche ich empfohlen war, in ihrem Comptoir aufzufin= den. Wenn man die Comptoire der großen Pariser und Berliner Banquiers oder Hamburger Großohändler mit denen der größeren Smyrnaer Exporteurs vergleichen will, so dürften die ersteren zu den letzteren sich verhalten, wie ein eleganter heller Glassalon zu einem halbdustern Stall. Das Comptoir meiner

Freunde besteht aus einem winkligen, unregelmäßigen, bald engerem, bald breiterem Lokal, dessen vorderer Theil sein Licht durch die stets offene, unter einer Art Säulengang liegenden Thür erhält, während der hintere Raum durch ein ziemlich hoch oben in der Wand angebrachtes Fensterchen erhellt wird. Eine vorzügliche Karte von Kleinasien, die Kiepert'sche, war das Interessanteste in dem Raum, den wir alsbald verließen, um einige Karawanserai's und den Pazar zu besuchen, woselbst die Freunde noch heute starke Einkäufe zum Export nach England zu machen hatten, da der englische Steamer im Lauf des Nachmittags absegeln sollte. Die Straßen von Smyrna sind sämmtlich gepflastert, aber das „Wie" — läßt sich oft nicht beschreiben. Man muß es selbst betreten, man muß zwischen den spitzen Steinen Höllenqualen ausgestanden und auf manchen größeren, flachen Steinen riskirt haben in die in der Mitte der Straße angebrachte Gosse zu fallen, um den Wunsch gerechtfertigt zu finden: gar keine gepflasterten Straßen. Doch wäre dies ganz unausführbar, denn Smyrna hat starken Regenfall und die vielen schmalen berganführenden Gäßchen und Gassen der Türken- und Judenstadt würden bei anhaltendem Regen geradezu nicht zu passiren sein, wenn sie nicht gepflastert wären. Die ebenen Straßen in der Franken- und Armenierstadt sind breiter und besser gepflastert. In ihnen wähnt man sich nach Livorno zurück versetzt, man blickt durch die stets geöffnete Hausthür in einen wohnlich, sauber gehaltenen Hausflur und hinter diesen in einen mit Springbrunnen und geschmackvoll angelegten Blumenparthieen versehenen Garten oder Hofraum. Die Zimmer im Parterregeschoß sind durchweg mit europäischem Comfort eingerichtet. Sinn für Blumen, Gewächse und Bilder, war überall deutlich ausgesprochen. Noch mehr als die eleganten Einrichtungen fesselten mich die durchweg schönen Bewohnerinnen. Die Smyrnotinnen der höheren Stände und die Armenierinnen sind bekannt durch ihre Schönheit, nie sah ich eine so vollständige Gallerie weiblicher Schönheiten mit schwarzen Augen, dunklem Haar, blendend weißen Zähnen und blühender Gesichtsfarbe als beim Herumflaniren in den besseren Straßen des Griechen- und Armenierviertels. Die Häuser dieser Quartiere sind von Stein und meistens 2 Etagen hoch; die Häuser des Juden- und Türkenviertels haben nur Parterregeschoß und sind zum größten Theil aus Holz- und Backsteinen erbaut; erst jetzt, nachdem binnen Kurzem mehrere bedeutende Brände ganze Stadttheile in Aschen- und Trümmerhaufen verwandelt haben, fängt man an, Häuser nach europäischem Styl auch in den Juden- und Türkenquartieren zu errichten. Die Frankenstraße ist eine 10—12' breite, erträglich gepflasterte, eine ¼ Meile lange, sichelförmig gekrümmte Straße, welche hinter der zweiten Häuserreihe dem Hafen parallel an demselben entlang läuft. In ihr verschwindet das orientalische Element fast gänzlich, höchst selten kommt ein Kameel oder ein beturbantes Individuum in diese Straße, deren vollkommen europäisch eingerichtete Häuser von den fränkischen Gewerbtreibenden bewohnt werden. Deutsche, französische, englische, italienische Handelsartikel kauft man in seltener Auswahl hier, Luxusartikel jeglichen Genre's, Buch- und Musikalienhandlungen, in denen französisch, italienisch und englisch gesprochen, in sehr vielen auch deutsch verstanden wird, trifft man hier. Außerdem befinden sich hier die Geschäftslocale der meisten Consulate durch hohe mit einer Krone versehene Flaggenstangen und durch die Wappenschilder leicht

aufzufinden. Die meisten Häuser sind von oben bis unten mit Affichen, Schil=
dern 2c. in 4 verschiedenen Sprachen bedeckt, natürlich fehlen auch die Brannt=
weinlocale und Bierstuben nicht. In der Nähe dieser Straße, meist in den
Höfen der größten Häuser, welche nach der nach dem Hafen zu gelegenen Seite
einen 2. geräumigen Aus = und Eingang haben, sind die russische, österreichische,
englische und französische Post.

Wir gingen zunächst nach dem Karawanserai, in welchem die aus dem
Innern Kleinasiens angebrachten Rohproducte des Pflanzenreichs aufgestapelt wer=
den. Eine Karawane von 42 Kameelen, andrer Art als die ägyptischen —
weit größer und stärker, brachte Süßholz in ungeschälter Waare; ein Dutzend
dieser Thiere hatten Gelbbeeren angebracht und ein anderes Magazin war von
einem Opiumhändler mit Beschlag belegt, welcher mit einem Engländer im eifrig=
sten Handelsgeschäft begriffen war. Die Freunde suchten Lakritzensaft. Wir
mußten in einen andern Hofraum gehen. Hier herrschte ein wahrer Jahrmarkt.
Aus allen Theilen des innern Kleinasiens, vom Euphrat und Tigris, vom ar=
menischen Hochland, aus der Gegend von Mossul, Aleppo, Diarbekir waren Han=
delsleute und Kameeltreiber hier anwesend, um ihre Waaren abzusetzen. Ein
abscheulicher Lärm herrschte. Schlaue Griechen mit declarirten Spitzbubenphy=
siognomien und gleichgesinnte Armenier rannten umher, um Maklerdienste zu ver=
richten, oder, um bezeichnender zu sprechen, um möglichst viele europäische Käu=
fer um möglichst viel zu übervortheilen und dabei möglichst viel zu lucriren.
Ihre Zungenfertigkeit, Kenntniß der verschiedenen Dialekte der Bewohner des
Binnenlandes verschaffen ihnen einen gewaltigen Vortheil über die Europäer, die
froh sind, wenn sie halbwegs türkisch und neugriechisch sprechen. Die Freunde
hatten einen Dolmetscher mit. Nur kurze Zeit folgte ich ihnen, mir machte das
Drängen und Treiben dieses Confluxus so vieler neuer Gestalten großes Vergnü=
gen und ich streifte allein umher. Mancher hielt mir einen Sack voll Galläpfel,
oder einen Ballen mit Wallonen, Haselnüsse, Mohnköpfe, Gummi, Asphalt,
Scammoneum oder ähnliche Sachen unter die Nase; aber ich that, als hätte ich
schon genug gekauft, prüfte natürlich hie und da die Güte der Waare und ging
kopfschüttelnd weiter. Bei einem türkischen Fabrikant des Lakritzensaftes fanden
wir uns wieder zusammen und wurden hier mit Kaffee und Süßigkeiten tractirt.
In einer Bodenkammer dieses Karawanserai's ohne Thür, welche durch ein stark
vergittertes Fenster ihr Licht erhielt, wurde auf Divans hockend, bei Tschibuk
und Kaffee das Geschäft abgeschlossen.

Der Weg nach dem Bazar führte uns nach einem Karawanserai, in wel=
chem Früchte in bedeutenden Quantitäten aufgestapelt wurden. Hier befand ich
mich an der Quelle der berühmten Smyrnaer Feigen, Smyrnaer Traubenrosinen,
Tscheßme= und Elemebeeren. — Und doch kam ich zu einer Zeit an, wo die
besten und meisten Früchte schon exportirt waren. Pistazien, Granaten, Man=
deln und Orangen, letztere in geringeren Mengen, vervollständigten die Auswahl
der Südfrüchte.

Der Bazar von Smyrna läßt sich nicht mit denen von Kairo, noch weni=
ger mit dem von Konstantinopel vergleichen. Ihm fehlt das Eigenthümliche, das
ausschließlich Orientalische. Schon sein äußeres Aussehen — es sind Stein=

und Bretterlocale, die Reihen von breiten und schmalen, oben mit Segeltuch überdachte, kreuz und quer laufenden Straßen bilden, in denen nur wenig morgenländische Waaren, Producte und Artikel, aber um so mehr abendländische Gegenstände feil geboten werden, läßt dies erkennen. — Ich wüßte beinahe nicht einen einzigen Artikel zu nennen, der hier besser vertreten gewesen wäre, als in Kairo; höchstens etwa Waschschwämme, die in seltener Schönheit und Größe vorhanden waren. Alles Andere, Waffen, Leopardenfelle, Stickereien, Tschibuks, Wasserpfeifen waren weit theurer als in Kairo.

Unweit des großen Bazars ist ein Magazin echter Teppiche. Ich sage ausdrücklich „echter" Teppiche. Denn es ist bekannt, daß eine enorme Menge englischer und französischer Teppiche nach dem Orient gebracht werden und hier je nach der Ausführung der Nachahmung als persische oder smyrnaer Teppiche dem Unkundigen und Leichtgläubigen verkauft werden. Das Magazin, in wel=ches mich die Freunde führten, enthielt Teppiche aus Uschak. Im Hofraum lagerten 8 Kameele, denen man so eben eine neue Zufuhr Teppiche der verschiedensten Größe ablud. Man unterscheidet 2 Arten, gewöhnliche Tep=piche und sogenannte Cochenilteppiche. In letzteren sind die Farben lebhafter und ist mehr und zugleich feineres Roth darin vertreten als in den ersteren. Einen sogenannten Gebetsteppich von 9 Quadratfuß Flächeninhalt erstand ich für 11 Francs.

Von nun ab mußte ich mich ohne Führung und ohne Gesellschaft in der fremden Stadt zu amüsiren suchen. Da das Wetter prachtvoll war, so beschloß ich einen Spaziergang nach den Friedhöfen und ihren Cypressenwaldungen zu versuchen, um möglicherweise von der Höhe der Berge einen guten Ueberblick über „die Krone Anatoliens", die Bai und ihre Gestade zu gewinnen. Ich hatte mich nicht getäuscht, mein guter Genius führte mich einen herrlichen Weg, von welchem, je höher ich an den Bergen hinauf stieg, desto schöner, umfangreicher, allseitiger das Panorama sich gestaltete, bis endlich auf der Höhe an einem alten genuesischen Wartthurm angelangt, ich denjenigen Anblick von Smyrna und Um=gegend genoß, von dem ich schon so viel Rühmendes gehört und gelesen hatte. Auch wenn man schon viel schöne Punkte am Meeresufer gesehen hat, so muß man sich gestehen, daß Smyrna und seine Umgegend unter ihnen für alle Zei=ten einen hervorragenden Platz einnehmen wird. Ich wurde unwillkürlich an Christiania erinnert, ich entdeckte so manche Vergleiche in Analogieen von Ge=bäuden, Stadttheilen, Anordnung, Gestalt, Höhe der Berge, Beschaffenheit der Umgegend und des Meeres, aber obschon mir der Besuch in der nordischen gast=lichen Hauptstadt für alle Zeiten eine liebe Erinnerung bleiben wird, so muß ich doch dem jonischen Emporium in Betreff der landschaftlichen Schönheit der Lage unbedingt den Vorrang geben.

Mein Weg führte mich an der bereits oben erwähnten Kaserne vorüber. Ein Platz von der Größe eines mäßigen Tanzsaales hieß Suliman=Place. Gleich hinter diesem miserablen Fleck, auf welchem ein Dutzend Inselgriechen in schwar=zen silberbetreßten Cammaschen, weißer Fustanella und dunkelgrünen Jacken mit aufgeschlitzten Aermeln, ein ganzes Arsenal im Gürtel tragend, Exercitien mach=ten, eröffnet sich der Blick ins Freie. Zur Linken der Pagos mit seiner groß=

artigen Burgruine, grad aus die von Cypressenwäldern beschatteten Friedhöfe, zur Rechten die Bai mit ihren herrlichen malerischen Ufern. Ohne Weg und Steg stieg ich zwischen den einzelnen Gräbern rückwärts den Berg hinan, mit jedem Schritt erweitert sich der Gesichtskreis und wird die Gegend imposanter. Am Warlthurm angekommen sah ich mich umgeben von türkischen, griechischen, jüdischen und vielleicht auch armenischen Gassenjungen, welche sich mit Ballspiel und Drachensteigen amüsirten. Eine Heerde schwarzer grobwolliger Schafe, gehütet von einem wildaussehenden Kerl in grobem zottigen braunen, weiß geschnürten Mantel, trieb an mir vorüber und bildete eine ganz passende Staffage zu dem lebensvollen morgenländischen Bilde. Wenn auch die Palme auf diesem Gemälde fehlte, so waren ihre Repräsentanten, Cypressen und Oelbäume, nicht minder geeignet, dem Ganzen den Typus des warmen Südens zu geben. Und weit mehr eigneten sich als Baum des Friedhofs die Cypressen hierzu als die Palme! Kameele, Maulthiere und Esel trieben unaufhörlich und unaufhaltsam nach der Stadt und von der Stadt neben den Friedhöfen vorbei. Von der Rhede erschallte kriegerische Musik. Die Capelle der einen russischen Fregatte übte einige heitere Weisen. Der klare blaue glatte Wasserspiegel mit den vielen mannigfach gestalteten Fahrzeugen blieb aber doch immer der Mittelpunkt dieses mir unvergeßlich zauberisch schönen Seestückes. Seine Ufer lieferten einen ebenso herrlichen Rahmen. Während im Norden flache freudig grüne, reich bebaute und mit Dörfern, Landhäusern aller Art und Größe besetzte Ufer die Bucht begrenzen, über welche sich die langen Hügel= und Bergzüge, meistens dichtbewaldet, bis zu verschiedener Höhe in einzelnen runden Gipfeln und Kuppen sich erheben, verleihen die schon mehrfach genannten mit Schnee bedeckten Due fratelli in ihrer nackten felsigen Steilheit und schroffen Felsparthieen dem Ganzen etwas ungemein Pittoreskes. Im Osten ist es der lahle steile unwirthliche nur in seinen untern Parthieen belaubte Sipylos, welcher aus dem Innern des Landes hervorragend nach dieser Richtung einen Schlußstein bildet. Vor ihm zieht sich der Pagos mit seiner ausgedehnten genuesischen Schloß= und Burgruine hin, vor ihm öffnet sich die Ebene des Hermus und Melis, ein kurzes üppig angebautes, einem Garten zu vergleichendes Thal, aus welchem soeb.n der gellende Ton einer Locomotivenpfeife erschallt und mich gemahnte, daß auch hier die moderne Cultur mit ihrem dahinschnaubenden ehernen Zeichen der Zeit bereits Terrain gewonnen hat. Am Fuß des Pagos und der Berge mit den Friedhöfen, zwischen diesen und dem Meer liegt in Form einer unregelmäßigen Ellipse die große, ehedem (vor Erfindung der Dampfschifffahrt) noch weit wichtigere Handelsstadt, als jetzt. Ihre einzelnen Quartiere und Stadttheile lassen sich sonder Mühe von oben herab gesehen unterscheiden, ihre Moscheen, Minarets, Kirchen und Klöster des armenischen, orthodoxen und katholischen Ritus verleihen der einförmigen Häusermasse eine angenehme Abwechslung. Nur ungern trennte ich mich von dem herrlichen bezaubernd schönen Gemälde und schlug den Rückweg nach der Stadt ein, der mich zwischen den Cypressenalleen durch die Juden= und Türkenstadt hindurch, auf über alle Beschreibung miserablem Straßenpflaster endlich in den Speisesaal der Pension Gion zurückführte, woselbst eine in allen Theilen deutsch sprechende Gesellschaft von 16 Personen sich vereinigt hatte. Da griechische Fastenzeit herrschte, so wurden wir mit eigenthümlichem Gethier aus dem Meer, Messerscheiden genannt, ferner einer Art Fisch und einer Art Muschel gespeist. Der Landwein von röthlich bräunlicher Farbe schmeckt harzig bitter, doch gewöhnt man sich bald an diesen eigenthümlichen Geschmack. Vier verschiedene Arten Rosinen, zwei Gattungen Feigen und Krach= mandeln bilden hier den täglichen Nachtisch. Wenn auch nicht das erste und nobelste Hotel in Smyrna, so ist die Pension Gion ohne Zweifel das solideste und reellste, welche Vortheile in einer gewissen Exclusivität beruhen, welche die Besitzerin befolgt. Für uns Deutsche ist es das Angenehmste und rathe ich da= her jedem Landsmann alle Mittel zu erschöpfen, um der schützenden vorsorglichen Obhut der würdigen, frommen alten Madame Gion theilhaftig zu werden. Zum Kaffee versammelte sich die deutsche Gesellschaft in dem unmittelbar am Lan= dungsplatz gelegenen Hohmann'schen Kaffeesalon und Garten, wo deutsche Kell= ner fungiren, deutsche Reinlichkeit herrscht, deutsche Zeitungen gehalten werden und deutsche Lieder ertönen.

Da ich den Nachmittag zu einer Excursion nach dem alten Genueser Schloß benutzen wollte, brach ich mit einem Rheinländer nach kurzem Verweilen auf, und, durch uns völlig unbekannte Straßen und Gassen, suchten wir, die Rich= tung genau festhaltend, in dem Labyrinth von Häusern, Baracken und Hütten den Fuß des Berges zu erreichen, was auch, da der Rheinländer, der in Ge= schäften öfters nach Smyrna kommt, der türkischen Sprache in etwas mächtig war, endlich gelang. Bequemer wäre es gewesen, wir hätten die nach der Ka= rawanenbrücke führende Straße eingeschlagen, von deren halber Höhe wir einen weniger steilen Weg gefunden haben würden, der uns nach oben geführt hätte.

Leider wurde uns der Genuß der herrlichen Aussicht auf eine recht unan= genehme Weise verbittert. Nachdem wir dicht unter den Ruinen angelangt, welche den Gipfel krönen, uns von dem beschwerlichen Herauflettern auf den über 1000' hohen steilen kahlen Berg, wobei wir von der Sonne sehr zu lei= den hatten, 1/2 Stündchen ausgeruht hatten und uns eben anschickten das Innere dieser sehr ausgedehnten Trümmer zu besichtigen und von deren Rückseite einen Blick auf das in landschaftlichen Schönheiten ganz besonders reiche Thal des Melis, heute noch das Paradies genannt, werfen wollten, wurden wir von sie= ben jungen Türken mit einem Hagel von Steinen begrüßt, deren mehrere so gut gezielt waren, daß wir empfindlich davon getroffen wurden. Ich gestehe, daß ich über diese Brutalität so erbittert war, daß ich mich hinreißen ließ, gleiche Vertheidigungsmaßregeln in Anwendung zu bringen. Obwohl ich auch das Ziel nicht verfehlte, war ich insofern im Nachtheil, daß die sieben Kerls höher placirt waren als ich und daß ich mich ganz allein ihnen gegenüber befand, denn mein Spaziergefährte hatte längst das Weite gesucht. So lange ich tapfer warf, blie= ben die Kerls auf die Defensive beschränkt, als sie aber sahen, daß ich, ermüdet und vereinsamt, es deshalb vorziehend den Klügsten zu spielen und, als braver aber „starker" Preuße muthig zurückwich, ergriffen sie die Offensive, einige von ihnen beabsichtigten sogar mir den Rückweg abzuschneiden und nur ein glücklich angebrachter Steinwurf bewirkte, daß einer der Ruhestörer getroffen, von der Verfolgung abließ und ich mich einigen im Schatten eines Olivenbaumes sitzen= den, Rosinen und Mandeln verzehrenden Armeniern und Griechen zugesellte, unter deren Schutz ich unangefochten blieb. Nachdem der timide Reisegefährte sich auch wieder eingefunden hatte, erfuhren wir, daß am Freitag — dem tür=kischen Sonntag — meistens gegen Abend die fanatischen Bummler des Tür=kenviertels da oben Excesse begehen und aus diesem Grunde grade an diesem Tage die alte Burg von Christen nie besucht wird. Diese Gesellschaft älterer Griechen und Armenier war übrigens gastfrei und freundlich, offerirte uns ihre Früchte und sprach ihr Bedauern über die vereitelte Partie aus. Aber es war trotz der artigsten und bringendsten Bitten Keiner zu bewegen mit mir noch ein=mal den Versuch zu wiederholen, die schöne Ruine zu besuchen. Ich bin also nur im Stande ihr Aeußeres kurz zu beschreiben. Eine lang hingezogene Mauer mit vorspringenden Thürmen und bastionartig herausgebauten Befestigungswer=ken nimmt den Gipfel des Berges ein. Einige gänzlich in Trümmern liegende detachirte Forts befinden sich in geringer Entfernung vor dieser Mauer. Der Berg, Pagos, Kizil=Dag oder Mastnicaberg sah bereits Bauten der jonischen Griechen in ihrer Blüthezeit. Ein schöner Tempel des Zeus, auch ein griechi=sches Theater haben einst den Gipfel des Pagos geziert; aus den Trümmern baute einer der Generäle des macedonischen Alexanders eine Festung; in den Zeiten der ersten Christen wurde hier eine Kapelle gebaut (wo auch später der Märtyrer Polycarpus gestorben sein soll) später bauten die damaligen Beherr=scher des Mittelmeeres, die Hauptvermittler des Handels, die Genuesen, die ma=cedonische Festung weiter aus und nach deren Abtreten vom Schauplatz der Geschichte wurde im Innern des Schloßhofes eine Moschee erbaut, welche aber auch schon in Trümmern liegt.

Es war ein glücklicher Zufall, daß die boshaften Muselmänner uns wenig=stens den ungestörten Genuß der prachtvollen Aussicht hatten zu Theil werden lassen, die von dieser Höhe aus noch weit belohnender ist, als von den Kirch=höfen. Wir hatten wenige Minuten vor dem Ueberfall unsere Betrachtungen darüber angestellt, wie harmlos in der sich zu unsern Füßen ausbreitenden Stadt die Bekenner der verschiedenen Religionen und Confessionen nebeneinander wohnen und bald darauf wurden wir das Opfer religiöser Intoleranz. Man wird unwillkürlich auf jenen Gedanken, der mich mit einer gewissen Befriedi=gung und Genugthuung erfüllt, hingedrängt, wenn man hinabsieht auf das dicht am Hafen sich lang hinziehende Frankenviertel, an welches sich, von oben ge=sehen, rechts das griechische und armenische, links das türkische anschließen, letz=teres natürlich mit größter Ausdehnung, und am meisten nach dem Berg gelegen haben sich die Juden angesiedelt. Deutlich erkannten wir die griechisch=katholische schöne Hagia Phontini mit ihrem neuen gelblichweiß angestrichenen Glockenthurm, in östlicher Richtung davon die neue, von einem recht geräumigen Gottesacker, geschmackvoll mit marmornen Säulen umgebene armenische Kirche, ferner die römisch=katholische Kirche mit dem berühmten Collège de Smyrne, einem von Jesuiten geleiteten Erziehungsinstitute, mehrere Moscheen, unter denen sich die vielkupplige mit roth gestreiften Minarets versehene Essar Dschami und die große Bazar=Moschee besonders auszeichnete, und 2 Synagogen. Am meisten aber interessirte mich das berühmte, segensreich wirkende, überall gefeierte pro=testantische Diaconissenhaus mit seinem Garten und noch im Bau begriffenen Waisenhaus, welches im südöstlichen Theil der Stadt gelegen, auf die Bil=

dung des weiblichen Geschlechts unter den wohlhabenderen Familien des ge=
sammten Orients in der kurzen Zeit seines Bestehens schon Außerordentliches ge=
leistet hat.

Das heutige Smyrna hat schon viel von seiner einstigen Bedeutung ver=
loren; ehe die Dampferlinien russischer, österreichischer, englischer und französi=
scher Compagnien die syrische, anatolische uno nördliche Küste Kleinasiens regel=
mäßig bereisten, war Smyrna der Stapelplatz für Alles, was aus dem Innern
Kleinasiens, Syriens, Armeniens, der Euphrat und Tigrisländer, den Inseln des
Archipels nach Europa transportirt wurde und für alle europäischen Waaren,
welche in jenen Ländern consumirt wurden. Aber noch immer ist der Verkehr
ein ganz außerordentlicher zu nennen. Nächst Konstantinopel und Alexandrien
ist Smyrna mit seinen 150,000 Einwohnern der bedeutendste Handelsplatz des
Orients. Der Umstand, daß unter dieser Zahl nur etwa 80,000 Türken sind,
die andern 70,000 aus Nichttürken, also aus Ungläubigen bestehen, hat Ver=
anlassung gegeben, daß die Stadt von den Alttürken Izmir Giaur, „das un=
gläubige Smyrna", genannt wird.

Um einen Begriff von dem Verkehr der Stadt mit dem Innern des Lan=
des zu erhalten, ertheilte man mir den Rath die vielgenannte Karawanenbrücke
zu besuchen, eine Brücke, welche über den Melesfluß führt und welche gegenwär=
tig noch von sämmtlichen Karawanen, Lastthieren ꝛc. passirt werden muß, welche
aus dem Innern nach der Küste und von dieser wieder zurück wollen. Obschon
gegenwärtig eine englische Compagnie einen Schienenweg baut (der auch auf 4
Meilen Entfernung schon fahrbar ist), um die fruchtbaren Districte des Innern
productiver und dem Handel und der Speculation zugänglicher zu machen, so
wird diese kurze Strecke noch verhältnißmäßig wenig benutzt; und der Verkehr
an der Karawanenbrücke ist ein ununterbrochen lebhafter. Mir hat der Besuch
derselben eine interessante Stunde verschafft, die mich bald das so eben erlittene
Mißgeschick beim Besuch des Pagos vergessen ließ. Die Brücke und der Platz
vor der türkischen Finanzwache und einigen Kaffeehäusern wurde während mei=
nes Aufenthaltes im wahren Sinne des Wortes nicht einen Augenblick leer.
Züge von 10—40 Kameelen, dazwischen Esel und Pferde, Reiter, Fußgänger
aller Art Nationen gingen und kamen unaufhörlich trotz des türkischen Feier=
tags. In den Kaffeehäusern hockten die Türken, schlürften Kaffee, rauchten Ta=
back, spielten ein Spiel mit kleinen Steinchen, aber schwiegen vollständig. Die
Besatzung der Wache machte den meisten Spectakel. Es schien als wenn nicht
blos die Waaren, welche man einführte, einer Revision unterworfen wurden, son=
dern es wurden auch die aus der Stadt exportirten Waaren revidirt; ein beta=
chirter Aufseher brachte einen aus einem Esel und vier Kameelen bestehenden
Lastzug unter Fluchen und Schimpfen des sich sträubenden renitenten Besitzers
zurück, eine Prügelei drohte auszubrechen, wurde aber von dem dazutretenden
Obercontrolleur noch unterdrückt. Hiernach scheint Smyrna ein Freihafen zu
sein. Neben dem Interesse, welches der Besuch dieser Brücke in Bezug auf
Verkehr und Thun und Treiben der Menschen gewährte, ist dieser Punkt auch
in landschaftlicher Beziehung durch die herrlichen uralten Cypressen ein beliebter
Spaziergang. Das dritte Interesse, das klassisch-historische, wird leider nur
von Wenigen der Besucher gewürdigt, nämlich die Erinnerung an den blinden

Sänger der Odyssee und Ilias, welcher im alten Smyrna, welches jenseits der Brücke gelegen haben soll, geboren sein und seine unsterblichen Gesänge in einer unweit gelegenen Höhle geschrieben haben soll. Wäre ich Philologe gewesen, so würde ich jedenfalls die Höhle aufgesucht haben; für einen Vergnügungs= reisenden hat diese Stelle nicht den hohen Werth, zumal wenn er bedenkt, daß noch 6 andere Städte Localitäten besitzen, in denen der Sänger des Zorns des Peliden Achilleus geboren sein soll. Für einen nüchternen Nichtphilologen hat also diese Höhle dieselbe Bedeutung wie die Felsen, Schluchten, Berge, Grotten und Bäche auf Rhodos, Colophon, Salamis, Chios, Argos und Athen. — Der hereinbrechende Abend nöthigte uns nach Hause zurückzukehren. Zu= vor machten wir noch einen Besuch im Consulat und gingen sodann in Be= gleitung des Herrn Consulatsverwesers und seiner jungen Frau nach dem deut= schen Kaffeehaus, hörten von hier der Abendmusik zu, welche auf der russischen Fregatte (der Musikmeister, der nach deren Beendigung an Land kam, ist eben= falls Deutscher, ein Breslauer) executirt wurde und zogen uns, da es empfind= lich kühl wurde, in den angenehm mittelst Kaminfeuer erwärmten Speisesaal des Hotels zurück, in welchem sich nach und nach einige zwanzig Deutsche mit „deutscher Gemüthlichkeit Bier trinkend" zusammenfanden. Das Bier ist Smyrnaer Fabrikat, ein vorzügliches Gebräu, da dem Brauer die Eisvor= räthe nie mangeln. Die finstern Felsschluchten der due fratelli sollen in den meisten Jahren so viel Eis bergen, daß Smyrna hierher seinen Bedarf decken kann.

Am andern Morgen machte ich eine Excursion nach dem nördlichen Ufer der Bai von Smyrna, um den Anblick auf die entzückende Lage der Stadt und Umgebung von allen Seiten zu genießen. Die Stadt präsentirt sich überall anders, aber überall außerordentlich schön. Selbst der, der schon viel Schönes in seinem Leben gesehen hat, kann eine ungetheilte Bewunderung über das herr= liche Panorama nicht unterdrücken.

Auf dem Rückweg machte ich einen Besuch in dem Diaconissenhause, wel= ches unter dem Schutze des preußischen Consulats steht, von wo mein Besuch bereits angemeldet war. Ich gestehe, daß ich mit großen Erwartungen hinging, aber ebenso muß ich bekennen, daß meine Erwartungen vollständigst erreicht, ja, daß sie übertroffen worden sind. Unter meinen Erinnerungen aus dem Orient wird die Erinnerung an den Besuch in der Smyrnaer Diaconissen=Anstalt eine der angenehmsten sein und bleiben. Am Ende einer der Hauptstraßen des ar= menischen Quartiers in der nordöstlichen Ecke der Stadt befindet sich dieses in= teressante Institut.

Als ich in den von schönen Marmorsäulen getragenen Hausflur eintrat, war man eben beschäftigt, drei große Kisten (worin Kleidungsstücke) für die armen Christenwaisen nach Beyrut und Damascus abzusenden, welche Liebes= gaben nach vorhergegangener Aufforderung der würdigen Oberin von den Pen= sionairinnen und Schülerinnen in unglaublich kurzer Zeit angefertigt worden waren. Als Portier fungirt ein bis an die Zähne bewaffneter Cawaß, der in demselben Range steht wie die Cawassen des Paschas und der Consuln. In dem Empfangssaal bilden die lebensgroßen Brustbilder der Mitglieder des Preu=

tischen Regentenhauses von dem Großen Churfürsten an den schönsten Schmuck. Nachdem ich hier aus dem Munde der für ihren schönen Beruf begeisterten Oberin interessante Mittheilungen über Entstehen, Wachsthum und Gedeihen dieses segensreich wirkenden Institutes empfangen hatte, wurde meiner Bitte, die innere Einrichtung und die Localitäten kennen zu lernen, auf die allerbereitwilligste und zuvorkommendste Weise gewillfahrt. Das hohe 2stöckige Haus hat 2 nach dem geräumigen Hof und Garten hinaus gebaute Flügel, in deren kleineren die Schul- und Arbeitslocale, in dem größeren Speisesaal, Spielsaal und die Schlaf und Wohnsäle sich befinden. Eine Colonade gestattet bei Regenwetter dennoch in freier Luft sein zu können. Neben dem kleineren Flügel war man mit dem Bau eines stattlichen Waisenhauses für 60 Kinder aus Syrien eifrig beschäftigt.

Gegenwärtig wohnen gänzlich circa 70 junge Mädchen von 8—16 Jahren in dem Institut; eine große Anzahl Schülerinnen, deren Eltern in der Stadt wohnen, besuchen nur die von 6 Diaconossinnen, sämmtlich preußische Landestöchter und zwei Hilfslehrerinnen musterhaft und meisterhaft geleiteten Unterricht in Religion, Wissenschaften, Sprachen, Musik, Zeichnen, Turnen und in weiblichen Arbeiten. Die Unterrichtssprache ist die französische. In welch ausgezeichneter Weise der Unterricht hier ertheilt wird, möge man daraus ersehen, daß von protestantischen Lehrerinnen der Religionsunterricht unserer Confession an Bekennerinnen des armenischen, griechischen und römisch-katholischen Ritus ertheilt wird. Zur Zeit meines Besuches befanden sich an 60 Schülerinnen anderer Confessionen in der Anstalt; die bei weitem kleinere Hälfte sind Protestantinnen; Holland, England, Amerika liefern das größte Contingent, Deutschland war nur mit 5 jungen Mädchen vertreten. Aber aus dem Orient waren aus jeder größeren Stadt Pensionairinnen hier anwesend und kürzlich hatte man aus dem Innern Syriens und Kleinasiens und von der Insel Cypern neue Schülerinnen angemeldet. Von Seiten der Türken wird das Thun und Treiben der hochachtbaren muthigen unerschrockenen Streiterinnen für den evangelischen Glauben mit der lobenswertesten Toleranz angesehen und ihnen viele Erleichterung gewährt; dagegen wetteifern die geistlichen Oberhirten der oben genannten drei christlichen Confessionen in Intoleranz und mannigfachen Kränkungen, namentlich excelliren darin die würdigen Väter der Gesellschaft Jesu, die Leiter des schon vor Errichtung des Diaconissenhauses bestandenen Collège de Smyrne, in Anfeindungen und Gehäßigkeiten aller Art; denn diese sind erbittert, daß die junge Saat in so kurzer Zeit solch herrliche Früchte getragen hat und immer segensreicher zu wirken verspricht.

Die gottesdienstlichen Functionen werden von dem holländischen Geistlichen ausgeübt. —

In dem ersten Schulzimmer waren die älteren Schülerinnen mit weiblichen Handarbeiten beschäftigt. In dem schönen hohen luftigen hellen geräumigen Zimmer mochten 40—50 Mädchen in dem Alter von 12—15 Jahren anwesend sein. Manch stattliche Erscheinung, eher in den Ballsaal als in die Schulstube passend, manch schönes ausdrucksvolles Gesicht — durchweg südlich gebräunter Teint — sah ich hier. In dem zweiten ebenso vortheilhaft angelegten Zimmer ertheilte eine der Schwestern Unterricht in der Geographie, hier waren

circa 40 Mädchen, bis 12 Jahre alt, versammelt; unter ihnen waren blonde
Locken und blaue Augen mehrfach vertreten und ein kleines munteres Geschöpf
äußerte laut seine Freude, von einem fremden Landsmann die heimathliche Sprache
reden zu hören. —

In dem gemeinschaftlichen Speisesaal, Küche und Vorrathsräumen, so wie
in den großen hohen hellen Schlafsälen herrschte die musterhafteste Ordnung der
Welt, zwischen je 2 Schlafsälen befinden sich die Wohnungen von je 2 Schwestern. Im Garten waren Turngeräthe aufgestellt, um hierdurch auch die körperliche Ausbildung zu leiter.

Was aber auf mich den angenehmsten Eindruck machte, war die Heiterkeit
und Freudigkeit, die auf den Gesichtern der Erzieherinnen ebenso wie auf den
Gesichtszügen ihrer sämmtlichen Schülerinnen deutlich ausgeprägt war. Die Anerkennung, die uns von so vielen Seiten für unser redliches aber oft recht müh-
sames Streben zu Theil wird und die Liebe unserer lieben Pflegebefohlenen, so
schloß die würdige Oberin, erfüllen uns an jedem Morgen mit frohem Muth
und wenn wir es erst so weit gebracht haben werden, daß wir in Smyrna
eine eigene Kirche besitzen und von unseren Glocken zur Andacht gerufen werden,
dann werden wir mit um so tieferem Dank gegen Gott und um so größerer
Hingebung an die Erfüllung unserer Pflicht gehen. —

Ein Beweis der segensreichen Wirksamkeit unserer vortrefflichen Lands-
männinnen dürfte wohl der sein, daß bereits zwei frühere Schülerinnen —
aus England — als Hilfslehrerinnen an jenem Institut fungiren.

Mit den herzlichsten Wünschen für das Gedeihen dieser Musteranstalt und
Pflanzschule deutscher weiblicher Sitte und Bildung schied ich von den freundlichen Schwestern, mit denen ich manche gemeinschaftliche Bekannte und Freunde
unter den Schützern und Gönnern der Diaconissen-Anstalten habe, wie sich im
Laufe der Erinnerung an die deutsche Heimath gar bald herausstellte. —

Da der Dampfer erst Nachmittags die Anker lichten wollte und mir noch
so viel Zeit übrig blieb, um die armenische Kirche zu besehen — Smyrna ist
Sitz eines armenischen Erzbischofs — so richtete ich meine Schritte dahin.

Die schöne Kirche steht mitten in der Stadt und ist von einem geräumigen Friedhof umgeben, die Gräber sind sämmtlich mit Leichensteinen, welche platt
an der Erde liegen, versehen, im Gegensatz zu den türkischen Friedhöfen, bei denen bekanntlich die beiderseits bunt bemalte Marmorsäule, welche den Namen
des Verstorbenen und höchstens einen Spruch aus dem Koran trägt, am Kopfende des Grabes in senkrechter Stellung aufgerichtet ist. Die Kirche selbst ist
größer und schöner als die armenische Kirche in Kairo. Ihre mit Marmorsäulen geschmückte Vorhalle vor den Haupteingängen, die hohen Glasfenster und
ihre freie Lage machen sie zu einer architectonischen Zierde dieses Stadttheiles.
Die Haupteingänge waren verschlossen durch einen Seiteneingang, an welchem
ein halbes Dutzend armenischer Geistlicher lachend und schreiend (während drinnen bereits gebetet wurde) herumlungerten, konnten die Kirchenbesucher eintreten.
Es waren diese Geistlichen junge Männer von rohen Manieren, spitzbübischen
Physiognomien und ungeschlachtem Wesen. Man hörte, mitten in der Kirche
stehend, ihre lauten von Gelächter und Aufschreien unterbrochenen Gespräche.

Ebenso wie in Kairo waren auch hier 3 Altäre an der den Haupteingängen
gegenüberliegenden Seite angebracht, jedoch war hier noch mehr und noch besserer
Marmor verwendet, als dort. Die Schäfte der Säulen im Innern waren aus
ganz hellblauem Marmor mit corinthischen Capitälen, letztere in blendend weißem
Marmor gearbeitet; zahllose Lampen hingen in dem ganzen Raum der Kirche
umher und obschon es heller Tag war, steckte man dieselben zum beginnenden
Gottesdienst an. Die Gemeinde kniete auf Teppichen, oder saß auf schlechten
Rohrstühlen; Separatlogen oder besonders luxuriös ausgestaltete Plätze waren
nirgends vorhanden. Drei Priester mit violetter viereckiger mit Pelz verbrämter
Mütze in gelb und schwarz gestreiftem Gewand celebrirten eine Art Gottesdienst,
welcher aus monotonen, reißend schnellem Herplappern von Gebeten, Kniebeu-
gungen, Kopfneigungen, Handbewegungen und gesangartigem Heulen bestand, in
welches letztere die Anwesenden stellenweise mit einstimmten. Keinenfalls kann
der armenische Cultus, wenigstens so wie er in Smyrna an jenem Tage executirt wurde, einen erhebenden, oder befriedigenden Eindruck auf den Bekenner anderer Confessionen ausüben und ich verließ bald wieder die Kirche, um die letzte
Stunde noch mit Kreuz- und Querzügen durch den Bazar auszufüllen. Jedenfalls war dieser Zeitvertreib amüsanter, geisterfrischender als das Anhören einer
unwürdigen Gottesverehrung. Immer wieder neue Typen, Gestalten, Waaren
trafen ein; einer langen Karawane folgte ich in den großen Chan, doch war
außer roher Seide nichts Interessantes zu sehen; im Gegentheil, als ich meine
Excursion in den Kaufhallen und Waarenmagazinen weiter ausdehnte, begegnete
ich einer Anzahl langweilig aussehender englischer Schiffscapitains und europäischer Handelsleute, welche aus einem Speicher kamen, in welchem der Liverpool-
dampfer seine Baumwollenwaaren deponirt.

Die Zeche in der Pension Gion war so auffallend niedrig, daß ich mehreremal bitten mußte, noch einmal nachzurechnen und da die freundliche Wirthin
durchaus bei diesem niedrigen Satz stehen blieb und Alles was ich genossen und
erhalten hatte, ebenso gut als reichlich war, so erfülle ich nur einen Act der
Rücksicht für meine Landsleute, wenn ich ihnen wiederholt anrathe, bei ihrem
Besuch von Smyrna den Aufenthalt in der Pension Gion oder in den zu derselben gehörenden außerhalb gelegenen Wohnungen nachzusuchen.

Die Zeit drängte und zahlreiche Boote — schmale Fahrzeuge — ruderten
von uns zu dem Aquila imperiale, dessen Mannschaft mit Einnahme von
Brennmaterial, Frachtstücken aller Art beschäftigt war. Hier hatte sich unter
den Passagieren viel verändert. Von den aus Aegypten mitgekommenen Passagieren waren die Meisten in Smyrna geblieben, an ihre Stelle waren eine
Menge anderer Ankömmlinge getreten, auch unter den Deckpassagieren hatte ein
totaler Wechsel stattgefunden und versprach die fernere Fahrt hinreichend neuen
Stoff zu ethnographischen, psychologischen Studien. Leider unterblieben diese,
denn die Gegenden, welche wir passirten, waren so interessant, daß ich herzlich
gern das bulgarisch-türkisch-kleinasiatisch-griechische Lumpengesindel unbetrachtet
ließ, um mich im Genuß des Anblicks der klassischen Gestade und der Rücker-
innerung an die Trojaner, Griechen, Perser, Macedonier, Byzantiner, Türken
und die wechselvollen Schicksale dieser Völker nicht stören zu lassen.

Der Dampfer hielt seine Abfahrtsstunde mit lobenswerther Pünktlichkeit.

So lange es nur anging blieb Alles auf Deck, um den zauberisch schönen Anblick der Stadt und ihrer Umgebung so lange als möglich zu genießen. Die
röthlichen Streiflichter, welche die sinkende Sonne auf den Pagos und Sivlos
warf, ließen die alte Schloßruine in hellerem Reflex erscheinen, von den steilen
Felswänden der Due fratelli reflectirte ein blauschwarzes Licht in den spiegel-
glatten Golf, die Höhen der Felder und Gärten und Wälder erschienen von
matt grüngoldigem Glanz durchwoben, zu welchem die rothen Ziegeldächer der
weißen Landhäuser einen herrlichen Contrast bildeten, sodaß das Gesammtbild
der im Sonnenuntergang vor uns liegenden Landschaft einen magischen Effect
gewährte.

Es dunkelte bereits, als wir das Kap Carabja-fokia, wo ehedem das handeltreibende Phocäa lag, passirten und es war schon so finster, daß wir die
Umrisse des felsigen Bergabsturzes, der das Cap Meläna bildet, nur mit Mühe
unterscheiden konnten. Mit diesem Punkte hatten wir gleichzeitig auch den äußern
Theil des Golfs von Smyrna hinter uns. In der Nacht hielt das Boot zweimal, einmal vor der Stadt Mytilene, auf der fruchtbaren Insel gleichen Namens
gelegen, und das zweitemal an Asiens westlichstem Vorgebirge, dem Cap Baba,
an beiden Orten wird die Post von österreichischen Lloydbeamten gebracht und wieder abgeholt. Am Morgen des 24. Februar warfen wir um 5 Uhr zwischen
der Insel Tenedos und dem Festland von Kleinasien, an der Küste der großen
Ebene von Troja, Anker. Mein günstiges Geschick wollte es, daß gerade hier
an der Maschine eine Reparatur unternommen werden mußte, welche uns nöthigte, $1\frac{1}{2}$ Stunde Angesichts des hohen Ida, halbwegs zwischen den dem
Meeresufer zunächst liegenden Grabhügeln zweier Helden des Trojanerkrieges,
liegen zu bleiben. Wer war froher als ich! Bald füllte sich Tenedos, das Meer
und die Ebene, und die Hügel, und der Ida mit den Schiffen, den Gestalten der Krieger und Heroen und die Unsterblichen selber erschienen dem freudetrunkenen Auge
mit den Attributen, so wie sie der Knabe und Jüngling kennen gelernt hat und
deren Bilder sich ihm mit unauslöschlichen Zügen eingeprägt haben. Damals
ahnte ich nicht, daß ich jemals die altklassischen Gestade sehen würde, daß ich
den engen Meeresarm durchschiffen würde, auf welchem der Griechen Schiffe die
Helden ihres Volkes in des Scamanders Ebene herbeiführten, auf welchem die
falschen Achaier hinter die bergige Insel Tenedos zurückflüchteten, um vom sichern
Versteck aus die sorglos gewordenen Troer überrumpeln zu können. Jetzt lagen
die 24 Gesänge der Ilias vor mir, ich konnte in ihnen nach Herzens Lust blättern.
Es dauerte lange, ehe ich an die systematische Betrachtung dieses allbekannten
vielbesungenen hochgefeierten Schauplatzes des Trojaner-Krieges ging, denn daß
die Flotten der Alliirten vor dem Krimmkriege in der ohnweit vom Schiffe gelegenen Besikabay längere Zeit stationirt gewesen waren, erschien mir im Vergleich
zu den Thaten, die hier im grauen Alterthum ausgeführt worden waren, so un-
wichtig und unbedeutend, daß es der mehrmaligen Mittheilung der mich in Wiedererweckung der alten Reminiscenzen unterstützenden Schiffsoffiziere bedurfte, um
mich daran zu erinnern. Einige von ihnen waren während des Aufenthalts
der Flotten mehrfach in diesen Gewässern gewesen. Es ist die Insel Tenedos,
von der Meerenge einem Felseneiland gleichend, im Innern und an der
Westküste gut bebaut; namentlich wird hier ein feuriger Wein von einer eigen-

thümlichen Farbe, einem Gemisch aus blau, roth und schwarz, gewonnen, das mir 8 Tage später auf einer Excursion hinter Scutari vortrefflich mundete. Vom Schiff aus gesehen erscheint die Insel wie ein spitzer Berg, dessen Fuß von einer amphitheatralisch gebauten freundlichen Stadt eingenommen wird, weiter hinauf erscheinen Wäldchen und Baumgruppen, der Gipfel zeigte dürres Felsgestein. Am Hafen sieht man die Ruine eines umfangreichen Gebäudes des Alterthums, es soll von Justinian erbaut worden sein. Ein Hügel zur Rechten ist mit Windmühlen besetzt, ein noch höher am Berge gelegenes Fort verleiht gleichzeitig mit der alten Stadtmauer, einer Moschee, einer griechischen Kirche, dem Städtchen, dessen Fenster im Gold der Morgensonne hell erglänzten, etwas ungemein Malerisches. Im kleinen Hafen lagen etwa ein Dutzend Kauffahrer, meistens unter griechischer Flagge.

Die allerseits steilen Ufer der Insel sollen es sehr schwierig machen, den Ort wieder aufzufinden, wohin die Griechen ihre Schiffe versteckt haben, ehe sie nach dem Gestade von Troja zurückkehrten. Zur Seite von Tenedos zeigten sich am Horizonte die 2 Gipfel des hohen vulkanischen Berges auf der Insel Lemnos, die Werkstätte der Hephästus, der aus dem Himmel geworfen auf diese Insel herabfiel, weiterhin Imbros und Samotrali, in südlicher Richtung fiel Cap Baba steil ins Meer hinab, durch eine schmale Straße von ihm getrennt ragten die Berge der herrlichen Lesbos, die Heimath der Sappho, aus den graublauen, leicht bewegten Fluthen hervor.

Die Küste des Festlandes zeigt in einiger Entfernung im Innern eine Kette oder mehrere Gruppen niedriger, meist bewachsener, bewaldeter Hügel, hinter ihnen erhob sich die Kette des Ida, deren höchster Berg, der Gargarus, seinen von Schnee und Eis bedeckten Gipfel in der schönen Beleuchtung der so eben voll und klar aufgegangenen Sonne hell erglänzen ließ. Das Ufer selbst bietet durchaus keine landschaftlichen Reize. Um von Süden anzufangen, zeigt eine kleine flache Erhebung, mit Laubwald bewachsen und mit wenig Häusern besetzt, den Ort an, wo das alte Alexandria Toras stand, dessen Hafen immer mehr versandet, große Molos, riesige Säulen, mehrere Tempel, ein Theater und Reste einer prachtvollen Wasserleitung sind deutlich sprechende Zeichen von der Bedeutung dieser Stadt. Von diesem Hügel vermag man über das flache Ufer weit hinein in das ebene Land zu sehen: die hochgefeierte Stätte des alten Ilion. Hier ist der Boden der ersten und unübertroffenen epischen Poesie, der Schauplatz der unsterblichen Heldengedichte, der Ort, den zwei der hervorragendsten Geister des Alterthums, Homer und Virgil, für alle Zeiten zu einem Wallfahrtsort des forschenden Menschengeistes, der sich in die hier gesprudelt habenden und nie versiegenden Quellen von Schönheit versenken will, stempelten. Es ist ein ganz eigenthümlicher Eindruck, sich auf dieser Stelle zu wissen, wo Mythe und Geschichte in rührender, naiver und gewaltig erschütternder Vereinigung uns so viel Stoff der Belehrung und Unterhaltung gewähren.

Beim Weitersegeln passirt man zur Linken mehrere kleine Inseln, unter denen die Kanincheninseln die bedeutendsten sind. Gegenüber auf dem Festland erhebt sich wiederum ein Tumulus, welchen der Steuermann als Capo di Troja bezeichnete. Alterthumsforscher haben gefunden, daß an dieser Stelle die alte

Stadt Agamia gestanden hat, von deren Umgegend die Mythe erzählt, daß die troischen Jungfrauen hierher gesetzt wurden, um zur Sühne des erlittenen und beleidigten Peseidon von einem Meerungeheuer verschlungen zu werden, bis end= lich Hercules erschien und Hesione, die schöne Tochter des Königs Laomedon, aus den Klauen des Ungeheuers befreite. Nach anderer Erzählung soll dieses Meer= ungeheuer ein Piratenhäuptling Ceton gewesen sein, zu dessen Bekämpfung Her= cules und die Troër einen Wall oder Art Brustwehr aufgeworfen hatten, dessen Trümmer man heut noch sieht. Zur Linken nach Westen hin tritt die Insel Imbros weit zurück, hinter derselben gewahrt man ganz deutlich zum erstenmal europäisches Festland, die malerisch geformten Berge der Rhodope = Gebirge in der Provinz Rumelien. Zur Rechten fährt man ganz dicht an klassischem Ufer hin und nähert sich immer mehr dem Cap Sigaeum, dessen schon in der Argo= nautenfahrt Erwähnung geschieht. Die Küste beginnt nördlich eines kleinen Tumulus einen felsigen Character anzunehmen, ihr Ufer ragt aber nur wenige Fuß über die Oberfläche des Meeres hervor, man vermag immer noch mit Be= quemlichkeit das flache Land zu übersehen, auf welchem die Kämpfe der Troër und Archäer stattfanden. Hinter dem Cap Sigaeum, welches die erste Eingangs= pforte in die Dardanellenstraße bildet, gewahrte ich dicht am Ufer drei Grabeshügel, welche von den Alterthumsforschern dem Patroclus, Achilles und Festus zugeschrieben werden. Thatsache ist, daß sie zu Alexanders Zeiten schon existirten und daß dieser König in Ehrfurcht vor den alten Kriegshelden große Waffenspiele und Festlichkeiten hier veranstaltete. Schon sieht man die Dardanellenschlösser, und die Begeisterung für die Heldenthaten der Alten wird unangenehm berührt von dieser modernen Polizeianstalt der schönen Ufer. Noch einmal aber treten die Troërkämpfe vor die Erinnerung, wir fuhren an der Mündung des Simoïs vorbei, an jener Stelle, die ehedem einen bequemen Aussteigeplatz für die kam= pfesmuthigen Achäer bot. Hierher führte Agamemnon seine Schaaren, hier wur= den die Schiffe ans Land gezogen und hier wurde dicht am Ufer das große Lager aufgeschlagen und von hier aus wurde an beiden Ufern des Simoïs auf= wärts ziehend die Belagerung des alten Ilium unternommen. Es war dies die letzte Erinnerung an die Begebenheiten die an jenen Gestaden zur Zeit des Trojanerkrieges gespielt hatten. Der Dampfer eilte unaufhaltsam vorwärts und die Muse der Geschichte weist den aufmerksamen Reisenden, der diese Gegen= den, so reich an großen Erinnerungen aller Zeiten, bereist, auf andere Punkte hin, auf welchen sie mit ihrem ehernen Griffel die Thaten der Menschheit ver= zeichnet hat.

Wir befanden uns bereits in der Dardanellenstraße; das erste Dardanellen= schloß auf asiatischer Seite ist Kum=Kalessi mit 80 Geschützöffnungen, ihm gegen= über liegt auf europäischem Ufer Setil=Bahar Kalessi mit nur 70 Geschütz= öffnungen, doch scheinen die Befestigungswerke der europäischen Seite in besserem baulichen Zustande zu sein, wie drüben. Das asiatische Schloß liegt auf ganz flachem sandigen Ufer, wie denn überhaupt die ganze asiatische Seite flacher ist ist als die europäische, welche als ein steil in's Meer abfallender Rand, der hie und da mit Einschnitten versehen ist, zu betrachten sein möchte. Der Rand ist sehr spärlich bewachsen, Eisten, Haiden, verkrüppelte Coniferen und niedriges Ge= sträuch bedeckt denselben, wo er nicht aus losem Felsgeröll besteht. Da wo

Einschnitte find, öffnet sich manch schöner Blick ins Innere und man erblickt fruchtbare, gut angebaute Thäler, Anpflanzungen von Oliven und recht stattliche Cypressen. Der Dampfer fährt so nahe an der europäischen Seite, daß man bequem mit einem Stein vom Bord nach dem Festland werfen kann. Die Lage des ersten Schlosses auf europäischer Seite wird durch einen ansehnlichen Leucht= thurm und einen kleinen Weiler, der sich an einem ölbaumbesetzten Hügel hinauf= zieht, verschönert. Ehe man zu den eigentlichen Dardanellenschlössern, der Station der Lloydschiffe gelangt, muß man auf europäischer Seite noch an 4 starken Bastionen, auf asiatischer Küste noch an 3 Befestigungen vorbei. Inclusive der beiden Hauptbefestigungen besitzen die Forts, welche die Schiffe beschießen können, 822 Kanonen, von denen 462 auf asiatischer, der Rest auf europäischer Seite liegen. Die letztere bleibt steil abfallend und steril; die asiatische ändert ihren Character zu vielen landschaftlich schönen Bildern. Lachende Ebenen, malerische Hügelzüge mit Laubwäldern bedeckt, Dörfer und Weiler und pittoreske Bergzüge ergänzen sich gegenseitig zu einem Gemälde, dessen prächtiger Rahmen an jenem Morgen durch das blaue Himmelsgewölbe und das ruhig fluthende Meer einen besondern Grad von Schönheit erhielt. Beim Heransegeln an die eigentlichen Dardanellenschlösser — die stärksten Befestigungen auf dem Wege nach Stam= bul bildend, wo 351 Feuerschlünde drohend von beiden Seiten den Wasserspie= gel bestreichen — erscheint der Hellespont einem großen Binnensee vergleichbar. Hier lag auf asiatischer Seite Abydos, auf europäischer Sestos, und hier be= trägt die Entfernung der beiden Ufer nur 1950 Metres, also circa 5800 Fuß. Der Dampfer näherte sich dem asiatischen Ufer, wo Sultanie Kalessi (oder Boghag= Hissar) mit seinen colossalen Forts und Bastionen an der Stelle des alten Abydos sich erhebt. Wer denkt hier nicht an unsern Schiller und die rührende Liebesgeschichte zwischen Hero und Leander! Hier schwamm 1810 Lord Byron, gefolgt von einem Kahn, worin ein englischer Officier, in 1 Stunde 10 Minuten vom asiatischen Ufer nach dem europäischen Gestade. Hier setzte Alexander mit seinem Heere über, hier ließ Xerxes 2 Brücken schlagen. Die auf europäischer Seite gelegene Festung heißt Sitil=Bahar. Diese, sowie die gegenüberliegenden Bastionen beschießen den Kanal seiner ganzen Länge nach, während die, welche bis zum Eingang ins ägäische Meer liegen, übers Kreuz schießen. Von letzterer wird Killib=Bahar von einem so nahe gelegenen Hügel beherrscht, daß es mit Gewehrfeuer beschossen werden kann, auch Sultanie Kalessi ist von hier mit schwerem Geschütz zu erreichen, übrigens aber durch sumpfige Umgebungen mehr gedeckt. Weiter folgen die von der Landseite völlig offenen Batterien Eski=Earlek in Europa und Kizzis=Boorum in Asien. Die am Aus= gang des Kanals nach dem ägäischen Meere gelegenen Schlösser Sitil=Bahar und Kum Kalessi sind seewärts nach alter türkischer Art wohl stark befestigt, an der Landseite aber fast ohne alle Vertheidigung. Sitil=Bahar wird außerdem durch einen in halber Kanonenschußweite liegenden Hügel beherrscht. Von allen diesen Batterien ist die zu Abydos — also das eigentliche asiatische Dardanellen= schloß — das bedeutendste und am besten ausgerüstete. Der Ruf der Be= festigungen in ihrer Gesammtheit beruht mehr auf der Menge und dem außerordentlichen Kaliber ihrer Geschütze. Man erstaunt, wenn man hört, daß es Geschütze giebt, welche mit steinernen Kugeln von 26″ Durchmesser geladen werden.

Die afiatische Stadt Sultanie Kaleffi, an der Mündung eines vom Jda herabkommenden Flusses gelegen, gewährt mit dem dicht sich an sie anschließenden Dorf Khanal-Kaleffi einen erfrischenden heitern Anblick. Die grünen, rothen und gelben Häuser, die vortrefflich angebaute Umgegend, die schön bewaldeten Höhenzüge, die Minarets und die zu den Festungswerken gehörigen Bauwerke bilden ein schönes Ensemble zu einer Meerlandschaft ganz neuer Art. Einige türkische Kriegsdampfer lagen vor Anker. Als unser Aquila imperiale die Anker hatte fallen lassen, näherten sich uns alsbald eine große Anzahl von kleineren Booten aller Art. Einige waren von Leuten eingenommen, welche mit ihren grell bunt bemalten und roh vergoldeten Thonwaaren aller Art (abenteuerliche Figuren, Thiere, Töpfe, Flaschen und Teller) an Bord sofort einen lebhaften Handel begonnen. Die schlechtgebrannte Masse war ohne Werth, nur die Farben und die Art und Weise der höchst geschmacklosen Anpinselung und Decorirung bewogen mich, einige Kleinigkeiten zu kaufen. Außerdem wurden Backwaaren und frische Seefische zum heutigen — letzten — Mittagsmahl an Bord gebracht. Sodann stiegen neue Passagiere ein und es verließen uns die vier schwarzen Sclavinnen mit ihrem Transporteur. Am meisten aber hielt meine Aufmerksamkeit rege ein Boot, bedient von acht türkischen Matrosen in Uniform, worin zwei Damen mit drei Dienerinnen saßen, welche mit der Gattin der türkischen Excellenz, welche wir am Bord hatten, eine lebhafte Schnupftuch-telegraphie unterhielten und endlich an der Landungstreppe angelangt, mit Blitzesschnelle an Bord eilten, um hier mit der Gattin eine rührende Wiedersehensscene zu feiern. Der Hauslehrer, der von mir schleunigst herbeigeholt wurde um hier Erläuterungen zu geben, bezeichnete diese beiden bildschönen jungen Türkinnen aus dem Boot als die Schwestern der Excellenz. Sie sind die schönsten Türkinnen, die ich gesehen habe. Als sie auf Deck kamen, küßten sie den Saum des faltigen Obergewandes ihrer älteren Schwester und berührten hiermit ihre Stirn, erst hierauf wurden sie von der Begrüßten auf die Wange geküßt. Ihre brennend schwarzen Augen, schönen halbmondförmigen Augenbrauen, ihr ebenso dunkles Haupthaar paßte vollständig zu der blühenden Farbe ihrer muntern jugendlichen Gesichter. Ein kleiner Mund mit schwellenden Lippen und prachtvollen alabasterweißen Zähnen vollendete den Reiz, den der Anblick dieser aus einer der vornehmsten Familien stammenden jungen Damen auf uns Hyperboreer ausübte. Auch war die Cultur des Occidents an diese prachtvollen Gestalten nicht vergeblich herangetreten, ihre elegante halb Pariser halb Stambuliner Toilette, noch mehr aber die Thatsache, daß sie lediglich in Begleitung dreier Dienerinnen an Bord gekommen waren und hier alsbald ihre Schleier abnahmen, bewies dies aufs Deutlichste. Die kostbaren Spitzen, welche sie am Kragen und Aermel trugen, nebst ihren feinen seidenen Changeantkleidern (unter denen faltige Beinkleider, auf zierliche Füßchen herabfallend, wiederum den orientalischen Geschmack bekundeten), rothe kurze Käppchen mit an den Schläfen herabhängenden Verzierungen von Gold, Smaragden und Perlen, ihre aus Edelsteinen und Perlen zusammengesetzten Colliers und Armbänder verriethen unzweifelhaft hohen Rang und großen Reichthum.

Auch die Begegnung mit ihrem Schwager, der inzwischen von dem Gouverneur der Festung begrüßt worden war, hatte etwas Offenes, Herzliches und widersprach ganz entschieden der ·alttürkischen Sitte vom Verkehr zwischen Ehemännern und den Schwestern seiner Frau. Die Unterhaltung wurde auf dem Verdeck, auf untergebreiteten Teppichen hockend, ganz laut türkisch geführt. Der Dampfer blieb ungewöhnlich lange vor den Dardanellenschlössern liegen und wir Passagiere hatten hinreichend Zeit die Scene auf dem Deck und die schöne Gegend zu bewundern. Der Abschied war ebenso herzlich als die Ankunft: gegenseitiges Küssen und Berühren der Stirn mit dem geküßten Mantel, nachdem die Respectperson denen, die sich verabschieden wollten, bis an die Treppe vorangegangen war und ihnen hier zuerst den feierlichen Gruß durch Handbewegung von dem Boden aufwärts nach der Stirn, hingeworfen hatte, welchen die Niedrigeren mit tiefster Verbeugung aufhoben.

Im Weiterfahren kamen wir bald an die Mündung des Aigos Potamos, bekannt durch Lysanders Seesieg über die Athener, wodurch dem peloponesischen Krieg ein Ende gemacht wurde. Ihm gegenüber auf asiatischer Seite deutet ein Haufe von ˉkaum 200 Häusern, jetzt Lampsaki genannt, die Stelle an, wo das durch den Aufenthalt des Helden Themistocles berühmt gewordene Lampsacus lag. Noch jetzt sind die Umgebungen durch Anpflanzungen von Oelbaum und Rebenstöcken ausgezeichnet. Gegenüber von Lampsacus erhebt sich auf europäischem Ufer die Stadt Gallipoli, Stationsplatz der Lloydschiffe, eine Stadt, die das wechselvolle Spiel des Lebens in seltenem Maaße mit durchgemacht hat. Wir kamen um 1 Uhr vor Gallipoli an und mußten leider 1½ Stunde auf der Rhede, Angesichts der heutigen miserablen Bretterbuden, welche die Stadt bilden, liegen bleiben. Der sehr prosaische Grund des ungewöhnlich langen Aufenthalts lag in der Einschiffung mehrerer Ochsen, zu welchem Geschäft ein Krahn und andere Vorrichtungen in Betrieb gesetzt werden mußten. Einige Moscheen, ein halb verfallener dicker Thurm, und nur wenige einigermaßen anständig aussehende Häuser — Consulate und Schifffahrtsagenturen — bringen Abwechslung in die ermüdende Einförmigkeit der Holzbaracken, deren zwischendurchlaufende Straßen jedoch seit dem Krimtriege, wo Gallipoli erste Hauptstation der Franzosen war, pomphafte französische Namen tragen sollen. Vom Leuchtthurm muß man eine schöne Aussicht auf das Marmarameer, welches sich in geringer Entfernung von hier öffnet, seine Ufer und auf die Dardanellen haben. Mich interessirte weit mehr das gegenüberliegende asiatische Ufer, an welchem der Granicus ins Meer mündet, ohnfern dessen Alexander seinen berühmten Sieg über die zahlreichen Perserschaaren errang.

Bei Gallipoli erweitert sich die Passage ganz bedeutend, die Ufer — von nicht allzuhohen, in ihren untern Theilen bewachsenen Bergen eingefaßt, — treten mehr und mehr zurück und der Dampfer schlägt die Richtung nach der Insel Marmara ein, der größten der im Süden des Propontis gelegenen Inselgruppe. Um 4 Uhr circa fuhren wir an der durch ihren unerschöpflichen Reichthum an den verschiedenartigsten Sorten Marmor schon im Alterthum bekannten Marmara=Insel vorüber, welche in ihrer äußern Erscheinung den meisten Sporaden täuschend ähnlich sieht; hohe schroffe Felsmassen, sehr spärlich bewachsen, erheben sich aus dem Meere und scheinen nicht einmal einen Landungsplatz zu ermöglichen, der sich jedoch für die Insel Marmara auf der Nordostseite findet. Hinter dieser Insel öffnet sich das weite Becken des Marmarameeres, die Ufer verschwinden und man sieht nur hier und da die einzelnen Bergkuppen und nur die höchsten Gebirgszüge aus den Fluthen herausragen. Ein uns entgegenkommender nach Alexandrien bestimmter Regie= rungsdampfer und einige Handelsfahrzeuge waren die einzige Unterhaltung auf dem Meere bis zur einbrechenden Dunkelheit und da wir bald nach Mitternacht im goldenen Horn sein sollten, so ging die gesammte Reisegesellschaft unge= wöhnlich früh zur Ruhe, um bei der Ankunft in Stambul wieder munter zu sein.

V.

Constantinopel und Scutari.

Jn der erſten Morgenſtunde des 25. Februar weckte mich der Gouverneur der Kinder der türkiſchen Excellenz mit der freudigen Mittheilung, daß wir
ſo eben die Spitze des alten Serails umſchifft hätten und uns anſchickten, mit
halber Dampfkraft weiter fahrend, vor dem goldenen Horn einen Ankerplatz zu
ſuchen.

Als ich auf Deck kam, wußte ich nicht ob ich wachte oder träumte. Der
herrliche, mit Sternen beſäete Nachthimmel, der volle klare Mondſchein, die bis in
die höchſten Spitzen mit Lampenkränzen erleuchteten Minarets, die Gasbeleuch
tung der hart am Meer gelegenen Stadttheile, zumal der großen Gebäude in
denſelben, der Reflex dieſer Tauſend und aber Tauſend Lichter im Bosporus,
der Lichtſchimmer der Gaslaternen, der über Pera und Galata ſchwamm, die bunten
Schiffslaternen, der Maſtenwald, der Wiederſchein von Mond und Sternen auf
dem langſam dahin fluthenden Meere — Alles dies machte auf mich, den plötzlich aus dem Schlummer Geweckten, einen in der That unbeſchreiblichen feenhaften, fabelhaften Eindruck. Der Contraſt zwiſchen Schlafen und Wachen war
ein zu großer, der Anblick ein über alle Erwartung zauberiſch ſchöner. Ich
werde dieſes Erwachen im goldenen Horn und den Lichter - und Lampenglanz
von Conſtantinopel mein Lebtag nicht vergeſſen. Obſchon vor 7 Uhr keine
Landung geſtattet iſt, war ich doch zu aufgeregt und mit freudigem Entzücken
erfüllt, als daß ich noch einmal hätte einſchlafen können. Ich ging noch
ſtundenlang auf Deck auf und ab; immer wieder ſtrahlten neue Lichter
auf, bei jeder Vorwärtsbewegung der Schraube und bei jeder neuen Wendung
des Schiffes erblickte ich neue Lichtquellen, neue Lampenkränze und Lampenguir-
landen, Neues, Eigenthümliches, mich Feſſelndes. Erſt der empfindlich kalte
Morgenwind trieb mich, nachdem wir glücklich Anker geworfen und dabei einen
engliſchen Dampfer beſchädigt hatten, nach der Cajüte zurück, wo die Natur
ihr Recht wieder verlangte. —

Während ich an den bisherigen Landeplätzen meiner Reiſe immer geeilt
hatte, an Land zu kommen, verfolgte ich hier das entgegengeſetzte Prinzip, nämlich das jenes Engländers, welcher 8 Tage lang die Strecke des Bosporus von
dem Schloß der 7 Thürme bis zum Palaſt von Dolma-Bagbſche unaufhörlich
hin und zurück gefahren war und auf dieſe Weiſe den angenehmſten Eindruck

von der schöngelegenen Türkenstadt mitnahm. Ich wartete absichtlich bis ganz
zuletzt, bis die Zahl der unausstehlichen, gaunerisch prellenden Bootsführer, Dolmetscher, Fremdenführer, Lohndiener und wie diese Art Ungeziefer der Reise sonst
genannt werden, theils mit, theils ohne Beute nach dem Ufer zurückgerudert
waren. So in der Mitte der schmalen Meerenge zwischen Asien und Europa
Posto fassend hat man unstreitig den schönsten Punkt, um all die Schönheiten
dieses Fleckchens Erde und Wasser zu überschauen, weit besser als von der
Höhe des Seraskierthurmes, von wo die Rundschau eine ungleich weitere und
großartigere ist, wo aber die Details gänzlich verloren gehen.

Ich rathe Jedem, der in Constantinopel landen will, möglichst lange an
Bord des Schiffes zu bleiben, um den unvergleichlichen Anblick beider Ufer und
des jederzeit mit Schiffen und Fahrzeugen aller Art belebten Meeres möglichst
lange zu genießen. Die Dampfschiffe, welche den Localdienst zwischen Scutari
und Stambul versehen, fahren so schnell und sind immer so dicht besetzt, daß
man weder einen günstigen Platz noch die Zeit findet, sich des Anblicks dieses
schönsten Panorama's der Welt zu erfreuen und bei der Ueberfahrt in den schmalen Kaiks wagt man nicht, mit dem Oberkörper irgend welche Wendung zu
machen, aus Furcht, das Boot zum Umkippen zu bringen und ins Wasser zu
fallen; überdies sehen es die Kaikschi — die türkischen Bootsführer — am liebsten, wenn man während der ganzen Ueberfahrt in halbliegender Stellung ruhig
auf seinem Platze bleibt.

So auf reichliche Büchsenschußweite von dem Punkt des Ufers vor Anker
liegend, wo sich das türkische Zollhaus befindet, weiß man wirklich nicht, wohin
man zuerst blicken soll. Es fällt schwer, unbeirrt von dem Treiben, Geschrei
der Menschen auf der Wasserfläche und am Ufer, ungestört durch die gehenden
und kommenden Schiffe, seine Aufmerksamkeit in einer geregelten Weise der Betrachtung des Bildes zuzuwenden, um Nichts zu übersehen. Aber immer und
immer kehren die Blicke nach der Brücke hin, welche am Eingang in das goldene Horn auf Kähnen errichtet, die Verbindung beider Stadthälften vermittelt.
Obschon noch eine Brücke ganz oben im goldenen Horn existirt, ist der auf beiden stattfindende Verkehr so verschieden, daß man gar keinen Vergleich aufstellen kann. Es genüge, wenn ich erwähne, daß der gegenseitige Verkehr von
800,000 Menschen auf dieser ersten Brücke stattfindet. Leider habe ich die
Zahlen vergessen, aus denen man die Zahl der täglich diese Brücke Passirenden
nnd die hierfür erzielte Einnahme ersehen kann, denn die einmalige Passage
kostet 5 Para, (zwischen 3 und 4 Pfennige). Grade in den letzten Jahren
hat der Pächter, ein Armenier, einen enormen Gewinn gemacht; denn bekanntlich brannte die zweite ohnweit der ersten am Admiralitätsplatz mündende, dem
Verkehr sehr bequem gelegene Brücke, auf welcher kein Zoll erhoben wird, vor
einigen Jahren ab. Man sah die Unentbehrlichkeit dieser Brücke ein und es
wurden unverzüglich dem Groß = Admiral die nöthigen Gelder bewilligt, um eine
neue Brücke zu bauen. Der Gesammtverkehr war inzwischen durch diesen Brand
auf die vorderste Brücke, wo jener Armenier das Brückengeld erhebt, verwiesen,
wo er sich auch noch befindet und wohl noch lange befinden wird, denn Seine
Excellenz der Groß = Admiral ist materiellen Einflüssen nicht unzugänglich und es
hat sich zwischen ihm und dem Armenier ein inniges Freundschaftsverhältniß ent-

widelt, deſſen nächſte Folge das Hinausſchieben des Baues der zweiten Brücke ins Unbeſtimmte iſt.

Inzwiſchen machen die beiden Gentlemen durch die Einnahme von 5 Para=Stücken recht brillante Geſchäfte.

Doch hinweg von dieſem unerfreulichen Bilde der Corruption türkiſcher Staatsbeamten zu dem herrlichen Bild, welches ſich, von den Strahlen der Februar=Morgenſonne beſchienen, vor meinen wonnetrunkenen Blicken entfaltet hatte.

Zur Linken erſtrecken die Mauern, Häuſer, Paläſte, Kiosk und Moſcheen, welche das neue Serail bilden, unmittelbar aus den Fluthen ſich längs des Waſ=ſers hin. Schöne Gruppen von Cypreſſen und Pinien bilden eine angenehme Unterbrechung in dieſem Theil des Bildes. Ueber dieſer Gruppe von Baulich=keiten der verſchiedenſten Art des mannichfaltigſten Styles erheben ſich die zahl=loſen Minarets, deren feenhaft ſchöne Beleuchtung ich in der verwichenen Nacht zu bewundern Gelegenheit hatte. Der Suleymanieh, der Bajazid, Nurri=Os=manieh, die Aja=Sofia, die Achmed mit ihren 6 ſchlanken zierlichen reich ge=ſchmückten Minarets, erheben gleich ſchlanken Candelabern ihre Thürme, Gallerien und Spitzen in die blaue Luft. Unter ihnen unterſchied man ſofort den durch ſeine imponirende Ausſicht allbekannten Seraskierthurm, ein hauptſächlich als Feuerwache dienender Thurm neben dem Palais des Kriegsminiſters, in ſeinen coloſſalen Dimenſionen. Die amphytheatraliſch gebaute alte Türkenſtadt, der Sitz der byzantiniſchen Kaiſer, bietet in ihrer Totalität einen herrlichen Anblick dar, ſie erſtreckt ſich ſo weit an dem Südufer des Goldenen Hornes in das Land hinein, daß man vom Hafen aus ihre letzten Häuſer (welche an der aus den älteſten Zeiten ſtammenden Stadtmauer liegen) gar nicht mehr ſehen kann. Grade vor dem Schiff erhebt ſich nicht minder ſchön und prächtig maleriſch die Hügelgruppe, welche Tophane, daneben Galata, über beiden Pera, die Franken=ſtadt trägt; das amphitheatraliſch gebaute Häuſermeer gewährt durch die Fülle und totale Verſchiedenheit der Gebäude einen ſo wechſelvollen Anblick, wie man denſelben wohl nie wieder finden kann, es müßte denn an Küſtenplätzen ſein, wo ſeit den älteſten Zeiten Cultur und Kriegsvölker mit ganz abweichenden Ge=bräuchen in der Errichtung ihrer Wohn= und Bethäuſer ꝛc. ihren Aufenthalt genommen haben, wie dieſes eben hier in ſo ausgezeichnet deutlicher Weiſe der Fall geweſen iſt.

Zunächſt an dem einen Anfangspunkt der Brücke liegt Galata, die alte genueſiſche Handelsſtadt, jetzt mit vorwiegend griechiſch=armeniſchem Charakter, überragt von dem hohen runden Thurm von Galata, der jetzt ebenfalls als Feuerwacht für den nördlich vom goldenen Horn gelegenen Stadttheil dient, daneben Tophane mit den Landungsplätzen, Dampfſchiffagenturen, Zoll= und Finanzbehörden, Kanonengießerei, Arſenal, prachtvoller Mahmoud=Moſchee, ele=ganten Brunnen, über beiden auf der Höhe Pera, aus welchem Häuſerconglo=merat das ſtattliche Palais der ruſſiſchen Botſchaft mit ſeinen prachtvollen Säu=lengängen und rieſigen Treppenaufgängen, auf der ſchönſten Stelle aus türki=ſchem Gelde (Entſchädigung des Feldzugs von 1829) erbaut, ſtolz auf Land und Meer herniederſchaut. Ohnweit davon die Hotels der franzöſiſchen und holländiſchen Geſandtſchaft und das ſchöne elegante Wohnhaus des reichſten Geld=mannes des Frankenviertels, des Banquier Baltacchi, welcher vor einigen Jah=

ren mit der preußischen Regierung in Unterhandlung stand über den Verkauf seines Hauses als Gesandtschaftshotel. Ganz rechts schimmerten die Gebäude= massen der Kaiserlichen Paläste herüber, an denen man vorbeifährt, wenn man die Tour durch den Bosporus unternimmt. Der Hafen lag voller Schiffe, 18 Dampfer=, Handels= und Kriegsschiffe (darunter die zur Disposition der Ge= sandten der verschiedenen Mächte hier ankernden Schiffe, ja auch die Lorelei) zählte ich, umschwärmt von den „Wasserfröschchen" Constantinopels, jenen Kaiks, deren kleinste Art nur eben Platz giebt für den Bootsführer und einen Passa= gier. Das sind die schwachen Umrisse des lebensvollen bewegten Bildes nach Westen, dessen Centralpunkt die Brücke von Galata bildete, wohin sich immer und immer wieder die Blicke richteten, denn obschon es noch früh am Tage war, fluthete schon ein endloser Strom Reiter, Fußgänger, Lastthiere und Wagen aller Art kommend und gehend darüber hin. Will man wissen, was für Völker= schaften und Nationen sich zur Zeit in Stambul aufhalten, so muß man sich einige Stunden auf jener Schiffbrücke — vielleicht die längste und belebteste in der ganzen Welt — aufhalten und man hat erfahren, was man zu erfahren wünschte.

Gegen Süden begrenzten die Prinzeninseln und die bithynischen Berge, vor allen der schneebedeckte Olymp von Brussa, gegen Norden die scheinbar zusam= menstoßenden Ufer des Bosporus mit ihren zahllosen Dörfern, Weilern, Land= häusern, Schlössern, Palästen, Cypressen, Silberpappeln, Pinien= und Eschen= wäldern den Gesichtskreis.

Nach Osten zu liefert Scutari mit seinen benachbarten Dörfern, seinen weltberühmten von uralten schönen Cypressen beschatteten Kirchhöfen, überragt von der Berggruppe des Bulgurlu, eine ununterbrochene Reihe der herrlichsten Landschaftsbilder, welche alle den Hauptreiz jedes schönen Bildes, Wasser, schöne Bäume und Hügel, besitzen. Die riesige Kaserne, das große Lazareth präsen= tiren sich wie große Schlösser. Aus der ebenfalls amphitheatralisch, terrassen= artig gebauten Häusermenge erheben sich zahlreiche Kuppelgewölbe und herrliche Minarets jener schönen Moscheen, an denen Scutari so reich ist. Die Local= dampfer zwischen Stambul, Galata und Scutari, eine Art Wasseromnibus, fuh= ren hin und her; auf einem derselben befanden sich ganz besonders viel euro= päisch gekleideter Passagiere, es waren die nach ihren Comptoirs und Geschäfts= lokalen eilenden Kaufleute, die auf dem Lande in gesunder Lage, fern der fort= währenden Angst vor Brandunglück, wohnen.

Es mochte wohl 9 Uhr geworden sein, ehe ich mich bequemt hatte, einen der Bootsführer, einen italienisch sprechenden Griechen für mich zu engagiren. Der gute Mann verlangte Anfangs für den Transport meiner Person und Effec= ten vom Bord des Schiffes nach dem Zollhaus nicht mehr als 5 Francs, schließ= lich trug er meine Sachen nach seinem Boot herab, beförderte sie und mich nach der zollamtlichen Revisionshalle und half dieselben nach dem ziemlich fern auf der Höhe am Campo piccolo gelegenen Hotel de Pera schleppen und erhielt hierfür nicht mehr als 4 Francs, wovon er noch dem zur Hilfsleistung requirirten Lastträger, Hamal genannt, einem kräftigen Bulgaren, 1½ Francs abtreten mußte. Ich verdanke dieses billige Geschäft den Bemühungen der Offi= ziere unseres Schiffes, welche nicht aufhörten, ihre Reisenden mit Gefälligkeiten

und Dienstleistungen zu erfreuen und ich kann nicht leugnen, daß mir der Ab=
schied von diesen vier hochachtbaren Herren, die sich die Dankbarkeit und Werth=
schätzung der gesammten Passagiere erworben hatten, recht schwer wurde. Soll=
ten diese Zeilen ihnen zu Gesicht kommen, so mögen sie, speziell der liebenswür=
dige Capitain Antonio Rassol, hieraus ersehen, welche dankbare Erinnerung ich
ihnen bewahrt habe.

Wenn man liest, Constantinopel erscheine wie aus dem Meere emporge=
wachsen, so klingt dies unwahrscheinlich. Aber es ist in der That so. Wäh=
rend die meisten Seestädte und namentlich die großen Handelshäfen, lange und
breite Quais besitzen, hinter welchen nunmehr erst die Häuser beginnen, ist dies
weder in Stambul noch in Galata, in Tophane nur zum kleinsten Theil der
Fall; hier stehen die Häuser so dicht am Wasser, daß ein aus den Fenstern
fallender Gegenstand direct ins Wasser fällt; die Handelsfahrzeuge löschen ihre
Ladung direct in die am Ufer gelegenen Speicher.

Durch die zahllosen Schiffe, unter ihren Bugsprieten hinweggleitend, ge=
langte ich endlich an den jammervollen zollamtlichen Revisionshof. Ein Kerl
im Schlafrock erschien zur Besichtigung meiner Sachen, die er oberflächlich (au=
genscheinlich mehr von Neugierde getrieben) ansah, worauf ich dieselben schleu=
nigst wieder zusammenpackte und sie meinem Bootsführer nebst dessen Hamal zur
Beförderung nach dem Hotel de Pera übergab. Jetzt begann der Kerl im
Schlafrock erst leise und verstohlen, später ganz offen und unumwunden sein
Verlangen nach Bakschisch zu äußern. Ich verweigerte dies hartnäckig, obgleich
der Grieche mir glauben machen wollte, es seien tarifa und signori tutti
sono obligati di pagare. Aber ich ließ mich nicht irre machen, comman=
dirte mein avanti, presto und wir setzten uns en route. Die erste Straße,
die wir passiren mußten, war die verrufenste Gegend in ganz Stambul, das
berüchtigte Malthesergäßchen, der Schlupfwinkel aller Räuber, Mörder, Banditen,
kurz des schlechtesten Gesindels. Welcher Contrast in dieser langen schmalen
schmutzigen unheimlichen Höhle mit dem noch vor einer Stunde empfundenen
Anblick! — Endlich waren wir auf der Höhe, am Anfange der sogenannten
grande rue de Pera, der Zöllner im Schlafrock war mir standhaft gefolgt
und hatte einigemal seinen dringenden Wunsch Bakschiesch zu empfangen er=
neuert. Hier am Thor von Galata, am Fuß des Thurmes von Galata, wo
eine neue Auflage der Zollgauner sich präsentirten, bedeutete er mir, daß ich
noch einmal revidirt würde, wenn ich ihm ein Trinkgeld verweigerte. Hier erst
bequemte ich mich, den Mann im Schlafrock mit einer Summe von 10 para
b. i. 7 Pfennige zu erfreuen, die er in Papier eingewickelt erst empfing, nach=
dem meine Gepäckträger ein ganzes Stück Weges vorauf waren. Ich befand
mich also jetzt in Pera; die grande rue de Pera hat in ihrem ersten An=
fange etwa eine Breite von 20 Fuß, wird dann schmaler, um dann auf ihre
ganze weitere Länge eine Breite von 25—30' anzunehmen und beizubehalten.
Ziemlich hohe Häuser nach europäischem Styl bilden ihre beiden Seiten, in ihren
Parterrelocalen haben sich nur ausschließlich europäische Gewerbtreibende nieder=
gelassen und man fühlt sich auf einmal nach Südfrankreich oder nach Italien
versetzt. Schilder in französischer, englischer und italienischer Sprache lassen ver=
gessen, daß man in der Hauptstadt des ottomannischen Reiches ist. Gaslater=

nen, Telegraphendrähte und Gegenstände des ausschließlich abendländischen Com=
forts lehren den Ankömmling, daß er wenigstens an der Grenze der Cultur steht
und als ich an einem Kleidermagazin vorbei ging und vier Herren deutsch spre=
chen hörte, kam ich mir so sicher aufgehoben vor, daß ich, den Herren einen
„Guten Morgen" bietend nun mein avanti noch nachdrücklicher den lässigen
faulen Gepäckträgern zurief. Auf dem höchsten Punkt der rue de Pera an=
gekommen, da wo ein kleiner Garten liegt, hielt ich zum ersten Mal an, um
mich des Anblicks der paradiesischen Gegend von der Höhe herab zu erfreuen.
Vom Bosporus sah ich nur wenig, Häuserreihen verdeckten seine herrlichen Ge=
stade, um so mehr konnte ich mich am Anblick des goldenen Hornes, Stambuls,
des Marmarameeres, der vom Olymp überragten bithynischen Küste ergötzen.
Mein Führer schlug eine Seitenstraße ein und bald befanden wir uns auf dem
Campo piccolo, dem sogenannten kleinen türkischen Friedhof, einem Flecken
Landes, der so viel Raum einnimmt, daß manche deutsche Mittelstadt darauf
Platz finden würde. Das Campo piccolo erstreckt sich von der Höhe von
Pera nach dem Arsenal, der Vorstadt Kassem=Pascha und San Dimitri hin,
bedeckt ein hügliches, mannigfach coupirtes Terrain und einen Bergabhang und
ist von zahlreichen größeren und kleineren Gruppen stattlicher Cypressen, Plata=
nen, Silberpappeln, Eschen und Pinien bestanden. Außer von den hier begra=
benen todten Muselmännern ist das Campo piccolo von zahllosen Hunden
der scheußlichsten Art bevölkert, deren entsetzliches Gebell und Geheul mir manche
schlaflose Nacht verursacht hat. Die Ostseite des Campo piccolo wird von
Häusern begrenzt, in denen meistens Europäer und die sogenannten Perotischen
Familien, d. h. die von europäischen Eltern hier gebornen Levantiner wohnen.
Der höchst gelegenste Theil dieses Kirchhofs dient gegenwärtig noch einem andern
Zweck, hier sind Kaffeehäuser etablirt, hier hört man Abends Opernmelodien,
hier promenirt die elegante Welt von Pera. Das Comptoir des großen Ban=
quierhauses Baltacchi ist hier, ferner liegen 3 Kaffeehäuser, das Hotel de
France und Hotel de Pera, sowie das Palais der preußischen Gesandtschaft
unmittelbar an der Ostseite des kleinen Campo. Ich mochte wohl $3/4$ Stunden
unterwegs gewesen sein von dem Landungsplatz bis nach dem Hotel, wo ich
ein Unterkommen fand, aber Droschken= und andere Fahrgelegenheit giebt es
nicht, denn sie sind in den engen und steilen Straßen, deren Pflaster meistens
unter aller Würde ist, unmöglich zu benutzen und man muß sich deshalb in
Geduld fassen.

Da ich bedingungsweise das Hotel de Pera, Besitzer ein schlauer Grieche,
Herr Logotheti empfehlen kann, so möchte ich allen denen, die meine Empfeh=
lung erproben wollen, auch rathen ganz in der von mir beliebten Weise zu ver=
fahren.

Als ich um ein Zimmer bat, wurde mir ein geräumiges Zimmer mit Aus=
sicht nach einer kleinen schmutzigen Straße angewiesen. Hiermit erklärte ich mich
nicht zufrieden und kündete meinen Entschluß an auszuziehen, wenn man mir
kein Zimmer mit der Aussicht nach dem Goldenen Horn gäbe. Mit dem Be=
merken, daß dieselben theurer seien, stellte man mir ein Zimmer in der zweiten
Etage mit herrlicher Aussicht zur Verfügung. Ich refüsirte natürlich jede Zu=
muthung höhere Miethe zu zahlen und kündigte gleichzeitig an, daß ich wohl

hier wohnen würde, jedoch nur Zimmer, Kaffee, Licht und Bedienung brauche, mich also der sogenannten Hausordnung, nach welcher der Hotelbewohner, ganz gleich ob er im Hotel ißt und trinkt oder nicht, täglich seine 12 Francs zahlt, nie unterordnen würde. Auch in diese Forderung willigte man nach kurzem Parlamentiren ein, und so ist es mir gelungen mit 5 Francs pro Tag für Zimmer, Kaffee, Licht und Bedienung anzukommen. Durch diese glücklich erreichte Vergünstigung war ich in meiner Zeit vollständig unbeschränkt, ich hatte nicht nöthig, meine Excursionen und Besuche mit ängstlicher Sorgfalt so einzurichten, um gegen 12 Uhr zum Dejeuner und 6 Uhr zum Diner im Hotel zu sein. Ist man in der Lage mit der Gesandtschaft seines Landes oder mit andern Personen von Distinction in Berührung zu treten (wie ich das Glück hatte), so ist man in den Augen der Hotelbesitzer und des g·sammten Personals eine geachtete Persönlichkeit, welche Achtung noch mehr steigt, wenn man von einem oder dem andern Hochgestellten Besuche empfängt, zu welchem Zweck in dem Hotel be Pera ein elegant meublirter kleiner Salon neben dem Speisesaal hergerichtet ist.

Wie gewohnt, beschloß ich auch hier in Constantinopel ohne Fremdenführer auszugehen, nachdem ich mir einen Plan der Stadt zu verschaffen gewußt hatte. Meinen verehrten Landsleuten diene übrigens zur Nachricht, daß der Plan von Constantinopel, der sich in dem sonst so trefflichen, gediegenen und gründlichen Handbuch von Joanne Isambert befindet, so viel Unrichtigkeiten enthält, daß er ziemlich unbrauchbar erscheint. In der Köhlerschen Buchhandlung, im Bazar von Pera hat man Pläne der Stadt zur Auswahl.

Mein erster Gang war nach dem Gesandtschaftshotel, woselbst ich dem Herrn Chef der Gesandtschaft und zweien der Herren vom Legationspersonal meine Aufwartung machte und meine Empfehlungen an diese drei Herren der Preußischen Ambassade abgab, sodann ließ ich mich von einem der Kawassen nach dem Consulat führen, woselbst mein Paß deponirt sein sollte, um den beiden Herren Kanzlern meine Aufwartung zu machen. Ich empfehle dieses Beginnen Jedem, der ruhig und unbeirrt in Constantinopel leben will. Einmal findet er in den beiden Herren hochachtbare, gefällige, wohlunterrichtete Leute und zum Andern giebt die Erfüllung dieser Pflicht der Artigkeit die Beruhigung, daß diese Herren bei etwaigen Fällen, wo man ihren Schutz und ihr Einschreiten bedarf, bei stattgehabter persönlicher Vorstellung mehr Interesse daran haben, die Schutzgenossen energisch zu vertreten. Endlich aber bedarf man zum Besuch so mancher Sehenswürdigkeiten der Stadt der Fürsprache und der Vermittlung seiner Gesandtschaft, welche Bitte auszusprechen am einfachsten und bequemsten mit einem Artigkeitsbesuch verknüpft wird. — Der berühmte Violoncell = Virtuos, mein Reisegefährte von Alexandrien nach Smyrna, so wie auch der Gouverneur der Kinder der kleinen türkischen Excellenz, hatten mir schon viel von der Humanität, Theilnahme und dem ganz besonderen Entgegenkommen gegen bittende Fremde erzählt, welches die sämmtlichen Herren der Königlich Preußischen Gesandtschaft auszeichnet, weshalb diese überall gefeiert und hochverehrt werden, so daß meine Erwartungen nicht gering waren und ich frohen Muthes diesen neuen Bekanntschaften entgegen ging. Aber ich muß gestehen, daß meine Erwartungen weit, sehr weit übertroffen wurden. Die Annehmlichkeiten meines kurzen Aufenthaltes

in der Türkenstadt verdanke ich den Herren der Gesandtschaft, denen, ganz spe=
ziell dem liebenswürdigen Vicekanzler Assessor C., ich für immer ein dankbares
Andenken bewahren werde. —

Manchmal beschlich mich bei dem Niederschreiben dieser Zeilen der Gedanke,
daß es eigentlich mehr als gewagt sei, einen achttägigen Aufenthalt in Con=
stantinopel zu beschreiben, da doch bekanntlich diese Stadt das Loos von Rom,
Paris und London theilt, daß nämlich zahllose Beschreibungen, Schilderungen,
Briefe und Abhandlungen über sie in die Welt geschickt worden sind. Aber vielleicht,
so resumirte ich, hat die Schilderung meines Aufenthaltes im Bosporus das
Gute, daß Einer oder der Andere meiner Leser durch sie zu der Ueberzeugung
gelangt, daß man wirklich bei weiser Zeiteintheilung, gutem Wetter, froher Stim=
mung, für wenig Geld viel, recht viel sehen kann und daß man nicht nöthig
hat in den theuren Hotels abzusteigen und sich den unersättlichen, lügenhaften
Fremdenführern, welche wie heisere Raben jedes Hotel umlagern und sich sofort
auf den Ankommenden stürzen, auf Gnade und Ungnade zu ergeben, wenn man
etwas Ordentliches sehen will. Allerdings würde ich Niemanden, der mit Zeit
und Geld so beschränkt ist, wie ich es war, rathen, seine erste größere Reise
nach dort zu machen. Ein Etwas, ich möchte es Reisepraxis nennen, und eine
möglichst gründliche Vorbereitung, Kenntniß der Geschichte, Studium geographischer,
statistischer, naturwissenschaftlicher und ethnographischer Verhältnisse ist nirgends
mehr erforderlich als für eine Reise nach dem Orient. Hiermit will ich nicht
gesagt haben, daß man die Namen der byzantinischen Kaiser, der Sultane und
ihre Regierungszeiten sich auswendig lernen und überhören lassen muß, man be=
darf nur der übersichtlichen Vergegenwärtigung des geschichtlichen Lebens und Treibens
der Völker und Fürsten, welche hier gelebt und gewirkt haben, ihrer sittlichen,
weltlichen und culturhistorischen Entwickelung und daneben ein sorgfältiges Stu=
dium alter und neuer Geographie, um mit Verständniß jene Reise zu machen,
welche man mit vollem Recht ein Umherblättern in den aufgeschlagen daliegenden
Folianten der Weltgeschichte alter Zeiten nennen darf. Kaum kann ein Werk
neuester Zeit von ersprießlicherer Wirkung sein, als der Führer von Joanne
Isambert, dessen ich schon mehrfach Erwähnung gethan habe. Wäre dasselbe von
Plänen der größeren Städte und noch mehr Specialkärtchen der wichtigsten Ge=
genden begleitet, und wäre darin etwas Weniger der gloire de la grrerande
nation Lorbeer gestreut, so bedürfte man für die erfolgreichste Reise durch die
Türkei, Griechenland, Aegypten, Syrien, Palästina, Arabien, Kleinasien gar kei=
nes andern Handbuches, als dieses orientalischen Bädeckers. -

Es wäre für uns Deutsche und alle der deutschen Sprache mächtigen, deut=
scher nüchterner Auffassung, deutscher Unparteilichkeit und Wahrheitsliebe huldigenden
Reisenden zu einer Reise nach dem Orient Nichts vortheilhafter, als wenn Bädecker
auch jene Gegenden in den Kreis seiner empfehlenswerthen Reiseziele gezogen
und hierüber seine anerkannt ausgezeichneten Ansichten, Winke, Belehrungen
und Warnungen niedergelegt hätte.

Ein Studium von Plänen der Städte, die man zu bereisen gedenkt, ist
unentbehrlich, um Zeit und Geld, d. h. Fremdenführer, zu sparen. Ich habe
dies an mir selbst durch Studium der Pläne, ganz besonders von Paris, Stock=
holm, Florenz erfahren. Noch ehe ich in diese Städte kam, wußte ich Bescheid,

mit Constantinopel ist es mir eben so gut gegangen; ich habe nur ein einziges Mal, und zwar in dem Häuser= und Gassenlabyrinth von Stambul nöthig gehabt, nach einem Chan, dem Kutschul = Cheni Chan einen Führer anzunehmen, was sehr verzeihlich ist, wenn man bedenkt, daß die Straßen im alten Stambul keine Namen tragen und daß außer den in jenem Chan Handeltreibenden nur einzelne Individuen, denn es giebt sehr viele Chans — welche die Führung Fremder zum Gewerbe haben, von der Existenz desselben wußten. Stets muß man einen Plan der Stadt in der Hand haben, auf Eckhäuser, bei denen man abbiegt, die größte Aufmerksamkeit haben und bei Berücksichtigung des Standes der Sonne wird man sich gewiß selten verlaufen, namentlich wenn man erwägt, daß man für das schwere Geld, welches so ein Fremdenführer durch Spazierenführen ver= dient, sich manchen bleibenden Genuß verschaffen, manches Zeichen der Erinne= rung an den Aufenthalt in dieser oder jener Stadt acquiriren kann. Da mir die grande rue de Pera, welche von dem Hotel de Pera nur durch die kurze rue de Dervisch getrennt ist, als die am leichtesten wiederaufzufindende schien für den Fall einer Verirrung, so beschloß ich dieselbe durch einen Spazier= gang ihrer ganzen Länge nach kennen zu lernen. Aber bald erschien mir diese Beschäftigung zu langweilig; nichts wie europäisch gekleidete Menschen, elegante Läden mit abendländischen Luxusartikeln, Kleider=, Hut= und Bändermagazine, Kaffee= häuser, Conditoreien, französische, italienische und griechische Laute — alles war mir zuwieder; um das zu hören und zu sehen war ich nicht nach Constantinopel gekommen. An der Ecke der Rue des Postes angekommen, beschloß ich auf gut Glück dieselbe entlang, d. h. hinab zu gehen, (denn alle östlich von der grande rue sich abzweigende Straßen müssen schlechterdings bergab gehen), in der Voraussetzung, daß unter den „postes" auch die österreichische sein würde, woselbst ich Briefe erwarten durfte. Die Rue des Postes ist eine krumme, in ewig sich wiederholenden rechten Winkeln drehende und wendende Straße, in deren Hälfte ohngefähr die große katholische Kirche, eine Franziskanerkirche liegt, in welche ich hinein ging. Ein junger Mönch hielt eine Predigt in neugriechi= scher Sprache. Die Kirche ist geräumig, durchaus nicht überladen, aber doch recht hübsch im Innern geschmückt. Unterhalb dieser Kirche erweitert sich die Straße, man gewinnt einen freien Blick auf Tophane, den Bosporus und das gegenüberliegende Asien und nachdem man einen breiten Treppenaufgang hinab gestiegen ist, befindet man sich auf einem länglichen freien Platze, dessen weit= läufiger Häusercomplex zur Rechten das alte Venetianer Palais bildeten, gegen= wärtig Sitz der k. k. österreichischen Internunciatur, der herrlichen Wohnung des Gesandten, der Kanzlei, des damit verbundenen Gerichts und der österreichischen Post. Wenn man bedenkt, daß die Zahl der Schutzgenossen an 2000 Seelen beträgt, wenn man erwägt, daß die österreichische Regierung darauf bedacht blei= ben muß, ihren Einfluß im Divan möglichst zu stärken und über Alles die ge= naueste Kenntniß sich zu verschaffen, so wird man die Zahl der bei dieser Ge= sandtschaft beschäftigten Personen von 21 nicht zu hoch finden. Gegenüber der österreichischen Post, in deren Bureau ich einige Anzeigen in deutscher Sprache fand und auch deutsch angesprochen wurde, liegt die französische Post. In beiden Anstalten findet man die Namen Derjenigen, an welche Briefe angekommen sind, nach dem Alphabet geordnet, im Hausflur angeschlagen, eine Einrichtung, die ich

in Deutschland nur in dem Bureau des sächsischen Hofpostamtes zu Dresden ge=
funden habe und welche verdient, allgemein nachgeahmt zu werden, denn hier=
durch würde viel Zeit, Frage und Antwort und — Aerger über zu viel Fragen
und Mißmuth über zu kurzen, barsch klingenden Bescheid erspart.

Den Rückweg nahm ich in einer parallel dem Ufer unter den alten Gra=
benwällen der genuesischen Handelscolonie Galata dahinführenden Straße Tophane's,
welche ziemlich breit, ziemlich entschieden orientalisches Gepräge trug. Zu beiden
Seiten Magazine für Schiffsbedarf, in denen ein lebhafter Waarenumsatz statt=
fand. Hauptsächlich waren es griechische Seeleute, welche als Käufer, Armenier,
welche als Verkäufer auftraten. Von den Charakterzügen, die sich in ihren Ge=
sichtern abspiegelten, glänzte die Ehrlichkeit und Biederkeit durch ihre absolute
Abwesenheit. In dem meist edlen Griechengesicht, welches leider fast immer
durch einen struppigen, schwarzen Schnurrbart noch besonders ausgezeichnet ist,
liegt die Absicht trotziger Betrügerei, in der vollendeten Spitzbubenphysiognomie
des Armeniers ist pfiffige Hinterlist unverkennbar ausgedrückt. Gegen das Ende
der Straße, ohnweit der Dampfschiffagenturen, sind bedeutende Niederlagen grie=
chischer Weine etablirt und ich zögerte keinen Augenblick, dem Bacchus ohnfern
der Stätte seines mythischen Daseins mein schuldiges Trinkopfer durch regelrechtes
ununterbrochenes Proben sämmtlicher Sorten zu bringen. Aber leider waren
nur 3 Sorten vorhanden, ein dunkelrother, fast schwarzer Tenedos, ein brauner
Samos und ein harzgelber Chios=Wein, noch mehr bedauerte ich, daß der Ver=
käufer, ein jugendlicher Grieche, nicht ein Wort einer andern Sprache als sein
neugriechisch verstand, und daß deshalb unsere Unterhaltung in Eingießen, Aus=
trinken und Bezahlen, $\frac{1}{2}$ Francs für 4 große Gläser Wein bestand, an deren
Genuß ich mich mein Lebtag mit Vergnügen erinnere und immer wieder bedauern
werde, daß keiner der hyperboreischen sachverständigen Commilitonen mit mir
gemeinschaftlich diesen südlichen Traubensäften seine Anerkennung zollen konnte.

Im Weiterschlendern durch die breite Straße von Tophane, deren lebens=
volles Bild mir noch lange vorschwebte, gelangte ich endlich an den kleinen Platz
vor der Galatabrücke und war froh, an der linken Seite ein Plätzchen zum Aus=
ruhen, d. h. stehend, zu finden, von wo sich ein Bild vor mir aufrollte, der=
gleichen wohl nicht so leicht ein ähnliches zweites existirt. Vor mir hatte ich
das goldene Horn seiner ganzen Länge nach, unmittelbar zur Linken die Brücke,
über welche ein solcher Strudel und Wirbel — wenn ich mich dieses Ausdruckes
bedienen darf — von Menschen, Thieren und Fahrzeugen nach beiden Richtungen
hin ergoß, daß man von dem durch sie bedingten und verursachten maßlosen
Lärm ganz schwindlich wurde; hinter der Brücke die alte Türkenstadt, und links
neben der Brücke den Außenhafen, den Bosporus; zur Rechten münden 3
Straßen, welche das Menschengetümmel entsenden, welches aus dem am Nord=
ufer des goldenen Horns gelegenen Stadttheil kommend, nach Stambul hinüber=
eilt. Bulgaren, Serbier, Albaneser, Moldauwalachen, Zigeuner, spanische Juden,
alle Sorten Griechen, Montenegriner, Armenier, Araber, Tartaren, Perser, Cir=
cassier, Lesghier, Turkomannen, Syrer, Matrosen aller Nationen, Bewohner aller
Länder der europäischen und asiatischen Türkei, Officiere, Soldaten aller Waffen=
gattungen, Negersclaven, Bewohner der tunesischen und tripolitaner Provinzen
(sogar einige Afghanen und Bewohner von Yemen, wie ich später erfuhr), Seeofficiere

der europäischen und nordamerikanischen Marinen, Gentleman's in elegantem Pariser und Londoner Kostüm, Kawassen aller Gesandtschaften, dazwischen Wei=
ber und Frauengestalten aller Art, Esel, Pferde, Maulthiere, Last= und Perso=
nenwagen. Das ist eine unvollkommene Aufzählung des sinnverwirrenden, ner=
venbetäubenden Auf= und Niederfluthen, der den Verkehr vermittelnden Menge, wie man es in den Geschäftsstunden des Vor= und Nachmittags zu allen Zeiten sehen kann. Ich stand grade vor dem Hause, in dessen völlig offenem Hofraum die gemeinen Verbrecher gehängt werden. Einer meiner Freunde schilderte mir sein Entsetzen, als er eines Morgens seinen friedlich stillen Geschäften nachgehend, an der Brücke angelangt, sorglos das Gesicht nach oben erhebend, plötzlich durch den Anblick zweier Gehenkter vor Schreck fast ohnmächtig geworden sei. Als wenn die Ortspolizei keinen andern Platz für ihre scheußlichen Executionen hätte! Oder hat sie des abschreckenden Beispiels halber für alle Vorübergehenden diesen Ort gewählt? Nach zwei Tagen werden dann die Leichen in den Bosporus ge=
worfen, welches Schicksal auch die armen Frauen ereilt, die auf irgend welchem Emancipationsgelüst betroffen, erdrosselt und in einen Sack gebunden ebenso be=
handelt werden.

Nachdem ich während einer Stunde auf jenem kleinen Plätzchen an der Brücke Posto gefaßt hatte, entschloß ich mich, den Rückweg anzutreten, denn zu einem Besuch in der alten Türkenstadt war es inzwischen zu spät geworden. Ich bedurfte keines Wegweisers. Man hat nur dem größeren Theil des anständiger gekleideten Menschengewühls zu folgen, wenn man durch Galata hindurch hinauf nach Pera zurück will, denn die ärmlichen und einfacher gekleideten Menschen kehren um diese Zeit aus Stambul in ihre in Tophane und Funbutlu gelegenen Wohnungen zurück. Die nach Pera hinaufführende fast durchweg steile Haupt=
straße besteht auf eine Strecke hin aus einer nicht sehr breiten, steilen, steinernen Treppe, wird aber nichtsdestoweniger von Reitern passirt. An manchen Stellen ist man beschäftigt, durch Abbruch alter Häuser, oder da wo ein Brand stattge=
funden hat, dieselbe breiter und leichter passirbar zu machen. Nach einer kleinen Viertelstunde befand ich mich wieder auf einem bekannten Fleck in der lang=
weiligen Rue de Pera, wo man nur durch vereinzelte Erscheinungen daran er=
innert wird, daß man sich in der Hauptstadt des großen Türkenkaisers, dessen Unterthanen in drei Welttheilen wohnen, befindet und wo man eher glauben möchte in Lyon oder in einer der Nebenstraßen der Boulevards zu sein. Man begann die Gaslaternen anzuzünden und nun war man vollends gemeint, in=
mitten alteuropäischer Cultur zu sein. Mißmuthig über dieses Verschwinden des Orientalismus in Pera suchte ich die Balzersche deutsche Conditorei auf, hörte dort nur deutsche Sprache, unterhielt mich mit dem alten biedern Besitzer (der in den obern Etagen seines Hauses ein vortrefflich eingerichtetes und billiges Hotel mit deutscher Küche bei deutscher Ehrlichkeit und Reinlichkeit unterhält) und gelangte mit Leichtigkeit nach Hause.

Dies war mein erster Tag in Constantinopel, an welchem ich 8 Stunden, ohne Führer, mich lediglich nach einem Plan und natürlichem Orientirungssinn rich=
tend, in der Stadt umhergetrollt bin.

Am folgenden Tage beabsichtigte ich die Chefs eines der größeren deutschen Exporthäuser, an welche ich Empfehlungen hatte, aufzusuchen, um mit ihrer Hilfe

und nach ihrer Anleitung die alte Türkenstadt in ihren wichtigsten und inter=
essantesten Punkten kennen zu lernen.

Nachdem ich auf dem kleinen Campo einige Kreuz= und Querzüge unter=
nommen und mich an dem überall herrlichen schönen Anblick des goldenen Horns
und der gegenüberliegenden Stadttheile, der dahinter liegenden Hügel und Berge
erfreut hatte, machte ich durch mehrere breite Nebenstraßen der Grande Rue einige
Promenaden, wobei ich das Palais der englischen, griechischen, sardinischen, fran=
zösischen, spanischen, schwedischen Gesandtschaft berührte, und führte meine Absicht,
von einem der höchst gelegenen Häuser der Grande Rue, die vielgerühmte Aus=
sicht nach dem Bosporus zu genießen, auf eine nicht ganz unschlaue Weise aus.
Ich trat in zwei Hotels 1. Gattung ein (Hotel de Schröpfkopf und Hotel Blut=
egel, denn in beiden werden sämmtliche Reisende, sofern sie nicht geborne Nabobs
oder Fürsten mit einer leiblichen Apanage sind, auf eine unglaubliche Weise ge=
prellt) und gab den Wunsch zu erkennen, ein Zimmer mit der Aussicht nach
dem Meere und Scutari zu miethen. Da ich diese Absicht in französischer Rede
geäußert hatte, wurde nach „François“ geschrieen; dieser Pariser gamin führte
mich denn sofort in mehrere Zimmer, deren unvergleichlich schöne Aussicht aller=
dings einen täglichen Preis von 24 Francs (Essen, Bedienung und Licht inbe=
griffen) nicht als „absolut unverschämt“ erscheinen lassen. Aber ich fürchtete, daß,
wenn ich hier wohnte, ich wenig ausgehen, sondern nur Aussicht schwelgend auf
meinem Zimmer sitzen würde, und deshalb kämpfte ich sofort den lebhaften
Wunsch, in diesem herrlichen Zimmer zu wohnen, nieder und mit einem bien,
je reviendrai glitt ich die Treppe hinab. Solche herrliche Aussichten haben die
Gesandten Hollands, Frankreichs und Rußlands nun fortwährend vor Augen,
und ich kann mir kein reizenderes Wohnzimmer denken, als den Empfangssalon
des Herrn Gesandten Seiner Niederländischen Majestät, in welchem ich einige
Tage später eine angenehme Stunde zubringen durfte. Man übersieht von hier
den Bosporus von Arnaut Kiö bis in das Marmorameer mit den Prinzeninseln
und dem dahinter liegenden malerischen Gestade Bithyniens und seine schönge=
formten Gebirgszüge.

Ich versuchte eine neue Straße nach der Galatabrücke zu entdecken, um
wieder neue Stadttheile kennen zu lernen und um nicht immer die langweilige
sogenannte Grande Rue zu passiren, aber meine Entdeckungsreisen waren vergeb=
lich; ich gerieth so tief in schmutzige übelriechende Straßen von Galata, daß ich
mich nach der geschmähten Grande Rue zurücksehnte und anstatt einen kürzeren
Weg zu finden, war ich gerade eine Stunde länger herumgekrochen, ohne auch
nur das Mindeste von Interesse gesehen zu haben, es sei denn das Schauspiel
einer Familienscene, wobei eine empörte Gattin griechischer Nationalität ihrem
Herrn Gemahl einen nicht ganz kleinen kupfernen Kessel dergestalt an den harten
Schädel warf, daß der treue Lebensgefährte, welcher ohne Zweifel die Wirkungen
eines Quantum irgend eines Spirituosums auf seinen Körper unterschätzt hatte,
hinfiel und beinahe aus der offenen Werkstadt auf das 2' tiefer liegende Straßen=
pflaster herabgefallen wäre. Dicht daneben handelte ein vornehmer Türke in ei=
nem Pelzladen mit einem Juden um einen schönen Kaftan, der mit Zobelpelz
garnirt war.

Endlich hatte ich wiederum die Brücke erreicht und ich blieb einen Augen=

blick vor der Brückengeldbaracke stehen. Drei Männer haben in der That nichts Anderes zu thun, als Fünfparastücke einzunehmen oder auf größere Münzen herauszugeben, was sie wegen des Zeitverlustes nur ungern thun, jedoch hierbei dem Fremden und Unkundigen hohe Wechselgebühren abziehen, da ihnen das Kupfergeld erwünschter ist, welches sie wiederum mit Gewinn an die Gewerbtreibenden gegen Gold umsetzen. Ich darf nicht vergessen zu erwähnen, daß man täglich nach dem Cours des Goldes in dem allmorgendlich erscheinenden Journal de Constantinople nachsehen muß, um bei Käufen zu beurtheilen, welchen Werth ohngefähr diese oder jene Waare nach unserm Geld hat und um beim Wechseln größerer Stücke nicht übervortheilt zu werden. Während meines Aufenthaltes wechselte das türkische Pfund (62 Thlr.) von 130 bis 141 Piaster. Im Durchschnitt kann man die 4 gangbarsten kleinsten Silbermünzen, den österreichischen Zwanziger mit 4 Piaster, die neuen ¼ Florenstücke mit 3½, den Franc mit 5 — 5½, den englischen Schilling mit 7 Piaster anbringen.

Das Leben auf der Brücke ist natürlich dasselbe, wie vor derselben; Vorläufer aller Art und Bettler vermehren noch den ungeheuren Conflurus, doch ist sie breit genug zum Ausweichen und ihr Geländer bietet Sicherheit genug, um sich auf dasselbe stützend über dasselbe hinweg nach dem Treiben und Drängen auf dem Wasser zu sehen, wo zahllose Kaik's der Passagiere harren, welche den Wasserweg von Stambul nach Galata, Tophane und Scutari, oder zurück den Landweg vorziehen. Da sich mir beim Blick von der Brücke aus nach beiden Seiten hin immer wieder neue, noch nicht dagewesene Bilder und Ansichten entfalteten, und ich überhaupt keine Eile hatte, so mochte ich wohl eine Stunde Zeit gebraucht haben, um nach dem südlichen Ufer des goldenen Hornes zu gelangen. Hier war ich wieder ganz im Orient, die wenigen abendländischen Figuren verschwinden eben so schnell, als sie auf dieser Bühne auftauchten. Ein Platz, weit größer als am entgegengesetzten Ende, öffnet sich hier, umgeben von Zollhaus, einer großen Moschee und einem Chan. Zollhaus und Waarenhaus sind ohne jedes Interesse, dagegen gehört die Moschee zu den schönsten Bauwerken dieser Art in Stambul. Eine Doppeltreppe führt vom geräumigen Platz an der Schiffbrücke in ihren sie umgebenden geräumigen Hofraum, der merkwürdigerweise als Marktplatz benutzt wird, auf welchem fortwährend ein reger Verkehr herrscht. Ohnweit der Moschee ist die türkische Oberpostdirection und ein großes Proviantmagazin für die in den Casernen von Seraskierat einquartirten Truppen. Die schöne Moschee, erbaut von der Großmutter des Sultan Mohamed IV. (welche außerdem den großen Valide-Chan und eine schöne Moschee in Scutari gebaut hat), besitzt zwei schlanke, reich verzierte Minarets mit 3 Gallerien, eine große Kuppel in der Mitte, 4 mittelgroße zur Seite und außerdem noch einige kleinere Nebenkuppeln. Die bei einem Aufstande erwürgte Gründerin und ihr Enkel ruhen in dieser Moschee, deren Inneres ich in der Dämmerung auf dem Rückweg besuchte. Der Hof ist mit Platanen und Cypressen bepflanzt, in deren Schatten Tschibut - und Tabakhändler ihre Waaren und Fabrikate feil bieten. Ein Thor mit hufeisenförmigem Bogen führt aus dem Moscheenhof nach der Hauptstraße von Stambul, einer miserabel gepflasterten, krummen, winkligen, steilen Gasse, in der jedes Haus eine Werkstatt oder ein Waarenmagazin ist oder sonst zu gewerblichen Zwecken dient, und welche man einschlägt, um nach dem großen Bazar, den beiden größten Chans und nach dem Seraskierat, d. i. das Hotel des Kriegsministeriums, zu gelangen.

In der immer noch engen Straße herrschte reges Leben, in welches das Erscheinen der eleganten Equipage des allmächtigen (jetzt glücklicher weise abgetakelten) Kriegsministers Riza Pascha, insofern eine Unterbrechung hervorbrachte, als die auf stolzen türkischen Rossen ihm voransprengenden und begleitenden Ordonnanzen und Diener einen großen Theil der Bevölkerung zwang, in den Häusern Schutz vor dem unvermeidlichen Ueberreiten oder Ueberfahren zu suchen. Man wußte nicht, ob man die Geschicklichkeit der Reiter und Kutscher oder der Pferde mehr bewundern sollte, welche die steile, über alle Beschreibung schlecht gepflasterte Straße im schärfsten Trabe herabgerasselt kamen. Seine Excellenz wurden von Niemandem bemerkt, wohl aus dem Grunde, weil seine Carrière selbst nach türkischen Begriffen eine zu schnelle ist. Vor 5 Jahren waren der Herr Kriegsminister noch Laufbursche im Droguenbazar, ob er als Zwischenstufe (wie die meisten der andern Parvenu's) auch einige Jahre in der Kapelle des Sultans irgend welches Instrument gespielt hat, oder ob er eine noch andere Metamorphose durchgemacht, ehe er sich als Kriegsminister entpuppt hat, konnte ich nicht erfahren. Wohl aber wurde eine Geschichte öffentlich in der Restauration des Indes orientalis erzählt, welche das türkische Beamtenleben so recht characterisirt. In einer der stattgefundenen Ministerconferenzen ist die Geldnoth der Staatskasse vielfach besprochen und sind verschiedene Mittel in Vorschlag gebracht worden, dem Staatsbankerott vorzubeugen. Der Großvezir hat sämmtlichen Ministern größte Sparsamkeit in ihren Ressorts anempfohlen, der Marine-Minister wirft dem Kriegsminister unnöthige, ungerechtfertigte Ausgaben vor und empfängt diesen Vorwurf verstärkt zurück. Das Finale dieser Unterhaltung soll eine ganz leidliche Prügelei zwischen den beiden Excellenzen gewesen sein, und doch war man in Constantinopel noch immer nicht im Reinen, wer es von beiden Würdenträgern am besten verstanden hat, in kürzester Frist ein steinreicher Mann — denn das sind Beide — zu werden. Als ich diesen Gewalthabern zwei Tage darauf vor dem Sultan einherreiten sah, fiel mir seine Aehnlichkeit mit den Gesichtern bairischer Offiziere, wie sie die Fliegenden Blätter so vortrefflich bringen, ganz besonders auf.

Diese Begegnung hatte mich in einen Nargilehladen gedrängt, wo ich eine ganze lange Weile blieb, um der Anfertigung von Aufsatzstücken (aus Messing, Neusilber und Silber) zuzusehen, worin der Künstler, ein Stocktürke, eine bedeutende Geschicklichkeit entwickelte. Dicht daneben besaß ein Armenier einen recht elegant ausgestatteten Kaufladen, worin böhmische Glaswaaren (Wasserpfeifen, Trinkbecher) und französisches Porzellan (Tassen, Blumenvasen) in reichster Auswahl ausgestellt waren. Ohnweit davon verengt sich die Straße zwischen den Balibe-Chan und den Kutschuk-Cheni-Chan, woselbst ich meinen Freund aufzusuchen hatte. Ein herrlicher Geruch von Rosenöl erfüllte den Hofraum und die Hallen dieses großen Chans, in welchem ich circa 50 Pfd. Rosenöl direct vom Balkan aus den Destilationsanstalten bezogen, in freier, ursprünglicher Verpackung — kupferne flache Estagnons — zu sehen Gelegenheit hatte. Außerdem waren bedeutende Quantitäten anderer Droguen, Mastix, Scammonium, Opium hier aufgestapelt. In einem andern Theil hatte ein Handelsmann aus Sinope eine enorme Quan-

18*

tität Tſchibukrohre (noch nicht gebohrt) zum Verkauf en gros ausgeſtellt. Hier unter waren Weichſelrohre, Jasminrohre von 8' Länge und andere Rohre vou geringern Hölzern. Dicht daneben ſtanden Kiſten mit — Hochheimer Weinen (Eigenthum eines deutſchen Importeurs. In einem andern Theil des Chans waren wiederum ſchweizer und franzöſiſche Manufacte zum Verkauf en gros ausgeſtellt, — kurz, es war eine intereſſante Zuſammenſtellung aller Arten von Natur= und Kunſtprodukten des Orients und Occidents, von wo (denn hier bleibt alles verpackt und der Verkauf geſchieht nur nach Muſtern) die Verkaufsläden des Bazars in Pera und Galata gefüllt werden.

Nachdem ich noch dem Abſchluß eines Einkaufs einer bedeutenden Quan= tität Maſtix von einer Geſellſchaft Chioten (welche nicht zählen und nicht rechnen konnten) beigewohnt hatte, begannen wir unſere Wanderung durch Altſtambul. Mit dem Bazar begannen wir, doch da ich dieſem intereſſanten Punkt einen ganzen Nachmittag zu widmen beſchloſſen hatte, begnügte ich mich mit einem langſamen Durchgang durch ſechs der breiteſten und belebteſten Hauptſtraßen die= ſes in ſeiner Art einzig daſtehenden Stadttheils, in ſeiner Anordnung, baulichen Erſcheinung ſo ſehr verſchieden von dem Bazar Kairo's und Alexandriens.

Man lieſt in den Beſchreibungen der Sehenswürdigkeiten Conſtantinopels von Beſeſtans und Bazars. Letztere, im türkiſchen Sinne aufgefaßt, ſind offene Plätze (in den Höfen der Moſcheen), Straßen, in denen verſchiedene Waaren feil geboten werden, erſtere ſind verdeckte Straßen und Plätze mit Kaufläden. Ich habe den Namen Beſeſtan nie nennen hören, es mag daher wohl nur Schriftgebrauch ſein. Unter dem Namen Bazar von Conſtantinopel verſteht man (ohne befürchten zu müſſen, mißverſtanden zu werden) den großen Beſeſtan, eine Stadt in der Stadt, eine Vereinigung von unter einander communizirender Straßen, Gaſſen, Plätze und Sackgäßchen; für Fußgänger, Reiter und Wagen zu= gänglich, welche vollſtändig mit Mauerwerk überwölbt, ihr Licht durch eine un= unterbrochene Reihe von in dem Deckengewölbe angebrachten Kuppeln und Fenſtern erhalten. Es hat dieſe Anlage aber eine ſolche enorme Ausdehnung, daß man ſich ohne Führer verlaufen kann und erſt nach ſtundenlangem Umherirren eines der wenigen verſchließbaren Thore wieder erreicht.

Dieſer Bazar wird zu einer feſtgeſetzten, durch die verſchiedenen Jahres= zeiten ſich ändernden Stunde am Morgen geöffnet und Abends geſchloſſen. Sicherheitswächter ſorgen dafür, daß in dem geſchloſſenen Raum zur Nachtzeit nichts geſtohlen wird. Die Läden und Verkaufslocale ſind weit geräumiger und bequemer als im Chan Halil zu Kairo, zu beiden Seiten der Wege zur Be= quemlichkeit des kaufluſtigen Publikums angebracht, welches den Bazar zu allen Tageszeiten in großer Maſſe durchzieht. Ueber die Eintheilung dieſes Bazars werde ich bei einer andern Gelegenheit ſprechen, mein erſter Gang durch den Bazar geſchah hinein durch das Hauptthor, welchem gegenüber die ausgezeichnet ſchöne, zierlich in allen ihren Theilen durchgeführte Nurri=Osmannieh=Moſchee liegt. Unſern Ausweg nahmen wir durch das Thor, welches in der Nähe der Bajazib=Moſchee liegt. In erſterer befindet ſich ein Sarcophag aus rothem fein= körnigem Geſtein, den ich ſpäter als das Grab Conſtantin's bezeichnen hörte. Dieſe Moſchee hat nur eine Kuppel und zwei zierliche Minarets von zwei Eta= gen und auf der einen Seite einen Vorhof, ihre Außenſeite gewinnt durch ſchöne

Granitſäulen ungemein. Die Bajazib-Moſchee wird als die eleganteſte Moſchee von Conſtantinopel bezeichnet, welche Anſicht ich nicht theile. Sie hat zwei Höfe. Im erſten wird Markt gehalten. Der zweite Hofraum enthält außer prächtigen Säulen in Marmor und Granit und ſtattlichen Cypreſſen eine recht ſchöne Fon= taine, die in jeder anderen Stadt, wo es weniger ausgezeichnet ſchöne und präch= tige Brunnen als in Conſtantinopel giebt, gewiß zu den Meiſterwerken erſten Ranges gezählt werden würde. Das Innere der Moſchee beſteht aus einem Hauptſchiff und zwei kleineren. Der Platz für den Sultan, der zu den Zeiten des Beiramfeſtes dieſe Moſchee beſucht, iſt durch prachtvolle Jaspisſäulen und Säu= len aus Verde antico geſtützt.

Ohnweit der Moſchee iſt das Grabmal des Gründers dieſer Moſchee, und durch eine kleine Seitenſtraße hiervon getrennt, gelangten wir zu dem Mauſoleum des größten bekannteſten Staatsmannes der Türkei; Reſchid Paſcha und ſein ihm ähnlicher Sohn Aali Galib Paſcha, Schwiegerſohn von Abdul-Medſchid ſchlum= mern hier. Der unerwartete Tod Beider, — Reſchid ſtarb nach ganz kurzem Krankenlager und ſein Sohn ertrank im Bosporus — iſt noch im Munde Vie= ler. Ein ſpaniſcher Jude, der ſich uns als Cicerone aufdrängen wollte, erzählte das Schickſal Beider in einem jämmerlichen Miſchmaſch in italieniſch, neugriechiſch und türkiſch.

Wir ſchlugen eine dem nahen Serasfierat geradezu entgegengeſetzte Richtung ein, um nach dem Atmeidam und der Achmed-Moſchee zu gelangen, und befan= den uns bald an der ſogenannten verbrannten Säule in der Hauptſtraße, zur Linken, wenn man vom Kriegsminiſterium nach dem Atmeidamplatz geht. Sie ſoll von Conſtantin aus Rom hierher geſchleppt worden ſein und urſprünglich einen Apollo getragen haben. Später ſoll die Bildſäule dieſes Kaiſers, noch ſpäter ein Kreuz auf derſelben geſtanden haben, jetzt macht ſie in ihrer defecten Beſchaffenheit einen traurigen Eindruck und iſt keines beſondern Beſuches werth.

Der Atmeidam iſt einer der größten und ſchönſten Plätze im alten Stam= bul, ein Platz voller hiſtoriſcher Erinnerungen, den man in ¼ Stunde ganz be= quem vom Serasfierthurm aus erreichen kann. Er war ehedem der Hippodrom, die Pferderennbahn der griechiſchen Kaiſer und zu ihren Zeiten · noch größer als jetzt, denn ehedem gehörte der geſammte Fleck noch dazu, den jetzt die gewaltige Moſchee Achmed's einnimmt. Der alte Hippodrom ſah den Kampf der dem Kaiſer Juſtinian ergebenen Parthei und des Clerus, hier war es, wo Beliſar — wie die Geſchichte ſagt — 40,000 Menſchen, darunter wehrloſe Weiber und Kinder, abſchlachten ließ.

Die Langſeite des Atmeidam, welche nach dem Kriegsminiſterium zu gelegen iſt, wird eingenommen von Staatsgebäuden, die in ihrer Bauart lebhaft an den neuen Kaſernenſtyl Weſteuropa's und Deutſchlands erinnern. Es ſind dies eine Art Reichs-Archive und ein Magazin für Zelte, Lagerutenſilien und Monturſtücke, alſo eine Art Zeughaus. Ein Theil dieſes Gebäudes ſoll über den theils ver= fallenen unterirdiſchen Grabmälern und Grabgewölben und byzantiniſchen Kata= komben ſtehen. Die entgegengeſetzte Langſeite des Atmeidam-Platzes wird von den Prachtbauten der Achmed-Moſchee eingenommen, deren Räume durch eine Mauer von dem ſtets ſehr belebten Platze getrennt ſind. Es iſt dies die Hof= moſchee und es gehört bei den Alttürken zum guten Ton, recht oft in dieſer

Kirche das Freitagsgebet zu verrichten. Tout comme chez nous, also eine Art Matthäii-Kirche!

Während die große Moschee der Ohmajjaben zu Damascus nur drei Minarets, die größte Moschee Kairos, die Mehemed-Aali-Moschee und einige der Kaisermoscheen Constantinopels 4 Minarets, alle anderen nur 1 und 2 Minarets besitzen, erheben sich auf dem herrlichen hochgekuppelten Bau der Achmedieh sechs schlanke, prachtvolle Minarets stolz in die Luft. Bis zu ihrer Gründung war die Kaaba in Mekka das einzige muselmännische Gotteshaus mit 6 Minarets und man erzählt, daß dem prachtliebenden Erbauer der Achmed-Moschee von Seiten des Scheich ul Jslam zu Mekka die größten Schwierigkeiten wegen der 6 Minarets gemacht wurden und erst, nachdem er das Gelöbniß abgelegt hatte, der Kaaba ein siebentes Minaret zu bauen, beruhigte sich die Priestercohorte in den heiligen Orten Mekka und Medina.

Der große Hof, den die ganze Moschee umgiebt, ist mit Bäumen bepflanzt. Einer derselben soll dazu gedient haben, mit den Köpfen der Reichsbeamten behangen zu werden, welche den Intriguen der Janitscharen zum Opfer fielen, bis endlich nach der Niedermetzelung dieser Prätorianer des osmanischen Thrones in die Aeste jenes Baumes die Köpfe derselben gesteckt wurden. Der erste Hofraum wird umgeben von einem von kleinen Kuppelgewölben gebildeten Säulengang, in der Mitte befindet sich die unvermeidliche Fontaine, ein äußerst elegantes, architectonisches Kunstwerk. Das Innere der Moschee überrascht durch seine Grandiosität. Vier cannelirte Säulen, eine jede aus drei Stücken zusammengesetzt, von 30 Ellen im Umfange, tragen die ungeheure Hauptkuppel, deren Höhe die Centralkuppel der Aja Sophia noch übertrifft. Neben der Hauptkuppel erheben sich noch 4 mittlere und 4 kleinere Kuppeln, so daß die ganze innere Moschee eine schöne Vereinigung von 9 Kuppeln zu sein scheint. Die Kanzel und die inneren Verzierungen sind Meisterwerke der Sculptur, imponirend ist die über der Kanzel angebrachte, von einem Halbmond geschmückte, stark vergoldete Krone. Ein Säulengang läuft an den Wänden im Innern und an der Außenwand entlang. Die Schönheit der einzelnen Säulen machen durch ihre Totalität eine angenehme Unterbrechung zur Colossalität des ganzen herrlichen Bauwerks. Keine Moschee Constantinopels hat so viele Kostbarkeiten, Pretiosen und Reichthümer aufzuweisen, als gerade die Achmedieh. Unzählige Exemplare des Korans, prachtvoll geschmückt in reichem Einband auf reich verzierten Kissen, Gestellen, Betpulten liegend, herrliche Lampen, garnirt mit Rubinen, Smaragden, an goldenen Ketten hängend, helfen die Pracht des Inneren vervollständigen.

Hier hängt auch der heilige Teppich, welchen die alljährliche Mekkacaravane (welche hier sich versammelt und von hier aus abzieht) aus der Kaaba zurückbringt; hierher begiebt sich der Sultan zweimal des Jahres inmitten seines gesammten Gefolges, am Bairam und Kurban-Bairam, um die Huldigungen der Gläubigen entgegen zu nehmen.

Ohnweit der Moschee ist das Mausoleum des Erbauers, in welchem außer ihm noch einige 30 Mitglieder der Herrscherfamilie beerdigt sind. Das rothe Tuch an einigen Särgen deutet darauf hin, daß die unter diesen Särgen Begrabenen eines unnatürlichen Todes verblichen sind.

Die südliche Seite des Atmeidamplatzes zeigt hinter den zunächst liegenden

Häusern und einem Chan die beiden Minarets der ohnfern des Marmaramee=
res am Ufer liegenden kleinen Aja Sofia und rechts davon die der Moschee
Mohamed Paschas.

Der Platz selbst war nach der Beschreibung der Alten erfüllt von Statuen,
Gruppen, Obelisken, Säulen, Gallerien und andern Denkmälern ersten Grades
griechischer Kunst. Hier standen die hochberühmten ehernen Rosse des Lysippus,
welche 1204 von den Venetianern zur Ausschmückung ihres Marienbomes ab=
geholt wurden, von Napoleon gewaltsam weggenommen und nach Paris ge=
schleppt waren, jetzt aber wieder eine der schönsten Zierden der Lagunenstadt
bilden. Hier sollen das Denkmal des Hercules Trihesperus in knieender Stel=
lung, die den Romulus und Romus säugende Wölfin, die Bildsäule der Helene,
der goldene Kaiserthron, die Altäre des Bacchus, Venus, Zeus und Mars ge=
standen haben. Was die Kreuzfahrer nicht wegnahmen, eigneten sich die os=
manischen Machthaber an und der prachtliebende Soliman hat seine hinter
dem gegenwärtigen Kriegsministerium gelegene schöne Moschee mit den schönen
Baustücken der auf dem alten Hippodrom abgebrochenen architectonischen Kunst=
werke auszuschmücken gewußt.

Aber auch noch zu den Zeiten des Halbmonds hat der Atmeidam=Platz
große denkwürdige Tage gesehen. Die heilige grüne Fahne des Propheten wurde
hier schon einmal entfaltet, als der Islam in Noth war, und hier sammelte
Mahmud seine Getreuen, um die ihm gefährlich gewordenen Janitscharen nieder=
zumetzeln.

Gegenwärtig zieren noch 3 Denkmäler des Alterthums den weiten großen
Platz, aus 3 verschiedenen Perioden menschlichen Schaffens stammend, aus ver=
schiedenem Material dargestellt.

Ohne Zweifel ist das älteste dieser Gedenksteine früherer großer Zeiten der
Obelisk, ein circa 90' hoher Monolith aus rothem ägyptischen Granit, an
seiner Basis etwa 6 – 6½' breit. Auf allen 4 Seiten trägt er wohlerhaltene
Hieroglyphen. 4 Ecken seiner Basis ruhen auf ehernen Sockeln, welche auf
einem Piedestal von Marmor ruhen. Der untere Theil liegt tiefer als die ge=
genwärtige Oberfläche des Atmeidam und muß man hieraus schließen, daß das
frühere Niveau des Hippodroms um mindestens 10' tiefer gelegen haben muß
als jetzt. Römische und griechische Inschriften auf dem Piedestal besagen, daß
dieser Obelisk von irgend einem Präfecten zur Regierungszeit des Kaiser Theo=
dosius aufgerichtet worden ist. Ich hörte später die Vermuthung aussprechen,
daß Constantin diesen ursprünglich in Oberägypten gestandenen Obelisk aus
Rom nach Byzanz hat transportiren lassen. —

Das zweite Denkmal ist eine steinerne viereckige Säule, oder vielmehr ein
Säulenfragment, welches ehedem mit Erzplatten, auf denen Handreliesfiguren an=
gebracht waren, bekleidet war. Alterthumsforscher erklären dies für ein Denk=
mal von unschätzbarem Werthe, ebenso auch die dritte lapidare oder vielmehr
eherne Reminiscenz an die Griechenzeit, jene sogenannte Schlangensäule, welche
— ein Werk des Phidias — den pythischen Dreifuß im Tempel des Orakel
zu Delphi getragen haben soll. Es ist diese Säule von einer ganz eigenthüm=
lichen Construction, sie mag an 15' hoch sein und stellt 3 Schlangen dar, die
ihre Leiber in spiralförmig gewundener Richtung kerzengrade in die Höhe erhe=

ben, ihre Hälfe und Köpfe breiteten sich ehedem capitälartig auseinander, jetzt
fehlen sie gänzlich. Der starke Sultan Murad soll den ersten derselben mit
eigener nerviger Hand abgeschlagen haben.

Die letzte Seite des Atmeidam = Platzes, da wo die Straße nach Adriano=
pel beginnt, wird von unscheinbaren Häusern eingenommen, nach der Aja So=
phia zu führt von hier eine kurze sich nach links biegende Straße, die be=
lannte Divan Ioli, an welcher sich einige kaiserliche Mausoleen, unter andern
das prachtvolle des, 1839 am Delirium tremens verstorbenen Reformators
der Türkei, des großen Mahmud II. befinden, ein Prachtbau erster Grades,
alle andern an Kostbarkeit in der innern und äußern Ausschmückung übertreffend,
dessen Beschreibung nach Moritz Busch ich hier folgen lasse, da ich derselben
lein Wort zuzusetzen weiß, es sei denn, daß während ich dieselbe betrachten
durfte, noch kostbarere Teppiche aufgelegt wurden, als schon vorhanden waren.
Er besteht aus schneeweißem Marmor, ist von achteckiger Gestalt und wird von
sieben großen Fenstern erleuchtet, welche durch sehr elegant gearbeitete, reich ver=
goldete Eisengitter geschützt sind. Im Innern ist es mit Fauteuils, Sophas,
Divans (mit ganz hellgelber schwerer Seide bezogen), weißseidenen Behängen,
Franzen und Verzierungen aller Art, Crystallkronleuchtern, Glascandelabern ver=
sehen. Der Sarg des Sultans, auf welchem das mit einer Feder geschmückte
Fes ruht, ist von ungewöhnlicher Größe. Die Flügelthüren schmücken goldene
Gesimse. Fünf der colossalen Fenster gehen auf die Straße Divan Joli, die
andern auf einen kleinen Garten hinaus, in welchem Oleander, Lorbeer= und
Cypressenbäume standen In der Nähe befindet sich eines jener vielen hübschen
türkischen Brunnenhäuschen. Die Leichtigkeit und der innere Möbelschmuck dieses
Mausoleums thun der Würde desselben Eintrag, denn es gleicht eher einem
abendländischen Gartensalon, als einer Kaisergruft. In allen Iurba's oder
Sultansgräbern ist die Leiche in die Erde eingegraben, die Gruft schließt eine
schneeweiße Marmorplatte, auf welche der leere Sarkophag gestellt wird, welcher
mit einem Streifen des gestickten Vorhanges aus der Kaaba in Mekka und 6
prachtvollen Shawls umwickelt wird. Die herrlichsten schwersten buntesten Tep=
piche liegen auf dem schönen Mosaikfußboden und auf Stühlen liegen verschie=
dene Prachtausgaben des Korans in reichgeschmückten Exemplaren umher. Die
Sarkophage der weiblichen Mitglieder des Kaiserhauses haben nur 2—3 Shawls
und keinen Fes, und sind stets kleiner.

In der nächsten Nähe der Aja Sofia, der wir uns jetzt näherten, finden
sich noch die Mausoleen von Selim II., Murad III., Mustafa I., welche fast
alle nach einem Prinzip, jedoch minder prachtvoll als das ersterwähnte er=
baut sind.

Die Aja Sofia, die Moschee der ewigen Weisheit, steht genau auf der
Stelle, wo 325 n. Ch. Constantin seine Hauptkirche, welche verschiedenemal ab=
brannte und wo Justinian von 538—568 seine hochberühmte Sophienkirche,
die Kathedrale des alten Byzanz, erbaut hatten. Letzterer soll bei ihrer Ein=
weihung die Worte am Altar ausgerufen haben: Salomon, ich habe Dich be=
siegt. — Ich war nicht wenig neugierig, ein Bauwerk zu sehen, in welchem —
wenn auch alle Reminiscenzen an den christlichen Cultus vertilgt waren — das
kostbarste Material verwendet war und zu welchem die schönsten und gefeiertsten

Tempel des Alterthums ihre Schätze hatten hergeben müssen. Aber alle Bemühungen, alle Ueberredungskünste, selbst ein Fünffrankenthaler waren nicht im
Stande, die sich als Thorhüter gerirenden zwei Muselmänner, zu bewegen uns
einzulassen. Aus ihren Reden und Geberden ging hervor, daß der Eintritt nur
gegen Vorzeigung einer schriftlichen Genehmigung, ausgestellt vom Polizei-Gou-
vernement, möglich sei. Diese Erlaubnißscheine zu erlangen hält nicht schwer,
die betreffende Gesandtschaft besorgt sie gegen Erlegung von 800 Piastern d. i.
circa 50 Thlr. sehr gern und darf man dann sämmtliche Moscheen, das alte
Serail, die Ministerien, Mausoleen und auch einige kaiserliche Paläste besuchen.
Einige Gouvernementscawasse bilden dann die offiziellen Führer. Auf einen
solchen Eintrittspaß können beliebig viel Personen mitgehen und thut man am
besten, den Lohndiener seines Hotels zu beauftragen, zahlungsfähige Theilnehmer
in andern Hotels zu werben, wenn man selbst nicht als Entrepreneur dieser
Art Pilgerfahrt durch die verschlossenen Sehenswürdigkeiten Constantinopels auftreten will.
      Ich mußte mich also begnügen in dem Vorhof der Aja Sofia gewesen zu
sein, denn meine später beschleunigte Abreise machte es ganz unmöglich mich
einer Gesellschaft anzuschließen, welche, von einigen Amerikanern zusammenge-
bracht, am nächsten Sonnabend, dem Tage meiner Abreise, die Sehenswürdigkeiten der Residenz in Augenschein nehmen wollte, wo es mir dann möglich
gewesen wäre für einen Beitrag von 3 Thaler für meine Person meinen Zweck
zu erreichen.
      Die nächste Sehenswürdigkeit war der schöne Achmeb-Brunnen, ohnweit
der Hohen Pforte an der Mauer des alten Serails befindlich. Dieser viereckige
Brunnen ist ganz aus weißem Marmor erbaut, die 4 Ecken tragen kleine kiost-
artige Verzierungen, die Seiten sind durch Malereien in Gold und bunten Farben decorirt, welche gewählte Arabesken vorstellen, über und zwischen welchen
Inschriften in türkischer Sprache (in vergoldeten Lettern) angebracht sind. Das
Dach erinnert an die Abbildungen indischer Pagoden. Die Hohe Pforte ist ein
Thor in der Mauer des alten Serails, durch welches früher die fremden Gesandten ihren Einzug hielten, durch welches in früheren Zeiten, als die Residenz
der Sultane noch hier war, dieselben aus- und einzogen, kurz, die Hohe Pforte
war das eigentliche Hofthor, das Hauptportal zu dem Häusercomplex, welches das
alte Serail bilden. Man sollte meinen, daß dieses Thor, nach welchem das
ganze türkische Reich benannt wird, von ganz besonderer Schönheit, Pracht
und Größe sein müßte. Aber meine Erwartungen wurden nicht erreicht.
      Das im Verhältniß zu seiner bedeutenden Höhe nicht hinlänglich breite
Thor im Rundbogenstyl ist von weißen und schwarzen Marmorwerkstücken aufgeführt. Zu beiden Seiten befinden sich Nischen von kleinen Säulen in bunkel-
grünem Gestein getragen. Ueber dem Portal ist in vergoldeten Lettern eine
Inschrift in türkischer Sprache angebracht. Das Thor trägt eine castellartige
Wohnung, 8 Fenster schauen nach vorn heraus, nach dem wahren Riesenkuppel-
bau der mit 4 schlanken Minarets versehenen Aja Sofia. Auf beiden Seiten
des hohen Portales wurden ehedem die Häupter der hingerichteten Paschas auf
der Mauer aufgesteckt.
      Durch dieses Thor, in welchem eine starke Wache, ich schätze sie auf 30

Mann, etablirt ist, traten wir in den ersten großen Serailhof, in welchem Bäume und einige schlechte Rasenplätze die Einförmigkeit und Stille unterbrachen. Der Hofraum soll oftmals der Schauplatz blutiger Kämpfe zwischen Janitscharen und den andern Truppen gewesen sein. Das große Gebäude zur Rechten ist die Münze und das Finanzministerium, beide ohne alle und jede architectonische Schönheit. Zur Linken am Ende des ersten Hofes erhebt sich die ehemalige Irenenkirche, welche jetzt als Waffensammlung, Museum und Antikencabinet benutzt wird. Als wir hier den Eintritt begehrten, wurden wir ebenfalls categorisch abgewiesen und keine Ueberredungs = und Bestechungskünste vermochten, den betreffenden Wachtposten zur Sinnesänderung zu bewegen.

Es half also nichts, wir mußten durch die Hohe Pforte, Bab Humajun von den Türken genannt, zurück nach dem Vorplatze und schlugen, nochmals bei der Aja Sofia vorbeigehend, den Weg nach der Moschee Mohamed Pascha's ein, von deren Minaret so eben der Mueddin zum Gebet rief. Sie bietet nichts besonders Merkwürdiges und wir eilten auf dem nächsten Weg nach der Brücke von Galata, wobei wir an der türkischen Hauptwache vorbei mußten, welche ohnweit des Hauptsteueramts für Stambul liegt.

Das Mausoleum, welches an der Mündung dreier Straßen ohnweit des untern Serailthores, des Bagdsche Kapussi (Gartenthores), durch welches wir in den alten Serail hineinschauten, liegt, ist das des Sultan Abdul Hamid. Weit weniger prachtvoll als die Turbas des höher gelegenen Stambuls zeichnet es sich nur durch seine Größe aus. Es birgt eine große Anzahl gestorbener und gemordeter Mitglieder der kaiserlichen Familie.

Das unausgesetzte Umherlaufen auf dem stellenweise sehr schlechten Straßenpflaster hatte uns so abgespannt und ermattet, daß wir mit Schrecken an die beim Hinaufsteigen nach Pera sich wiederholenden Unbequemlichkeiten dachten. Wir beschlossen deshalb, da Pferde nicht zur Stelle waren, auf der Brücke eine längere Rast zu machen und wählten hierzu die Stelle, wo die aus Scutari und vom Bosporus zurückkehrenden Dampfschiffe ihre Passagiere absetzten und ihre heutige letzte Tagestour antreten wollten. Ein Reihe der interessantesten Genrebilder hätten hier aufgenommen werden können. Scenen komischer und ernster Art wechselten hier so schnell und so unaufhörlich, daß wir lange hier verweilten und unsern Heimweg erst antraten, als in Pera bereits die Gaslaternen brannten. Wir lenkten unsere Schritte nach dem ohnweit des Hotel Byzanz in der Perastraße gelegenen deutschen Bierhause von Flamm, woselbst vortreffliches Bier aus einer deutschen Brauerei in Belos, am schwarzen Meer gelegen, die Lebensgeister wieder erfrischte. Einige 30 Deutsche aus allen Ländern und Ländchen hatten sich hier zusammengefunden und wenn man nicht an das dachte, was draußen auf der Straße vorging, so konnte man sich mitten in Deutschland glauben; 3 deutsche Zeitungen, deutsche Karten, deutsche Würfel, nichts deutete auf Constantinopel und das nahe Asien.

Den nächstfolgenden Tag hatte der liebenswürdige Gesandtschaftskanzler zu einer Excursion nach Asien bestimmt. Es galt also bei guter Zeit zur Stelle zu sein, und da die in geschichtlicher Beziehung höchst interessante Tour zu Pferde abgemacht werden sollte, so war es doppelt nöthig, körperlich rüstig und auch in geistiger Beziehung nicht ganz unvorbereitet die schönen historisch = und ästhe-

tisch gefeierten Gestade Kleinasiens zu betreten. Beiden Umständen mußte Rech=
nung getragen werden und ich suchte deshalb zeitig die Ruhe und Einsamkeit
des Hotels auf, woselbst ich allerdings durch die unter sich Schlachten liefern=
den Hunde mehr gestört wurde als dies beim Glase Bier unter den deutschen
Landsleuten der Fall gewesen wäre. — Das preußische Gesandtschaftshotel enthält in seinem hohen Parterre die
geräumigen Locale für die Zwecke der Vertretung einer Großmacht, deren Ge=
schäfte bereits solchen Umfang gewonnen haben, daß sie außer drei Dragomans,
bereits einen Legationsrath, zwei Legationssecretaire, zwei Kanzler und drei Sub=
alternbureau = Beamte beschäftigt. Außerdem sind die Privatwohnungen zweier
Legationssecretaire im Parterre. In der Beletage ist die Privatwohnung des
repräsentirenden Herrn Gesandten und in der zweiten Etage der Betsaal der
protestantisch = deutschen Gemeinde und die Wohnung des Vicekanzlers, letztere
mit herrlicher Aussicht über das Campo piccolo, die 3 Vorstädte San Dimitri,
Kassem Pascha und Tepe Baschi, das goldene Horn und zwar grade über den
Theil, in welchem sich der Kriegshafen und die Arsenale befinden, in ersterem
lagen 3 Linienschiffe (darunter ein Dreidecker von 91 Kanonen). Auch befindet
sich ein Theil des gegenüberliegenden Stambuls ebenfalls noch im Gesichtskreis
des Bewohners jenes Corps de logis. Hier rief ich den Landsmann und
ehemaligen Comilito ab und wir gingen zunächst nach der deutschen Buchhand=
lung von Schimpf, machten allda einige Einkäufe und verfügten uns sodann
auf der gewöhnlichen nachgrade durch ihren unorientalischen, untürkischen Charak=
ter mir langweilig gewordenen gewöhnlichen Straße hinunter zur Brücke, auf
welcher trotz des frühen Morgens bereits sämmtliche Nationalitäten auf 10
Breitegrade im Umkreise sich ein Rendezvous zu geben schienen. Das schmutzig
hellgrün und weiße Gitter der Brücke wurde von Zimmerleuten reparirt, deren
Esel das Material herbeigeschleppt brachten; doch war dasselbe höchst unbequem
und unpraktisch auf sie gepackt (sie schleppten 2 kreuzweis auf ihrem Widerrist
aufgebundener langer Latten) und geriethen hierdurch die sich unaufhörlich drän=
genden, kommenden und gehenden Volkshaufen fortwährend in Unordnung und
ins Stocken. Aber man hörte nur wenig Streiten und Zanken, sondern man
faßte sich in Geduld und wartete, bis die Esel ihrer Last entledigt waren, dann
stürmte das fluthende Völkergedränge wieder weiter über die an 550 Schritt
lange Brücke. Ganz besonders fiel mir am heutigen Morgen die Fortschaffung
von Lasten auf. Zwei oder vier Lastträger, Hamals genannt, meistens Bul=
garen in brauner gutsitzender, mit hellblauen oder rothen Schnurbesätzen garnir=
ter Jacke, Schuhen, kurzen grauen Hosen und hohen Strümpfen, hängen die
Collis an eine oder 2 lange Stangen, deren Ende sie auf die Achseln legen,
mir schien dies nicht praktisch, denn einmal ist das beim Gehen hervorgebrachte
Schwanken der Last schmerzhaft für die Träger und dann ist der Transport für
die Begegnenden, für die Träger selbst und für die zu transportirende Waare
mit manchem Risico verbunden. Zwischen den 2 steilgewölbten Bogen in der
Brücke, unter denen die Boote aus dem Außenhafen in den Binnenhafen und
wieder zurück hindurchpassiren, machten wir Halt und musterten die zahllosen
Kaïks und ihre Besitzer, um uns einem derselben anzuvertrauen. Die Einfahrt
eines größeren griechischen Seeschiffes ins goldene Horn durch die Brücke, zu

welchem Behuf einige Joch ausgefahren werden mußten, zog unsere Aufmerksamkeit auf sich; es war eine stattliche Brigg, die angeblich aus Volo kam und
langsam der Südseite des goldenen Horns zufuhr. Beide Ufer übrigens waren
dicht mit löschenden und Labung einnehmenden Fahrzeugen bedeckt; noch größer
aber war die Zahl derer, welche außerhalb der Brücke lagen. Ich hätte gern
einige Data's über den Handelsverkehr zur See, die Zahl der kommenden und
gehenden Schiffe erfahren, aber meine Bemühungen waren vergeblich, nur so
viel erfuhr ich, daß bis Ende Februar bereits 17 Handelsfahrzeuge unter preußi-
scher Flagge den Bosporus passirt hatten.

Ueber den Außenhafen hinweg erhob sich das herrliche Scutari mit seinem
schönsten Friedhof der Welt, seinen schlanken Minarets, seiner größten Kaserne
des Türkenreichs, davor mitten im Bosporus der sogenannte Leanderthurm, der
jedoch mit dem verliebten tollkühnen schwimmenden Schwärmer des Alterthums
gar nichts zu schaffen hat. Die Türken nennen ihn Küslalessi, d. i. Mädchen-
thurm. Früher diente er einer türkischen Prinzessin, der geweissagt war, daß
sie am Bisse einer Schlange sterben würde, als Aufenthalt, aber trotz aller Vorsicht soll die junge Dame von einer solchen getödtet worden sein. So erzählt
die Geschichte. Die byzantinischen Kaiser umgaben diesen Thurm mit Ketten-
ringen um von diesem Felsriff aus den ganzen Bosporus mittelst Ketten sper-
ren zu können. Gegenwärtig dient er als Wacht- und Leuchtthurm. —

Inzwischen hatte mein freundlicher Führer ein mit eleganten Holzschnitzereien und guten Teppichen garnirtes Kaik ausgesucht, war mit dem Inhaber
desselben über den Preis der Ueberfahrt nach Ueskübar (der türkische Name für
Scutari) einig geworden und es hieß jetzt wiederum geschickt treten und sich sofort still niedersetzen, um das schmale Fahrzeug nicht sofort zum Umkippen zu
bringen. Der Kaikschi zog sich auf die äußerste Spitze zurück, in der hintern
Spitze lag ich und in der Mitte saß, mit mathematischer Genauigkeit das Ge-
wicht seines Körpers gleichmäßig auf beide Langseiten vertheilend, der Lands-
mann. Gern hätte ich mit den eigenthümlich gestalteten Rudern, deren oberes
Ende eine kugelförmige Gestalt hatte, einen Versuch gemacht, um mich von dem
Zweck und der erzielten Wirkung dieser seltsamen Form zu überzeugen, aber die
Furcht vor einem kalten Bade im Bosporus hielt mich von allen nautischen
Uebungen ab. Das ganze Boot war merkwürdig, ganz anders als alle die
Fahrzeuge, auf denen ich bei meinen früheren Reisen in den Häfen der verschie-
denen Seestädte umhergefahren war. Schmal, spitz, seicht und flach gebaut,
schmales sichelförmiges Steuer, lange Ruder — es war ein ebenso eigenthüm-
liches, als ängstliches Institut.

Der Kaikschi regierte mit einer bewundernswürdigen Leichtigkeit die Ruder
und, nachdem er uns nochmals Stillliegen und Stillsitzen zur Pflicht gemacht
hatte, ging es mit größter Schnelligkeit unter dem Bugspriets der hohen Dampfer ꝛc. nach dem Bosporus hinaus. Die beiden englischen Kriegsschiffe hatten
ohne Zweifel die beste Stellung, für alle Eventualitäten gesichert hatten sie sich,
fürsorglich einen rechten Winkel in der Verlängerung bildend, neben einander
gelegt. Die rothjackigen Seesoldaten wurden im edlen Kriegshandwerk geübt;
auf einer holländischen Corvette hing das ganze Takelwerk voll Matrosen und
Jungens, welche hoch in der Luft ihre Exercitien ausführten. Auf der Lorelei

erblickten wir die auf Deck auf und ab wandelnde Pickelhaube, einige der Sol=
daten waren mit der Morgentoilette beschäftigt, sie kämmten sich nicht ihr „gol=
denes" Haar, sondern ihren schwarzen Bart.

So fuhren wir mit der Strömung längs des Ufers an den Stadttheilen
von Galata und Tophane hin. Galata hat nur eine Moschee mit einem Mi=
naret, dagegen mehrere armenische, griechische und katholische Kirchen und Klö=
ster. Dieselben liegen meist hoch am Berge, wogegen die unmittelbar aus den
Wasserfluthen sich erhebenden Gebäude lediglich zu commerciellen Zwecken dienen.
Auf dem höchsten Punkt von Galata, da wo die Frankenstadt Pera beginnt,
erhebt sich der überall sichtbare Galatathurm, das einzige Ueberbleibsel des alten
starken genuesischen Castells, welches diese handeltreibende Stadt neben der mit
Wällen und Gräben schon ohnedies befestigten neuen Ansiedlung erbaut hatten.

Einen freundlicheren Anblick gewährt Tophane, freie Plätze, breite Straßen
erkennt man schon vom Boot aus, ferner die schöne Kaserne, die Geschützgießerei,
2 Moscheen, wovon eine weiter oben aus den Häusern hervorschaut, die andere,
die schöne Mahmud=Moschee hart am Ufer steht, endlich der weltbekannte herr=
liche Brunnen (in dessen Nähe noch jetzt heimlicher Weise der Verkauf tscher=
kessischer und lesghischer Schönheiten stattfinden soll) — alle diese Gebäude sind
wohl geeignet, den Blick zu fesseln.

Die Strömung ist hier so stark vom Marmara=Meer nach dem Schwar=
zen Meer, daß die Thätigkeit des Ruderers eine geringe wird. Jundullu heißt
die hinter Tophane gelegene rein türkische Vorstadt, die sich oben an das Galata
Serai anschließt. Einige Moscheen unterbrechen durch ihre aber nicht schönen
und eleganten Minarets die Einförmigkeit im Anblick der gewöhnlichen türkischen
Häuser, die sich vom Ufer bis auf die Höhe am Bergabhang hinziehend, diese
Vorstadt bilden. Vom Ufer treten die Wohnungen zurück, einige türkische Fre=
gatten lagen hier vor Anker, aber von regem lebhaften Geschäftsverkehr und
Handel war, namentlich im Vergleich mit dem Ufer von Tophane, Galata und
Stambul, keine Rede. In dieser Gegend soll es gewesen sein, wo vor circa 2
Jahren das Staatsboot des Sultans Abdul Medschid, worin er sich zur Zeit
in höchst eigener Person befand, durch ein französisches Dampfboot beinahe über=
segelt worden wäre. Wir näherten uns immer mehr dem Feenpalast von Dolma
Bagdsche, dem gegenwärtigen Residenzschloß von Abdul Medschid, dessen weiße
Marmorgebäude unmittelbar aus dem Meere emporzusteigen scheinen. Vorher
passirten wir an der von ihm erbauten prächtigen Moschee vorbei, in welcher
er, weil sie ihm so bequem liegt, ganz besonders gern seine Freitagsandacht
verrichtet. Unmittelbar hinter derselben erhebt sich das Hoftheater und nur ge=
ringe Distanz hinter diesem, unter dem großen Campo ragen die benutzten
Schornsteine der Gasanstalt hervor, welche Pera, Dolma Bagdsche mit Gaslicht
versorgt. Da ich 2 Tage später eine ganze Stunde lang zwischen der Abdul
Medschid Moschee und dem Palast umherpatrouillirte, so erspare ich mir die
Beschreibung dieser Bauten bis zu dieser Gelegenheit. Einen bedauerlichen Con=
trast mit dem prachtvollen Dolma Bagdsche=Palast bildet das verlassene, ver=
fallene frühere Residenzschloß Tschiragan, an welchem angelangt, der Kaikdschi,
mit kräftigem Ruderschlag den Cours ändernd, nach dem asiatischen Ufer hin=
über steuerte. Ich durfte mich leider nicht umdrehen, und konnte des Anblicks

des europäischen Ufers am Bosporus, wie er sich hier dem Ueberfahrenden in einer Ausdehnung von mehreren Meilen präsentirte, für diesesmal nicht genießen. Vor mir lag Asien, dessen Küstenrand von dem Flecken Wanikoi bis zu der nächst dem Leanderthurm gelegenen Spitze von Scutari vor uns ausgebreitet dalag, eine herrliche Landschaft, dessen Rahmen das blaue leicht bewegte Meer und ein mäßig bewölkter Himmel bildete. Wahrlich, ein unvergleichlicher Anblick! Der Blick auf Scutari bietet ganz dieselben Reize und Schönheiten wie der auf das alte Stambul, Galata und Tophane mit Pera und deren reizende Umgebungen. Scutari liegt ebenso wie Constantinopel auf 7 Hügeln, die natürlich kleiner als dort, aber eben so deutlich ausgesprochen sind. Einzelne kleinere Paläste, 8 Moscheen durchweg mit herrlichen Minarets, viele stattliche Gebäude, die romantische Lage nicht nur einzelner Gebäude, sondern ganzer Stadttheile, namentlich aber die Fülle und der Reichthum von herrlichen Cypressen verleihen der Stadt einen unbeschreiblich schönen, unvergeßlichen Anblick, wohl einer Reise nach diesen Gestaden werth. Nach ¼ Stunde legten wir am Landungsplatz an und sahen uns sofort umringt von einer Schaar Pferdeverleiher. Aber keines der übrigens schöngebauten jungen muthigen Thiere convenirte uns. Mein ortskundiger freundlicher Führer zog mich mit in den Stall eines nahewohnenden Pferdehändlers und hier wählten wir 2 stattliche Schimmel zu einem Spazierritt durch Scutari, nach der Stätte des alten Chalcedon und dem alten Tempel der Venus Marina, von wo man eine schöne Aussicht auf die Prinzeninseln und das Marmarameer haben soll, aus.

Scutari schreibt seinen Ursprung den ältesten Perserkönigen zu, welche den neu gegründeten Ort Chrysopolis nannten und zwar deshalb weil die persischen Statthalter allhier den Tribut der umliegenden Ortschaften und umwohnenden Völkerschaften entgegennahmen. Vor Einführung der Dampferlinien im Orient hatte Scutari eine ganz außerordentliche hohe Bedeutung für den Handel, dessen Wichtigkeit von Manchen der von Smyrna an die Seite gestellt wird. Aus jener Zeit schreibt sich die Gewohnheit, auch heute noch Scutari nur als Vorstadt von Constantinopel zu betrachten. Damals war es in der That so; ohne Ausnahme wurden alle Artikel, welche Constantinopel aus Kleinasien, Syrien, Persien, Armenien und Mesopotamien bezog, per Karawane in Scutari niedergelegt und aufgestapelt, von wo sie nach Bedarf und Anfrage herüber nach der Hauptstadt gebracht wurden.

Von den 8 Moscheen Scutari's habe ich keine von Innen gesehen, ich habe mich begnügt bei vieren derselben vorbeigeritten zu sein. Wer sie gebaut hat und ob was an ihnen besonders merkwürdig ist, weiß ich nicht, nur die eine lobenswerthe Eigenschaft der Erbauer, resp. Erbauerinnen will ich erwähnen, daß die meisten der Moscheen in Scutari mit Verpflegungsanstalten vereinigt sind, in denen der Bedürftige an 2 Tagen der Woche reichliches Mittagessen erhält; jedenfalls eine sehr nachahmungswerthe Einrichtung.

In Scutari befindet sich ein Derwischkloster, das sogenannte Bufai-Kloster. Beim bloßen Nennen des Namens „Derwischtanz" und „Derwischgeheul" dröhnte es mir vor den Ohren. Ich hatte von der Aufführung in Altkairo noch hinreichend genug, um sofort jede beginnende Absicht, mich zum Besuch dieser Art von Gottesdienst zu verleiten, als ganz vergeblich zu bezeichnen. —

Unsere schönen Schimmel trugen uns im schnellen Trab und Galopp über das schlechte Pflaster durch die Straßen der ebenso krumm, winklig, unregel= mäßig gebauten Stadt hindurch, nach den weltberühmten Kirchhöfen. Diese Kirchhöfe genießen unter der alttürkischen Partei in Constantinopel eines ganz besonders hohen Grades von Verehrung. Die orthodoxen Alttürken mögen wohl ahnen, daß ihres Bleibens in Europa nicht ist und so hat denn jede Fa= milie auf den Friedhöfen von Scutari ihre besondere Stätte, um dermaleinst in heimathlicher Erde bestattet zu werden. Bekanntlich wird bei der Geburt eines Kindes eine Platane, bei einem Todesfall eine Cypresse gepflanzt; letzteres mit ganz besonderer Regelmäßigkeit und Gewissenhaftigkeit. Deshalb erscheint der Friedhof von Scutari, auf welchem nach der geringsten approximativen Schätzung bereits 2 Millionen Leichen liegen, wie ein großartiger Cypressenwald, von breiten und schmalen Wegen durchschnitten. Ich bezeichnete denselben oben als den schönsten Friedhof der Welt. Obschon ich noch nicht alle Kirchhöfe der Erde gesehen habe und auch keine Aussicht habe, mit apodiktischer Gewißheit die obige Bezeichnung (die man in so manchen Beschreibungen lesen kann) hinzu= stellen, so wird aus dem Folgenden sich ergeben, ob die Reisenden, die dieser Ansicht sind, zu viel behaupten. Ich will allerdings zugestehen, daß die sub= jective Stimmung ganz bedeutend dazu beiträgt, sich dieser Ansicht anzuschließen, aber wer, wie ich, gern auf Friedhöfen weilt, wird meiner Meinung seinen Bei= fall und seine Zustimmung nicht versagen.

Wir blieben auf einem der höchsten Punkte halten. Ja wahrlich, der, der den Gedanken gefaßt und verwirklicht hat an diesem herrlichen Fleckchen Erde für seine heimgegangenen Lieben die letzte Ruhestätte zu erwählen, verdient die allgemeinste, unbedingteste Anerkennung. Der Tod hat für den Türken nichts Schreckliches, so lehrt und befiehlt ihm der Koran. An solchen Orten, wie auf dem Gottesacker zu Scutari müßte auch der am tiefsten Gebeugte Trost, Er= hebung und Zerstreuung finden. Er braucht nur den Blick von der dunklen Erde, der es sein Liebstes anvertrauet hat, zu wenden nach dem, was neben und unter ihm liegt. Die unerschöpfliche, unendliche Fülle alles Seins und Le= bens, was ihn umgiebt, muß selbst den Verzagtesten von seinen trüben Gedanken abziehen und er wird, er muß zu der Ueberzeugung kommen, daß für ihn, den noch Lebenden, da unten in dem Strome der geräuschigen Welt der Platz ist, auf dem er, so lange ihn der Lenker aller Dinge auf dieser Welt läßt, mit sei= nem Pfunde nach den Satzungen, die Pflicht, Ehre und Gewissen ihm vorschrei= ben, zu wuchern hat.

Zu unsern Füßen der Bosporus, auf mehrere Meilen besäet mit zahllosen Schiffen, Booten und Kaïks, drüben die gewaltige geräuschvolle Stadt, die ich hier zum ersten Mal in ihrer ganzen Ausdehnung vom Schloß der sieben Thürme bis gegen Dolma Bagdsche hin sah, mit ihrer Fülle von Erinnerungen aus alten Zeiten, dahinter die schöngeformten mannigfach gestalteten Berge und Höhenzüge der europäischen Türkei; gegen Süden das Marmarameer mit den Prinzeninseln, vom Horizont wiederum die bithynischen Gebirge mit dem schneebedeckten Olymp von Brussa, zu unseren Füßen die schöne Ebene, welche sich von Bulgarien (Kassidasch bei den Türken) nach dem Marmarameer hin erstrecken, da lag Kadiköi, dort Haiba=Pascha, dazwischen eine große Anzahl einzelner Landhäuser, Villen,

Cottages, Sommerpaläste. Das ist das heitere Bild der Gegenwart. Und den= ken wir der Vergangenheit, so belebt sich die Gegend mit den alten Ortschaften und andere Völker treten handelnd auf. Dort unten lag das alte Chalcedon, auf jener Landzunge erhob sich ein Palast des Belisar, dort stand Justinian und nahm die Parade über seine Heerschaaren ab und ganz fern auf jenem klei= nen Vorsprung erhob sich ehedem ein stattlicher Neptuntempel. Fürwahr, ein zauberisch schönes Bild, dem, der es einmal gesehen hat, unvergeßlich bleibend.

Der Friedhof selbst ermüdet durchaus nicht, wie man vielleicht glauben sollte, obschon die Leichensteine alle nach einer Schablone gearbeitet werden und höchstens in der Ausführung der Verzierung, Farbe, Gestalt des Turbans oder Fez eine Abänderung beliebt wird, denn mich interessirten bei weitem mehr die herrlichen stattlichen Bäume, die man hier findet und die Gruppen rauchen= der oder nichtsthuender Türken, welche hie und da auf den Grabsteinen lauerten oder zwischen denselben umherwandelten.

Hinter dem Friedhof liegt das Dorf Haider Pascha, fast ausschließlich aus Landhäusern wohlhabender Einheimischer und Fremder bestehend, deren Jedes von Garten, Parkanlagen, schattigen Alleen, Veranda's ꝛc. umgeben ist. Omer Pascha, Maculis Pascha (der einzige christlich gebliebene Pascha der türkischen Armee, der Schöpfer der türkischen Artillerie, der preußische Hauptmann a. D. v. K.) und Jlhami Pascha haben hier ihre Landsitze. Unser Weg führte uns über die große Ebene, welche zu Zeiten des Krimkrieges als Exercier= und Lagerplatz und zur Abhaltung von Wettrennen diente, hinter dem Ort Kadikioi entlang.

Der Weg führt unter Platanen und andern stattlichen Bäumen hin und endete auf einer der drei Landspitzen, in welche die kleinasiatische Küste in der Gegend der Vereinigung des Bosporus mit dem Marmarameer ausläuft. Hier hin richteten wir unsere Rosse. Ein Leuchtthurm von mäßiger Höhe bezeichnete das sich am weitesten hinaus erstreckende feste Land. Schöne große Bäume umgeben ihn und bilden einen schattigen Spaziergang, von welchem aus man einen herrlichen Blick auf das gegenüberliegende Panorama von Constantinopel hat, während in südlicher Richtung die Gruppe der neun Prinzeninseln einen ganz andern, aber ebenfalls schönen Anblick gewähren. Ein türkisches Kaffeehaus niederer Gattung ist ohnweit des Leuchtthurmes erbaut, in welches wir, nachdem wir unsere Pferde ihrem Schicksal überlassen hatten, einzutreten versuchten. Ob= schon nicht verwöhnt, war es doch nicht möglich in dem niedrigen, finstern, en= gen und dumpfigen Local zu bleiben und wir zogen vor, am Meeresufer, an der im Sommer zu Seebädern sich vortrefflich eignenden Bucht den Kaffee ein= zunehmen. Jede Minute des Aufenthaltes auf diesem Punkt mußte benutzt werden, um in dem Genusse der unvergleichlich schönen Aussicht zu schwelgen. Die Landzunge heißt Fenner Bagdsche; ehedem stand hier der Tempel der Aphrodite marina, die beiden andern Landspitzen zur Rechten und zur Linken trugen ehedem Tempel des Poseidon und der Juno.

Von hier schlugen wir einen nähern Weg nach Kadikioi ein, wo wir also= bald ein Wirthshaus aufsuchten, um den inzwischen sehr stark gewordenen Hun= ger zu stillen. An einem freien Platze hat ein Grieche ein ziemlich großes Re= staurationslocal errichtet, welches zur Zeit des Krimkrieges ein Hauptreunions= punkt der Offiziere der verbündeten Armeen, speciell der Fremdenlegion war.

Von Reinlichkeit und Sauberkeit abendländischer Speisehäuser war keine Rede, doch verzichteten wir gern darauf, da unser Appetit einen ungewöhnlich hohen Grad angenommen hatte. Kaviar aus dem Bosporus, Seeeier, Weißbrod und rother (fast schwarzbrauner) und weißer griechischer Wein (letztere beiden lieferten vermischt ein ausgezeichnetes Getränk), bildeten das Mittagsmahl, welches in Qualität und Quantität vollkommen befriedigte; inclusive einige Tassen Kaffee wurden hierfür von uns Beiden nur 22 Piaster, circa 1 Thlr. 3 Sgr. gezahlt.

Erst jetzt begannen wir mit der genaueren Besichtigung des malerisch unmittelbar am hohen Meeresufer, gerade der Serailspitze von Stambul gegenüberliegenden Flecken Kadikioi, dessen Uebersetzung „Richterdorf" lauten würde. Es liegt auf der Stelle des alten hochberühmten Chalcedons, der in Welt- und Kirchengeschichte gleich vielgenannten Stadt, deren Gründung man Auswanderern aus Megara zuschreibt, zu einer Zeit, wo an die Erbauung von Byzanz noch nicht zu denken war. Die vortheilhafte Lage und Fleiß und Betriebsamkeit der Einwohner machte die Stadt bald zu einem blühenden Handelsplatz. Perser, Athener, Spartaner und später die Römer kämpften vielfach um ihren Besitz, doch wurden die Prachtbauwerke geschont, bis endlich die Türken die Zerstörung so gründlich bewirkten, daß gegenwärtig so gut wie gar keine Reste des alten Chalcedons erhalten sind. Namentlich sind die Suleimannieh und einige Aquädukte zum größten Theil aus den abgebrochenen zerstörten Bauwerken dieser alten Stadt erbaut.

Das Dorf Kadikioi in seiner gegenwärtigen Beschaffenheit ist ein beliebter Ausflug der Peroten, deren Viele hier Landsitze und Sommerwohnungen beziehen. Längs des Ufers finden sich eine große Anzahl Kaffeehäuser, Gärten, in deren einem die hier Villagiatur haltenden Deutschen eine Art Casino gegründet haben. Ein Wein, den ganz besonders schmackhafte, ausgezeichnete, braunrothe Trauben liefern, wird in den Gärten hinter Kadikioi nach dem Vorgebirge Moda Barun hin, gezogen. Da dieser Punkt die schönste und weiteste Aussicht gewähren soll — als wenn nicht jeder Punkt des an manchen Stellen bis 160' hohen Ufers die prachtvollste Aussicht auf den Bosporus und die gewaltige gegenüberliegende, durch das goldene Horn getrennte Siebenhügelstadt darböte — so beschlossen wir, dahin zu reiten. Für an Schwindelanfällen leidende Personen ist es jedoch am gerathensten, diesen Weg zu Fuß zurückzulegen. Kaum vier Fuß breit ist dieser Pfad, zur Rechten das Meer in 60—100' Tiefe, zur Linken eine 6—8' hohe Mauer. Das Ufer ist so steil und so felsig, daß ein Sturz den Tod unmittelbar zur Folge haben müßte, denn obenein ragen allenthalben zackige Felsmassen aus der hier sehr seichten Meeresfluth hervor. Gerade am höchsten Punkte, unmittelbar hoch über dem Meere, hat ein speculativer deutscher Gastwirth ein Restaurationslocal, von schönen, schattigen Gartenanlagen umgeben, errichtet. Noch einmal öffnete sich im Süden der Blick auf die malerischen Ufer des Marmarameeres, die man auf europäischer und asiatischer Seite viele Meilen weit verfolgen konnte; ganz dicht am Leuchtthurm, wo wir vor wenig Stunden gelagert hatten, erheben sich die an Naturschönheiten und geschichtlichen Reminiscenzen aller Zeiten so reichen Prinzeninseln, Aufenthalt für Reconvalescenten aller Art, aus der blauen Wasserfläche, über sie hinweg ragte, tief im Innern des alten Bithyniens liegend, das schneebedeckte Haupt des 8000' hohen Olymps bei Brussa hoch in die Lüfte.

Höchst befriedigt über die etwas ängstlich unternommene Tour kehrten wir nach Kabikioi zurück, passirten die Hauptstraße und ritten über Hajder Pascha nach der Riesencaserne von Scutari. Wir trabten über die große Ebene hin, auf welcher die nach Mekka bestimmte Jahrescaravane sich sammelt und wo Platz wäre, daß eine Division Infanterie mit Bequemlichkeit jede Art von Manövern ausführen könnte. Das eine der großen Gebäude ist das Lazareth, dicht dabei liegt der christliche Kirchhof, auf welchem die hier gestorbenen Opfer des Krim= krieges beerdigt sind, ein schöner weißer Marmorobelisk ist von der englischen Regierung zum Andenken der gebliebenen Engländer errichtet worden. Der ganze Kirchhof ist auf der Landseite mit einem eisernen Gitter eingefriedigt. Dicht bei diesem Friedhof steht die in Bezug auf Größe, Weitläufigkeit und Aus= dehnung der inneren Einrichtungen einzig in der Welt dastehende Selimcaserne und neben derselben die mit zwei hohen aber einfach verzierten Minarets ver= sehene Selimmoschee. Die Selimcaserne (man soll darin mit Leichtigkeit 6000 Mann unterbringen können) bildet ein riesiges Quadrat von 4 Etagen Höhe, ihre Ecken werden durch 4seitige hohe Thürme geziert. Die türkische Gardeinfanterie bewohnt diesen Palast, der gleichzeitig Räume für Monturen, Waffen und andere Vorräthe, Werkstätten aller Art, Vorräthe für Lebensmittel enthält.

Dieser Riesenbau interessirte uns weniger; wir konnten unsere Blicke un= unterbrochen nach Stambul hin wenden, denn wir befanden uns fortwährend dicht auf dem hohen Ufer. Ein schmaler Reitweg führt hier auf der Höhe hin; einzelne Häuser, zur Linken an den Abhang gebaut, treten nur selten und dann auch nur auf Augenblicke hindernd in den Gesichtskreis. Eines der besuchtesten türkischen Kaffeehäuser, gerade vis à vis dem goldenen Horn, über dem Leander= thurm gelegen, wurde von uns zu einem längeren Aufenthalt auserkoren, denn es wollte uns schier bedünken, als sei von hier die Aussicht am schönsten.

Diese türkische Kaffeewirthschaft war auf Sommer= und Winterbesuch zuge= schnitten, d. h. sie bestand aus einem Garten und aus einer Stube. In Ersterem befanden sich Divans von Marmor, welche um eine im Mittelpunkt des kleinen schattigen Gartens angebrachte Fontaine ein nur an einer schmalen Stelle unter= brochenes Viereck bildeten, in der Stube jedoch waren die Divans von gewöhn= licher Einrichtung. Als Kaffeewirth, Kawedschi, fungirte der Schulmeister des Stadtviertels. Rund um drei Seiten des sehr hellen Zimmers liefen gut ge= polsterte Divans ohne Rücklehne so breit, daß die anwesenden Karten spielenden Osmanli's und Griechen ganz bequem darauf hocken oder regulärer mit unter= geschlagenen Beinen darauf sitzen konnten. Es mochten ungefähr 8 — 10 Per= sonen anwesend sein, die unsern Eintrittsgruß schnell und freundlich erwiederten, worauf wiederum allgemeine Stille eintrat. Auch wir führten unsere Unter= haltung anfangs leise, da mir aber diese Art zu conversiren wenig behagte, so gingen wir bald in ein deutliches, vernehmliches Deutsch über. Hier war nicht zu befürchten, verstanden zu werden. Der Kawedschi, ein alter, grauer, grün= hosiger Türke, hatte fortwährend vollauf zu thun, Tassen auszuwaschen, Kaffee= bohnen zu zerstampfen, Kohlen anzufachen, Kaffee zu kochen; und ich hatte hier zum ersten Mal Gelegenheit, den Vorgang des Kaffeekochens vom Anfang an zu beobachten und da derselbe so viel Eigenthümliches bietet und von der im abendländischen Europa eingeführten Art und Weise so sehr abweicht, so lasse ich hier eine Beschreibung folgen.

Die türkische Kaffeetasse hat bekanntlich Form und Größe der halben Schaale eines Hühnereies; als Untersatz dient ein Gefäß von der Gestalt unserer Eierbecher, welches in den meisten öffentlichen Kaffeehäusern von Messingblech, seltener aus Porzellan gemacht ist. Die böhmischen Porzellanfabriken haben einen unglaublich starken Absatz in solchen Kaffeetassen nach dem Orient, die in der Größe von einem halben Möven= oder Kiebitzei bis zu dem eines halben Enten= eies wechseln. In der Mitte des Zimmers stand ein ziemlich großes Kohlen= becken, in welchem schwachglimmende Holzkohlen befindlich waren; mittelst dersel= ben wurde in einem großen Gefäße von Eisenblech Wasser auf einer der Siede= hitze nahen Temperatur gehalten. So oft ein Gast Kaffee verlangte, griff der pädagogische Kaffeefabrikant nach einem Glase, in welchem feinst gepulverter Kaffee befindlich war, nahm hieraus zwei gehaufte Theelöffel voll Kaffeepulver, schüttete dasselbe in ein kleines, mehr hohes als breites, etwa zwei Unzen Wasser haltendes Gefäß von Eisenblech, füllte dasselbe bis zu ¾ der Höhe mit heißem Wasser an und ließ das Wasser mit dem Kaffeebohnenpulver zweimal aufwallen, wobei er mit einem Porzellanstab umrührte. War der Besteller des Kaffee's ein Franke, so schüttete er geriebenen Zucker hinzu und goß sodann den gesamm= ten Inhalt des kleinen Blechgefäßes mit dem Kaffeepulver in eine der Tassen. Nach jedesmaligem Gebrauch dieses kleinen Blechgefäßes wurde dasselbe gereinigt. Mittelst eines Blasebalges fachte der Wirth die verlöschenden Kohlen von Neuem an. Gleichzeitig mußte er für Tschibuks= und Wasserpfeifen sorgen, Kohlen auf dieselben legen, aber nie faßte er Zucker oder Kaffeebohnen oder eine der Tassen eher an, ehe er sich nicht durch gründliches Waschen der Hände gereinigt hatte. Zu allen diesen Manipulationen bediente er sich ausschließlich der rechten Hand, wie es die gute türkische Sitte erheischt. Die türkische Kaffeemühle hat die Form einer cylinderförmigen Büchse, in welcher durch eine centrale Axe, welche gegen eine mit rauher Oberfläche versehene Scheibe wirkt, und vermittelst kleiner Draht= siebe ein höchst feines Pulver hergestellt wird, so fein, daß man den größten Theil beim Trinken mit genießt, nur bei längerem Stehen setzt sich am Boden der kleinen Täßchen ein Niederschlag ab, der von manchen Türken hinterher ge= gessen wird. Die Farbe des Kaffees, wie solcher gepulvert wird, ist ein ganz helles chocolabenbraun. Jeder Mann raucht im Kaffeehause, entweder bringt er sich seinen Tschibuk mit oder er benutzt die zum allgemeinen Gebrauch vorhan= denen Tschibuks= und Wasserpfeifen. Da es nun nicht immer angenehm ist aus fremden Spitzen zu rauchen, so thut man gut, einen Streifen starkes Papier (Visitenkarten eignen sich ganz besonders gut hierzu) zu einer engen Röhre zu= sammenzurollen und dieselbe als verlängerte Spitze zu gebrauchen. Während die Tschibuks einen angenehmen Zeitvertreib gewähren, dem man sich — auch wenn man wie ich im Abendland entschiedener Nichtraucher ist — sehr bald hingiebt, erfordert das Rauchen der Wasserpfeifen eine größere Kraftanstrengung, nament= lich im Anfang und besonders aus Nargilehs die nicht fortwährend im Gebrauch sind. Es kann das Rauchen aus Wasserpfeifen im wahren Sinne des Wortes als eine Arbeit bezeichnet werden; wie denn überhaupt für den Türken alles Rauchen eine Beschäftigung ist, während welcher gar nichts Anderes vorgenommen werden kann. Dem Türken kommt es lächerlich vor, daß der Europäer zu seiner Arbeit raucht, der Türke arbeitet durch das Rauchen; wenn er den Dampfwolken und Wolkenringen seines Tschibuks nachschaut, oder wenn er dem Geräusch des Rauches im Wasser seines Nargileh aufmerksam zuhört, so arbeitet er ebenfalls und hat für nichts Anderes Interesse. Noch bemerke ich, daß der Tabak, womit die Tschibuks gestopft werden und aus denen man Cigaretten formt, zur Verwendung in Nargileh's ganz untauglich ist, hierzu eignet sich nur ausschließlich der persische Blättertabak.

Da uns die Gesellschaft amüsirte, denn der Landsmann, der des Türkischen vollständig mächtig ist, mischte sich ins Gespräch, blieben wir an zwei Stunden allda und ritten dann, um mit dem letzten Dampfboot über die stark bewegte See zu fahren, durch die Straßen Scutaris auf dem nächsten Wege, der wiederum bei einer von irgend einer Sultanin gestifteten Moschee und zierlichem Brunnen vorbeiführt, nach dem Landungsplatz zurück. Wir hatten noch hinreichend Zeit, um in der thurmähnlich gebauten miserablen, griechischen, schmutzigen Restauration den Versuch zu machen, eine Stärkung zu uns zu nehmen, aber es war Alles so unsauber, daß wir alsbald vorzogen, auf der verdeckten Landungsbrücke die Ankunft des Bosporusdampfers zu erwarten, der auch nicht lange auf sich warten ließ. Es waren auf diesem kleinen Fahrzeug so viel Menschen (namentlich Frauen, für welche das Vordertheil abgesperrt ist), daß ich in einer fortwährenden Angst blieb und immer befürchtete, das Boot müsse untergehen. Als Capitain fungirte ein Grieche, der stark berauscht schien und sich nicht viel um die Leitung seines Steamers kümmerte. Wir waren Beide herzlich froh, an der Brücke von Galata zu landen, von wo wir uns sofort nach Pera in das Hotel zurückbegaben.

Um nun auch die Vergnügungsörter der niederen Volksschichten kennen zu lernen, schloß ich mich den drei Amerikanern an, welche ich auf dem Dampfschiff nach Smyrna getroffen hatte und welche unter Leitung des Commissionair de place (eines verschmitzten Armeniers) einen Spaziergang dieser Art für den heutigen Abend verabredet hatten. Ich habe früher den Hamburger Berg, die Vergnügungslocale der Matrosen und Fabrikarbeiter zu Marseille und Genua gesehen und hatte geglaubt, die Brutalität und Entmenschung im höchsten Stadium kennen gelernt zu haben, — aber nachdem ich gesehen habe, wie die Canaille des vereinigten Occidents und Orients, der Abschaum aller Herren Länder, des Morgen- und Abendlandes, diesseits und jenseits des Oceans, alles Göttliche im Menschen und alles Menschliche mit Füßen tritt, muß ich gestehen, daß die Besucher der Spelunken in St. Pauli und in jenen beiden Hafenstädten des Mittelmeeres nur schwache Anfänger in aller Art lasterhafter Niederträchtigkeit im Vergleich mit den Subjecten, die ich an jenem Abend zu beobachten Gelegenheit fand, sind.

Ich war froh, als ich an der Ecke der Rue de Pera und Rue de Derwisch wieder angekommen war und die Gaslaternen meines Hotels mir entgegenleuchten sah.

Am folgenden Tage beabsichtigte ich den Bazar, den Seraskierthurm, die Sulimanieh und die Umgebungen der letztgenannten beiden Sehenswürdigkeiten zu besuchen.

Da mir Pera und Galata in ihrem Zwittercharacter durchaus nicht gefallen wollten, so eilte ich immer so schnell wie möglich hindurch, um recht viel Zeit auf das alte Stambul verwenden zu können, wo ich vorläufig noch planlos straßauf straßab lief, stehen blieb, wo es mir gefiel, Magazine besuchte, Moscheen und Mausoleen nach Herzenslust beschaute, bis ich endlich in dem Valide Chan angelangt war, woselbst mir in einem polyglotten ehrlichen Armenier, der als Dragoman in einem mir befreundeten deutschen Hause fungirt, ein Abjunct für die im Bazar zu machenden Einkäufe zugetheilt wurde.

Um alle größeren Bazare kennen zu lernen, besuchte ich zunächst den Droguenbazar oder sogenannten ägyptischen Bazar, wo nur Rohmaterialien und technische Produkte des Abendlandes verkauft werden. Da lag neben dem Opium und den Galläpfeln aus Kleinasien die Dattel aus Alexandrien und unmittelbar daneben der blaue Kupfervitriol und das weiße Glaubersalz aus einer englischen Fabrik. Hier waren colossale Quantitäten von Mohncapseln, Wallonen und andere vegetabilische Rohprodukte aufgespeichert und daneben lagen Fässer mit Bleiglätte, Chlorkalk und Soda. Auch Artikel in Gläsern, flüssiger Natur, werden hier verhandelt. Ein Magazin enthielt nur große Glasballons mit Säuren gefüllt und riesige Glasflaschen mit Terpentinöl und ähnlichen Fluida's. Den ganzen Bazar erfüllte ein eigenthümlicher Geruch nach Kräutern, Hölzern, namentlich Rosmarin und anderen starkriechenden Substanzen.

Unweit des ägyptischen Bazars befinden sich die Magazine der Tschibukrohrhändler und die Werkstätten, wo dieselben garnirt und ausgebohrt werden. In Bezug auf Decoration entwickeln die Türken viel Geschmack, seidene Stickereien, schwere seidene Quasten, unmittelbar am Rohr festaufsitzend, zwischendurch Gold- und Silberfaden, Ueberzüge von Perlenstickereien in den allerverschiedensten Mustern und Farbenvertheilungen sieht man allenthalben ausgestellt. Man wählt in der Regel solche Rohre zur Garnirung, welche irgend welchen Fehler haben. nie sah ich ein tadelloses Weichsel- oder Jasminrohr hierzu verwendet, letztere beiden Arten haben, wenn sie eben fehlerfrei sind, den höchsten Werth, so z. B. sah ich für ein Jasminrohr von 6 Fuß Länge, 1 türkische Guinee zahlen, ich zahlte für 2 kürzere $4\frac{1}{2}'$ und $3'$ lang 19 Francs; ein Weichselrohr von 4 Fuß Länge wurde mit 1 Napoleon erhandelt und für 2 bunt decorirte Rohre (eine Art Ahorn) zahlte ich nur 12 Francs.

Vom Tschibukbazar wandten wir unsere Schritte nach dem Tabakbazar. Hier wurden syrisches, türkisches und persisches Kraut in der verschiedensten Güte feil geboten. Der billigste türkische galt per Occa, d. i. $2\frac{3}{4}$ Pfd., circa 50 Piaster, der beste 90 Piaster, ein Gemisch aus goldgelbem Volo und hellbraunem Stambul wurde als etwas ganz besonders Feines bezeichnet. Von syrischen Tabaken ist der dunkelbraune Latakia und der fast schwarzbraune Tabak aus Aleppo gleich gesucht; ersterer gilt als schwerer. Gleichzeitig werden Material zur Anfertigung von Cigaretten, in Form kleiner aus Reispapierblättchen zusammengehefteter Büchlein verschiedenen Formates verkauft, so wie von einigen der bedeutenderen Verkäufer die bekannten syrischen Tabakbeutel und Tabakstaschen ausgeboten werden. Diese werden von bunter Wolle, oder Wolle und Seide, oder Seite mit Gold- und Silberfaden durchwirkt in Suk bei Beyrut, die feinsten in Damascus gefertigt und geben ein Bild des orientalischen Geschmacks im Gebiet der Weberei und Stickerei. Selbstverständlich herrschen bunte grelle Farben vor, phantaſtiſche räthſelhafte Blumen und Arabesken bilden die Hauptgegenſtände dieſer Art Kunſtleiſtungen, niemals wird man Thiere oder Menſchenfiguren nachgeahmt finden, nur in einzelnen Fällen einen frommen Spruch oder einen Ausruf auf einfarbigem Grunde. So billig auch die rein wollenen Beutel ſind (von 18 Piaſter an), ſo theuer ſind die aus Seide und Gold. Viel Luxus herrſcht in Taſchen von lyraförmiger Geſtalt, mit Quaſten aus goldenen Faden beſtehend, von denen ich einige mit 30 Piaſter pro Stück bezahlen ſah.

Vom Tabaksbazar ging ich nach dem großen Bazar, deſſen ich ſchon oben Erwähnung gethan habe. Es wäre ebenſo thöricht als langweilig, wollte ich alle die Gegenſtände aufzählen, die man hier zu kaufen erhält. Ich beſchränke mich darauf, als Rathgeber für meine Landsleute aufzutreten, um ihnen zu zeigen, wie man es machen muß, um für wenig Geld möglichſt viel zu ſehen und möglichſt viel zu kaufen.

Die Waaren und Producte des Occidents können uns hier nicht intereſſiren, hier, an der Ausgangspforte des Orients, ſucht der Abendländer irgend welche angenehme und nützliche Erinnerung an das Morgenland, welche im Orient ihren Urſprung hat und echt orientaliſchen Character trägt, zu acquiriren. Für den aus Aegypten kommenden, mit den Bazars von Kairo ſchon bekannten Reiſenden, bietet der Rieſenbazar Conſtantinopels nicht viel Neues, ſondern nur inſofern etwas Anderes und mehr, als hier in Stambul ungleich größere Auswahl ſtattfindet, für die Bequemlichkeit und ruhige bedächtige Wahl beſſer geſorgt iſt und daß die Waaren in den Magazinen ſo aufgeſtapelt ſind, daß man bald ſieht, was man in den einzelnen Verkaufslocalen zu kaufen erhält, wogegen in den kleinen Boutiquen des Chan Halils die meiſten und werthvollſten Sachen ſorgfältig verpackt dem Auge des Kaufluſtigen verborgen, aufbewahrt werden. — Nur die Kaufhalle, worin Juwelen, Perlen und Gold und Silberhändler ihre Magazine und Ateliers aufgeſchlagen haben, war für mich neu. Ich ſah Türkiſe, Topaſe, Smaragde, Rubine und Lapis Lazuli, roh, halb geſchliffen, ganz geſchliffen und in mannigfacher Form verwendet und zwar in einer Fülle und Größe der einzelnen Steine, wie ich dies früher noch nie geſehen hatte. Unter dieſem Edelgeſtein befanden ſich auch einige Kiſten mit böhmiſchen Granaten für die prunk und putzſüchtigen Griechinnen und Armenierinnen, von falſchen Steinen, Emaille und Glasflüſſen ſah ich Nichts. Der Beſitzer der einen dieſer großen Handlungen, ein franzöſiſch redender Armenier, erklärte mir bereitwilligſt die Art und Weiſe des Einkaufes, Bezuges, Verkaufes und Abſatzes ſeiner Waare und zeigte mir beim Abſchied einen Dolch, deſſen Verzierung auf Griff und Scheide er auf Tauſend Pfund Sterling berechnete. Wieviel hierbei übertrieben iſt, laſſe ich unerörtert; Thatſache iſt, daß die prachtvolle Klinge aus Khoraßan wohl einer außergewöhnlichen Garnirung werth war. Der goldene Griff trug auf ſeiner Spitze eine Perle vom reinſten Waſſer, umgeben von einem Kranz, gebildet aus mit einander abwechſelnden erbſengroßen Rubinen und Smaragden. Die Seiten erſchienen in getriebener Arbeit, die darauf ausgeführten Arabesken waren hie und da mit kleinen Brillanten beſetzt. Die Scheide ſchloß ſich in Bezug auf Schönheit und Reichthum in der Decoration würdig dem Griff an.

In einem andern Magazin arbeiteten vier Türken an Geschmeide (Ohr-
ringe und Armbänder) für den Harem irgend eines Großen, Perlen und Rubinen bildeten hier das Hauptmaterial, um die schweren goldenen Ohrgehänge
noch kostbarer zu machen.

In der für Waffen und Armaturstücke bestimmten Abtheilung schien der
raffinirteste Luxus und die ausgesuchteste Prachtliebe des Orientalen ihre höchste
Stufe erreicht zu haben. Man beschreibt diese Abtheilung am erschöpfendsten
und zugleich am kürzesten, wenn man sie die zweifellos reichste und schönste
Rüstkammer, die es überhaupt geben kann, nennt. Was nur immer an kostbaren, reich geschmückten, oft überladen verzierten Säbeln, Dolchen, Schwertern,
Degen, Stilets, Handschars, Kries, Yatagan, Flinten, Büchsen, Pistolen und
aller Arten Hieb-, Stoß- und Schußwaffen der Orient producirt hat, findet
sich in den ausgezeichnetsten Exemplaren hier vereinigt. Dazu die Koppeln,
Gehänge und anderes Lederzeug, ebenso prachtvoll als die Waffe zu der sie gehören, — kurz, eine solche unerschöpfliche Mannigfaltigkeit an kostbaren Mord-
instrumenten aller Art kann man nur in der Waffenhalle des großen Bazars
in Stambul, deren Schönheit durch geschmackvolle Anordnung in der Schau-
stellung noch mehr gehoben wurde, treffen.

Durch ihre Reichhaltigkeit ziehen die Schuh- und Pantoffelausstellungen
die Aufmerksamkeit des Franken auf sich. Diese Magazine liegen in der Nähe
des oberen großen Ausgangsthores und liefern reiches Material zum Studium
des höhern Schusterhandwerks, so wie auch erlaubt sein wird aus der Zierlichkeit der Pantöffelchen mit einiger Wahrscheinlichkeit auf die Zierlichkeit und Net-
tigkeit der Füßchen schließen zu dürfen, welche Füßchen bereits als Modell gedient haben oder für welche diese schönen Pantöffelchen bestimmt sind. Nach
der Angabe Einiger sollen diese prächtigen Stickereien in Seide und feinsten
Gold- und Silberfäden in einigen Harems ausgeführt und nur die Anfertigung
des Schuhes von Männern bewirkt werden. Ich möchte das Erstere bezweifeln, obschon ich nur Vermuthungen Anderer und meiner selbst als Grund
hierfür angeben kann. Welcher Pascha würde es mit seiner Ehre und seiner
Würde vereinbar finden, daß seine Haremsbewohnerinnen Waare für Geld arbeiten und welche Frauen oder Mädchen würden sich bewogen fühlen, für Andere zu arbeiten, da sie doch Alles was sie wünschen aus der Tasche ihres
Herrn und Gebieters erhalten, also durchaus nicht bedürftig sind, gegen Bezahlung zu arbeiten.

Während in Aegypten nur Stickereien zu Pantoffeln (aus Damascus und
Sulk bei Beyrut) ausgeboten wurden, werden hier fertige Chaussüren verkauft.
Rothe oder schneeweiße Pantöffelchen aus Sammt, Seide oder feinstem Leder
mit den reichsten Gold- und Seidenstickereien und dazwischen zu Blumengruppen
geordneten Edelsteinen haben den höchsten Werth. Aber neben diesen kostbarsten
so luxuriös ausgestatteten Schuhen fehlen die gewöhnlichen ordinären gelbleder-
nen, weiten und breiten, unförmlichen Schuhe, welche die Frauen der niedersten
Stände tragen, nicht. Sie sind ebenso ungeschickt, als jene zierlich sind und
vergegenwärtigen den Eindruck des Watschelns und Schleppens, den die Besitzerin-
nen solcher Schuhe beim Gehen auf den Beobachter machen.

Die Abtheilung der Pelzwaaren, worin bekanntlich Armenier, sowohl wie

Türken und Perser viel Luxus entwickeln, war ebenfalls sehr reich ausgestattet. Pelze von Zobeln waren nicht besonders selten, dagegen sah ich nur wenige Bälge des sibirischen Silberfuchses und nur eine schwarze Fischotter. Für ein Tigerfell forderte der Eigner 50 Pfund Sterling, Leopardenfelle, die ich in Kairo mit 25 und 20 Francs gekauft hatte, kosteten hier schon nahezu das 3fache. Am häufigsten figurirten Felle von Wölfen, Bären, Waschbären und Nörz.

Das Endziel der Bazarwanderung eines jeden Abendländers ohne Ausnahme sind jene 3 Magazine, deren französische Inschrift ansagt, daß wohl sämmtliche Gegenstände von Interesse, welche der Orient darbietet, in ihnen zu haben sind. Es ist dies jedenfalls sehr bequem für den, der wenig Zeit hat, um sich mit Ruhe den Bazar ansehen zu können, da aber die Inhaber dieser Omnibusmagazine Armenier sind, so muß man seine Bequemlichkeit bei Einkäufen ziemlich theuer bezahlen. Ein Beispiel wird dies zeigen. Während ich im Bazar bei einem Türken eine große Tischdecke von rothem Tuch mit reicher Seidenstickerei (Vers aus dem Koran, Blumenbouquets, Halbmonde und Sterne in weiß und grün, blau und gelb), für 120 Piaster kaufte, verlangte der Besitzer des Omnibusmagazins 180 für ganz dieselbe Decke. Man thut daher wohl, daß man nur Kleinigkeiten in letzteren kauft, um hierdurch eine gute Gelegenheit zu finden, alle orientalischen Herrlichkeiten auf einem kleinen Raum vereinigt zu sehen, durch die kleine Emplette wird die Mühwaltung des Verkäufers vergolten. Ich besuchte nach einander 3 dieser Magazine und mir würde die Wahl sehr schwer werden, wenn ich einem derselben den Vorzug geben sollte: Alle sind sie sehenswerth, in allen Dreien werden ganz ausgezeichnet schöne Sachen feilgeboten, namentlich auf dem Gebiet der Weberei, Stickerei und Teppichfabrikation.

So mochte ich wohl 6 Stunden im Bazar umhergelaufen sein und es wurde hohe Zeit, um noch bei vollem Tageslicht den Totalanblick von Constantinopel und Gesammtumgebung zu haben: die Besteigung des hohen Thurms beim Seraskierat, (Kriegsministerium) kurzweg Seraskierthurm genannt, wohin mich ein Freund und Landsmann begleiten wollte. Der Weg dahin ist die Fortsetzung der nach dem Valide Chan führenden Hauptstraße des alten Stambuls. Man steigt fortwährend bergan und befindet sich nach wenigen Minuten von jenem Chan ausgehend, vor dem nördlichen Thor, welches einen großen Hofraum umschließt. Dieses Thor heißt das Korallenthor. Das Seraskierat oder die sämmtlichen zum Kriegsministerium gehörigen Gebäude, als da sind 2 Kasernen, Hospital, Militärschule, Montur- und Waffenkammern, Dienstwohnung des Ministers, sämmtliche Geschäftslocale, nehmen den höchsten der 7 Hügel ein, auf denen Constantinopel liegt. Und wiederum auf dem höchsten Punkte dieses flach gewölbten sich lang hinziehenden Hügels, der an seinem westlichen Ende noch die Prachtbauten der Soliman-Moschee, die berühmte Sulimanieh trägt, ist im dorischen Styl der jeder Schönheit baare Seraskierthurm (Yangin-Kalessi d. i. Feuerthurm) erbaut, dessen überdachte Plattform der höchste besteigbare Punkt Constantinopels ist. Kein Fremder möge diesen Thurm unbesucht lassen, denn die Rundschau von der Höhe herab auf das Häuserlabyrinth der ganzen Stadt, den Bosporus und seine beiden herrlichen Ufer, das Marmarameer, Scutari und seine Umgebung, die Prinzeninseln, einen großen Theil der asiatischen und europäischen Küstenländer ist so großartig, daß man sich nur schwer von dem allseitigen, wechselvollen Bilde trennen kann. Mit Hilfe des unvermeidlichen Bakschiesch erhielten wir sofort Eintritt und stiegen die finstern Treppen langsam hinan. Der auf seiner Plattform immer noch circa 16 Fuß im Durchmesser haltende Thurm ist in seiner obersten Etage von einem Wächter bewohnt, dessen einziges Geschäft darin besteht, ohne Unterbrechung den Rundgang um die Peripherie zu halten, auf die Signale des Galatafeuerthurms und auf das zu seinen Füßen liegende Stambul zu achten. Etwaige Feuersbrünste werden durch mannigfache Ballons und in Folge dessen durch Signalschüsse angezeigt, und besagt die Zahl und Farbe und Richtung der Ballons und Fahnen den Ort des Brandunglücks.

Der Thurm soll 250—280 Fuß hoch. sein. Der wohnlich eingerichtete Feuerwächter bereitete uns einen Kaffee, offerirte auch Tschibuk, aber ich hatte so viel zu sehen, daß ich es für ein Unrecht gehalten hätte, auf einem solchen Punkte etwas Anderes zu machen, als im Anblick des unbeschreiblich schönen Panoramas zu schwelgen. Ein französischer Photograph hat sich das Verdienst erworben, eine Reihe von Ansichten der Stadt und Umgegend von jener Höhe aufzunehmen und ist hieraus das beste Panorama, welches überhaupt existirt, zusammengesetzt worden. Leider ist der Preis ein so hoher, daß nur wohlhabende Reisende sich diese Erinnerungsblätter mit in die Heimath nehmen können.

Die Zeit gemahnte zum Aufbruch, besonders da wir noch die dicht neben dem Seraskierat liegende Moschee und Mausoleum Soliman des Prachtliebenden besuchen wollten.

Dieses Bauwerk ersten Ranges (Architekten vom Fach bezeichnen sie als das vornehmste und schönste in ganz Constantinopel) ist mit verschwenderischer innerer und äußerer Pracht, zum größten Theil aus den Werkstücken der Euphemia-Kirche des alten Chalcedons erbaut. Ihre colossale Hauptkuppel und ihre 4 Minarets, von denen 2 mit 3 Gallerien, 2 mit nur 2 Gallerien versehen sind, imponirten uns schon von der Höhe des Thurmes, von wo aus man einen vollständigen Ueberblick über die ganze Moschee, über ihren von Säulen umgebenen Vorhof, in dessen Mitte der stereotype Brunnen, über sie selbst, einen zu ihr gehörigen Kirchhof und das Mausoleum des Erbauers, genießt. Die äußern Verzierungen an Säulen, Bögen, Portalen, Simsen und Friesen sind bis in die kleinsten Details außerordentlich sauber und zierlich ausgeführt. Die Höhe ihrer von 2 Mittel- und 10 kleineren Seitenkuppeln umgebenen Hauptkuppel soll die der Aja Sofia noch übertreffen. Um das Innere der Moschee zu sehen war es schon zu dunkel, wir eilten nach dem Mausoleum, welches die Särge des Erbauers und seiner auch in Europa bekannt gewordenen bildschönen, aber grausamen Favorite, Roxellana enthält, es ist ein schönes achteckiges kioskartiges aus Marmor errichtetes Gebäude, fast ganz ebenso reich und luxuriös ausgestattet wie das des Sultans Mahmud.

Ohnweit der Soliman-Moschee sind die Werkstätten der Kupferschmiede, deren mit vielem Getöse verknüpftes Handwerk die Würde und die Bedeutung des Ortes stört. Die schönen Cypressen der Sulimanieh darf ich nicht unerwähnt lassen, sie verleihen dem schönen, herrlichen Gotteshause etwas ganz besonders Feierliches und Würdevolles. —

Als wir auf die Brücke kamen, begann man in Pera bereits die Gaslaternen anzustecken. Hierbei bemerkte ich, daß in Bezug auf Helligkeit der Straßen, hervorgerufen durch die große Zahl der Gasflammen, sich manche west= und mitteleuropäische Stadt ein Beispiel an Pera nehmen könnte. Eine Folge dieser lobenswerthen Einrichtung ist das äußerst seltene Vorkommen von Straßenbiebstählen.

Wir verfolgten die grande rue de Pera bis fast ans Ende, denn die Restauration de l'Inde liegt ohnweit des Galata=Serai. Es ist dies Local vollständig europäisch eingerichtet und wenn man an einem der Tischchen sitzt und sieht die Dame du comptoir auf ihrem erhöhten Platz vor dem Spiegel sitzen und läßt sich die Speisekarte geben, so glaubt man bei irgend einem Restaurant in Paris zu sitzen. Die Küche ist exquisit, die Bedienung ausgezeichnet, Wein erträglich, Preise niedrig, deßhalb empfehle ich diese Restauration ganz besonders. Außerdem ist es interessant (wenn auch nicht angenehm), hier physiognomische Studien zu machen. Es verkehrten damals allda die Refugie's aller Herren Länder, und während an dem einen Tische die slavische Sprache Russen, Polen, Magyaren und Serben vereinte (deren Gesichter unverkennlich unter Tausenden sind), erklangen an einem andern Ende des Saales die Laute eines Italianissimo, der den vaterländischen Bergen entflohen, hier auf bessere Zeiten hoffte. Manchem edlen Character, dessen Herz voll war von Eifer für das Wohl seiner Mitbürger, hat der Türke unbeirrt von den absolutistischen Polizeirequisitionen des österreichischen und russischen Botschafters, großmüthig Asyl gewährt, aber leider mißbrauchen eine Menge nichtsnutziger Subjecte und Aventurier's aus aller Herren Länder die Gastfreundschaft des Sultans. Einige eisgraue Kriegergesichter, denen man die polnische Nationalität sofort ansah — jetzt in Uniform der türkischen höheren Stabsoffiziere — bildeten das Centrum einer Gruppe Offiziere, denen ich gern zugehört hätte, wenn sie ihre Unterhaltung nicht in polnischer Sprache mit gedämpfter Stimme geführt hätten. Es waren durchweg schöne, kriegerische, Schlachten und Pulverdampf gewohnte stattliche Gestalten, von denen ich einige am andern Tage, vor dem Sultan, bei dessen Ritt zur Kirche, stolz einherschreitend, wieder erkannte.

Für den nächsten Tag, einen Freitag, hatte mir ein türkischer Major, geborner Frankfurter, Adjutant des vergifteten Ilhami Pascha, seine freundliche Führung durch die mir noch unbekannten Theile Constantinopels zugesagt. Unser Hauptziel war: den Sultan zu sehen. Da wir aber schon um 8 Uhr aufbrachen und der Beherrscher aller Gläubigen erst um 12 Uhr seiner Frömmigkeit obliegt, so hatten wir hinreichend Zeit, uns in der Stadt umzusehen.

Zuerst wurden einige ausgezeichnet schöne, sehr kostbare türkische Pferde besehen, sodann das Local des deutschen Casino's, der Teutonia, in Augenschein genommen. Weniger elegant ausgestattet als das Local des deutschen Vereines in Alexandrien, ist es größer, besitzt eigenes Theater, Pianoforte, Bibliothek und ist weit zahlreicher an Mitgliedern, so daß im Laufe des Winters vielfach Bälle, Concerte 2c. stattfinden. Auch hier steht der deutsche Verein unter dem alternirenden Schutz des preußischen und österreichischen Gesandten. Die Schillerfeier in Constantinopel ist eine der würdigsten der Deutschen im Auslande gewesen und giebt ein ehrendes Zeugniß für die Gesinnungstüchtigkeit und für die Bedeutung dieses Vereines für unsere in und um Constantinopel lebenden Landsleute.

Wir passirten sodann das sogenannte kleine Campo, um nach Tershané zu gelangen, woselbst ich das Arsenal und die zum Marineministerium gehörenden Gebäude und Magazine verschiedener Art gern gesehen hätte. Hierzu ist jedoch ein Ferman nothwendig, die Macht des Goldes war zu schwach, um Eintritt zu erhalten und so mußten wir uns längs des Ufers des goldenen Horns neben dem Admiralitätsthor (wo die abgebrannte, abgabenfreie Brücke in früheren Zeiten errichtet war) vorbei durch Galata hindurch nach Tophane hin dirigiren. Der ganze Weg bot bis auf den kleinen freien Platz in Tophane auch nicht das Mindeste dar, welches der Erwähnung werth wäre und rathe ich jedem Fremden, den allernächsten Weg von Pera nach Tophane oder einen Kaïk an der Galata= brücke zu nehmen, um letztgenannte Vorstadt zu erreichen. Der Name Tophane bedeutet Kanonenstätte, denn hier ist die Geschützgießerei, das Artilleriezeughaus und die Artilleriecaserne, sämmtlich Anstalten, deren jetziger Zustand zum großen Theil preußischen Instructeurs zu verdanken ist, von denen noch jetzt einige als die Zierden der türkischen Armee in Diensten des Sultans fungiren. Der kleine Platz in Tophane, dicht am Meer gelegen, ist in mehrfacher Beziehung interessant. Hier ist der Hauptverkehr der Bergvölker des Kaukasus, der Bewohner der Ufer des Caspi und Uralsee's. Verschiedene Repräsentanten der Grusier, Lesghier und Tscherkessen trieben sich hier herum. Bis noch vor Kurzem war in dem dem schönen Brunnen zunächst gelegenen Kaffeehause ein Depot tscherkessischer Mädchen und nach der Ansicht Mancher wird (wie ich schon oben erwähnte) das scheußliche Geschäft des Menschenhandels trotz aller Erlasse und Verfügungen, die mehr zum Schein erlassen werden, immer noch fortbetrieben, wenn auch ganz im Geheimen. Der Brunnen von Tophane gilt für einen der schönsten im gan= zen türkischen Reich. Außer weißem Marmor, vergoldeten Eisengittern und Koransprüchen in goldenen Lettern sieht man kein anderes Baumaterial. Eigen= thümlich ist die viereckige Gestalt dieses Gebäudes, denn für gewöhnlich wählt man die 6 oder 8eckige Gestalt. Hinter dem Brunnen erhebt sich hart am Meere das große Arsenal und links von dem nach Dolma Bagdsche führenden Wege die große Kanonengießerei und Stückbohranstalt. Eine lange Reihe von Werkstätten, Patronenfabriken, Kugelgießereien ꝛc. ꝛc. bleiben zur Linken. Zur Rechten gelangt man sodann an die prachtvolle Mahmud = Moschee. Mehr als diese Moschee interessirten mich die Geschützröhren, Mörser und namentlich die Revolverkanonen in dem Hofraum des Arsenals, welcher von der breiten Straße nur durch ein eisernes Gitter getrennt ist. Hier lagen österreichische und russische Geschützröhren aus mehreren Jahrhunderten; ein gezogenes Rohr aus dem Jahre 1610, schmale lange Geschütze, die in Belgrad erobert worden waren, ferner ein ganz besonders langes Geschütz für Kugeln schweren Calibers von einem Sultan Selim; ebenso waren sehr viele Arten Mörser in ganz verschiedenen abweichenden Constructionen vorhanden. Unser Weg führte uns sodann bei Jlhami's Palast vorbei, durch dessen Palaiswache wir mit aller Sicherheit er= fuhren, daß der Sultan heute zu Lande, hoch zu Roß, nach seiner eigenen Moschee zum Gebet reiten werde. Hinter dem Palais des vergifteten ägyptischen Thron= folger und Schwiegersohn des jetzt verstorbenen Sultans (Jlhami Pascha) be=

ginnt die Vorstadt Junbullu, in deren Weichbild ehedem ein Tempel des Hermes gestanden hat, heute ohne alles Interesse, eine Vorstadt mit fast ausschließlich türkischem Character. Ein Zug Polizeicawassen bewegte sich nach dem Palast des Sultans hin, woselbst sie die Stelle der Armeegendarmen vertreten, es war also Zeit unsere Schritte zu beschleunigen, um noch einen guten Platz zu erhalten, von wo man den Despoten Abdul Medschid sehen könne. Wir passirten die Moschee, die er gegründet hat, wo seine Andacht für heute angesagt war. Die Moschee ist außer für den Obersten der Priester für jeden Anderen an diesem Tage ganz unzugänglich, wir machten daher nicht erst einen Versuch, Erlaubniß zum Eintritt zu erhalten, sondern suchten das eiserne Gitter des Palastgartens zu erreichen. Ein Bataillon regulären Militairs, blau und roth à la Chasseurs de Vincennes gekleidet, war mit vollständiger Janitscharenmusik zur Spalierbildung aufmarschirt. Das Abzeichen der Hautboisten bestand in roth und goldenen Husarenschnüren. Nach und nach sammelte sich viel Publicum, worunter sehr viele Fremde aller Nationalitäten, der fränkische Rock und schwarze Hut war sehr zahlreich vertreten, ebenso fränkische Damen. Türkinnen hatten sich, tief verschleiert, an zwei Plätzen sehr zahlreich eingefunden. Ihre jämmerlich schlechten altmodischen, aber reich mit Gold- und Silberbeschlag verzierten Wagen ohne Federn erregten die besondere Aufmerksamkeit einer mir noch ganz unbekannten Völkerschaft, welche mein Führer als Afghanen recognoscirte. Ferner waren einige ganz uncivilisirte Männer aus dem glücklichen Arabien anwesend, welche der Perlenhandel hierher gebracht hatte. Einer dieser glücklichen Araber war so unglücklich, mit einem Polizeicawassen in Wortwechsel und Prügelei zu gerathen, in Folge deren er festgenommen und abgeführt wurde. Fern von Yemen wurde ihm vergönnt, über die Verachtung der Obrigkeit, einer ihm wahrscheinlich noch unbekannten Einrichtung, nachzudenken. Wasserverkäufer, ambulante fliegende Conditoren und Backwaaren- und Fruchthändler gingen in Menge auf und ab und erzielten ganz leidlichen Absatz. Auch ich beschloß manche Arten dieses Straßengebäckes kennen zu lernen und erklärte mich mit den Leistungen der türkischen Conditoren vollständig befriedigt. Das Publicum bewegte sich ganz ungenirt mitten in der Fahrstraße und auf den zu beiden Seiten befindlichen schmalen Fußwegen, die Polizeicawassen verfuhren bei etwaigen Anordnungen artig und bescheiden und man leistete ihren Dispositionen unverzüglich Folge. Endlich verkündete ein Läufer das Nahen des Sultans. Der Weg wurde nochmals gefegt, die Infanterie trat unter das Gewehr und das Publicum wich vom Fahrweg zurück. Die Kapelle spielte einen französischen Marsch, als die Spitze des Zuges, bestehend in einem von einem Stabsofficier geführten Piquet Infanterie, das Palastthor verließ. Hinter denselben ritten einzeln dicht hintereinander auf den beiden äußersten Rändern der Fahrstraße die Pascha's und Verwandten des Sultans auf durchweg guten Pferden, einen Raum von 4 — 5 Schritt zwischen sich lassend, sodann folgten zu Roß, aber in der Mitte der Straße, ebenfalls hinter einander die Mitglieder des Ministeriums, soweit solche anwesend waren, es waren deren 6, zuerst 2, deren Namen und Ministerium mein Freund nicht kannte, sodann der Justiz-, Kriegs- und Marineminister, und schließlich der Großvezier. Sowohl die Minister als die Pascha's und Verwandten trugen den schwarzen Rock der Reformtürken mit einer Reihe blanker Metallknöpfe, ihre Orden; sie hatten das Haupt mit dem Fez bedeckt. Hinter dem Großvezier folgten zwei lange Reihen der Stabsoffiziere zu Fuß, auf jeder Seite der Straße eine Reihe, im Gänsemarsch, ebenfalls im schwarzen einfachen Rock, aber mit Seitengewehr. Es mochten wohl 40 – 50 in jeder Reihe sein. Zuletzt erschienen vier pracht= voll angeschirrte Pferde des kaiserlichen Marstalls und hinter dem letzten derselben der Sultan auf einem ausgezeichneten Goldfuchs. Weder der Reiter noch das Pferd hatte irgend welches Abzeichen. Ersterer hing in gedrückter Haltung mehr auf dem schönen edlen Thiere, als er saß. Dunkelrother Fez mit Goldplättchen und langer schwarzseidener Quaste, ein einfacher schwarzer Spanier, der vorn am Halse mit einem Brillantknopf von der Größe eines Daumens in breiter goldener Fassung zugehalten wurde und der den schwarzen Rock noch erkennen ließ, mach= ten das bleiche, zusammengefallene, vom vollen Bart umgebene Antlitz des Herr= schers noch kränklicher und matter aussehend, als es ohnedem der Fall gewesen wäre. Obschon nur dann gegrüßt werden darf, wenn er seinen Blick Jemandem zuwirft, so zogen wir Abendländer vor, dies nicht erst abzuwarten, sondern ihn entblößten Hauptes zu erwarten. Dicht neben mir hielt ein Türke ein Schrift= stück (eine Bittschrift in die Höhe), der Blick des Herrschers traf ihn und hoch= erfreut über die Gnade seines Padischah eilte er sein schriftliches Anliegen in die Hände des hiermit beauftragten Hofbeamten niederzulegen. Die Petenten, deren erhoben gehaltene Schriftstücke vom Sultan nicht angesehen werden, dürfen es nicht wagen, ihre Gesuche einzureichen. Das Glänzendste in dem ganzen Zuge war die Schabracke, deren schwarze Grundfarbe man in Folge der sie fast vollständig bedeckenden Goldverzierungen — auf welchen in den Ecken Brillant= sterne blitzen   nur noch schwer erkennen konnte. Hinter dem Sultan ritten in zwei Sectionen 8 höhere Beamte des Palastes, unter andern die beiden Ersten Verschnittenen, beides Ritter mehrerer hohen Orden, im Uebrigen gefährliche Kerls mit scheußlichen Visagen, schwarze, zähnefletschende Subjecte mit unförmlich auf= geworfenen Lippen, mehr Affen als Menschen ähnlich sehend.

Ein Zug Infanterie beschloß den Zug. Die Herren Pascha's und Minister stürzten, während ihr Padischah in der Moschee auf den Knieen lag, in das neben der Moschee befindliche Kaffeehaus (tout comme chez nous, Wirthshaus neben der Kirche) und schwelgten in Tschibuk und Kaffee. Leider beliebten Seine Majestät nach überstandener Gebetsfunction ein Vergnügen edler Art: eine Was= serfahrt und so mußte die Hoffnung, ihn zurückreiten zu sehen, aufgegeben wer= den. Wir nahmen den vielgetadelten und wiederum sehr gefeierten Residenz= palast Dolma Bagdsche, jenes sonderbaren Gemisches aller Baustyle, den ich von der Wasserseite bereits kannte, so weit dies möglich war in Augenschein und wandelten sodann den Berg nach Pera hinauf, um von dem Garten des herr= lich gelegenen Kaffee's Bella vista, die Aussicht auf Scutari und die asiatische Seite des Bosporus zu genießen.

Unter uns lagen die beiden Paläste Tschiragan und Dolma Bagdsche, die Gasanstalt, das Hoftheater, welches von einigen französischen Reisenden als das= jenige Gebäude der ganzen Welt bezeichnet wird, auf dessen innere Einrichtung der fabelhafteste Reichthum und die größte Pracht bis zur Ueberladenheit ver= wendet worden ist; mehr links die Ortschaften Beschettasch, Ortokioi, Arnant= kioi am europäischen Ufer, während am romantischen asiatischen Ufer die un=

unterbrochene Reihe höchst malerisch gelegener Sommerwohnungen, Villas, Park- und Gartenanlagen, Ortschaften, Wälder und Haine von Tschenpelkioi an bis zur Selimcaserne von Scutari mit den dahinter liegenden mannigfach geformten Bergen und Höhenzügen, überragt von dem Gipfel des Bulgurlu und Kaffibagh, ein entzückendes Panorama bildete. Auch von hier aus konnte man die Ge= birgszüge Bithyniens mit dem schneebedeckten Olymp von Brussa deutlich wahr= nehmen. Die warme Mittagssonne des herrlichen Frühlingstages verlieh durch ihre Beleuchtung der Landschaft dem ganzen Gemälde einen besondern Grad von Pracht und Schönheit, welche von dem blaufluthenden belebten Bosporus noch mehr vervollständigt wurde.

Auf dem sich über und hinter Dolma Bagdsche hinziehenden Bergabhange steht eine große Caserne und ein Hospital; die in der Kirchenparade gestandenen Soldaten, welche mit Musik den Hügel herauf gezogen kamen, trugen nicht un= wesentlich bei, das Wechselnde und Lebensvolle des schönen Landschaftsbildes zu erhöhen. Der Palast von Dolma-Bagdsche sieht nur von Weitem gesehen gut aus. Betrachtet man ihn in der Nähe, so findet man, daß er aus einer Menge nicht einmal symmetrisch zusammengestellter Gebäude jeder Art, Größe und Zweck besteht, in denen eine Vereinigung des Rundbogen=, Spitzbogen=, Hufeisenbogen= styles und sämmtlicher Säulenordnungen versucht, aber total mißrathen ist. Zwei Dinge sollen sehenswerth sein: der Empfangssaal, in welchem ein Kronleuchter mit 10,000 Gasflammen (von der Pariser Ausstellung) hängt, und der sogenannte rothe Marmorsaal, der sein Licht durch eine aus Rubinglas gebildete colossale Kuppel erhält, welches rosa Licht den blendend weißen Statuen und Säulen (sämmtlich aus parischem Marmor) einen ganz besonders zauberisch schönen An= strich geben soll. Ebenso glorios soll der Harem eingerichtet sein, dessen Ge= bäude natürlicher Weise das größte in der gesammten Häusergruppe des Pala= stes ist. Einem ziemlich verbürgten Gerücht zu Folge wird der Harem des Sultans von 800 Frauen bewohnt. —

Das kleine stets verschlossene palastähnliche Gebäude, welches dem Palast von Tschiragan (dessen zum Meere herabführende breite Treppe besonders er= wähnt werden muß) am nächsten liegt, wird von dem ältesten Sohn des jetzt verstorbenen Sultans, dem achtzehnjährigen Murad Effendi bewohnt, gleichzeitig enthält es dessen Harem. Der arme junge Mann kennt die Welt nur von den Fenstern seiner Wohnung, denn bekanntlich verbietet das türkische Gesetz den Verkehr der Söhne des Sultans mit der Außenwelt, so lange noch Brüder des Padischah vorhanden sind, deren Aeltester der Thronfolger ist, wie dies auch bei dem Thronwechsel des verflossenen Jahres der Fall war.

Das Kaffeehaus von Bella Vista vereinigt im Sommer gegen Abend die schöne Welt von Pera, welche hier den von abendländischen Musikern ausgeführ= ten Concerten beiwohnt. Es ist dieses Kaffeehaus eine Pachtung des industriö= sen Kriegsministers, des jetzt glücklicher Weise beseitigten Riza Pascha, welcher von seinem Pächter, einem unsaubern Griechen, eine colossale Pacht zieht. Jeden Anspruch auf Comfort und Sauberkeit muß man hier aufgeben, jämmerliche Strohstühle und ebenso schlechte Tischchen bilden das Ameublement des Gartens, in dem kleinen schmucklosen Gebäude würden, wenn ein plötzlicher Regen die Gesellschaft nöthigte, hier Schutz zu suchen, kaum 50 Personen Platz finden.

Nach und nach sammelte sich ein großer Theil der fremdländischen Zuschauer des Kirchgangs auf der Höhe und man hörte in 6 verschiedenen Sprachen Schilderungen des Entzückens über die in der That unvergleichlich schöne Aussicht. Aber unseres Bleibens durfte nicht länger als eine Stunde sein. Wir schlugen unsern Rückweg auf der großen nach Bujukdere führenden Heerstraße ein, welcher uns zwischen dem armenischen, katholischen und englischen (protestantischen) Friedhöfen hindurchführte. Nach ersterem bewegte sich ein Leichenzug, den ich merkwürdig genug finde, um seiner mit einigen Worten zu gedenken. Denselben eröffneten 5 junge Geistliche in schwarzseidenen, schwefelgelb gefütterten langen Röcken und schwarzem Baret; sie sprachen singend Gebete, hinter ihnen schritten schweigend zwei Priester in schwarz und weißem Talar und als letzter fungirte mit einem Gebetbuch in dem Arm ein Pfaffe (ein junger schöner Mann) in dunkelblauem Gewand. Vier Hamals trugen den offenen Sarg, in welchem die Todte, ein junges Mädchen in gelbseidenem Kleide mit Kranz im Haar und Blumen in der Hand lag. Dem Zuge folgten nur Kinder und Männer in verschiedener, heller und dunkler Kleidung, es scheint somit eine besondere Trauerfarbe nicht üblich zu sein. Hie und da fielen sie in den Klagegesang der fünf ersten Priester ein. Aber das Ganze machte auf mich keineswegs einen ernsten Eindruck, wozu die sehr weltlich dreinschauenden Physiognomieen der Priester das Meiste beitrugen. Ich kann mich überhaupt nicht entsinnen, unter armenischen und griechischen Priestern auch nur ein einziges würdevolles Vertrauen und Verehrung erweckendes Gesicht gesehen zu haben, dagegen sah ich so manchen Mollah und Rabbiner, deren äußere Erscheinung eine ungemein wohlthuende war und die ganz zu ihrem ernsten Lebensberuf paßte. Die schöne breite Straße führt durch einen Theil des großen Campo zwischen der großen Artilleriecaserne von Pera und dem Artillerieexercierplatze hindurch. Auf letzterem standen die Geschütze, Kanonen und Haubitzen verschiedenen Kalibers von 8 vollständig und feldmäßig ausgerüsteten Batterien.

Ohnweit davon ist das große Wasserreservoir, Taksan genannt, welches sämmtliche Theile Constantinopels, welche auf der Nordseite des goldenen Horns liegen, mit süßem Wasser versieht. Ein riesiger Aquäduct, von Mahmud erbaut, führt das Wasser aus der Gegend des Dorfes Bagdsche Kioi nach dem großen Taksan, welches 330 Fuß über dem Bosporus liegt. —

In der Grande Rue de Pera wieder angekommen beschlossen wir den Jardin des fleurs aufzusuchen, um hier ein französisches Diner einzunehmen. Zu den vielen nützlichen und angenehmen Verbesserungen, die dem Krimkriege ihre Entstehung verdanken, gehört auch dieses Etablissement, bei dessen Namen man allerdings das gleichbenannte Pariser Institut vergessen muß. Der „Jardin" ist nicht groß, die „Fleurs" waren bei meinem Besuch auch keiner besondern Erwähnung werth und so konnten wir uns unbeirrt von andern Dingen lediglich den süßen Gewohnheiten des irdischen Lebens, Essen und Trinken, hingeben. Die innere Ausschmückung des großen Speisesaales und der vielen kleinen Nebenzimmer ist ganz nach Pariser Originalen; der Besitzer, ein lebhafter gut unterrichteter Franzose, verkürzte durch seine launige Unterhaltung die Zeit. Speise und Trank (namentlich prachtvolle Früchte und Fische) waren ausgezeichnet, die Preise ebenso mäßig wie in der Restauration de l'Inde und mein

Entschluß war bald gefaßt, recht oft hierher zu gehen. Leider aber sollte dieser Besuch mein erster und letzter gewesen sein.

Ohnweit des Jardin des fleurs ist das höchst mittelmäßige Theater, die türkische Hauptpolizeiwache und das ehemalige Galata Serai, jetzt medicinische Schule, die ihre gegenwärtige Bedeutung den Bemühungen und dem segensreichen Wirken zweier österreichischer Aerzte verdankt. Jetzt funginen auch bereits junge Türken, welche rite legitime promovirten, als Aerzte und Lehrer an diesem Institut.

Gegen Abend im Hotel angekommen, fand ich einen Brief vor, der mich zur unverzüglichen Abreise nach der Heimath nöthigte. Ich hatte kaum hinreichend Zeit, um die Visa's der preußischen und österreichischen Gesandtschaft, deren Bureaus um 4 Uhr geschlossen werden, zu erhalten und nur der Fürsorge des preußischen Kanzlers habe ich zu verdanken, daß einer der österreichischen Beamten sich außer der reglementsmäßigen Zeit herbeiließ, das Visum auszufertigen, damit ich mit dem am andern Morgen nach Triest absegelnden Eildampfer absegeln konnte. So mußte ich den für den folgenden Tag festgesetzten Besuch des Serail und der Aja Sofia und die für Sonntag anberaumte Excursion nach Bujukdere und dem schwarzen Meere aufgeben, ein Entschluß, der mich viel Ueberwindung kostete und der nur, weil er vom Pflichtgefühl geboten ward, zur That wurde.

Da der Vulcan eines der 7 größten Lloydschiffe, von 400 Pferdekräften und 1100 Tonnen Werth, bereits am andern Morgen um 10 Uhr in See gehen sollte, so beschloß ich, nicht wissend ob die türkischen Douanenwächter sehr ängstlich auf Erhebung gewisser Ausgangszölle seien, in aller Frühe an Bord zu gehen. Die Lloydagentur, in deren Bureau die Fahrbillets gelöst werden, liegt in Galata unmittelbar am Hafen und war an jenem Morgen von türkischen Douaniers im wahren Sinne des Wortes umstellt. Sie ließen Jeglichen hinein, aber Niemanden der Gepäck hatte hinaus. Theils Neugierde, theils Gewinnsucht bewog diese, Trinkgeld bedürftigen Staatsbiener, von den Reisenden jedes einzelne Colli öffnen zu lassen. Ich mußte mir ein Umherwühlen in meinen Effecten gefallen lassen. Als ich wiederum den Spröden spielte und mich nicht bewegen ließ ein Bakschiesch zu zahlen, stieg einer der Zöllner in mein Boot und begleitete mich bis an Bord des Schiffes; auch hier blieb ich consequent und so mußte der Beamte unverrichteter Sache nach Hause. Später habe ich bedauert, dem armen Kerl nichts gegeben zu haben, denn als ich diesen Fall einem der Schiffsoffiziere erzählte, meinte dieser, daß die Zollbeamten nur deswegen jetzt so bakschieschsehnsüchtig sein müßten, weil sie seit Jahresfrist keinen Gehalt bekommen hätten. — Das Schiff wurde von Kaiks, worin Douaniers befindlich, unaufhörlich umkreist, ja, zwei Boote mit Reisenden wurden angehalten und die Effecten derselben am Bord sehr strenge untersucht, wobei sich herausstellte, daß von manchen Fabricaten, z. B. von gestickten Decken und Teppichen, ein nicht unbedeutender Ausgangszoll erhoben wird. Amüsant bleiben auf alle Fälle die Vorbereitungen zur Abfahrt eines so großen Schiffes, da werden Colli's, Frachtstücke, Postsachen herauf gebracht, Proviant herangefahren, die Passagiere — nie ohne Begleitung — kommen nach und nach heran, noch mehr Freunde und Bekannte treffen ein; und da in den meisten Fällen Reisende von Distinction unter den Passagieren sind, so erscheinen die unvermeidlichen Günstlinge und Gefolge derselben, endlich verweilen die Offiziere sämmtlicher Lloydschiffe, die grade in Constantinopel liegen, bis zum letzten Augenblick am Bord des in die Heimath zurückkehrenden Dampfers, so wie die Beamten der Post und Agentur noch schließlich an Bord kommen, um Aufträge und Bestellungen zu ertheilen. Als ich an Bord kam, schien es mir unmöglich, daß noch ein Platz in der 2. Cajüte vorhanden sein könne, so gedrängt standen die Menschen auf Deck. Kaum konnte Platz geschaffen werden, um die Frachtstücke einzunehmen. Das Gallaboot der russischen Ambassade, geführt von sechs russischen Matrosen im Festanzug, mit dem Doppeladler in der Flagge, erschien in Sicht, drei Herren in Civil und einer der montenegrinischen Senatoren im höchsten Glanz, rothe Jacke mit goldenen Schnüren, dito Dolman mit Zobel gefüttert, prachtvolle Schärpe mit 1 Paar Pistolen mit Gold und Elfenbein ausgelegt, stiegen die Treppe herauf. Diese Vier setzten sich ganz separat in den Speisesaal der ersten Cajüte und hatten noch eine lange geheime Unterredung. Kurz vor Abgang des Schiffes fuhren zwei der Herren im Civil (ein Legationssecretär, ein Fregattencapitain und der mit letzterem aus Odessa erst wenige Tage vorher angekommene Senator) nach dem Lande zurück. Der dritte Herr im Civil der neu ernannte russische Consul in Scutari, ein junger Mann, blieb als Passagier an Bord. Erst als sich die Nichtpassagiere und die nicht zur Mannschaft gehörigen Personen entfernt hatten, konnte man übersehen, wie viele Passagiere seien. Außer dem Consul fuhr eine Regierungscommission, bestehend aus einem hohen Verwaltungsbeamten, dessen Secretair, einem griechischen Bischof und dessen Adjuncten mit uns, welcher um Religionsstreitigkeiten zu schlichten nach Mostar entsendet wurde. Der Chef dieser Commission, ein kleiner Türke in violetseidenem Schlafrock, wurde während der Seereise wahnsinnig, war also für die Gesellschaft nicht da, dagegen war der Secretair ein angenehmer Gesellschafter. Früher in den Gesandtschaftskanzleien in Paris und London angestellt gewesen, hatte er französische Sprache, Sitten, Gebräuche und überhaupt abendländische Anschauungen sich angeeignet und ich verdanke seinen Erzählungen manche interessante Details über das Verhältniß der Pforte zu Montenegro und über manche europäische Berühmtheiten, wie z. B. Fuad Pascha, Omer Pascha 2c.

VI.

Von Constantinopel nach Triest.

Um 10 Uhr (den 2. März) trat der erste Capitain, „Remedelli", an seinen Commandoplatz und die Anker wurden emporgewunden. Daß ich die letzten Stunden im goldenen Horn zu Nichts anderem verwendete, als auf Bemühungen mir das vielbesungene Panorama des Bosporus für alle Zeiten fest einzuprägen, ist so selbstverständlich, daß ich kein Wort zur Motivirung hinzuzusetzen für nöthig finde. Meine Empfindungen wurden von einem Italiener getheilt, der ebenso wenig Aussichten hat, wie ich, jemals wieder nach dem goldenen Horn zurückzukehren. Meine Absicht ist mir gelungen, das Bild steht mir in seinen Einzelnheiten so deutlich vor der Seele, als sei ich erst so viel Tage ort, als es schon Monate sind und meine häufige Vergegenwärtigung des Gemäldes, in dessen unmittelbarste Nähe ich mich in Gedanken sehr oft zurücksetze, werden dazu beitragen, daß die Züge des Bildes nie verlöschen. Vom herrlichsten Wetter (angenehme nördliche Brise aber warmer Sonnenschein) begünstigt rat ich die Rückreise aus dem Zauberlande, dem Orient, den kennen zu lernen nir so lange als erster aber zugleich unerreichbarer Wunsch vorgeschwebt hatte, .n. Und jetzt konnte ich sagen, daß ich eine Fülle von Eindrücken aufgenommen, daß sich der Kreis meiner Anschauungen um ein nicht Unbedeutendes erweitert hatte. Hätte ich -- wie auf meinen früheren Reisen — specifisch naturwissenschaftliche Zwecke verfolgen wollen, so hätte ich in der mir zugemessenen kurzen Zeit (die für botanische Zwecke obenein noch in ungünstige Jahreszeit fiel) wenig oder gar Nichts Wichtiges — was eine Reise verlohnt hätte — leisten können. Darum ist bei Reisen, auf welchen man in kurzer Zeit recht Viel sehen und lernen will, immer gerathener, allgemeine Zwecke, Belehrung und Amüsement im Auge zu halten; welche beiden Zwecke man mit Leichtigkeit erreicht, wenn man 3 Momente im Auge behält, und diese Momente sind: Vorbereitungen im Gebiete der Ethnographie und Geographie, (statistisch, physikalisch) Geschichte, (Culturgeschichte und politische Geschichte) und in den Naturwissenschaften, in letzterer Beziehung, daß man ohngefähr weiß, was für Typen des Pflanzen- und Thierreichs in den zu durchreisenden Ländern und Meeren auftreten und zu welcher der geologischen Hauptgruppen und Formationen die Länder und ihre Berge gehören. —

Binnen wenig Minuten war die Serailspitze erreicht und der Blick ins goldene Horn war verschwunden. — Der Vulcan hielt sich in seinem Cours mehr in der Nähe des europäischen Ufers und man konnte ganz deutlich die einzelnen Gebäude im alten Serail, dazwischen die Gartenanlagen erkennen. Hinter und über denselben ragten die Minarets der verschiedenen Moscheen, dazwischen die imposanten Hauptkuppeln derselben, hervor. Längs des Meeresufers führt eine crenelirte Mauer von nicht unbedeutender Höhe, hie und da mit Thoren versehen, um die ganze Stadt herum. Sie ist ein Bauwerk der ältesten Zeiten und umgab das ganze alte Byzanz. Die letzte Ecke derselben umschließt die letzte Häusergruppe Constantino= pels, ein Befestigungswerk, das vielgenannte Heptapurgon, das Schloß der 7 Thürme, welches in der Geschichte der Stadt eine wichtige, aber traurige Rolle gespielt hat. Heutigen Tages haben weder die von den byzantinischen Kaisern erbaute Mauer noch das von Mohamed II. errichtete Heptapurgon irgend welche fortificatorische Bedeutung. Beide, namentlich aber das halbverfallene Schloß, von welchem 3 Thürme bereits eingestürzt, die andern noch erhaltenen eine Höhe von 200' haben sollen, erhöhen die Reize des Anblicks dieses süd= lichsten Stadttheils von Stambul. In der Nähe der Thore der Mauer ist im Interesse der vorwiegend griechischen Bevölkerung dieser Gegend ein besonderer Hafenplatz für kleinere Fahrzeuge, Küstenfahrer, eingerichtet. Die große Zahl derselben ließ schließen, daß der Handel nicht unbedeutend sein kann. Das Schloß der sieben Thürme diente noch bis ins vorige Jahrhundert als Aufent= halt der fremden Gesandten, mit deren Souveränen der Padischah in Krieg verwickelt wurde. Die Herren wurden hier eingesperrt gehalten bis der Frie= denszustand wieder hergestellt war. Jenseits der Stadtmauern liegen am Strande und im Lande zahlreiche Ortschaften, in einer derselben befinden sich die ausgedehnten Gebäude der Pulverfabriken und ein Hospital für Pestkranke. Später treten die Ufer so weit zurück, daß man ihre Details nicht mehr er= kennen kann, aber der Blick auf die von mannigfachen Bergzügen durchzogene theils bewaldete, theils angebaute Küste ist nicht ohne Reize. Auf der asiati= schen Seite waren es, nachdem wir die 2 Tage vorher besuchte schmale Land= zunge von Fenerbagdsche mit ihrem Leuchtthurm passirt hatten, wiederum die Gruppe der höchst romantischen Prinzeninseln, welche die Aufmerksamkeit des Reisenden fesseln; die Küste des Festlandes tritt schnell sehr weit zurück, über ihre malerischen Gebirgszüge erhebt sich der überall weithin sichtbare Gipfel des schneegekrönten Olymps von Brussa. Die gesammten Passagiere befanden sich auf dem Hinterdeck, um das unsern Augen leider nur zu schnell entschwindende herrliche Panorama so lange wie möglich festzuhalten. Mir erschien der leider so kurze Aufenthalt an einem der schönsten Punkte der Erde wie ein schöner Traum, dessen einzelne Begebenheiten mit möglichster Treue und Genauigkeit niederzuschreiben und die bereits gemachten Notizen und verzeichneten Erlebnisse und Beobachtungen kritisch und chronologisch zu ordnen mein erstes Geschäft war, nachdem wir uns mitten im Marmarameer befanden und auch den ganzen Tag und Abend blieb ich bei dieser angenehmen Arbeit, wobei mir ein Italie= ner, gegenwärtig Oberbeamter in der Telegraphenstation der Hauptstadt, durch seine allseitigen Kenntnisse über Stadt und Land, Gewohnheiten, Sitten und

Verkehrsverhältnisse der Bevölkerung von großem Nutzen war. Von so Man=
chem was ich gesehen, angestaunt und bewundert hatte und worüber in meinen
Reisehandbüchern Nichts verzeichnet war, wurde mir erst durch die detaillirten
Beschreibungen und Schilderungen des gesprächigen Reisegefährten ein richtiges
Verständniß zu Theil.

Das ununterbrochene prachtvolle Wetter hielt den ganzen Tag über an,
ein günstiger Wind gestattete das Aufsetzen einiger Segel und so war es mög=
lich, daß wir schon um 7 Uhr Gallipoli passirten, ohne anzulegen, denn unser
Schiff gehörte zu den sogenannten Celeribooten, welche auf der ganzen Strecke
zwischen dem goldenen Horn und Triest nur in Syra und in Corfu anlegen,
an beiden Orten um Kohle einzunehmen, an ersterem außerdem noch deshalb
um die Posten aus Smyrna, Athen und dem Archipel zu empfangen. Durch
diese Einrichtung wird es ermöglicht, daß der zur Asservirung von Brennmate=
rial dienende Raum möglichst klein, hingegen der für Aufnahme der Fracht=
güter bestimmte Raum möglichst groß hergerichtet werden kann. Außerdem
wollte es mir scheinen, daß die mit 20 Betten versehene, sehr geräumige 2.
Cajüte um ein gut Theil größer sei als auf dem Neptun, jedenfalls waren die
einzelnen Cojen breiter und höher; denn es kamen hier weit weniger Caram=
bolagen der Köpfe der Passagiere mit den oberen Leisten und Verzierungen der
Schlafstellen vor, als es zwischen Triest und Alexandrien der Fall gewesen war,
wo es bei jedesmaligem Aufstehen und zu Bettgehen blaue Flecke gab und
man allenthalben sah, wie die Insassen sich feuchte Tücher an ihre Häupter
drückten.

Den folgenden Morgen, es war ein schöner warmer Sonntagmorgen,
konnten wir schon im ägäischen Meer begrüßen. Die eben hinter den Bergen
des kleinasiatischen Festlandes emporflammende Sonne überzog die dicht vor uns
zur Linken liegende Insel Ipsara mit dem eigenthümlich violett goldigen Licht=
schimmer. Sie ist bekannt durch das traurige Schicksal ihrer heldenmüthigen
Vertheidiger im Befreiungskriege. Wir waren ohnweit der Westküste der bergi=
gen aber dennoch sehr fruchtbaren Insel Mytilene entlang gefahren und steuer=
ten in directem südlichen Cours auf die beiden Inseln Andros und Tinos los,
welche von weiter Ferne gesehen eine einzige Insel zu bilden scheinen. Ipsara
erscheint wie ein riesiger Felscoloß, der hie und da mit einer Decke von ärm=
licher Vegetation überzogen ist. Ebenso stellt sich Anti = Ipsara, das kleine un=
nahbare Felseneiland, dem Reisenden dar. Die Felswände steigen so senkrecht
aus dem Meere empor, daß nirgend ein Landungsplatz möglich erscheint. West=
lich von beiden erheben sich die höchst romantischen, mannigfach geformten Berg=
gipfel und Gebirgszüge der Insel Chios, einer der fruchtbarsten der Sporaden.
Das Festland von Kleinasien war nur in ganz östlicher Richtung in dem Golf
von Sandarli zu sehen. Das Meer war so ruhig, daß ich ohne jede Störung
Briefe schreiben konnte, es regte sich kein Lüftchen und die Sonne schien warm
von dem heute in der That „blauen griechischen“ Himmel herab, unter dem wir
uns bereits befanden. Gegen Mittag hatten wir uns der Durchfahrt der bei=
den langen schmalen gebirgigen Inseln Andros und Tinos so weit genähert, um
die Ufer namentlich mit Hilfe von Ferngläsern genauer in Augenschein nehmen
zu können. Hinter Andros, gleichsam die Fortsetzung beider Inseln in nord=

östlicher Richtung bildend, erhoben sich die dichtbewaldeten Berge der Insel Euböa.

Die Insel Andros erscheint dem von Constantinopel kommenden Reisenden als eine durchweg gebirgige Insel, ohne besonders bizarre und pittoreske Formen, mit mehr oder weniger steiler Senkung nach dem Meere hinab. Die Bergzüge erscheinen massig, wenig zerklüftet, in deren Einsenkungen und flacheren Abdachungen mehrfach Ortschaften oder einzelne Häuser gesehen werden, an ihrer weißen Farbe von Weitem in die Augen fallend. Etwa in der Mitte der Insel liegt der Hauptort derselben auf einem ziemlich steil, unmittelbar ins Meer abfallenden fruchtbaren Hochplateau. Nähert man sich noch mehr, so vermag man Anpflanzungen von Oelbäumen und Maulbeerbäumen deutlich von zu Weinbergen bestimmten gefurchten mit Wasserabzugsgräben versehenen Land und andern Fruchtfeldern zu unterscheiden. Nadelholzbestände sind hier wie auch auf der gegenüberliegenden auf ihrer Nordseite unwirthlich, wenig angebaut scheinenden, nackte schroffe Felsenufer zeigenden Insel Tinos vorherrschend. Die Passage zwischen diesen beiden Inseln ist so schmal, daß man bequem von dem Ufer der Insel Tinos auf das von Andros mit der Flinte schießen kann. Hat man die Passage glücklich bewirkt, so erscheinen die Inseln Syra, Delos, Mykonos, Keos, Kythnos (Thermia), Gyaros, Paros und Naxos in Sicht und der Dampfer nimmt den Cours nach der Nordspitze der Insel Syra. Tinos erscheint von der Südseite ganz anders als von der Nordseite; wenn auch als eine entschiedene Gebirgsinsel, so sieht man allenthalben große Strecken Landes, welche für den Weinbau bestimmt sind. Außerdem wird die Zucht der Seidenraupe hier sehr stark betrieben und die Feigen von Tinos sind in Griechenland berühmt. Hoch auf der Höhe des Gebirgszuges, mitten in grüner Umgebung, erblickt man außer zahlreichen Ortschaften eine stattliche Kirche, umgeben von mehreren großen Gebäuden. Es ist dies eine aus weißem Marmor und Resten alter griechischer Tempel und Bauwerke aufgeführte Wallfahrtskirche für die römisch-katholischen Bewohner des Orients, in welcher ein wunderthätiges Marienbild verehrt wird. Auf einem der höchsten Punkte des Bergzuges gewahrt man die Trümmer einer griechischen, später venetianischen Ruine, Exoburgo, deren Besuch man mir bringend anrieth, weil von diesem circa 2000′ hohen Punkte die schönste Aussicht auf den Archipelagus sei. Die östlich vom Dampfer sich aus den Fluthen erhebende Insel Gyaros ist ein nackter Felscoloß in grotesken Formen, aber so unwirthlich, daß selbst ein römischer Kaiser dieses Felseiland als zur Deportation nicht geeignet, weil zu schlecht, fand.

Wohlthuender dagegen ist der Blick auf die romantischen, oft bizarren Formen der Berge und steilen Felsufer, der wichtigsten aller Cycladen, Syra, an deren östlichem Ufer wir jetzt auf Büchsenschußweite entlang fuhren. Obgleich kein größerer Baum dasselbe ziert, so ist der Anblick nicht unschön und man fühlt die Nähe einer bedeutenden Handelsstadt an der Menge der Fahrzeuge, welche das Meer beleben und an den zahlreichen Wohnungen der Fischer und Schiffer, welche sich am Ufer entlang und an den Abhängen hinauf angesiedelt haben, welche letztere von Cistus- und Ericaheden und einigen Tamaristengebüschen begrünt waren. Fruchtfelder finden sich an der Küste nirgends. Ueberraschend ist die Einfahrt in den geräumigen großen Hafen der Stadt, welcher der wichtigste Handelsplatz des Königreich Griechenlands ist. Die Stadt Syra liegt amphitheatralisch an den den Hafen halbkreisförmig einschließenden Berg= abhängen und besteht aus der Altstadt und der Neustadt. Erstere ist auf und an einem sich hinter der Neustadt zuckerhutförmig erhebenden dreieckigen Berg erbaut und verleiht grade diese Bauart der im wahren Sinne des Worts unmittelbar über einander liegenden Häuser dem ganzen landschaftlichen Gemälde etwas ganz Eigenthümliches; leider fehlen die Bäume, um das Bild schön nennen zu können. Der von steilen hohen Bergzügen gebildete Hinter= grund besteht zum Theil aus nacktem Fels, zum Theil aus Abhängen, die nur mit spärlichem mageren Graswuchs bewachsen sind.

Der Hafen lag voller Schiffe, deren Matrosen im reinen frischen Sonn= tagsgewand theils auf Deck lagen, theils sich schon auf der Insel befanden, oder sich anschickten in einem der Boote an Land zu gehen. 3 Lloydbampfer, 1 Franzose, 1 Russe und 1 Grieche bildeten die Dampferflottille, unter den Se= gelschiffen waren nächst der griechischen Flagge die amerikanische, englische und österreichische am meisten vertreten. Auch ein Schiff mit der mir bis dato noch unbekannten Jerusalemer Flagge lag im Hafen. Während die Erlaubniß zum Landen geholt wurde, konnten wir uns des Anblicks des nahen Quais, auf welchem eine zahlreiche Bevölkerung im malerischen Sonntagsstaat auf = und niederging erfreuen. Achtflüglige Windmühlen in großer Zahl, einige Land= häuser mit Säulenverzierungen, Veranda's und Gartenanlagen, die große Qua= rantaineanstalt und die vielen Kirchen, Klöster und eleganten modernen Häuser der Stadt und ihrer Vorstädte tragen wesentlich dazu bei, den angenehmen Ein= druck, den der Anblick des Hafens und der Stadt mit ihrer Umgebung vom Schiffe aus gesehen macht, zu erhöhen. Die griechischen Sanitätswächter er= theilten sehr bald die Erlaubniß an Land zu gehen und wir eilten deshalb, um mit dem ersten Boot fortzukommen, was uns ohne große Mühe gelang. Der Quai ist breit und lang, um den gesammten Hafen herumlaufend, und war sammt den daran liegenden zahlreichen Kaufläden, Schanklocalen, Magazinen, Speichern an jenem Sonntag so sauber und nett, daß ich gar nicht wußte, wie und auf welche Weise die gewöhnliche griechische Unsauberkeit und Unreinlichkeit hiermit in Einklang zu bringen sei. Alles machte den Eindruck der Wohlhaben= heit und Nüchternheit. Obgleich die Kaffeehäuser, Wein = und Bierlocale mit Gästen jeglicher Art angefüllt waren, herrschte überall Mäßigkeit und gesetzte Fröhlichkeit. Da es die Zeit der griechischen Fasten war, so trieb sich eine Gesellschaft von circa ein Dutzend Jungens in dem Kostüm von Harlequins in den Straßen umher, aber merkwürdiger Weise in einfarbiger Kleidung, der eine war von Kopf bis Fuß in hellgelb, der andere violett, ein dritter blutroth ꝛc. ꝛc. gekleidet. Ihre Scherze waren ganz harmlos, jede Art von Ausgelassenheit blieb ihnen fern. Der Quai und die Straßen sind mit großen Marmorstücken gepflastert, die Häuser sind meistens einstöckig mit Balcon und plattem Dach. Trotz des Sonntags waren die Kaufläden und Magazine geöffnet. Die junge Welt der höheren Stände (auch die Damen tragen den rothen Tarbusch mit blauer Quaste, welche Kopfbedeckung zu dem schönen vollen dunklen Haar, gro= ßen Augen und der blühenden Gesichtsfarbe vortrefflich paßt) promenirte auf dem breiten Quai, Gruppen von Matrosen, Bewohnern aller umliegenden In=

feln, theils in dem malerischen Nationalgewand, der faltenreichen schneeweißen Fustanella, standen allenthalben und freuten sich des Fastnachtsscherzes der vermummten bunten Gestalten. Ein großer freier Platz, Ottoplatz, mit herrlicher Aussicht nach der höher gelegenen Altstadt einerseits und andrerseits durch die breiten Straßen nach dem Hafen hin, mitten in der Neustadt gelegen, wird mit südlichen Bäumen bepflanzt, auch Dattelpalmen sollen hier ihr Gedeihen versuchen. Elegante Häuser, die Post, Agenturgebäude und mehrere feine Kaffeehäuser stehen an diesem Platz, auf welchen der schöne warme Sonntag = Nachmittag einen großen Theil der Bevölkerung Syra's aller Stände, Alters und Geschlechts gelockt hatte. Ganz besonders schön präsentiren sich von hier aus die beiden größten Kirchen Syra's; die in der Neustadt (Hermopolis genannt) gelegene Hauptkirche der orthodoxen Griechen und die auf der Höhe erbaute vornehmste Kirche der Römisch = Katholischen nebst einem Franziskanerkloster, in welches einer der Passagiere der 2. Klasse, von Constantinopel mit uns gekommen, ein italienischer Mönch, bestimmt war und dem ich auf dem Wege nach seinem Bestimmungsort nochmals begegnete. Mir war der gute Mann wegen seiner an Neugierde grenzenden Wißbegierde an Bord bald unangenehm geworden, seine Jugend, Unerfahrenheit und große sonstige Bescheidenheit aber hatten mich wieder mit ihm versöhnt und so wechselten wir noch einige freundliche Abschieds= worte, ehe die Pforte seines neuen Aufenthaltortes sich hinter ihm schloß. Der Mann konnte es nicht begreifen, daß Länder existiren können, in denen keine Franziskaner leben! —

Mein Reisegefährte hatte einen Landsmann aufzusuchen und auch bald ge- funden, dessen Gastfreundschaft sich auch sogleich auf mich erstreckte. Ich wurde zu ihm eingeladen und während die beiden alten Freunde in Erinnerungen an die Vergangenheit lebten, verplauderte ich auf dem Balcon eine angenehme Stunde mit den beiden Töchtern des Hausherrn, welche auf dem Collège de Smyrne, einer Anstalt für „höhere" Töchter, gebildet waren. Das Haus, unmittelbar am Hafen gelegen bot einen vortrefflichen Ueberblick auf Tinos, Delos und Mykonos, welche romantisch gelegenen Eilande den liebenswürdigen blonden Griechinnen (was eine Seltenheit ist) unerschöpfliches Material für in= teressante Erzählungen lieferten. Auch über die geselligen Verhältnisse der 20,000 Einwohner zählenden Stadt Syra konnte ich vielfache Mittheilungen hören. Tout comme chez nous. Bälle, Concerte, Theater, Landparthien in das Innere der Insel, Seefahrten, letztere oft bis nach Delos hinüber in die Lor- beer =, Oliven = und Pinienwälder der für die alten Hellenen heiligen Insel — bilden die sich immer abwechselnden Amüsements der höheren gesellschaftlichen Kreise, die in ununterbrochener Communication (literarischer, administrativer und commercieller) mit Smyrna, Syrien, Constantinopel, Athen (nur 10 Stunden entfernt) dem Pelopones, den gesammten Cycladen, Corfu, Triest, Malta und Marseille stehen, welche vermittelt wird durch zahlreiche Postdampfer, die unter griechischer, österreichischer, englischer, französischer und russischer Flagge fahren. Syra ist der Knotenpunkt fast aller orientalischen Dampferlinien, welche von Jahr zu Jahr an Bedeutung und Ausdehnung zunehmen und den betriebsamen Einwohnern eine glückliche Zukunft verheißen.

Der liebenswürdige Gastfreund schlug einen Spaziergang in die Umgebung

der Stadt vor, welcher sofort ausgeführt wurde. Wir wurden auf Punkte ge=
führt, von denen sich herrliche Blicke auf die Stadt, den Hafen, die Inseln und
das Meer aufthaten. Ein schöner Leuchtthurm auf einem kleinen sterilen Fels=
eiland vor dem Hafen gelegen erhöht das Malerische des Bildes, welches sich
von der Spitze des neuen Molo's aus in seiner ganzen Schönheit aufrollte.
Meine Bemühungen ein Bild von Syra zu kaufen waren erfolglos, die
einzige Kunsthandlung war geschlossen und so mußte ich mich begnügen mit dem
tief eingeprägten Eindruck des Anblicks der höchst romantisch und pittoresk ge=
legenen Stadt. Den Rest der Frist, die uns für unsern Besuch an Land ge=
geben war, benutzte ich zum Besuch mehrerer Matrosenwirthschaften, wo ich —
wäre ich Portrait= und Genremaler — Stoff für ein ganzes Album „Bilder
aus dem griechischen Matrosenleben" hätte sammeln können. Ein Bild wird
mir unvergeßlich bleiben. Ein alter Matrose mit silbergrauem vollem Bart,
schönem Profil, in violetter lang sackartig herabhängender Mütze mit hellblauer
Quaste (von der Insel Candia, wie ich mir sagen ließ) schien drei dem Kna=
benalter kaum entwachsenen Schiffsjungen, bildschönen Jünglingen, Begebenheiten
aus seinem Seemannsleben zu erzählen; vielleicht schilderte er irgend welche
Blutscenen aus dem Befreiungskriege, denn seine Augen erglänzten hell und mit
lebhaften Gesticulationen begleitete er seine Schilderungen, denen die drei an=
gehenden Seemänner mit gespanntester Aufmerksamkeit zuhörten. Die Gruppe
dieser vier Gestalten in ihrem malerischen saubern Festtagsanzug hatte so viel
Anziehendes, daß ich bedauerte mich nicht in die neugriechisch geführte Unter=
haltung mischen zu können.
Endlich fuhren wir an Bord zurück. Eine ungewöhnlich starke Post ver=
zögerte die Abfahrt des Dampfers um 2 volle Stunden. Aber dieser Verzöge=
rung verdanke ich einen Anblick, den ich in solcher Schönheit noch nie gesehen
zu haben mich erinnerte. Die inzwischen eingetretene völlige Dunkelheit nöthigte
die Bewohner der Stadt Licht anzuzünden. Nach und nach erglänzte die ganze
Stadt in einem eigenthümlichen Lichterglanz, der vom Hafen aus reflectirt dop=
pelt schön erschien. Die malerisch gelegene Stadt, deren, durch keine Läden und
Jalousien verschlossene hell erleuchtete Zimmer auf dem dunkeln Hintergrund
wie Leuchtpunkte erschienen, bot einen zauberisch schönen Anblick dar, der durch
jene Häuser von Altsyra, welche auf= und an dem pyramidenförmig sich erhe=
benden Berge, dessen Gipfel die römisch=katholische Cathedrale ziert, erbaut sind,
noch gehoben wurde. In der dunkeln Nacht erschienen diese Häusergruppen wie
ein Weihnachtsbaum, der von einer zahllosen Fülle kleinerer Lichter besetzt und
umgeben wurde und als der Mond sein klares Licht auf die ruhigen Meeres=
wogen herniedersandte und die Sterne in seltener Pracht von dem tief dunklen
Himmelszelt herableuchteten, da war es als feierte Land und Meer und die
Gestirne irgend ein Fest durch ihren Lichterglanz. Aber die Scene sollte noch
herrlicher, noch entzückender werden. Mehrere Boote näherten sich mit rasch ge=
führten Ruderschlägen unserm Dampfer. Da war es, als wenn mit jedem
Ruderschlag wie durch einen Zauber Tausende von Lichtfunken auf der schwar=
zen Meerfluth entständen, als wenn aus dem Kielwasser der kleinen Boote Stra=
ßen entständen, die aus purem Gold und bläulich glitzerndem Silberthauen zu=
sammengesetzt seien. Als sich noch obenein der Dampfer in langsame Bewe=

gung setzte und seine Räder das Wasser zu peitschen und zu durchschaufeln begannen und hierdurch Myriaden von smaragdgrün-strahlenden und rosig goldig funkelnden und bläulich silberglänzenden Leuchtpunkten in Bewegung geriethen, da war es mir und den andern Passagieren als ob der Begriff Licht und Feuer in dieser Nacht allenthalben in herrlichster Pracht sich zeigen sollte. Den Beschluß der Beleuchtung im Hafen machte das Anzünden des beweglichen Leuchtfeuers in der Kuppel des Leuchtthurms, dessen Platinspiegel einen so blendenden Reflex zeigten, daß man nur Momente lang hin zu sehen vermochte. Wiederholtes Wetterleuchten am nordöstlichen Himmel vervollständigte die magische Beleuchtung. — Es war die Abfahrtsstunde aus dem Hafen von Syra wie eine Scene aus irgend einem Zaubermährchen und würde ich gern eine lange und beschwerliche Seereise noch einmal unternehmen, um dieses feenhaften Anblicks noch einmal theilhaftig zu werden. Das Meerleuchten während einer warmen Mond- und Sternennacht bleibt der schönste Genuß, den eine Seereise bieten kann. Ich hatte (abgerechnet die Nacht zwischen Cerigo-Candia) seit einer Fahrt längs der Küsten der Provence dieses schöne Naturschauspiel in solcher Intensität noch nicht wieder zu sehen Gelegenheit gehabt, dort zwischen Nizza und den hyerischen Inseln fehlte die Beleuchtung des Ufers und die zuckenden Lichtstreifen des Wetterleuchtens, aber - der melodische Gesang der neapolitanischen Matrosen und das Geläute einiger Glocken, die von dem schön bewaldeten Ufer in die Nacht hineinklangen, trugen das Ihrige dazu bei, um den Zauber der hellen Nacht an den Küsten der Heimath der Troubadours zu erhöhen, hier an den Gestaden des alten Syros, der Heimath des göttlichen Sauhirten Eumaeos, vermehrten die Reminiscenzen an das alte Hellas und seine glorreiche Geschichte im Verein mit den hellerleuchteten Wohnungen der modernen Griechen die zauberhafte Schönheit des Abends. Leider wendete der Dampfer so schnell durch Annahme eines neuen Courses, daß uns die festlich erleuchtete Stadt und der Pharus bald entschwanden und wir nun unsere ganze ungetheilte Aufmerksamkeit auf das gloriose Erscheinen der Sternlein im Wasser und am Himmel richten konnten. Immer wieder in neuer Menge, Zahl und neuer Farbennüancirung und neuer Lichtintensität erschienen die leuchtenden Thierchen im langen weißen schaumigen Fahrwasser hinter dem Dampfer oder als Brillantstickerei in dem bläulichweißen Gischt neben und zwischen den Radschaufeln, hier war das Schauspiel am schönsten und ich saß noch auf Hinterdeck, als wir um Mitternacht in der Nähe der durch 2 hohe Bergesgipfel schon von Weitem ausgezeichneten Insel Milos vorüberdampften. Das Meer war still und ruhig, die Luft warm.

Als ich am Morgen des 3. Reisetages auf Deck kam, hatten wir eben Cap San Angelo passirt und steuerten auf die Nordspitze der Insel Cerigo, dem alten fabelhaften mythenreichen Cythära, dem Geburtsort und Lieblingsaufenthalt der schaumgebornen Göttin und auf das noch weiter westlich gelegene Cap Matapan los. Ich näherte mich somit wieder den Gewässern, welche ich vor kaum 6 Wochen in entgegengesetzter Richtung durcheilt hatte. Cerigo reiht sich in seiner äußern Erscheinung vollständig den Cycladen und jonischen Inseln an, eine vorwiegend gebirgige Insel, ist sie theils bewaldet, theils bebaut. Die beiden Ausläufer des Peloponess aber tragen einen andern, unter sich ziemlich

314

übereinstimmenden Charakter. Beide Lappen des Maulbeerblattes tragen als Hauptnerv eine hohe Gebirgskette, die des östlichen Ausläufers ist der weiter oben vielgenannte Taygetus, dessen Haupt in den frühen Morgenstunden noch in Wolken gehüllt war, erst als wir vor dem Eingang der Bucht von Koron vorüber segelten, zeigte er seine weithinschimmernde Spitze, welche von einer glänzenden Eishülle strahlend eingeschlossen war. Das griechische Festland ist öde, fast ganz unbebautes Land. Nur hie und da erkennt man Oelbaumpflanzungen, oder Terrain, zur Rebencultur vorbereitet. Wenige Ortschaften (von denen die meisten hoch oben auf den Abhängen der Gebirgszüge lagen) unterbrechen die Einförmigkeit des felsigen Küstenbildes, welches jedoch keineswegs ohne landschaftliche Schönheiten ist. Das Meer bildet Einschnitte der mannigfachsten Gestalt und Größe, die sehr verschiedenen Configurationen der Gebirgszüge und ihrer Gipfel, ihre Einschnitte, Felsabstürze, ausgetrockneten Flußbette, einzelne Waldungen immergrüner Laubbäume und Nadelhölzer verleiben dem Bild manchen Reiz. Hie und da ein Kirchlein oder Kloster, von großer Entfernung durch seine weiße Farbe von dem rötlich grauen Gestein auf den ersten Blick zu unterscheiden, trägt ebenfalls dazu bei, Abwechslung in das Ganze zu bringen. Beide Buchten, die von Marathonisi und von Koron machen denselben Eindruck. Das Meer war merkwürdig still, Cap Matapan entsprach seinem gefürchteten Rufe nicht, wir umfuhren dasselbe ohne von den Schwankungen des Schiffes zu leiden. Daß es aber hier schon ganz gewaltig getobt haben muß, erkennt man an der Beschaffenheit des rothen Felsgesteins, an welchem man die Wirkungen der Wellen bis zu einer bedeutenden Höhe hinauf deutlich wahrnehmen kann.

Als wir uns der Meerenge zwischen der Insel Sapienzia und dem alten Methone näherten, wurden wir ganz plötzlich von einem so warmen Südwind erreicht, daß das Schiffsthermometer von 15° bis 21° stieg. Man erklärte dieß für die Wirkungen des Scirocco und ich will dieß wohl glauben. Die angenehme Temparatur hielt den ganzen Tag über an, außerdem beschleunigte sie den Lauf des mit Dampf und Segel gehenden Schiffes dergestalt, daß wir mit einbrechender Dunkelheit bereits zwischen der Insel Zante und dem Festlande von Griechenland hinsegelten.

Die Abendstunden wurden, da kein Seeleuchten zu beobachten war, mit Schachspielen ausgefüllt. Der Arzt des Schiffes, ein in Wien gebildeter Grieche (aus Theben), ein in Syra aufgestiegener deutscher Telegrapheningenieur und ich hatten uns schon den ganzen Tag über vielfach mit diesem edlen Spiel die Zeit vertrieben. Der Doctor hatte viel mit dem Chef der türkischen Commission zu thun, (denn derselbe bekam wiederholte Anfälle von Tobsucht und mußte schließlich fortwährend unter Aufsicht seiner Diener gehalten werden) und war froh denselben in der Frühe des morgenden Tages in Corfu ans Land setzen zu können, von wo derselbe über Ragusa nach dem Ort seiner Bestimmung weiter reisen sollte.

Am andern Morgen befanden wir uns um 6 Uhr schon in der unmittelbaren Nähe der Südspitze der Insel Corfu. Der Dampfer fuhr so dicht an diesem über alle Beschreibung lieblichen und schönen Eilande vorbei, daß man von Bord aus die Bosquets, Park- und Gartenanlagen, ja die einzelnen

Baumgruppen deutlich unterscheiden konnte. Allenthalben an der Küste, an den Bergen, in den Thälern, in und an den Wäldern haben sich Engländer ange= siedelt, ihre höchst geschmackvoll angelegten Cottagehäuser wissen sie ebenso gut dem großbrittanischen Baumwuchs und Rasenteppich anzupassen, als den Weide= flächen und Orangen=, Myrthen=, Lorbeer= und Oleanderhainen Corfu's. Na= mentlich herrlich liegt eine aus stattlichen Häusern erbaute Ortschaft in einem Laubholzwald auf einem niedrigen Hügel, der eine nicht eben breite, weit ins Meer hineinragende Landzunge bildet. Hier fühlt sich Albion ganz wohl, denn über ihm flattert von der höchsten Batterie der uneinnehmbaren Citadelle die Flagge von Her Majesty, gleichsam als wollte sie im Windeswehen sagen: laßt Euch weder von griechischen Nationalitätsgelüsten noch von andern Drohun= gen irgend welcher Art irritiren. Hunderte von Kanonen auf dem Lande und auf den Felsen, ebenso viele schwimmend auf den fast ununterbrochen hier sta= tionirten Linienschiffen des Mittelmeergeschwaders sind die besten Beruhigungs= mittel, wenn das jonische Parlament jemals den norbischen Zuflüsterungen von der Newa allzuviel Gewicht beilegen und über das „Aufgelöst und nach Hause geschickt werden" statt Reflexionen (die dem Lordobercommissär sehr gleichgiltig sind) zu Resolutionen sich hinreißen lassen sollte. Der auf der Reise erkrankte erste Capitain hatte dem ersten Lieutenant das Commando übertragen und die= ser ließ an einer falschen Stelle die Anker fallen, so daß wir beinahe eine Stunde im Hafen hin= und herfuhren, ehe wir auf dem richtigen Punkt Anker warfen. In Folge des Unwohlseins des Schiffscommandanten erklärte der in= zwischen näher gekommene Sanitätswächter uns nicht Pratica ertheilen zu kön= nen. Es mußte die Quarantainflagge aufgezogen werden und mit Hilfe von 2 Fuß langen Zangen erfolgte die Uebernahme der großen Postpakete; die Brief= beutel aber wurden in einen Sack mit Asche gesteckt und derselbe den Postbe= amten in dieser Form übergeben. Um festzustellen, ob diejenigen Schiffspassa= giere, welche hier abgingen, unmittelbar an Land gehen durften, wurde der Gouvernementsarzt requirirt, welcher in einem mit der jonischen Flagge gezierten Kahn erschien. Die Besichtigung des kranken Capitains erfolgte auf 4 Schritt Distance, seine Erklärung lautete günstig und die Quarantaineflagge wurde schleunigst herabgezogen. Mit all diesem Hin= und Herfahren und langweili= gem Unterhandeln waren beinahe 2 Stunden verstrichen, welche ich hätte besser an Land benutzen können. Inzwischen hatten sich einige Dreißig Boote mit Fremdenführern, Hoteldienern, Dragomans, Eßwaarenverkäufern, Proviant= und Kohlenlieferanten in der Nähe der Schiffstreppe gesammelt, deren Insassen sich wie eine Horde losgelassener wilder Thiere auf Deck stürzten, sowie die Quaran= taineflagge herabglitt. Es waren wieder dieselben Galgen= und Spitzbuben= physiognomien, die mir schon bei meinem ersten Besuch auf der Insel begegnet waren. Nur mit vieler Mühe gelang es uns die Kerle zurückzubrängen und für drei Passagiere und mich einen Kahn zu dingen, der uns leider unter strö= mendem Regen nach dem Lande brachte. Ich eilte nach dem schönen Platz an der Citadelle und machte von da während ½ Stunde Sonnenschein einen Spa= ziergang in eine der schönsten Vorstädte. Die Esplanade umwandelte ich einige= mal, wurde aber von dem wiederum in Strömen herabfallenden Regen gezwun= gen, in einem miserablen Kaffeehause Schutz zu suchen, von wo ich grade nur eben zur richtigen Zeit aufbrach, um eines der Boote zu besteigen, welches mich nach dem Dampfer zurückbrachte, welcher mit Einnahme der Kohlen und des Proviantes inzwischen fertig geworden war und nur noch die Post und Depeschen der Agentur erwartete, um dann sofort in See zu gehen. Der Blick auf die Insel war durch das neblige trübe Wetter lange nicht so schön als auf der Hinreise, um die Berge Albaniens lagerten dichte Wolkenmassen. Erst am Nachmittag klärte sich das Wetter auf kurze Zeit auf und die Ausfahrt aus dem Canal von Corfu eröffnete einen klaren Blick auf die albanesischen Küstengebirge. Leider aber ging der bis gegen Abend sehr günstige Südostwind später in einen so heftigen Sturm von starkem Regenguß begleitet über, daß Niemand auf Deck aushalten konnte und jeglicher Passagier seine Coje suchte. Sturzwellen und Regen machten den Verbleib auf Deck unmöglich. Es war ein tempo cativissimo, wie uns am andern Morgen gesagt wurde. Auch jetzt durfte sich noch Niemand auf Deck begeben, denn der Sturm peitschte noch immer ganz gewaltig die Wellen und manche Sturzwelle drang durch die Treppenthüre in die Cajüte; dazu unaufhörlicher Regen, der bald als feiner Staub bald als vollendeter Regenguß herabströmte, endlich trüber Himmel, der den Aufenthalt in der Cajüte noch unangenehmer machte — kurz es schien, daß der letzte volle Reisetag ein ungünstiger werden wolle. Die Passagiere krochen erst spät aus den Cojen auf die Bänke, aber wieder zurück, an ein Stehen oder Gehen war bis 10 Uhr früh gar nicht zu denken. Endlich, als wir um diese Zeit die Insel Lagosta an ihrer östlichen Seite passirten, um zwischen ihr und Curzola hindurchzudampfen klärte sich das Wetter auf, die Berge Dalmatiens und der Inseln traten aus dem Nebel hervor, der Regen ließ nach und ein kalter Nordostwind, der den Lauf des Schiffes allerdings beeinträchtigte, trocknete bald das Deck ab, so daß man, ohne befürchten zu müssen auszugleiten oder nasse Füße davon zu tragen, wieder oben sein konnte. Der Capitain mied die offene See und hielt sich zwischen den dalmatinischen Inseln, deren eine, so uninteressant aussieht wie die andere. Berge, Tannen und Fichten, Felsen, einige Fischerhäuser, oft auch diese nicht — weiter sieht man nichts. Nur Lissa macht eine Ausnahme. Auf 2 Seemeilen Entfernung fuhren wir vor dem sehr stark befestigten Kriegshafen mit dem freundlich und romantisch gelegenen Städtchen gleichen Namens vorbei. Einige größere Schiffe manoeuvrirten vor dem Hafen, dessen Befestigungswerke immer noch weiter ausgedehnt und verstärkt werden, zu welcher Sicherheitsmaßregel allerdings die italienischen Verhältnisse den triftigsten Grund geben.

Der kalte Abendwind trieb die Passagiere bald nach dem Essen wieder in die Cajüte und wenn schon die frohe Gewißheit, in den Nachmittagsstunden des morgenden Tages das Reiseziel zu erreichen, die gesammte Reisegesellschaft und Mannschaft mit gleich großer Freude erfüllte, so war für mich das Bewußtsein nach Verlauf der nächsten 24 Stunden bereits im Eisenbahncoupé zu sitzen, um der Heimath zuzueilen, ein angenehmes und deshalb auch ein freudiges, weil ich mir das Zeugniß geben durfte in so kurzer Zeit das Möglichste geleistet zu haben. Nur kurze Zeit in der Nacht schlossen sich meine Augen zum Schlaf.

Der frühe Morgen des letzten halben Reisetages fand uns vor dem Leuchtthurm von Punta d'Istrica. Auf dem Meere deuteten Kähne, Trabakel, Fischerbarken, Goeletten, Schooner und einige große Schiffe an, daß wir uns an der Küste civilisirter Länder und in der Nähe einer großen Handelsstadt befänden. Am Horizont konnte man die Rauchwolken zweier Dampfer verfolgen. Um 2 Uhr sollten wir in Triest sein. Obschon das Schiff von leichtem günstigen Winde getrieben 9 Meilen in der Stunde machte, wir also alle Ursache hatten, zufrieden zu sein, erschien uns die Zeit eine Ewigkeit. Von Pola sahen wir Nichts als Forts, Casernen und einige zum Arsenal gehörige große Gebäude: sämmtlich Dinge, die zu sehen ich kein Verlangen trug. Vom Amphitheater und Jupitertempel sah ich Nichts. Die istrische Küste ist meist flach, Höhenzüge und Berge treten erst im Innern des Landes auf. Zwischen den Städtchen Dignano, Rovigno, Parenzo, Citta Nuova, Umago und Pirano, an denen wir in fast ganz gleichen Zeitintervallen vorübereilten, scheint ein reger Verkehr, der durch Fischerboote unterhalten wird, zu bestehen. Sie liegen wenig malerisch zwischen Olivengärten und Obstpflanzungen hart am Ufer. Hinter dem letztgenannten Städtchen, welches, wie ich schon im ersten Abschnitt erwähnte, eine romantische Lage hat, fährt man so dicht an der Küste entlang, daß man die blühenden Aprikosen- und Pfirsichbäume zählen konnte.

Endlich bogen wir um die letzte mit dem Leuchtthürmchen versehene Landspitze von Salvore und die Königin der Adria tauchte am Grunde des schönen herrlich geformten von grünen Hügeln und Waldungen eingeschlossenen Golfes aus den Wellen empor. Wäre der Hintergrund nicht so steril und öde, wahrlich Triest könnte, was seine prachtvolle geschützte Lage, seine schöne Bauart, seine stattlichen Kirchen und Häuser anbetrifft, mit den schönsten Seeplätzen des Mittelmeeres wetteifern. Ein kleiner Kriegsdampfer eilte bei uns vorbei, muthmaßlich nach Venedig gehend, ein zweiter schlug die Richtung nach Miramar ein, als wir dicht vor dem Hafen angekommen waren. Die Flaggen wurden aufgezogen, am Leuchtthurm that man ein Gleiches und endlich ließen wir links von dem Molo, von wo wir vor 7 Wochen abgefahren waren, die Anker fallen. Der Capitän, Arzt und die die Post befördernden Matrosen eilten an Land, unmittelbar darauf erhielten auch wir Erlaubniß an Land zu gehen. Mittlerweile war die Finanzwache an Bord gekommen und fahndete auf Tabak und Cigarren, und zwar in so liebenswürdiger und humaner Weise, wie man dies selten erfährt, ich erwähne dies deshalb, weil die Revision, die ich am Abend desselben Tages bei der Abfahrt auf dem Bahnhofe erdulden mußte, die Brutalität, Rohheit und Gemeinheit von drei österreichischen Zollbeamten verschiedener Chargen auf die widerwärtigste Weise darlegte. Wäre ich damals mit meiner Zeit nicht so sehr beschränkt gewesen, so würde ich dem Beispiel einer in Corfu aufgestiegenen englischen Familie gefolgt sein, welche in den bittersten Ausdrücken über die erlittene rücksichtslose Behandlung bei dem englischen Consul Beschwerde führten und die Intervention des diesseitigen Consuls mir erbeten haben. Der beste Rath, den ich den mit dem Hauptzollamt am Triestiner Bahnhof in Berührung kommenden Reisenden geben kann, ist der, daß sie sich entweder den Kaiserlich Königlich Oesterreichischen Zolltarif ganz auswendig lernen, oder aber über ihre Effecten ein Verzeichniß führen und dieses vorlegen, denn die bescheiden ausgesprochene Bitte, die Herren Beamten möchten selbst nachsehen und bestimmen ob das Reisegepäck etwas Zollpflichtiges enthalte, gilt schon als Versuch der Defraudation und wird mit 10 Gulden Münze bestraft. So ist es mir ergangen und nur der zufälligen Dazwischenkunft eines jungen Oberbeamten verdanke ich, daß die rohe Zöllnergesellschaft meine Koffer nicht gänzlich demolirten und willkürliche Confiscationen vornahmen. — Hat man Gepäck, welches man transito gehen zu lassen wünscht, so thut man am besten, dasselbe einem Spediteur zu übergeben, welcher es zollamtlich plombiren läßt und in dieser Form an seine Adresse befördert. Reisende aus dem Orient, die nach dem Zollverein gehen, verfahren am kürzesten, wenn sie die Sachen, deren sie bei ihrer Durchreise durch Oesterreich nicht bedürfen, in solcher Weise sich nach- oder vorausschicken lassen; hierdurch wird ihnen die Möglichkeit gegeben, die Auspackung derselben, namentlich wenn sie Curiosa, Stoffe, Gewebe oder zerbrechliche Waaren enthalten, selbst zu leiten.

Da ich noch an demselben Abend die Heimreise nach meinen hyperboreischen Gefilden antreten mußte, so beschloß ich die wenigen Stunden die mir für Triest blieben, mit einer flüchtigen Promenade durch die Stadt auszufüllen, an deren Durchführung mich der sich erneuernde Regen jedoch hinderte und ich begab mich auf den Bahnhof, um meinen Aufenthalt in Triest mit einem Blick auf den Hafen und das nördlichste Ende des von mir so eben nach verschiedenen Richtungen durchkreuzten Mittelmeeres zu beschließen.

Der Abendzug des 7. März führte mich über Wien, Pardubiz, Reichenberg und Löbau nach der lieben Heimath zurück.

Inhalts - Verzeichniß.